무엇이
대전환을 만들었는가

**GRAND TRANSITIONS**
© Oxford University Press, 2021

GRAND TRANSITIONS was originally published in English in 2021. This translation is published
by arrangement with Oxford University CHEOMBOOKS is solely responsible for this translation from
the original work and Oxford University press shall have no liability for any errors,
omissions or inaccuracies or ambiguities in such translation or for any losses caused by reliance thereon.

Korean translation copyright © 2022 by CHEOMBOOKS
Korean translation rights arranged with Oxford University press
through EYA Co.,Ltd.

이 책의 한국어판 저작권은 에릭양 에이전시를 통해 Oxford University Press 사와 독점계약한 처음북스에
있습니다. 저작권법에 의하여 한국 내 보호를 받는 저작물이므로 무단전재 및 복제를 금합니다.

# 무엇이 대전환을 만들었는가

바츨라프 스밀 지음 | 안유석 옮김

# GRAND TRANSITIONS

처음북스

### 역자의 말

이 책을 번역하며 재레드 다이아몬드의 『총, 균, 쇠』를 처음 읽었을 때의 지적 충격을 다시 한번 느꼈다. 어쩌면 그 이상이라고 해야 할지도 모르겠다. 『총, 균, 쇠』가 인류 문명의 거대한 지리적, 환경적 운명을 설득력 있게 펼쳐 보였다면, 바츨라프 스밀의 이 책 『무엇이 대전환을 만들었는가』은 그 운명 속에서 인류가 자신의 물질적 조건을 어떻게 바꾸어 왔으며, 그 결과 우리가 지금 어떤 현실 위에 서 있는지를 현미경으로 들여다보듯 집요하고 정량적으로 파헤치기 때문이다. 우리는 지금 기후 변화라는 거대한 위기 앞에서 수많은 담론의 홍수 속에 살고 있다. 누군가는 기술이 모든 것을 해결해 줄 것이라는 장밋빛 미래를 이야기하고, 다른 한쪽에서는 곧 인류가 파멸할 것이라는 극단적인 비관론을 펼친다. 하지만 이러한 주장들은 종종 구체적인 현실에 단단히 발을 딛고 있지 않다. 인류가 지금 어디에 서 있는지, 그리고 우리가 마주한 도전의 규모가 얼마나 거대한지를 제대로 이해하지 않고서는 공허한 구호에 그치기 쉽다. 바로 이 지점에서 바츨라프 스밀의 『무엇이 대전환을 만들었는가』는 그 어떤 책보다도 묵직하고 근본적인 통찰을 던져준다.

바츨라프 스밀은 우리 시대의 가장 독창적이고 중요한 사상가 중 한 명이지만, 그의 이름은 아직 대중에게 낯설다. 그의 글은 지독히도 까다롭다. 수많은 통계와 데이터를 쉴 새 없이 제시하고, 여러 학문 분야를 넘나들며 현학적인 표현을 즐겨 사용한다. 이 책 『무엇이 대전환을 만들었는가』 역시 그의 여러 저작 중에서도 특히 난해하기로 손꼽히는 책이다. 하지만 그가 파헤치는 주제는 우리 문명의 가장 근본적인 토대, 바로 인류가 어떻게 먹고, 살아가며, 번성해왔는가에 대한 물질적 조건의 역사다. 그는 인구, 식량, 에너지, 경제, 그리고 환경이라는 다섯 가지 축을 중심으로 현대 세계가 어떻게 만들어졌는지를 집요하게 파고든다. 스밀의 가장 큰 미덕은 그가 결코 현실을 단순화하지 않는다는 점이다. 그는 명쾌한 모델이나 모든 것을 설명하려는 거창한 이론을 경계한다. 오늘날 경제학자들은 종종 에너지와 환경이라는 물리적 제약을 무시한 채 자신들의 모델을 세우지만, 평생 에너지와 생물권을 연구해 온 스밀에게 이는 현실을 왜곡하는 공허한 지적 유희에 불과하다. 그는 화려한 이론 대신, 구체적인 숫자를 통해 우리가 얼마나 큰 변화를 겪어왔는지, 그리고 그 변화의 이면에 어떤 대가가 있었는지를 냉정하게 보여준다.

이 책의 핵심인 다섯 가지 대전환은 서로 분리할 수 없는 하나의 거대한 시스템으로 작동한다. 첫 번째, 인구의 대전환은 단순히 사람이 늘어난 이야기가 아니다. 높은 출산율과 높은 사망률이 지배하던 과거에서 벗어나 낮은 출산율과 낮은 사망률의 시대로 넘어가는 인구 구조의 근본적인 변화다. 이 과정에서 일시적으로 노동 가능 인구가 부양해야 할 인구보다 많아지는 '인구 배당 효과'가 나타났고, 이는 20세기 후반 아시아의 기적적인 경제 성장을 이끈 핵심 동력이 되었다. 하지만 그 전환의 끝에는 일본과 유럽이 마주한 인구 고령화와 인구 감소라는 새로운 도전이 기다리고 있었다. 스밀은 생생한 이야기로 이 전환의 극적인 속도 차이를 보여준다. 19세기 초 프랑스의 가난한 농촌 여인의 삶은 수백 년 전 조상의 삶과 다르지 않았지만, 그의 아들은 불과 한 세대 만에 전차를 타고 교외로 나들이를 가는 파리의 부르주아가 되었다. 한편, 대기근에서 살아남은 중국의 한 소녀와 그녀의 후손들은 불과 두 세대 만에 이 모든 변화를 압축적으로 경험하며 세계적인 투자자로 성장한다. 이는 먼저 길을 닦은 선진국의 기술과 자본을 활용한 후발 주자의 이점을 극명하게 보여주는 사례다.

두 번째, 농업과 식량의 대전환은 인류를 기아의 공포에서 해방시킨 위대한 성공담이다. 스밀은 이 과정을 '생산성 향상'이라는 한마디로 요약한다. 그는 구체적인 숫자로 그 발전의 규모를 체감하게 만든다. 1800년, 미국 농부가 밀 1킬로그램을 생산하는 데 7분이 넘게 걸렸지만, 2000년에는 고성능 기계 덕분에 단 6초면 충분하게 되었다. 이 경이적인 발전의 핵심에는 질소 비료를 만들어낸 하버-보슈 공법이 있었다. 스밀은 이 기술이야말로 인류 역사상 가장 지대한 영향을 미친 발명이라고 단언한다. 이 기술이 없었다면 오늘날 세계 인구의 절반 가까이가 지금처럼 먹고 살 수 없었을 것이기 때문이다. 하지만 이 풍요의 이면에는 어두운 그림자가 있다. 인구 전환으로 가족 수가 줄어들자, 사람들은 집에서 요리하는 대신 간편한 외식과 가공식품을 찾게 되었다. 특히 막대한 양의 곡물과 에너지를 필요로 하는 육류 소비가 폭발적으로 증가했다. 스밀은 식용 부위 기준 소고기 1킬로그램을 얻기 위해 약 25킬로그램의 사료가 필요하다는 사실을 지적하며, 이 풍요가 어떻게 더 큰 에너지 소비와 환경 부담으로 이어지는지 그 역설적인 연결고리를 명확히 보여준다. 이 과정에서 지구의 주인은 야생동물에서 가축으로 바뀌었다. 오늘날 가축 전체의 생물량은 모든 야생 포유류를 합친 것보다 25배나 더 많다.

세 번째, 에너지 대전환은 다른 모든 전환을 가능하게 한 가장 근본적인 동력이다. 수천 년간 인류는 나무와 같은 바이오매스와 인간 및 동물의 근육이라는 한정된 에너지원에 갇혀 있었다. 스밀은 이 시대의 에너지 시스템이 얼마나 비효율적이었는지를 생생하게 묘사한다. 간단한 화덕에서 땔감을 태우면 에너지의 90% 이상이 연기로 사라졌다. 이 한계를 처음으로 돌파한 것은 석탄이었다. 영국은 다른 나라보다 200년 이상 앞서 석탄 시대를 열었고, 이는 산업혁명의 중요한 발판이 되었다. 이후 석유와 천연가스가 그 뒤를 이었다. 스밀은 단순히 에너지원의 종류가 바뀐 것뿐만 아니라, 에너지의 '질'이 달라졌다는 점을 강조한다. 석탄보다 에너지 밀도가 훨씬 높은 액체 연료는 자동차와 비행기 시대를 열었고, 파이프라인으로 쉽게 운송되는 천연가스는 난방과 발전에 혁명을 가져왔다. 그리고 이 모든 화석 연료 위에 '전기화'라는 '전환 속의 전환'이 일어났다. 전기는 빛, 열, 동력 등 어떤 형태로든 쉽게 바꿀 수 있는 가장 유연하고 깨끗하며 강력한 에너지 형태로서, 현대 문명의 모든 신경망을 이룬다. 스밀은 전기 없는 세상을 상상해보라고 말한다. 단순히 전등이 없는 세상이 아니라, 자동차 시동, 통신, 의료, 냉장, 컴퓨터 등 현대 생활의 거의 모든 것이 불가능해지는 세상이다.

네 번째, 경제의 대전환은 앞선 세 가지 전환의 결과물이다. 과거 경제는 연간 성장률이 0.1%에도 미치지 못하는 사실상의 정체 상태였다. 노동력의 80% 이상이 자급자족 농업에 묶여 있었다. 그러나 새로운 에너지원과 기술이 등장하면서 인류는 역사상 유례없는 지속적인 성장의 시대로 진입했다. 경제 구조 역시 근본적으로 바뀌었다. 노동력은 농업에서 제조업으로, 다시 서비스업으로 이동했다. 1800년 미국 노동력의 83%가 농업에 종사했지만, 오늘날 그 비율은 2% 미만이다. 스밀은 이 과정이 모든 나라에서 똑같이 진행되지 않았음을 보여준다. 영국은 산업화의 선구자였지만 그 과정은 점진적이었고, 증기기관의 역할은 과장된 측면이 있다. 오히려 값싼 에너지(석탄)와 높은 임금, 그리고 새로운 아이디어를 존중하는 계몽주의적 문화가 결합된 독특한 환경이 영국의 도약을 가능하게 했다. 반면 중국과 같은 후발 주자들은 이미 검증된 기술과 막대한 해외 자본을 발판 삼아 이 모든 과정을 수십 년 만에 압축적으로 따라잡았다. 그 결과 오늘날 세계는 거대한 불평등의 구조 위에 서 있다. 부유한 국가들은 이미 성장 둔화 단계에 접어들었지만, 수십억의 인구는 이제 막 풍요를 향한 긴 여정을 시작했을 뿐이다.

마지막으로, 환경의 대전환은 앞선 네 가지 전환이 남긴 청구서다. 인류는 지구의 모습을 근본적으로 바꾸어 놓았다. 경작지와 목초지는 이제 지구 육지 면적의 40%를 차지하며, 인간과 가축은 모든 포유류 생물량의 95% 이상을 차지하는 압도적인 지배자가 되었다. 스밀은 인간의 영향이 지구 전체에 미치고 있음을 보여준다. 질소와 인의 순환은 자연 상태보다 몇 배나 교란되어 바다에 거대한 '죽음의 지대'를 만들고 있으며, 플라스틱 쓰레기는 지구의 퇴적층에 새로운 지질학적 흔적을 남기고 있다. 그리고 이 모든 문제의 정점에는 지구 온난화가 있다. 그는 우리가 1992년 기후변화협약을 맺은 이후에도 화석연료 의존에서 벗어나기는커녕 오히려 더 깊이 빠져들었으며, 그 결과 이산화탄소 배출량이 25년간 50% 이상 증가했다는 냉혹한 현실을 지적한다.

이 책을 번역하는 과정은 스밀이라는 거대한 지적 산맥을 넘는 일과 같았다. 역자로서의 목표는 단 하나, 이토록 중요하지만 난해한 스밀의 통찰을 한 명의 독자라도 더 깊이 이해하고 공감하게 만드는 것이었다. 이를 위해 때로는 과감한 선택이 필요했다. 스밀은 자신의 주장을 뒷받침하기 위해 수많은 연구 논문과 통계 자료를 쉴 새 없이 인용한다. 이러한 방식은 학문적 엄밀성을 높이지만, 일반 독자에게는 텍스트의 흐름을 끊고 상당한 독서의 장벽으로 작용한다. 따라서 원저의 방대한 참고문헌과 전문적인 논쟁의 세세한 부분들은 텍스트의 흐름을 해치지 않는 선에서 과감히 덜어냈다. 또한, 원문의 의미를 최대한 정확하게 전달하면서도 한국 독자들이 쉽게 이해할 수 있도록 의역을 적극적으로 활용했다. 예를 들어, 스밀 특유의 건조하고 통계 중심적인 문체를 부드럽게 다듬고, 여러 개념이 복잡하게 얽힌 문장은 그 구조를 풀어 다시 쓰는 노력을 기울였다. 이는 원문의 엄밀함을 일부 희생하는 것일 수 있지만, 더 많은 독자가 스밀의 세계로 들어올 수 있는 다리를 놓는 일이라 믿었다.

이처럼 험난한 지적 여정을 무사히 마칠 수 있었던 것은 여러 귀한 분들의 도움이 있었기에 가능했다. 특히 부족함이 많은 역자의 초고를 처음부터 끝까지 꼼꼼히 살피며 부족한 부분을 지적하고 채워주신 이헌일 님의 도움이 없었다면 이 책의 완성도는 훨씬 떨어졌을 것이다. 또한 이 거대한 번역 작업을 처음부터 끝까지 믿고 맡겨주며, 지치지 않도록 독려와 지원을 아끼지 않은 처음북스 구준모 팀장님께도 깊은 감사의 마음을 전한다.

그럼에도 불구하고 이 번역서에 아쉬움이 남는다면, 그것은 온전히 원저자의 깊이를 제대로 담아내지 못한 역자의 미숙함 때문이다. 원저자인 바츨라프 스밀의 탁월함은 의심의 여지가 없다. 더 깊은 학문적 탐구를 원하거나 원문의 엄밀함을 직접 확인하고 싶은 독자에게는 개정 이전의 번역본이나 원서를 직접 읽어보기를 권한다. 이 책은 그럴 만한 가치가 충분하다.

스밀이 보여주는 세계는 결코 장밋빛이 아니다. 그는 인류가 이룩한 눈부신 성과, 즉 기아의 종식, 평균 수명의 연장, 전례 없는 물질적 풍요를 인정하면서도, 그 성공이 지구 생태계 전체의 건강을 위협하는 수준에 이르렀다는 사실을 결코 외면하지 않는다. 대전환의 혜택은 아직 수십억 인구에게 온전히 전해지지 않았으며, 우리의 풍요는 막대한 양의 에너지와 자원을 소모하고 엄청난 폐기물을 남기는 방식으로 유지되고 있다. 그는 우리가 화석연료라는 거대한 에너지 보조금 위에 아슬아슬하게 서 있음을,

그리고 이 시스템을 지속 가능한 방식으로 전환하는 것이 얼마나 거대한 도전인지를 숫자를 통해 실감하게 만든다. 수십 년 안에 100억 톤에 달하는 화석연료 탄소 배출을 다른 것으로 대체하면서, 동시에 100억 인구에게 식량과 에너지를 공급하고, 100조 달러가 넘는 경제를 유지해야 하는 과제는 인류가 한 번도 경험해보지 못한 거대한 도전이다.

하지만 스밀은 값싼 비관론에 빠지지도 않는다. 그는 인류가 놀라운 창의력으로 수많은 도전에 맞서 해결책을 찾아왔음을 상기시킨다. 질병을 정복하고, 기근을 극복했으며, 수많은 기술적 한계를 뛰어넘어 왔다. 그가 경계하는 것은 맹목적인 기술 만능주의나 모든 것을 해결해 줄 단 하나의 마법 같은 해결책에 대한 환상이다. 그는 에너지 전환과 같은 거대한 과업은 수십 년, 혹은 여러 세대에 걸쳐 이루어지는 점진적인 과정임을 역설한다. 반도체 기술 발전의 속도를 다른 모든 분야에 적용하려는 '무어의 저주'에 빠져서는 안 된다고 경고하며, 현실 세계의 물리적 제약을 직시할 것을 요구한다.

이 책을 덮고 나면, 우리는 인류 문명이라는 거대한 배가 어디에서 출항하여 지금 어디쯤을 항해하고 있는지, 그리고 앞으로 어떤 암초와 폭풍을 마주하게 될지에 대한 거대한 지도를 얻게 될 것이다. 그 길은 결코 순탄하지 않으며, 정해진 목적지도 없다. 스밀은 우리에게 쉬운 답을 주지 않는다. 대신 그는 우리가 현실을 직시하고, 복잡성을 끌어안으며, 겸손한 태도로 다가올 도전에 맞서야 한다고 말한다. 그것이야말로 이 혼돈의 시대를 살아가는 우리에게 가장 필요한 지적 정직성이자 책임 있는 자세일 것이다. 부디 이 책이 독자 여러분에게 인류의 과거를 이해하고 미래를 성찰하는 깊고 의미 있는 지적 여정의 동반자가 되기를 바란다.

안유석

## 서문

 이 책은 오늘날의 현대 세계를 만든 다섯 가지 근본적인 변화, 즉 '대전환'에 관한 이야기이다. 이 책은 제목에서 알 수 있듯이 인구, 농업, 에너지, 경제, 환경 분야에서 일어난 거대한 변화들이 서로 어떻게 영향을 주고받았는지 다양한 학문의 관점에서 탐구한 결과물이다. 필자는 이 다섯 가지 대전환이 각각 어떤 역사적 과정을 거쳤는지에 초점을 맞추었다. 앞으로 이어질 내용에서는 이 전환들이 얼마나 복잡한 배경 속에서 시작되었는지 살펴볼 것이다. 더 나아가 무엇이 이러한 변화를 가능하게 했고, 그 영향력을 더욱 키웠는지 그 원인들을 하나하나 짚어본다. 필자는 각각의 전환이 시간에 따라 어떻게 진행되고 전 세계로 퍼져나갔는지 그 과정을 추적했다. 또한, 이 전환들이 서로 어떤 경로로 영향을 주고받았으며, 최종적으로 어떤 결과를 가져왔는지 자세히 설명하고자 한다.
 이 책을 쓰는 일은 필자가 이전에 했던 여러 연구 덕분에 비교적 수월했다. 필자는 오랫동안 세계의 식량 생산과 영양 상태의 변화, 에너지 자원과 그 사용 방식, 그리고 현대 경제를 움직이는 핵심 기술과 물질들에 대해 연구해왔다. 또한 지구 환경 변화에 대한 연구도 꾸준히 해왔다. 하지만 이 책은 워낙 방대한 주제를 다루기 때문에, 중요한 사건이나 현상들을 빠뜨리지 않으면서도 내용을 적절한 분량으로 정리하는 것이 가장 큰 어려움이었다.

이 책은 인류가 기나긴 진화의 여정을 거쳐 어떻게 오늘날에 이르게 되었는지 이야기한다. 그리고 과거에는 상상조차 할 수 없었던 지금의 일상이 바로 이 대전환의 결과임을 보여준다. 하지만 대전환이 가져온 풍요로운 혜택은 아직 가난한 사회의 수십억 인구에게는 온전히 전해지지 않았다. 더 큰 문제는 인류가 이룩한 엄청난 발전이 이제는 지구 생태계 전체의 건강을 위협하는 수준에 이르렀다는 점이다. 그래서 필자는 이 역사를 서술하면서 단순히 성공 사례나 눈부신 성과에만 집중하지 않았다. 때로는 실패하며 돌아가야 했던 길, 막다른 골목에 부딪혔던 경험, 그리고 우리가 넘지 못한 명백한 한계들까지 함께 살펴본다.

필자는 대전환의 중요한 단계와 성과들을 강조하는 동시에, 그 혜택이 모든 지역과 계층에 고르게 돌아가지 않았던 불평등한 발전 과정도 평가하고자 한다. 또한, 대전환의 역사를 점진적인 진화의 과정으로 보면서도, 동시에 예측 불가능했던 특정 사건들이 어떻게 그 경로에 큰 영향을 미쳤는지 복합적으로 이해하려 노력했다.

하지만 이 책은 단순히 역사를 이야기하는 데 그치지 않는다. 필자는 인구, 식량, 에너지, 경제, 환경과 관련된 수많은 변화들을 구체적인 숫자를 통해 면밀히 분석한다. 이러한 정량적인, 즉 수치에 기반한 접근 방식은 책 전반에 걸쳐 단호하게 유지된다. 책에는 수많은 통계 자료가 등장하는데, 이는 우리가 다루는 거대한 변화의 규모를 제대로 이해하기 위해 반드시 필요하다. 숫자가 없다면 우리가 얼마나 큰 발전을 이루었는지, 그리고 아직도 얼마나 많은 사람들이 풍요로운 국가의 생활 수준에 미치지 못하는

지 정확히 알기 어렵다. 또한, 현대 문명의 에너지원을 화석연료에서 재생에너지로 바꾸면서 동시에 전 세계적인 번영을 이루는 일이 얼마나 거대한 도전인지도 제대로 실감할 수 없을 것이다.

다섯 가지 대전환은 서로 매우 가깝게 연결되어 있으며, 이러한 상호 연관성이야말로 대전환의 과정을 이해하는 핵심적인 열쇠이다. 이 점 때문에, 그리고 오늘날 과학 연구에서 널리 쓰이는 방법론 때문에, 어떤 독자들은 필자가 이 복잡한 상호작용을 설명하기 위해 어떤 명쾌한 모델을 제시하리라 기대할지도 모른다. 실제로 이런 종류의 모델은 기후 변화의 위험을 평가하고, 미래의 식량 수요를 예측하며, 앞으로 우리가 어떤 에너지를 얼마나 사용하게 될지 전망하는 데 널리 쓰인다.

지구 전체의 인구, 식량, 에너지, 경제, 환경이 어떻게 서로 영향을 주고받는지 분석하는 모델 연구는 1960년대 후반 매사추세츠 공과대학교MIT에서 시작된 시스템 동역학 연구에 뿌리를 두고 있다. 필자는 이 초기 연구에 직접 참여했던 경험을 통해, 이러한 모델이 현실 세계의 문제를 해결하는 데 얼마나 유용한지에 대해 평생에 걸쳐 깊은 회의감을 갖게 되었다.

물론 이런 모델들이 새로운 발견을 위한 실마리를 제공할 수 있다는 점을 부정하지는 않는다. 하지만 모델의 예측 능력은 근본적인 한계를 가질 수밖에 없다. 우리는 아직 모델을 구성하는 각각의 요소들에 대해 완전히 이해하지 못하며, 계속해서 변화하는 요소들 사이의 복잡한 관계에 대해서는 아는 것이 훨씬 더 적기 때문이다. 이러한 이유로 필자는 미래를 예측하는 거시적인 모델이나 보편적인 이론을 접할 때마다, 그것을 현실을 정확히 비추는 거울로 보기보다는 끊임없이 의심하고 비판적으로 분석해야 할 대상으로 여긴다. 경제학자 오데드 갤러가 제시한 통합 성장 이론이 좋은 예이다. 그의 이론은 대전환을 이끈 힘을 설명하는 훌륭한 틀을 제공하는 것처럼 보인다. 하지만 인류 역사에서 결정적인 역할을 한 에너지와 환경에 대해서는 아무런 언급이 없다. 필자는 에너지와 생물권이라는 두 영역을 평생 연구해 온 학자로서, 이 두 가지를 빼놓고 우리가 사는 세상을 제대로 이해하는 것은 불가능하다고 생각한다.

필자는 왜 그래픽 모델을 조금도 사용하지 않기로 결정했을까? 특정한 전환을 일으키거나 다른 대전환에까지 영향을 미치는 여러 요인의 상호 관계를 간단한 그래프로 나타내는 방법도 있다. 이 방법은 여러 요인이 거미줄처럼 얽힌 상호의존 관계를 설명하는 데 가장 효과적일 수 있다. 또한 여러 요인이 서로의 영향을 키우거나 반대로 약화시키는 피드백 작용을 설명하는 데에도 유용할 수 있다.

하지만 그런 그래픽 모델이 현실을 제대로 반영하려면, 즉 현실을 지나치게 단순화하여 왜곡하지 않으려면 매우 복잡하게 얽힐 수밖에 없다. 더 중요한 문제는 그런 그림으로는 서로 부딪히거나, 순서대로 일어나거나, 끊임없이 모습이 바뀌는 피드백 효과를 제대로 담아낼 수 없다는 점이다. 또한 중요하지만 종종 오랜 시간이 흐른 뒤에야 나타나는 질적인 변화들도 포착하기 어렵다.

이처럼 거대한 대전환의 얽히고설킨 실타래를 풀려고 할 때, 우리는 때로 그 현상의 본질이 무엇인지조차 제대로 알기 어렵다. 심지어 그 모든 변화가 언제부터 시작되었는지조차 불분명할 때가 많다. 예를 들어 인구 구조의 전환을 생각해보자. 이 전환은 영아 사망률이 낮아지고 소득이 늘거나, 여성의 사회 진출이 활발해지는 것과 같은 사회경제적 환경 변화에 대한 적응 과정이었을까? 아니면 새로 등장한 피임법이 일부 선구적인 사람들을 시작으로 점차 사회 전반으로 퍼져나간 기술 혁신의 과정이었을까?

이 두 가지 경로는 서로를 배제하지 않으므로 둘 중 하나만 정답인 것은 아니다. 게다가 이 두 경로가 상호작용하는 방식은 각 나라의 고유한 특성에 따라 다르게 나타났다. 변화의 계기, 원인, 경로 등으로 제시된 설명들은 그 설득력의 크기는 저마다 다를지라도 모두 어느 정도 일리가 있다. 하지만 어떤 경우에도 여러 원인 사이에 절대적인 중요도 순위를 매기거나, 이 복잡한 과정을 하나의 깔끔한 도표로 그리는 것은 불가능하다.

이제 또 다른 복잡한 사례를 살펴보자. 필자는 왜 근대 초기의 여러 나라 가운데 영국이 가장 먼저 폭발적인 경제 성장을 경험했는지 묻는다. 무엇이 그 시기를 결정했을까? 어떤 요인들이 결합하여 그 성장을 계속 이어지게 만들었을까? 새로운 에너지원, 과학 지식, 기술 발명, 경제 제도는 각각 어떤 역할을 했을까? 이것이 과연 '산업혁명'이라는 이름에 걸맞은 비교적 빠른 변화였을까? 아니면 그보다 더 복잡하고 점진적인 경제 근대화 과정이었을까? 이런 질문에 답하기가 얼마나 어려운지는 한 가지 사실만 봐도 명확히 알 수 있다. 산업혁명의 직접적인 원인이 무엇이었는지, 심지어 그 혁명이 언제 시작해서 언제까지 이어졌는지에 대해 전문가들 사이에서도 아직껏 아무런 합의가 없다는 사실이다.

여기서부터 문제는 한층 더 얽히게 된다. 많은 대전환이 어떤 경로를 밟을지 예측하기 어렵다는 사실 자체가, 모든 경우에 들어맞는 일반적인 모델을 섣불리 적용해서는 안 된다는 또 하나의 중요한 근거가 되기 때문이다. 물론 전환의 초기 단계에서도 그 결과가 어떠할지 아주 개괄적인 수준에서는 예측할 수 있다. 전환이 어느 정도 진행된 후에는 좀 더 구체적인 예측도 가능해진다. 하지만 대부분의 경우, 전환이 가져오는 진정한 의미와 예측하지 못했던 수많은 결과들은 그 과정이 거의 다 끝나갈 무렵에야 비로소 전체 모습을 드러낸다. 전환을 통해 새로운 사회 질서와 상호작용이 자리 잡으면서 새로운 현실이 만들어지고, 이전에는 없던 가능성이 열리며, 여기서부터 파생되는 2차, 3차적인 영향이 나타나기 때문이다.

예를 들어, 인구 전환으로 가족의 규모가 작아지면 식량 전환에는 어떤 영향이 생길까? 단순하게 생각하면, 한 자녀 가구나 자녀 없는 부부가 늘어나면 가구당 식량 소비가 줄어들 것이라고 예상할 수 있다. 이는 농업에 필요한 에너지 사용을 줄이고, 나아가 경제 전체의 환경 부담을 덜어줄 것으로 기대할 수 있다. 하지만 현실은 정반대로 나타났다.

오히려 가족 수가 줄어들수록 집에서 요리하는 횟수는 줄고, 간편식이나 외식, 배달 음식을 이용하는 경우가 늘어난다. 특히 패스트푸드점에서 바로 먹거나 전자레인지로 데우기만 하면 되는 가공육은 매우 편리한 식품이다. 하지만 육류를 생산하려면 필연적으로 막대한 에너지가 들어간다. 가축에게 먹일 사료용 곡물을 재배해야 하고, 대규모 시설에서 수많은 동물을 관리해야 하기 때문이다. 축사를 청소하고 온도를 맞추며 물을 공급하고, 생산된 고기를 냉장 보관하고 운송하는 모든 과정에 에너지가 소모된다.

결과적으로 현대의 육류 생산은 전기와 연료를 많이 쓰는 주요 산업이 되었다. 한편으로 이러한 에너지 수요 증가는 기술 발전을 촉진하기도 했다. 예를 들어, 곡물 재배에 필요한 질소 비료의 총사용량은 늘었지만, 단위 사료당 육류 생산 효율도 함께 높아져, 소비되는 고기 단위당 질소 오염은 줄어들었다. 또한 과거에 문제가 되었던 오염물질 배출이 사라지기도 했다. 대표적으로 냉장 기술에 더 이상 오존층 파괴의 주범인 염화불화탄소$^{CFC}$를 사용하지 않게 된 것을 들 수 있다. 하지만 이 사례는 상황이 다시 나빠질 수 있다는 점도 보여준다. 중국에서는 2010년부터 특정 염화불화탄소 사용이 금지되었지만, 2018년 보고서에 따르면 건물 단열재 생산에 이 물질이 여전히 불법적으로 사용되고 있음이 드러났다.

앞서 본 예처럼, 하나의 전환이 다른 전환에 미치는 영향은 단순하지 않다. 그 영향은 때로 오랜 시간이 지난 뒤에야 미묘하고 예측하기 어려운 형태로 나타나거나, 심지어 정반대의 결과를 낳기도 한다. 그렇기 때문에 이러한 복잡한 관계를 단순한 흐름도로 표현하려는 시도는 현실을 제대로 보여주기보다는 오히려 오해를 불러일으키기 쉽다.

따라서 이 책은 대전환의 기원과 작동 원리에 대한 명쾌한 해답을 찾는 독자에게는 실망스러울 수 있다. 또한 예측 불가능한 현실의 과정을 추적하기보다 추상적인 모델을 선호하는 독자, 시장이 모든 문제를 해결해 줄 것이라 믿는 독자, 또는 미래에 대한 구체적인 예측을 기대하는 독자에게도 만족스럽지 못할 것이다. 이렇게 미리 밝히는 것은 변명이 아니다. 복잡한 현실을 정형화된 모델과 도표에 끼워 맞추고 먼 미래까지 예측하려는 연구들이 넘쳐나는 지금, 오히려 꿋꿋하게 경험적인 사실에 근거해 연구하는 태도가 필요하다고 강조하고 싶을 뿐이다. 필자는 거창한 통합 이론이나 모든 것을 설명하려는 포괄적인 해석의 틀을 피하고자 한다.

대전환은 자연선택 과정의 가장 최근 단계로 볼 수 있다. 인류의 고유한 문화적, 사회적, 기술적 능력이 이 과정을 더욱 강력하게 만들고 특정한 방향으로 이끌었을지도 모른다. 하지만 이 과정은 정해진 결과를 향해 나아간 것이 아니라 수많은 제약 속에서 이루어졌다. 인류의 역사가 지금과 같이 펼쳐진 것은 결코 필연적인 결과가 아니다. 만약 과거에 훨씬 더 큰 화산이 폭발했거나, 냉전 시대에 실제로 여러 번 일어날 뻔했던 핵전쟁이 실제로 벌어졌다면, 인류의 진화는 다른 길로 갔거나 아예 멈추었을 수도 있다.

또한 분명한 점은, 인류의 진화가 앞으로도 무한히 발전할 것이라는 보장이 없다는 것이다. 인류가 신이 될 것이라거나, 인공지능이 인간을 초월하는 특이점이 곧 올 것이라는 생각은 모두 비현실적이다. 인류의 운명은 여전히 수많은 자연법칙의 제약을 받는다. 인류 문명은 거대한 운석 충돌과 같은 재앙 앞에서 무력하며, 2020년 코로나19 사태가 보여주었듯이, 전 세계가 긴밀히 연결된 오늘날에는 새로운 바이러스가 단 몇 주 만에 지구 전체로 퍼져나갈 수 있다.

인류는 참으로 놀라운 창의력을 지닌 종이다. 우리는 대전환이 몰고 온 수많은 도전에 맞서 끊임없이 해결책을 찾아왔다. 개인의 삶과 관련된 많은 위험들을 성공적으로 통제했다. 예를 들어, 초거대 도시에 사는 사람들 사이의 전염병 전파 위험이나 항공기 운항의 위험을 크게 낮추었다. 이와 비슷하게 인류는 인구 증가와 대량 소비 과정에서 발생하는 다양한 환경 문제들도 상당한 창의성을 발휘해 관리해왔다. 하지만 안타깝게도 우리는 아직 단 하나뿐인 지구 생물권을 장기적으로 보존할 수 있는 방식으로 경제를 운영하는 데에는 실패하고 있다.

여러 오염 문제는 비용이 많이 들더라도 효과적인 기술로 해결하거나 없앨 수 있다. 반면에 오래전에 형성된 지하수층이 마르거나 수많은 생물 종이 사라지는 것과 같은 문제들은 손쉬운 기술적 해법이 없다. 그리고 모든 대전환 과정에서 발생한 가장 궁극적인 환경 문제인 지구 온난화는 그 심각성을 조금이라도 완화하는 데만도 엄청난 노력이 필요하다. 기온 상승, 해수면 상승, 바다의 산성화 같은 가장 우려되는 현상을 줄이려면, 전 세계적인 약속과 더불어 기술과 사회 시스템의 대대적인 조정이 필요하다.

이러한 과제는 인류가 신속하게 대응할 수 있는 능력을 넘어설지도 모른다. 현재로서는 지구 평균 온도 상승 폭을 1.5도 이내로 막는 것이 거의 불가능해 보인다. 이 1.5도는 그나마 인류가 감당할 수 있는 충격의 최대 한계선으로 여겨지는 수준이다. 2020년에 만들어진 어떤 모델도 우리가 2050년이나 2100년에 이 위기에서 어떻게 벗어날 수 있을지 확실하게 알려주지 못한다. 인류는 이처럼 많은 것을 이루었음에도 불구하고, 여전히 생존의 불확실성이라는 근본적인 문제에 직면해 있는 것이다.

필자가 이 책을 통해 시도한 것은, 평소에는 서로 교류가 없는 다양한 학문 분야의 연구 결과들을 한데 모아 대전환의 복잡한 상호작용을 설명하는 것이었다. 그러면서도 간단한 해답을 제시하고 싶은 유혹은 단호히 뿌리쳤다. 이러한 접근 방식이 독자들이 우리가 과거에 이룩한 성과를 이해하고, 동시에 앞으로 다가올 도전 과제들의 무게를 실감하는 데 도움이 되기를 바란다.

바츨라프 스밀

# CONTENTS

역자의 말 … **4**
서문      … **11**

## 01. 획기적인 다섯 가지 대전환
세계의 변화는 어떻게 이루어졌는가?         … **24**
대전환의 속도와 세대 간의 격차              … **28**
다섯 가지 대전환의 전과 후                  … **33**
다각도로 바라봐야 하는 대전환의 연구        … **45**

## 02. 인구의 대전환
인구 전환이 세계에 미치는 다양한 결과       … **62**
인구 변천(Demographic Transition)           … **70**
기대 수명의 한계, 고령화, 그리고 인구 감소  … **93**
이민과 도시화 그리고 메가시티               … **110**

## 03. 농업과 식량의 대전환
농업과 식량 시스템은 어떻게 바뀌었을까?     … **134**
생산성 전환: 작물과 동물                    … **139**
식량 공급과 식생활의 전환                   … **162**
기근의 종식 그리고 환경 문제                … **184**

## 04. 에너지의 대전환

- 에너지 전환을 이끈 세 가지 핵심 요소 ··· 208
- 짧은 시간 안에 이루어진 에너지 전환 ··· 209
- 전기화: 전환의 속도를 높이다 ··· 243
- 에너지 사용 효율 향상과 경제 전반의 에너지 소비량 변화 ··· 255

## 05. 경제의 대전환

- 현대 시스템으로 나아가는 경제의 전환 ··· 272
- 세계 경제성장률의 전환 ··· 277
- 생계형 경제에서 현대 경제로의 전환 ··· 296
- 물질적 풍요, 이동성, 정보, 그리고 소통 ··· 330

## 06. 환경의 대전환

- 세계의 전환이 환경에 미친 부정적 영향 ··· 358
- 파괴된 땅, 함부로 쓰인 땅: 대전환이 남긴 지표면의 상처 ··· 366
- 현대 사회가 환경에 끼친 많은 악영향 ··· 386
- 인간의 행동이 초래한 전 지구적 변화 ··· 408

## 07. 대전환의 결과와 미래

- 다섯 가지 대전환의 결과와 전망 ··· 422
- 다섯 가지 대전환의 영향 ··· 423
- 다가오는 획기적인 전환 ··· 451
- 끝나지 않은 대전환과 인류의 선택 ··· 489

부록 ··· 510

# 01

## 획기적인 다섯 가지 대전환

## 세계의 변화는 어떻게 이루어졌는가?

현대 사회는 무엇으로 움직이는가? 이 질문에 답하는 가장 좋은 방법은 우리가 어떻게 지금의 모습에 이르게 되었는지 그 과정을 되짚어보는 것이다. 오늘날 우리는 낮은 출산율, 풍족한 먹거리, 막대한 에너지 소비, 세계화된 경제, 높은 이동성, 그리고 실시간으로 이루어지는 광범위한 소통을 당연한 일상으로 받아들인다. 이러한 다각적인 현대화 과정을 이끈 힘은 무엇이었을까? 다른 한편으로, 우리는 어떻게 지구 온난화를 비롯한 심각한 환경 파괴 문제에 직면하게 되었을까? 필자는 이러한 근본적인 질문에 답하기 위해, 현대 세계가 형성된 과정을 비교적 짧은 기간에 일어난 몇 가지 연속적인 '전환'으로 나누어 살펴보는 것이 가장 효과적이라고 생각한다.

필자의 관심은 이번에도 역사에 있다. 필자의 목표는 뚜렷이 구분되면서도 서로 깊이 의존하는 몇 가지 전환 과정을 살펴보는 것이다. 이 전환 과정들은 언제나 양적인 변화와 질적인 변화를 동시에 일으키며 진행되었다. 필자는 이 전환들이 어디서 시작되었고, 얼마나 복잡한 과정을 거쳤으며, 서로 어떻게 힘을 합치거나 때로는 부딪혔는지, 그리고 그 결과가 어떠했는지를 규명하고자 한다. 이러한 대전환은 전통 사회를 현대 사회로 바꾸면서 문명의 모든 영역에 영향을 미쳤다. 구체적으로는 인구 구조가 바뀌었고, 농사짓는 방식과 식량을 생산하는 체계가 달라졌다. 에너지를 얻는 자원과 그 효율성도 변했으며, 산업과 서비스 부문의 성장 속도와 범위도 달라졌다. 또한 교역 규모, 부의 분배 방식, 그리고 환경의 상태까지 모든 것이 바뀌었다.

일반적으로 1500년을 기준으로 전통 사회와 초기 근대 사회를 구분하는데, 이 시기 이전의 세계에서도 다양한 차원의 변화가 일어났다. 전쟁은 칼을 들고 싸우던 방식에서 강력한 대포를 사용하는 형태로 발전했고, 외세의 침략, 대규모 민족 이동, 거대한 제국 건설 시도 등이 끊임없이 일어났다. 한편으로는 야금 기술이 눈부시게 발전했고, 장대한 건축물이나 유화 같은 다양한 예술 분야에서도 괄목할 만한 진보가 이루어졌다. 특히 유화 기법은 비잔틴 제단화의 딱딱하고 정형화된 종교적 표현에서 벗어나, 보티첼리의 그림처럼 부드럽고 풍성한 아름다움을 표현하는 수준으로까지 발전했다.

하지만 가장 근본적이고 인간 생존에 직결되는 문제들에서는 모든 전근대 사회가 매우 더디게 변화하며 기존의 방식을 오랫동안 유지하는 특징을 보였다. 예를 들어 인구 증가의 양상, 주된 농업 생산 방식과 식량 공급 체계, 그리고 경제 성장에 필요한 에너지원을 확보하고 전환하는 방식 등은 거의 변하지 않았다. 물론 기후 조건, 지배적인 사상, 사회 및 경제 조직의 형태가 달랐기 때문에 각 사회는 매우 다양한 모습으로 나타났다. 강력한 중앙 집권 체제를 유지했던 역대 중국 왕조들과, 군주와 귀족, 세속 권력과 종교 권력 사이에 끊임없는 긴장 관계가 특징이었던 수많은 소규모 중세 유럽 왕국들은 매우 대조적인 모습을 보였다.

각 지역, 국가, 민족은 저마다 독특한 특징을 지녔다. 농사짓는 방식도 한 해에 한 번 농사짓는 단작부터 두 번 짓는 이모작, 여러 작물을 함께 심는 간작에 이르기까지 다양했다. 가축의 종류와 수도 지역마다 달라, 구대륙 전역에서는 10여 종이 넘었지만 고대 메소아메리카 지역에서는 개와 칠면조 정도에 불과했다. 주로 먹는 음식도 완전 채식부터 육류 위주의 식단까지 다양했고, 주된 경제 활동 역시 밭농사, 복합 농업, 유목, 어업 등으로 각기 달랐다. 농경 방식도 넓은 지역을 옮겨 다니며 밭을 일구는 화전 농업부터, 정교한 관개 시설을 이용하여 여러 작물을 번갈아 심는 집약적인 윤작에 이르기까지 여러 형태가 있었다.

일상의 식생활에서도 지역별 차이가 뚜렷했다. 예를 들어, 동아시아의 발달된 문명권에서는 거의 먹지 않았지만 주변 유목민들은 즐겨 먹었던 유제품의 소비 여부가 달랐다. 일본에서는 메이지 천황이 직접 국민에게 육식을 권장하기 전까지 천 년 넘게 고기 섭취가 금지되기도 했다. 해산물의 섭취 여부도 지역에 따라 차이가 컸다. 또한 거의 모든 전통 문화에는 복잡한 음식 금기 사항이 있었다. 예를 들어 중국은 무엇이든 먹는 잡식 문화로 유명했지만, 질병을 앓거나 임신 중일 때는 금지되는 음식이 많았다. 건축 양식도 달라, 유럽, 중동, 인도 등지에서는 돌이나 구운 벽돌로 건물과 기념물을 만드는 것이 일반적이었지만, 지진이 잦았던 일본에서는 목조 건축이 주를 이루었다. 하지만 웅장한 성당을 품은 유럽의 성곽 도시들, 물과 땅이 독특하게 어우러진 아즈텍 문명의 수도 테노치티틀란, 수많은 운하로 연결된 중국 동부의 인구 밀집 도시와 마을들처럼 겉으로 드러나는 모습은 매우 달랐지만, 그 이면에는 모든 사회가 공유하는 근본적인 공통점들이 있었다.

물론 전근대 사회에서도 성장이 있었고, 새로운 기술이 등장했으며, 분명한 발전도 이루어졌다. 하지만 그 모든 변화는 매우 점진적이었다. 규모와 범위, 발생 빈도, 그리고 사회에 미치는 영향력이 모두 제한적이었기 때문이다. 대부분 사람들의 일상은 생존에 필요한 일들에 얽매여 있었다. 그들이 처한 한계 상황은 수백 년 전, 심지어 수천 년 전에 살았던 조상들도 충분히 공감하고 이해할 수 있는 수준이었다. 한 가지 예를 들어보자. 연구에 따르면, 지금의 카자흐스탄 북부 지역에서 기원전 3500년경 말이 처음 가축화된 이래 1820년대 증기기관차가 등장하기 전까지, 5천 년이 넘는 시간 동안 육지에서 가장 빠른 이동 수단은 말을 타거나 말이 끄는 마차였다. 바다에서도 마찬가지였다. 고대 이집트 시대부터 19세기 초까지 장거리 항해의 주역은 돛단배였다. 물론 그동안 돛의 모양이나 돛을 다루는 기술은 여러 차례 발전했다. 하지만 바람의 힘을 이용한다는 근본적인 방식은 변하지 않았고, 1830년대에 증기선이 등장하면서부터 비로소 돛단배는 주역의 자리에서 밀려나기 시작했다.

  이처럼 변화가 매우 더딘 사회는 몇 가지 공통적인 특징을 가졌다. 우선 인구 증가율이 극히 낮았고, 식량 공급은 항상 부족했다. 에너지 전환 방식도 비효율적이었다. 주로 나무와 같이 에너지 밀도가 낮은 연료를 사용했으며, 그마저도 모닥불이나 간단한 화덕에서 태워 낮은 효율로 에너지를 얻었기 때문이다. 그 결과 경제 수준은 거의 제자리걸음을 면치 못했다. 설령 특정 국가가 다른 나라에 비해 두드러진 우위를 점하는 경우에도, 이는 사회 시스템의 근본적인 차이라기보다는 정도의 차이에 불과했다. 예를 들어 고대 한나라 시대의 중국은 제철 기술부터 말을 부리는 기술에 이르기까지 여러 분야에서 로마보다 앞서 있었다. 이러한 기술적 우위는 상당 기간 지속되었지만, 언제 그 우위가 사라졌는지에 대해서는 학자들 사이에서도 의견이 분분하다. 일부 연구에 따르면 중국은 18세기 말까지도 서유럽보다 더 부유했다고 한다. 하지만 다른 한편에서는 중국의 생활 수준이 이미 12세기 초에 정점을 찍었고, 1750년경에는 1인당 국내총생산이 영국 수준의 절반에도 미치지 못했다는 반론을 제기한다.

===== 대전환의 속도와 세대 간의 격차 =====

반면에, 대전환과 함께 나타난 새로운 생활 방식, 사회 규범, 그리고 미래에 대한 기대 수준은 매우 빠르게 변했다. 몇몇 사례를 보면 변화의 속도가 너무 빨라서, 어떤 노인의 어린 시절 경험은 성인이 된 자녀들보다 오히려 몇 세기 전에 죽은 조상들의 삶과 더 비슷할 정도였다. 나폴레옹이 유럽 대륙을 정복하려던 19세기 초, 프랑스 중부의 한 가난한 마을에서 태어난 여성의 삶을 한번 상상해 보자.

그 여성은 부모님과 함께 비가 새는 방 한 칸짜리 초가집에 살았다. 얕은 우물에서 물을 길어다 썼고, 목욕은 거의 하지 못했다. 그리고 낡은 침대에서 세 명의 형제자매와 함께 잠을 잤다. 주로 걸어 다녔으며, 유일한 교통수단이라고는 황소가 끄는 짐수레뿐이었다. 마차는 꿈도 꾸지 못했고, 멀리 여행을 떠날 수도 없었다. 나무와 짚이 유일한 땔감이었기에, 어머니를 도와 장작을 구해서 등에 무겁게 지고 와야 했다. 그리고 추수한 들판에서 이삭과 짚을 주워 모아(그림 1.1) 가축을 먹이고 끼니를 해결했으며, 어린 동생들도 돌보았다. 금속은 비쌌기 때문에 오래 쓸 수 있는 좋은 살림살이도 얼마 되지 않았다. 근처 도시에서 일자리를 얻은 극소수를 제외하면 대부분은 농사일로 먹고살았는데, 그 농사일은 낭만적인 시골 생활과는 거리가 멀었다.

가축의 도움을 받는 육체노동은 수천 년 동안 그래왔듯이 사람이 움직이는 데 필요한 운동 에너지의 대부분을 차지했으며, 대부분 나무로 만든 농기구는 한두 세기 전과 별반 다르지 않았다. 1823년 이 근처를 여행했던 제임스 코벳James Cobbett은 '여인들이 똥지게를 지고 밭으로 들어가 맨손으로 거름을 뿌리고 있었다'고 묘사했는데, 그녀의 모습도 이와 크게 다르지 않았을 것이다. (19세기 초 수십 년 동안 위대한 유럽 국가 프랑스의 생존 기반이

그림 1.1_19세기 초, 농장에서 장시간의 육체노동과 절약하는 삶을 보여 주는 장 프랑수아 밀레 (Jean-François Millet)의 〈이삭 줍는 여인들(Les glaneuses)〉(1857)

이처럼 사람 손으로 직접 거름을 뿌리는 방식에 있었다니 놀라운 일이다!)

그러면 이제 1870년대 파리에 살던 그녀의 아들을 살펴보자. 그는 자수성가한 사업가로, 마치 구스타브 카유보트Gustave Caillebotte의 그림 〈비 오는 날의 파리 거리Rue de Paris, temps de pluie〉(그림 1.2) 속에서 우산을 쓰고 걸어가는 남자 같은 모습이었을 것이다. 그리고 그의 사회적 신분 상승 과정은 1871년부터 1893년 사이에 출판된 에밀 졸라Émile Zola의 20권짜리 대하소설 《루공-마카르 총서Rougon-Macquart cycle》의 주인공들을 통해 생생하게 묘사된 것과 비슷했을 것이다. 필자는 프랑스 제2제국(1852~1870년) 시기에 있었던 근대화 초기 단계들의 빠른 전환 과정을 《루공-마카르 총서》만큼 훌륭하게 요약한 소설은 없다고 생각한다.

이러한 빠른 변화 덕분에, 손으로 거름을 뿌리며 농사를 짓던 어머니의 아들은 파리의 행정가 조르주-외젠 오스만Georges-Eugène Haussmann 남작이 낡

그림 1.2_19세기 말, 새로운 풍요와 열망을 담은 새 도시를 보여 주는 구스타브 카유보트(Gustave Caillebotte)의 〈비 오는 날의 파리 거리(Rue de Paris, temps de pluie)〉(1877)

은 집들과 구시가지의 좁은 거리들을 과감하게 정비한 지역에 있는 넓은 집을 얻을 수 있었다(그림 1.3). 그는 주말이면 교외의 작은 집에 머물며 정원을 가꾸거나, 작은 배를 타고 센강으로 나가기도 했을 것이다. 그리고 20세기 초반 10년 동안에는 전기로 불을 밝히고 석탄을 태워 만든 도시가스로 난방을 하는 아파트에 살았다. 또한 전차와 지하철을 타고 이동하면서 자동차를 살까 고민했을지도 모른다. 여름에는 노르망디 해안의 에트르타$^{Étretat}$나 프랑스 남부 지중해 연안의 휴양지인 리비에라$^{Riviera}$에서 휴가를 보냈다. 나폴레옹 시대에 살았던 할머니의 삶은 300년 전의 조상과 별다를 바 없었지만, 손자의 삶은 오늘날 도시에 사는 우리의 일상과 훨씬 더 닮아 있었다.

중국의 경우, 겨우 두 세대 만에 훨씬 더 극적인 전환을 겪는다. 공산당 통치가 수립되기 4년 전, 안후이$^{Anhui}$성의 한 가난한 소작농 가정에서 한

그림 1.3_100여 년 후 마차 대신 자동차가 다닐 도시. 그 밖의 환경은 여전하다. 카미유 피사로 (Camille Pissarro)의 〈비 오는 날 파리의 프랑스 극장 앞 광장(Place du Théâtre Français, Paris: pluie)〉(1898)

소녀가 태어났다. 그녀는 공산품이 거의 없던 사회에서 성장했으며, 당시 마을에는 겨우 먹고살 만큼의 식량만 있었다. 그녀는 1959년부터 1961년 사이에 있었던 세계에서 가장 파괴적인 기근에서 대가족 중 유일하게 살아남았다. 안후이성은 특히 심각한 타격을 입어 여러 마을에서 인구의 상당수를 잃었다. 결혼 후, 1965년에 그녀가 낳은 아들은 이전 세대와는 비교할 수 없을 만큼 밝은 미래가 약속된 환경에서 어른으로 성장했다.

1976년, 기근의 주요 원인이었던 마오쩌둥이 사망했을 당시 청소년이었던 그는 수학적 재능 덕분에 고등학교에 진학했고, 그 무렵 덩샤오핑은 경제 개혁을 시작했다. 그가 19살이 되었을 때 식량 배급제가 폐지되었으며, 그는 1989년에 베이징 대학을 졸업했다. 1989년은 정치적으로 격동의 해였다. 당시에는 중국의 일당 통치가 영원하지 않을 것처럼 보이기도 했지만, 천안문 사태와 함께 그 꿈도 사라졌다. 하지만 선전으로 일하러 간 젊은 졸업생에게는 큰 차이가 없었다. 선전은 당시 세계 전자 제조업의 중심지가 되면서 새로운 홍콩으로 변모해가던 작은 마을이었다. 세기말이 되자, 그의 어머니는 상상할 수 없을 만큼 부자가 되었고, 널찍한 아파트에 살면서 홍콩에 집을 한 채 더 장만하게 된다.

그가 상하이로 거처를 옮기고 난 뒤, 2010년에는 그의 알고리즘이 중국에 인터넷 쇼핑 열풍을 일으키는 데 기여했다. 50세에는 샌달우드 부동산 Sandalwood Estates 단지 내 약 500평 넓이의 복합 빌라에 살았다. 세계적인 투자자가 된 그는 캐나다에는 포도밭을, 캘리포니아에는 집을 한 채 소유하고 있었으며, 유럽에도 상당한 자산을 가지고 있었다. 1990년에 태어난 그의 아들은 미국 서부 해안의 명문 대학 진학을 준비하면서 엄마와 함께 밴쿠버에 살았다. 그의 영어 이름은 제임스였고, 10만 달러짜리 스포츠카를 몰았으며, 해마다 비행기를 타고 오는 70대의 할머니를 모시고 캐나다나 미국으로 이민 온 친척들을 방문하기도 했다.

앞서 다룬 프랑스 이야기처럼 이 또한 꾸며낸 이야기이다. 하지만 이야기 속 구체적인 묘사는 모두 실제로 있었던 사실에 바탕을 둔다. 그렇기 때문에 이와 비슷한 삶을 살았던 실제 인물을 찾는 것은 그리 어려운 일이 아닐 것이다. 다만 결정적인 차이점이 있다. 프랑스에서 한 세기에 걸쳐 일어난 변화가 중국에서는 두 세대가 채 지나기도 전에 이루어졌다는 점이다. 더욱 놀라운 것은 그 거대한 변화가 역사상 최악의 기근이 닥쳤을 때 시작되었다는 사실이다. 한편, 이 이야기는 단지 놀라울 뿐만 아니라 후발 주자가 갖는 이점을 잘 보여주는 훌륭한 사례이기도 하다. 중국의 이러한 발전은 외부의 도움이 없었다면 불가능했을 것이다. 약 4조 달러에 달하는 막대한 외국인 직접 투자가 있었고, 합법적인 경로와 불법적인 경로를 가리지 않고 최신 기술과 설계가 중국으로 이전되었기 때문이다.

이 책에서는 대전환이 일어난 이유를 체계적으로 탐구하고, 근대 이전 사회의 규범들을 설명하며, 수 세기에 걸쳐 일어난 전환부터 한 세대 안에서 급격히 이루어진 수많은 전환의 경로를 따라간다. 이를 통해 이러한 대전환이 다양한 시대 변화를 겪은 현대 사회 곳곳에 어떤 영향을 미쳤는지 개괄적으로 보여주고자 한다. 더 구체적인 주제들로 들어가기에 앞서, 전환 이전의 상태와 궁극적인 결과를 나란히 놓고 비교하여 핵심적인 차이점들을 먼저 살펴볼 필요가 있다.

## 다섯 가지 대전환의 전과 후

단순화에는 당연히 위험이 따르기 마련이므로, 지금부터 전개할 내용에 대해서는 먼저 독자들에게 양해를 구하고 싶다. 일부 비판적인 독자들은 내용이 지나치게 일반화되었거나 부정확하다고 느낄 수도 있다. 특히 첫 번째 주제를 다루는 2장 시작 부분의 참조, 논평, 비교, 설명 등에서 그런 인상을 받을 수 있다. 대전환의 이면에는 수많은 다양성, 예외적인 경우, 복잡한 요소 등이 존재한다는 사실을 보여줄 필요가 있다. 따라서 필자는 지금부터 제시할 대략적인 전환 전후의 요약을, 단지 우리가 어디에서 시작했으며 얼마나 발전했는지를 보여주는 이해를 돕기 위한 지표로만 활용할 예정이다.

### 인구의 대전환

현대와 비교해 보면, 근대 이전 사회에서는 보통 여성 한 명이 5~6명의 자녀를 낳는 등 출산율이 매우 높았다. 그러나 사망률 역시 비슷하게 높았다. 특히 높은 영아 사망률은 근대 초기까지도 일반적인 현상이었다. 프랑스의 작가이자 정치가였던 프랑수아 샤토브리앙 François-Auguste-René, vicomte de

Chateaubriand은 그의 회고록 《무덤 너머의 회상록Mémoires d'outre-tombe》에서 프랑스 혁명 이전의 경험을 이렇게 묘사했다. '생말로에서 나의 어머니는 아들을 낳았지만, 태어난 지 얼마 안 돼 죽었다… 이 아이는 이미 먼저 죽은 또 한 명의 아들과 두 딸의 뒤를 따른 것이었다. 그들 중 누구도 몇 달 이상 살지 못했다.'

이처럼 높은 조기 사망률은 출생 시 평균 기대 수명을 50세 미만으로 낮추었고, 인구 증가율은 매우 낮았다. 서기 1년부터 1000년까지의 기간 동안, 세계 인구는 약간 줄어들거나 거의 변동이 없었으며, 전체 기간 동안 50% 이상 증가하지 않았다. 폭력이 동반된 반복적인 분쟁, 흉작, 전염병의 창궐 등은 상당한 인구 손실을 가져왔다. 14세기 중반에는 예르시니아 페스티스Yersinia pestis라는 박테리아로 인해 발생한 흑사병으로 유럽 인구의 절반 이상이 사망했고, 1618년부터 1648년 사이에 벌어진 30년 전쟁으로 인해 특정 지역에서는 눈에 띄는 인구 감소가 있었다.

인구 변천기에는 출생률이 점진적으로 감소했지만, 사망률 감소 속도보다는 느려서 결과적으로 상대적으로 높은 인구 증가율을 나타냈다. 이는 전 세계적으로 일시적이면서도 두드러진 인구 성장 기간이었다. 이 기간은 1960년대 후반에 끝났으며, 이후 인구 증가율은 감소세로 돌아섰다. 현재 사하라 이남 아프리카 지역을 제외한 모든 주요 지역에서 인구 변천이 이루어졌거나 상당한 진전을 보였다. 그 결과 낮은 사망률과 함께 낮은 출산율이 나타나면서, 다시 한번 상대적으로 낮은 인구 증가율을 보여주고 있다.

인구 구조가 바뀌는 인구 변천의 초기 단계에는 아동과 청소년 인구가 크게 늘어난다. 이에 따라 경제 활동을 하는 인구가 부양해야 할 가족의 비율, 즉 부양 비율이 높아진다. 시간이 흘러 출산율이 감소하면 경제 활동에 참여할 수 있는 성인 인구의 비중이 커지게 된다. 이 시기에 국가는 '인구 배당 효과'라고 불리는 특별한 경제 성장의 기회를 맞이할 수 있다. 이러한 기회에 효율적인 국가 정책이 더해지면, 나라는 전례 없는 경제 성장을 이룰 수 있고 국민 전체의 삶의 수준도 크게 향상된다. 실제로 1980년대의 일본, 1990년대의 한국, 그리고 21세기 초반의 중국은 이러한 과정을 통해 눈부신 발전을 경험했다. 성장기가 지나면 인구 구조는 다시 한번 변화를 겪는다. 출산율은 낮아지고 기대 수명은 70세를 훌쩍 넘길 만큼 늘어난다. 그 결과 오늘날의 일본처럼 부양해야 할 노인 인구가 많아지면서 부양 비율이 다시 높아지고 심각한 인구 고령화 문제가 나타난다. 결국 전체 인구도 감소하는 경향을 보인다.

인구 감소를 겪는 일본조차도 세계에서 가장 큰 도시인 도쿄를 비롯한 대도시들은 계속해서 성장하고 있다. 이러한 대도시의 성장은 일본만의 현상이 아니라, 전 세계적인 도시화라는 거대한 흐름의 일부이다. 인류 역사를 보면 도시화는 또 하나의 중요한 전환 과정이었다. 근대 초기만 해도 인구의 압도적인 다수가 농촌에 살았지만, 현재는 세계 인구의 절반 이상이 도시에 거주한다. 특히 부유한 국가에서는 도시 인구 비율이 75퍼센트를 넘어선다. 도시화는 19세기 유럽과 북미에서 그 속도가 빨라지기 시작했다. 제2차 세계대전 이후에는 아시아에서 매우 빠른 속도로 도시화가 진행되었고, 그 결과 인구 천만 명이 넘는 거대 도시, 즉 메가시티까지 등장했다. 물론 도시가 성장하는 과정에서 심각한 불평등 문제가 나타나기도 했지만, 도시는 혁신과 경제적 번영의 중심지 역할을 했다. 또한 더 나은 기회를 찾는 사람들을 국내외에서 끌어들이는 자석과 같은 곳이었다. 하지만 장기적으로 볼 때 대도시의 존재는 우려되는 지점이 있다. 인간의 활동이 자연환경에 미치는 부담을 '환경 발자국'이라고 하는데, 거대 도시가 남기는 막대한 환경 발자국은 미래의 큰 걱정거리로 남아 있다.

### 식량의 대전환

전통 사회에서는 식량 생산의 대부분을 수확량이 매우 낮은 자급 농업에 의존했다. 이러한 농업 방식으로는 인구가 비교적 적고 서서히 증가하는 상황에서조차 사람들에게 충분한 영양을 안정적으로 공급하기 어려웠다. 식량 부족은 흔한 일이었고, 그 결과 많은 사람들이 영양실조에 시달렸으며 아이들의 성장은 부진했다. 또한 주기적으로 기근이 발생하여 큰 고통을 겪었다. 흉작으로 인한 기근은 근대까지도 이어졌다. 일본에서는 1833년부터 1837년까지, 유럽에서는 1845년부터 1849년까지 아일랜드에서 마지막 대기근이 발생했다. 20세기에 들어서도 아시아와 아프리카 일부 지역에서는 기근이 계속되었다. 이러한 기근은 자연재해보다는 폭력적인 분쟁이나 정부의 의도적인 방치 때문에 일어난 경우가 많았다. 소비에트 연방, 마오쩌둥 시대의 중국, 북한, 에티오피아, 남수단 등이 그 대표적인 사례다. 역사상 가장 파괴적인 기근으로 꼽히는 1959년부터 1961년까지의 중국 대기근 역시 가뭄이나 홍수 같은 자연재해가 원인이 아니었다. 이 참사는 전적으로 비상식적인 마오쩌둥주의 정책이 빚어낸 결과였다.

근대 이전 사회의 식단은 대부분 채식 위주였으며, 식사의 80~90퍼센트 이상을 식물이 차지했다. 이 식단은 소수의 주요 작물로 이루어졌다. 네 가지 핵심 곡물인 밀, 쌀, 기장, 옥수수가 대표적이었다. 여기에 열대지방과 안데스산맥에서 주로 먹는 감자 같은 덩이줄기 식물과 가장 오래된 작물 중 하나인 렌틸콩, 완두콩, 대두 같은 다양한 콩류가 중요한 식량 자원이었다. 하지만 전통적인 농사 방식으로는 생산량이 매우 낮았다. 심지어 씨앗을 뿌린 양의 겨우 두 배밖에 수확하지 못하는 경우도 흔했다. 19세기 후반까지도 일부 지역에서는 1헥타르의 땅에서 거두는 연간 수확량이 1톤도 채 되지 않았다.

전통 농업의 수확량은 날씨 변화에 매우 민감했다. 또한 바이러스, 기생

곰팡이, 해충의 공격에도 취약하여 생산량이 크게 흔들렸다. 물론 풍요로운 지역도 있었다. 비가 충분히 내리는 대서양 연안의 유럽이나, 강물을 이용해 농사를 짓는 아시아의 비옥한 저지대에서는 풍년이 들면 사람들에게 필요한 평균적인 식량을 공급할 수 있었다. 하지만 이런 경우는 수확한 작물을 가축 사료로 쓰지 않는다는 조건에서나 가능했다. 반면 땅이 척박하고 기후가 건조한 지역의 수확량은 턱없이 부족했다. 이런 곳에서는 고된 육체노동을 하고도 그에 상응하는 충분한 영양을 섭취하기 어려웠다.

농업의 전환은 여러 요소가 복합적으로 작용한 결과다. 생산량을 늘리기 위해 이전보다 더 많은 자원을 집약적으로 투입했고, 새로운 작물과 농업 기술을 도입했으며, 가축을 기르는 방식도 훨씬 생산적으로 바뀌었다. 주요 식량 작물은 품종이 개량되면서 생산성이 크게 높아졌다. 여기에 농업 기계화가 확산되고, 합성 비료가 보편적으로 사용되었으며, 계절이나 필요에 따라 물을 공급하는 관개 시설이 확대되었다. 또한 이전에는 감당하기 어려울 정도로 많았던 수확 전 손실을 줄이기 위해 살충제와 살균제 같은 농약을 사용했다. 이러한 농업의 근대화는 전례 없는 수확량 증가로 이어졌다. 개량된 품종의 수확량은 전통 품종에 비해 최대 10배까지 높아지기도 했다. 주요 식량 작물은 안정적으로 잉여 생산이 가능해졌고, 이를 통해 특정 작물만 전문적으로 재배하거나, 반대로 여러 작물을 함께 키우는 농업의 전문화와 다각화가 모두 이루어졌다. 이렇게 높아진 생산성 덕분에 기근이 사라졌고, 풍부하고 질 좋은 식량을 확보할 수 있게 되었다. 나아가 수확물 중 상당량을 가축 사료로 사용하면서, 1인당 고기, 달걀, 유제품의 공급량도 크게 늘어났다. 하지만 유감스럽게도 이러한 풍요는 식량 낭비의 증가라는 또 다른 문제를 낳았다.

### 에너지의 대전환

근대 이전의 모든 사회는 에너지 공급이 부족하다는 공통된 문제를 안고 있었다. 에너지원을 얻는 방식은 수천 년 동안 거의 변하지 않았다. 움직이는 힘, 즉 운동 에너지를 얻는 주된 원천은 인간과 동물의 근육이었다. 농사를 짓고, 음식을 가공하며, 건물을 짓거나, 벌목, 채굴, 공예품 제작, 무역 활동에 이르기까지 모든 일은 사람과 동물의 힘에 의존했다. 일부 지역에서는 물레방아나 풍차를 이용하여 고정된 작업에 필요한 동력을 얻기도 했다. 풍차나 물레방아 하나가 생산하는 에너지의 양은 제한적이었지만, 특히 북서부 유럽 해안 지역처럼 수요가 많은 곳에서는 제분, 양수, 야금과 같은 사업을 기계화하는 데 큰 도움을 주었다.

바다에서는 16세기 후반까지도 노를 젓는 배가 흔히 사용되었다. 1571년 벌어진 레판토 해전에서는 양측 모두 200척이 넘는 갤리선, 즉 노를 주력으로 사용하는 군함을 동원했다. 심지어 1599년 영국을 침공하기 위해 파견된 스페인 함대에도 노 젓는 배가 포함되어 있었다. 더욱 놀라운 점은, 돛단배가 모든 대륙을 누비던 18세기까지도 일부 군대는 여전히 노 젓는 배를 사용했다는 사실이다. 스웨덴과 러시아 해군은 1790년 핀란드만에서 벌어진 해전에서 대포를 장착한 갤리선을 배치하여 싸우기도 했다.

과거 인류는 열에너지를 얻기 위해 오직 바이오매스를 태우는 방법에만 의존했다. 바이오매스는 생물에서 나오는 에너지원을 말하는데, 예를 들어 나뭇가지나 껍질, 짚이나 식물 줄기 같은 농업 부산물, 그리고 말린 동물의 똥 같은 것들이 모두 여기에 포함되었다. 주로 여성과 아이들이 집에서 요리하고 난방에 쓸 이런 땔감을 구하러 다녔다. 한편, 대규모 벌목을 통해 얻은 나무는 주로 숯을 만드는 데 사용되었다. 이 숯은 벽돌이나 기와, 유리를 구워내는 데 필수적인 재료였다. 하지만 숲이 울창하지 않은 지역에서는 사람들이 쓸 수 있는 연료의 양이 매우 적었다. 게다가 전통적인 방식으로는 연료를 태워도 에너지를 효율적으로 얻지 못했기 때문에 에너지 부족 문제는 더욱 심각해졌다. 예를 들어, 18세기에도 나무를 태워 숯으로 만들 때, 나무가 가진 에너지의 5분의 1도 채 숯으로 옮겨가지 못했다. 나머지 에너지는 과정 중에 모두 사라져 버린 것이다. 집 안의 벽난로 역시 나무를 태워도 열의 10%도 제대로 활용하지 못했다. 심지어 야외에서 피우는 모닥불은 효율이 이보다 훨씬 더 낮았다. 빛을 얻는 경우도 마찬가지였다. 양초나 등잔의 기름을 태울 때, 재료가 가진 화학 에너지 중에서 아주 극소량만이 빛으로 바뀌었을 뿐이다.

에너지 전환의 초기 단계에서는 에너지원의 구성이 크게 바뀌었다. 이전까지 주된 연료였던 나무나 짚과 같은 식물성 연료의 비중은 줄어들고, 그 자리를 화석 연료가 차지하기 시작했다. 석탄을 시작으로 원유와 천연가스로 이어지는 화석 연료는 점차 전 세계 1차 에너지 공급의 거의 전부를 담당하게 되었다. 에너지 공급원은 여기서 그치지 않고 더욱 다양해졌다. 1880년대부터는 물의 낙차를 이용하는 수력 발전이 도입되었다. 1950년대에 들어서는 핵분열을 이용한 원자력 발전이 뒤를 이었고, 가장 최근에는 현대적인 풍력 터빈과 태양광 및 태양열 발전을 통해서도 전기를 생산하게 되었다. 그 결과, 현대 사회는 막대한 에너지를 사용하는 고에너지 사회로 발전했다. 풍부한 에너지를 동력으로 삼아 기계가 인간과 동물의 노동력을 대체했고, 식량 생산에 혁명을 일으켰으며, 산업 생산량을 크게 늘릴 수 있었다. 또한 에너지 전환 효율이 점차 개선되면서, 남아도는 에너지를 여가나 개인의 편의처럼 생존에 필수적이지 않은 활동에 점점 더 많이 사용하게 되었다. 이는 전례 없는 삶의 질 향상으로 이어졌다. 개인의 이동성과 소통 능력은 크게 향상되었고, 정보에 대한 접근성 역시 급격히 확대되었다.

**경제의 대전환**

전통 경제는 수확량이 불안정하고 에너지 공급이 부족했기 때문에 성장이 아주 더디거나 거의 없었다. 때로는 성장이 멈추는 침체기가 반복되었고, 전쟁이나 전염병이 돌면 경제는 오랫동안 뒷걸음질치기도 했다. 현존하는 자료를 통해 분석해 보면, 서기 1년부터 1000년까지 천 년 동안 세계 경제의 연평균 성장률은 겨우 0.01퍼센트에 불과했다. 이 속도로는 전체 생산량이 두 배로 늘어나는 데 7000년이 걸린다. 그 후 500년간은 성장률이 비교적 큰 폭으로 올랐지만, 이 시기 연평균 성장률도 0.1퍼센트에 그쳐 생산량이 두 배가 되려면 여전히 700년이 필요했다.

결과적으로 한 사람당 평균 소득과 가정이 쌓을 수 있는 부는 수 세기 동안 제자리걸음이었다. 인구의 80퍼센트, 많게는 90퍼센트 이상이 농업에 종사하는 것이 일반적이었다. 따라서 경제는 소규모의 도시를 겨우 유지하는 수준이었고, 농업에서 약간의 잉여 생산이 발생한 이후에도 눈에 띄는 발전은 없었다. 경제의 대전환은 이러한 상황을 완전히 바꾸어 놓았다. 이러한 변화는 앞서 살펴본 인구, 농업, 에너지 분야의 전환이 있었기에 가능했다. 특히 연료 사용의 혁신과 전기 보급은 경제 구조를 바꾸는 데 결정적인 역할을 했다.

초기 공업 생산은 노동력이 많이 필요한 섬유 제조업이 이끌었다. 하지만 이러한 발전은 광업과 야금술 없이는 불가능했다. 광석에서 금속을 뽑아내는 기술인 야금술 덕분에 저렴한 가격으로 강철을 대량 생산할 길이 열렸기 때문이다. 초기 경제 팽창을 이끈 또 다른 동력은 건설업이었다. 건설업은 대도시로 몰려드는 인구를 수용할 주택을 공급했을 뿐만 아니라 새로운 교통 기반 시설을 구축하는 역할도 했다. 중국은 예외적으로 철도가 등장하기 수 세기 전부터 운하를 건설하여 물류를 해결했다. 반면 유럽과 미국에서는 철도가 도입되기 불과 몇십 년 전에야 운하 건설이 최고조에 달했다.

이후 교통 기술의 발전은 세계 무역의 성장을 이끌며 또 다른 전환을 만들어냈다. 증기 기관이 땅과 바닷길의 운송 방식을 바꾼 지 얼마 지나지 않아, 내연 기관과 증기 터빈이 등장했다. 이 새로운 동력 기관들은 연료를 더욱 높은 효율로 에너지로 바꾸었고 더 빠른 속도를 가능하게 했다. 그 결과 자동차와 비행기라는 새로운 산업이 탄생했다. 특히 자동차 산업은 등장한 지 불과 몇십 년 만에 모든 주요 산업 국가에서 가장 규모가 큰 단일 제조업 부문이 되었다. 제2차 세계대전 이후 비행기에 가스터빈이 도입되고 철도가 전기로 움직이며 고속 열차가 등장하면서 교통 분야의 마지막 전환이 이루어졌다.

제2차 세계대전이 끝난 후 수십 년 동안은 서비스 부문의 경제적 중요성이 폭발적으로 커졌다. 상품을 사고파는 도소매업, 가사 노동을 돕는 서비스, 교육, 금융, 그리고 오락과 여가 활동에 이르기까지 광범위한 서비스업이 빠르게 성장했다. 경제적 전환을 이룬 모든 국가에서 서비스 부문은 현재 국내총생산GDP에 가장 크게 기여하는 핵심 산업이 되었다. 1950년대 초부터 세계 경제는 전례 없는 성장률을 기록했으며, 일부 국가에서는 연간 성장률이 10퍼센트에 이르거나 넘어서기도 했다. 이러한 높은 경제 성장률은 출산율 감소와 맞물려 1인당 평균 소득이 빠르게 증가하는 결과로 이어졌다. 또한 식량과 에너지 가격이 모두 저렴해지면서, 사람들은 소득에서 식비나 에너지 비용이 차지하는 비중을 줄일 수 있었다. 대신 그 돈을 다양한 소비재를 사거나 교육, 여행 등에 더 많이 지출하게 되었다.

경제 전환의 또 다른 핵심 요소는 국제 무역의 중요성이 커졌다는 점이다. 무역 품목은 원자재와 완제품을 모두 포함했다. 특히 원자재 중에서는 무게를 기준으로 연료, 광석, 식량이 주를 이루었다. 물론 오래전부터 장거리 무역이 존재했다. 선사시대에도 흑요석이나 부싯돌과 같은 일부 물품은 상당히 먼 거리에서 거래되었다. 고대에는 사치품을 중심으로 한 장거리 무역이 유라시아 대륙의 양 끝에 있는 제국들을 연결하기도 했다. 예를 들어, 중국의 비단은 파르티아 제국을 거쳐 로마 제국까지 운반되었다.

하지만 이러한 무역은 일부 부유층을 위한 사치품에 한정되었다. 당시 경제의 대부분은 자급자족 농업이 지배했고, 필요한 물자도 대부분 지역 안에서 조달하는 수준에 머물렀다. 소비재는 장인들이 소량으로 생산하는 것이 일반적이었다. 또한 사회 전반적으로 금속으로 만든 장비나 도구, 기구는 매우 부족했고, 대부분 목재에 의존했다. 하지만 세계화가 진행되면서 국제 무역이 전 세계 경제 생산에서 차지하는 비중은 거의 절반 가까이로 늘어났다. 그 결과, 오늘날에는 저소득층 가정조차도 대륙을 넘나들며 다양한 재료로 만들어진 수많은 제품을 소유하게 되었다. 이러한 제품들은 대용량 컨테이너선에 실려 전 세계로 운송된다.

### 환경의 대전환

인구, 에너지, 경제의 대전환은 인류가 지구의 자원을 더욱 많이 사용하게 만들었다. 이러한 자원에는 화석 연료나 건축용 모래 같은 광물, 식량과 목재 같은 식물, 그리고 거대한 고래에 이르기까지 모든 해양 생물이 포함된다. 그러나 자원을 얻기 위한 대규모 개발은 엄청난 규모로 자연을 파괴했다. 숲이 사라지고 토양이 깎여나가며 수많은 생물 종이 사라지는 과정에서, 오직 자연만이 줄 수 있는 소중한 혜택들이 크게 줄어들었다. 대전환이 일어나기 전에도 숲이나 광물 자원이 고갈되는 일은 있었지만, 그 영향은 대부분 특정 지역에만 머물렀다. 하지만 농업, 에너지, 경제의 전환이 한꺼번에 일어나면서 그 결과는 광범위한 환경 파괴와 함께 두 가지 거대한 지구적 문제로 나타났다.

첫 번째 문제는 인간 활동으로 인한 환경 파괴가 지구 곳곳에서 동시에 일어나고 있다는 점이다. 오늘날 우리는 전 세계적으로 토양 침식, 사막화, 삼림 벌채, 생물 다양성 감소와 같은 심각한 문제에 직면해 있다. 그뿐만 아니라 지하수를 품고 있는 땅속 지층인 대수층이 점점 마르고 있으며, 해로운 미세먼지와 유독 가스로 인한 대기오염, 중금속으로 인한 토양오염 문제 또한 널리 퍼져 있다. 두 번째 문제는 오염 물질과 그 파괴적인 영향이 국경을 넘어 전 세계로 퍼져나간다는 점이다. 인간의 활동으로 만들어진 해로운 물질들은 한곳에 머무르지 않고 지구 전체로 확산되는 특성이 있다. 이처럼 오염 물질이 전 지구적으로 빠르고 광범위하게 퍼지는 것은 과거에는 없었던 새로운 현상이다. 따라서 이 문제를 해결하려면 모든 나라가 함께 행동에 나서는 국제적인 합의가 반드시 필요하다. 하지만 안타깝게도 국가 간의 경제적 불평등이 갈수록 심해지면서, 이러한 국제적 합의와 공동 대응을 이루어낼 가능성은 오히려 점점 낮아지고 있다. 인간이 배출하는 온실가스로 인한 지구 기후변화는 이러한 환경 파괴가 낳은 여러 문제 가운데 가장 핵심적이고 중대한 위협이다. 만약 이 심각한 기후변화의 흐름을 막지 못한다면, 전 세계 경제의 지속적인 번영은커녕 일부 지역에서는 사람이 더 이상 살 수 없을 정도로 기본적인 거주 환경마저 위협받게 될 것이다.

    기후변화로 인해 인간의 생존이 어려워지는 극단적인 환경 변화는 중동 지역에서 가장 먼저 나타나고 있다. 인간은 땀을 흘려 몸의 열을 식히는 방식으로 더위에 적응한다. 하지만 온도와 습도를 종합해 사람이 실제로 느끼는 더위를 나타내는 '습구 온도'가 섭씨 35도를 넘어서면, 아무리 건강한 성인이라도 신체의 체온 조절 능력이 제대로 작동하기 어렵다. 특히 어린이와 노약자, 그리고 질병이 있는 사람들은 이보다 훨씬 낮은 습구 온도에서도 생명이 위험할 수 있어 더욱 세심한 대비가 필요하다.

    인류 역사를 바꾼 다섯 가지 대전환은 오늘날의 현대 세계를 만들었다. 그 과정은 결코 단순하지 않았다. 때로는 변화를 가속하는 힘이, 때로는 변화를 억제하는 힘이 나타나는 등 서로 다른 힘들이 복잡하게 얽혀 영향을 주고받았다. 또한 여러 요소가 단순히 합쳐지는 것을 넘어, 서로의 효과를 증폭시켜 예상보다 훨씬 큰 결과를 낳는 시너지 효과도 중요한 역할을 했다. 그 결과 사회적 갈등이 깊어지고 환경 문제가 심각해지는 등 부정적인 측면도 나타났다. 하지만 동시에 과학 기술이 눈부시게 발전하고 생활 수준이 크게 향상되는 놀라운 진보 또한 함께 이루어졌다. 이러한 대전환은 사람들의 관심사와 일상 활동의 범위를 크게 바꾸었다. 과거에는 주로 자신이 사는 지역 사회 문제에 머물렀던 관심이 이제는 전 지구적인 차원의 문제로 확장되었다. 이에 따라 경제 거래의 규모는 비교할 수 없이 커졌고, 사회의 주요 관심사 역시 근본적으로 변화했다. 이 모든 변화가 뒤섞인 결과, 역사상 유례를 찾기 힘든 큰 이익과 손실, 눈부신 발전과 그에 따른 퇴보가 복잡하게 나타나고 있다.

개인의 삶을 살펴보면, 이러한 전환은 많은 긍정적인 결과를 가져왔다. 굶주리는 인구가 크게 줄었고, 영유아 사망률이 눈에 띄게 낮아졌다. 평균 기대 수명은 크게 늘었고, 개인의 소득 수준도 높아졌다. 각 가정은 과거보다 더 많은 부를 쌓게 되었고, 고등 교육을 받거나 해외여행을 할 기회도 훨씬 많아졌다. 다양한 정보와 기회에 더 쉽게 접근할 수 있게 된 것도 큰 변화다. 그러나 사회 전체적인 차원에서 보면, 해결하기 어려운 여러 문제도 동시에 나타났다. 노년층 인구 비율이 급격히 늘어나는 인구 고령화 현상, 기존 항생제가 듣지 않는 내성 세균, 즉 '슈퍼 박테리아'의 확산 같은 보건 문제가 대표적이다. 경제적으로는 국가 간 소득 격차가 커지고 소수에게 부가 지나치게 집중되는 현상이 심화되었다. 교육 분야에서는 공교육의 질이 떨어지고 있다는 우려가 커지고 있으며, 사회적으로는 출처를 알 수 없는 정보가 넘쳐나고 악의적인 허위 정보가 인터넷을 통해 빠르게 퍼지는 문제도 심각하다. 그리고 이 모든 문제보다 더 근본적이고 광범위한 위협은 바로 지구 생태계, 즉 생물권 전체가 심각하게 훼손되고 있다는 점이다. 인류의 생존과 번영에 필수적인 깨끗한 공기, 물, 비옥한 토양처럼 자연이 제공하는 대체 불가능한 혜택들이 전 지구적으로 심각하게 저하되고 있다.

## 다각도로 바라봐야 하는 대전환의 연구

다섯 가지 대전환은 서로 밀접하게 연결되어 있어 어느 하나를 다른 것과 분리하여 생각할 수 없다. 따라서 특정 전환의 시작을 추적하고 그 과정을 설명하며 영향을 평가하려면, 나머지 전환들도 반드시 함께 고려해야 한다. 이러한 사실을 보여주는 사례는 매우 많다. 다음 장부터는 이 책의 첫 번째 주제인 인구 변천에 대해 다루고자 한다. 현대 문명의 모든 면에 영향을 미친 이 근본적인 변화는 과연 어떻게 시작되었을까? 생존율, 건강, 소득, 식량, 에너지 사용의 개선이 각각 독립적으로 일어난 변화의 결과였을까? 아니면 이 모든 전환이 함께 맞물려 돌아가야만 가능했던 일일까?

수많은 사회 변화를 설명하는 과정에서 유독 눈에 띄는 변수가 하나 있다. 바로 영유아 사망률의 감소다. 과거 사회는 높은 출생률과 높은 사망률이 서로 균형을 이루며 유지되고 있었다. 그런데 아이들이 죽지 않기 시작하면서 이 균형이 깨졌다. 이러한 불균형은 사람들이 아이를 덜 낳게 되는 출생률 변화를 일으키는 계기가 되었다. 더 중요한 것은 영유아 사망률 감소가 사람들을 운명론이라는 정신적 굴레에서 벗어나게 했다는 점이다. 과거 사람들은 자녀의 생사처럼 인간의 힘으로 어쩔 수 없는 일들이 많다고 여기며 운명을 받아들이고 체념하며 살았다. 하지만 영유아 사망률이 낮아지자, 인간의 노력으로 미래를 바꿀 수 있다는 생각이 싹트기 시작했다. 이러한 생각의 변화는 종교의 영향력이 약해지는 세속화 현상, 근대 경제의 발전, 나아가 지식의 폭발적인 증가로 이어지는 거대한 흐름을 만들어냈다. 그렇다면 어떤 과정을 통해 이런 변화가 일어났을까? 이 질문을 두고 학자들의 견해는 엇갈린다. 한 학자인 다이슨Dyson은 영유아 사망률 감소가 당시 사회나 경제 발전과는 무관하게 독립적으로 일어난 현상이라고 보았다. 그리고 바로 이 인구 구조의 변화가 거꾸로 경제 발전을 이끌고 사회 구조를 바꾸는 핵심 원인이 되었다고 주장했다. 하지만 데이비드 캐닝David Canning은 이러한 주장에 반박했다. 그는 인구 변화가 사회 발전과 완전히 독립적이라는 생각은 터무니없다고 비판했다. 오히려 반대 방향의 인과관계, 즉 경제 발전이 인구 변화에 영향을 미치는 중요한 과정도 살펴보아야 한다고 강조했다. 캐닝에 따르면 이러한 반대 방향의 효과 역시 매우 중요하며, 다이슨의 관점을 뒤집을 수 있는 핵심적인 고리다.

　유럽의 인구 변화를 보면, 산업화 시기에 출산율이 크게 떨어졌다는 점을 알 수 있다. 그래서 많은 사람들이 소득 증가를 출산율 감소의 핵심 원인으로 생각한다. 널리 알려진 설명 중 하나는 기회비용 개념을 사용한다. 소득이 높아지면서 아이를 키우는 데 따르는 기회비용이 함께 증가했고, 이 때문에 아이를 적게 낳게 되었다는 논리다. 기회비용이란 어떤 하나를 선택함으로써 포기해야 하는 다른 선택의 가치를 말한다. 예를 들어, 여성이 육아 대신 일을 선택해 돈을 벌 수 있는 기회가 많아질수록, 자녀를 낳아 기르는 일의 기회비용은 그만큼 커진다. 경제학에는 또 다른 설명도 있다. 소득이 늘면서 사람들이 자녀의 수를 늘리기보다, 자녀 한 명 한 명에게 더 많은 자원과 교육을 투자하는 방향으로 바뀌었다는 것이다. 이것은 자녀의 양보다 삶의 질을 더 중요하게 생각하게 되었다는 의미다. 하지만 경제학자 오데드 갤러는 소득 증가가 출산율 감소의 직접적인 원인이라는 이 보편적인 가설을 역사적 증거를 통해 다시 검토했다. 그 결과 이 가설이 실제 사실과는 잘 들어맞지 않는다는 것을 발견했다.

　실제로 출산율이 떨어지기 시작하기 전 시대를 살펴보면, 부유하고 지위가 높은 사람들이 항상 아이를 적게 낳았던 것은 아니다. 오히려 그 반대인 경우가 더 많았다. 하지만 중요한 사실이 있다. 출산율이 감소하는 사회적 변화가 시작되었을 때, 그 흐름을 가장 먼저 받아들인 사람들은 바로 고소득 계층이었다. 반대로 농촌의 농민 계층은 가장 오랫동안 과거의 높은 출산율을 유지하는 모습을 보였다. 더욱 흥미로운 사실은 여러 지역에서 출산율이 감소하기 시작한 1870년대에 이러한 변화가 거의 동시에 일어났다는 점이다. 당시 지역 간 1인당 소득 격차는 세 배에 달할 정도로 컸고, 심지어 일부 지역에서는 소득이 높을수록 출산율도 높은 현상이 나타나고 있었다. 이는 소득 수준과 관계없이 여러 지역에서 비슷한 시기에 출산율 감소가 시작되었음을 의미한다. 따라서 소득 증가가 출산율 감소의 주된 원인이라는 단순한 설명은 설득력이 약해진다. 인구학자 제인 오설리번은 이러한 관찰을 바탕으로 중요한 점을 지적했다. 경제를 발전시켜서 출산율을 낮추려고 하기보다는, 출산율을 낮추려는 노력이 오히려 경제 발전에 더 효과적일 수 있다는 것이다. 그녀는 '발전이 가장 좋은 피임법이다'라는 기존의 통념이 실제 자료를 통해 뒷받침되지 않는다고 비판했다. 오히려 그녀는 '피임이야말로 발전을 가장 효과적으로 이끄는 방법이다'라는 주장이 훨씬 더 강력한 근거를 가지고 있다고 강조했다. 이는 가족계획 사업 등을 통해 피임에 대한 접근성을 높이는 것이 장기적으로 경제 발전에 더 큰 도움이 될 수 있음을 시사한다.

### 일반화의 한계

대전환을 연구할 때는 섣불리 단순한 결론을 내리지 않도록 주의해야 한다. 이러한 대전환의 과정은 여러 사회에서 공통적인 모습을 보이지만, 각 나라가 가진 고유한 특징 또한 뚜렷하게 나타난다. 예를 들어 17세기 유럽에서 가장 앞서나갔던 잉글랜드, 웨일스, 그리고 황금기를 누리던 네덜란드를 살펴보자. 아시아에서는 도쿠가와 시대의 일본과 청나라 초기가 그랬다. 이처럼 비교적 발전했던 사회에서조차 사회의 근간을 이루는 네 가지 기본 요소인 인구, 식량, 에너지, 경제의 변화는 동시에 일어나지 않았다. 오히려 이 네 가지 요소 중 한두 가지의 변화가 다른 변화들보다 훨씬 먼저 시작되는 것이 일반적이었다. 그 결과, 현대 사회의 토대를 마련한 이러한 대전환이 각 나라에서 시작된 시점은 단지 몇 세대 정도의 차이를 넘어, 많게는 수백 년까지 벌어지게 되었다.

이러한 빠른 출발을 가장 잘 보여주는 사례는 영국의 에너지 전환이다. 잉글랜드와 웨일스에서는 아무리 늦어도 1620년에 이미 석탄 사용량이 나무 사용량을 넘어섰다. 19세기 영국 경제력의 기반이 된 주요 석탄 광산 지역들도 이 무렵에는 대부분 개발이 끝난 상태였다. 1700년경 영국은 전체 에너지의 약 75퍼센트를 석탄에서 얻었다. 반면 프랑스와 독일에서는 19세기 후반에 이르러서야 석탄이 지배적인 연료가 되었고, 중국은 1970년대가 되어서야 주요 에너지의 절반 이상을 화석 연료에서 얻기 시작했다. 북유럽 국가들의 인구 변천은 18세기에 시작되었지만, 지중해 연안 국가에서는 대부분 1950년대 이후에야 이러한 변화가 나타났다.

나라와 대륙마다 전환이 서로 다른 시기에 시작된 이유는 무엇일까? 이는 각 사회의 전통적인 질서와 통치 방식, 경제 구조, 그리고 주어진 자원과 문화적 선호 등이 모두 달랐기 때문이다. 이러한 차이는 일부 나라에서 인구 변천처럼 전환이 몇 세대에 걸쳐 상대적으로 느리게 진행된 이유를 설명해 주기도 한다. 반면 기술 혁신이나 식단 변화처럼 어떤 전환들은 한 세대, 즉 약 20년에서 25년이라는 짧은 기간 안에 대부분 이루어지기도 했다.

어떤 경우에는 이러한 점진적인 요소들이 부차적인 역할만 하기도 했다. 때로는 거대한 제국의 멸망이나 큰 전쟁에서의 패배처럼, 예측 불가능하고 갑작스러운 사건이 이후 엄청난 영향을 미칠 전환의 시작점이 되었기 때문이다. 이러한 단절적인 사건의 대표적인 예는 일본의 역사에서 찾아볼 수 있다. 1868년의 메이지 유신은 250여 년간 이어진 도쿠가와 막부 시대를 끝내고 일본의 경제 전환을 이끌었다. 이후 일본은 청일전쟁과 러일전쟁에서 승리하고 만주를 침공했으며, 마침내 미국을 공격하며 전 세계에 영향을 미쳤다. 제2차 세계대전에서의 패배와 그에 따른 미국의 점령은 일본에 이례적으로 빠른 식생활의 변화를 가져왔고, 짧지만 놀라운 경제 성장의 토대를 마련했다.

이렇게 나라마다 변화의 시작점이 달랐다는 사실은 최근에 일어나는 전환의 속도에도 중요한 영향을 미쳤다. 먼저 변화를 시작한 많은 선발 주자들의 전환은 매우 느리고 시간 차를 두고 일어났다. 반면 후발 주자들의 전환은 여러 분야에서 동시에, 그리고 매우 빠른 속도로 진행되었다. 마오쩌둥 시대 이후 중국의 경제 발전이 대표적인 사례다. 중국은 인구, 농업, 에너지 전환을 동시에 추진했을 뿐만 아니라, 해외 선진 기술과 노하우를 대규모로 들여와 빠른 속도로 선진국을 따라잡았다.

많은 전환 과정이 예측 불가능한 방향으로 전개된다는 점 역시 섣부른 일반화를 경계해야 하는 또 다른 이유다. 예를 들어 1900년 무렵에는 증기 터빈과 내연 기관이 기존의 증기 기관을 대체하고 있었다. 당시의 기술자라면 누구나 머지않아 증기 기관이 더는 생산되지 않으리라는 점을 분명히 예측할 수 있었을 것이다.

이와 대조적으로 정보 접근의 확산이 가져올 결과의 실제 속도나 최종적인 영향 범위를 예측할 수 있었던 사람은 아무도 없었다. 1454년, 요하네스 구텐베르크가 이동식 활판 인쇄술로 성경을 처음 인쇄했을 때를 생각해보자. 그는 이후 어떤 일이 벌어질지 전혀 상상하지 못했다. 15세기가 끝나기까지 남은 45년 동안 유럽 전역의 인쇄업자들이 11,000종이 넘는 새로운 책을 출판하리라고는 예측하지 못했다. 또한 새로운 책의 종류가 18세기 후반에는 거의 65만 종에 육박하리라는 것도 상상하지 못했을 것이다.

근대 초기에 등장한 첫 번째 대량 생산 산업은 섬유나 도구가 아니라 바로 책 인쇄였다. 인쇄술이 없었다면 과연 계몽주의가 가능했을지 생각해보면 그 영향력을 짐작할 수 있지만, 정작 그 기술이 처음 등장했을 때는 파급력이 명확하게 보이지 않았다. 마찬가지로 1991년 팀 버너스리가 월드 와이드 웹 브라우저를 처음 공개했을 때도, 검색 분야에서 거의 독점적인 지위를 가진 한 기업이 나타나리라고는 전혀 예상하지 못했다. 최초의 대중적인 인터넷 브라우저인 모자이크는 1993년에 등장했고, 구글이 시장에 나오기 전 5년 동안은 알타비스타부터 야후! 서치에 이르기까지 수많은 검색 엔진이 경쟁하는 시대였다.

하지만 구글이 등장하면서 대부분의 경쟁자는 시장에서 사라지거나 아주 작은 부분만을 차지하게 되었다. 그 결과 이제는 누구나 컴퓨터나 휴대폰만 있으면 역사, 기술, 의학, 과학에 대한 거의 모든 정보에 접근할 수 있게 되었다. 그뿐만 아니라 온갖 요리법, 유명한 그림, 그리고 저작권이 만료된 서적까지도 쉽게 찾아볼 수 있다. 물론 저작권이 있는 수많은 자료가 불법으로 복제되는 문제는 별개의 사안이다.

하지만 모든 유형의 대전환에 폭넓게 적용할 수 있는 단 하나의 일반화가 있다. "하늘까지 자라는 나무는 없다"는 말처럼, 모든 성장에는 한계가 있다는 것이다. 세계화 시대에 성장의 한계선이 과거보다 크게 확장된 것은 사실이지만, 결국에는 그 한계가 드러나게 된다. 그러면 성장률은 점차 둔화되고 발전은 정체기에 접어들며 새로운 균형 상태가 만들어진다. 사람들의 기대치는 낮아지고, 이윽고 다음번 거대한 변화는 무엇일지에 대한 추측이 고개를 들기 시작한다. 물론 그 과정에서 수많은 혼란과 예상치 못한 일들이 발생한다. 그럼에도 불구하고 성장에 관한 연구들을 살펴보면, 그 대상이 아주 오래된 발명품이든 최신 전자 기술이든 상관없이 놀라울 정도로 비슷한 패턴이 반복되어 나타난다는 사실을 알 수 있다.

## S자 궤적 및 기술혁신

대전환이 서서히 일어나든 급격하게 진행되든, 그 변화의 핵심적인 요소들은 보통 S자 곡선 형태를 그리며 발전한다. 이러한 성장은 좌우가 대칭인 모양을 그리는 로지스틱 함수나 이와 비슷한 몇 가지 성장 유형을 따른다. S자 곡선 성장 패턴은 새로운 방식으로의 전환이 처음에는 아주 느리게 시작된다는 것을 보여준다. 따라서 새로운 기술이 등장한 이후에도 기존의 방식은 수십 년 동안 계속해서 중요한 역할을 할 수 있다. 이러한 전환의 대표적인 사례는 미국에서 찾아볼 수 있다. 과거 농장에서 밭을 갈거나 도시에서 수레와 마차를 끄는 데 널리 쓰이던 짐말인 역용마draft horse가 다른 동력으로 대체된 과정이 좋은 예이다. 또한 미국 남부 지역의 농업에서 아주 중요한 역할을 했던 노새가 사라진 과정도 마찬가지다. 이 동물들이 어떻게 다른 수단으로 대체되었는지에 대한 과정은 기록으로 잘 남아 있다.

최초의 자동차가 등장하고 도시에서는 시가 전차가 처음으로 운행을 시작한 1880년대 말, 미국에서 짐을 끄는 데 사용되던 말과 노새 같은 대형 역용마의 수는 총 1,750만 마리에 이르렀다(그림 1.4). 1890년대에는 밭갈이용 트랙터가 처음으로 도입되었다. 하지만 그렇다고 해서 말과 노새의 수가 줄어든 것은 아니었다. 오히려 1900년이 되자 그 수는 2,000만 마리로 늘어났다. 제1차 세계 대전이 일어나기 전, 여러 새로운 기술이 등장했다. 전기 시가 전차가 대대적으로 보급되었고, 최초의 지하철이 건설되었다. 또한 1908년 헨리 포드의 모델 T를 시작으로 승용차가 대량 생산되기 시작했으며, 트랙터 판매량도 꾸준히 늘어났다. 이러한 변화에도 불구하고 말과 노새의 수는 계속 증가했다. 그 수는 1917년에 이르러서야 2,660만 마리를 넘어서며 정점을 찍었다. 이것은 1900년과 비교했을 때 3분의 1이나 더 많은 수치였다. 1930년이 되자 도시에서는 말이 거의 완전히 사라졌다. 말의 자리를 전기 동력과 내연기관이 대체했기 때문이다. 하지만 미국 전체를 보면 상황이 달랐다. 농업에 사용되는 트랙터는 아직 100만 대도 채 되지 않았다. 그 결과, 미국 전역에는 여전히 1,890만 마리의 말과 노새가 남아 있었다. 이 수치는 심지어 자동차가 등장하기 시작한 1890년대 초보다도 더 많은 것이었다.

1930년대에 대공황이라는 경제 위기가 있었지만, 농업의 기계화는 꾸준히 진행되었다. 이러한 흐름은 제2차 세계 대전이 끝난 후에 더욱 빨라졌다. 1950년 인구 조사 결과, 미국 전역의 말과 노새 수는 760만 마리까지 줄어들었다. 그리고 10년 뒤, 미국 농무부USDA는 더 이상 그 수를 집계하지 않게 되었다. 수천 년 동안 인류에게 살아있는 동력원, 즉 '살아있는 원동기' 역할을 해온 것이 바로 말이었다. 이러한 말 중심의 동력 체계에서 새로운 동력 체계로 넘어가는 획기적인 대전환이 미국에서 완성되는 데에

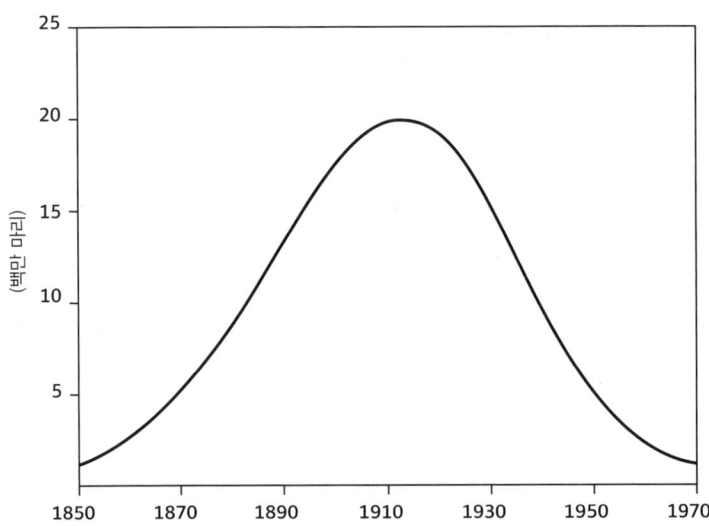

그림 1.4_미국에서 운송에 사용된 말과 노새의 총계. 변화의 궤적이 종 모양으로, 거의 완벽한 정규 곡선을 형성한다.

는 약 80년이 걸렸다. 특히 전환의 가장 중요한 부분은 그 절반도 안 되는 기간, 즉 1917년에서 1957년 사이의 40년 동안 집중적으로 이루어졌다. 이처럼 빠른 속도의 전환이 더욱 놀라운 이유는 따로 있다. 이러한 변화가 일어나려면 먼저 액체 연료를 채굴하고, 운송하며, 가공하는 데 필요한 모든 사회 기반 시설, 즉 인프라가 갖추어져야만 했기 때문이다.

기술 혁신이 이끈 시대적 전환 중 가장 빨랐던 사례는 아마도 대륙 간 이동 방식이 바다에서 하늘로 바뀐 경우일 것이다. 대서양 횡단은 이러한 과정을 가장 잘 보여준다. 이 전환을 통해 이동 속도는 획기적으로 빨라졌고, 결과적으로 이동 시간은 거의 10분의 1로 줄어들었다. 1492년부터 1838년까지 수백 년 동안 대서양을 건너는 유일한 수단은 범선, 즉 돛단배뿐이었다. 바람의 도움을 받는 동쪽 항로는 3주에서 4주가 걸렸고, 바람을 안고 서쪽으로 가는 항로는 보통 40일이 걸렸으며 날씨가 나쁘면 훨씬 더 오랜 시간이 필요했다.

1833년, 증기력을 이용한 배가 처음으로 대서양을 건넜다. 그 후 1838년, 두 척의 증기선이 서쪽 항로를 개척하며 뉴욕에 거의 동시에 도착했다. 시리우스호는 18일 만에, 그레이트 웨스턴호는 15일 만에 항해를 마쳤다. 증기선은 기존 범선에 비해 항해 시간을 절반 이상 단축시키는 쾌거를 이루었다. 그 후 100여 년 동안 더욱 강력한 증기 기관과 증기 터빈이 등장하면서 대서양 횡단 시간은 계속 단축되었다. 여객선 시대의 마지막 기록은 1952년 유나이티드 스테이츠호가 세운 3일 12시간 12분이었다. 이처럼 증기선이 대서양 횡단 시간을 크게 줄이는 데에는 1세기가 넘는 시간이 걸렸다.

프로펠러 비행기를 이용한 상업적인 대서양 횡단은 1939년에 시작되었다. 당시 대서양을 건너는 데 최소 14시간이 걸렸다. 하지만 이 시대는 길지 않았다. 곧 등장한 제트 여객기가 이 시대를 갑작스럽게 끝냈기 때문이다. 1958년, 정기적인 제트 여객기 운항이 시작되면서 새로운 시대가 열렸다. 최초의 제트 여객기인 보잉 707기는 뉴욕에서 런던까지의 비행 시간을 8시간 미만으로 단축시켰다. 이 혁신적인 변화로 인해 비행기를 이용하는 승객 수는 거의 즉시 대형 여객선을 이용하는 승객 수를 앞질렀다. 그 이후의 변화는 매우 빨랐다. 1960년에는 이미 제트 여객기가 전체 대서양 횡단 승객의 70퍼센트 이상을 차지했다. 1969년에 이르러서는 배를 이용하는 승객이 전체의 4퍼센트에 불과할 정도로 줄어들었다. 결국 그해에 마지막 남은 대형 여객선들이 퇴역해야만 했다.

제트 여객기는 불과 10년 만에 여객 운송의 주역이었던 배를 시장에서 완전히 몰아냈다. 이는 역사상 가장 빠른 시대적 전환 중 하나로 기록된다. 여기에 1969년, 동체가 넓은 보잉 747기가 운항을 시작하면서 대규모 여객선 시대가 다시 돌아올 가능성은 완전히 사라졌다. 이 변화가 얼마나 대단한 것이었는지 알려면 과거를 돌아볼 필요가 있다. 1620년 메이플라워호가 대서양을 건넌 후, 200년이 지난 1820년까지도 횡단 속도는 아주 조금 빨라지는 데 그쳤다. 이후 증기선이 등장하면서 속도는 크게 향상되었고, 1952년 유나이티드 스테이츠호는 메이플라워호보다 거의 20배나 빠른 속도로 항해했다. 하지만 제트 여객기의 등장은 이 모든 것을 뛰어넘는 혁명이었다. 1820년대에 돛단배로 40일, 즉 960시간이 꼬박 걸리던 대서양 횡단이 이제는 8시간 미만으로 줄어들었다. 이동 시간이 그야말로 100분의 1로 짧아진 것이다. 전체 소요 시간의 99.2퍼센트가 단축되었다는 의미다. 언젠가 초음속 여행이 일반화된다면 이 시간은 3시간 남짓으로 더 줄어들 수도 있다. 과거 콩코드기가 그 가능성을 보여주었지만, 비용 문제로 결국 운항이 중단된 바 있다. 최초의 고압 증기 기관이 배에 장착되었을 때, 바람의 시대가 가고 증기의 시대가 올 것은 시간 문제였다. 마찬가지로 제트 엔진이 등장하면서, 프로펠러 비행기의 시대가 저물고 제트기의 시대가 올 것 역시 명백한 수순이었다.

**기대와 현실**

모든 변화가 대전환으로 이어지는 것은 아니다. 어떤 중요한 변화가 시작되더라도 그것이 반드시 광범위한 파급력을 갖는 대전환의 서막이 되리라는 보장은 없다. 유망해 보였던 첫걸음이 얼마 못 가 실패로 끝나기도 하고, 성공적으로 도약하여 상당한 규모로 발전하더라도 진정으로 시대의 흐름을 바꾸는 대전환을 이루기에는 충분하지 않을 때도 있다.

전기차의 역사는 '실패로 끝난 첫걸음'의 훌륭한 사례를 보여준다. 반면 원자력 발전의 역사는 막대한 기대와 투자에도 불구하고 약속을 지키지 못한 기술의 궤적을 보여준다. 한때 핵분열을 이용한 원자력 에너지가 세상을 지배할 것이라는 예측은 결국 실현되지 못했다.

1886년 고틀리프 다임러와 카를 벤츠가 처음 선보인 현대적 자동차의 원형은 휘발유를 사용하는 내연기관 엔진으로 움직였다. 이후 10년간 등장한 대부분의 새롭고 비싼 자동차들도 마찬가지였다. 하지만 발명가 토머스 에디슨은 전기차가 승리할 것이라고 굳게 믿었다. 당시 디트로이트 에디슨 조명 회사에서 수석 엔지니어로 일하던 헨리 포드에게 에디슨의 회사는 총감독관 자리를 제안했다. 포드의 회고에 따르면, 이 제안에는 "가솔린 엔진을 포기하고 진정으로 쓸모 있는 일, 즉 전기차 개발에 전념해야 한다"는 조건이 붙어 있었다.

20세기 초만 해도 어떤 동력 방식이 미래의 주인공이 될지는 아무도 확신할 수 없었다. 증기 자동차는 너무 무겁고 운전이 까다로워 승산이 없어 보였지만, 전기차는 매우 유망해 보였다. 1896년 미국 로드아일랜드에서 열린 첫 자동차 경주에서는 리커사의 전기차가 듀리에사의 가솔린 차량을 압도적으로 이겼다. 1899년에는 '결코 만족하지 않는다La Jamais contente'는 이름의 총알 모양을 한 프랑스 전기차가 인류 역사상 최초로 시속 100킬로미터의 벽을 돌파했다.

미국에서 전기차의 상업적 생산은 1897년 '전기 마차 및 왜건 회사'가 뉴욕에 전기 택시를 도입하면서 시작되었다. 1899년에는 이미 전기차의 연간 생산량이 1,500대를 넘어 936대에 그친 가솔린 차량을 앞질렀다. 1901년에 이르면 '포프 전기차 회사'는 미국에서 가장 큰 자동차 생산자이자 운영자가 되었다. 당시 전기차는 "절대적으로 안전하고, 완벽하게 깨끗하며, 최고의 승차감과 가장 경제적인 유지비를 자랑한다"고 광고되었다. 또한 조용했으며, 인화성 물질인 휘발유를 채울 필요도 없었다. 전기 시동 장치가 대중화되기 전 모든 내연기관 차량에 필요했던, 힘들고 때로는 위험하기까지 한 크랭크 핸들 돌리기도 필요 없었다. 뉴욕과 필라델피아 사이에 6개의 충전소가 건설되는 등 초기 인프라 구축도 시작되었다. 미래는 전기차의 시대라고 확신했던 에디슨은 더 나은 배터리 개발에 착수했다.

하지만 에디슨은 틀렸다. 그는 20세기의 첫 10년을 더 나은 배터리를 개발하는 데 쏟았고, 실제로 성공했다. 하지만 그가 만든 것은 자동차에 쓰기에는 적합하지 않은 배터리였다. 그의 니켈-철 배터리는 1859년에 발명된 납축전지보다 수명이 길고 에너지 밀도도 높았으며 매우 튼튼했다. 그러나 전압이 낮고 충전 속도가 느린 반면, 무게와 부피는 더 컸다. 에디슨의 배터리는 주로 지하 광산이나 철도에서 사용되며 1975년까지 상업적으로 생산되었지만, 내연기관 엔진의 승리를 막는 데는 아무런 역할을 하지 못했다. 뉴욕의 전기차 회사는 센트럴 파크에서 가끔 운행하는 수준으로 사업을 축소하다가, 헨리 포드가 모델 T를 출시하기 직전인 1907년에 파산하고 말았다.

이후 거의 100년 동안 전기차로의 의미 있는 전환은 일어나지 않았다. 1995년 캘리포니아 에너지 위원회는 1999년까지 주에서 판매되는 모든 신차의 2%를 전기차로 채우겠다는 목표를 세웠지만, 실제 상업적으로 판매된 전기차는 없었다. 상황이 마침내 바뀐 것은 에너지 공급의 탈탄소화라는 더 큰 흐름의 일부로서였다. 100여 년 전 처음으로 최고의 선택지로 여겨졌던 전기차가 마침내 다시 떠오르면서, 우리는 내연기관에서 전기 모터로 향하는 또 다른 시대적 전환의 초기 단계에 와 있다. 그러나 이 전환이 완료되기까지는 수십 년이 걸릴 것이다.

국제에너지기구IEA는 전 세계 전기차 보급 대수가 2025년까지 7천만 대, 2030년에는 1억 6천만 대에서 2억 대에 이를 것으로 전망한다. 2030년에 대한 여러 기관의 예측을 종합하면 그 범위는 3천만 대에서 2억 대까지 다양하다. 필자의 최선의 예측은 2040년까지 3억 6천만 대에 이를 것이라는 전망이며, 이는 영국 석유회사 BP의 예측치인 3억 2천만 대와 비슷한 수준이다. 블룸버그 뉴에너지 파이낸스는 2040년이 되면 전기차가 전체 승용차의 30%를 약간 넘을 것으로 예상한다. 하지만 이는 도로 위를 달리는 차량이 약 17억 대에 달할 것이라는 예측에 근거한 것으로, 여전히 내연기관 차량이 도로를 지배할 것임을 의미한다.

핵분열로 생산되는 전기는 최초의 상업용 원자력 발전소가 가동되기도 전부터 시대를 바꿀 혁신으로 여겨졌다. 이러한 희망을 가장 유명하게 표현한 사람은 당시 미국 원자력 위원회 의장이었던 루이스 스트라우스였다. 그는 1954년 과학 저술가 협회에서 원자력으로 생산한 전기는 "너무 저렴해서 계량할 필요조차 없을 것"이라고 장담했다. 1956년 상업 발전이 시작된 후 초기 성장세는 더뎠지만, 이는 기술 발전 초기 단계에서는 흔한 일이었다.

1970년대 초까지만 해도 2000년이 되면 미국의 모든 전기가 원자력으로 생산될 뿐만 아니라, 그 대부분이 당시 여러 나라에서 집중적으로 개발 중이던 훨씬 더 효율적인 고속 증식로에서 나올 것이라는 기대가 팽배했다. 전 세계 전기 생산에서 원자력의 비중은 1975년에 5%로 올랐고, 1981년에는 10%로 두 배가 되었으며, 불과 3년 후에는 15%에 도달했다. 그러나 이 빠른 성장은 새로운 산업의 밝은 미래를 반영한 것이 아니라, 1970

년대 초에 주문이 몰렸던 발전소들이 뒤늦게 완공되면서 나타난 통계적 착시였다.

미국에서는 스리마일섬 원전 사고로 인한 안전 우려보다는 주로 공사비 급증 때문에 1970년대 말에 신규 원전 발주가 완전히 중단되었다. 프랑스를 제외한 유럽에서도 신규 주문이 거의 멈췄으며, 일본과 소련에서도 특히 1986년 체르노빌 참사 이후 그 수가 급격히 줄었다. 원자력 발전의 비중은 1987년에 전 세계 전기 생산량의 16.8%로 정점을 찍은 후 20세기 내내 그 수준에서 정체되었다.

1950년대에 새로운 대전환의 유망한 시작처럼 보였던 원자력 발전은 결국 결함 많은 발전 기술의 값비싼 출발이었음이 드러났다. 그리고 제2의 전성기가 올 현실적인 가능성도 보이지 않는다. 2020년 기준으로 전 세계 28개국에 있는 약 450기의 원자로가 전체 전기의 약 10%를 생산했다. 국제원자력기구IAEA는 2050년이 되면 원자력의 비중이 최악의 경우 6%까지 떨어지고, 가장 낙관적인 시나리오에서도 13.7%에 그쳐 1980년대의 최고 기록에 훨씬 못 미칠 것으로 전망한다. 이는 2050년 전체 1차 에너지 공급에서 원자력이 차지하는 비중이 4% 미만이 될 것임을 의미한다.

### 전례 없는 결과

이처럼 각기 다르면서도 서로 밀접하게 연결된 모든 전환 과정을 관통하는 공통점은, 그 최종 결과가 역사상 유례를 찾아볼 수 없을 만큼 새로운 것이었다는 점이다. 인구, 식량, 에너지, 경제라는 네 가지 대전환을 모두 경험한 사회들은 이전과는 완전히 다른 새로운 시대로 접어들었다. 이 새로운 시대는 인구 구조가 완전히 바뀌었고, 식량은 오히려 과잉 생산되어 음식물 쓰레기를 걱정하게 되었다. 에너지 소비 수준은 매우 높아졌고 여기서도 심각한 낭비가 발생한다. 경제적 기회는 더 많아졌지만, 동시에 부의 불평등은 더욱 심화되었다.

　부유한 나라에 살고 있는 이 책의 독자들은 이러한 전환 과정들이 서로 맞물려 만들어낸 수많은 혜택을 누려왔다. 아마 자신이 실제로 얻은 편리함의 목록을 일일이 작성해보지 않고서는 그 혜택이 얼마나 다양한지 짐작조차 하기 어려울 것이다. 더군다나 대부분은 이미 주어진 이 모든 것을 너무나 당연하게 받아들인다. 마치 이 모든 것이 처음부터 정해진 길을 따라 나타난 필연적인 결과인 것처럼 생각한다. 그러면서 이렇게 반문할지도 모른다. "과연 이와 다른 결과가 나올 수도 있었을까?"

　물론 다른 결과가 나올 수도 있었다. 따라서 지금까지 이러한 혜택을 충분히 누리지 못한 사람들에게 앞으로 이 모든 이로움이 온전히 확대될 것이라고 단정할 수는 없는 일이다. 현재 저소득 및 중간 소득 국가에 사는 수십억 명의 사람들은 앞서 언급된 네 가지 대전환 과정의 각기 다른 단계에 놓여 있다. 중국 상하이의 자기 부상 열차를 본 방문객은 중국이 기술 면에서 미국보다 앞서 있다고 느낄지 모른다. 하지만 그 열차는 사실상 막대한 정부 보조금으로 유지되는 전시용 성과물에 가깝다. 만약 그가 발길을 돌려 가난한 농촌 지역이나 탄광 노동자들의 고된 삶을 직접 본다면, 중국에 대해 전혀 다른 인상을 받게 될 것이다.

　인도 역시 부의 분배가 극심하게 불평등한 나라이다. 인도 사회에는 네 가지 대전환의 초기 단계부터 최종 단계까지, 그 길 위의 모든 지점에 해당하는 다양한 인구 집단이 함께 살고 있다. 이러한 극단적인 현실은 억만장자의 수십억 달러짜리 초호화 저택이 뭄바이의 광대한 빈민가 위로 거대하게 솟아 있는 모습에서 너무나도 선명하게 드러난다.

　그뿐만 아니라, 대부분 아프리카 대륙에 사는 수억 명의 사람들은 네 가지 대전환의 영향으로부터 거의 벗어난 상태로 살아가고 있다. 이들은 여전히 대여섯 명의 아이들을 데리고 겨우 생계를 유지하며, 아이들은 종종 영양실조에 시달린다. 이들 가족은 음식을 조리하기 위해 여전히 나무나 짚을 태우는데, 이 과정에서 나오는 연기는 심각한 호흡기 질환을 유발한다. 여성과 아이들은 땔감을 구하고 물을 길어오기 위해 매일같이 먼 길을 걸어야 한다. 이들은 현대적인 경제 체제로부터 거의 완벽하게 소외되어 있으며, 평생 모은 재산이라고 해봐야 생존에 필요한 최소한의 물품이 전부인 경우가 대부분이다.

대전환이 가져다준 혜택을 함께 나누어야 한다는 도덕적 책무는 지난 수십 년간 더욱 절실한 과제가 되었다. 하지만 바로 이 지점에서 우리는 어려운 문제에 부딪힌다. 수십억 명의 사람들이 아직 인간다운 삶조차 누리지 못하고 있음에도, 지구 생태계는 이미 심각한 압박을 받고 있기 때문이다. 이런 상황에서 전환의 혜택을 널리 퍼뜨리는 일과, 이미 위태로운 생물권을 보존하는 일 사이에서 균형을 잡는 것은 지극히 어려운 과제이다.

이 딜레마의 핵심은, '다섯 번째 전환'이라 할 수 있는 지구 환경 관리의 성공 여부가 앞선 네 가지 전환의 진정한 성공 혹은 궁극적인 실패를 결정짓게 될 것이라는 점이다. 그리고 현시점에서 우리가 인류의 가장 근본적인 과제, 즉 인간이 살 수 있는 지구를 유지하는 이 과업에서 성공할지 실패할지는 아무도 예측할 수 없다.

# 02

## 인구의 대전환

## 인구 전환이 세계에 미치는 다양한 결과

인구 구조의 전환은 그 자체로 하나의 획기적인 대전환이다. 이러한 인구 구조의 변화는 인류 역사상 전례가 없었던 다른 여러 가지 중요한 변화들 때문에 생겨났다. 그리고 인구 구조의 전환은 다시 사회, 경제, 정치, 환경 등 여러 분야에 걸쳐 다양한 결과를 가져왔다. 인구 구조가 전환되는 이 과정에 대한 개념이 처음 등장한 것은 1930년대였다. 그 이후 이 주제는 당연히 현대 인구학 연구의 핵심 과제가 되었다. 인구 전환이 시작되기 이전 사회의 특징은 명확했다. 사람들의 수명은 짧았고, 아이는 많이 낳았으며, 인구 증가는 느리고 전체 인구는 젊은 구조를 유지했다. 전환기 동안에는 먼저 사망률이 낮아지기 시작했고, 그 뒤를 이어 출생률도 감소했다. 사망률이 먼저 떨어지고 출생률이 나중에 떨어지는 시차 때문에, 이 기간 동안 인구는 폭발적으로 증가했다가 다시 증가세가 둔화되는 과정을 겪었다. 결과적으로 사회는 아이를 적게 낳고, 수명은 길어지며, 인구 전체가 늙어가는 고령화 사회로 나아가게 된다. 이러한 인구 전환의 과정을 보여주기 위해 교과서 등에서는 종종 단순화된 도표를 사용한다(그림 2.1). 하지만 이는 어디까지나 이상적인 모델일 뿐이다. 예상할 수 있듯이, 실제로 각 나라가 겪은 인구 전환 과정은 이 이상적인 패턴과는 다른 다양한 모습을 보여준다.

장기적으로 볼 때, 지구상의 어떤 생물 종이든 그 운명은 개체 수의 변화에 달려 있다. 따라서 오늘날 우리가 사는 현대 세계를 만드는 데 핵심적인 역할을 한 인구 변천 현상은 경제 발전이나 환경 문제 등을 다루는 다양한 연구 분야에서 마땅히 큰 주목을 받아야 했다. 하지만 흥미롭게도 실제로는 그렇지 못했다. 학자 팀 다이슨은 이러한 상황에 대해 인구 변천의 역할이 "일반적으로 과소평가되어 왔다"고 지적했다. 그는 더 나아가 "발전 이론이 인구 변천이라는 요소를 핵심적인 분석 대상으로 삼지 않는다면, 발전이라는 개념을 이해하는 데 필수적인 사회 구조의 변화들을 제대로 설명할 수 없다"고 결론 내렸다. 인구 변화를 빼놓고는 사회 발전을 온전히 이해하기 어렵다는 뜻이다.

마찬가지로, 로널드 리와 데이비드 리어 역시 인구 변천 현상을 매우 중요하게 평가한다. 그들은 출산율과 사망률이 매우 높고 불안정하던 상태에서 점차 낮고 안정적인 수준으로 변화한 이 현상을, 지난 오백 년 동안 인간 사회에 영향을 미친 가장 심대한 변화 중 하나로 꼽았다. 다시 말해 이 변화의 중요성은 민주주의 정부의 확산, 세상을 뒤바꾼 산업혁명, 거대한 도시화의 물결, 그리고 인류 전체의 교육 수준 향상과 같은 다른 역사적 대전환과 어깨를 나란히 할 만큼 중대하다고 그들은 강조했다.

인구 변천의 중요성을 강조한 앞선 평가가 모든 이에게 폭넓게 받아들여진 것은 아니었다. 심지어 인구 현상을 전문적으로 연구하는 학자들 사이에서조차 이견이 존재했다. 일부는 수십 년 동안 인구학 연구의 기본 사실로 여겨져 온 이 현상 자체의 존재에 의문을 제기하기도 했다.

예를 들어, 사이먼 슈레터 같은 학자는 인구 변천 이론이 장기적인 변화

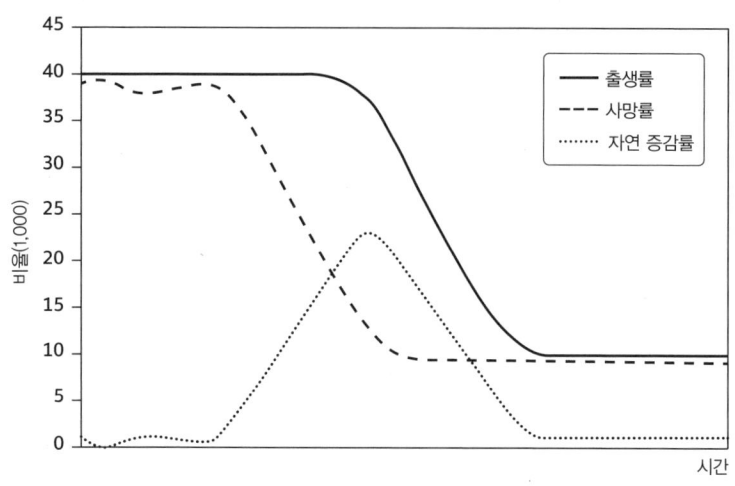

**그림 2.1**_단순화된 인구 변천의 궤적. 사망률과 출생률의 연속적인 감소 및 그로 인해 일시적으로 증가한 자연 증감률을 보여 준다.

의 큰 그림을 보여주는 인상적인 비유가 될 수는 있다고 인정했다. 하지만 그는 이 이론이 특정 역사 속에서 나타나는 출산율 변화의 구체적인 원인을 이해하는 데는 실질적인 도움이 되지 않는다고 보았다. 그래서 그는 "인구 변천이라는 개념은 불필요할 뿐만 아니라, 현상을 설명하는 데 적절하지도 않다"고까지 주장했다. 닐센 역시 인구 변천 이론이 "실제 관찰되는 증거들과 반복적으로 어긋난다"고 지적하며, 이러한 이론을 계속 사용하는 것은 인구학 연구 자체를 비과학적인 것으로 만든다고 비판했다.

  필자는 이러한 비판들이 인구 변천 이론에 현실적으로 불가능한 수준의 완벽함을 요구하기 때문에 나온다고 생각한다. 실제로 각 나라가 겪는 인구 변천의 구체적인 경로는 이론이 제시하는 이상적인 모습과는 상당한 차이를 보인다. 필자 역시 앞으로 논의를 이어가면서 현실 속 다양한 모습들을 구체적으로 지적할 것이다.

  하지만 그렇다고 해서, 출산율과 사망률이 과거의 매우 높은 수준에서 오늘날의 현저히 낮은 수준으로 엄청나게 변화했다는 기본적인 사실 자체를 부정해서는 안 된다. 이러한 변화는 역사적으로 매우 중요한 의미를 지니며, 현재 아프리카의 일부 국가를 제외하고는 거의 모든 지역에서 공통으로 나타나는 현상이다. 이 사실을 부정하는 것은 인구학의 가장 근본적인 증거들을 애써 외면하는 태도나 다름없다. 비판가들은 이론의 불완전한 점을 드러내는 데만 너무 몰두한 나머지, 인구 변천이라는 거대한 현상 그 자체의 중요성을 놓치는 오류를 저지르고 있다.

인구 변천 과정을 제대로 이해하고, 이 과정이 이론과 현실에서 보이는 불가피한 차이점들을 평가하기 위해서는 먼저 인구학의 핵심 개념들을 살펴볼 필요가 있다. 한 사회의 인구 증가는 기본적으로 태어나는 사람의 수와 사망하는 사람의 수의 차이로 결정된다. 출생과 사망은 모두 생물학적 현상이지만, 동시에 사회적 요인에 의해서도 크게 달라진다.

인구 증가를 이해하려면 먼저 출생률을 알아야 한다. 출생률은 보통 인구 천 명당 한 해에 태어나는 아이의 수를 말한다. 이 수치는 여성 한 명이 평생 낳을 것으로 기대되는 평균 자녀의 수, 즉 합계출산율에 따라 달라진다. 자연 상태에서 인류의 출생률은 인구 천 명당 매년 40명에서 50명에 이를 수 있다. 하지만 과거 전통 사회의 실제 출생률은 이보다 훨씬 낮은 경우가 많았다.

이는 여러 사회적, 문화적 요인 때문이었다. 일부 사회에서는 종교적인 이유로 상당수의 사람이 평생 결혼하지 않고 살았다. 또한 결혼을 늦추거나 결혼 전 관계를 엄격히 금지하는 관습도 널리 퍼져 있었다. 원시적인 피임법이 사용되기도 했으며, 심지어 갓 태어난 아이를 죽이는 영아 살해가 자녀 수를 조절하는 수단으로 동원되기도 했다. 이러한 요인들 때문에, 대부분의 전근대 사회에서 실제 출산 수준은 인간이 생물학적으로 낳을 수 있는 최대치에 크게 미치지 못했다.

사망률은 특정 인구 집단에서 사망자가 얼마나 발생하는지를 보여주는 비율이다. 가장 기본적인 사망률은 전체 인구 1,000명당 사망자 수가 몇 명인지를 나타낸다. 더 자세히 살펴볼 때는 연령대별로 사망률을 계산하기도 한다. 예를 들어, 영아, 어린이, 청소년, 성인, 그리고 65세나 85세 이상의 노인 등 특정 연령 집단 1,000명당 사망자 수를 따로 구하는 식이다. 근대 이전 사회의 사망률은 예외 없이 매우 높았다. 가장 큰 이유는 영아 사망률이 엄청났기 때문이다. 보통 신생아 1,000명이 태어나면 그중 300명 이상이 첫돌을 맞이하기 전에 사망했다. 이는 갓 태어난 아기 셋 중 하나는 한 살이 되기 전에 죽었다는 의미다. 시간이 흘러 19세기 후반 유럽에서는 상황이 나아지기 시작했지만, 지역별 격차는 여전히 컸다. 예를 들어, 노르웨이나 스웨덴에서는 영아 사망률이 1,000명당 100명 수준까지 떨어졌다. 하지만 같은 시기 독일, 오스트리아, 러시아에서는 여전히 신생아 1,000명당 200명에서 250명이 사망했다. 죽음의 위협은 영아기 아기들에게만 닥친 것이 아니었다. 어린이 사망률 또한 높았으며, 성인들도 각종 전염병과 크고 작은 부상으로 인해 오래 살지 못하는 경우가 많았다.

전통 사회에서는 아이를 많이 낳았지만, 그만큼 사망률도 매우 높았다. 이처럼 높은 출생률과 높은 사망률이 맞물리면서 인구는 아주 서서히 증가하는 데 그쳤다. 오히려 인구가 줄어드는 경우도 많았다. 주기적으로 발생하는 전염병, 길어지는 전쟁, 연이은 흉작과 같은 재앙이 닥치면 인구가 크게 감소했기 때문이다. 근대 이전 시대의 인구를 정확히 추정하기는 어렵기 때문에 모든 수치에는 불확실성이 따른다. 하지만 현재까지 가장 신뢰할 만한 연구 결과에 따르면, 서기 1000년 이전까지 세계 인구 성장률은 연 0.05%에도 미치지 못했다. 이후 서기 1000년부터 1500년 사이에는 성장률이 두 배 이상 증가하여 약 0.1% 수준에 도달했다. 인구 성장률은 16세기에 다시 두 배로 뛰어올랐고, 18세기에는 약 0.2%까지 상승했다. 19

세기에 들어서는 0.8%로 네 배나 급증했다. 이러한 증가세는 20세기에 절정을 이루었다. 인구 성장률은 1960년대에 잠시 연 2%를 넘어서며 역사상 최고점을 기록했다. 이후 성장률은 점차 하락하기 시작했지만, 20세기 전체의 평균 인구 성장률은 1.35%에 달했다(그림 2.2).

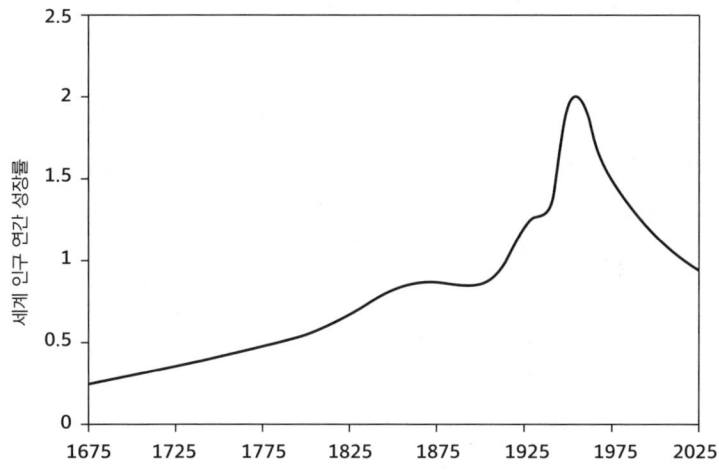

**그림 2.2**_세계 인구의 연간 성장률(1700~2020년 사이 세계 인구의 연 성장률과 유엔의 2025년 중위 추정치. 1960년대 후반 2%를 웃돌며 최고점을 찍은 뒤 2050년까지 0.5%에 못 미치는 정도로 하락하다가 18세기 후반에 나타난 수준으로 회복될 전망)

근대 이전 시대의 인구 성장률은 극히 낮았다. 이 때문에 약 5,000년에 달하는 인류의 기록된 역사 전체에 걸쳐 세계 인구 변화를 그래프로 그려보면 매우 특징적인 모양이 나타난다. 그래프의 선은 1500년대 이전까지는 마치 수평선처럼 거의 평평하게 이어진다. 그 후 1800년대까지 약간 위로 올라가기 시작하다가, 그 이후부터는 거의 수직에 가깝게 치솟는다. 이렇게 폭발적인 인구 증가는 인구 구조가 전환되던 시기에 나타난 가장 중요한 결과였다. 하지만 인구 대전환을 이미 완료한 국가들은 이제 다른 문제에 더 큰 관심을 기울이고 있다. 이들 국가의 주된 고민은 바로 인구 고령화 문제다.

필자는 이 장을 마무리하며 도시화에 대해 간략히 살펴보고자 한다. 도시화는 인구가 도시로 집중되는 현상이다. 이러한 거대한 변화가 그토록 빠르고 광범위하게 일어날 수 있었던 데에는 두 가지 힘이 동시에 작용했다. 하나는 농촌을 떠나도록 사람들을 밀어내는 힘이었고, 다른 하나는 도시 중심의 산업화가 사람들을 끌어당기는 힘이었다. 이후에는 도시의 서비스업 분야가 크게 성장하면서 사람들을 끌어들이는 힘이 더욱 강해졌다. 도시화 과정은 19세기 중반부터 빨라지기 시작했다. 이러한 흐름은 약 100년이 지나면서 전 세계적인 현상으로 자리 잡았다. 마침내 2007년에는 전 세계 인구의 절반이 도시에 사는 시대가 열렸다. 도시화는 이 책에서 다루는 모든 대전환 과정에 아주 강력한 영향을 미쳤다. 도시화는 사람들의 생활 방식을 근본적으로 바꾸었다. 도시에서는 출생률이 낮아졌고, 더 다양하고 질 좋은 음식에 대한 수요가 늘어났다. 또한 농촌에 비해 평균 에너지 사용량이 몇 배나 증가했으며, 이는 세계 경제의 모습을 바꾸어 놓았다. 결과적으로 이러한 모든 변화는 지구 환경에 상당한 부담을 주게 되었다.

제1차 세계 대전 이전 시기의 도시화는 국제적인 인구 이동과 아주 밀접한 관련이 있다. 특히 이러한 국제 이주는 미국이 세계 최고의 경제 대국으로 떠오르는 데 결정적인 역할을 했다(그림 2.3a-b). 실제로 1910년에 실시된 인구 조사를 보면, 당시 미국인 중 해외에서 태어난 사람의 수는 1,350만 명에 달했다. 그리고 이들 중 87%는 유럽에서 건너온 이민자들이었다. 유럽인들의 이러한 해외 이주 흐름은 두 차례의 세계 대전 사이 기간에는 잠시 주춤했다. 1945년 제2차 세계 대전이 끝난 후 이주가 다시 시작되었지만, 유럽이 점차 번영하면서 해외로 떠나는 사람들의 수는 다시 줄어들었다. 반면, 21세기에 들어서면서 유럽은 새로운 인구 이동 문제에 직면하게 되었다. 이번에는 중동과 아프리카에서 유럽 연합 국가들로 들어오는 이민 문제가 중요한 사회적 관심사로 떠오른 것이다.

21세기 유럽으로 향하는 새로운 이민의 물결은 두 가지 요인이 복합적으로 작용한 결과다. 하나는 유럽 대륙 전반의 출생률 저하가 이민자들을 끌어당기는 요인으로 작용했다. 다른 하나는 아프리카, 중동, 아프가니스탄, 파키스탄 등지에서 젊은 인구가 급증한 것이 이들을 고향에서 밀어내는 요인이 되었다. 특히 14세에서 26세 사이의 젊은 남성 인구가 폭발적으로 늘어난 것이 이 흐름의 핵심이었다. 이러한 대규모 인구 이동은 인구 구조 전환이 낳은 네 번째 결과물로 볼 수 있다. 이러한 이민이 얼마나 폭발적일 수 있는지는 2016년 독일에 100만 명이 넘는 이민자가 한꺼번에 몰려든 사건에서 명확히 드러났다. 하지만 이탈리아와 스페인의 경우, 북아프리카로부터 꾸준히 유입되는 이민자들의 누적 규모는 이보다 훨씬 더 오랫동안 높은 수준을 유지해 왔다. 이러한 현상은 유럽에만 국한된 것이 아니다. 북미와 호주에서도 중남미, 아시아, 아프리카 등지에서 오는 이민자들로 인해 비슷한 상황이 벌어지고 있다.

사망률, 출생률, 그리고 인구 이동의 전환 과정은 몇 가지 중요한 공통점을 가지고 있다. 첫째, 이 모든 전환은 수많은 개인의 행동과 선택, 선호가 모여서 만들어 낸 거시적인 결과라는 점이다. 특히 사회가 발전하면서 기존의 제도나 사회 구조의 역할이 줄어들고 개인의 자율성과 선택의 힘이 커지는 후반 단계로 갈수록 이러한 특징은 더욱 뚜렷해진다. 둘째, 전환의 전체 경로는 과거의 역사에 의해 결정되는 경우가 많다. 이는 '경로 의존성'이라고도 불리는 현상으로, 초기에 일어난 사건이나 행동이 장기적인 영향을 미치고 미래의 방향까지 결정하기 때문이다. 셋째, 이 전환들은 마치 새로운 아이디어나 기술처럼 사회에 퍼져나가는 '확산 과정'의 성격을 띤다. 다만, 어떤 방식으로 퍼져나가는지, 또 얼마나 빨리 받아들여지는지는 경우에 따라 다르게 나타난다.

그림 2.3-a_20세기 초반, 신세계에 도착한 이민자들. 들판, 광산, 공장에서 일하려고 온 노동자. 　그림 2.3-b_20세기 초반, 신세계에 도착한 이민자들. 교육을 잘 받고 모험심이 강한 사람들.

## 인구 변천(Demographic Transition)

인류 역사에 한 획을 그은 인구 구조의 변화, 즉 '인구 변천'이라는 개념의 윤곽은 1929년 미국의 인구학자 워런 톰슨이 처음 제시했다. 몇 년 뒤 프랑스의 인구학자 아돌프 랑드리는 이 개념을 더욱 간결하게 정의했다. 그는 심대한 경제적, 사회적 변화를 겪는 모든 인구 집단은 역사의 특정 단계에 이르면, 과거의 높은 출산율과 높은 사망률이 균형을 이루던 상태에서 벗어나게 된다고 보았다. 그리고 결국에는 낮은 출산율과 낮은 사망률이 새롭게 균형을 이루는 상태로 나아가게 된다고 설명했다.

랑드리의 명료한 설명은 인구 변천 현상의 본질을 정확히 꿰뚫고 있다. 하지만 그 이후 수많은 연구를 통해, 각 나라마다 인구 변천이 매우 독특하게 전개되는 모습과 일반적인 이론의 틀에서 벗어나는 예외 사례들이 많이 발견되었다. 이처럼 인구 변천 과정의 근본적인 원인을 밝히고 그로 인해 나타나는 다양한 결과를 깊이 이해하려는 노력은 지금까지도 가장 중요하고 흥미로운 학문적 과제로 남아 있다.

인구 변천에 대한 보다 체계적인 이론은 1945년 프랭크 노트스타인과 킹슬리 데이비스 같은 학자들에 의해 제시되었다. 1950년대 이후부터 인구 변천은 현대 인구학뿐만 아니라 경제학, 사회학 등 다양한 사회과학 분야에서 핵심적인 연구 주제로 자리 잡았다. 이러한 학문적 관심이 높아지는 동안, 인구 변천은 실제로 전 지구적인 현상으로 퍼져나갔다. 유럽과 북아메리카에서는 이미 진행 중이던 변화가 계속되었고, 동아시아 여러 나라에서는 매우 **빠른** 속도로 인구 변천이 일어났다. 그리고 마침내 아프리카 대륙의 일부 국가들에서도 인구 변천이 시작되는 모습이 나타났다.

이러한 인구 변천을 이끄는 가장 직접적이고 핵심적인 힘은 바로 출산율의 감소이다. 이 출산율 감소가 얼마나 극적인 변화인지 제대로 이해하려면, 먼저 인간이 생물학적으로 최대한 낳을 수 있는 평균 자녀 수가 어느 정도인지를 알아볼 필요가 있다. 그 수치를 기준으로 삼아야만 이후 역사 과정에서 출산율이 얼마나 크게 감소했는지 그 정도를 명확히 파악하고 그 의미를 제대로 평가할 수 있기 때문이다.

### 출산율

건강한 여성이 아이를 낳을 수 있는 기간은 첫 생리인 초경부터 생리가 끝나는 폐경까지 이어진다. 전근대 시대에는 여성이 첫 생리를 경험하는 평균 연령이 17세 정도로 비교적 늦었다. 20세기에 들어 영양 상태가 좋아지면서 초경 연령이 점차 빨라졌지만, 폐경 연령은 큰 변화가 없었다. 그 결과 오늘날 여성의 평균 가임 기간은 약 38년 정도가 되었다.

과거에는 평균 수명이 짧아 많은 여성이 일찍 사망했기 때문에, 실제 평균 가임 기간은 약 30년 정도로 더 짧았다. 이 기간 동안 임신과 모유 수유 기간 등을 고려하면, 이론적으로 여성 한 명이 평생 낳을 수 있는 자녀는 최대 약 25명에 이를 수 있다. 하지만 자연적인 불임 등을 고려하면, 한 여성이 평생 낳을 것으로 기대되는 평균 자녀 수, 즉 합계출산율의 현실적인 최대치는 보통 8명에서 9명 수준이다.

따라서 한 사회에서 여성의 평균 자녀 수가 7명에서 8명에 이른다면, 이는 거의 최대 수준의 출산율을 보인다고 할 수 있다. 이러한 높은 출산율은 20세기 후반까지도 아프리카와 아시아 일부 지역에서 관찰되었으며, 현재에도 몇몇 아프리카 국가에서는 여전히 보편적인 현상이다. 예를 들어 2017년 통계를 보면, 아프리카의 니제르는 합계출산율이 평균 약 7.5명으로 세계에서 가장 높았고, 소말리아가 6.2명으로 그 뒤를 이었다. 흥미로운 점은, 이렇게 높은 실제 출산율조차 해당 지역 여성들이 원하는 자녀의 수에는 미치지 못하는 경우가 많다는 사실이다. 이와는 대조적으로, 같은 시기 중국이나 인도에서 여성들이 선호하는 자녀 수는 평균 2명에 불과했다.

앞서 살펴본 아프리카 국가들의 높은 출산율은 이른바 '대체출산율'의 몇 배에 달하는 수준이다. 대체출산율이란 현재 인구가 다음 세대에도 그대로 유지되기 위해 여성 한 명이 낳아야 하는 평균 자녀 수를 말한다. 경제적으로 풍요로운 사회에서는 보통 2.1명으로 본다. 2명이 아니라 2.1명인 이유는, 태어난 여자아이 중 일부가 자라서 아이를 낳기 전에 사망하는 경우까지 고려하기 때문이다. 하지만 영아 사망률이 매우 높은 국가에서는 인구 유지를 위한 대체출산율이 3명을 넘어서기도 한다.

그렇다면 높은 출산율이 인구를 유지하는 수준이나 그 이하로 떨어지는 이러한 인구 변천이 모든 사회에서 예외 없이 나타나는 보편적인 현상이라고 할 수 있을까? 일부 학자들은 전통 시대 일본의 사례를 들어 이 이론의 보편성에 의문을 제기한다. 하지만 당시 인구 자료는 신뢰하기 어렵고, 설령 낮은 출산율이 관찰되었더라도 이는 열악한 식단으로 임신이 어려워졌기 때문일 수 있다는 반론이 있다. 중국의 경우도 일부 학자들은 인구 변천 이전부터 출산율이 사람들의 의도적인 통제하에 있었다고 주장한다. 하지만 과거 기록만으로 실제 인구 변화를 온전히 재구성하려 할 때는 신중한 접근이 필요하다.

다른 한편으로 고려해야 할 점은, 과거 기록에는 출생아 수나 영아 사망자 수가 실제보다 적게 보고되는 경우가 흔했다는 사실이다. 그리고 설령 어떤 사회에서 낮은 출산율이 뚜렷하게 관찰되었다고 해도, 그것이 오로지 사람들이 의도적으로 임신을 조절했기 때문이라고 단정하기는 어렵다. 여기에는 낮은 성관계 빈도, 장기간의 모유 수유, 그리고 만성적인 영양실조로 인한 생식 능력 저하 등 여러 요인이 작용할 수 있다.

역사적 증거들을 살펴보면, 출산율이 뚜렷한 장기적 감소세를 보이기 훨씬 이전부터 이미 자녀 출산을 조절하려는 다양한 방식들이 사회 내에서 점진적으로 발전해 왔음을 알 수 있다. 이러한 전통적인 조절 방식들이 오늘날처럼 자녀 수를 극적으로 줄이지는 못했을지라도, 어느 정도 출산 수준에 영향을 미칠 만큼은 효과적이었다. 이 때문에 인구 변천을 획일적인 단계로 나누는 일반적인 모델에 대해서는 의문을 제기할 수 있지만, 그렇다고 해서 인구 변천이라는 거대한 흐름 자체를 부정할 수는 없다. 한 인구학자는 이 과정을 '높은 사망률로 생명이 낭비되던 원시적인 상태에서 벗어나, 낮은 사망률과 의도적으로 조절되는 출산율이 새로운 균형을 이루는 상태로 나아가는 전환'이라고 명확하게 설명했다.

과거 인구 변천을 겪기 전의 모든 사회가 인위적인 출산 통제를 전혀 하지 않았다고 생각하는 것은 오류일 수 있다. 주요 유럽 국가들에서 전통적으로 높았던 사망률이 본격적으로 낮아지기 시작한 것은 19세기에 들어서면서부터이다. 그런데 흥미로운 점은 바로 이 시기에 출산율 역시 함께 감소하는 경향을 보였다는 사실이다.

현대 사회의 출산율을 결정하는 직접적인 요인들은 결혼을 하는지 여부, 피임 실천율, 출산 후 다시 임신하기 어려운 기간의 길이, 그리고 인공 임신 중절의 빈도 등이다. 반면, 근대 이전 사회의 상황은 달랐다. 어린 나이에 결혼하는 조혼이 흔했고, 당시 사용되던 전통적인 피임법들은 효과가 거의 없었다. 물론 출산 후 한동안 임신이 불가능한 기간이 자녀를 낳는 간격을 어느 정도 벌려주는 역할을 하기는 했다. 하지만 이 기간만으로는 오늘날처럼 출산율 자체를 낮은 수준으로 크게 떨어뜨리기에는 역부족이었다.

인구 변천 과정을 설명하는 고전적인 이론은 이를 세 단계로 나누어 본다. 첫 번째는 전통 사회 단계이다. 이 시기에는 대부분의 사람들이 겨우 생계를 유지하는 수준에서 살아가며, 높은 사망률이 인구 증가를 억제하는 주된 요인으로 작용한다. 두 번째 단계에 들어서면, 부모들은 자녀에게 더 나은 삶을 물려주고자 노력하기 시작한다. 이러한 생각의 변화는 결혼을 늦추는 것과 같은 방법으로 출산율을 조절하려는 시도로 이어진다.

마지막 세 번째 단계에 이르면, 부부들은 경제적인 이유 등을 고려하여 적극적으로 자녀 수를 통제한다. 특히 이 단계에서는 의학과 위생의 발달로 자녀가 무사히 성인이 될 확률이 높아진다. 따라서 예전처럼 많은 자녀를 낳을 필요가 없어지면서, 자녀 수를 제한하는 것이 훨씬 합리적이고 사회적으로도 자연스러운 선택으로 받아들여지게 된다.

### 전환의 궤적

미국의 인구학자 프랭크 노트스타인은 인구 구조가 바뀌는 과정을 세 단계로 나누어 설명했다. 이 설명 방식은 널리 받아들여져 인구 변화를 이해하는 기본적인 틀이 되었다. 이 모델의 첫 번째 단계는 '전환 이전' 시기이다. 이 시기에는 인구 성장률이 대체로 낮고 불규칙하게 변동한다. 다음은 '초기 전환' 단계로, 사회가 발전하면서 사망률이 먼저 떨어지기 시작한다. 하지만 출산율은 여전히 높은 수준을 유지하기 때문에, 인구는 폭발적으로 증가한다. 마지막 '후기 전환기'에는 이미 낮아진 사망률에 더해 출산율까지 계속해서 낮아지면서 인구 증가세가 둔화된다. 이 과정이 끝나면 '전환 이후' 단계에 접어드는데, 이때 출산율은 현재 인구를 유지하는 데 필요한 수준보다 훨씬 낮아져 결국 인구 감소로 이어진다.

이처럼 단계별로 진행되는 인구 변화 모델은 일반적인 과정을 설명하는 데 자주 사용된다. 그러나 신뢰할 만한 인구 기록을 가진 여러 나라의 실제 장기적인 변화를 살펴보면, 이 단순한 모델과는 다른 모습이 나타나는 경우가 많다. 각 나라마다 출생률, 사망률, 이주와 같은 인구 관련 요소들이 서로 다른 방식으로 영향을 미치기 때문에 모든 나라가 똑같은 경로를 밟지 않는 것은 당연한 일이다. 인구학자 커크는 이러한 차이점이 인구 전환이라는 거대한 흐름 자체를 바꾸지는 못한다고 보았다. 그는 국가별 차이가 인구 전환의 속도를 늦추거나 앞당길 수는 있지만, 결국 인구 전환은 피할 수 없는 운명과 같다고 결론 내렸다.

1850년대 이전의 출생률을 정확히 알기는 어렵다. 구체적인 자료가 부족하기 때문이다. 하지만 일부 유럽 국가들은 250년이 넘는 상세한 출생 및 사망 기록을 가지고 있다. 특히 영국과 웨일스의 기록은 16세기 중반까지 거슬러 올라간다. 가장 오래된 기록을 보면, 당시 출생률은 높은 수준과 보통 수준 사이를 오르내렸다. 예를 들어, 인구 1,000명당 신생아가 40명 태어나는 높은 출생률은 여성 한 명이 평생 낳을 것으로 기대되는 아이의 수, 즉 합계출산율이 5명이 넘는다는 뜻이다. 반면 인구 1,000명당 신생아가 30명 태어나는 보통 수준의 출생률은 합계출산율 4명에 해당한다. 당시 사망률 역시 출생률과 비슷한 수준에서 변동했다. 덴마크와 스웨덴은 18세기 전반부터 출생, 사망, 결혼, 이혼 같은 믿을 만한 인구 통계를 기록해 왔다.

영국과 웨일스는 인구 변화 기록이 잘 보존되어 있어, 인구 전환의 초기 사례를 연구하는 데 매우 중요한 자료를 제공한다. 특히 이 두 지역의 인구 전환 과정은 앞서 설명한 이상적인 모델과 상당히 비슷한 모습을 보인다. 믿을 만한 통계가 있는 나라들을 살펴보면, 출생률이 꾸준히 하락하기 시작한 시점을 파악할 수 있다. 프랑스는 1827년, 스웨덴은 1877년, 벨기에는 1881년, 스위스는 1887년, 독일은 1888년, 영국은 1893년, 네덜란드는 1897년, 덴마크는 1898년에 처음으로 출생률 하락이 시작되었다. 제1차 세계대전이 일어나기 전, 사실상 모든 유럽 국가에서 출생률이 낮아지기 시작했다. 하지만 각 나라의 상황은 저마다 달랐다. 인구 전환이 시작되기 전의 출산율 수준도 달랐고, 사망률 감소와 출생률 감소 사이의 시간 간격이나 변화의 속도도 제각각이었다. 인구 전환이 끝난 뒤 새롭게 도달한 낮은 출산율과 낮은 사망률의 균형점 역시 나라마다 다른 특징을 보였다.

인구 전환이 시작되기 이전, 서유럽과 동아시아는 결혼 풍습과 그에 따른 출산율에서 뚜렷한 차이를 보였다.

동아시아의 경우, 여성들은 보통 매우 이른 나이에 결혼했으며, 결혼 후 바로 아이를 갖기 시작하는 경우가 흔했다. 하지만 이렇게 일찍 결혼했음에도, 다양한 사회적, 문화적 요인으로 인해 여성이 평생 낳는 자녀의 수는 생각보다 적은 수준으로 조절되기도 했다. 이후 동아시아에서 인구 전환이 일어났을 때 나타난 주된 변화는, 이미 결혼한 부부가 자녀 수를 줄이는 것보다는 여성들의 평균 결혼 연령 자체가 상승한 것이었다.

반면, 인구 전환이 시작되기 전 서유럽의 상황은 달랐다. 서유럽 여성들은 동아시아 여성들보다 훨씬 늦은 나이에 결혼하는 경향이 있었고, 평생

독신으로 지내는 여성의 비율 또한 상당히 높았다. 이처럼 독특한 결혼 풍습의 영향으로, 서유럽의 전체 인구를 기준으로 한 출산율은 인구 천 명당 30명에서 40명 수준에 머물렀다. 이는 당시 동아시아의 출산율보다 현저히 낮은 수치였다. 하지만 일단 결혼한 서유럽 여성들은 비교적 많은 자녀를 낳았다. 따라서 결혼한 부부만을 놓고 보면 출산율은 오히려 높은 편에 속했다.

흥미로운 점은 서유럽에서 인구 전환이 시작되면서 나타난 예상치 못한 변화이다. 결혼한 부부들이 의도적으로 자녀 수를 줄여 피임 등을 통해 출산을 통제하기 시작하자, 이전까지는 매우 높았던 여성들의 평균 결혼 연령이 오히려 낮아졌다. 또한, 결혼하는 여성의 비율도 일시적으로 증가하는 현상이 관찰되었다.

유럽의 인구 구조 변화는 산업혁명이나 도시화와 깊은 관련이 있다. 하지만 무엇이 이러한 거대한 변화를 일으켰는지 근본적인 원인을 정확히 찾아내기는 어렵다. 예를 들어, 1인당 평균 생산량 증가나 여성 교육 기회 확대 같은 사회 발전 지표와 인구 변화 사이의 직접적인 관계는 뚜렷하게 나타나지 않는다. 오히려 질병의 유행 양상이 바뀐 '질병 전환'이 결정적인 계기가 되었다는 설명이 더 설득력 있다. 과거에 흔했던 전염병의 발생이 줄어들고 일부는 아예 사라지면서, 심혈관 질환이나 암과 같은 만성적인 퇴행성 질환이 사망의 주된 원인이 되었다. 출산율이 계속 낮아지면서, 아이를 낳고 기르는 일은 신중한 계획이 필요한 가족의 중대사가 되었다. 부모들은 자신들의 경제적 여건과 자녀의 미래를 생각하며 가족의 규모를 의도적으로 조절하는 합리적인 선택을 하게 된 것이다.

그런데 아시아와 라틴아메리카는 물론 유럽 국가들 사이에서도 한 가지 공통된 경향이 발견된다. 인구 전환을 늦게 시작한 나라일수록 그 과정이 더 빠르게 진행된다는 점이다. 예를 들어, 러시아와 지중해 연안 국가들의 인구 전환 속도는 북유럽 국가들보다 훨씬 빨랐다. 한편 프랑스는 다른 나라들과는 다른 독특한 인구 변화를 보였다. 1800년 프랑스의 합계출산율은 평균 4.5명으로, 당시 7명이었던 미국에 비해 훨씬 낮았다. 프랑스에서는 다른 유럽 나라들보다 수십 년에서 길게는 한 세기나 먼저 출산율이 감소하기 시작했다. 경제학자 커민스는 이러한 현상이 1789년 프랑스 혁명 이후 경제적 불평등이 완화되었기 때문이라고 주장했지만, 분명 다른 여러 원인도 함께 작용했을 것이다. 1890년대에 영국의 출생률이 인구 1,000명당 30명 아래로 떨어졌는데, 프랑스는 이미 1830년대부터 그 수준을 밑돌았다. 더욱이 프랑스는 사망률과 출생률이 거의 동시에, 그리고 비슷한 속도로 함께 낮아졌다.

1950년 이후 동아시아에서는 출산율이 역사상 유례없이 빠른 속도로 인구 대체 수준 아래로 떨어지는 극적인 변화가 일어났다. 일부 유럽 국가에서 인구 구조 변화가 마무리되기까지는 여러 세대가 걸렸다. 덴마크는 1780년부터 1980년까지 200년이 걸렸고, 잉글랜드와 웨일스도 1760년대 초부터 1940년대 초까지 거의 200년이 걸렸다. 스웨덴 역시 1810년부터 1980년에 걸쳐 인구 전환이 완료되었다. 이와 대조적으로 대만은 사망률이 먼저 급격히 감소하고 약 50년 뒤에야 출생률이 떨어지기 시작했지만, 전체 인구 전환이 끝나는 데는 100년밖에 걸리지 않았다. 인구 밀도가 높은 중국과 한국, 그리고 이란은 한 세대, 즉 한 사람의 평균 수명보다도 짧은 기간에 인구 전환을 마친 대표적인 나라들이다.

중국은 1980년부터 2015년까지 시행된 '한 자녀 정책'이 시작되기 전부터 이미 출산율이 급격히 감소하고 있었다. 1950년 중국의 평균 합계출산율은 여성 한 명당 약 6명이었다. 이후 1959년부터 1961년까지 대기근으로 약 4천만 명이 사망한 뒤, 출산율이 잠시 크게 반등하여 1965년에는 약 6.4명까지 올랐다. 그러나 그 후 다시 빠르게 감소하여 1980년에는 약 2.6

명까지 떨어졌다. 한 자녀 정책의 영향으로 2000년 중국의 합계출산율은 1.5명에 불과했지만, 2015년에는 약 1.7명으로 조금 올랐다. 놀랍게도 정부의 강제적인 정책 없이 이루어진 한국의 합계출산율 감소는 더욱 빨랐다. 1960년 6.1명이었던 한국의 합계출산율은 1990년에 1.57명으로 곤두박질쳤고, 2015년에는 1.2명이라는 세계 최저 수준을 기록했다. 세계에서 가장 낮은 출산율을 보이는 지역들 역시 동아시아에 있다. 한국뿐만 아니라 홍콩, 마카오, 대만, 싱가포르에서도 2000년대부터 여성 한 명당 평균 출생아 수가 1.3명 아래로 떨어졌다.

브라질은 1950년대 초 여성 한 명당 평균 출생아 수가 6.1명이었지만, 2000년대 초에는 2.1명, 2017년에는 1.75명으로 매우 빠르게 하락했다. 하지만 이란만큼 극적인 변화를 겪은 나라는 드물다. 1979년 이란 혁명으로 이슬람 성직자 계층이 정권을 잡았을 때, 이란의 합계출산율은 약 6.5명에 달했다. 1986년 새로 실시된 인구 조사는 이란의 인구가 너무 빠르게 늘고 있다는 사실을 보여주었다. 이후 정부가 강력한 인구 억제 정책을 펴면서 출생률은 2000년까지 인구 대체 수준으로 급격히 떨어졌고, 최근에는 1.75명 아래를 기록하고 있다. 2010년대에 이르러서는 일부 중동 국가와 대부분의 사하라 사막 이남 아프리카 국가들만이 이미 낮아진 사망률에 비해 여전히 높은 출생률을 유지하고 있었다. 아프리카에서 인구가 가장 많은 나라인 나이지리아는 1960년대부터 사망률이 절반 넘게 줄었지만, 출생률은 겨우 15% 하락하는 데 그쳤다. 같은 기간 이집트에서는 사망률이 70% 감소했지만, 출생률 감소는 약 43%에 머물렀다.

몇몇 서유럽 국가는 19세기에 사망률이 거의 절반으로 줄고 출산율도 비슷한 비율로 감소하면서 인구 전환을 거의 마쳤다. 출생률과 사망률이 함께 낮아지는 이러한 경향은 1940년대까지 이어져, 유럽의 인구는 출생률과 사망률이 모두 매우 낮은 수준, 즉 인구 1,000명당 약 10명 정도에서 새로운 균형을 이루었다. 그러나 제2차 세계대전이 끝난 직후, 유럽과 북미에서는 약 20년 동안 '베이비붐'이라고 불리는 출산율 급증 시기를 맞았다. 이 시기에 출산율이 반등한 것은 단순히 전쟁으로 미뤄두었던 출산을 한꺼번에 했기 때문만은 아니었다. 실제로 가족 규모가 커지는 현상은 1930년대 후반부터 시작되었으며, 결혼하는 사람이 늘고 평균 결혼 연령이 낮아진 것도 베이비붐 현상에 영향을 미쳤다.

1960년대 후반, 유럽과 북미에서 다시 출산율이 감소하기 시작했는데, 이를 '제2의 인구 변천'이라고 부른다. 이 새로운 인구 구조는 유럽, 북미, 일본뿐만 아니라 일부 저소득 국가의 도시 엘리트 계층에서도 나타나며, 결혼율과 출산율이 인구 대체 수준보다 훨씬 낮은 것이 특징이다. 미국의 평균 합계출산율은 1950년 여성 한 명당 약 3.3명이었지만, 20세기 말에는 2명으로 떨어졌다. 일본에서는 같은 기간 3명에서 1.3명으로, 러시아에서는 약 2.9명에서 1.3명으로 비슷하게 감소했다. 이후 일본과 러시아에서 출산율이 다시 조금 오르기는 했지만, 최근 러시아의 합계출산율은 1.75명, 일본은 1.5명으로 인구를 유지하는 데 필요한 수준에 한참 모자란다.

그러나 이러한 전반적인 흐름 속에서 눈에 띄는 예외도 있었다. 프랑스의 합계출산율은 1990년대 초 여성 한 명당 1.7명까지 낮아졌지만, 2006년부터는 인구 대체 수준에 매우 가까운 2.01명을 유지하고 있다. 스웨덴이나 노르웨이 같은 스칸디나비아 국가들도 유럽의 다른 지역처럼 출산율이 극단적으로 낮아지지는 않았다. 프랑스의 출산율 변화는 특히 여성의 생애 후반부 출산율 변화에서 중요한 점을 보여준다. 1900년 프랑스의 연령별 출산율을 보면, 30세 미만 여성이 평균 1.6명의 아이를 낳은 반면 35세 이상 여성은 0.6명을 낳았다. 이러한 출산율은 1980년대 후반까지 비슷한 비율로 감소하여 30세 미만 여성은 1.4명, 35세 이상 여성은 0.15명까지 떨어졌다. 특히 35세 이상 여성의 출산율은 1900년대의 4분의 1 수준으로 급감한 것이다.

1990년대에 들어 많은 유럽 국가들은 '초저출산' 현상, 즉 합계출산율이 1.3명 아래로 떨어지는 상태를 경험했다. 2003년에는 이렇게 극단적으로 출산율이 낮은 나라가 전 세계적으로 21개국에 달했다. 그러나 이후 상황이 조금 바뀌어 2008년에는 초저출산 국가가 5개로 줄었고, 그중 4개국은 동아시아 국가였다. 이 기간 동안 유럽에서는 출산율이 다시 오르는 뚜렷한 반등 현상이 나타났고, 이는 모든 부유한 국가에 영향을 미쳤다. 하지만 이러한 출산율 반등은 오래가지 못했다. 2017년 기준으로 여성 1인당 평균 출생아 수가 1.3명보다 낮은 유럽 국가는 보스니아 헤르체고비나, 그리스, 몰도바, 리히텐슈타인이었고, 주요 국가 중에서는 이탈리아, 스페인, 루마니아를 포함해 모두 7개국이었다. 폴란드와 포르투갈을 포함한 5개 국가는 합계출산율이 겨우 1.4명을 기록했다. 출산을 장려하는 여러 정책들은 아직 뚜렷한 효과를 보지 못하고 있지만, 합계출산율이 이미 인구 대체 수준에 가까운 나라들에서는 그나마 긍정적인 결과를 기대해 볼 수 있다.

제2차 세계대전이 끝난 후 더 믿을 만한 통계 자료가 나오면서, 세계 인구가 각 지역에서 차지하는 누적 비율을 통해 인구 구조의 변화 과정을 파악할 수 있게 되었다. 이 과정을 살펴보는 데 중요한 지표는 합계출산율이다. 합계출산율이란 한 여성이 평생 낳을 것으로 예상되는 평균 자녀 수를 뜻한다.

1950년대 초반, 전 세계 인구의 40%는 합계출산율이 6명을 넘는 나라에 살고 있었다. 당시 전 세계 평균 합계출산율은 약 5명이었다. 1970년대 후반이 되자 상황은 크게 바뀌었다. 합계출산율이 6명을 넘는 나라에 사는 인구는 전 세계의 15%로 줄었고, 평균 합계출산율도 약 4.5명으로 낮아졌다. 21세기에 들어서자 이러한 감소세는 더욱 뚜렷해졌다. 합계출산율이 6

명을 넘는 나라에 사는 사람은 전 세계 인구의 5%에 불과했고, 평균 합계출산율은 2.6명까지 떨어졌다. 불과 두 세대 전인 1970년대 초만 해도 전 세계 국가의 절반은 합계출산율이 5.5명을 넘는 높은 출산율을 보였다. 그러나 2010년에서 2015년 사이, 합계출산율의 중간값은 2.3명에 불과했다. 이 시기 합계출산율이 비교적 높은 3.5명을 넘는 나라는 약 50개국뿐이었는데, 이들 중 3분의 2는 경제적으로 가장 발전이 더딘 최빈국으로 분류되었다.

현재 인구를 그대로 유지하는 데 필요한 출산율을 '인구 대체 수준'이라고 하며, 보통 합계출산율 약 2.1명을 의미한다. 앞으로 아프리카 대륙의 인구 증가는 거의 90%가 이 인구 대체 수준을 넘는 출산율 때문에 발생할 것으로 예상된다. 그 결과 2050년까지 아프리카의 인구는 지금보다 9억 명 이상 늘어날 것이다. 반면, 아프리카를 제외한 다른 모든 지역에서는 합계출산율이 인구 대체 수준보다 낮거나 겨우 그 수준에 머무를 것으로 보인다.

합계출산율이 인구 대체 수준 이하로 떨어지는 과정은 이미 세계 여러 나라에서 상당히 진행되었다. 2015년까지 전 세계적으로 출산율이 빠르게 변하면서, 세계 인구의 거의 절반이 살고 있는 80개가 넘는 나라에서 합계출산율이 인구 대체 수준 아래로 떨어졌다. 이는 과거와 비교하면 엄청난 변화이다. 1975년에는 인구 대체 수준 이하의 출산율을 보인 국가가 전 세계의 약 15%에 불과했고, 1950년에는 그 비율이 1%도 되지 않았다.

아마 이러한 변화를 가장 극적으로 보여주는 사실은 유엔의 2017년 자료에서 찾을 수 있을 것이다. 2018년을 기준으로, 세계에서 인구가 가장 많은 10개 나라 가운데 중국, 미국, 브라질, 방글라데시, 러시아, 이렇게 5개 나라의 합계출산율이 이미 인구 대체 수준이거나 그보다 낮았다. 인도, 인도네시아, 멕시코 역시 인구 대체 수준에 매우 가까워졌다. 오직 파키스탄과 나이지리아만이 여전히 높은 합계출산율을 보이고 있을 뿐이다. 이는 전 세계적으로 출산율이 낮아지는 경향이 뚜렷하며, 특히 인구가 많은 나라에서 이러한 현상이 두드러지고 있음을 보여준다.

아프가니스탄과 동티모르를 제외하면, 합계출산율이 높은 나라는 모두 아프리카 대륙에 모여 있다. 그리고 이들 아프리카 국가 중 일부에서는 출산율이 낮아지는 인구 변화가 상당히 진행되고 있다. 예를 들어 인구가 많은 가나와 케냐에서는 합계출산율이 과거에 비해 30% 넘게 크게 줄어 각각 4.03명과 4.56명이 되었다. 반면 베냉, 부르키나파소, 말라위 같은 나라에서는 출산율 변화 속도가 매우 느려, 감소율이 10% 정도에 그쳤다.

동시에, 최근의 여러 연구들은 대부분의 아프리카 사회가 출산율을 중간 수준, 즉 합계출산율 4명 미만으로 낮추는 데 저항감을 보인다고 지적한다. 이러한 현상은 다른 주요 문화권에서는 뚜렷하게 나타나지 않는다. 전문가들은 그 원인으로 아프리카의 뿌리 깊은 문화적 전통과 강한 가족 중심 사상 등을 꼽는다.

21세기에 들어서면서, 이미 인구 대체 수준보다 낮은 합계출산율을 보이던 유럽과 아시아의 약 30개 국가에서 출산율이 조금씩 오르는 현상이 나타났다. 하지만 이러한 소폭의 상승은 어느 나라에서도 인구를 유지하는 데 필요한 수준으로 되돌릴 만큼 충분하지는 않았다. 이처럼 출산율이 잠시 반등하는 현상은 최근에야 합계출산율이 인구 대체 수준 아래로 떨어진 다른 나라들에서도 반복될 수 있다. 그러나 이러한 부분적인 회복 역시 과거와 같은 뚜렷한 인구 증가로 이어지기는 어려울 것으로 보인다.

앞으로도 전 세계적으로 출산율은 계속 낮아질 것이며, 2050년경에는 전 인류의 약 70%가 인구 대체 수준 이하의 합계출산율을 기록할 것으로 전망된다. 이처럼 전 지구적으로 출산율이 빠르게 변하는 현상은 현대사에서 가장 주목할 만한 사건 중 하나이다. 오랫동안 많은 사람이 예상하지 못했던 이 거대한 인구학적 변화는 개인과 가족의 삶에서부터 국가 경제와 국제 관계에 이르기까지 매우 넓은 범위에 영향을 미치고 있다. 그러나 이처럼 거대한 시대적 전환을 이끈 근본적인 힘을 단지 몇 가지 단순한 요인만으로 모두 설명하기는 어렵다.

### 인구 변천의 경향

인구 구조가 변화하는 현상, 즉 인구 변천의 원인을 찾으려는 노력은 개별 요인에 주목하는 방식과 여러 요인의 복합적인 상호작용을 살펴보는 방식으로 진행되어 왔다. 그러나 이 책의 서두에서 이미 언급했듯이, 이러한 노력에도 불구하고 소수의 몇몇 변수만으로 인구 변천을 명쾌하게 설명하는 이론을 만들어내지는 못했다.

초기 연구들은 주로 사망률 감소 현상과 자녀 양육에 드는 경제적 비용의 변화에 초점을 맞추었다. 반면, 출산율 감소를 여성의 지위 향상과 같은 더 넓은 해방 과정의 일부로 보는 관점이나, 각 사회가 처했던 특수한 역사적 상황과 같은 문화적 요인들은 상대적으로 덜 주목받았다.

영유아 사망률 감소는 인구 변천을 설명하는 가장 유력한 요인 중 하나로 꼽힌다. 깨끗한 물 공급, 도시 하수 처리 시설과 같은 위생 환경의 개선, 영양 상태의 향상, 천연두 예방 접종을 시작으로 한 공중 보건 조치의 발전, 그리고 주거 환경 개선 등은 영유아 사망률을 낮추는 데 크게 기여했다. 사망률이 낮아지면, 적어도 한 명의 자녀를 성인으로 키워내기 위해 많은 아이를 낳을 필요성이 줄어들기 때문이다.

어떤 이들은 이러한 사망률 감소가 인구 변천을 이끈 지배적이고 보편적인 원동력이었다고 주장한다. 이 설명에 따르면, 어떤 사회도 여러 세대에 걸쳐 사망률은 계속 떨어지는데 출산율은 높은 상태를 견딜 수는 없다. 이러한 불균형은 인구 과밀, 토지 부족, 실업 증가, 환경 오염 등 수많은 어려움을 낳기 때문에, 결국 사회는 낮은 출산율을 통해 새로운 균형을 회복해야만 한다는 것이다.

하지만 사망률 감소만으로는 모든 것을 설명하기 어렵다는 반론도 만만치 않다. 한 나라 안에서도 출산율이 낮아지는 과정은 다양한 경로를 통해 진행될 수 있기 때문이다. 네덜란드의 역사적 자료를 분석한 연구를 보면, 자녀의 생존율이 다음 아이를 가질지 여부나 출산 간격에 영향을 미친 것은 분명하지만, 그 영향은 농부 가정보다 숙련 노동자 가정에서 더 강하게 나타났다. 또한 같은 기독교 사회 안에서도 어떤 종파에 속하는지에 따라 자녀 수에 대한 반응이 다르게 나타났다. 이는 결국 살아남은 자녀 수에 대한 사람들의 반응이 그들이 자신의 삶과 미래를 어떻게 생각하고, 목표를 이루려는 의지가 어느 정도인지에 따라 결정되었음을 보여준다.

사망률 감소가 항상 출산율 감소보다 먼저 나타났지만, 많은 경우 사망률이 떨어지기 시작한 직후 일시적으로 출산율이 오르기도 했다. 자녀 생존율이 높아지면 원하는 자녀 수를 확보하기 위해 필요한 출산 횟수가 줄어드는 것은 분명하다. 하지만 '양보다 질'을 택하는 전략, 즉 자녀 수는 줄이되 한 명의 자녀에게 더 많은 것을 투자하려는 부모의 선택 역시 설득력 있는 설명이 된다. 실제로 중국이나 인도 같은 일부 국가에서는 소득 수준이 높아지기 훨씬 전부터 현대적인 피임 방법이 보급되면서 출산율이 감소하기도 했다.

아프리카의 높은 출산율을 설명하는 가장 중요한 요인이 여전히 높은 아동 사망률이라는 연구 결과도 있다. 농업 생산성도 중요한 요인이었지만, 여성의 글을 읽고 쓰는 능력이나 전체 소득 수준은 생각보다 큰 영향을 미치지 않았다. 이 연구는 "아이들을 살리면, 가족들은 더 적은 수의 자녀를 갖기로 선택할 것이다. 이것이 바로 인구 변천 이론의 시작점이다"라고 결론 내린다. 이 설명에 따르면, 다른 지역의 경험에 비추어 볼 때 아프리카에서도 아동 생존율이 단기간에 극적으로 향상될 수 있으므로, 상대적으로 빠른 출산율 변화가 일어날 가능성도 있다.

또 다른 설명은 인적 자본, 즉 지식과 기술을 갖춘 노동력에 대한 수요 증가와 관련이 있다. 19세기 후반 산업화의 두 번째 단계에서 기술이 발전하면서, 사회는 더 높은 수준의 교육을 받은 노동자를 필요로 하게 되었다. 이러한 변화는 가정이 자녀에게 더 많이 투자하도록 유도했고, 이는 필연적으로 출산율 저하로 이어졌다. 교육 수준이 높은 인구가 늘어날수록 기술 혁신은 더욱 가속화되었고, 이는 다시 더 높은 수준의 교육을 받은 노동자에 대한 수요를 창출하여 교육에 대한 기대를 더욱 높이는, 스스로를 강화하는 순환 과정을 만들어냈다.

여성의 경제 활동 참여가 늘고 남녀 간 임금 격차가 줄어든 것도 중요한 변화였다. 여성의 경제적 자립도가 높아질수록 출산율은 오히려 낮아지는 뚜렷한 역관계가 관찰된다. 이는 여성의 사회적 지위 향상이 출산율 감소와 깊은 관련이 있음을 시사한다.

세대 간 부의 흐름이 바뀌었다는 관점에서 인구 변천을 설명하기도 한다. 대가족 중심의 전통 사회에서는 자녀들이 부모를 부양하며 부가 젊은 세대에서 나이든 세대로 흘러갔지만, 핵가족화된 현대 사회에서는 부모가 자녀를 위해 막대한 비용을 지출하며 부가 부모에게서 자녀에게로 흐른다. 이러한 변화에 대한 가장 합리적인 경제적 대응은 자녀를 갖지 않는 것이겠지만, 현실적인 대응은 자녀 수를 줄이고 그들을 경제적 자산이 아닌 다른 이유로 소중히 여기는 것이다.

높은 출산율을 일종의 노후 보장 수단으로 보는 설명도 있다. 연금이나 자본 시장이 발달하지 않은 사회에서 자녀는 노후에 기댈 수 있는 유일한 자산으로 여겨졌다. 하지만 연금 제도가 마련되면서 많은 자녀를 낳을 필요성이 줄어들었다. 그러나 이러한 설명은 부차적인 요인이었을 가능성이 크다. 노인을 부양하기 위한 제도는 인구 변천이 시작되기 훨씬 이전부터 존재했으며, 노후 걱정이 훨씬 적었던 부유한 가정들이 오히려 더 많은 자녀를 생존시키는 경우가 많았기 때문이다.

지금까지 언급된 모든 설명은 변화하는 조건에 대한 사람들의 적응 과정을 다룬다. 반면, 또 다른 종류의 설명은 새로운 기술이나 아이디어의 확산이 갖는 중요성에 초점을 맞춘다. 피임 방법의 보급과 그 효과는 이러한 확산 효과의 가장 분명한 예이다. 정부가 가족계획 사업을 강력하게 지원한 국가들은 그렇지 않았던 국가들보다 훨씬 빠르게 출산율을 낮추었다. 어떤 이들은 "발전이 최고의 피임약이다"라는 오랜 격언을 뒤집어, "피임이야말로 최고의 발전 촉진제다"라고 주장하기도 한다.

문화적 요인과 개인의 가치관 변화에 집중하여 인구 변천을 설명하려는 시도도 있다. 전통적인 종교의 영향력이 약해지고 사회가 세속화된 것은 분명 영향을 미쳤다. 또한 선택의 자유에 대한 갈망, 개인적 자율성과 자아실현에 대한 추구, 그리고 특히 여성 해방과 경력 추구 등도 중요한 역할을 했다. 이러한 관점에서 보면, 출산율 감소는 개인적인 목표를 이루려는 열망이 이끈 더 광범위한 해방 과정의 일부라고 할 수 있다.

결론적으로 인구 변천에는 단 하나의 정답이 없다. 각국의 경험이 미리 정해진 순서대로 진행되는 것도 아니다. 오히려 인구 변천의 결과를 설명하는 것이 훨씬 쉽다. 그리고 그 가장 큰 결과는 바로 전 세계 인구의 급격한 증가라는 또 다른 대전환이었다.

## 인구 변천의 결과

인구 구조가 바뀌는 인구 변천 과정이 아이들의 삶과 가족에 미친 깊은 영향부터 살펴볼 필요가 있다. 인구 변천으로 신생아와 어린이, 그리고 부모들이 얻은 가장 중요한 변화는 삶의 고통과 슬픔이 크게 줄었다는 점이다. 이러한 긍정적인 변화의 핵심은 과거에 매우 흔했던 영아 사망이 이제는 드물게 일어나는 비극으로 바뀌었다는 사실에 있다. 예방적 치료와 출산 후 건강 관리가 체계적으로 이루어지는 부유한 나라에서는 영아 사망률이 신생아 1,000명당 2명이나 3명 수준까지 낮아졌다. 이는 불과 200년 전만 해도 세 가족 중 한 가족이 겪어야 했고, 심지어 반복적으로 겪기도 했던 비극을 이제는 천 가족 중 두세 가족만이 경험하게 되었다는 것을 뜻한다. 물론 2018년의 통계를 보면, 전 세계 평균 영아 사망률은 1,000명당 30명으로 부유한 국가들보다 여전히 훨씬 높다. 세계에서 가장 가난한 나라들의 영아 사망률은 이보다 두 배나 더 높은 실정이다.

인구 변천이 가져온 또 다른 중요한 혜택은 가족의 안정성이 높아졌다는 점이다. 이 사실은 사람들이 종종 놓치고는 한다. 네덜란드의 과거 인구 자료를 살펴보면, 인구 변천이 아이들의 생활 환경에 어떤 영향을 미쳤는지 뚜렷하게 알 수 있다. 성인 사망률이 감소하고, 결혼 관계 밖의 출산이 줄었으며, 이혼율도 상대적으로 낮았다. 이러한 요인들이 함께 작용한 결과, 1880년에서 1964년 사이에 태어난 아이들은 역사상 그 어느 때보다 안정적으로 부모와 함께 성장했다. 하지만 그 이후 이러한 안정성은 다시 약해지기 시작했다. 1980년대 이후에 태어난 세대는 19세기 아이들보다 오히려 아버지 없이 성장하는 경우가 더 흔해졌다.

영유아 사망률이 줄어들면서 아이들은 평생 부모로부터 더 많은 관심과 물질적 자원을 받으며 자랄 수 있게 되었다. 자녀 수가 많을수록 각 자녀에게 돌아가는 자원이 줄어든다는 예측을 '희석 모델'이라고 부른다. 부유한 나라인 미국에서조차 실제 자료를 통해 이 모델의 예측이 사실임이 확인되었다. 또한 여러 분석을 통해 형제자매가 없는 외동아이라고 해서 발달 과정에서 특별히 불리한 점을 겪지는 않았다는 사실도 밝혀졌다. 반면, 중국에서는 강제적인 한 자녀 정책으로 수많은 외동아들이 태어났는데, 이 시기에 가족의 소득이 늘어나면서 아동 비만과 같은 부정적인 현상이 늘어났다는 연구 결과도 있다. 물론 자녀 수가 줄어든다는 것은 가족의 규모가 작아져 평균적인 생활 수준이 높아진다는 것을 의미한다. 이는 더 나은 집에서 살고, 더 좋은 음식을 먹으며, 여행을 더 자주 가고, 노후를 위해 더 많이 저축할 기회가 생긴다는 뜻이다. 동아시아 국가들이 이룩한 눈부신 경제 발전도 마찬가지다. 만약 이들 국가의 출산율이 과거처럼 높은 수준에 머물렀다면, 1인당 소득의 급격한 증가나 가족의 재산 증식, 그리고 전반적인 삶의 질 향상은 불가능했을 것이다.

인구의 질이 향상된 것은 신체적으로는 평균 신장이 커진 것으로, 사회적으로는 모든 사람이 기초 교육을 받고 여성의 지위가 높아진 것으로 나타났다. 영양실조와 성장 부진 문제가 해결되면서 모든 연령대의 평균 신장이 계속 커졌다. 20세기 동안 아시아 지역 사람들의 키가 가장 많이 자랐다. 한국 여성의 평균 신장은 20센티미터 이상 커졌고, 18세 일본 남성의 평균 신장은 1900년의 같은 나이대 남성보다 거의 12센티미터나 더 커졌다.

출산율 감소는 여성이 더 큰 독립성을 갖고 자신의 잠재력을 실현하며, 노동 시장에 대규모로 참여하기 위한 필수적인 조건이었다. 여성들은 처음에는 제조업 분야의 단순한 일자리에서 일하기 시작했지만, 점차 교육, 의료, 사무직 등 전문적인 분야로 진출했다. 그 결과 여성의 임금은 상대적으로 높아졌고, 일부 국가에서는 여성 의사, 변호사, 정치인의 비율이 매우 높아졌다. 미국의 여성 고용률은 1890년 18%에서 1950년 33%로 증가했고, 2000년에는 60%로 최고치에 이르렀다. 오늘날 전 세계적으로 확산된 여성의 고용 증가는 이혼율 증가나 국가가 지원하는 보육 시설의 필요성 증대와 같은 또 다른 사회적, 경제적 변화를 이끌고 있다.

인구 변천은 경제, 사회, 환경의 모든 면에 영향을 미쳤다. 그중 가장 중요한 두 가지 결과는 역사상 유례없는 인구 증가와 그로 인해 생긴 '인구 배당 효과'이다. 사망률이 먼저 줄어들고 출산율이 뒤따라 감소하는 사이의 시간 차이 때문에 일시적으로 인구가 폭발적으로 늘어났다. 이로 인해 통제 불가능한 인구 팽창에 대한 두려움이 생기기도 했다. 선사 시대에는 인구가 두 배로 늘어나는 데 천 년 이상 걸렸을 것으로 추정된다. 세계 인구는 19세기 초에 10억 명에 도달했는데, 5억 명에서 두 배가 되는 데 약 250년이 걸린 셈이다. 그러나 20억 명이 되는 데는 불과 123년(1927년)밖에 걸리지 않았고, 다시 40억 명(1974년)으로 두 배가 되는 데는 단 47년이 걸렸다. 하지만 1970년 이후 인구 성장률이 둔화되면서, 현재 진행 중인 80억 명으로의 인구 두 배 증가는 2026년까지 약 52년이 걸릴 것으로 예상된다.

과거 인구는 점점 더 빠른 속도로 증가했다. 어떤 학자들은 1960년 이전의 성장률이 계속된다면, 2026년 11월 13일에는 인구가 무한히 빠르게 늘어나는 특이점에 도달할 것이라고 계산하기도 했다. 물론 그런 일이 일어날 위험은 전혀 없었으며, 이러한 폭발적인 인구 증가는 갑작스럽게 끝났다. 세계 인구의 연간 성장률은 1960년대 후반 약 2.1%로 정점을 찍은 뒤 감소하기 시작했다. 2000년경에는 약 1.3%로, 2015년 이후에는 1.2% 미만으로 낮아졌다. 우리는 인구가 또 한 번 두 배가 되는 시기의 거의 마지막에 와 있다. 인구가 80억 명에 이르는 데는 약 50년이 걸릴 것으로 보이는데, 이는 전 세계적인 인구 성장률이 뚜렷하게 감소하고 있음을 보여 준다.

인구 변천이 낳은 두 번째 근본적인 결과는 경제 성장에 미친 영향이다. 전례 없는 인구 증가가 경제 성장을 가로막았는지, 아니면 촉진했는지, 혹은 전반적으로 큰 영향이 없었는지에 대해서는 다양한 증거가 있다. 인구 변천이 경제 성장에 미친 영향을 제대로 평가하려면, 변화하는 연령 구조에 주목해야 한다. 특히 널리 알려진 '인구 배당 효과'를 살펴보는 것이 좋은 방법이다. 인구 변천 초기에는 부양해야 할 어린이 인구가 많아 경제 성장률이 더디다. 그러나 인구 변천이 진행되면서 출산율이 낮아지고 젊은 노동 인구가 늘어난다. 그러면 일하는 사람들의 비율이 부양해야 할 어린이와 노인 인구의 비율보다 훨씬 높아지는 시기가 온다. 이처럼 경제 성장에 유리한 인구 구조가 일시적으로 나타나는 기회를 '인구 배당 효과'라고 부른다. 이러한 인구 구조의 변화는 빠르게 일어날 수 있다. 하지만 늘어나는 경제활동인구가 현명한 거시경제 정책의 혜택을 받고, 성장 과정에서 충분한 영양, 의료, 교육을 누릴 수 있을 때만 경제 생산성을 가장 강력하게 자극할 수 있다.

평균 소득이 오르고, 이전에는 출산과 육아 때문에 집에 머물렀던 여성들이 노동 시장에 들어오면서 소득 상승은 더욱 가속화된다. 평균 저축률이 높아져 경제가 더 성장할 수 있는 자본을 제공하고, 늘어난 소득은 새로운 수요를 만들어내 경제의 선순환 구조가 만들어진다. 1950년대 이후 동아시아 국가들은 부양해야 할 인구의 비율이 수십 년간 계속해서 낮아지면서 이러한 인구 배당 효과의 가장 큰 혜택을 보았다. 한국의 경우, 부양해야 할 총인구의 비율인 총부양비가 1962년부터 2011년까지 49년간 계속 감소했다. 중국은 1973년부터 2010년까지 37년간, 베트남은 1968년부터 2013년까지 45년간 총부양비가 줄었다. 중국의 총부양비가 눈에 띄게 낮은 것은 1979년부터 2015년까지 시행된 한 자녀 정책의 영향도 크다.

반면, 라틴 아메리카에서는 인구 배당 효과가 그리 크지 않았으며, 아프리카의 주요 경제국들은 아직 이러한 혜택을 거의 보지 못하고 있다. 아프리카 국가들의 출산율이 매우 높아 총부양비가 아예 하락하지 않거나, 아주 높은 수준에서 약간 감소하는 데 그쳤기 때문이다. 인구 배당 효과는 본질적으로 일시적이지만, 그 긍정적인 결과는 효과가 끝난 후에도 오랫동안 이어질 수 있다. 노동 연령대의 대규모 인구가 은퇴하면서 인구 배당 효과는 사라진다. 하지만 그 기간에 얻은 이익을 사회 기반 시설, 교육, 보건, 기술 발전에 투자했다면 장기적인 경제 효과를 낳을 수 있다. 그 이후에는 은퇴 인구의 비율이 늘어나면서 부양비가 다시 상승하고, 국가는 생산성이 낮거나 없는 인구의 증가 문제에 다시 대처해야 한다.

인구 변천의 결과는 경제 발전의 주요 단계를 자세히 살펴보면 꽤 명확하게 드러난다. 인구 변천 초기에는 일자리를 찾는 젊은 층이 늘어나면서 노동력이 많이 필요하고 수출을 지향하는 제조업을 세우기에 좋은 환경이 만들어진다. 이는 제2차 세계대전 이후 일본이 처음 시도하여 길을 닦은 발전 방식이며, 이후 대만, 한국, 중국이 성공적으로 따라 했다. 자녀 수가 더 적은 가정에서 자라난 새로운 세대의 건강이 더 좋고 교육 수준이 높아진 것도 추가적인 경제적 이익을 가져왔다. 또한, 평균 수명이 늘어나고 건강하게 사는 기간이 길어지면서, 오랜 기간 학교 교육에 투자한 것을 회수할 수 있는 시간도 늘어났다. 오늘날 고도로 전문화된 많은 전문가가 20대 후반이나 30대 초반에야 노동 시장에 진입한다. 만약 인구 변천 이전 시대였다면 이 나이는 그들에게 불과 20년 정도의 생산적인 노동 기간만을 남겨두었을 것이다.

수많은 국가가 이미 인구 변천의 마지막 단계를 경험하고 있으며, 이는 새로운 걱정거리를 낳고 있다. 전 세계 인구가 최종적으로 어디까지 늘어날지 정확히 예측할 수는 없지만, 인구 성장 곡선이 S자 모양을 그리며 안정기에 접어들고 있다는 점은 의심할 여지가 없다. 그러나 설령 우리가 곧 새로운 안정기에 도달한다고 해도, 과거 인구 증가가 가속화되었던 결과는 오랫동안 우리 곁에 남을 것이다. 부유한 국가들과 현대화 과정에 있는 더 많은 나라들은 늘어난 기대 수명 문제에 대처해야 하며, 일부는 이미 인구 감소를 겪고 있다. 또한 전례 없는 도시의 팽창, 특히 거대 도시의 등장은 대규모 인구 이동 없이는 불가능했을 것이다. 따라서 이 장의 나머지 부분에서는 고령화, 인구 감소, 도시화, 그리고 국제 이주라는 도전 과제들을 살펴볼 것이다.

## 기대 수명의 한계, 고령화, 그리고 인구 감소

인구 배당 효과와는 정반대로 '인구 부담'이라는 현상도 나타난다. 이는 출산율이 현재 인구를 유지하는 데 필요한 수준보다 훨씬 낮아져, 부양해야 할 인구 비율이 높아지고 결국 점진적인 인구 감소까지 겪게 되는 국가들이 짊어지는 무거운 짐을 말한다.

물론, 인구가 실제로 줄어들기 시작하려면 시간이 좀 더 필요하다. 과거 높은 출산율 시대에 태어난 많은 여성이 아이를 낳을 수 있는 나이를 지날 때까지 기다려야 하기 때문이다. 이처럼 과거의 높은 출산율이 현재 인구 변화에 미치는 지속적인 영향을 '인구 모멘텀'이라고 부른다. 인구 모멘텀 때문에 현재의 합계출산율이 인구를 유지하는 수준보다 낮더라도 한동안은 출생아 수가 어느 정도 유지되거나 인구 감소 속도가 더디게 나타난다. 하지만 이 모멘텀이 사라지고 나면 인구는 본격적으로 줄어들기 시작한다.

인구 부담은 특히 기대 수명이 이전에는 상상할 수 없었던 수준으로 사상 최고치에 도달하는 사회에서 훨씬 더 심각한 문제가 될 것이다. 예를 들어 일본의 경우, 한 인구 연구기관의 전망에 따르면 21세기 중반인 2050년경에는 80세 이상 노인 인구가 어린이 인구보다 많아질 것으로 예상된다. 지난 수만 년 인류 역사에서 이처럼 노인 인구가 어린이보다 많은 사회는 단 한 번도 없었다. 하지만 우리는 이미 일본과 유럽 일부 지역에서 나타나는 인구 감소의 여러 결과를 목격하고 있으며, 이는 앞으로 닥칠 거대한 인구 구조 변화가 얼마나 심각할지를 미리 보여주는 예고편과 같다.

### 수명의 연장

인류의 평균 수명은 영아 및 유아 사망률이 크게 낮아지고, 젊은 나이에 예기치 않게 사망하는 이른바 '비명횡사'가 줄어들면서 본격적으로 늘어나기 시작했다. 예를 들어 유럽 대륙과 미국에서는 1850년경 출생아 1,000명당 200명에서 300명에 달했던 영아 사망자 수가 100년이 지난 1950년경에는 35명에서 65명 수준으로 크게 감소했다. 이후 2000년경에는 경제적으로 부유한 여러 선진국에서 이 수치가 출생아 1,000명당 5명 이하로 더욱 낮아졌다. 당시 전 세계적으로 거의 50개 국가에서 영아 사망률이 1% 미만을 기록할 정도로 개선되었다. 반면, 2000년대 초반 아프리카의 19개 국가에서는 영아 사망률이 여전히 10% 이상으로, 약 한 세기 전 유럽과 비슷한 높은 수준에 머물러 있었다.

흔히 생각하는 것과는 달리, 19세기 사망률 감소에 당시 의학 기술의 발전이 결정적인 역할을 한 것은 아니었다. 여러 연구에 따르면, 당시 사망률을 낮춘 보다 근본적인 요인들은 전반적인 생활 수준의 향상, 영양 공급의 개선, 주거 환경의 발전, 그리고 배수시설 정비, 하수 처리 시스템 도입, 개인위생 관념의 향상과 같은 공중 보건 조치의 확대 등이었다. 초기 형태의 의료보험 제도 도입 역시 사망률 감소에 기여한 것으로 보인다. 유럽 5개국의 역사적 자료를 분석한 한 연구는, 1873년부터 1913년 사이에 이러한 제도의 도입으로 인해 사망률 감소 추세가 더욱 빨라졌음을 밝혀냈다. 이는 단순히 의료 서비스 접근성이 확대되었기 때문만이 아니라, 건강 관련 정보가 널리 퍼지고 대중의 위생 관념이 높아진 복합적인 효과였다고 분석된다.

19세기 잉글랜드와 웨일스의 사례를 분석한 연구들은 당시 질병 '치료' 방법들이 사망률 감소에 거의 아무런 도움이 되지 못했다고 주장한다. 심지어 '면역 조치'의 효과 역시 전체 사망률 감소 기여도 중 약 5%에 불과했던 천연두 예방에 국한되었다는 것이다. 이러한 주장은 20세기 미국 사례 분석을 통해서도 뒷받침된다. 1900년 이후 미국에서 주요 전염병으로 인한 사망률이 크게 줄어들었지만, 특정 의학적 치료법이나 예방 조치가 도입된 이후에 사망률이 눈에 띄게 감소한 사례들을 분석한 결과, 전체 사망률 감소분 중 약 3.5% 정도만이 직접적인 의학적 조치의 효과였다고 한다. 1955년에 도입된 소아마비 예방접종 정도만이 사망률 감소에 뚜렷하고 즉각적인 영향을 미친 거의 유일한 의학적 개입이었다는 것이다. 전반적으로 20세기 동안 미국의 연령 표준화 사망률은 약 74%나 감소했는데, 이 엄청난 감소분의 약 70%는 주요 의학적 치료법이 널리 보급되기 이전인 1950년 이전에 주로 전염병 사망률이 감소한 덕분이었다.

  1930년대에 초기 항생제의 일종인 '설파제' 계열 약물이 발견되기 이전까지, 인류는 가장 흔한 세균성 전염병들을 효과적으로 억제할 수 있는 마땅한 치료 수단을 거의 가지고 있지 못했다. 이 새로운 설파제 계열 약물이 본격적으로 사용되기 시작한 1937년부터 1943년 사이에 미국에서 산모 사망률이 25%나 감소했고, 폐렴 및 인플루엔자로 인한 사망률은 13%, 그리고 성홍열로 인한 사망률은 무려 52%나 감소했다는 연구 결과가 있다. 이러한 연구 결과는, 특정 약물의 효과와는 별개로, 영아 및 유아 사망률 감소에 있어서는 전반적으로 향상된 위생 환경과 영양 공급이 여전히 가장 결정적인 역할을 수행했다는 기존의 이해를 다시 한번 확인시켜 준다.

  결과적으로 20세기 중반까지는 전체 평균 수명 증가분 가운데 65세 이상 고령층의 수명 연장이 기여한 부분은 20% 미만에 불과했다. 즉, 당시 평균 수명 증가는 주로 영유아 및 젊은 연령층의 사망률 감소 덕분이었다. 그러나 그 이후에는 상황이 역전되어, 65세 이상 노년층의 기대 수명이 크게 늘어나면서 이것이 전체 평균 수명 증가를 이끄는 주요인이 되었다. 노년층의 기대 수명은 생물학적 한계선에 가까워지면서도 여전히 지속적으로 상승하는 추세를 보이고 있다. 하지만 전 세계적으로 보면, 대다수 인류는 이러한 '장수로의 전환' 과정에서 아직 초기 단계에 머물러 있다. 특히 아시아와 아프리카의 가난하면서도 인구가 많은 국가들에서는, 성인 사망의 주된 원인이 되는 질병들을 효과적으로 예방하고 치료할 수 있는 선진 의료 기술의 혜택이 주로 도시에 거주하는 일부 엘리트 계층에게만 제한적으로 제공되고 있는 실정이다. 그 결과, 모든 인류가 높은 수준의 건강과 장수를 누리게 되는 이러한 새로운 의미의 인구 전환 과정은 21세기 내내 계속될 것으로 보인다.

이러한 평균 수명 연장의 과정은 '출생 시 기대 수명'이라는 지표가 어떻게 산출되는지를 살펴보면 더 잘 이해할 수 있다. 이 통계 지표는 기본적으로 특정 시점의 연령별 사망률이 앞으로도 그대로 유지된다고 가정할 때, 그해에 태어난 아기가 평균적으로 몇 살까지 살 수 있을지를 예측한 값이다. 따라서 출생 시 기대 수명은 한 사회의 전반적인 건강 수준과 삶의 질을 반영하는 중요한 지표로 활용된다. 물론 이 수치 역시 해당 사회의 보건 의료 체계, 영양 상태, 생활 수준 등 다양한 복합적인 요인들의 영향을 받는다. 그리고 높은 기대 수명을 달성하고 유지하기 위해서는 이러한 긍정적인 사회경제적 조건들이 특히 생애 초기 수십 년 동안 안정적으로 지속되는 것이 매우 중요하다.

1850년부터 2000년까지 약 150년 동안, 이미 세계적으로 높은 수준이었던 유럽, 북아메리카, 그리고 일본의 평균 기대 수명은 꾸준히 증가했다. 이 지역들에서 남녀 모두의 평균 출생 시 기대 수명은 약 40세에서 80세로 두 배가량 늘어났다. 거의 모든 국가에서 여성이 남성보다 기대 수명이 더 길게 나타나며, 특히 장수 국가 여성들의 평균 기대 수명은 80세를 훌쩍 넘어섰다. 20세기 한 세기 동안 고소득 국가들에서 평균 수명은 약 30년 정도 연장되었다. 전 세계적으로 보면, 출생 시 기대 수명이 일시적으로 감소했던 시기는 제1차 세계대전과 그 직후 발생한 스페인 독감 유행기, 그리고 제2차 세계대전의 두 차례 정도였다. 수십 년 동안 세계 최장수 기록은 주로 일본 여성들이 차지해 왔으며, 2010년경 이들의 출생 시 기대 수명은 이미 85세를 넘어선 것으로 알려져 있다.

2015년 출생자 기준 남녀 전체 평균 기대 수명이 가장 높은 상위 12개 국가는 일본, 스위스, 싱가포르, 호주, 스페인, 이탈리아, 아이슬란드, 이스라엘, 프랑스, 스웨덴, 한국, 캐나다 순이었다. 이 중 일본은 83.7세, 스위스는 83.4세 등으로, 최상위권 국가들 간의 기대 수명 차이는 매우 근소했다. 단순히 얼마나 오래 사는지를 나타내는 기대 수명 외에, 질병이나 장애 없이 건강하게 살아갈 것으로 기대되는 기간을 의미하는 '건강 기대 수명'이라는 지표로 비교해 보아도 최상위 국가들의 순위는 크게 달라지지 않는다.

이처럼 기대 수명이 높은 최상위 국가들의 사례를 살펴보면, 한 국가의 1인당 경제 생산 능력과 국민의 평균 기대 수명 사이에 반드시 강력한 정비례 관계가 성립하는 것은 아니라는 점을 알 수 있다. 앞서 언급된 기대 수명 상위 12개 국가 중, 1인당 국내총생산$^{GDP}$이 세계 최상위권에 속하는 나라는 싱가포르와 스위스 단 두 곳뿐이었다. 기후가 장수의 결정적인 단일 요인도 아니다. 결국 한 개인의 수명은 경제적 여건, 영양 상태, 보건의료 서비스의 질과 접근성 등 다양한 요인들이 복합적으로 상호작용한 결과로 결정된다. 그리고 최근의 여러 연구들은 이러한 물질적, 환경적 요인 외에도 삶을 대하는 개인의 심리적 태도 역시 장수에 중요한 영향을 미치는 공통적인 핵심 요인일 수 있음을 시사하고 있다. 실제로 노화 과정을 더 긍정적으로 수용하는 사람들이 그렇지 않은 사람들보다 평균적으로 최대 7.5년 더 오래 살았다는 연구 결과도 있다.

이와는 대조적으로, 평균 기대 수명이 낮은 하위권 국가들의 경우를 살펴보면, 경제적 빈곤이 심각한 영양 결핍이나 필수적인 의료 서비스의 부족과 직접적으로 연결되면서 낮은 기대 수명으로 이어지는 뚜렷한 상관관계가 나타난다. 실제로, 특정 시점의 통계에 따르면 평균 기대 수명이 60세에도 미치지 못하는 20여 개 국가는 모두 사하라 사막 이남 아프리카 지역에 집중되어 있었다. 이러한 현상은 인구 변천의 진행 단계와 평균 기대 수명 사이에도 밀접한 관련이 있음을 보여준다.

그러나 21세기에 들어서면서, 미국에서는 이전과는 다른, 예상치 못한 현상이 나타나기 시작했다. 수십 년 동안 꾸준히 감소하던 특정 인구 집단의 사망률이 어느 시점부터 더는 줄어들지 않고 오히려 다시 높아지는 추세로 돌아선 것이다. 여기서 말하는 특정 인구 집단이란 바로 대학 교육을 받지 않은 미국의 중년 백인들이다. 이렇게 사망률이 다시 높아진 주된 원인으로는 자살, 약물 중독, 그리고 알코올성 간 질환 등이 지목되었다. 연구자들은 이러한 현상의 배경에 깊은 절망감이 자리하고 있다고 보고, 이를 '절망으로 인한 죽음'이라고 이름 붙였다. 미국 사회에서 관찰된 이러한 현상이 단순히 미국만의 특수한 문제인지, 아니면 비슷한 경제 발전 단계를 거쳐 탈산업화 사회로 접어든 다른 여러 나라에서도 유사한 형태로 나타나 결국 해당 국가 전체 인구의 평균 기대 수명에까지 영향을 미치게 될 것인지, 앞으로 주의 깊게 살펴보아야 할 중요한 문제이다.

앞으로 인간의 평균 기대 수명이 계속해서 더 늘어날 수 있을지에 대해서는 의견이 분분하다. 인간의 노화는 이미 30세경부터 본격적으로 시작되며 누구도 피할 수 없는 생물학적 과정이다. 이러한 생물학적 한계로 인해, 인간이 도달할 수 있는 최대 기대 수명의 추가적인 증가는 제한적일 수밖에 없다는 주장을 뒷받침하는 증거는 여러 곳에서 발견된다. 예를 들어, 오랜 인구 통계 자료를 보유한 스웨덴, 프랑스, 영국의 경우, 출생 시 기대 수명은 과거에 비해 거의 두 배로 늘어났지만, 그 증가 속도는 1920년대부터 점차 느려지기 시작하여 최근에는 증가폭이 현저히 줄어드는 양상을 보이고 있다. 110세 이상 생존하는 '초백세인'에 대한 연구 역시 인간 수명 증가에는 일정한 한계가 있음을 보여주는 또 다른 설득력 있는 증거로 제시된다.

1970년대부터 1990년대 초반까지는 주로 노년층의 생존율이 크게 향상되면서 평균 수명 증가를 이끌었다. 이러한 현상은 한때 인간의 기대 수명에 한계가 없는 것처럼 보이게도 했지만, 이후 개인이 도달할 수 있는 '최대 수명' 자체는 거의 100년 가까이 뚜렷한 증가 없이 정체되는 양상을 보였다. 실제로, 1990년대 후반에 120세를 넘겨 사망한 두 사람의 기록 이후, 이들의 기록을 넘어서는 공식적인 최장수 기록은 아직 나타나지 않고 있다는 점이 이를 뒷받침한다. 평균 기대 수명의 증가세 역시 한계에 가까워지고 있다는 또 다른 증거는 미국 통계에서도 확인할 수 있다. 1900년부터 1950년까지 50년 동안 미국인의 평균 수명은 연평균 약 152일씩 증가했지만, 1950년부터 2000년까지의 50년 동안에는 연평균 증가폭이 약 63일로 크게 줄어들었다. 이러한 평균 수명 증가율의 둔화는 특정 한계치에 가까워지면서 증가세가 점차 약해지는 패턴을 따르고 있음을 시사한다.

인간이 도달할 수 있는 최대 수명은 어느 정도 고정된 한계가 있는 것처럼 보이며, 이는 단순히 유전적 요인만으로 결정되기보다는 만성 질환의 관리 양상, 인체의 생체역학적 특성, 그리고 자연적인 생물학적 제약 등 여러 요인들이 복합적으로 작용한 결과로 이해된다. 가장 높은 수준의 여성 평균 기대 수명은 앞으로 수십 년에 걸쳐 90세 혹은 그 이상까지도 도달할 수 있을 것으로 예상되지만, 21세기 후반이 되더라도 남녀 전체의 평균 수명이 100세에 가까워지거나, 115세에서 120세를 넘어서는 초장수 인구가 많이 나타날 가능성은 매우 낮아 보인다. 올림픽 메달리스트나 최상위 운동선수들을 대상으로 한 연구에서도, 이들은 일반인보다 평균적으로 6~7

년 더 오래 살았지만, 이들 중 최장수 기록 역시 106세 수준으로 나타났다. 이들 엘리트 운동선수 집단의 수명 역시 더 이상 크게 늘어나지 않는 일종의 '포화 상태'를 보이고 있으며, 이는 점점 더 많은 사람이 생물학적 수명의 한계치에 가까워지고는 있지만, 그 한계를 뛰어넘기는 어렵다는 점을 강력히 시사한다.

물론 인간 수명의 한계에 대해 이보다 더 낙관적인 전망을 제시하는 연구들도 있다. 예를 들어, 고소득 국가들을 대상으로 한 일부 연구에서는 노년기의 기대 수명이 꾸준히 증가하고 있으며, 이러한 추세가 앞으로도 수십 년 동안 지속될 수 있다고 결론 내리기도 했다. 또한, 최근 일본 여성의 평균 기대 수명이 과거 여러 예측에서 제시된 상한선을 넘어서는 사례가 관찰되기도 했다. 이러한 관찰을 바탕으로 일부 학자들은 앞으로도 인간의 기대 수명이 상당 폭으로 계속 증가할 것이라는 낙관적인 전망을 내놓기도 했다.

그러나 필자는 일부에서 주장하는 것처럼 염색체 끝부분을 보호하는 '텔로미어'를 인위적으로 연장하거나, 섭취하는 칼로리를 극도로 제한하는 방식을 통해 인간 세포의 노화를 막고 수명을 획기적으로 연장할 수 있을 것이라는 기대에 대해서는 신중한 입장을 밝히고자 한다. 동물 실험에서 일부 긍정적인 결과가 관찰되기도 했지만, 적어도 지금까지 인간을 대상으로 그러한 방법들이 수명 연장에 뚜렷한 효과를 보인다는 과학적 증거는 제시된 바 없음을 강조하고 싶다.

### 고령화 사회

평균 수명이 길어진다는 것은, 경제적으로 비교적 여유가 있고 정신적으로도 건강하게 노년을 맞이하는 개인에게는 분명 반가운 소식이다. 하지만 노화로 인해 신체 기능이 약해지고 가족 관계, 사회적 관계, 그리고 경제적인 어려움까지 겹치는 대다수 노인에게는 단순히 오래 사는 것이 오히려 고통의 시간을 연장하는 결과가 될 수도 있다. 이는 결국 수명 연장이라는 현상이 가져다주는 혜택이 실제 개개인이 처한 현실적인 삶의 조건들과 균형을 이룰 필요가 있음을 의미한다. 특히 출산율이 극도로 낮아 노인들을 돌볼 젊은 세대가 충분하지 않은 사회에서는 이러한 문제가 더욱 심각하게 나타날 수 있는데, 일본은 이러한 어려움을 겪고 있는 대표적인 국가 중 하나이다.

일본의 경우, 1985년에는 전체 인구 중 65세 이상 노인 인구의 비율이 10% 미만이었지만, 2007년에는 이 비율이 두 배로 증가했고, 2015년에는 거의 27%에 육박했다. 이는 상대적으로 이민자 유입 규모가 큰 미국(당시 약 14%)이나 캐나다(약 15%)는 물론, 이미 고령화가 상당히 진행된 유럽 국가들인 프랑스(약 19%)나 독일(약 21%)보다도 훨씬 높은 수치이다. 일본의 한 인구 연구기관 전망에 따르면, 일본의 65세 이상 인구 비율은 2030년에는 30%, 2036년에는 33%까지 계속 증가할 것으로 예상된다. 특히 2011년 동일본 대지진과 쓰나미, 원전 사고로 큰 피해를 입었던 일부 지역에서는 2040년경에는 전체 인구의 거의 40%가 65세 이상 노인이 될 것으로 예측되었다.

일본의 '노년 부양비', 즉 일하는 사람(15~64세) 100명당 부양해야 하는 65세 이상 노인 인구 수는 1950년에 약 9명 수준이었으나, 이후 급격히 늘어나 2015년에는 거의 44명에 이르렀다. 이 수치는 2065년에는 거의 75명까지 치솟을 것으로 전망된다. 이렇게 급증하는 노년 부양 부담을 다소나마 완화할 수 있는 가장 현실적인 방안 중 하나는, 법정 정년을 예를 들어 69세까지 연장하여 은퇴자 한 명당 경제활동인구 수를 두 명 가까이로 유지하는 것일 수 있다. 특히 80세, 90세 이상 초고령층 인구의 증가는 더욱 어려운 사회적 과제를 안겨주지만, 인류가 이전에 경험해보지 못한 이러한 '초고령 사회'가 구체적으로 어떤 모습으로 운영될지에 대해서는 아직 명확하게 예측하기 어렵다.

　노인 인구 증가에 따른 복지 비용과 의료비 지출 급증이 국가 재정에 큰 부담으로 작용할 것이라는 점에 대해서는 수많은 연구와 보고서에서 이미 지적된 바 있다. 또한, 전체 노동력 규모의 감소와 인구 성장률 둔화는 국가 전체의 경제 생산성 저하로 이어지는 경향이 있다. 고령화는 아무리 잘 설계된 연금 제도라 할지라도 그 지속 가능성에 심각한 부담을 주게 된다. 여기에 더해, 특히 일부 유럽 국가들에서 나타나는 공공 부문의 부양 책임에 대한 과도한 의존, 정부 재정의 만성적인 부족 현상, 그리고 노인 돌봄 및 의료 분야 일자리에 대한 낮은 사회적 선호도 등은 문제를 더욱 복잡하게 만들고 있다.

　일본은 2000년부터 모든 국민을 대상으로 하는 '개호보험', 즉 '보편적 장기 요양 보험 제도'를 시행해오고 있다. 이 제도는 기본적으로 65세 이상의 모든 노인에게 경제적 능력과 관계없이 일상생활에 필요한 간병, 의료, 그리고 기타 사회적 서비스를 제공하는 것을 목표로 한다. 그러나 이러한 제도가 성공적으로 운영되기 위해서는 충분한 재정 투자와 효율적인 운영 능력이 뒷받침되어야 한다. 이미 고령화가 심각한 국가들은 특히 농촌과 같이 인구가 계속 줄어드는 지역에서 의료 및 요양 인력 부족 문제에 직면하고 있다. 홀로 거주하는 노인 인구가 급증하면서 이러한 어려움은 더욱 커지고 있는데, 일본의 경우 1960년 이후 독거노인의 비율이 다섯 배나 증가한 것으로 나타났다.

　한편, 인공지능AI, 로봇공학, 그리고 각종 보조 공학 기술의 발전이 고령화 사회에서 인간이 수행해야 할 돌봄 노동의 부담을 획기적으로 줄여줄 것이라고 기대하는 것은 다소 성급하거나 현실을 간과한 생각일 수 있다. 실제로 일본 언론에서는 유례없이 급증하는 치매 환자 문제와 홀로 죽음을 맞이하는 '고독사' 증가에 대한 보도가 끊이지 않고 있다. 물론 이러한 문제에 대한 사회적 대응책 마련도 시도되고 있다. 예를 들어, 일부 지방 자치 단체에서는 고독사를 우려하는 노인들을 위해 장례 업체와 미리 계약을 맺도록 지원하는 서비스를 제공하기도 한다. 이 경우 장례 업체는 계약자의 집에 정기적으로 안부 확인을 위한 방문을 하고, 사망 시에는 장례 절차 및 사후 문제까지 책임지고 처리해 준다.

최근 여러 연구들은 노화에 따른 '노쇠' 현상이 구체적으로 어떻게 진행되며 사회 전반에 얼마나 확산되어 있는지를 보여주고 있다. '노쇠'는 일반적으로 의도치 않은 체중 감소, 극심한 피로감, 전반적인 신체 활동량 저하, 걷는 속도 저하, 그리고 손아귀 힘 약화와 같은 여러 특징으로 정의된다. 한 연구에 따르면, 노인 인구 중 이러한 다섯 가지 주요 노쇠 증상 중 한 가지 또는 두 가지 증상을 보이는 사람의 비율이 52%에 달했다. 일본 노인 인구를 대상으로 한 여러 연구 결과를 종합해 보면, 나이가 들어감에 따라 노쇠 현상 역시 더욱 두드러지게 나타남을 알 수 있다. 65세에서 69세 사이 인구 중에서는 노쇠 상태에 해당하는 비율이 2%로 비교적 낮지만, 70대에는 그 비율이 점차 증가하여 85세 이상이 되면 35%까지 급격히 높아지는 것으로 나타났다. 또한, 홀로 사는 남성의 경우 노쇠 발생과 매우 높은 연관성이 있음이 밝혀지기도 했다.

100세 이상 장수하는 인구가 늘어나는 것은 한편으로는 놀랍고 긍정적인 현상으로 보이지만, 다른 한편으로는 여러 가지 어려운 사회적 문제들을 동반하기도 한다. 일본은 전 세계적으로 100세 이상 초고령 인구가 가장 많은 국가 중 하나이며, 그 수는 해마다 최고 기록을 새롭게 쓰고 있다. 2017년 말 기준으로 일본의 100세 이상 노인 인구는 이미 6만 8천 명에 달했으며, 2050년에는 총 40만 명을 넘어설 것으로 전망된다. 그러나 100세 이상 노인들의 건강 상태를 살펴본 여러 연구에 따르면, 이들 중 나이에 비해 비교적 정상적인 신체 기능을 유지하는 경우는 약 18%에 불과했다.

반면, 약 55%는 정신적 또는 신체적인 기능 저하, 즉 노쇠함을 보였으며, 나머지 25%는 인지 기능과 신체 기능 모두에서 심각한 저하를 나타냈다. 이러한 건강 상태 비율을 2050년 예상되는 40만 명 이상의 100세 이상 인구에 적용해 보면, 21세기 중반 일본 사회가 직면할 노인 돌봄 문제의 규모는 현재로서는 감당하기 어려울 정도로 막대할 것임을 짐작할 수 있다.

이러한 일상적인 돌봄 문제에 더하여, 일본은 지진이나 태풍과 같은 자연재해가 발생했을 때 수많은 노령 인구를 안전하게 구조하고 보호해야 하는 이중의 부담까지 안고 있다. 과거 일본에서 발생했던 대규모 재난 사례는 이러한 문제가 실제로 얼마나 심각한지를 잘 보여준다. 대표적인 예로, 2011년 3월에 발생한 동일본 대지진은 일본 내에서도 상대적으로 빈곤하고 인구 감소와 고령화가 심각하게 진행 중이던 도호쿠 지역을 강타했다. 이 재난은 평소 의료 및 복지 서비스 접근성이 취약한 지역에서 노인들이 갑작스러운 재해로 인해 적절한 치료를 받지 못하고, 추위, 감염병, 그리고 극심한 정신적 스트레스에 무방비로 노출되며 기존의 사회적 안전망마저 붕괴될 경우 어떤 비극적인 상황이 초래될 수 있는지를 여실히 보여주었다. 동일본 대지진의 장기적인 영향을 분석한 여러 자료들은, 지진 발생 직후의 혼란을 넘어 그 이후에도 예상치 못했던 심각하고 광범위한 문제들이 지속되었음을 지적한다.

지진 발생 직후에 직접적인 의료 공백이나 돌봄 부족으로 사망한 사람의 수는 상대적으로 많지 않았을 수 있지만, 지진 발생 후 6년이 지난 시점에도 여전히 약 13만 4천 명에 달하는 사람들이 집으로 돌아가지 못하고 실향민 상태로 남아 있었다. 이들 중 다수는 인근의 다른 도시로 이주해야만 했다. 평생을 살아온 정든 집과 지역사회를 하루아침에 잃게 된 것, 특히 해당 지역에서 여러 세대에 걸쳐 살아왔거나 은퇴 후 그곳에 정착했던 노인들에게는 견디기 힘든 정신적, 물질적 고통이었다. 여러 연구에 따르면,

이재민이 된 노인들 중 상당수는 원래 살던 집이 방사능 등으로 오염되어 거주가 불가능해지면서 익숙한 생활권을 떠나 멀리 떨어진 임시 거처나 새로운 주거지로 옮겨야 했고, 그 과정에서 깊은 고립감을 느끼며 힘겨운 삶을 이어갔다. 이러한 노인들이 지속적인 절망감과 무력감에 시달리는 경우가 많았음은 여러 연구를 통해 확인된다.

**인구 감소**

일본의 고령화 추세는 또 다른 더 어려운 문제와 함께 진행되고 있다. 바로 일본이 이제 심각한 인구 감소를 겪고 있다는 점이다. 일본의 총인구는 이민자 수를 포함해도 2005년에 처음으로 감소했다. 이후 2009년에 다시 감소했으며, 2011년부터는 인구 감소가 멈추지 않고 계속되고 있다. 순수한 자연 감소분, 즉 사망자 수가 출생아 수를 넘어선 규모만 해도 2016년에는 약 30만 명에 달했고, 2019년에는 51만 2천 명으로 사상 최대의 감소 폭을 기록했다.

일본 국립 사회보장·인구문제 연구소의 가장 최근 예측을 보면 미래는 더욱 암울하다. 이 연구소는 여러 시나리오를 제시하는데, 중간 수준의 출생률과 사망률을 가정한 '중위 추계' 시나리오만 봐도 상황은 심각하다. 이 시나리오에 따르면, 2019년 1억 2,700만 명이었던 일본 인구는 2053년에는 1억 명 아래로 떨어지고, 2065년에는 약 8,800만 명까지 줄어들 것으로 보인다. 2065년이 되면 65세 이상 노인 인구가 전체의 38% 이상을 차지하게 된다. 이는 어린이 인구보다 약 3.8배나 많은 수치다. 만약 출생률이 더 낮아지는 '저위 추계' 시나리오를 적용하면 결과는 더욱 비관적이다. 이 경우 2065년 총인구는 약 8,200만 명까지 감소한다. 65세 이상 인구 비중은 41%를 넘어서고, 노인 인구는 어린이보다 4.9배나 많아진다. 2015년, 2040년, 2065년의 연령 및 성별 구조를 비교해 보면 이러한 과정을 한 눈에 명확하게 파악할 수 있다(그림 2.4a - c). 이 구조들은 어떤 경우에도 과거에 흔히 부르던 '피라미드' 형태라고 할 수 없다. 이미 2015년의 인구 구조만 봐도, 아래쪽의 기반이 되는 젊은 층이 중간의 장년층보다 더 좁아졌기 때문이다. 이는 전형적인 항아리 모양으로, 인구가 줄어들고 있음을 보여주는 모습이다.

50년 동안 인구가 최대 4,500만 명이나 줄어드는 것은 당연히 수많은 결과를 낳을 수밖에 없다. 4,500만 명이라는 숫자는 스페인의 전체 인구와 거의 맞먹는 엄청난 규모다. 이러한 인구 감소 문제는 이미 수십 년 전부터 여러 농촌 지역에서 나타나고 있던 현상이다. 인구가 계속 줄어들면서, 더 이상 마을로서의 기능을 유지하지 못하는 곳들이 늘어나고 있다. 결국 이런 마을들은 버려지게 된다. 또한, 정부나 지방 자치 단체는 학교, 병원 같은 필수적인 공공 서비스를 유지하기 위해 거점 지역으로 통폐합하는 조치를 취하게 된다. 하지만 마을을 포기하고 서비스를 통합하는 이 두 가지 노력조차 근본적인 해결책이 되지는 못한다. 이는 단지 시간을 버는 것에 불과한 미봉책일 뿐이다. 실제로 한 예측에 따르면, 2040년경에는 거의 900개에 달하는 마을이 더는 자립적으로 존속하기 어려운 상태가 될 것이라고 한다.

마을의 인구 감소는 일부 가난한 산간 지역이나 작은 섬들에서는 이미 우려할 만한 수준에 이르렀다. 이러한 감소 추세가 더욱 빨라지면서, 앞으로는 수많은 소도시마저 대규모로 버려지는 사태로 이어질 것이다. 구체적인 예를 보면, 일본 혼슈 섬의 최북단에 있는 이와테현은 2030년대 중반까지 인구의 35%가 줄어들 것으로 예측된다. 그 인근의 후쿠시마현 역시 인구가 약 30% 감소할 것으로 보인다. 인구 감소는 소유자 없는 땅의 급증이라는 결과로도 이어진다. 소유자 없는 땅의 총면적은 2017년에 이미 410만 헥타르$^{ha}$에 달했다. 이 면적은 2040년에는 720만 헥타르까지 늘어날 것으로 예상된다. 이는 일본의 주요 섬 중 하나인 시코쿠 전체 면적의 거의 네 배에 달하는 엄청난 크기다. 버려지는 것은 땅뿐만이 아니다. 빈집의 수도 빠르게 늘고 있다. 2018년에는 전국의 빈집 수가 이미 1,000만 채를 넘어섰다. 놀라운 점은 이러한 빈집 문제가 지방뿐만 아니라 수도인 도쿄에서도 점점 더 많이 발견된다는 것이다. 도쿄의 전체 인구는 여전히 증가하고 있음에도 불구하고 이런 현상이 나타나고 있다.

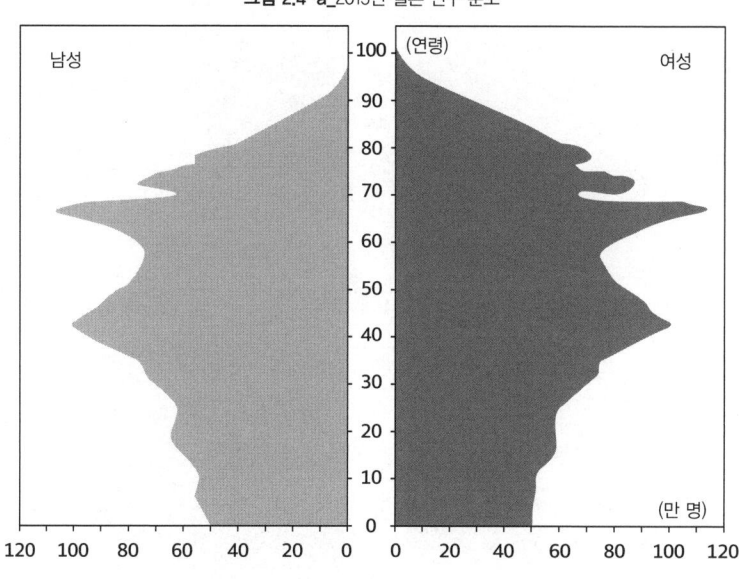

그림 2.4-a_2015년 일본 인구 분포

이러한 인구 감소는 세계적인 제조업 강국으로서 이미 흔들리고 있는 일본의 위상을 더욱 약화시킬 것이다. 일본의 정치적 위상 또한 타격을 받을 수밖에 없다. 예를 들어, 2060년경에는 전 세계에 일본인보다 터키인이나 베트남인이 더 많아질 수도 있다는 예측은 일본의 국제적 위상에 대한 우려를 낳는다. 하지만 어떤 국가나 도시 국가의 중요성이 반드시 인구 규모와 정비례하는 것은 아니다. 인구 규모와 영향력이 일치하지 않는 이러한

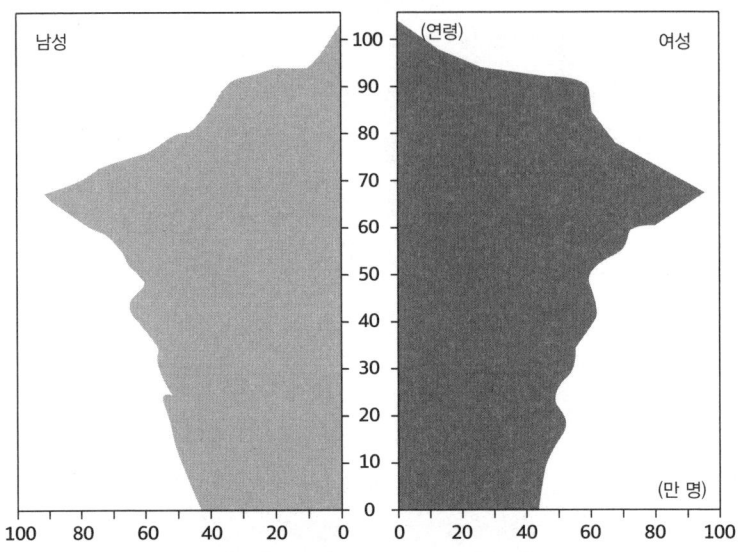

그림 2.4-b_2040년 일본 인구 예측

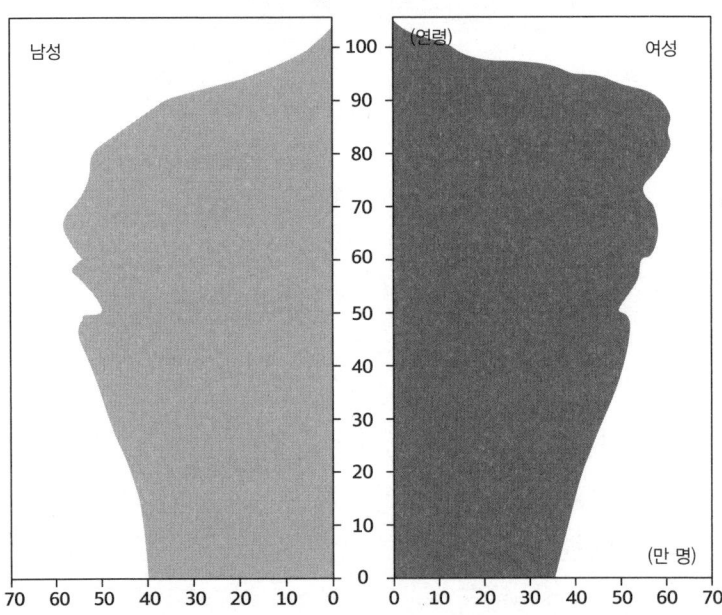

그림 2.4-c_2065년 일본 인구 예측

그림 2.4 a, b, c_일본은 노인(65세 이상)의 인구가 어린이(0~14세) 인구의 4배 가까이 되고, 80대는 10살 밑의 아이들보다 2배 이상 많을 것으로 전망된다. 이런 연령 분포는 전례가 없을 것이다.

불균형은 역사적으로도 쉽게 찾아볼 수 있다. 고대 그리스나 베네치아 공화국은 적은 인구로도 막강한 영향력을 행사했다. 이러한 현상은 최근 수십 년 동안에도 마찬가지였다. 대만, 싱가포르, 이스라엘 같은 작은 나라나 캐나다, 대한민국 같은 중간 규모의 국가들은 인구 규모에 비해 훨씬 큰 경제적, 정치적 영향력을 보여주었다. 캐나다가 대표적인 사례다. 2019년 캐나다는 인구 순위는 세계 38위에 불과했지만, 경제 규모는 세계 10위를 기록했다.

일본의 근대사 자체가 인구 규모와 국력이 비례하지 않음을 보여주는 좋은 사례다. 1905년 일본이 제정 러시아를 상대로 승리했을 때, 일본의 인구는 4,700만 명에 불과했다. 당시 러시아 인구는 1억 3,500만 명으로 세 배 가까이 많았다. 또한 일본이 새로운 제조업 초강대국으로 부상하던 1960년대의 인구는 약 1억 명 수준이었다. 2060년에 약 9,000만 명으로 예상되는 일본의 인구는 1955년의 인구 규모와 비슷하다. 1955년은 일본의 국내총생산$^{GDP}$이 제2차 세계 대전 이전 수준을 막 넘어섰고, 본격적인 경제 성장이 막 시작되던 때였다. 21세기 중반의 일본은 여전히 세계적인 기술 및 사회 발전에 기여하는 선두 주자 중 하나로 남아 있을 것이다. 또한 일본에게는 인구 감소를 막을 선택지가 있다. 호주나 캐나다처럼 지속적이고 대규모의 이민을 받아들이는 것이다. 하지만 지금까지 일본은 주변국의 이민자를 받아들이는 데 매우 소극적인 태도를 보여왔다.

중국은 인구 보너스가 인구 부담으로 바뀌는 과정이 훨씬 더 빠르게 진행될 것이다. '인구 보너스'란 생산가능인구가 많아 경제 성장에 유리한 상황을 말하는데, 이 시기가 끝나고 고령 인구가 늘어나면 경제에 부담으로 작용하게 된다. 2015년 중국의 65세 이상 인구 비중은 10%가 채 되지 않았지만, 2050년에는 그 비율이 26%를 넘어설 것으로 보인다. 이는 같은 기간 동안 일본의 고령 인구 비중이 약 40% 증가하는 것에 비해, 중국은 세 배 가까이 폭증하는 것이다. 인구 고령화가 주는 부담은 중국에서 이미 현실로 나타나고 있다. 정부는 부족한 연기금을 메우기 위해 고심하고 있다. 중국의 고령화 문제는 세계에서 가장 극심한 성비 불균형 문제와 맞물려 더욱 복잡해진다. 과거 수십 년간 이어진 한 자녀 정책으로 인해 여아를 대상으로 한 선택적 낙태가 만연했기 때문이다. 그 결과, 수백만 명의 중국 남성들은 평생 짝을 찾지 못할 것이다. 게다가 이들은 대부분 외동아들이어서, 결국 홀로 죽음을 맞이하게 될 운명이다.

일본의 초고령 사회 진입이 주목받는 이유는 그 진행 속도가 다른 나라들보다 훨씬 앞서 있기 때문이다. 중국의 사례가 주목받는 이유는 그 거대한 인구 규모 때문에 고령화가 미치는 영향의 크기가 차원이 다르기 때문이다. 하지만 장기적이고 전 세계적인 관점에서 보면, 두 나라만의 특수한 문제는 아니다. 심각한 고령화와 절대적인 인구 감소는 이미 유럽 여러 지역에서 흔한 현상이기 때문이다. 고령화는 다른 아시아 국가들에도 영향을 미치고 있으며, 대한민국과 대만이 가장 대표적인 사례다. 한편 미국과 캐나다는 대규모 이민을 통해 고령화 사회로의 전환을 늦추고 있다. 물론 이러한 이민 정책 역시 그 나름의 문제점을 안고 있다.

## 이민과 도시화 그리고 메가시티

사람들이 한곳에 정착하기 시작하면서 도시는 외부에서 온 이주민들로 인해 성장했다. 이는 매우 오래된 현상이다. 하지만 산업화가 이루어지기 전 시대에는 오늘날과 비교해 인구 이동의 규모나 범위가 매우 작았다. 극히 드문 경우를 제외하면, 대부분의 사람들은 태어난 마을에서 평생을 보냈다. 다른 지역으로 이주하는 인구는 특정 국가나 지역 전체의 10%를 넘지 않았다. 당시 규모가 크다고 여겨지던 곳들도 오늘날의 도시라기보다는 큰 마을 수준이었고, 도시와 마을을 나누는 뚜렷한 통계 기준도 없었다. 과거에는 오늘날과 같은 거대 도시가 거의 없었고, 이는 매우 예외적인 현상이었다. 예를 들어 기원전 7000년경 터키 지역에 있던 신석기 시대의 대규모 마을 차탈회위크에는 약 1,000명이 살았던 것으로 보인다. 약 6,000년 전 메소포타미아 문명의 고대 도시 우루크의 인구는 약 5,000명 수준이었다. 시간이 흐르면서 메소포타미아 지역의 가장 큰 도시들은 인구가 수만 명 규모로 성장했으며, 고대 그리스의 아테네 인구는 약 4만 명에 이르렀던 것으로 추정된다. 고대 이집트의 알렉산드리아는 전성기에 인구가 50만에서 80만 명에 달했고, 로마 제국의 수도였던 로마 역시 80만에서 100만 명 사이였을 것으로 보인다. 하지만 알렉산드리아나 로마와 같은 대도시는 그 당시에는 매우 이례적인 경우였다. 옛 도시들은 규모가 커지는 데 한계가 있었다. 주변 농지에서 생산되는 식량의 양이 도시 인구를 부양할 만큼 충분하지 않았고, 식량이나 연료, 건축 자재를 육로로 운반하는 데에도 어려움이 많았기 때문이다. 이런 이유로 고대와 중세 시대의 주요 대도시들은 대부분 강이나 바다 근처에 자리 잡았다. 배를 이용해 물자를 쉽게 운송할 수 있는 곳에 발달한 것이다. 예를 들어 로마는 외항인 오스티아 항구에 도착한 물자들을 작은 배에 옮겨 실어 테베레강을 따라 시내로 운반했다.

　서기 10세기 무렵, 인구가 100만 명을 넘는 도시는 이슬람 아바스 왕조의 수도였던 바그다드가 거의 유일했다고 알려져 있다. 같은 시기 유럽에서 가장 큰 도시였던 파리, 밀라노, 제노바 등의 인구는 10만에서 20만 명 정도였다. 한편 동양의 경우, 중국의 항저우나 베이징은 약 40만 명, 이집트의 카이로는 약 60만 명의 인구를 가졌을 것으로 추정된다. 중국 명나라와 청나라의 수도였던 베이징은 18세기까지 세계에서 가장 큰 도시 중 하나였다. 하지만 1800년경에는 일본 도쿠가와 막부의 수도였던 에도, 즉 오늘날의 도쿄와 영국의 런던이 각각 인구 100만 명에 가까워지며 새로운 대도시로 떠올랐다. 19세기 초까지도 미국 도시들의 규모는 비교적 매우 작았다. 1800년 당시 뉴욕의 인구는 약 6만 5천 명, 보스턴은 약 2만 5천 명에 불과했다. 특히 겨울이 추운 지역의 도시들은 난방용 연료를 충분히 확보하는 것이 큰 문제였다. 이처럼 연료 공급이 원활하지 못한 점도 도시의 성장을 가로막는 중요한 원인이 되었다.

사회 전반에 걸친 거대한 변화인 대전환 과정에서 나타난 여러 중요한 현상 가운데 하나가 바로 도시화이다. 농촌 인구가 도시로 대규모로 이동하기 위해서는 먼저 농업의 전환이 필요했다. 농업 생산성이 높아져 농사를 짓고도 남는 인력, 즉 잉여 노동력이 생겨나야 이들이 도시로 갈 수 있었기 때문이다. 도시가 성장하려면 충분한 식량 공급이 필수적이었고, 이는 결국 농업과 에너지 분야의 대전환이 있었기에 가능했다. 처음에는 철도가 농산물과 연료를 도시로 날랐고, 이후에는 곡물, 육류, 연료, 전력을 안정적으로 공급하는 시장이 만들어졌다. 1870년대 후반에는 냉장 수송 기술이 도입되어 도시의 식량 공급에 큰 도움을 주었다. 그 결과 도시에서 소비하는 식량과 에너지의 양은 과거와는 비교할 수 없을 만큼 늘어났다. 동시에 도시를 중심으로 경제 구조가 재편되면서 제조업과 서비스업에서 수많은 일자리가 만들어졌다. 이는 다시 농촌 인구를 도시로 끌어들이는 강력한 유인책이 되었다. 제조업과 서비스업의 발전은 각종 기계와 새로운 생산 공정에 더 많은 자원을 투입해야 한다는 것을 의미했다. 이러한 과정은 다시 농업과 에너지의 전환을 촉진하는 선순환을 만들어내며 전체적인 대전환의 폭과 깊이를 더했다.

도시의 확장은 식량, 에너지, 원자재에 대한 수요를 크게 늘렸다. 이러한 수요는 도시가 자리한 지역을 넘어 이웃 지역과 전 세계로 뻗어나갔다. 하지만 동시에 도시는 심각한 환경오염을 일으키는 주범이 되기도 했다. 과거의 마을이나 작은 도시에서도 환경 문제는 존재했다. 나무를 땔 때 나오는 연기, 부족한 하수 시설, 오염된 물, 녹지 부족 등이 그것이다. 하지만 현대화된 도시에서는 이러한 문제들이 완전히 새로운 차원으로 발전했다. 그 결과 도시는 물론이고 그 주변 지역까지 막대한 환경적 부담을 떠안게 되었다.

새로운 대기오염 물질로는 미세먼지와 황산화물 같은 유해 물질들이 나타났다. 석탄을 태우고 자동차가 늘어나면서 생긴 광화학 스모그는 1940년대 미국 로스앤젤레스에서 처음 나타났다. 이후 1960년대부터는 전 세계 대도시에서 주기적으로 발생하는 흔한 현상이 되었다. 여기에 금속을 녹이는 제련 과정이나 석유화학 공장에서 나오는 대기 오염 물질까지 더해졌다. 수질 오염 역시 산업화와 물질 소비가 막 시작되던 초기에 흔히 나타나는 문제였다. 산업 폐기물 외에 일반 쓰레기도 문제였다. 음식물 쓰레기나 낡은 집을 허물 때 나오는 건축 폐기물이 대부분을 차지했다. 이러한 쓰레기는 몰래 버리거나 땅에 묻고, 태우는 방식으로 처리되었으며, 심지어는 다른 나라로 수출되기도 했다. 또한 많은 대도시가 해안 저지대에 자리 잡고 있어 해수면 상승에 특히 취약하다. 중국의 경우, 5대 도시 중 4곳이 이러한 위험에 노출되어 있다.

유럽의 산업 도시들에서 흔했던 인구 과밀 문제는 제2차 세계대전 이후 점차 나아졌다. 하지만 아시아와 라틴아메리카의 가난한 지역에서는 여전히 심각한 문제로 남아있다. 모든 도시는 막대한 탄소 발자국을 남기기 시작했다. 도시 활동으로 인해 배출되는 온실가스의 양이 크게 늘어났다는 의미다. 식량, 에너지, 원자재는 도시와 가까운 내륙에서 가져오는 것보다 배를 통해 먼 곳에서 들여오는 것이 더 편리하고 비용도 적게 들었다. 도시에서 시작된 환경 파괴는 점차 그 범위를 넓혀갔다. 산업 활동과 교통수단이 발달하면서 그 영향력은 전 세계의 농경지, 숲, 초원까지 미치게 되었다. 결국 도시는 지구상에서 가장 많은 탄소를 배출하는 공간이 되었다. 이처럼 도시화는 근대 사회로 나아가는 대전환 과정에서 여러 요소가 가장 복잡하게 얽혀 상호작용하는 모습을 보여주는 대표적인 사례다.

### 도시화의 속도

인류의 이주는 언제나 사람들을 밀어내는 요인push factor과 끌어당기는 요인pull factor이 함께 작용한 결과였다. 사람들을 고향에서 밀어내는 대표적인 요인들로는 더 나은 삶을 향한 경제적 욕구, 그리고 폭력, 박해, 굶주림, 자연재해로부터 벗어나려는 절박함 등이 있다. 반면, 새로운 곳으로 사람들을 끌어당기는 요인들로는 새로운 시작에 대한 기대, 더 많은 기회에 대한 약속, 그리고 이미 그곳에 정착한 친척이나 친구들의 도움 같은 것들이 있었다. 19세기와 20세기 초반의 이주는 오늘날과는 다른 양상을 보였다. 당시에는 상당수의 이민자들이 도시가 아닌 농촌 지역으로 향했다. 예를 들어, 유럽인들이 아메리카, 아프리카, 호주 대륙으로 이주할 때, 많은 이들이 농촌으로 갔다. 캐나다의 프레리, 미국의 대평원, 아르헨티나의 팜파스, 호주의 오지 같은 광활한 땅이 새로운 농경지로 개척되고 있었기 때문이다. 이러한 현상은 국제 이주뿐만 아니라 한 나라 안에서의 인구 이동에서도 나타났다. 중국 내에서 동북부 지방으로 대규모 인구가 이주한 것이 대표적인 사례다.

제2차 세계 대전 이후에 일어난 국내 및 국제 인구 이동은 한 가지 뚜렷한 특징을 보인다. 과거와는 달리, 사람들이 단순히 도시 지역으로만 가는 것이 아니라, 대도시로 불균형적으로 집중되었다는 점이다. 이러한 대도시 집중 현상의 뿌리는 19세기에서 찾아볼 수 있다. 1800년부터 1900년까지 100년 동안 세계 주요 도시들은 폭발적으로 성장했다. 런던의 인구는 6배 증가하여 650만 명에 이르렀고(그림 2.5), 파리는 7배 이상 팽창하여 약 400만 명의 도시가 되었다. 같은 기간 뉴욕의 인구는 무려 60배 가까이 늘어나 340만 명에 달했다. 이러한 도시화 과정의 결과, 제1차 세계 대전이 발발하기 전 이미 서유럽의 여러 국가는 대부분의 인구가 도시에 사는 도시 국가가 되어 있었다. 나라별로 보면, 영국의 도시 인구 비율은 1800년에 3분의 1 수준이었지만 1914년에는 78%까지 치솟았다. 독일의 도시 인구 비율 역시 1850년 36%에서 1914년 60%로 크게 증가했다. 반면 같은 시기 프랑스는 여전히 인구의 절반 이상(56%)이 농촌에 살고 있어 상대적으로 도시화가 더뎠다. 유럽 전체를 놓고 보았을 때, 도시 인구 비율은 1800년 약 8%에서 1900년 28%로 증가했다. 19세기에 일어난 이 변화가 얼마나 극적인 것이었는지는 그 이전의 역사와 비교해 보면 알 수 있다. 1800년의 도시 인구 비율 8%는 그보다 800년 전인 서기 1000년의 수치와 비교해도 겨우 약간 높은 수준에 불과했기 때문이다.

19세기 미국으로 향한 이민자들의 정착지는 크게 두 갈래로 나뉘었다. 수백만 명이 해안가나 내륙의 대도시로 향하는 동안, 또 다른 수백만 명

그림 2.5_1872년 런던 브릿지(London Bridge). 19세기 후반의 산업화된 대도시들은 자동차가 도입되기 한참 전부터 극심한 교통체증 때문에 주요 도로가 막혔다.

은 대평원Great Plains 지역의 농장이나 작은 마을에 자리를 잡았다. 이러한 흐름 속에서 미국 전체 인구에서 도시 인구가 차지하는 비율은 꾸준히 증가했다. 1800년에 6%에 불과했던 도시 인구 비율은 남북전쟁 이후 25%로 상승했고, 1914년에는 거의 46%에 육박했다. 이러한 도시와 농촌으로의 이중적 인구 이동은 더 최근의 브라질 국내 이주에서도 똑같이 나타난다. 브라질에서도 대도시가 성장함과 동시에, 수백만 명의 사람들이 농촌 지역으로 이주했다. 이들은 새로운 농경지와 목초지를 만들기 위해 브라질의 넓은 열대 초원 지대인 '세하두cerrado'를 개간하고 아마존의 숲을 파괴했다. 그 결과 세계에서 가장 광활한 콩과 사탕수수 단일 경작지들이 생겨나게 되었다.

근대적인 도시화는 세계 성장의 중심축을 서쪽으로 이동시키는 결과를 낳았다. 고대와 중세 시대만 해도 세계의 대도시 대부분은 동아시아와 남아시아에 있었다. 1825년까지만 해도 아시아 대륙은 세계 10대 도시 중 6개를 차지하고 있었다. 하지만 1900년이 되자 상황은 완전히 역전되었다. 이때는 세계 10대 도시 중 9개가 유럽과 미국에 있었다. 이 시기 유럽과 미국을 제외한 나머지 지역은 여전히 압도적으로 농촌 사회에 머물러 있었다. 이 지역들에서는 인구 2만 명이 넘는 도시에 사는 사람의 비율이 10%도 되지 않았으며, 인구 10만 명 이상의 대도시에 사는 사람은 5%에 불과했다. 이러한 비서구권의 도시화는 20세기 전반부까지도 더디게 진행되었다. 하지만 제2차 세계 대전이 끝난 후, 상황은 급변했다. 아시아와 라틴 아메리카 대부분의 지역에서 빠른 도시화가 새로운 표준이 된 것이다.

19세기 후반, 전 세계적으로 성장하던 도시들은 5,000만 명이 넘는 이민자들을 받아들였다. 당시 가장 많은 이민자를 받아들인 런던, 파리, 뉴욕 같은 도시들은 각각 200만에서 400만 명에 달하는 인구를 수용했다. 그러나 100년이 지난 후, 도시로의 인구 유입 규모는 19세기와는 비교할 수 없을 정도로 커졌다. 1950년부터 2000년까지 50년 동안 전 세계 도시 인구는 총 21억 명이 늘어났다. 이 중 10억 명 이상이 이민을 통해 증가한 인구였다. 도시화가 얼마나 가속화되었는지는 전 세계 도시 인구가 10억 명씩 늘어나는 데 걸린 시간을 비교해 보면 더욱 명확하게 알 수 있다. 인류가 처음 도시를 만들어 살기 시작한 이래, 도시 인구가 10억 명에 도달한 것은 1960년이었다. 첫 10억 명을 채우는 데 약 1만 년이라는 긴 시간이 걸린 셈이다. 하지만 그 다음부터 속도는 놀랍도록 빨라졌다. 두 번째 10억 명(총 20억 명)이 되는 데에는 불과 25년이 걸려 1985년에 달성되었다. 세 번째 10억 명(총 30억 명)은 그보다 더 짧은 17년 만인 2002년에, 네 번째 10억 명(총 40억 명)은 다시 15년 만인 2017년에 추가되었다.

전 세계적으로 도시 인구가 전체 인구에서 차지하는 비율은 1960년에 3분의 1 수준에 도달했고, 2008년에는 50%를 넘어섰다. 거의 모든 서구 국가들과 일본, 그리고 라틴 아메리카 국가들의 도시화는 이제 거의 포화 상태에 이르렀거나 매우 근접했다. 2016년 기준으로 도시 인구 비율을 보면, 미국은 82%, 브라질은 86%, 일본은 94%에 달한다. 다만 독일은 76%로 이들 국가에 비해서는 다소 낮은 편이다. 반면 인도의 도시화 속도는 이들보다 더뎠다. 인도의 도시 인구 비율은 1960년에 18%에 불과했고, 2016년이 되어서야 33%까지 상승했다. 하지만 국가 전체의 도시화가 포화 상태에 이르렀다고 해서 변화가 멈춘 것은 아니다. 국제 이민은 지금도 서구 대도시들의 인구 구성을 계속해서 바꾸어 놓고 있다.

인구 조사 기록을 보면, 런던의 인구는 1801년 약 110만 명에서 제2차 세계 대전 직전 860만 명까지 증가했다가, 이후 감소세로 돌아서 1981년에는 680만 명까지 줄어들었다. 만약 이러한 감소 추세가 계속되었다면, 2050년 런던의 인구는 약 210만 명까지 쪼그라들었을 것이다. 하지만 새로운 변화가 나타났다. 1980년대 이후 본격화된 세계화의 흐름을 타고 새로운 국제 이민의 물결이 밀려온 것이다. 그 덕분에 런던의 인구는 다시 증가하여 2011년에는 820만 명 수준을 회복했다. 이러한 현상은 뉴욕에서도 비슷하게 나타났다. 한때 뉴욕은 경제적 후퇴, 도시의 쇠락, 인구 감소의 대명사처럼 여겨졌다. 하지만 1990년대 이후의 이민은 쇠락하던 도시에 새로운 활력을 불어넣었다. 2015년 통계를 보면, 뉴욕 5개 자치구에 사는 사람들의 거의 38%가 해외 출생자였다. 이들은 뉴욕 전체 노동력의 45%를 차지했다. 이민자들은 주로 도미니카 공화국, 중국, 멕시코, 자메이카 등지에서 왔다. 주목할 만한 점은 뉴욕 이민자들의 빈곤율이 오히려 미국에서 태어난 원주민보다 약간 더 낮았다는 사실이다. 또한 이민자들의 주택 소유율도 원주민에 비해 겨우 3% 정도밖에 낮지 않았다.

최근 가장 많은 논란을 낳고 있는 이민의 물결은 아프리카와 중동에서 유럽 연합으로 향하는 흐름이다. 2017년 유럽에 망명을 신청한 사람들의 출신 국가를 보면 시리아, 이라크, 아프가니스탄, 나이지리아, 파키스탄, 에리트레아, 알바니아 순으로 많았다. 유럽 연합이 아닌 국가들로부터 가장 많은 이민자를 받아들인 나라는 독일, 영국, 스페인, 이탈리아였다. 새로 온 이민자들 대부분은 결국 대도시에 정착하게 된다. 이들의 유입은 미국, 캐나다, 호주 같은 전통적인 이민 국가들이 겪는 것보다 훨씬 더 큰 사회 통합의 과제를 안겨주고 있다.

도시로의 인구 이동으로 인해 중국만큼 크게 변한 나라는 없다. 이토록 빠른 변화의 속도는 상당 부분 뒤늦게 세계적인 추세를 따라잡으려 했기 때문이다. 중국의 도시화는 마오쩌둥이 통치하던 약 30년 동안 크게 억제되었다. 공산당이 집권한 1949년, 중국의 도시화율은 9%에 불과했다. 그리고 마오쩌둥이 사망한 1976년에도 이 비율은 겨우 두 배인 18%에 그쳤다. 마오쩌둥 사후 시작된 경제 현대화는 역사상 가장 거대한 도시화의 물결을 만들어 냈다. 이주민들은 주로 인구가 많고 가난한 내륙 지방에서 왔다. 21세기 첫 10년 동안에는 안후이, 쓰촨, 후난, 후베이, 장시성이 이주민을 가장 많이 보낸 5개 성이었다. 중국의 도시 인구 비율은 1980년 약 19%에서 세기말에는 36%로, 다시 2016년에는 57%까지 치솟았다. 같은 기간 동안 도시 인구 총수는 1억 9,000만 명에서 7억 9,000만 명으로, 총 6억 명이 증가했다. 이 중 약 4분의 3에 해당하는 4억 5,000만 명이 농촌에서 도시로 이주한 사람들이었다.

2016년 기준으로 중국 도시 거주자 중 80%를 약간 넘는 인구만이 해당 도시에 정식으로 등록되어 있었다. 나머지 2억 2,000만 명은 도시에 살면서도 서류상으로는 여전히 농촌에 등록된 상태였다. 이 2억 2,000만 명이라는 숫자는 세계 5위의 인구 대국인 브라질의 전체 인구보다도 많은 엄청난 규모다. 흔히 '유동인구流動人口'라고 불리는 이 노동자들이 바로 새로운 도시들을 건설하고, 공장에 노동력을 제공하며, 도시의 수많은 서비스를 운영하는 주역이다. 하지만 이들은 도시에서 2등 시민 취급을 받아왔다.

그 이유는 중국 특유의 호구戶口, hukou 제도, 즉 호적 제도가 계속 유지되고 있기 때문이다. 1958년에 만들어진 이 제도는 개인과 가족을 태어난 곳에 묶어두는 역할을 한다. 예를 들어, 내륙 지방의 한 농부가 해안가 공업지대의 일자리를 구해 이주했다고 하자. 6개월이 지나면 그는 공식적으로 이주민이 되지만, 도시 호구를 받지는 못하고 여전히 농촌 호구를 가진 채 도시에 살게 된다. 이러한 현실에 영향을 받는 사람들의 수는 엄청나다. 유동인구의 수는 경제 개혁이 시작된 1980년에는 500만 명도 채 되지 않았다. 하지만 10년 후에는 2,160만 명으로 늘어났고, 2000년에는 거의 7,900만 명에 이르렀다. 2010년에는 그 수가 2억 2,100만 명까지 치솟았는데, 이는 중국 전체 인구의 약 17%에 해당하는 규모였다. 이들의 이동 형태를 보면 약 60%는 같은 성省 안에서 움직이는 경우였고, 40%는 다른 성으로 이동하는 경우였다. 특히 다른 성으로 멀리 이동하는 장거리 이주민들이 가장 선호하는 목적지는 상하이를 포함하는 양쯔강 삼각주와 광저우, 선전이 있는 주장강 삼각주 지역이다.

이러한 대규모 인구 이동은 수많은 아이들의 삶에도 큰 영향을 미쳤다. 앞서 언급한 2억 2,000만 명의 이주민 중에는 약 4,000만 명의 아동이 포함되어 있다. 이들은 부모를 따라 도시로 이주한 아이들이다. 이와는 별개로, 부모가 도시로 떠나면서 고향 마을에 남겨진 아이들도 무려 6,000만 명에 이른다. 이 아이들은 조부모나 다른 친척들의 손에 맡겨져 자라고 있다. 이주민들의 삶을 정상화하기 위해서는 시대에 뒤떨어진 호구 제도의 개혁이 반드시 필요하다. 최근 그 첫걸음이 베이징에서 시작되었다. 베이징은 새로운 '점수제 호구 제도'를 도입했다. 새로운 규정에 따르면, 베이징에서 7년 이상 거주한 사람은 영구적인 도시 호구를 신청할 자격을 얻게 된다. 앞으로 호구 제도가 점차 완화되면, 2030년까지 정식 도시 호구를 갖게 되는 인구가 3억 명가량 더 늘어날 수도 있다는 전망이 나온다.

중국과 인도의 도시화는 세계 대도시의 중심축을 다시 동쪽으로 옮겨 놓는 흐름을 이끌고 있다. 1900년에는 세계 25대 도시 중 17개가 유럽과 아

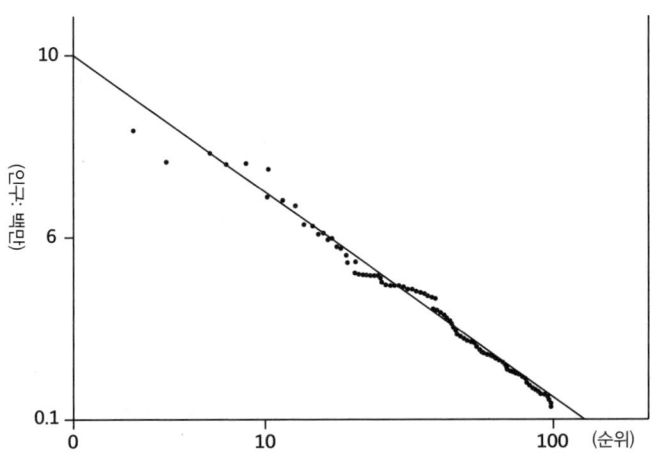

그림 2.6_조지 킹슬리 지프는 《인간 행동과 최소 노력의 원칙(Human Behavior and the Principle of Least Effort)》에서 단어의 사용 빈도를 다룬 연구 결과를 다른 현상에도 확대했는데, 그중 하나가 미국의 100개 대도시 지역의 순위다. 역 제곱의 법칙에 근접하지만, 완벽히 일치하지는 않는다.

메리카 대륙에 있었고, 아시아에는 6개뿐이었다. 하지만 2000년이 되자 이 구도는 역전되어 유럽과 아메리카의 도시는 8개로 줄어든 반면, 아시아의 도시는 16개로 늘어났다. 흥미로운 점은, 한 국가 안에서 도시 인구 순위를 매겨보면 매우 규칙적인 패턴이 나타난다는 것이다. 이는 '지프의 법칙Zipf's Law'으로 알려진 것으로, 일종의 역멱함수 공식inverse power formula을 따른다. 아주 간단하게 설명하면, 한 나라에서 두 번째로 큰 도시의 인구는 가장 큰 도시 인구의 약 2분의 1, 세 번째로 큰 도시는 약 3분의 1, 그리고 n번째로 큰 도시는 약 n분의 1이 되는 경향을 보인다는 것이다(그림 2.6). 이 법칙은 개별 국가뿐만 아니라 전 세계 도시들을 대상으로 해도 잘 들어맞는다. 그리고 이 법칙을 증명하기 위해 반드시 인구 조사 자료가 필요한 것은 아니다. 오히려 위성 사진을 이용하는 것이 더 나은 방법일 수 있다. 위성 사진은 행정 구역과 상관없이 도시가 실제로 뻗어 나간 물리적인 경계를 보여주기 때문이다.

### 도시화의 결과

도시의 등장은 인류가 관계를 맺는 방식과 사회적 활동의 범위에 근본적인 변화를 가져왔다. 인류는 역사의 대부분인 20만 년 이상을 수렵과 채집으로 살아왔다. 이 기나긴 시간 동안 인류는 주로 혈연으로 뭉친 소규모 집단 안에서 생활했다. 한 사람이 평생 동안 마주치는 사람의 수는 100명을 넘는 경우가 거의 없었다. 농업이 시작된 이후 약 1만 년 동안의 상황도 크게 다르지는 않았다. 목축을 하던 사람들은 작은 무리를 지어 이동하며 살았고, 대다수의 농부들은 대가족 단위로 마을에 정착했다. 이들이 살던 마을의 규모는 보통 수십 명에서 수백 명 수준이었다. 물론 도시라고 불리는 더 큰 거주지도 있었지만, 그 수는 매우 적었다. 19세기 초까지만 해도 도시에 사는 인구는 전체 인류의 10분의 1에 한참 못 미쳤다. 당시 도시의 인구 규모도 대부분 수백에서 수천 명 정도에 불과했다.

도시화는 전통적인 혈연 중심의 대가족을 해체시키고, 점차 소규모의 핵가족으로 변화시켰다. 과거에는 도시의 출산율이 농촌 지역보다 현저히 낮았지만, 오늘날에는 전 세계적으로 출산율이 하락하면서 그 격차가 크게 줄어들었다. 이는 방글라데시 같은 저소득 국가에서도 마찬가지여서, 현재 도시의 합계출산율은 여성 1인당 2.0명, 농촌은 2.5명으로 큰 차이를 보이지 않는다. 여성의 사회 진출이 활발해진 것 또한 인간관계의 중심을 바꾸어 놓았다. 과거에는 가족 구성원 사이에서 이루어지던 많은 상호작용이 이제는 외부인에게로 넘어갔다. 아이들은 온종일 어린이집의 보육교사나 다른 아이들과 시간을 보내고, 어른들은 친척보다 직장 동료나 친구, 지인들과 더 많은 관계를 맺는다. 이러한 현실은 현대인에게 독특한 경험을 안겨주었다. 가족이라는 깊고 친밀한 관계망은 축소되어 개인의 고립감은 더욱 커졌지만, 동시에 수많은 낯선 사람과 부대껴야 하는 대중의 일원이 되었다. 이처럼 깊은 고립과 피할 수 없는 대중 참여가 공존하는 현상은 이전 시대에는 찾아볼 수 없던 새로운 모습이다. 마찬가지로 도시화는 사람들의 물리적인 이동 능력을 폭발적으로 증가시켜 활동 반경을 이전과는 비교할 수 없을 정도로 넓혀 놓았다. 과거에는 상상하기 힘들었던 먼 거리를 오가는 것이 이제 평범한 일상이 되었다.

과거 인류의 활동 반경은 자신이 사는 마을을 중심으로 걸어 다닐 수 있는 범위에 머물렀다. 이따금 가까운 읍내나 멀리 있는 도시에 가는 것이 큰 여정으로 여겨지던 시대였다. 하지만 도시화는 이 모든 것을 바꾸었다. 이제 도시인들에게 매일 수십 킬로미터를 이동하는 장거리 통근은 일상이 되었고, 다른 도시를 수시로 오가는 일도 흔해졌다. 물론 매일 반복되는 장거리 통근은 고되고 불편한 일이다. 하지만 사람들은 이러한 불편함이 폭력의 위협보다는 훨씬 낫다고 여긴다. 특히 도시가 마약 밀매, 갱단 전쟁, 성폭력과 같은 끔찍한 범죄의 온상이 될 때, 그 위협에 비하면 통근의 괴로움은 차라리 감수할 만한 것이다. 그러나 도시의 규모가 크다고 해서 반드시 범죄가 더 많이 발생하는 것은 아니다. 도시의 크기와 범죄율은 직접적인 관련이 없다. 세계에서 가장 인구가 많은 거대 도시인 도쿄는 전 세계에서 가장 안전한 도시 중 하나로 손꼽힌다. 1980년대에 회복이 불가능할 정도로 폭력적인 도시라는 오명을 썼던 뉴욕의 사례는 더욱 극적이다. 뉴욕은 수백만 명의 이민자를 포용하며 살아가는 다문화 거대 도시임에도 불구하고, 범죄율을 크게 낮출 수 있다는 것을 분명하게 보여주었다.

도시가 경제적으로 왜 중요한지는 분명하다. 도시화가 대규모로 진행되면 현대적인 산업화가 빨라지고, 반대로 산업화는 도시화를 더욱 부추긴다. 1860년부터 제1차 세계대전 사이의 시기는 도시를 중심으로 전례 없는 기술과 과학의 발전이 이루어진 때였다. 이 발전은 20세기를 정의하는 중요한 혁신들의 기반이 되었다. 전기 발전, 전기 모터, 증기 터빈, 내연 기관, 저렴한 철강과 알루미늄 생산, 소리와 이미지 복제 기술, 무선 통신, 대규모 화학 합성 기술 등이 모두 이때 탄생했다. 필자는 이러한 수준 높은 혁신들 때문에 19세기 마지막 수십 년이 사실상 20세기를 창조했다고 주장한다. 이 모든 기술 발전은 결국 성능과 효율을 크게 높였고, 이는 곧 가격 하락과 대중화로 이어졌다. 놀랍게도 19세기의 발명가가 오늘날 우리가 쓰는 기계나 생산 공정을 본다면, 자신이 만들었던 기본적인 생각과 원리가 그 안에 여전히 살아 숨 쉬고 있음을 쉽게 알아차릴 것이다. 그들이 만든 기본 원리가 그만큼 오랫동안 살아남아 현대 기술의 뿌리가 되었기 때문이다.

도시가 성장하면서 사람들은 생산성 증가의 혜택을 집중적으로 누렸다. 도시에 사는 사람들은 국가 전체 평균보다 더 많은 소득을 벌었고, 부의 상당 부분이 도시에 모였다. 세계에서 인구가 가장 많은 600개 도시가 어떻게 경제적 우위를 차지하는지 살펴보면 이 사실을 명확히 알 수 있다. 2010년, 세계 상위 600개 도시에 전 세계 인구의 22%가 살고 있었다. 하지만 이 도시들이 세계 경제 생산량의 절반 이상을 책임졌다. 그중에서도 상위 10개 도시가 전체 생산량의 거의 40%를 차지했다. 2007년에는 고소득 국가의 380개 도시가 전 세계 경제 생산의 절반을 담당했으며, 그중 20%는 북미 대륙의 단 190개 도시가 만들어낼 정도로 경제력이 한곳에 쏠려 있었다.

도시화가 계속되면서 매년 거의 7,000만 명의 새로운 도시 인구가 생겨나고 있다. 이는 거의 도쿄 2개, 뉴욕 4개, 혹은 리우데자네이루 6개에 해당하는 엄청난 규모이다. 2025년이 되면 인구 1,000만 명이 넘는 거대 도시, 즉 메가시티가 세계 인구의 25%인 약 20억 명을 품고, 전 세계 경제 생산의 60%를 차지할 것으로 예상된다. 한 나라 안에서도 경제력의 쏠림 현상은 뚜렷하다. 예를 들어 도쿄의 인구는 일본 전체의 약 30%지만, 일본 국내총생산의 약 40%를 만들어낸다. 상하이의 인구는 중국 전체의 2%가 안 되지만, 중국 국내총생산의 약 20%를 차지하는 것으로 추정된다. 베이징 시민 한 사람의 평균 경제 생산량은 중국 전체 평균의 2.2배에 달하며, 미국 샌프란시스코의 가구 소득 중간값은 미국 전체 평균의 약 2배이다.

이러한 경제력 쏠림 현상은 기업이나 산업이 한곳에 모여들면서 얻는 이익, 즉 집적 이익을 보여준다. 인구 밀도가 높아지면 운송 비용이 줄고, 수요와 공급이 활발하게 상호작용한다. 다양한 기술과 경험을 가진 노동력을 쉽게 구할 수 있는 인력 시장이 형성된다. 또한, 전문적인 지식과 정보를 교환하기에 최적의 환경이 만들어지고, 기업 간의 협력과 경쟁을 통해 혁신이 촉진된다. 대량 생산으로 비용을 낮추는 규모의 경제 효과도 커진다. 특정 산업이 특정 도시에 집중되는 현상을 보면 이러한 집적 이익의 효과를 뚜렷이 알 수 있다. 예를 들어 뉴욕과 취리히는 금융의 중심지가 되었고, 실리콘밸리는 첨단 기술 설계의 중심지가 되었다. 할리우드와 인도의 발리우드는 영화 산업의 중심지가 되었으며, 최근에는 중국의 선전이 전자 제품 조립 산업의 중심지로 떠올랐다.

이러한 집적 이익은 과거 항구 도시나 교통의 중심지가 가졌던 지리적 이점보다 훨씬 강력하다. 도시가 커질수록 경제 회복력과 교육 환경이 나아지고 세금 수입과 치안이 안정되면서, 자연재해나 경제 위기 같은 외부 충격의 영향력은 줄어든다. 대규모 장거리 운송 시스템이 발달하고 실시간 정보 공유 기술이 보편화되었음에도 불구하고, 경제 활동이 특정 지역으로 모이는 현상은 계속되고 있다. 아마 가장 놀라운 점은 도시들이 해결하기 어려운 심각한 환경 문제와 여러 단점에도 불구하고 계속해서 성장하고 있다는 사실일 것이다. 물론 도시가 겪는 문제들을 완전히 없애는 것은 불가능하겠지만, 도시 스스로 그러한 문제들을 통제하고 관리하는 데 어느 정도 기여해 온 것도 사실이다.

19세기 유럽과 미국 도시들의 비참한 현실은 당시의 암울한 통계, 사회 보고서, 그리고 여러 소설을 통해 잘 알려져 있다. 이 자료들은 모두 극심한 인구 과밀, 끔찍한 생활 환경, 수많은 노숙자, 만연한 범죄, 비정상적으로 긴 노동 시간, 아동 노동 착취, 끊이지 않는 전염병, 심각한 영양 부족, 규제 없는 대기 및 수질 오염 등의 문제를 생생하게 보여준다. 영국의 사회 조사 자료나 의회 보고서 역시 여러 소설가가 묘사한 도시의 비참함이 단순한 허구가 아닌 불편한 현실이었음을 증명한다. 그러나 이러한 암울한 현실조차도 당시 많은 이주민에게는 그들이 떠나온 농촌에서의 삶보다 더 나은 변화를 의미했다.

그 변화는 먼저 평균적인 영양 상태의 개선으로 나타났다. 오랫동안 주식이었던 빵과 감자뿐만 아니라 고기, 돼지기름, 버터, 치즈, 식용유, 설탕처럼 열량이 높은 다양한 음식을 먹을 수 있게 된 것이다. 영양학적으로 완벽한 식단은 아니었을지 몰라도, 과거보다 열량이 높은 음식을 저렴하게 먹을 수 있게 되었다는 점은 중요한 변화였다. 만약 오늘날의 기준으로 이러한 변화를 비판한다면, 그것은 과거의 열악했던 상황을 제대로 알지 못하고 내리는 섣부른 판단이다. 19세기 후반 유럽과 북미의 산업 도시들은 역사상 처음으로 대규모 굶주림 문제를 해결하는 데 중요한 역할을 했기 때문이다. 이러한 영양 개선은 즉시 아이들의 발육 부진을 줄이고 평균 신장을 키우는 효과로 나타났다.

또 다른 중요한 성과는 공중 보건 수준의 향상이었다. 예방 접종이 보급되고, 깨끗한 물이 수도관을 통해 공급되었으며, 수세식 변기와 하수관이 정비되었다. 이는 곧 기대 수명의 증가로 이어졌다. 더 많은 아이들이 이전보다 쉽게 양질의 기본 교육을 받을 수 있게 되었고, 소득이 늘면서 중산층 가정도 더 좋은 가구나 옷을 살 수 있게 되었다. 도시가 커지면서 새로운 도서관, 자선 단체, 극장이나 합창단 같은 대중 예술 공연, 운동 시설 등도 속속 생겨났다. 일반 사람들이 취미로 연극을 보거나 스포츠를 즐기고 교외로 여행을 떠나는 활동이 흔해진 것도 바로 이 시기부터이다.

도시 환경을 개선하기 위한 여러 조치도 이루어졌다. 1812년 런던에 처음으로 가스등이 켜졌고, 1882년부터는 공공장소나 실내에 전기 조명이 들어오기 시작했다. 가장 과감한 조치는 낡고 더러운 주거 지역을 허물고 현대적인 도시로 재건축하는 것이었다. 오스만 남작이 이끈 파리 중심부 재건축 사업은 가장 큰 영향을 주었고, 브뤼셀, 비엔나, 마드리드, 프라하 등 유럽의 다른 주요 도시들도 파리를 따라 도시를 정비했다. 대중교통 역시 더 빠르고 저렴해진 전기차와 지하철이 등장하면서 발전했다. 더 나아가, 도시 전체를 종합적으로 계획하려는 시도도 나타났다. 그중에서도 에버니저 하워드가 제시한 영국의 '전원도시' 개념은 이후 도시 계획에 큰 영향을 미쳤다.

사회는 개인의 끝없는 부에 대한 욕망을 채워주기보다, 아이들을 포함한 모든 구성원이 최소한의 인간다운 삶을 누릴 수 있도록 관심을 가져야 한다. 하지만 도시가 제공하는 혜택은 결코 공평하게 분배되지 않았다. 도시 안의 지나친 불평등은 높은 범죄율과 이어지는 경향이 있다. 이러한 불평등은 단순히 도시의 크기 문제가 아니라, 각 도시가 처한 역사적, 경제적, 사회적, 문화적 현실을 반영한다. 예를 들어 도쿄의 소득 불평등은 분명히 존재하지만, 사회 전체를 뒤흔들 만큼 혐오스러운 수준은 아니다. 홍콩은 사회 안전망이 비교적 잘 되어 있지만 불평등의 정도는 매우 높다. 아프리카와 라틴아메리카의 도시들 역시 극심한 빈부 격차를 보인다. 남아프리카공화국의 요하네스버그는 소득 불평등도를 나타내는 지니 계수가 0.75라는 예외적으로 높은 수치를 보인다. 지니 계수는 0에 가까울수록 평등하고 1에 가까울수록 불평등하다. 이 외에도 에티오피아의 아디스아바바, 콜롬비아의 보고타, 케냐의 나이로비, 멕시코의 멕시코시티, 가나의 아크라 등이 불평등이 심한 도시로 꼽는다.

20세기 동안 도시 생활의 질이 전반적으로 크게 나아졌지만, 인구 백만 명이 넘는 대도시는 여전히 주민 모두에게 상당한 어려움을 준다. 비싼 집값, 항상 사람들로 붐비는 출퇴근길 대중교통, 만성적인 교통 체증은 대도시의 흔한 문제이다. 다른 문제들의 종류나 심각성은 도시마다 다르다. 앞서 말했듯이, 도쿄는 범죄율이 매우 낮고 훌륭한 지하철 시스템을 갖추고 있지만, 주택의 질은 미국보다 상대적으로 떨어진다. 베이징의 대기 오염은 세계적으로도 유례를 찾기 어려울 만큼 심각하며, 땅속 깊은 곳의 지하수를 너무 많이 뽑아 쓴 탓에 도시 전체가 서서히 가라앉는 문제도 안고 있다. 쓰레기 처리 문제 역시 점점 더 심각해지고 있으며, 아직 이 문제에 대해 만족스러운 해결책을 내놓은 도시는 거의 없다. 이러한 모든 문제들은 특히 인구가 천만 명 이상인 거대 도시, 즉 메가시티에서 더욱 두드러지게 나타나는 고질적인 문제들이다.

### 메가시티

인구 천만 명 이상이 사는 도시를 메가시티라고 부르지만, 실제 도시의 면적과 인구수는 어떤 기준을 쓰느냐에 따라 크게 달라진다. 예를 들어 미국 뉴욕시는 5개 자치구에 약 850만 명이 산다. 하지만 통근과 통학이 가능한 주변 지역까지 포함하는 뉴욕 대도시권에는 약 2,000만 명이 살고, 여기서 범위를 더 넓힌 복합 통계 지역에는 거의 2,500만 명이 산다. 일본 도쿄도 마찬가지다. 2016년 기준으로 도쿄의 23개 특별구 인구는 925만 명이지만, 도쿄도 전체 인구는 1,350만 명이다. 일본 정부가 통근 가능 지역으로 정한 수도권에는 약 3,900만 명이 살고, 이보다 더 넓은 의미의 수도권에는 거의 4,400만 명의 인구가 있는 것으로 파악된다.

1950년, 전 세계에서 메가시티라고 부를 수 있는 곳은 뉴욕과 도쿄 단 두 곳뿐이었다. 그 후 1975년이 되어서야 멕시코의 수도인 멕시코시티가 세 번째로 추가되었고, 2000년에는 그 수가 18개까지 늘어났다. 2016년에는 총 31개의 메가시티가 목록에 올랐으며, 그중 18개가 아시아에 있었다. 도쿄는 약 3,900만 명의 인구를 거느리며 계속해서 세계 최대 메가시티의 자리를 지키고 있다. 이 인구 규모는 전 세계 200여 개 국가와 비교했을 때, 캐나다 전체 인구보다 약간 많아 36번째로 큰 나라와 맞먹는 수준이다. 세계 메가시티 인구 순위는 도쿄에 이어 인도의 뉴델리, 중국의 상하이, 인도의 뭄바이, 브라질의 상파울루, 중국의 베이징, 멕시코의 멕시코시티 순이다. 전 세계 대도시의 분포는 점점 더 아시아로 쏠리고 있다. 서양에서 가장 큰 도시인 뉴욕은 이제 겨우 세계 10위이며, 유럽에서 가장 큰 도시인 모스크바는 22위에 머물러 있다. 2050년쯤에는 서양의 도시 중 상위 20위권 안에 드는 곳이 하나도 없을 것으로 보인다. 사하라 사막 이남 아프리카 지역의 거대 도시 비중이 점차 커지고는 있지만, 전체적으로 도시화는 압도적인 아시아 중심의 현상이 될 것이다. 2016년 기준으로 인구 500만 명에서 1,000만 명 사이인 도시가 45개나 되는 것을 보면, 앞으로 더 많은 도시가 메가시티 대열에 합류할 것이 분명해 보인다.

런던이나 도쿄처럼 역사가 오래된 곳이든, 파키스탄의 카라치나 나이지리아의 라고스처럼 새롭게 떠오르는 곳이든, 모든 메가시티는 일반 도시들이 겪는 문제들을 똑같이 안고 있다. 단지 그 문제의 규모가 훨씬 더 클 뿐이다. 메가시티는 규모가 엄청나게 큰 만큼, 지진, 허리케인, 홍수, 쓰나미, 화산 폭발 같은 자연재해나 테러 공격을 당했을 때 도시 전체가 입을 피해 역시 상상할 수 없을 정도로 크다. 실제로 보험사들은 이러한 거대 재앙이 발생할 경우 전례 없이 막대한 보험금을 지급해야 하는 상황에 놓여있다. 한 세계적인 재보험사는 이미 많은 메가시티가 궁극적으로 엄청난 재앙을 겪을 운명이라고 평가하기도 했다. 여기에 장기간 계속되는 폭염과 초고층 빌딩의 화재 위험에 대한 걱정도 점점 커지고 있다.

만약 이러한 재해로 메가시티가 큰 타격을 입거나 도시 기능이 마비된다면, 세계 경제에서 중요한 역할을 하는 이들 도시 때문에 전 세계 경제 성장에도 심각한 문제가 생길 수 있다. 마찬가지로, 새로운 전염병이 퍼지는 것을 막기 위해 일부 메가시티를 오가는 대규모 항공 여행을 일시적으로 중단해야 할 수도 있다. 하지만 이러한 잠재적 위험도 도시의 성장을 막지는 못하는 듯하다. 심지어 출산율이 인구를 유지하는 데 필요한 수준에도 미치지 못하는 나라에서조차 메가시티는 계속해서 커지고 있다. 결국 머지않은 미래에 세계 최초로 인구 5,000만 명이 넘는 초거대 메가시티가 등장할 가능성도 제기된다. 이는 스페인 전체 인구보다 많고 한국의 인구와 비슷한 규모이다.

놀랍게도 도시화의 긍정적인 면을 강조하는 일부 학자들은 이러한 거대

도시화 경향을 환영한다. 그들은 도시가 커질수록 더 건강해지고, 녹지가 많아지며, 주민들이 더 부유하고, 똑똑해지며, 행복해진다고 주장한다. 물론 이러한 주장은 실제로 일부 바람직한 변화가 일어났다는 증거에 바탕을 두고 있다. 하지만 이는 도시화의 어두운 면을 외면한 편향된 시각이다. 현실적으로 대도시야말로 세계에서 가장 복잡하고 낭비가 심한 구조를 가지고 있다. 엄청난 양의 식량, 물건, 에너지를 소비하며 전 세계의 자원을 빨아들이는 거대한 블랙홀과 같다. 뿐만 아니라 도시화는 필연적으로 도로, 건물, 상하수도 같은 광범위한 기반 시설을 만들고 유지하는 데 막대한 에너지를 쓰게 한다. 한 사람이 소비하는 식량, 물, 원자재, 에너지의 양 또한 증가시킨다.

　전통적인 마을에서 현대적인 메가시티로 이주하면, 한 사람이 소비하는 지구 자원의 양은 보통 두세 배 늘어난다. 1인당 에너지 사용량이 크게 늘어나는 주된 이유는 다양한 전기 제품에 대한 수요 때문이다. 전통적인 마을에서는 방에 조명이 하나 있고 마을 전체에 작은 텔레비전 한 대가 있을까 말까 하지만, 현대 도시의 고층 아파트에는 여러 개의 조명은 기본이고 냉장고, 각종 요리 기구, 대형 TV, 에어컨 등 수많은 전기 제품이 있다. 수세식 변기를 한 번 내릴 때 쓰는 물의 양은 전통 마을에 사는 사람이 하루 동안 마시고 요리하는 데 쓰는 물의 양보다 더 많을 수도 있다. 또 다른 예로, 인도 도시 지역의 1인당 전력 사용량은 농촌 지역의 거의 두 배이며, 중국 도시 지역의 수돗물 사용량도 비슷한 결과를 보여준다.

　거대 도시, 즉 메가시티의 등장은 도시가 무분별하게 팽창하는 현상을 낳았고, 도시 중심부의 기온이 주변보다 훨씬 높아지는 '도시 열섬 현상'과 같은 심각한 환경 문제를 일으켰다. 도시가 커지면서 원래 있던 자연 서식지가 파괴되고 녹지 공간이 사라져, 결국 생물의 다양성이 크게 줄고 농사지을 땅도 점차 사라진다. 또한 도시화는 콘크리트나 아스팔트처럼 빗물이 땅속으로 스며들기 어려운 바닥 면적을 늘린다. 이 때문에 빗물은 땅으로 흡수되지 못하고 대부분 배수로를 따라 빠르게 흘러나가 버려, 장기적으로는 지하수 부족과 같은 물 문제까지 일으킨다. 뿐만 아니라 도시의 수많은 사무실, 주택, 공장, 자동차에서 막대한 에너지를 사용하면서 엄청난 열이 공기 중으로 뿜어져 나온다. 이러한 요인들이 합쳐진 결과, 도시 지역은 주변의 농촌이나 숲보다 기온이 눈에 띄게 높아지는 도시 열섬 현상이 발생하며, 그 온도 차이는 최대 섭씨 8도에 이르기도 한다.

　메가시티는 극심한 환경 문제뿐만 아니라, 전례 없는 인구 밀집과 그로 인한 극단적인 혼잡을 특징으로 한다. 물론 과거 산업화 이전의 전통 도시 중에도 인구 밀도가 매우 높은 곳이 있었기에, 도시가 사람들로 붐비는 현상 자체가 새로운 것은 아니다. 하지만 오늘날 메가시티의 인구 밀집 수준은 과거와는 비교할 수 없을 정도로 심각하다. 예를 들어 1제곱킬로미터$^{km^2}$당 사는 인구 밀도를 보면, 프랑스 파리는 약 2만 명, 인도 뭄바이는 약 3만 명, 필리핀 마닐라는 약 4만 명 수준이다. 이들 도시 안에서도 가장 인구 밀도가 높은 일부 주거 지역에서는 1제곱킬로미터당 5만 명을 훌쩍 넘어서기도 한다. 이러한 극단적인 인구 밀집을 단위 면적당 인간의 총 무게, 즉 '인간 생물량'으로 바꾸어 계산하면 1제곱미터$^{m^2}$당 2킬로그램$^{kg}$을 넘는 수준이다. 이는 지구상 그 어떤 포유동물 군집의 밀도보다도 훨씬 높은 수치다. 심지어 동아프리카 초원에서 풀을 뜯는 거대한 동물 무리가 나타내는 최대 생물량 밀도보다 수백 배나 높은, 그야말로 믿기 어려운 수준이다.

# 03

## 농업과 식량의 대전환

## 농업과 식량 시스템은 어떻게 바뀌었을까?

"중요한 일부터 먼저 처리하라"는 말이 있다. 하지만 이 말은 현대 세계에서 농업의 위상에는 전혀 들어맞지 않는다.

짧게 반복하는 단식은 몸에 이로울 수도 있다. 그러나 건강한 삶을 영위하기 위해서는 음식을 꾸준히, 그리고 충분히 섭취해야만 한다. 이때 단순히 몸에 필요한 전체 열량을 채우는 것만으로는 부족하다. 우리 몸이 정상적으로 성장하고 활기찬 삶을 유지하려면 여러 영양소를 골고루 공급받아야 한다. 탄수화물, 단백질, 지방과 같은 다량영양소는 물론이고, 비타민과 미네랄 같은 미량영양소도 충분히 필요하다.

오늘날 풍요로운 사회에 사는 사람들은 음식이 넘쳐나서 생기는 문제에 더 골몰하는 경향이 있다. 어디서나 흔히 볼 수 있는 다이어트나 비만 문제가 바로 그런 예이다. 또한 지방, 설탕, 비타민처럼 특정 식품이나 영양소를 섭취하는 것에 대한 걱정도 많다. 하지만 정작 이 모든 음식의 근원인 식량 생산 자체는 사람들의 주된 관심사가 되지 못했다.

앞서 내린 결론은 단순히 막연한 인상에 근거한 것이 아니다. 구글 엔그램 뷰어Google Ngram viewer라는 도구가 있다. 이 도구는 1500년대부터 출판된 수많은 인쇄물에서 특정 단어가 얼마나 자주 사용되었는지를 분석해준다. 필자는 대전환의 주요 주제들이 얼마나 자주 언급되었는지 이 도구를 사용해 살펴보았다.

그 결과 '인구'와 '에너지'라는 단어의 사용 빈도가 0.02%로 가장 높았다. '환경'과 '경제'는 그 절반 수준인 0.01%에 그쳤다. 반면 '농업'은 최고 빈도가 0.004%에 불과했고, '영양'은 0.001%로 훨씬 더 낮았다. 각 단어의 사용 빈도가 정점에 달했던 시기를 살펴보는 것도 흥미롭다. '환경'이라는 단어는 바로 지금 현재 사용 빈도가 가장 높다. 반면 '에너지'에 대한 관심은 1980년대에, '인구'는 1970년대에, 그리고 '농업'은 1950년대에 가장 높게 나타났다.

심지어 경제학자들은 "왜 우리가 농업에 신경을 써야 하는가?"라고 물으며 완전히 비이성적인 관점을 제시하기도 한다. 현대 사회에서 농업이 국내총생산GDP에서 차지하는 비중이 매우 작기 때문에 경제적으로 중요하지 않은 부문이라고 주장하는 것이다. 실제로 2016년 미국 농업 생산이 미국 전체 국내총생산에서 차지한 비중은 0.7%에 불과했다. 하지만 이를 근거로 농업이 중요하지 않다고 말하는 경제학자들의 주장은 비논리적일 뿐만 아니라 분통이 터질 노릇이다.

필자는 이런 주장을 하는 경제학자들에게 한 가지 제안을 하고 싶다. 그들이 가장 중요하다고 여기는 부문, 즉 현재 국내총생산의 20% 이상을 차지하는 부문의 생산물만으로 한번 살아보라는 것이다. 미국 경제분석국 통계에 따르면 이 부문은 바로 '금융, 보험, 부동산, 임대 및 리스' 분야다. 과연 그 생산물만으로 식사가 가능할지, 맛있게들 드시라!

오늘날 우리 사회가 식량 생산 문제에 대해 전반적으로 크게 신경 쓰지 않는다는 사실은, 지난 한 세기 이상 농업 부문에서 진행된 대전환이 얼마나 성공적이었는지를 명확히 보여준다. 이 농업 대전환이 거둔 성공의 핵심은 바로 '생산성 향상'이라는 한마디로 요약할 수 있다. 품종을 더 좋게 개량하고, 새로운 농사 기술과 농업 기계를 도입했으며, 관리 기법을 발전시킨 덕분이다. 예를 들어, 여러 작물을 번갈아 재배하는 윤작이 일반화되었고, 농업 기계의 사용이 보편화되었으며, 화학 비료와 농약의 힘을 빌려 수확량을 극대화했다.

이러한 발전은 다양한 측면에서 생산성을 끌어올렸다. 먼저, 동일한 면적의 토지에서 더 많은 작물을 수확할 수 있게 되었는데, 이를 '토지 생산성'이 향상되었다고 말한다. 또한, 비료와 같은 투입 자원을 더 효율적으로 사용하여 같은 결과를 얻을 수 있게 되었다. 마지막으로, 농업에 필요한 사람의 노동력을 이전과 비교할 수 없을 정도로 크게 절약하게 되었는데, 이것이 바로 '노동 생산성'의 향상이다.

주요 작물의 일반적인 수확량은 이제 전통적인 농법으로 얻던 것보다 몇 배나 많아졌다. 미국의 사료용 옥수수 같은 일부 작물은 심지어 10배 이상 수확량이 늘기도 했다. 농업용 물과 비료를 더 효율적으로 사용하고, 제초제와 살충제 덕분에 수확 전 손실이 줄었으며, 농사일의 거의 모든 과정이 기계로 이루어졌다. 그 결과 노동 생산성은 눈부시게 향상되었고 인류는 전례 없는 식량 풍요를 누리게 되었다. 미국에서 밀을 생산하는 데 들어가는 평균 노동 시간의 변화는 이러한 생산성의 발전을 잘 보여준다. 1800년, 미국의 한 농부는 소 두 마리와 나무 쟁기를 이용해 밭을 갈았다. 씨앗은 손으로 뿌렸고, 낫으로 작물을 베었으며, 도리깨로 타작했다. 밀 1킬로그램을 생산하는 데 7분이 넘는 노동 시간이 필요했다. 이 정도 양의 밀은 제분해서 통밀빵 두 덩이를 만들 수 있는 분량이었다.

1900년, 미국 대평원의 농부는 여러 마리의 힘센 말을 이용해 튼튼한 강철 쟁기와 파종기를 끌었다. 또한 수확과 탈곡을 동시에 하는, 말이 끄는 초기 형태의 수확기를 사용했다. 이러한 기술 발전 덕분에 밀 1킬로그램을 생산하는 데 걸리는 시간은 약 25초로 줄었다. 1800년보다 노동 시간을 95% 줄인 것이며, 노동 생산성은 18배나 높아진 것이다. 2000년경에는 대형 트랙터와 고성능 수확기인 콤바인 덕분에 밀 1킬로그램을 생산하는 데 필요한 사람의 노동 시간은 6초 미만으로 줄었다. 20세기 동안 노동 생산성이 네 배 이상 증가한 셈이다. 놀랍게도 20세기 후반 동안 미국의 평균 농업 생산성 증가율은 제조업 생산성 증가율을 앞질렀다.

규모의 경제가 실현되면서 농장의 수는 줄고 크기는 커졌으며, 더욱 전문화되었다. 1900년에서 2000년 사이 미국 농장의 수는 3분의 1 수준으로 줄어든 반면, 평균 농장 면적은 거의 세 배로 늘어나 약 175헥타르에 달했다. 또한 1900년에는 보통 한 농장에서 다섯 종류의 다른 작물이나 가축을 키웠지만, 2000년에는 평균 한 종류를 겨우 넘는 수준이었다. 가축을 기르는 농장의 비율 변화에서도 이러한 집중화와 전문화를 볼 수 있다. 1900년에는 전체 농장의 90%가 닭을 키웠고, 거의 80%가 소, 젖소, 돼지를 길렀다. 그러나 한 세기 후에는 절반 정도의 농장만이 소를 길렀고, 다른 가축을 키우는 농장은 10% 미만으로 줄었다.

생산성이 높아지면서 대부분의 농업 노동력은 농사일에서 해방되었고, 이들은 산업화하는 도시로 대거 이동할 수 있었다. 생산성이 계속 오르면서 농업에 필요한 노동력은 꾸준히 감소했다. 예를 들어 미국의 농업 노동력 비율은 1800년 74%에서 1900년 40%로, 그리고 2000년에는 단 1.7%로 줄어들었다. 인구가 늘어났음에도 불구하고 한 사람에게 돌아가는 식물성 식품 공급량은 오히려 증가했다. 그에 못지않게 중요한 점은 현대적인 품종과 농업 기술 덕분에 수확량이 변덕을 부리는 일이 점차 줄었다는 사실이다. 또한 활발해진 국제 무역 덕분에 오랜 기간 식량이 부족해지거나 심각한 굶주림을 겪을 위험은 사라졌다.

필자는 먼저 밭농사에서 일어난 획기적인 대전환의 근본적인 변화들을 살펴볼 것이다. 이러한 발전 과정의 공통점은 사람의 활동으로 더 많은 에너지를 투입했다는 점이다. 작물 품종 개량, 농업 기술 발전, 기계화, 비료 주기, 물 대기, 가축 기르기 등의 혁신은 모두 화석 연료와 전기의 도움 없이는 불가능했을 것이다. 더 많은 식량이 태양 에너지를 더 효율적으로 사용한 결과라는 생각은 '슬픈 속임수'라는 지적이 있다. "산업화된 인간은 더 이상 태양 에너지로 만든 감자를 먹지 않는다. 이제 그는 부분적으로 석유로 만들어진 감자를 먹는다"는 것이다. 동물성 식품 생산 역시 품종 개량뿐만 아니라 더 좋은 사료와 최적화된 사료 공급 방식 덕분에 발전했다. 질병을 예방하는 기술이 발달하면서 대규모 동물 집약 사육 시설에서 규모의 경제를 이루는 것도 가능해졌다.

다음으로는 소매 단계에서의 식품 공급 변화와 주목할 만한 영양의 전환을 살펴볼 것이다. 인구 구조의 전환과 마찬가지로 식생활의 전환 역시 전 세계적으로 공통된 흐름을 보이면서도, 나라마다 독특한 특징을 보이며 진행되었다. 가장 두드러진 공통된 변화는 주식인 곡물과 콩의 소비가 줄고 지방과 동물성 단백질 섭취가 늘어난 것이다. 하지만 나라마다 다른 점도 나타나는데, 예를 들어 다른 모든 부유한 나라들과 달리 일본의 식생활 전환은 설탕 소비의 큰 증가로 이어지지 않았다. 또한 터키의 식생활 전환은 1인당 고기 소비량의 큰 증가를 가져오지 않았다.

마지막으로 필자는 이러한 변화들이 가져온 주요 결과들을 살펴보고, 이 변화들이 다른 대전환에 미친 영향을 요약할 것이다. 식생활의 변화가 심혈관 질환 사망률, 당뇨병, 비만 증가에 미치는 역할에 대한 새로운 우려가 제기되었다. 식품 가격이 매우 저렴해지고 종류가 다양해진 것은 생산성 향상뿐만 아니라 대규모의, 그리고 이제는 진정으로 전 지구적인 식품 및 동물 사료 무역 덕분이었다. 이는 전례 없는 식습관의 국제화와 혼합을 가져왔지만, 동시에 달갑지 않은 환경 문제도 일으켰다.

## 생산성 전환 : 작물과 동물

현대 식량 생산에서 가장 결정적인 변화는 생산 방식의 근본적인 전환이다. 과거 식량 생산은 오직 태양 빛을 이용한 광합성 능력에만 의존했다. 하지만 현대에 이르러서는 화석연료와 전기 에너지의 투입에 크게 의존하는, 이른바 복합적인 형태로 바뀌었다. 이러한 에너지원의 투입량은 지속적으로 증가하는 추세다.

전통 농업에서는 한해살이 작물과 여러해살이 작물이 광합성을 통해 모든 식량과 사료를 생산했다. 이렇게 생산된 식량과 사료는 인간의 노동력과 가축의 힘을 유지하는 바탕이 되었다. 그리고 사람과 가축의 힘은 다시 농사일, 농기구 제작, 집짓기, 가축 우리 만들기와 같은 일에 쓰였다. 또한, 식물의 남은 부분이나 가축과 사람의 배설물을 거름으로 재활용하여 땅의 힘을 되살렸다. 잡초가 자라는 것을 막기 위해서는 사람이 직접 손으로 풀을 뽑거나 괭이로 김을 매는 힘든 과정을 거쳐야 했다.

농사 도구는 주로 나무로 만든 것을 사용했다. 낫, 큰 낫, 쟁기날과 같이 농사에 쓰이는 몇몇 철제 도구들은 숯을 때서 얻은 열로 쇠를 녹여 만들었다. 소나 양처럼 되새김질하는 동물들, 즉 반추동물은 목초지의 풀이나 베어 말린 건초를 먹고 자랐다. 우리에 가두어 기르는 가축에게는 주로 음식물 가공 과정에서 나오는 부산물이나 주방에서 나오는 음식물 쓰레기를 먹이로 주었고, 아주 가끔 적은 양의 곡물을 주기도 했다. 돼지나 닭과 같은 많은 동물들은 아예 풀어놓아 스스로 먹이를 찾아 해결하도록 했다.

물에서 얻는 먹거리인 수산물의 경우를 살펴보자. 바다나 민물에서 야생 갑각류나 조개류 같은 무척추동물과 물고기를 잡는 것이 일반적이었다. 일부 지역에서는 이러한 어로 활동을 보완하기 위해 전통적인 방식의 양식업이 이루어지기도 했다. 특히 아시아 일부 지역에서는 연못에 유기물을 넣어 물을 더 영양가 있게 만들어 양식업의 생산성을 높이는 방법을 사용했다.

### 비(非) 태양 에너지 투입

작물은 광합성을 통해 햇빛을 생장에 필수적인 에너지원으로 사용한다. 하지만 오늘날과 같은 대규모 농업 생산은 인간이 인공적인 에너지를 투입하지 않았다면 불가능했을 것이다. 여기서 인공적인 에너지란 화석 연료나, 화석 연료를 태워 만드는 전기와 같은 에너지를 의미한다. 이렇게 인간이 투입하는 에너지는 자연의 광합성 과정을 보완하고 생산성을 높이는 역할을 하므로, 일종의 '외부 에너지 보조금'이라고 볼 수 있다.

이러한 에너지 보조금은 여러 농업 활동에 직접 사용된다. 밭을 갈고 수확물을 운반하며, 농산물을 가공하는 기계를 움직이는 모든 연료와 전기가 여기에 해당한다. 예를 들어, 각종 농기계와 트럭, 그리고 논밭에 물을 대는 관개 시설은 대부분 액체 연료를 동력원으로 삼는다.

전기의 역할 또한 매우 중요하다. 곡물을 빻아 가루로 만들거나 기름을 짜내는 것처럼 곡물을 가공하는 과정에 전기가 사용된다. 가축을 기르는 일 역시 전기에 크게 의존한다. 사료를 자르고 가는 기계, 자동으로 젖을 짜는 착유기, 축사의 공기를 쾌적하게 조절하는 환기 장치 등이 모두 전기의 힘으로 작동하기 때문이다.

농업에는 에너지를 직접 사용하는 것 외에 간접적인 방식으로 투입되는 에너지도 있다. 이를 '체화 에너지embodied energy'라고도 부르는데, 이는 농기계나 비료 같은 제품을 만드는 과정에 이미 소모된 에너지를 의미한다. 예를 들어, 농기계를 만들려면 철, 강철, 알루미늄과 같은 금속이 필요하다. 이때 철광석을 녹여 쇳물을 만드는 과정에는 코크스라는 연료가 사용되고, 강철과 알루미늄을 생산하는 데에는 막대한 양의 전기가 소모된다. 농업용

화학 물질을 만들 때도 마찬가지다. 질소 비료의 핵심 원료인 암모니아를 합성하거나, 살충제와 제초제, 그리고 농업용 비닐과 같은 플라스틱 제품을 만들 때에는 석유에서 얻어지는 탄화수소가 원료로 쓰인다. 이뿐만 아니라 인산염이나 칼륨 화합물처럼 땅에서 채굴하여 만드는 다른 종류의 비료를 생산하는 과정에도 많은 연료와 전기가 투입된다.

지금까지 설명한 여러 에너지의 흐름과 비교해 보면, 새로운 작물 품종을 개발하거나 더 효율적인 농사법을 연구하는 데 들어가는 에너지의 양은 상대적으로 매우 적다. 하지만 그 중요성은 결코 작지 않다. 이러한 연구 활동 역시 오늘날의 농업을 지탱하는 또 하나의 필수적인 보조금이라 할 수 있다.

현대 농업에서 일반적으로 쓰는 에너지의 양은 물 없이 키우는 곡물과 콩의 경우 헥타르당 8에서 15기가줄$^{GJ}$ 정도다. 하지만 물을 대며 많은 수확량을 내는 옥수수의 경우에는 헥타르당 최대 40기가줄에 이른다. 이는 수확한 작물 1톤당 1.5에서 4기가줄의 에너지가 들어간다는 뜻이다. 미국에서 가장 많이 재배하는 옥수수는 헥타르당 15에서 20기가줄의 에너지가 필요하며, 수확량이 좋을 때를 기준으로 하면 1톤당 1.4에서 2기가줄이 필요하다. 땅속 깊은 곳에서 물을 끌어올려 쓰는 경우에는 보통보다 에너지 투입량이 두 배로 늘어날 수 있다. 반면, 밭을 갈지 않는 무경운 농법을 쓰고 질소를 고정하는 능력이 있는 알팔파와 번갈아 농사를 지으면 에너지 투입을 거의 절반으로 줄일 수 있다. 집중적으로 재배하는 채소는 훨씬 더 많은 에너지를 필요로 한다. 예를 들어 독일이나 영국에서 난방을 하는 온실에서 키우는 토마토는 1톤을 생산하는 데 100기가줄이 넘는 에너지가 들 수 있다.

현대 농업에서 에너지 보조금이 얼마나 많이 쓰이는지 쉽게 이해할 수 있는 비교가 있다. 미국에서 밀 1톤을 재배하는 데 들어가는 에너지는 평균 3.9기가줄이다. 통밀빵 한 덩이를 만드는 데 약 700그램의 밀가루가 필요한데, 이를 생산하기 위해 캔자스의 농부는 약 2.8메가줄$^{MJ}$의 에너지를 투입해야 한다. 만약 이 모든 에너지가 디젤 연료에서 왔다고 가정하면, 이는 약 80밀리리터에 해당한다. 미국 주방에서 쓰는 계량컵의 3분의 1 정도 되는 양이다. 집에서 일주일에 빵을 한 덩이만 구워 먹더라도 밀을 재배하는 데만 연간 4리터가 넘는 디젤 연료가 필요한 셈이다. 가게에서 파는 흰 빵을 먹는다면, 제분, 제빵, 유통에 드는 에너지 비용까지 더해져 이 필요량은 쉽게 두 배로 늘어날 것이다.

여러 연구를 통해 국가나 지역별로 농업 에너지가 어떻게 변해왔는지 알 수 있다. 외부에서 투입되는 에너지 보조금은 19세기 중반 이후 10배에서 100배까지 증가했다. 헥타르당 1기가줄 미만이었던 것이 20세기 말에는 헥타르당 10에서 100기가줄에 달했다. 프랑스 북부에서는 1860년에 거의 0에 가까웠던 비재생 에너지 투입량이 2010년에는 헥타르당 거의 13기가줄로 늘었다. 캐나다 퀘벡에서는 1871년과 2011년 사이에 약 60배 증가했고, 스페인에서는 1900년과 2008년 사이에 약 20배 증가했다.

현대 육류 생산의 에너지 비용은 언제나 동물 사료 비용이 대부분을 차지한다. 170그램짜리 닭 가슴살 한 조각을 만들기 위해 닭은 약 600그램의 사료를 먹어야 한다. 이는 에너지로 약 8.7메가줄에 해당하며, 부피로는 디젤 연료 한 컵과 거의 정확히 일치한다. 총 육류 에너지 비용은 동물을 기르는 시설의 난방, 공기 조절, 청소에 쓰이는 에너지를 고려하여 10에서 30% 더 늘려야 한다. 추가적인 에너지는 식품과 사료를 운송하는 데 필요하다. 이제는 전 세계적인 이 무역을 통해 아시아의 돼지와 닭을 먹이기 위해 아메리카 대륙에서 대두와 옥수수가 대량으로 운송된다. 또한 신선 및 냉동 해산물, 치즈나 초콜릿 같은 고부가가치 식품, 음료 등도 수출된다.

씨앗류는 대량 화물 운송 방식을 쓰고, 냉장이나 냉동이 필요한 가공 식품은 컨테이너 운송 방식을 쓴다. 배와 항만 시설을 짓는 데 필요한 모든 간접적인 에너지를 빼더라도 운송 비용은 상당하다. 예를 들어, 브라질의 주요 농업 지역에서 대두를 재배하는 데는 1톤당 4에서 5기가줄의 에너지가 필요하다. 그런데 운송 비용이 이와 비슷하거나 훨씬 더 높을 수 있다. 내륙에서 항구까지 트럭으로 옮기는 데 1톤당 3기가줄이 필요하고, 유럽의 로테르담까지 배로 운송하는 데 1톤당 1.5기가줄이 소비된다.

전 세계 식량 생산에 들어가는 에너지의 총량은 매우 대략적으로만 추산할 수 있다. 먼저 20세기의 상황을 살펴보자. 100년 동안 세계 인구는 3.7배나 늘어났지만, 농사를 짓는 땅의 총면적은 약 40% 증가하는 데 그쳤다. 이처럼 늘어난 인구를 먹여 살리기 위해, 인류는 농업에 막대한 에너지를 추가로 쏟아부어야 했다. 그 결과 현대 농업에 투입되는 에너지는 20세기 초 0.1엑사줄$^{EJ}$에서 세기 말 약 12엑사줄로 무려 90배나 급증했다. 이 수치는 순수하게 식량을 생산하는 단계에만 해당한다. 전 세계로 식량과 사료를 운송하는 데 쓰인 에너지는 포함되지 않은 값이다. 2015년을 기준으로 운송에 들어간 에너지까지 더하면, 총량은 약 15엑사줄까지 늘어난다. 하지만 여기에도 여전히 빠진 항목이 있다. 바로 전 세계의 어선단이 디젤 연료를 대량으로 사용하며 바다에서 해산물을 잡는 데 드는 에너지다. 이 비용까지 더하면 식량 생산에 필요한 총에너지 양은 더욱 커질 것이다.

구체적인 통계를 보면 에너지 사용량은 천 배까지 차이가 난다. 멸치나 고등어처럼 작고 풍부한 물고기를 잡는 데는 1톤당 10리터 정도로 적은 연료가 들지만, 새우나 바닷가재 같은 일부 갑각류를 잡는 데는 1톤당 10,000리터나 필요할 수 있다. 전 세계 평균은 약 1톤당 700리터이다. 에너지 단위로 바꾸면 평균 약 1톤당 26기가줄에 해당한다. 새우 두 꼬치, 즉 중간 크기 새우 10마리 정도를 얻기 위해 디젤 연료 1리터가 필요했을 수 있다는 뜻이다. 전 세계 양식 생산량은 이제 자연산 어획량에 가까워지고 있는데, 양식 시설을 운영하고 사료를 공급하는 데에도 직접적, 간접적인 에너지가 필요하다.

육식성 어류를 위한 사료를 만들려면 단백질이 풍부한 어분과 어유를 생산하기 위해 멸치, 청어, 고등어, 크릴새우 같은 야생 어종을 잡아야 한다. 현대 양식업의 에너지 사용량을 보면, 그 비용은 연못에서 기르는 잉어의 경우 1톤당 11기가줄에서 가두리에서 기르는 농어의 경우 거의 100기가줄에 이르러, 자연산 어업과 비슷한 범위를 보인다. 식용 해산물 단백질을 생산하는 데는 긴 줄에 여러 낚싯바늘을 단 어구로 잡는 홍합의 경우 1톤당 약 100기가줄이 필요하지만, 가두리 양식 농어의 경우 1톤당 1테라줄[TJ], 즉 1000기가줄 이상이 필요하다. 한 연구 자료를 바탕으로 단순하게 부피를 비교하면, 150그램짜리 작은 양식 농어 필레 한 조각을 생산하는 데 약 22메가줄의 에너지가 들며, 이는 디젤 연료 거의 2.5컵에 해당하는 양이다.

모든 해산물에 대해 비교적 낮은 평균 에너지 비용인 1톤당 25기가줄을 가정하더라도, 2015년 생산량 2억 톤에는 약 5엑사줄이 필요했을 것이다. 이로써 식량 생산에 투입되는 비재생 에너지의 총량은 연간 약 20엑사줄로 늘어난다. 비교하자면, 2015년 전 세계 모든 상업용 에너지 사용량은 약 485엑사줄이었으므로, 식량 생산은 전체의 약 4%만을 차지했다. 2012년 미국 농업의 직접 에너지 사용량은 약 850페타줄[PJ]로, 미국 전체 사용량의 약 0.8%였다. 이러한 낮은 비율은 복잡한 시스템에서 자주 관찰되는, 상대적으로 적은 투입이 불균형적으로 큰 효과를 내는 훌륭한 예이다.

고전적인 영양학의 사례는 이러한 불균형 효과를 보여주는 또 다른 예시다. 18세기 유럽의 범선들은 발견의 항해를 하며 바다를 누볐고, 충분한 식량을 싣고 다녔다. 그러나 비교적 적은 양의 비타민 C 공급원, 예를 들어 레몬이나 라임, 또는 적어도 소금에 절인 양배추를 싣지 않으면, 선원들은 괴혈병으로 고통받고 사망했다. 선원들은 탄수화물이나 단백질이 조금 많거나 적어도 잘 견딜 수 있었지만, 하루 최소 20밀리그램의 비타민 C가 부족하면 그들의 항해와 생명이 끝날 수 있었다.

현대 문명은 운송, 산업, 주거와 같은 부문에서 에너지 사용량을 크게 줄이더라도 번영을 이어갈 수 있다. 하지만 식량 생산에 들어가는 에너지만큼은 예외다. 전 세계 에너지 총사용량의 약 4%가 현대 식량 생산에 투입되는데, 이 에너지가 없다면 오늘날 수십억 명에 달하는 세계 인구를 먹여 살리는 일은 불가능해진다. 그렇다면 인간은 어떻게 이처럼 농업 에너지에 의존하게 되었을까?

흥미롭게도 이러한 의존의 시작을 알린 첫 번째 혁신은 화석 에너지를 전혀 사용하지 않는 방식이었다. 그것은 바로 토지의 비옥도를 높이는 전통 농법인 윤작을 체계적으로 도입하고 확산시킨 것이었다. 특히 클로버나 알팔파 같은 콩과 식물을 작물 순환에 포함시킨 점이 핵심이었다. 콩과 식물은 공기 중의 질소를 땅에 고정시켜 다른 작물이 영양분으로 사용할 수 있도록 만들기 때문이다.

작물을 돌려짓는 윤작 방식 자체는 고대부터 알려져 있었다. 하지만 18세기 중반부터 그 방식이 더욱 발전하여 널리 보급되기 시작했다. 예를 들어, 영국 노퍽 지방에서는 밀, 순무, 보리, 클로버를 순서대로 재배하는 '4년 윤작법'을 통해 농업 생산성을 크게 높였다. 이러한 체계적인 윤작법이 널리 퍼지자, 다른 작물이 사용할 수 있는 토양 속 질소의 양이 이전보다 최소 세 배 이상 증가했다. 그 결과 오랫동안 정체되어 있던 주요 곡물의 수확량도 눈에 띄게 늘기 시작했다.

콩과 작물을 활용한 질소 공급의 증가는 매우 중요한 변화였다. 한 연구자는 이 변화가 산업화 시대 유럽의 경제 발전에 증기 기관의 발명만큼이나 큰 영향을 미쳤다고 평가했다. 그리고 바로 이러한 이유로 이 시기의 농업 발전을 진정한 의미의 '농업 혁명'이라고 불러야 마땅하다고 주장했다.

그러나 태양 에너지에만 의존하는 이러한 농업의 강화만으로는 늘어나는 인구를 먹여 살리기에 충분하지 않았다. 따라서 이와 동시에 퇴비나 작물 찌꺼기를 재활용하는 것 외에 새로운 질소 비료가 처음으로 사용되기 시작했다. 구아노, 즉 새똥 화석은 재활용 폐기물보다 훨씬 많은 질소를 함유한 최초의 질소 비료였다. 미국은 1824년부터 일부 건조한 섬에 쌓여 있던 열대 바닷새의 배설물인 이 구아노를 수입하기 시작했다. 페루산 구아노는 1870년까지 세계에서 가장 중요한 상업용 질소 비료였으나, 이후 세계 최초의 무기 질소원인 칠레 초석 수송량에 추월당했다. 칠레 초석 수출은 1830년에 시작되어 1895년에는 연간 100만 톤을 넘어섰고, 1920년대에는 연간 거의 300만 톤으로 정점을 찍었다.

두 번째 혁신의 물결에는 더 나은 밭갈이 방법과 새로운 곡물 수확 방식이 포함되었다. 중세 최고의 쟁기는 무른 쇠 날을 가진 나무 쟁기였고, 최초의 주철 쟁기는 18세기 말에 등장했다. 강철 쟁기는 1860년대에 강철 가격이 저렴해진 후에야 널리 보급되었다. 미국의 대평원과 캐나다의 초원 지역에서 대규모 경작이 가능해진 것은 사람이 타는 강철 쟁기와, 나중에는 최대 12마리의 말이 끌어야 했던 대형 연동쟁기 덕분이었다.

1830년대에 미국에서 최초의 기계식 수확기가 나오기 전까지 전통적인 곡물 수확은 낫으로 이루어졌다. 최초의 탈곡기는 1850년대 후반에 나왔고, 묶인 곡식 단을 배출할 수 있는 완전 기계화된 수확기는 그로부터 20년 후에 등장했다. 말이 끄는 콤바인은 1880년대 캘리포니아에서 도입되었다. 우유를 짜는 낙농 작업에서도 자동 크림 분리기가 보급되는 등 중요한 발전이 있었다. 다음 세 가지 동시적인 발전은 암모니아의 하버-보슈 합성법, 농사일과 운송에서 동물 노동력의 점진적인 제거, 그리고 더 나은 품종의 보급이었다.

**농약과 기계**

19세기 말이 되자 몇 가지 요인이 복합적으로 작용했다. 인구가 늘고 도시가 성장했으며, 사람들은 더 나은 영양을 원했다. 이러한 상황에서 기존의 농사 방식으로는 필요한 만큼의 식량을 생산할 수 없다는 점이 분명해졌다. 따라서 작물 생산량을 늘리려면 질소 투입량을 늘리는 것이 반드시 필요했다. 유기 폐기물은 질소 함량이 보통 1%에도 훨씬 못 미쳤기 때문에, 아무리 정성껏 재활용해도 식물의 주요 영양소인 질소를 충분히 공급하기는 어려웠다. 전통 농업에서 더 많은 질소를 공급하려면 엄청나게 많은 양의 유기질 거름을 써야 했다. 그 양은 헥타르, 즉 약 3,000평의 땅에 연간 10톤에 이르기도 했다. 이렇게 많은 거름을 모으고, 옮기고, 밭에 뿌리는 일은 전통적인 집약 농업에서 가장 힘들고 많은 노동력을 필요로 하는 작업이었다.

1909년 독일 카를스루에 대학의 화학자 프리츠 하버는 공기 중의 질소를 이용해 암모니아를 만들어 내는 획기적인 방법을 세계 최초로 선보였다. 이 기술은 고온 고압 상태에서 철을 촉매로 사용해 암모니아를 합성하는 방식이었다. 당시 세계 최고의 화학 기업이었던 바스프BASF의 카를 보슈는 이 발명의 엄청난 잠재력을 즉시 알아보았다. 그의 주도 아래 암모니아 합성법은 빠르게 상업화되었고, 마침내 1913년에 첫 생산품이 시장에 공급되었다(그림 3.1). 오늘날 이 공법이 발명가 하버와 상업화를 이끈 보슈의 이름을 따 '하버-보슈 공법'이라 불리는 이유다. 하지만 이 혁신적인 기술이 처음부터 인류의 식량 생산에 기여한 것은 아니었다. 제1차 세계대전이 터지자 생산된 암모니아는 비료가 아닌 폭약을 만드는 데 우선적으로 사용되었다. 전쟁이 끝난 1920년대에 들어서야 비로소 독일, 미국 등 여러 나라에서 비료 산업이 성장하기 시작했다. 그러나 이러한 성장세는 오래가지 못했다. 전 세계를 덮친 대공황과 뒤이은 제2차 세계대전으로 인해 질소 비료의 대량 생산은 또다시 미뤄졌다. 결국 하버-보슈 공법을 통한 질소 비료가 전 세계적으로 대량 생산되어 농업에 본격적으로 기여하기 시작한 것은 1950년이 지난 후였다.

초기에는 암모니아를 주로 질산암모늄(질소 함량 34%)이나 황산암모늄(질소 함량 21%)의 형태로 바꾸어 비료로 사용했다. 하지만 현재는 질소 함량이 46%로 더 높은 요소가 가장 널리 쓰이는 고체 질소 비료이다. 전 세계의 암모니아$^{NH_3}$ 합성량은 질소 함량을 기준으로 1950년에 약 400만 톤에 불과했지만, 1970년에는 3,000만 톤, 2000년에는 8,500만 톤으로 급증했고, 2017년에는 1억 5,000만 톤에 이르렀다. 이 중 약 80%가 비료로 사용되었다. 1970년대까지는 유럽, 미국, 그리고 당시 소련이 암모니아 생산을 이끌었다. 그러나 이후 중국이 세계 최대 생산국으로 떠올라, 현재는 전 세계 총생산량의 약 30%를 차지하고 있다.

필자는 하버-보슈 공법이야말로 역사상 가장 지대한 영향을 미친 기술적 발명이라고 여러 차례 주장해 왔다. 여기서 '지대한 영향'이란 가장 많은 사람에게 가장 큰 변화를 가져다주었다는 의미이다. 만약 이 기술이 없었다면 어떻게 되었을까? 다른 모든 생산 조건이 충분히 갖추어져 있다고 하더라도, 오늘날 전 세계 인구의 약 45%는 지금과 같은 수준으로 먹고 살 수 없었을 것이다.

하지만 질소만으로 현대 농업의 생산성을 크게 높일 수는 없었다. 1840년 유스투스 폰 리비히가 식물의 성장은 가장 부족한 영양소에 의해 결정된다는 연구를 발표한 이래로, 우리는 식물이 최대한 성장하려면 세 가지 주요 영양소, 즉 질소, 인, 칼륨이 적절한 비율로 공급되어야 한다는 것을 알고 있다. 이 연구는 식물 영양학의 기초가 되었다. 인과 칼륨 비료를 만드는 데에는 암모니아를 합성하는 것보다 훨씬 적은 에너지가 필요하다. 초기에 석탄을 이용해 암모니아$^{NH_3}$를 만들 때는 1톤을 생산하는 데 50기가줄$^{GJ}$이 넘는 에너지가 들었다. 하지만 이제는 천연가스를 사용하는 최신 대형 공장에서 1톤당 30기가줄 미만의 에너지만으로 암모니아를 생산한다. 작물에 주는 질소 비료의 양은 매우 다양하지만, 미국 옥수수의 경우 헥타르당 최소 100킬로그램의 질소를 사용하며, 이는 헥타르당 3에서 5기가줄의 에너지에 해당한다. 인은 주로 인광석을 캐내어 산으로 처리해 만드는 과인산염 형태로 공급되는데, 1톤을 만드는 데 18에서 33기가줄의 에너지가 든다. 칼륨은 대부분 칼리라는 광물 형태로 공급되며, 이 광물을 캐고 부수는 데는 1톤당 2기가줄 미만의 에너지가 든다. 인 비료는 중국, 모로코, 미국이, 칼륨 비료는 캐나다, 러시아, 중국이 주요 생산국이다.

  비료를 사용하여 농작물의 수확량을 늘리면, 풍성해진 작물은 해충에게도 좋은 먹잇감이 된다. 또한 토양에 공급된 풍부한 영양분은 생명력이 강한 잡초가 무성하게 자라는 원인이 되기도 한다. 결국 이렇게 늘어난 해충과 잡초의 문제를 해결하기 위해 살충제, 살균제, 제초제와 같은 화학 농약이 현대 농업의 필수적인 기술로 자리 잡았다. 이러한 농약은 1940년대 중반 미국에서 처음으로 널리 쓰이기 시작했다.

  농약의 효과를 내는 활성 성분을 합성하는 데는 상당히 많은 에너지가 들어간다. 하지만 농약은 보통 헥타르당 1~2킬로그램 정도의 적은 양만 사용한다. 따라서 농업 생산에 들어가는 전체 에너지 비용을 따져보면 농약 제조에 쓰이는 에너지의 비중은 상대적으로 낮은 편이다.

  주로 소나 말 같은 일하는 가축, 즉 역용 동물을 기계로 바꾼 것은 농업의 동력을 살아있는 동물에서 훨씬 더 강력한 기계로 전환한 시대적인 변화였다. 이는 또한 작물 생산에 큰 걸림돌이었던 문제를 해결해주었다. 제1차 세계대전 이전 미국에서는 말과 노새를 먹이기 위한 사료를 재배하는 데 전체 경작지의 거의 4분의 1이 필요했다. 이 땅은 사람이 먹을 식량이나 다른 가축을 위한 사료를 재배할 수 있는 땅이었지만, 일하는 동물을 위

그림 3.1_독일 오파우에 있는 바스프(BASF) 암모니아 공장의 건설 현장. 이 공장은 1912년 5월에 짓기 시작해서 16개월도 채 지나지 않아 첫 제품을 출하할 준비를 마쳤다. 이 그림은 1920년에 화가 오토 볼하겐이 그린 것이다.

해 쓰여야만 했다. 1910년 미국에는 소형 트랙터가 약 천 대에 불과했다. 농업의 중요한 노동력이었던 역용 동물의 수는 1918년 미국에서 약 2,700만 마리로 정점을 찍었다. 같은 해, 새로운 동력원인 트랙터의 수는 8만 5천 대로 늘어나며 농업 동력 변화의 시작을 알렸다. 두 차례의 세계대전 사이 시기에는 농업 기술 분야에서 중요한 발전이 있었다. 트랙터 엔진의 힘을 다른 농기계로 전달하는 동력인출장치$^{PTO}$, 대형 고무타이어, 효율적인 디젤 엔진 등이 대표적이다. 이러한 기술 발전은 1950년 이후 농업 기계화가 빠르게 확산되는 밑거름이 되었다. 결국 1960년에 이르러 미국 농무부는 더 이상 역용 동물의 수를 공식 통계로 집계하지 않게 되었다. 이는 농업의 주된 동력이 가축에서 기계로 완전히 바뀌었음을 상징적으로 보여주는 사건이었다.

1900년에는 힘센 말 한 마리가 대여섯 명의 사람이 내는 힘과 맞먹는 동력을 낼 수 있었다. 초기 가솔린 트랙터는 힘센 말 15~20마리에 해당하는 동력을 제공했고, 1950년 이후에는 100마력이 넘는 기계가 일반화되었다. 현재 북미에서 가장 강력한 트랙터는 약 600마력에 달하며 12미터 폭의 농기구를 끌 수 있다. 마찬가지로, 가장 강력한 옥수수 수확기는 현재 12미터 폭 또는 32줄의 작물을 한 번에 벨 수 있다. 미국의 농업 기계화가 완료된 후에도 유럽의 비교적 가난한 지역에서는 말이 끄는 농사 방식이 몇십 년 더 이어졌으며, 아시아와 아프리카의 들판에서는 여전히 수백만 마리의 역용 동물들이 일하고 있다.

밭갈이, 김매기, 농약 뿌리기, 수확과 같은 농사일에 필요한 에너지는 작물, 기후, 토양에 따라 다르다. 하지만 밭갈이를 제외하면 대부분 헥타르당 150에서 500메가줄$^{MJ}$ 사이이며, 이를 모두 합하면 헥타르당 총 1.5에서 2.5기가줄 정도이다. 디젤 엔진과 전기 모터는 또한 농사에 필요한 물을 충분히 공급하는 관개를 가능하게 했다. 그 결과 관개 면적은 1900년 약 5,000만 헥타르에서 2015년 약 3억 3,000만 헥타르로 크게 늘어났다. 농기계 자체를 만드는 데 들어가는 에너지도 상당하다. 하지만 기계는 최소 10년 이상 오래 사용하기 때문에, 단위 면적당 또는 단위 수확량당 에너지 비용은 비료 비용보다 낮다. 반면, 관개에 드는 에너지 비용은 비료를 만드는 비용과 맞먹거나, 특히 땅속 깊은 곳에서 물을 끌어올릴 경우에는 이를 넘어설 수도 있다.

노동력이 대규모로 줄어든 것은 농업 기계화가 가져온 가장 중요한 경제적 영향이었다. 이미 언급했듯이, 이러한 노동력 감소 덕분에 20세기 동안 미국의 평균 농장 규모는 세 배로 커질 수 있었으며, 현재 브라질의 가장 큰 농장들은 수십만 헥타르에 달한다. 채소, 과일, 견과류 재배는 여전히 다른 작물보다 손이 많이 가지만, 이들 작물의 수확 작업 역시 점차 기계화되고 있다. 최근에는 카메라를 이용해 모양과 색깔로 익은 딸기만 골라 정밀하게 잘라내는 자동 딸기 수확기가 등장했다. 또한 최신 포도 수확기는 레이저와 센서를 사용해 포도 이외의 불순물을 식별하고 자동으로 줄기를 제거하며 선별할 수 있다. 이는 과거에 포도알을 떨어뜨려 잎이나 줄기가 섞이게 하던 기계식 수확기보다 훨씬 발전한 것이다. 기계화는 가축을 기르는 축산업에도 변화를 가져왔다. 자동으로 사료를 주고, 축사를 청소하며, 위생적으로 젖소의 젖을 짜는 일 등이 이제 일반화되었다.

### 품종 개량

주요 곡물의 생산성을 높이려는 품종 개량의 역사는 1908년 교잡 옥수수 개발에서부터 본격적으로 시작되었다. 이전까지 자연적으로 가루받이가 이루어지던 전통 옥수수 품종은 헥타르(ha)당 수확량이 1.3에서 1.8톤에 불과했다. 1920년대 후반에 들어 '복교배'라는 새로운 육종법으로 개발된 신품종이 도입되면서 생산량은 크게 늘기 시작했다. 이 신품종은 빠르게 보급되어 1939년에는 미국 전체 옥수수 재배 면적의 90%를 차지했고, 1960년에는 미국의 평균 수확량을 헥타르당 3.4톤까지 끌어올렸다. 품종 개량 기술은 계속 발전했다. 한층 더 진보한 '단교배' 품종이 개발되면서 2000년에는 평균 수확량이 다시 두 배 이상 뛰어올라 헥타르당 8.6톤에 이르렀다. 1990년대 중반부터는 유전자 변형 기술이 혁명을 이끌었다. 1996년 몬산토 사는 해충에 저항성을 갖도록 만든 유전자 변형 옥수수를 처음 출시했다. 이어서 1998년에는 데칼브 제네틱스 사가 특정 제초제(글리포세이트)를 뿌려도 죽지 않는 옥수수를 개발했다. 이 제초제 저항성 옥수수는 농가로부터 폭발적인 호응을 얻어 2016년에는 미국 내 옥수수 재배 면적의 89%를 차지했다. 이러한 기술 혁신에 힘입어 2015년 미국의 평균 옥수수 수확량은 마침내 헥타르당 10.6톤이라는 새로운 경지에 도달했다.

밀의 수확량을 획기적으로 늘린 비결은 식물 자체가 아니라, 식물이 광합성을 통해 만들어낸 에너지와 영양분을 사용하는 방식을 바꾸는 데 있었다. 과거의 전통적인 밀 품종들은 식물의 에너지를 비효율적으로 사용했다. 이 품종들은 쓸데없이 키가 너무 컸기 때문에, 에너지가 알곡을 맺는 대신 길고 두꺼운 짚을 키우는 데 대부분 소모되었다. 식물 전체 무게에서 실제 먹을 수 있는 알곡의 무게가 차지하는 비율을 '수확량 지수'라고 하는데, 전통 품종의 수확량 지수는 0.2에서 0.3으로 매우 낮았다. 이는 알곡보다 짚을 세 배에서 다섯 배나 더 많이 생산했다는 의미다(그림 3.2). 게다가 키가 큰 줄기는 비바람에 쉽게 쓰러져 한 해 농사를 망치기 일쑤였다. 이러한 문제점 때문에 당시 밀 수확량은 낮은 수준에 머물렀다. 비료를 거의 쓰지 않는 건조한 지역에서는 헥타르$^{ha}$당 약 1톤을 수확하는 데 그쳤고, 토질이 좋고 강수량이 충분한 지역에서도 헥타르당 약 2톤을 넘기기 어려웠다. 이러한 한계를 극복하는 돌파구는 일본에서 나왔다. 1935년에 개발된 '노린 10호'는 줄기의 키를 획기적으로 줄인 최초의 현대적인 교배종이었다. 이 키 작은 밀 품종은 제2차 세계대전이 끝난 후 새로운 밀 품종을 개발하는 데 결정적인 토대를 마련했다. 특히 미국과 멕시코의 국제옥수수밀개량센터$^{CIMMYT}$가 새로운 품종을 개발하는 데 큰 영향을 주었다.

멕시코의 국제옥수수밀개량센터$^{CIMMYT}$는 '노린 10호'를 기반으로 새로운 밀 품종을 개발했다. 1962년에 선보인 이 두 종류의 키 작은 밀 품종은 '녹색 혁명'이라 불리는 세계적인 농업 대변혁의 시작을 알렸다. 이 신품종들은 수확량 지수가 0.5에 달해, 알곡과 짚의 무게가 거의 같아질 정도로 생산 효율이 높았다. 그 결과 전 세계 밀의 평균 수확량은 헥타르$^{ha}$당 3톤을 넘어섰고, 중국은 5톤, 일부 국가는 7톤을 넘는 놀라운 생산성을 기록했다. 이러한 성공은 밀에만 국한되지 않았다. 키 작은 품종의 개발은 쌀농사에도 혁명을 가져왔다. 1966년 국제미작연구소$^{IRRI}$가 개발한 첫 고수확 품종인 'IR 8'의 수확량 지수는 0.6에 달했다. 과거 전통 벼 품종이 헥타르당 2~3톤을 생산하는 데 그쳤던 반면, 오늘날 일본의 평균 수확량은 5톤을 넘고 중국은 7톤에 육박한다. 물론 우수한 품종을 개발하는 것만으로는 부족했다.

한정된 땅에서 전체 수확량을 늘리기 위해서는 식물 자체의 능력을 키우는 것과 더불어, 더 많은 씨앗을 더 촘촘하게 심는 것이 필수적이었다. 예를 들어 미국의 옥수수 농가들은 1985년에 헥타르당 평균 5만 5천 개의 씨앗을 심었지만, 2015년에는 그 수가 평균 7만 8천 개, 많게는 9만 개에 육박했다. 이는 자연 상태에서 자라던 전통 옥수수의 파종 밀도보다 두 배나 높은 수준이다. 이렇게 빽빽하게 작물을 심으면 당연히 더 많은 영양분과 물이 필요하다. 식물들이 서로 치열하게 경쟁하기 때문이다. 결국 늘어난 수확량은 막대한 양의 비료와 물을 투입해야만 얻을 수 있는 결과였다. 실제로 1970년 이후 미국 옥수수 재배에 사용되는 질소 비료의 양은 거의 두 배로 늘었다. 또한 옥수수밭의 약 20%만이 관계 농업, 즉 인공적으로 물을 대는 방식으로 경작되지만, 이곳에 들어가는 물의 양은 다른 어떤 작물보다도 월등히 많다. 이러한 고수확 농업은 두 가지 중요한 결과를 낳았다. 첫째, 적은 면적에서 더 많은 식량을 생산하게 되면서 과거에 농지로 쓰이던 땅을 다시 숲으로 되돌릴 수 있게 되었다. 이러한 재삼림화 경향은 특히 유럽 일부 지역과 북미 동부에서 두드러지게 나타났다. 둘째, 폭발적으로 늘어난 곡물 생산량은 인류의 식량을 넘어 가축을 기르는 사료로 점점 더 많이 사용되기 시작했다. 이는 현대의 공장식 축산업을 가능하게 한 결정적인 배경이 되었다.

**동물 사료**

과거 전통 농업에서는 밭갈이와 같은 힘든 농사일에 동원되는 말과 노새만이 영양이 풍부한 농축 사료를 먹을 수 있는 거의 유일한 가축이었다. 이전에 언급했듯이, 미국에서 일하는 동물의 수가 가장 많았던 시기에는 전

그림 3.2_피터 반 데르 헤이덴(Pieter van der Heyden)의 1568년 작 판화 〈여름(Aestas)〉에는 사람 키만큼 자란 전통 밀 품종이 묘사되어 있다. 줄기(짚대)에 비해 알곡의 비율이 매우 낮음을 알 수 있다. 반대로, 현대의 키 작은 밀 품종은 보통 사람 무릎 높이 정도이다.

체 경작지 면적의 4분의 1에서 생산된 사료를 이 동물들이 소비했다. 반면, 인구 밀도가 높은 동아시아에서는 사정이 달랐다. 제한된 농경지를 사람이 먹을 식량을 재배하는 데 우선적으로 사용해야 했기 때문에 가축을 농사일에 이용하는 경우가 드물었다. 그곳에서 소나 양처럼 되새김질을 하는 동물들은 주로 목초지의 풀이나 말린 풀을 먹고 자랐으므로, 소고기와 양고기 생산량은 매우 적었다. 돼지처럼 아무거나 잘 먹는 동물들은 농사 부산물이나 음식물 쓰레기를 먹었고, 숲에 풀어놓아 먹이를 찾게 하기도 했다. 닭이나 오리 같은 가금류는 대부분 풀어놓고 키우면서 약간의 곡물만 보충해 주었다.

19세기에 들어 과학적인 가축 사육 방법이 발전하기 시작했다. 여러 원료를 섞어 만든 최초의 배합 사료는 1870년대에 등장했다. 오늘날처럼 다루기 쉽고 소화가 잘되는 알갱이 형태의 펠릿 사료는 1920년대가 되어서야 미국의 퓨리나, 카길 같은 회사들을 통해 보급되었다. 이 펠릿 사료에는 영양을 보강하고 질병을 예방하기 위해 합성 비타민과 항생제가 점차 추가되었다. 제2차 세계대전 이후, 특히 미국에서 육류와 달걀을 생산하는 방식이 완전히 바뀌었다. 작물 재배와 가축 사육을 함께하던 전통적인 복합 농업은 거의 자취를 감추었다. 그 자리를 작물 생산과 완전히 분리된 대규모의 중앙집중식 가축 사육 시설, 즉 기업형 축산Concentrated Animal Feeding Operations, CAFOs이 차지하게 되었다. 이런 시설은 사료를 키울 땅 없이 외부에서 전적으로 사료를 공급받기 때문에 '무토지 사육 시설'이라고도 불린다. 유럽이 곧 미국의 방식을 뒤따랐고, 중국은 1990년에 들어서야 이러한 흐름에 본격적으로 합류했다.

지난 100년간 농장에서 기르는 가축의 규모는 상상하기 어려울 정도로 커졌다. 1900년 미국의 전통적인 농장과 2000년의 현대식 사육 시설을 비교하면, 평균 사육 규모의 차이가 약 50배에 이른다. 1900년의 농가는 보통 쟁기질에 필요한 말 서너 마리를 길렀고, 남부 지역에서는 말을 대신해 노새 두어 마리를 두기도 했다. 여기에 소는 열두 마리, 돼지는 열세 마리 정도를 키우는 것이 일반적인 모습이었다.

20세기에 들어 100년이 지나자 농업의 풍경은 완전히 바뀌었다. 쟁기질하던 말과 노새는 농장에서 거의 사라졌고, 그 자리는 전부 농기계가 대신했다. 동물을 농사일에 쓰는 대신, 고기를 얻기 위한 가축의 수는 폭발적으로 증가했다. 소를 기르는 농가를 예로 들면, 네 집 가운데 세 집은 100마리 이상을 사육했다. 500마리가 넘는 소를 키우는 대규모 농장도 전체의 40%에 달했다. 돼지 농장의 평균 사육 규모는 600마리에 이르렀다. 하지만 이렇게 규모가 커진 농장조차 기업이 운영하는 거대한 축산 시설에 비하면 작은 수준이었다. 소를 살찌우기 위해 기르는 거대한 비육장에서는 적게는 수만에서 많게는 15만 마리의 소를 한곳에 모아 키웠다. 어떤 기업형 양돈장은 1,000마리가 넘는 어미돼지와 그들이 낳은 수많은 새끼 돼지를 함께 길렀다. 닭이나 칠면조 같은 가금류는 거대한 건물 한 동 안에서 만 마리 이상 사육되는 일이 흔했다.

이 모든 기업형 축산 시설은 한 가지 공통점에 기반하여 운영된다. 바로 영양분을 최적으로 배합한 저렴한 사료를 안정적으로 공급받는 것이다. 이러한 대규모 사육이 가능하려면 사료 공급이 절대적으로 중요하다. 더욱이 오늘날 많은 나라에서는 이 사료를 만드는 데 필요한 식물성, 동물성 원료를 수입에 의존하는 경향이 갈수록 커지고 있다.

사료의 주된 탄수화물 공급원은 전통적으로 쓰이던 귀리나 밀에서 생산성이 훨씬 높은 옥수수로 바뀌었다. 단백질 공급원으로는 콩이 핵심적인 역할을 하게 되었다. 제2차 세계대전이 끝날 무렵까지만 해도 콩은 주로 동아시아에서만 재배되던 작물이었다. 그러나 전쟁 이후 미국이 세계 최대의 콩 생산국이자 수출국으로 떠올랐고, 브라질, 아르헨티나, 중국이 그 뒤를 이었다. 그 외에도 기름을 짜고 남은 깻묵, 건조 알팔파, 가공 처리된 동물의 부산물, 생선을 말려 가루로 만든 어분 등이 주요 사료 단백질로 사용된다. 전 세계 배합 사료 생산량은 1975년 2억 9천만 톤에서 2000년 5억 9천1백만 톤으로 두 배 이상 늘었고, 2016년에는 마침내 10억 톤을 넘어섰다. 이 중 중국, 미국, 유럽연합, 브라질이 전 세계 생산량의 약 60%를 차지한다. 1980년만 해도 중국의 사료 산업은 연간 생산량이 100만 톤에 불과할 정도로 미미했지만, 2016년에는 총생산량 1억 8천7백만 톤을 기록하며 세계 1위의 사료 생산국이 되었다.

이러한 가축 사육 방식의 변화는 다섯 가지의 중요한 대전환을 낳았다. 첫째, 인간이 먹을 식량을 재배하던 농업이 동물을 먹일 사료를 재배하는 농업으로 중심이 이동했다. 일부 국가에서는 사료용 작물이 전체 작물 생산량의 절반을 넘기기도 한다. 둘째, 고기, 달걀, 우유를 얻기 위해 기르는 가축의 총 마릿수가 폭발적으로 증가했다. 셋째, 가축을 도축하기까지 걸리는 평균 사육 기간이 극적으로 짧아졌다. 넷째, 그럼에도 불구하고 평균 도축 체중은 오히려 늘어났다. 다섯째, 생산 비용이 크게 낮아지면서 한 사람이 소비하는 육류의 양도 덩달아 증가했다.

과거 아시아의 농부들은 사료 작물을 거의 재배하지 않았고, 유럽과 북미의 농부들도 주로 소나 말처럼 일하는 동물을 위한 사료만 재배했다. 이러한 전통적인 모습은 오늘날 인도에서 어느 정도 찾아볼 수 있다. 인도에서는 주요 작물의 약 90%가 사람이 먹는 식량으로 쓰이고, 단 6%만이 가축 사료로 사용된다. 반면 중국은 식량용이 58%, 사료용이 33%를 차지한다. 전 세계적으로 보면, 이제 전체 수확량의 약 절반(55%)만이 식량용이며, 사료용 작물이 36%를 차지하는 시대가 되었다. 미국에서는 수십 년 동안 사료용 작물이 우위를 차지해왔다. 옥수수에서 에탄올을 대량 생산하기 전에는, 미국 내 전체 작물 소비량의 약 3분의 2가 가축 사료로 쓰였다. 그러나 최근에는 미국 옥수수 생산량의 거의 40%가 에탄올 생산으로 전환되었다.

가장 정확한 연구에 따르면, 1900년 전 세계의 대형 포유류 가축은 약 15억 마리였다. 100년 후, 말의 수는 절반으로 줄었지만 소는 세 배, 물소는 거의 네 배, 양은 거의 다섯 배로 늘어났다. 그 결과 대형 포유류 가축의 총 개체 수는 약 43억 마리에 육박했다. 이렇게 가축 수가 급증하는 동안, 열대림 파괴는 계속되었고 상아, 뿔, 가죽을 노린 야생 동물의 남획이 더해졌다. 이로 인해 지구상 모든 생물의 무게를 합친 총량, 즉 생체량$^{biomass}$의 분포에 엄청난 변화가 일어났다. 1800년만 해도 야생 포유류의 전체 생체량이 가축의 생체량보다 많았다. 그러나 1900년경에는 소 한 종류의 생체량만으로도 지구상 모든 야생 포유류의 생체량을 합친 것보다 두 배나 많아졌다. 2000년에는 그 차이가 더욱 벌어져, 가축 전체의 생체량이 야생 포유류보다 20배 이상 커졌다. 특히 소의 생체량은 현재 살아남은 모든 코끼리를 합친 것보다 약 250배나 더 많은 것으로 보인다. 이 암울한 추세는 21세기에 들어서도 계속되어 아프리카 코끼리는 여러 지역에서 멸종 위기에 처했고, 소의 수는 여전히 증가하고 있다.

사육 기간이 얼마나 단축되었는지는 돼지와 닭의 사례에서 명확히 드러난다. 전통 방식으로는 돼지를 12개월에서 15개월 동안 길러 체중이 49~60kg이 되면 도축했다. 하지만 지금은 기업형 축산 시설에서 젖을 뗀 후 단 6개월 만에 평균 체중 90kg으로 키워 시장에 내보낸다. 과거에 자유롭게 풀어 키우던 닭은 3~4개월을 길러 약 1kg이 되었을 때 잡았다. 반면, 오늘날 미국의 고기용 닭은 단 6주 만에 평균 2.5kg까지 자란다.

지금까지 설명한 모든 변화의 흐름은 이제 스스로 한계에 부딪히고 있다. 일부 성장 추세는 이미 정체 상태에 이르렀거나 점차 감소하고 있다. 모든 부유한 국가에서 소와 돼지의 사육 두수는 정체하거나 줄어드는 추세다. 예를 들어, 프랑스의 소는 1975년 2,400만 마리에서 2016년 1,930만 마리로 줄었고, 같은 기간 미국의 소는 1억 3,200만 마리에서 9,200만 마리로 감소했다. 폴란드의 돼지는 2,100만 마리에서 1,100만 마리 아래로 떨어졌다. 소와 돼지의 평균 도축 체중도 더 이상 늘어날 여지가 거의 없다. 고기용 닭의 평균 체중은 이미 과도한 수준에 이르렀는데, 지나치게 발달한 가슴 근육 때문에 무게 중심이 앞으로 쏠려 제대로 움직이지 못하고 다리와 심장에 큰 부담을 주기 때문이다. 사육 기간을 지금보다 더 줄이는 것 역시 어려워 보인다. 또한 붉은 고기, 특히 소고기의 1인당 소비량은 거의 모든 부유한 국가에서 뚜렷한 감소세를 보이고 있다.

사료 효율에 관한 가장 신뢰할 만한 장기 데이터는 미국 농무부[USDA]가 계산한 투입 대비 산출 비율 자료에서 확인할 수 있다 (그림 3.3). 이 비율은 동물의 몸무게 1단위를 늘리는 데 필요한 '옥수수 사료 단위'로 표현된다. '옥수수 사료 단위'란 모든 종류의 사료를 표준 옥수수 사료의 에너지양으로 환산한 값으로, 가축 체중 1kg을 늘리는 데 얼마나 많은 표준 사료가 필요한지를 보여준다. 소는 몸집이 크고 임신과 수유 기간이 길며, 다른 동물에 비해 기초 대사율도 높아 사료 효율을 높이는 데 근본적인 한계가 있다. 실제로 미국 농무부의 자료를 보면 20세기 초 이후 소의 사료 효율은 뚜렷하게 개선되지 않았다. 다 자란 소와 송아지는 체중 1kg을 늘리는 데 약 13단위의 사료가 필요하며, 집중적으로 살을 찌우는 비육우의 경우에도 9~10단위의 사료가 들어간다.

돼지는 선천적으로 신진대사율이 낮아 가축으로 기르는 포유동물 중에서는 사료를 가장 적게 필요로 한다. 하지만 현대의 품종 개량 과정에서 효율성 향상을 일부 잃어버리는 역설적인 결과가 나타났다. 사료를 지방으로 바꾸는 것이 살코기로 바꾸는 것보다 약 60% 더 효율적이다. 그런데 소비자들이 기름기 적은 살코기를 선호하게 되면서, 지방이 적도록 개량된 현대 품종 돼지들은 오히려 더 많은 사료를 먹어야만 했다. 1910년에는 돼지 체중 1단위를 늘리는 데 6.7단위의 사료가 필요했고 이후 20년간 약간의 개선이 있었지만, 그 뒤로는 20세기 내내 효율이 정체되었다. 그러나 최근에는 다시 효율이 개선되어, 2015년 미국의 평균 사료 요구량은 체중 1kg당 4.9~5.1 단위 수준에 도달했다.

고기용 닭인 육계 생산은 놀라울 정도로 효율성이 높아졌다. 그 비결은 빠른 성장 속도, 짧은 생애 주기, 그리고 좁은 공간에 가두어 키우는 사육 방식에 있다. 이렇게 빽빽한 환경에서 자라는 닭은 움직임이 적어 에너지 소비가 줄어들기 때문이다. 기록을 보면 이러한 발전 과정이 뚜렷하게 나타난다. 1930년대 초반에는 닭의 몸무게를 1kg 늘리는 데 5kg이 넘는 사료가 들었다. 이 수치는 1960년대 중반에 3kg 아래로 떨어졌고, 2008년

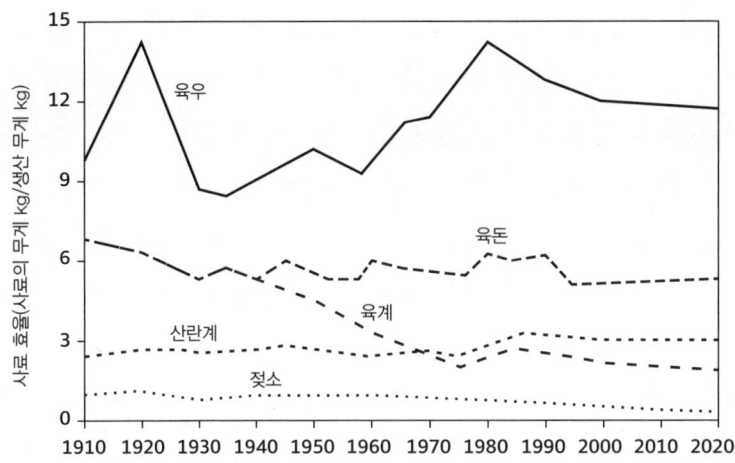

**그림 3.3**_미국 농무부가 발표한 1909~2019년 가축 종류별 사료 요구율(생체중 1단위 증가에 필요한 사료 단위). 육우 생산은 불가피하게 항상 효율성이 가장 낮다. 육돈 생산은 소고기보다 두 배 정도 효율적이지만, 장기간 큰 변화는 없다. 육계는 가장 효율적인 육류 생산 방식으로, 현재는 산란계보다도 사료 효율이 높다.

이후에는 1.6에서 1.8kg의 사료만으로도 충분해졌다. 사료 효율이 이처럼 좋아지자, 대표적인 백색육인 닭고기 가격은 저렴해졌고 소비량도 크게 늘어났다.

하지만 모든 가축 생산에서 이와 같은 발전이 있었던 것은 아니다. 달걀이나 우유 생산의 효율성은 장기적으로 보았을 때 아주 조금 개선되는 데 그쳤다. 특히 다 자란 양이나 어린 양의 고기 생산에서는 사료 효율이 거의 제자리걸음이었다. 한편 물고기를 길러서 얻는 양식 수산물은 예상대로 사료 효율이 비교적 높은 편이다. 먹은 사료가 살로 바뀌는 비율이 좋다는 의미다. 대부분의 양식 어종은 몸무게 1kg을 늘리는 데 1~2kg 정도의 사료만 있으면 된다.

그러나 생산 효율을 더 정확하게 비교하려면 다른 기준이 필요하다. 가축의 전체 몸무게가 아니라, 뼈나 내장 등을 제외하고 우리가 실제로 먹을 수 있는 살코기만을 기준으로 효율을 따져봐야 진정한 비용을 알 수 있다. 먹을 수 있는 닭고기 살코기 1kg을 얻기 위해서는 약 3kg의 사료가 필요하다. 이에 비해 돼지고기는 살코기 1kg당 9kg의 사료가, 소고기는 최소 25kg의 사료가 들어간다. 양식 수산물의 경우에도 같은 방식으로 살코기 1kg을 기준으로 환산하면 평균적으로 약 3kg의 사료가 필요하다. 대서양 연어는 약 1.8kg의 사료만 필요해 효율이 매우 좋지만, 틸라피아나 큰징거미새우 같은 일부 품종은 4kg 이상의 사료를 먹어야 한다. 이러한 결과를 종합해 보면 흥미로운 사실을 알 수 있다. 흔히 양식 수산물이 닭고기보다 훨씬 효율적이라고 생각하지만, 실제 먹을 수 있는 살코기 1kg을 얻는 데 필요한 사료의 양을 따져보면 꼭 그렇지만은 않다는 것이다. 일부 양식 어종은 닭고기만큼, 혹은 그보다 더 많은 사료를 필요로 하기도 한다.

## 식량 공급과 식생활의 전환

식단은 식량을 확보하는 방식에 따라 달라질 수밖에 없다. 농업이 시작되기 전, 인류의 식량 확보 방식은 바다 생물을 사냥하거나 건조한 땅에서 식물을 채집하는 등 환경에 따라 매우 다양했다. 바다에 의존했던 사회는 영양가 높은 수산물을 비교적 쉽게 얻을 수 있었다. 그 결과 동물성 단백질과 지방 섭취량이 유난히 많았는데, 이들은 선사 시대 인류 중 가장 잘 먹었던 집단으로 여겨진다. 반면, 건조한 지역의 수렵채집인들은 주로 땅속줄기 식물이나 씨앗을 모으고, 여기에 발굽이 있는 포유동물의 사체나 사냥한 고기를 구해 식단을 보충했다. 따라서 모든 수렵채집인에게 적용되는 전형적인 식단이란 존재하지 않았다. 하지만 해안가 사람들을 제외하면, 대체로 식물성 식품이 전체 섭취 열량의 65~70%를 차지했다고 볼 수 있다. 단백질 섭취는 보통 충분했고, 지방으로부터는 전체 열량의 약

20%를 얻었다. 비타민이나 미네랄 같은 미량 영양소 섭취량은 오늘날의 권장량보다 높았으며, 소규모 집단 내에서는 누구나 식량에 평등하게 접근할 수 있었다.

이와 대조적으로, 농경 정착 사회의 부유한 소수 지배층과 도시인들은 훨씬 다양하고 질 좋은 음식을 마음껏 누렸다. 르네상스 시대 이탈리아 페라라 지역 에스테 가문의 집사였던 크리스토포로 메시스부고가 남긴 요리책에는 당시의 화려한 식문화를 엿볼 수 있는 기록이 남아있다. 그의 책에는 14가지의 서로 다른 연회 메뉴가 실려 있는데, 어떤 연회에는 무려 140가지의 요리가 올랐고, 다른 연회에는 30종이 넘는 생선 요리가 포함되기도 했다. 심지어 17개의 코스마다 각각 8가지의 요리가 나오고, 마지막에는 치즈와 신선한 과일, 설탕이나 식초에 절인 과일로 마무리하는 연회도 있었다.

한편, 수천 년에 걸친 농경 시대 동안 평범한 농민들의 식단은 뚜렷하게 나아졌다는 증거를 찾기 어렵다. 평균적인 음식 섭취량은 변동과 정체를 거듭했고, 식량 부족 사태도 반복되었다. 풍족한 잔치와 굶주림이 공존했던 것이다. 심지어 유럽에서 가장 사정이 나았던 국가들조차 일반 대중의 식단은 18세기 후반에서 19세기 초까지 겨우 생계를 유지하는 수준에 머물렀다. 18세기 말 영국의 사회학자 프레더릭 모턴 이든이 영국 전역에서 실시한 조사에 따르면, 대부분의 사람들은 녹말 위주의 단조로운 식사를 하고 있었다. 이는 작업장이나 들판에서 고된 노동을 해야 했던 사람들에게 겨우 영양을 공급하는 수준이었다.

다음은 당시 셰필드 북쪽의 한 교구에 살던 노동 계층의 식사에 대한 기록이다. "귀리빵을 아주 흔하게 먹는다… 그들은 멀건 죽을 하루에 두세 번 먹는데, 이 죽은 끓는 물에 귀리 가루와 양파를 넣고, 때로는 버터를 약간 넣어 만든다. 귀리 가루와 버터의 양은 가격이 오른 뒤로 훨씬 줄었다." 오늘날 우리가 먹는 빵에 익숙한 독자들을 위해 덧붙이자면, 가난한 사람들이 흔히 먹었던 귀리, 보리, 호밀빵은 묵직하고 단단한 덩어리가 되기 쉽다. 이 곡물들에는 밀가루에 풍부한 글루텐 성분이 부족하기 때문이다. 글루텐은 반죽을 부풀려 가볍고 폭신한 빵을 만드는 역할을 한다.

아시아에서도 겨우 생계를 유지하는 수준의 식단은 20세기 내내 일반적이었다. 1900년대 초 일본의 상황도 마찬가지였다. 당시 일본은 메이지 유신으로 근대화에 박차를 가하고 청일전쟁에서 승리한 후였음에도 식량 사정은 여전히 열악했다. 흰쌀밥은 귀했고 동물성 단백질은 거의 찾아볼 수 없었다. 1904년 도쿄에서 북동쪽으로 약 60킬로미터 떨어진 한 농촌 지역에서 태어난 남성은 당시의 식단을 이렇게 회상했다. "우리 마을에서는 쌀과 보리를 섞은 밥, 그것도 보리가 6, 쌀이 4의 비율이면 잘 먹는 편으로 여겨졌다… 내가 살던 산골에서는 신선한 민물고기는 거의 구경도 못 했다… 바다 생선 역시 일 년 내내 본 적이 없었다. 하지만 새해가 되면 대부분의 가정에서는 큰마음을 먹고 소금에 절인 연어 한 마리를 사곤 했다."

식단의 변화가 만들어낸 거대한 흐름은 주요 식품의 1인당 연간 평균 공급량을 비교하면 가장 잘 드러난다. 19세기 동안 유럽과 북미에서는 새로운 식생활 양식이 나타나기 시작했다. 이러한 과정은 20세기에도 계속되었고, 제2차 세계대전 이후에는 동아시아와 라틴 아메리카 일부 지역에서도 빠르게 진행되었다. 20세기 말에 이르러 이 모든 지역은 이미 식단 전환을 완료했거나 전통적인 식사 방식에서 상당히 멀어진 상태였다.

전 세계적으로 서구 방식의 식생활로 변화하는 경향이 나타났지만, 이것이 고기와 지방이 풍부한 식단을 모두가 따라야 할 보편적인 목표로 삼는다는 의미는 아니다. 식단 전환 과정에서는 크게 두 가지 서로 다른 음식 소비 패턴이 나타난다. 첫 번째는 서구형 패턴이다. 1인당 하루 평균 식품 공급량이 3,200킬로칼로리를 넘고, 전체 열량의 30% 이상을 동물성 식품에서 얻는 것이 특징이다. 두 번째는 아시아-지중해형 패턴으로, 하루 평균 공급량이 3,200킬로칼로리 미만이며 동물성 식품의 비중이 20~25%를 넘지 않는다. 일본은 서구형 패턴을 향해 나아가다가 그 전형적인 수준에 도달하기 전에 새롭고 적절한 수준에서 안정된 좋은 예시다. 현재 일본의 1인당 하루 평균 식품 공급량은 약 2,700킬로칼로리이며, 실제 하루 섭취량은 1,900킬로칼로리 수준이다. 연간 육류 소비량은 1인당 약 33킬로그램, 해산물은 25킬로그램에 그친다. 일본의 인구 고령화를 고려하면 앞으로 평균 식단은 더욱 간소해질 가능성이 높다.

여기서 매우 중요한 점을 짚고 넘어가야 한다. 흔히 발표되는 '1인당 식품 공급량' 통계는 '실제 섭취량'과 다르다는 것이다. 공급량은 한 국가의 연간 총생산량에 재고량과 무역량을 더하고 뺀 후, 제분이나 기름 추출 같은 가공 과정에서의 손실을 제외하여 계산된다. 육류 공급량은 보통 도축 후 뼈가 붙어 있는 상태의 고기 무게를 기준으로 한다. 부유한 국가의 통계는 신뢰성이 높지만, 많은 저소득 국가의 통계는 유엔식량농업기구$^{FAO}$가 여러 정보를 종합해 추정한 값이다. 어느 경우든 '공급량'은 '섭취량'보다 항상 상당히 높게 나타난다. 공급량 통계에는 수확 후 유통 단계까지 발생하는 손실, 그리고 가정에서의 보관 중 손실이나 식탁에서 버려지는 음식물 쓰레기 같은 소매 이후의 손실이 포함되지 않기 때문이다. 실제 섭취량은 영양사들이 직접 가정을 방문하여 무엇을 얼마나 먹는지 측정하는 영양 조사를 통해서만 알 수 있다. 하지만 이런 조사는 비용이 많이 들어 널리 시행되지 못했고, 수십 년간 이 방식을 고수했던 일본조차 포기했다. 따라서 오늘날 대부분의 식이 섭취 데이터는 사람들이 과거에 무엇을 먹었다고 기억하거나 응답하는 내용에 기반한 추정치에 불과하다.

1인당 식품 공급량과 섭취량 사이의 차이는 결국 음식물 쓰레기의 규모를 보여준다. 전통 사회에서는 해충이나 곰팡이, 열악한 저장 시설, 냉장 시설의 부재, 비싼 운송 수단 때문에 수확 전후에 많은 식량이 버려졌다. 현대에는 기술 발전으로 이러한 손실이 줄었지만, 대신 소매점이나 가정에서 버려지는 음식물 쓰레기가 크게 늘었다. 잦은 외식 또한 음식물 쓰레기를 늘리는 또 다른 주요 원인이 되었다.

### 주요 곡물

식단의 양적인 측면에서 가장 두드러진 변화는 전통적인 주식의 1인당 평균 소비량이 뚜렷하게 줄어들었다는 점이다. 과거 식단에서 열량과 단백질의 핵심 공급원이었던 곡물과 감자, 고구마 같은 덩이줄기 식물, 그리고 식물성 식단에서 필수 아미노산을 보충해주던 콩류의 소비가 모두 감소했다. 주식의 종류는 지역마다 달랐다. 유럽과 북미에서는 밀, 아시아에서는 쌀이 중심이었고, 유럽에서는 완두콩과 여러 종류의 콩, 동아시아에서는 대두가 중요했다. 하지만 소득이 늘고 식단이 다양해지면서 이러한 주식의 소비가 줄어드는 경향은 전 세계적으로 비슷하게 나타났다. 전통 식단에서는 주식인 탄수화물이 전체 섭취 열량의 80%를 차지하는 경우도 흔했고, 최소한 3분의 2 아래로 내려가는 일은 드물었다. 그러나 현대 사회에서는 이 비중이 3분의 1 미만, 심지어 4분의 1 미만으로 크게 떨어졌다.

사람들이 선호하는 특정 주식 외에 상대적으로 거친 품종의 곡물을 함께 먹던 사회에서는 소득이 높아지면서 변화가 나타났다. 전통적으로 더 귀하게 여겨졌던 곱게 빻은 밀가루나 잘 도정된 백미를 더 쉽게 살 수 있게 되자, 거친 품종의 곡물 소비는 더욱 빠르게 줄어들었다. 곡물의 껍질(겨)이나 씨눈 등을 제거하는 도정 과정은 식이섬유, 비타민 B군, 그리고 철, 마그네슘, 아연 같은 미네랄도 함께 없앤다. 그 결과 만들어지는 흰 밀가루나 백미는 통곡물보다 건강에 덜 이롭다. 하지만 이러한 가치 판단은 아주 최근의 일이며, 과거에는 곱게 빻은 곡물을 먹는 것이 항상 더 높은 사회적 지위를 나타내는 상징이었다. 이러한 변화로 유럽에서는 보리, 귀리, 호밀 섭취가 줄었고, 동아시아에서는 보리, 메밀, 수수 소비가 감소했다.

일본의 역사 통계를 보면 이러한 변화를 뚜렷이 알 수 있다. 1870년대 조사에서 쌀은 전체 섭취 열량의 약 50%를, 보리는 27~28%를 차지했다. 주식 소비는 소득이 늘면서 일시적으로 증가했다가 다시 감소하는 경향을 보이기도 한다. 예를 들어, 1950년 일본에서 쌀은 전체 섭취 열량의 약 59%를 공급했다. 하지만 10년 후인 1960년에는 47%로 줄었고, 식단이 더욱 다양해진 2000년에는 23%까지 떨어졌다. 최근에는 약 22% 수준을 유지하고 있다. 이를 실제 쌀 섭취량으로 환산해 보면, 1950년대 후반 일본인은 1인당 하루에 350그램 이상의 쌀(익히지 않은 무게)을 먹었지만, 30년 후에는 200그램 미만으로 줄었다. 20세기 말에는 하루 160그램 남짓이었고, 2015년에는 약 120그램으로, 두 세대 전 최고 섭취량의 3분의 1 수준에 불과하다.

놀랍게도 오늘날 일본인들은 양적인 무게로만 보면 쌀보다 유제품을 더 많이 소비한다. 우유, 요구르트, 아이스크림, 치즈 같은 유제품은 1945년 이전에는 일본인의 식단에 거의 존재하지 않았던 식품들이다. 현재 일본인의 1인당 연간 평균 쌀 소비량은 45킬로그램 미만이지만, 유제품 소비량은 우유로 환산했을 때 연간 70킬로그램을 넘어선다. 물론 섭취하는 열량 면에서는 여전히 쌀이 앞선다. 도정된 쌀의 에너지 밀도가 우유보다 다섯 배 이상 높기 때문이다. 이와 유사하게, 미국인의 1인당 평균 밀가루 공급량은 1910년 약 97킬로그램에서 1970년 약 50킬로그램으로 거의 절반 가까이 줄었다. 이후 1990년대 후반에는 약 66킬로그램으로 다시 늘어나는 모습을 보였는데, 이는 피자나 햄버거, 샌드위치처럼 패스트푸드에 사용되는 밀 소비가 증가했기 때문이다.

콩류의 소비가 줄어든 것은 몇 가지 예외를 제외하면 전 세계적인 현상이다. 전통적으로 채식을 주로 했던 사회에서 콩류는 매우 중요한 단백질 공급원이었다. 인도의 연간 콩류 섭취량은 25킬로그램에 달했고, 라틴 아메리카에서는 1인당 10킬로그램을 넘어, 전체 단백질 섭취량의 15~25%를 책임졌다. 반면, 과거 서유럽에서는 콩이나 완두콩 소비가 그렇게 높았던 적이 없었고, 육류를 쉽게 구할 수 있게 되면서 제2차 세계대전 이전부터 콩류 소비는 이미 줄어들기 시작했다. 오늘날 서유럽의 식품 공급 통계를 보면 1인당 연간 평균 공급량이 겨우 1~1.5킬로그램에 불과하다. 이는 콩류가 전체 섭취 열량의 1% 미만, 전체 단백질 섭취량의 2% 정도만을 제공한다는 의미다.

미국의 연간 평균 콩류 공급량은 1인당 4킬로그램을 넘어 유럽보다 훨씬 높은데, 이는 라틴 아메리카 출신 이민자가 많고 멕시코 스타일의 음식이 대중화된 덕분이다. 콩 요리의 대명사인 인도의 '달'조차도 이제는 예전만큼 식단에서 큰 비중을 차지하지 않는다. 인도의 1인당 콩류 공급량은 1960년에서 2000년 사이에 절반 수준인 11킬로그램으로 떨어졌다가, 이후 약 14킬로그램으로 약간 회복되었다. 이 수치는 현재 세계 기록을 보유한 브라질의 16킬로그램보다도 낮은 것이다. 참고로 브라질의 현재 공급량 역시 반세기 전과 비교하면 약 25% 줄어든 수치다.

흥미롭게도, 일본의 1인당 연간 평균 대두 공급량은 1970년대 이후 거의 변화 없이 7~8킬로그램 수준을 유지하고 있다. 일본에서 대두는 주로 간장이나 두부로 가공된다. 실제 두부 소비량은 1960년 연간 7킬로그램 미만에서 1970년대 후반 약 16킬로그램으로 두 배 이상 증가했다가, 이후 연간 약 10킬로그램 수준으로 감소했다. 전 세계적으로 콩류 소비가 줄어든 데에는 세 가지 이유가 있다. 첫째, 육류 가격이 저렴해지면서, 엄격한 채식주의자를 제외한 모든 사람에게 육류가 더 우수한 단백질 공급원이 되었다. 둘째, 말린 콩은 도정된 곡물보다 조리하기 번거롭고, 올리고당 성분 때문에 소화가 쉽지 않다. 셋째, 육류, 유제품, 설탕, 식용유의 소비가 크게 늘어나면서, 전통적인 주식의 감소로 부족해진 영양분을 충분히 채우고도 남을 만큼 식단에서 큰 비중을 차지하게 되었다.

## 고기와 우유

에너지 밀도가 높은 지방질 고기는 수렵채집인들에게 가장 귀한 식량이었다. 하지만 실제로 얼마나 많은 고기를 먹었는지는 지역과 환경에 따라 크게 달랐다. 예를 들어, 신석기 시대에 매머드 같은 거대한 풀을 먹는 동물을 사냥했던 사람이나, 후대에 북미 들소를 사냥했던 사람들은 신선하거나 보존 처리된 고기를 풍부하게 즐길 수 있었다. 반면 열대 우림에서는 사정이 달랐다. 나무 위에 사는 작은 동물들을 사냥하는 것은 효율이 낮았기 때문에 고기 섭취량이 제한될 수밖에 없었다.

농경 사회에서 육류 소비가 매우 낮았던 것은 사람들이 고기를 싫어해서가 아니었다. 인구가 밀집된 지역에서는 가축을 키울 땅이 부족했다. 또한, 힘들게 수확한 곡물도 양이 많지 않아 대부분 사람이 직접 먹어야 했기 때문에 가축에게 사료로 줄 여유가 없었다.

하지만 중세와 근대 초기 유럽의 상황은 달랐다. 시장에는 늘 다양한 종류의 고기와 동물의 내장이 넘쳐났고, 특히 귀족들은 호화로운 연회에서 고기를 마음껏 즐겼다. 프랑스의 음식 사학자 장 루이 플랑드랭의 기록은 당시 귀족들의 육류 소비가 어느 정도였는지 생생하게 보여준다. 1466년 조지 네빌이 요크 대주교로 임명되는 것을 기념하는 연회에서는 상상하기 어려운 수의 동물이 도축되었다. 이 연회에는 2,500명의 손님이 초대되었는데, 이들을 위해 준비된 동물은 야생 황소 6마리, 일반 황소와 공작 각 104마리, 두루미 204마리, 돼지 304마리, 백조와 왜가리, 물떼새 각 400마리, 양과 백로 각 1,000마리, 젖먹이 돼지 2,000마리에 이르렀다. 그 외에도 수많은 닭, 거위, 오리, 꿩이 식탁에 올랐다.

산업화가 막 시작된 수십 년 동안에도 평범한 농민과 도시 노동자가 먹는 고기의 양은 여전히 매우 적었다. 영국의 사회 연구가 프레더릭 모턴 이든의 보고서를 보면, 1787년에서 1796년 사이 영국의 가난한 농촌 노동자들은 일 년에 고작 8.3킬로그램의 고기를 먹는 데 그쳤다. 그로부터 약 100년 가까운 세월이 흐른 뒤에도 저소득층의 육류 소비량은 겨우 10킬로그램을 약간 넘는 수준이었다. 일본의 상황도 비슷했다. 메이지 유신이 일어난 1868년까지 일본에서는 육식이 공식적으로 금지되었다. 이후 메이지 천황이 신하들에게 육식을 권하고 군대에 고기를 배급하기 시작했지만, 1인당 육류 소비량은 더디게 증가했다. 1900년에 800그램이었던 것이 1939년에는 겨우 2킬로그램으로 늘어났을 뿐이다.

중국, 베트남, 한국의 전통 식단에서도 고기는 귀한 음식으로 여겨졌지만, 농민들이 고기를 먹는 일은 거의 없었다. 20세기 후반에 이르기까지 이러한 상황은 계속되었다. 1920년대 중국 북부의 가난한 지역에서는 한 가족이 일 년 동안 먹는 고기의 양이 겨우 몇 킬로그램에 불과했다. 이를 가족 수로 나누면 1인당 섭취량은 1킬로그램도 채 되지 않았다. 고기는 일 년에 두세 번, 설이나 추석 같은 큰 명절에나 맛볼 수 있는 특별한 음식이었던 것이다. 상하이를 둘러싼 장쑤성은 1인당 약 5킬로그램으로 그나마 사정이 나은 편이었지만, 1930년대 초 중국 전체의 평균 1인당 소비량은 3킬로그램 미만이었다. 이처럼 고기는 당시 사람들에게 단백질을 공급하는 중요한 역할을 거의 하지 못했다.

산업화가 본격화되고 국내 생산량이 늘어나면서 영국의 육류 공급량은 크게 증가했다. 여기에 1880년대 초부터 뉴질랜드, 호주, 북미 등지에서 냉동 육류 수입이 시작된 것도 큰 영향을 미쳤다. 그 결과 1850년에 1인당 약 35킬로그램이었던 영국의 연간 육류 공급량은 1900년에 거의 60킬로그램에 육박했다. 전쟁 때문에 일시적으로 줄어든 시기를 제외하면, 그 후 50년 동안 이 수준을 유지하다가 1970년에는 70킬로그램을 넘어섰고, 2000년에는 거의 80킬로그램까지 증가했다. 이 수치들은 모두 도축 후 뼈를 포함한 무게인 도체중을 기준으로 한 것이다. 프랑스의 육류 공급량도 영국과 비슷한 추세를 보였다. 19세기 동안 두 배로 늘어나 1인당 40킬로그램에 도달했고, 1950년에는 55킬로그램, 1960년에는 60킬로그램을 거쳐 2000년에는 거의 100킬로그램에 이르렀다.

덴마크는 현재 인구보다 돼지 수가 다섯 배나 많을 정도로 세계적인 양돈 국가가 되었다. 특히 사육 기술, 식품 안전, 동물 복지 분야에서 세계를 선도하고 있다. 오늘날 덴마크는 돼지고기 생산량의 90%를 수출하며, 살아있는 돼지도 많이 수출한다. 유럽에서 육류 공급량이 가장 인상적으로 증가한 곳은 지중해 연안 국가들이다. 그리스, 스페인, 포르투갈 같은 나라들은 1950년대까지만 해도 1인당 연간 육류 섭취량이 20킬로그램도 되지 않았다. 그러나 이들 국가가 1980년대에 유럽연합에 가입하면서 육류 소비가 폭발적으로 늘어났다. 특히 스페인의 육류 공급량은 1960년에서 2000년 사이에 다섯 배 이상 증가하여 1인당 112킬로그램에 달했다. 이는 전통적으로 고기를 많이 먹는다고 알려진 독일, 프랑스, 네덜란드의 소비량을 뛰어넘는 수치였다.

미국은 광활한 목초지와 풍부한 동물 사료 덕분에 이미 18세기부터 세계 최고의 육류 소비 국가였다. 이러한 지위는 19세기 후반 서부 개척 시대를 거치면서 더욱 굳건해졌다. 미국의 영양학 선구자인 윌버 애트워터가 1888년에 남긴 글은 오늘날에도 여전히 의미가 있다. 그는 "미국인들은 필요한 에너지보다 더 많은 음식을 먹고 있으며, 특히 지방이 많은 고기를 지나치게 많이 먹고 있다"고 지적했다. 오늘날 미국인들은 과거보다 지방이 적은 돼지고기와 훨씬 더 많은 닭고기를 먹지만, 여전히 지방 섭취량은 높다. 예를 들어, 맥도날드의 빅맥은 열량의 52%가 지방에서 나온다. 미국의 1인당 평균 육류 공급량은 1910년에 약 75킬로그램이었다. 대공황 시기에 잠시 줄었지만, 제2차 세계대전 중 배급제가 시행될 때도 1인당 59킬로그램 수준을 유지했다. 당시 미 육군 병사에게는 붉은 살코기가 연간 106킬로그램, 해군에게는 165킬로그램이 배급되었다. 전쟁 후 육류 공급량은 계속 늘어 1971년에는 도체중 기준으로 약 90킬로그램에 이르러 정점을 찍었다. 2015년까지 붉은 고기 공급량은 약 30% 감소했지만, 이 감소분은 닭고기 소비 증가로 충분히 채워졌다. 그 결과 전체 육류 공급량은 약 95킬로그램을 유지했고, 그중 절반 가까이를 닭고기가 차지하게 되었다.

  널리 퍼진 다이어트 유행과 건강에 대한 관심 때문에 모든 부유한 국가에서 육류 소비 양상은 복잡하게 나타나고 있다. 프랑스의 최근 실제 소비량 데이터는 이러한 경향을 잘 보여준다. 프랑스의 육류 섭취량은 수십 년 동안 감소해왔다. 2013년 기준으로 프랑스 성인의 37%는 고기를 적게 먹는 '소량 소비자'로 분류되었는데, 이들은 하루 평균 80그램, 연간 약 29킬로그램의 고기를 먹었다. 반면, 전체 인구의 28%를 차지하는 '다량 육류 소비자'는 하루 평균 217그램, 연간 79킬로그램을 섭취했다. 일본의 경우 1960년대에는 1인당 육류 공급량이 5킬로그램 미만이었으나, 1980년에는 약 22킬로그램으로 네 배 증가했고, 2010년에는 거의 30킬로그램으로 최고점에 도달했다. 그 이후로는 10% 이상 감소했으며, 인구 고령화가 진행됨에 따라 앞으로 더 줄어들 것으로 예상된다. 중국의 식단 변화는 훨씬 더 극적이었다. 과거 중국의 식단은 주식인 곡물과 기본적인 채소 위주로 겨우 영양을 채우는 수준이었다. 하지만 1990년대 중반 이후 1인당 평균 육류 공급량이 일본을 넘어섰고, 이제는 식단에서 고기와 생선이 차지하는 비중이 상당히 높아졌다.

  중국의 2018년 통계연감을 보면, 그해 전국 육류 생산량은 8,624만 톤이었다. 이를 인구수로 나누면 1인당 연간 61.8킬로그램에 해당한다. 하지만 실제 가계 소비량을 조사한 항목에서는 전국 평균 1인당 38.5킬로그램을 소비한 것으로 나타났다. 이 수치는 먹을 수 있는 뼈 없는 고기를 기준으로 한 것으로, 붉은 살코기 29.5킬로그램과 가금류 9킬로그램을 포함한다. 중국인이 가장 많이 먹는 고기는 돼지고기로, 2018년 붉은 살코기 소비량의 거의 83%를 차지했다. 닭, 오리 등 가금류가 그 뒤를 이었고, 소고기와 양고기 소비량은 매우 낮았다. 2018년의 1인당 육류 소비량 약 38킬로그램은 마오쩌둥이 사망한 1975년 소비량의 세 배가 넘는 양이다. 또한 1995년의 전국 평균 16.6킬로그램과 비교하면 약 2.3배 높은 수치다. 특히 1995년 이후 소비량이 두 배로 늘어나는 과정에서 농촌과 도시 간의 소비 격차가 크게 줄어들었다. 1995년에는 농촌의 소비량이 도시의 55% 수준이었으나, 2018년에는 약 80% 수준으로 그 차이가 좁혀졌다.

많은 부유한 국가에서 1인당 육류 섭취량은 이미 포화 상태에 도달했거나, 한 세대 전에 기록했던 최고치보다 상당히 감소했다. 독일과 네덜란드가 전자의 예이고, 프랑스, 스페인, 미국은 후자의 예이다. 제2차 세계대전 이후 육류 소비가 증가했던 모든 지역에서는 한 가지 공통적인 변화가 일어났다. 바로 붉은 살코기, 특히 소고기 섭취는 점차 줄어든 반면, 닭고기와 같은 가금류 소비는 급격히 늘어난 것이다. 이러한 가금류는 대부분 대규모 사육 시설에서 키운 어린 닭인 육계이다. 이러한 식단의 변화는 동물성 지방이 혈중 콜레스테롤 수치를 높여 심장 질환을 유발하는 주요 원인으로 지목되면서 시작되었다. 프랑스인들이 '지방과의 전쟁'이라고 불렀던 이 현상은 완전히 과학적으로 정확한 사실에 근거한 것은 아니었지만, 사람들의 식습관을 바꾸는 데 큰 영향을 미쳤다.

브라질은 중소득 국가 중에서 주목할 만한 예외를 보여준다. 브라질의 육류 공급량은 원래부터 상당히 높은 수준이었지만, 1975년 이후 세 배로 증가하여 현재 연간 100킬로그램에 육박한다. 브라질의 소고기는 주로 세하두라고 불리는 초원과 아마존 열대우림을 개간한 땅에서 방목하여 생산된다. 이와 대조적으로 동남아시아와 남아시아의 육류 공급량은 여전히 낮다. 인도네시아와 파키스탄 모두 1인당 15킬로그램 미만이다. 인도는 육류 중심의 식단으로 변화가 거의 나타나지 않은 유일한 인구 대국으로, 1인당 평균 소비량이 여전히 4킬로그램 미만이다. 에티오피아는 현재 약 7킬로그램으로 인도를 넘어섰고, 아프리카에서 인구가 가장 많은 나라인 나이지리아는 1인당 평균 10킬로그램 미만을 소비한다.

우유는 완전 단백질, 지방, 당분, 칼슘, 비타민 D를 모두 갖춘 거의 완벽한 식품이다. 하지만 과거에는 전 세계 모든 사람이 우유를 마셨던 것은 아니다. 특히 아메리카 대륙과 호주에는 원래 젖을 짜는 동물이 살지 않았다. 또한 많은 사람이 유당 불내증을 가지고 있다. 유당 불내증이란 우유에 들어있는 당분인 유당을 소화하는 능력이 떨어지는 상태를 말한다. 이런 증상은 어릴 때는 드물지만, 대부분의 사람은 유아기가 지나면 장 속에서 유당을 분해하는 효소의 활동이 줄어든다. 그래서 이런 사람들이 우유를 마시면 배가 약간 불편할 수 있고, 심한 경우에는 메스꺼움, 복통, 구토 같은 증상이 나타나기도 한다.

진화 과정에서 자연 선택은 지역별로 다른 유당 소화 능력의 차이를 만들어냈다. 목축을 주로 했던 아프리카와 중앙아시아의 여러 집단, 그리고 젖을 짜는 가축을 기르며 정착 생활을 했던 유럽과 인도 아대륙의 사람들은 성인이 되어서도 유당을 소화하는 능력을 유지했다. 반면, 이들과 가까운 지역에 살면서도 우유를 짜 마시는 문화가 없었던 아프리카 일부 지역과 동아시아 대부분 지역의 사람들은 유당 불내증을 가진 경우가 많다. 그러나 현대에 들어 식단이 변하면서 두 가지 놀라운 현상이 나타나고 있다. 전통적으로 우유를 많이 마시던 나라에서는 우유 소비가 줄어드는 반면,

과거에 우유를 마시지 않았고 인구 대다수가 유당 불내증으로 여겨졌던 나라에서는 오히려 유제품 섭취가 늘고 있다.

미국에서 1인당 신선한 우유와 크림의 공급량은 1909년 약 140킬로그램에서 시작하여 1945년에 171킬로그램으로 최고치를 기록했다. 하지만 그 이후로는 꾸준히 감소하는 추세를 보였다. 2000년에는 97킬로그램, 2015년에는 79킬로그램까지 줄어들어, 결과적으로 한 세기 동안 40% 이상 감소한 셈이다. 물론 치즈나 버터 같은 유제품으로 소비되는 양까지 포함한 총 우유 공급량의 감소세는 이보다 완만했다.

이러한 경향은 미국에만 국한되지 않는다. 1인당 연간 300킬로그램 이상의 우유를 소비하는 네덜란드나 250킬로그램에 가까운 양을 소비하는 프랑스처럼, 전통적으로 우유를 많이 마시는 국가들에서도 전체 소비량은 정체 상태에 있거나 오히려 감소하고 있다.

반면, 과거에 우유를 잘 마시지 않던 문화권에서는 오히려 소비가 늘고 있다. 우유가 편리하면서도 훌륭한 영양 공급원으로 인식되었기 때문이다. 여기에 유당 불내증이 생각만큼 절대적인 장벽이 아니라는 사실이 알려진 것도 중요한 역할을 했다. 실제로 대부분의 성인은 소량의 우유를 꾸준히 마시는 데 큰 어려움을 겪지 않는다.

1975년 일본에서 진행된 한 연구는 이를 잘 보여준다. 당시 연구에서 일본 성인에게 200밀리리터의 우유를 마시게 한 결과, 유당 불내증 증상을 보인 사람은 약 19%에 불과했다. 매일 이 정도 양의 우유를 마신다고 가정하면 연간 섭취량은 73리터에 달하는데, 이는 일부 유럽 국가의 평균 소비량과 맞먹는 수준이다.

게다가 치즈나 요구르트 같은 발효 유제품은 소화에 문제가 거의 없다. 예를 들어, 리코타 치즈나 코티지 치즈처럼 숙성시키지 않은 치즈에는 원래 우유에 있던 유당의 30% 미만만 남아있다. 오래 숙성된 치즈에는 유당이 거의 없다. 요구르트는 우유의 유당을 대부분 함유하고 있지만, 유당 소화를 돕는 다양한 박테리아 효소도 함께 공급한다. 과거 우유를 마시지 않던 문화권 중에서 일본만큼 유제품을 빠르고 광범위하게 받아들인 나라는 없다. 일본의 유제품 소비 관련 데이터는 1906년부터 존재하는데, 당시 1인당 연간 평균 공급량은 1리터도 되지 않았다. 이 수치는 1941년에 5.4리터로 증가했지만, 이는 하루 평균 15밀리리터에도 못 미치는 양이었고 소비 또한 대도시에 집중되어 있었다. 1945년 미군이 일본을 점령했을 때, 일본인 대다수는 우유나 치즈를 맛본 경험조차 없었다.

1950년대에 들어서면서 일본의 연간 우유 공급량은 1인당 25리터로 증가했고, 전국 학교 급식 프로그램을 통해 우유가 정기적으로 제공되었다. 이는 과거에 뚜렷하게 나타났던 도시와 농촌 어린이 사이의 성장 격차를 줄이는 데 크게 기여했다. 2000년에는 총 우유 공급량이 1인당 평균 82리터에 달했으나, 2015년에는 약 70리터로 다소 감소했다. 전통적으로 세계에서 가장 규모가 큰 비유축 사회였던 중국은 1970년대 중반 이후 1인당 우유 공급량이 열 배나 증가했다. 1970년대 중반 3리터 미만이었던 것이 2015년에는 35리터로 늘어나 한국을 앞질렀다. 한편, 세계에서 가장 오래된 낙농 문화를 가진 인도 역시 국민의 구매력이 커지면서 우유 공급량이 꾸준히 늘고 있다. 최근 인도의 연간 우유 공급량은 약 90킬로그램으로, 반세기 전보다 두 배 이상 증가한 수치다.

### 감미료, 지방, 과일

일반적으로 당분과 지방은 현대 식단에서 가장 문제 되는 성분으로 꼽힌다. 특히 패스트푸드에 이 두 가지 성분이 지나치게 많이 들어 있다는 인식이 널리 퍼져 있다. 이와 대조적으로 과일은 건강한 식단의 상징처럼 여겨진다. 하지만 두 경우 모두 현실은 그리 간단하지 않다. 과거에는 건강의 적으로 취급되던 일부 지방조차도 이제는 그 가치를 어느 정도 다시 인정받고 있다. 반면 과일의 경우, 그 이면을 자세히 들여다보면 문제가 보인다. 과일은 단백질이 거의 없고 아보카도를 제외하면 지방도 거의 없어 주로 비타민이나 무기질 같은 미량 영양소를 공급하는데, 현대의 과일 생산과 무역은 이러한 미량 영양소를 우리 식탁에 올리기 위해 종종 엄청난 환경적 비용을 치르고 있다.

정제된 설탕과 고과당 옥수수 시럽은 전 세계 디저트와 간식 시장에서 큰 비중을 차지해 왔다. 특히 북미 지역에서는 수많은 종류의 셰이크와 도넛이 넘쳐나고, 건강식품으로 알려진 영양 바 또한 어디서나 쉽게 찾아볼 수 있다. 예를 들어, 크리스피 크림 도넛 한 개는 무게의 25%가 설탕으로 이루어져 있다. 스무디킹이라는 음료 전문점에서 파는 헐크 스트로베리라는 음료 한 잔에는 무려 253그램, 즉 4분의 1킬로그램에 달하는 설탕이 들어있다. 유럽에서 설탕은 처음에는 약으로 쓰였다. 이슬람 세력이 시칠리아 섬과 당시 이베리아반도의 이슬람 지배 지역이었던 알안달루스에 지배하면서 본격적인 사탕수수 재배가 시작되었다. 하지만 중세 시대 내내 설탕은 매우 비싼 수입품이었기에 가장 부유한 계층만 제한적으로 소비할 수 있었다. 르네상스 시대의 요리책에서는 설탕을 "모든 음식에 훌륭하게 어울리며, 그 달콤한 맛은 인간에게 큰 즐거움을 준다"고 칭송했다. 이후 식민지 강대국들이 브라질과 카리브해 지역에 대규모 사탕수수 농장을 만들면서 설탕 수입량이 크게 늘었다. 18세기 후반 서유럽에서는 설탕 소비가 점차 보편화되었고, 1811년부터는 사탕무에서 설탕을 만드는 기술이 널리 퍼지면서 유럽 대륙은 자체적으로 설탕을 공급할 수 있게 되었다. 영국은 1인당 설탕 소비량에서 유럽 대륙을 훨씬 앞질렀다. 영국의 연간 1인당 설탕 공급량은 1700년에 2킬로그램 미만이었으나, 100년 후인 1800년에는 8킬로그램으로 증가했다. 그 후 인도와 아프리카에서 새로운 설탕을 수입하면서 1900년에는 40킬로그램에 달했다. 그로부터 다시 100년이 지난 2000년에도 이 수치는 크게 변하지 않아 약 36킬로그램 수준을 유지했다.

미국의 설탕 공급량은 1875년에서 1900년 사이에 약 3분의 2가량 늘어나 1인당 30킬로그램에 이르렀다. 2000년 무렵에는 미국의 총 감미료 공급량이 1인당 약 69킬로그램으로 두 배 이상 증가했다가, 2015년에는 이보다 15% 줄어 약 58킬로그램이 되었다. 미국 농무부가 '열량 감미료'라고 부르는, 즉 열량을 내는 감미료의 구성은 고과당 옥수수 시럽의 등장으로 크게 변했다. 전체 감미료에서 정제된 설탕이 차지하는 비중은 1900년 90%에서 2015년 54%로 줄었다. 그 대신 옥수수에서 추출한 감미료가 현재 총공급량의 45%를 차지하고 있다. 이와 대조적으로 동아시아 국가들은 이처럼 설탕을 과도하게 섭취하는 방향으로 나아가지 않았다. 중국과 일본 모두 전통적으로 차에 설탕을 넣어 마시지 않았으며, 요리 문화에서도 일부 전통 과자를 만들 때만 설탕을 조금 사용했다. 일본의 연간 1인당 설탕 소비량은 1900년에 1킬로그램에 불과했다. 이후 대만에서 설탕을 수입하면서 제2차 세계대전 전에는 16킬로그램까지 늘어났다. 전쟁 후 소비량은 1950년 5킬로그램에서 1973년에는 거의 30킬로그램까지 증가했지만, 이후 수요가 줄면서 2015년에는 평균 17킬로그램 미만으로 떨어졌다. 일본은 여전히 다른 고소득 국가들에 비해 설탕으로부터 얻는 열량의 비중이 가장 낮다. 중국의 경우, 1950년 1인당 설탕 공급량은 1900년 일본의 수준보다도 낮았다. 1980년 이후 식생활이 개선되면서 모든 종류의 식품 소비가 늘었지만, 설탕 공급량은 여전히 1인당 7킬로그램 미만에 머물러 있다.

지방 섭취 증가는 전 세계적인 식단 변화의 공통된 특징이었다. 전통적으로 가난한 중국 가정에서는 식용유 부족이 특히 고통스러운 문제였다. 지방이 많은 돼지고기를 자주 먹을 수 없었기 때문에, 식물성 기름이 사람들이 섭취할 수 있는 지방의 거의 유일한 공급원이었다. 마오쩌둥이 사망한 이후

인 1976년에도 수도인 베이징에서조차 한 사람에게 배급되는 기름의 양은 한 달에 500그램에 불과했다. 지방 도시에서는 그 양이 100그램에서 200그램 사이였고, 가난한 농촌 지역에서는 1인당 50그램 정도밖에 공급받지 못했다. 심지어 기름표는 10그램이나 25그램 같은 아주 작은 단위로 발행되기도 했다. 요리 경험이 없거나 부피 단위에 익숙하지 않은 독자를 위해 덧붙이자면, 기름 25그램은 작은 숟가락으로 겨우 두 번 뜰 수 있는 양이다. 채소 요리 하나를 제대로 볶으려면 적어도 세 숟가락의 기름이 필요한데, 보통 한 끼 식사를 위해서는 그런 요리를 두세 가지는 준비해야 했다.

최근 중국의 연간 1인당 식용유 공급량은 여전히 7~8킬로그램에 머물러 있다. 이는 일본의 15킬로그램, 프랑스의 약 20킬로그램, 이탈리아의 25킬로그램 이상과 비교하면 여전히 적은 양이다. 일본은 1950년대 후반 이후 식용유 공급량이 4배 늘었고, 프랑스는 50년 동안 2배 증가했다. 동물성 지방 공급량 또한 중국은 1인당 2킬로그램으로 낮은 편인데, 이는 주로 돼지기름인 라드이다. 유럽 국가들과 비교하면 그 차이는 더욱 두드러진다. 프랑스는 15킬로그램, 독일은 18킬로그램의 동물성 지방을 공급하는데, 이는 대부분 버터이다. 유럽과 달리, 지난 100년간의 미국 공급 데이터를 보면 동물성 지방에서 식물성 기름으로의 큰 변화가 뚜렷하게 나타난다. 미국의 평균 버터 공급량은 1900년 약 6킬로그램에서 2015년 2.5킬로그램으로 줄었다. 동시에 돼지 지방을 정제한 라드 소비량은 9킬로그램에서 0.7킬로그램으로 급감했다. 반면, 식용유 공급량은 1950년대 이후 거의 세 배로 늘어나 1인당 약 30킬로그램에 달한다. 이러한 증가는 패스트푸드점에서 기름에 튀긴 요리가 늘어난 것이 주요 원인 중 하나다. 다양한 고기 요리들은 지방 함량이 매우 높은 경우가 많다. 앞서 언급했듯이, 빅맥은 전체 열량의 52%가 지방에서 오며 그 대부분은 포화지방이다. 일부 프랑크푸르트 소시지, 즉 핫도그의 경우 지방이 차지하는 열량 비율이 약

75%에 달하기도 한다.

  전통적인 농경 사회에서는 언제나 다양한 종류의 채소를 길러 먹었으며, 여러 종류의 과일 또한 중요하게 여겼다. 현대에 들어 채소와 과일 소비는 두 가지 측면에서 변화하고 있다. 첫째, 운송 및 저장 기술이 발달하면서 신선한 농산물의 공급량이 늘고 종류가 훨씬 다양해졌다. 둘째, 과일과 채소 자체의 품질이 변했다. 특히 추운 기후를 가진 국가들은 이러한 변화의 가장 큰 혜택을 보았다. 국내는 물론 대륙 간 수입을 통해 특정 계절에만 맛볼 수 있었던 농산물을 일 년 내내 먹을 수 있게 되었고, 이전에는 알려지지 않았던 새로운 품종들도 식탁에 오르게 되었다. 이렇게 우리 식단에 추가된 과일들은 아보카도와 망고에서부터 스타프루트와 리치에 이르기까지 매우 다양하다. 북미의 대형 슈퍼마켓에서는 서른 가지가 넘는 다양한 종류의 과일을 판매하기도 한다.

  유엔식량농업기구의 자료에 따르면, 1960년 이후 전 세계 과일 공급량은 두 배 이상 증가했다. 특히 동아시아의 신흥 공업국에서는 신선한 과일의 공급이 훨씬 더 빠르게 늘어났다. 예를 들어 중국의 경우, 1961년에 1인당 4킬로그램이었던 과일 공급량이 2015년에는 약 75킬로그램으로 폭발적으로 늘어났다. 1970년부터 집계된 미국의 상세한 데이터를 보면, 신선한 과일과 통조림이나 냉동 제품 같은 가공 과일의 판매량 사이에도 변화가 있었음을 알 수 있다. 전체 과일 판매에서 신선한 과일이 차지하는 비중이 41%에서 53%로 증가한 것이다. 또한 미국 데이터는 과일의 종류에 대한 선호도도 바뀌었음을 보여준다. 사과를 제외하면 배, 자두, 감귤류처럼 전통적으로 인기 있었던 과일의 소비는 줄어들었다. 특히 오렌지 소비는 절반으로 감소했다. 대신 열대 과일과 이제는 사계절 내내 구할 수 있는 딸기의 소비가 급격히 늘어났다. 유럽연합과 일본에서도 이와 비슷한 변화가 일어났다.

**영양의 변화**

식품의 화학적 구성과 그 안에 든 영양소의 소화율에 대한 이해는 1900년 이전에 이미 상당한 수준에 도달했다. 예를 들어, 러셀 헨리 치텐든은 과학자로서 처음으로 1인당 적절한 단백질 섭취량이 하루 35그램에서 50그램 사이여야 한다고 결론 내렸다. 그리고 1913년에는 카지미르 풍크가 음식물 속에 각기병을 예방할 수 있는 필수적인 아민$^{amine}$, 즉 생명 유지에 중요한 물질이 존재한다고 가정했는데, 이것이 바로 비타민의 개념으로 이어졌다. 이 비타민 중 하나인 티아민$^{thiamine}$(비타민 B1)은 1926년에 분리되었고, 인체에 없어서는 안 될 모든 미량 영양소는 1941년까지 모두 밝혀졌다. 이후 영국과 미국, 그리고 나중에는 유엔식량농업기구$^{FAO}$에서 소집된 전문가 위원회들을 통해 우리 몸에 필요한 다량 영양소와 미량 영양소의 일일 권장 섭취량이 설정되었다. 덕분에 우리는 현재 영양소의 최적 섭취 범위뿐만 아니라 건강하고 활동적인 삶을 유지하는 데 필요한 최소한의 섭취량에 대해서도 잘 이해하게 되었다.

미국 국립과학아카데미는 성인을 위한 적정 다량 영양소 분포 범위를 설정했는데, 총 에너지 섭취량 중 탄수화물은 45%에서 65% 사이, 지방은 20%에서 35% 사이로 권장했다. 탄수화물의 최적 섭취 범위는 한 연구를 통해 재확인되었는데, 이 연구는 탄수화물에서 얻는 에너지 비율과 사망률 사이에 U자형 관계가 있음을 발견했다. 즉, 탄수화물로부터 전체 에너지의 50~55%를 섭취할 때 사망 위험이 가장 낮았고, 탄수화물 섭취 비율이 너무 낮거나(〈40%) 너무 높으면(〉70%) 오히려 사망 위험이 더 커지는 것으로 나타났다. 식이 지방의 권장 범위는 1세에서 3세까지의 어린이는 30~40%, 18세까지의 청소년은 25~35%이다. 단백질의 권장 범위는 3세까지의 어린이는 5~20%, 그보다 나이가 많은 어린이는 10~30%, 그리고 성인은 10~35%이다.

전통적인 농업에 의존했던 사회들은 항상 단백질 공급이 겨우 충분한 수준이었고, 지방은 심각하게 부족했다. 마오쩌둥이 사망한 해인 1976년에도 중국 식단에서 단백질이 차지하는 에너지 비율은 겨우 10%였고, 지방은 전체 음식 에너지의 12%만을 공급했다. 이는 1960년대 초 인도의 상황과 거의 동일한 수준이었다. 중국의 급격한 경제 성장은 이러한 영양 구성을 변화시켜, 단백질 비율을 약 13%까지 끌어올렸고 지방 비율은 거의 30%에 육박하게 만들었다. 반면 탄수화물 비율은 거의 80%에서 60% 미만으로 감소했다. 그러나 인도의 경우 여전히 단백질 비율은 10%, 지방 비율은 19%로 낮은 수준에 머물러 있으며, 탄수화물이 전체 음식 에너지의 70%를 약간 넘게 공급하고 있어 권장되는 최대치보다 훨씬 높다. 부유한 사회에서는 여러 세대에 걸쳐 평균적인 단백질 섭취량이 적절한 수준(총 에너지의 12~13%)을 유지해왔으며, 가장 주목할 만한 변화는 지방이 차지하는 비율이 증가했다는 점이다. 미국 식품 공급에서 영양소 비율을 신뢰할 수 있게 복원한 결과에 따르면, 단백질 비율은 20세기 두 번째 10년 동안 약 11%에서 세기말에는 12%로 약간 증가하는 데 그쳤다. 반면 같은 기간 동안 지방 비율은 32%에서 40%로 증가하여 바람직한 최대치를 훨씬 넘어섰다. 이와 유사하게 프랑스에서도 지방이 차지하는 비율은 제2차 세계대전 직후 약 25%에서 21세기 두 번째 10년에는 40%를 약간 넘는 수준으로 증가했다.

전체 지방 섭취량이 늘어나는 과정에서, 사람들은 과거와 다른 종류의 지방을 먹기 시작했다. 특히 식물성 지방과 동물성 지방의 섭취 비중에 큰 변화가 생겼다. 지방은 크게 식물성 지방과 동물성 지방으로 나눌 수 있다. 식물성 지방에도 여러 종류가 있는데, 콩기름이나 해바라기씨유 같은 종자유에는 오메가-6 지방산과 같은 다중불포화지방산이 풍부하다. 등 푸른 생선에 많이 들어있는 오메가-3 지방산도 여기에 속한다. 한편, 올리브유, 유채씨유, 땅콩, 아보카도 등에서는 단일불포화지방산을 섭취할 수 있다.

반면 동물성 지방의 주성분은 포화지방산이다. 우리는 버터나 돼지기름(라드)과 같이 고체 형태의 순수 지방을 직접 먹기도 하고, 육류나 유제품에 포함된 형태로 섭취하기도 한다.

20세기 동안 미국인의 1인당 평균 지방 공급량은 40% 이상 증가했다. 하지만 지방의 종류별로 증가율은 크게 달랐다. 포화지방은 약 10% 증가하는 데 그쳤지만, 단일불포화지방은 60% 이상, 다중불포화지방은 거의 세 배나 늘어났다. 사람들이 이처럼 동물성 지방 대신 옥수수유나 콩기름 같은 식물성 기름을 더 많이 찾게 된 데에는 중요한 이유가 있었다. 바로 심혈관 질환으로 인한 사망률을 낮추기 위한 전문가들의 일관된 권고 때문이었다. 이러한 변화는 실제 식단에서 확연히 드러난다. 1900년 미국에서 버터는 전체 지방 섭취량의 약 14%, 돼지기름은 약 12%를 차지하는 주요 지방 공급원이었다. 하지만 한 세기 후 두 지방의 비중은 각각 3% 수준으로 크게 떨어졌다. 실제 1인당 버터 공급량은 1909년 8킬로그램에서 2015년 2.5킬로그램으로 급감했다. 또한 사람들이 일반 우유 대신 저지방 우유나 탈지유를 선택하는 것이 보편화된 것도 동물성 지방 섭취가 줄어든 중요한 이유다.

비타민 공급량에서는 주목할 만한 증가가 있었는데, 비타민 E는 거의 세 배, 티아민(비타민 B1), 리보플라빈(비타민 B2), 그리고 엽산folate은 대략 두 배가량 증가했다. 반면 비타민 C의 평균 공급 수준은 약간만 증가했다. 미네랄 중에서는 칼슘이 약 30% 증가했는데, 이는 유제품 섭취가 늘어난 덕분이다. 철분은 3분의 2가량 증가했으며, 이는 육류 소비 증가와 관련이 있다. 나트륨은 3분의 1가량 증가했는데, 주로 가공식품 섭취가 늘어난 결과다. 식이섬유의 공급원은 변화했다. 즉, 주식으로 먹는 곡물의 섭취는 줄고 채소와 과일 섭취는 늘었다. 하지만 1인당 하루 평균 식이섬유 공급량 자체에는 전반적으로 큰 변화가 없었다.

===== 기근의 종식 그리고 환경 문제 =====

영양학적 전환은 인류가 기근에서 벗어나고 영양 부족 문제를 줄이는 데 크게 기여했다. 덕분에 모든 사람이 이전보다 저렴한 가격으로 식량을 얻을 수 있게 되었다. 가계 소득에서 식비가 차지하는 비중은 줄었지만, 신선식품, 음료, 가공식품의 종류는 오히려 지나칠 정도로 다양해졌다. 식단이 복잡해지고 서로 영향을 주고받으며 나타난 '식단의 다문화 현상'은 인도 음식이나 일본 음식이 꼭 그 나라에서만 먹는 음식이 아니라는 인식을 확산시켰다. 하지만 이러한 입맛의 세계화에도 문제점은 있다. 가장 안타까운 점은, 농업과 영양학적 전환이 이룬 눈부신 성과가 역설적으로 과식과 비만을 유발하는 건강하지 않은 식단을 확산시키고 음식물 쓰레기를 늘렸다는 사실이다. 하지만 특정 영양소가 건강에 부정적인 영향을 미친다는 인식이 있었지만, 일부는 부당하게 비난받았고 최근에는 그 가치가 재평가되고 있다는 점도 중요하다.

### 기근의 종식

근대의 발전을 논할 때 흔히 기술 발명이나 전자 기기 개발만을 언급하며, 인류가 오랜 기근의 역사에 종지부를 찍었다는 사실의 중요성은 간과하는 경향이 있다. 유럽에서는 러시아를 제외하고 반복적인 기근과 심각한 만성 영양 결핍이 농업 전환 초기 단계에 이미 사라졌다. 결과적으로 1845년에서 1849년 사이에 발생한 아일랜드 대기근은 수확 실패가 원인이 된 마지막 기근으로 기록되었다. 러시아는 1891년에서 1892년 사이에 마지막 기근을 겪었지만, 이후 러시아 제국은 주요 밀 수출국으로 발돋움했다. 구소련에서 발생한 주요 기근은 스탈린이 우크라이나 민족을 굴복시키기 위해 의도적으로 굶주리게 한 사건 등을 포함하여, 대부분 폭력적인 분쟁이나 파괴적인 정책 결정의 결과였다. 식량 생산 능력 자체가 부족했던 것은 아니었다. 네덜란드 일부 지역에서 발생했던 심각한 영양실조와 기근 또한 제2차 세계대전 당시 나치가 식량 운송을 차단했기 때문에 일어났다.

1959년부터 1961년 사이 중국에서 일어난 인류 역사상 최악의 기근은 자연재해가 아니라 마오쩌둥 주도의 비상식적인 정책 때문이었다. 이 기근으로 수천만 명이 목숨을 잃었고, 그제야 즉각적인 농업 전환이 불가피하다는 점이 명확해졌다. 이것이 바로 중국이 서방 세계에 문호를 개방한 주된 이유라고 필자는 생각한다. 1972년 닉슨 미국 대통령의 베이징 방문을 시작으로, 중국은 최신 암모니아 합성 공정을 도입하여 비료 사용을 늘리고자 했다. 이를 통해 기근의 위협에서 벗어나려 한 것이다. 닉슨 방문 이후 중국의 첫 번째 주요 상업 거래는 미국의 M. W. 켈로그 M. W. Kellogg사에 세계 최대 규모의 최신 암모니아 및 요소 생산 시설 13개 동 건설을 발주한 것이었다. 만약 이러한 조치가 없었다면 중국은 또다시 기근에 직면했을 것이다. 그러나 중국이 '질소 장벽', 즉 비료 생산의 한계를 넘을 수단을 확보하면서, 중국인들은 역사상 그 어느 때보다 풍족하게 먹을 수 있게 되었다. 실제로 현재 중국의 1인당 평균 식품 공급량은 일본보다 높다.

인도의 마지막 대기근은 1943년 벵골 지역에서 발생했다. 이는 생산량 높은 단모종 밀과 쌀이 보급되어 안정적인 수확이 가능해지기 전의 일이었다. 이러한 품종개량 덕분에 이후 인도는 국지적인 가뭄이 발생해도 큰 인명 피해 없이 관리할 수 있게 되었다. 실제로 기근은 국가적 대응 능력과 의사소통 방식의 개선, 운송 수단의 발달 덕분에 사라졌다. 경제학자 아마르티아 센 Amartya Sen이 강조했듯이, 민주적인 제도가 식량 생산에 대한 책임을 다할 때 주요 공급 차질이 생겨도 필요한 완충 장치를 지속적으로 제공할 수 있다. 기근 재발 위험이 여전히 남아있는 유일한 지역은 사하라 사막 이남의 아프리카다. 이 지역은 아직 농업 전환 초기 단계에 머물러 있으며,

잦은 폭력 분쟁으로 농업 생산이 반복적으로 위협받고 있다.

영양 부족 문제를 해결하는 일은 단순히 굶주림을 없애는 것보다 몇 가지 더 어려운 점을 안고 있다. 특히 몸에 아주 적은 양이 필요하지만 필수적인 미량영양소가 부족한 문제는, 과학자들이 특정 비타민이나 무기질 결핍이 어떤 질병을 일으키는지 정확히 밝혀낸 후에야 해결의 실마리를 찾을 수 있었다. 예를 들어, 비타민 A가 부족하면 안구건조증이나 야맹증에 시달리고, 비타민 C가 모자라면 괴혈병이 생긴다는 사실 등이 밝혀졌다. 또한 비타민 B1 결핍은 각기병, 비타민 B3 결핍은 펠라그라, 비타민 B12 결핍은 악성 빈혈의 원인이 된다는 점도 알게 되었다. 이뿐만 아니라 비타민 D가 부족하면 뼈가 약해지는 구루병에, 요오드가 부족하면 갑상선종에, 칼슘과 인이 부족하면 골다공증에, 그리고 철분이 부족하면 빈혈에 걸리기 쉽다는 사실도 규명되었다. 이러한 과학적 원인 규명 덕분에 사람들의 주식인 곡물에 특정 영양소를 인위적으로 첨가하는 방식으로 문제를 해결할 수 있었다. 오늘날 우리가 접하는 거의 모든 흰 밀가루에는 철분과 함께 티아민, 니아신, 리보플라빈, 엽산이라는 네 종류의 비타민 B군이 강화되어 있다. 하지만 이러한 노력에도 불구하고 미량영양소 결핍은 여전히 사라지지 않았다. 부유한 나라에서조차 저소득층을 중심으로 영양 결핍이 흔하게 나타난다. 미국에서는 전체 인구의 약 30%가 최소 한 가지 이상의 비타민이 부족하거나 빈혈 상태에 있다. 이러한 결핍 문제는 특정 집단에서 더욱 두드러지는데, 흑인 인구의 55%, 저소득 가구의 40%, 비만 인구의 39%, 그리고 여성의 37%가 영양 결핍을 겪는 것으로 조사되었다.

많은 저소득 국가에서 나타나는 영양 부족 현상은 단순히 식량 공급이 모자라서 생기는 문제가 아니다. 그보다는 식량을 얻을 기회가 공평하지 않고, 기초 교육 및 영양 관련 지식 부족으로 부모가 자녀를 제대로 돌보지 못하는 것이 더 큰 원인이다. 전반적인 세계적 추세는 긍정적인 방향으로 나아가고 있다. 유엔식량농업기구FAO는 로마 본부에서 영양 부족 인구를 추산한다. 이 과정에서 사용되는 특정 가정과 모델링 방식에 대해, 필자를 비롯한 일부 연구자들은 영양이 충분한 사람들에게 필요한 에너지 요구량을 과도하게 높게 설정하여 결과적으로 영양 부족 인구의 비율을 실제보다 부풀릴 수 있다고 지적한다. 하지만 반대로, 이러한 방식이 실제 영양 부족 인구수를 오히려 낮게 추정할 수 있다는 우려의 목소리도 있다.

유엔식량농업기구의 공식적인 집계를 보면, 전 세계에서 영양 부족을 겪는 사람들의 비율은 지난 수십 년간 꾸준히 감소했다. 1950년에는 세계 인구의 약 65%가 영양 부족 상태였지만, 인류는 굶주림과의 싸움에서 큰 진전을 이루었다. 이 비율은 1970년에 25%로 줄었고, 2000년에는 약 15%까지 눈에 띄게 낮아졌다. 이러한 긍정적인 흐름은 계속 이어져, 2015년에는 마침내 10.4%라는 역사상 가장 낮은 수치를 기록했다. 당시 영양 부족 상태에 있던 인구는 약 7억 7천7백만 명이었다. 하지만 수십 년간 이어지던 개선의 흐름은 2016년에 멈칫했다. 그해 영양 부족 인구 비율은 11%로 다시 소폭 상승했으며, 인구수로는 약 8억 1천5백만 명에 달했다.

전 세계 인구의 3분의 2에 달하던 영양 부족 인구가 이제는 약 10분의 1 수준으로 급격히 감소했다. 이는 인류의 생존 조건 자체가 근본적으로 바뀐 거대한 전환, 즉 '대전환'을 보여주는 매우 인상적인 사례이다. 하지만 이러한 변화는 그 엄청난 중요성에도 불구하고 충분한 인정을 받지 못하고 있다. 특히 잠깐 반짝하고 사라지는 최신 전자기기나, 중국에서 생산된 제품을 미국 포장 상자에 넣어 아마존과 같은 온라인 쇼핑몰에서 판매하는 것을 마치 대단한 '파괴적 혁신'인 것처럼 떠받들며 끊임없이 감탄하고 경외심을 표하는 세태와 비교해 보면 더욱 안타까운 일이다.

1인당 동물성 식품 섭취량이 증가하면서, 특히 성장기인 유년기와 청소년기에 더 많은 단백질을 섭취할 수 있게 되었다. 그 결과 사람들의 평균 신장이 커지는 현상이 나타났다. 이러한 변화는 북미, 유럽, 일본에서 가장 먼저 시작되었고, 이후 라틴 아메리카와 아시아의 많은 국가에서도 나타나고 있다. 영양실조와 발육 부진 문제가 해소되면서, 모든 연령층에서 평균 신장이 지속적으로 커졌다.

이미 언급했듯이 평균 신장이 가장 많이 증가한 지역은 아시아였다. 특히 일본의 자료는 이러한 핵심적인 인체 계측 지표인 신장이 식량 공급 상황이 나빠질 때 얼마나 민감하게 영향을 받는지를 명확하게 보여준다. 예를 들어, 1900년에 일본 10세 남자아이의 평균 신장은 123.9cm였지만, 1940년에는 129.7cm로 커져 매년 약 0.15cm씩 성장하는 모습을 보였다. 그러나 전쟁 시기 식량 부족은 이러한 성장 추세를 역전시켜, 1946년에는 평균 신장이 126.1cm로 오히려 줄어들었는데, 이는 매년 약 0.6cm씩 작아진 셈이다. 전쟁 후에도 식량 부족과 극심한 배급제가 계속되면서 아이들의 신장 성장은 한동안 멈추었다가 1949년에야 비로소 다시 시작되었다. 그 후 반세기 동안 매년 평균 0.25cm씩 꾸준히 성장한 결과, 2000년 무렵 일본 10세 남자아이의 평균 신장은 139.1cm에 이르게 되었다.

### 저렴하고 다양한 음식

유럽, 북미, 호주에서는 이미 한 세기 전에 농업 전환을 통해 최악의 영양 부족 상태가 대부분 해소되었다. 과학적인 식량 배급 덕분에 영국은 제2차 세계대전 중 거의 6년에 달하는 경제 동원 기간에도 사회 질서를 유지할 수 있었다. 영국과 몇몇 유럽 국가에서는 1954년까지 식량 배급제가 이어졌지만, 전후 경제가 번영하면서 농업 부문의 전환이 가속화되었다. 그 결과 더 저렴하고 다양한 종류의 음식을 훨씬 편리하게 구매하고, 저장하며, 조리할 수 있게 되었다. 이러한 경향은 시기의 차이만 있을 뿐 전 세계적인 현상이 되었다.

식품 가격이 얼마나 저렴해졌는지는 가계 소득에서 식비가 차지하는 평균 비중을 통해 쉽게 알 수 있다. 독일의 경제학자이자 통계학자인 에른스트 엥겔Ernst Engel은 이미 한 세기 반 전에 '가난한 가정일수록 식비 지출 비중이 커진다'고 정의했다. 이 관계는 모든 현대화된 사회에 적용된다. 다만 엥겔의 법칙은 가처분소득에서 식비가 차지하는 '비율'에만 해당한다. 따라서 소득이 늘면 식비 비율은 낮아지지만, 실제로 음식에 지출하는 절대적인 금액은 가계와 국가가 부유해질수록 증가하는 경향이 있다.

19세기 후반 가난한 도시 노동자 가정의 경우, 가족 한 사람의 끼니를 해결하기 위해 쓸 수 있는 돈의 60%를 식비로 지출하는 일이 흔했다. 이러한 상황은 20세기를 거치며 크게 달라졌다. 미국 대도시를 예로 들면, 1900년에 가계 소득에서 식비가 차지하는 비중은 43%에 달했다. 하지만 이 비율은 1950년에는 20%로 절반 이상 줄었고, 2000년대에 들어서는 10% 수준까지 떨어졌다. 미국처럼 식비 비중이 이토록 낮아진 나라는 아직 소수이지만, 소득에서 식비가 차지하는 비중이 줄어드는 현상은 전 세계적으로 나타나고 있다. 유럽연합의 비교적 부유한 국가들도 이 비율이 10%에서 15% 수준으로 낮아졌다. 라틴아메리카의 여러 국가는 약 30% 수준을 보이고 있다. 중국의 변화는 특히 극적이다. 1970년대에는 도시 지역 배급 식량을 기준으로 계산해도 소득의 60% 이상을 식비로 써야 했지만, 2015년에는 이 비율이 33%까지 크게 낮아졌다. 현재 인도의 평균 식비 비중은 약 35%이다.

이러한 변화 속에서 나타난 또 다른 특징은 외식에 지출하는 소득 비중이 증가했다는 점이다. 1900년 미국에서 외식 비중은 10%를 훨씬 밑돌았지만, 1950년에는 약 20%, 2015년에는 40%로 상승했다. 현재 대부분의 도시 거주자는 집에서 해 먹는 음식보다 외식에 더 많은 돈을 쓰고 있다. 음식 배달은 도시의 점심과 저녁 식사 시장에서 수익성이 매우 높은 분야로 자리 잡았다(일본의 초밥과 미국의 피자가 대표적인 예다). 특히 모바일 기반 배달 서비스가 성장하면서 이 시장은 더욱 커지고 있다. 또한, 플래티드Plated, 블루 에이프런Blue Apron, 선바스켓Sun Basket, 그린 셰프Green Chef와 같은 업체들이 등장하면서, 집에서 간편하게 요리할 수 있도록 손질된 재료와 조리법을 함께 배달해주는 '밀키트meal kit'라는 새로운 시장도 생겨났다.

음식 가격이 저렴해진 것과 함께, 우리가 먹을 수 있는 음식의 종류 또한 눈에 띄게 다양해졌다. 과거 선진국의 식단은 생존에 필요한 에너지와 영양소는 갖추었을지 몰라도, 무척 단조로웠다. 일부 지중해 연안 국가를 제외한 대부분의 유럽 지역에서는 빵이나 귀리, 보리 같은 거친 곡물로 배를 채웠다. 16세기 이후 감자가 보급되면서는 감자를 넣은 수프나 스튜가 주된 음식이 되었다. 심지어 하루에 먹는 두세 끼의 식사 내용이 거의 다르지 않은 경우도 흔했다.

아시아의 식단은 유럽에 비하면 상대적으로 다양한 편이었다. 하지만 채소 위주로 구성되어 육류의 비중이 적었다. 특히 우유나 치즈 같은 유제품을 거의 먹지 않았던 동아시아에서는 전체 에너지 섭취량에서 식물성 식품이 차지하는 비중이 매우 높았다. 그러나 오늘날에는 전 세계 어느 대륙의 슈퍼마켓을 가더라도 온갖 종류의 과일과 채소를 쉽게 찾아볼 수 있다. 이러한 변화는 다른 식품 분야에서도 마찬가지다. 과거에는 접하기 어려웠던 퀴노아나 테프 같은 새로운 곡물은 물론, 이베리코 하몽이나 프로슈토처럼 세계 각지의 특색 있는 가공육까지 이제는 누구나 맛볼 수 있게 되었다.

비서구권 음식은 처음에는 '비프 앤 브로콜리', '오렌지 치킨', '포춘 쿠키'와 같은 미국식 중화요리처럼 현지 입맛에 맞게 변형된 형태로 소개되다가, 점차 주류 시장으로 진입했다. 미국에서는 멕시코 요리법, 중국 요리의 대중화, 그리고 최근 증가하는 인도, 일본, 한국, 태국 음식 등이 미국 사회에 흡수되고 다양한 방식으로 변화하며 주류 음식으로 자리 잡았다. 영국에서는 인도, 방글라데시, 파키스탄 요리가 가장 큰 영향을 미쳤고, 유럽 대륙에는 터키, 레바논, 인도, 중국, 태국 요리가 대거 유입되었다. 이러한 다양한 식단의 유입과 토착화는 급격한 세계화를 겪는 사회가 문화적 '타자'를 수용하고 이해하는 데 중요한 역할을 했다. 특히 이전까지 비교적 고립되었던 사회에서 이러한 경향이 두드러졌다.

## 음식 폐기물, 비만 그리고 문명병

오늘날 부유한 국가들은 대식가도 다 먹지 못할 만큼 엄청난 양의 음식을 생산하고 있다. 일본을 제외한 대부분의 부유한 국가에서 1인당 하루에 공급되는 식품의 양은 평균 3,000킬로칼로리에 달한다. 이 공급량의 30% 이상은 지방으로 구성되어 있으며, 포함된 단백질의 양 또한 하루 권장량을 훌쩍 넘어선다. 연간 육류 공급량만 보더라도 그 규모를 짐작할 수 있는데, 도축된 고기 무게를 기준으로 1인당 100킬로그램을 넘는 경우가 많다. 이는 성인 평균 체중인 70킬로그램보다도 훨씬 많은 양이다.

식량 생산은 지구의 한정된 땅과 자원을 두고 다른 생물 종과 벌이는 가장 거대한 경쟁이다. 그런 만큼, 결국 버려질 음식을 생산하는 행위는 생태계에 심각한 부담을 주는 일이다. 미국의 사례를 보면 문제의 심각성을 알 수 있다. 식량 수급표에 따르면 최근 미국인 한 명에게 하루에 공급되는 식량은 약 4,000에서 4,200킬로칼로리에 달한다. 이는 체격이 큰 성인 남성이 하루 종일 고강도 육체노동을 해야 소모할 수 있는 엄청난 양이다.

물론 미국 농무부USDA는 이 공급량 전체가 소비되지는 않는다고 본다. 유통 과정에서의 부패나 손실을 고려하여 조정한 값은 하루 2,600킬로칼로리다. 하지만 이 수치조차도 문제가 있다. 이는 여전히 전체 인구의 평균 섭취량으로 보기에는 과도하게 높은 값이기 때문이다. 특히 활동량이 적은 노인이나 체구가 작은 어린이까지 포함한 평균치라고 생각하면 더욱 그렇다.

그렇다면 실제 낭비되는 양은 얼마나 될까? 이를 추정하는 한 가지 방법은 사람들의 기억에 의존하는 것이다. 최근 한 연구에서 사람들에게 무엇을 먹었는지 기억해서 답하게 하는 방식으로 실제 섭취량을 조사했더니, 2세 이상 미국인의 하루 평균 섭취량은 약 2,100킬로칼로리로 나타났다. 만약 하루 공급량이 3,600킬로칼로리라고 가정하고 이 결과를 대입하면, 매일 1인당 1,500킬로칼로리가 버려진다는 계산이 나온다.

물론 이 계산은 어디까지나 추정일 뿐이며, 기억에 의존하는 조사는 부정확할 수 있다. 다행히 낭비량을 더 정확하게 파악할 다른 방법이 있다. 바로 개인의 체중 변화와 실제 섭취량을 연관 지어 신진대사에 필요한 에너지양을 계산하는 생리학적 모델을 사용하는 것이다. 이 정교한 모델을 미국 인구에 적용해 본 결과, 실제 섭취량은 1974년 하루 2,100킬로칼로리에서 2005년 2,300킬로칼로리로 소폭 증가한 것으로 밝혀졌다. 이 수치 역시 공급량과는 큰 차이를 보여, 막대한 양의 음식이 생산되어 버려지고 있음을 다시 한번 확인시켜 준다.

하지만 같은 30년 동안 1인당 식량 공급량은 3,000kcal에서 3,700kcal로 증가했다. 결국 1974년 소매 공급량의 28%였던 음식물 쓰레기 비율은 30년 만에 40%로 증가하여, 하루 평균 1,400kcal 이상이 버려지게 된 것이다. 이렇게 버려지는 식량 에너지는 하루 2,200kcal를 기준으로 했을 때, 세계에서 다섯 번째로 인구가 많은 브라질 전체 인구에 해당하는 2억 명 이상에게 영양을 공급할 수 있는 엄청난 양이다.

음식물 쓰레기 문제는 부유한 국가들에서 공통적으로 나타나는 현상이다. 영국의 한 조사는 가정에서 구매한 전체 식품의 약 21%가 그대로 버려진다고 밝혔다. 버려지는 음식물 중에서는 채소가 40%로 가장 많았고, 육류와 생선이 20%를 차지했다. 특히 소시지나 베이컨, 즉석 조리 식품 등은 포장도 뜯지 않은 채 버려지는 경우도 많았다.

캐나다의 한 연구는 이 문제를 더욱 극적으로 보여준다. 이 연구는 캐나다에서 생산되는 전체 식품의 58%가 손실되거나 폐기된다는 높은 추정치를 내놓았다. 연간 총 3,550만 톤에 달하는 양이다. 이 중 34%는 가공 과정에서, 24%는 생산 단계에서 사라지지만, 주목할 점은 전체 손실 및 폐기물의 32%는 소비자들이 조금만 신경 쓰면 줄일 수 있는 부분이라는 사실이다. 부유한 국가 중 가장 검소하게 식량을 소비하는 것으로 알려진 일본도 예외는 아니다. 일본 고령층의 하루 평균 섭취량은 2,000킬로칼로리 미만일 정도로 적은 편이다. 그럼에도 불구하고 1인당 하루에 2,500킬로칼로리에 달하는 식량이 공급되기 때문에, 결국 가정에서 최소 25%의 음식물 쓰레기가 발생하고 있다.

이러한 낭비는 전 지구적인 규모로 일어난다. 국제연합식량농업기구FAO의 연구에 따르면, 유럽과 북미에서는 1인당 연간 약 100킬로그램의 음식이 버려진다. 2018년 기준 유럽연합, 미국, 캐나다의 인구를 합하면 약 8억 6천만 명이므로, 이 지역에서만 매년 9천만 톤에 가까운 음식이 쓰레기가 되는 셈이다. 식품 종류별로 보면 낭비율은 더 구체적으로 드러난다. 생산된 육류의 10% 이상, 채소의 20~30%, 곡물의 25%가 최종적으로 버려진다.

음식물 쓰레기는 단순히 음식만 낭비하는 데서 그치지 않는다. 앞서 설명했듯이, 닭고기나 돼지고기 한 조각을 버리는 것은 그 동물을 키우는 데 들어간 몇 배나 되는 식물성 사료까지 함께 버리는 것과 같다. 더 나아가 버려진 음식물은 토양과 수질을 오염시키는 질산염을 배출하고, 불필요한 토양 침식을 유발하며, 축산 과정에서 남용된 항생제에 대한 내성을 확산시키는 등 다양한 환경 문제를 일으킨다. 여기에 더해, 음식물을 포장하는 데 쓰인 막대한 양의 종이, 금속, 유리, 그리고 여러 종류의 플라스틱 폐기물 문제까지 더해져 상황을 더욱 복잡하게 만든다.

반면, 저소득 국가에서는 대부분의 음식물 쓰레기가 부적절한 보관 시설 때문에 발생한다. 따라서 전반적인 공급률이 낮고 육류와 유제품 섭취가 부족함에도 불구하고, 저소득 국가에서 일반적으로 발생하는 식량 손실 규모는 부유한 국가와 비슷한 수준이다. 전체 식품 시스템의 규모와 복잡성을 고려할 때, 식품 손실률을 한 자릿수의 낮은 비율로 줄일 수 있다는 기대는 다소 비현실적이다. 하지만 동시에 20%나 25%를 초과하는 손실률을 정당화할 근거 또한 없다.

막대한 양의 손실이 발생한 후에도, 우리가 실제로 소비하는 음식의 양은 여전히 너무 많으며, 이는 최근 비만 인구 증가에 직접적인 영향을 미치고 있다. 오늘날 아동기부터 증가하는 비만은 단순히 신진대사의 자연스러운 결과가 아니다. 건강한 식습관을 무시한 폭식과 주로 앉아서 생활하는 습관 등이 직접적인 원인이다. 모든 인구 집단의 체중 분포는 정규 분포 곡선을 따르므로, 평균보다 체중이 많이 나가는 사람은 항상 존재하기 마

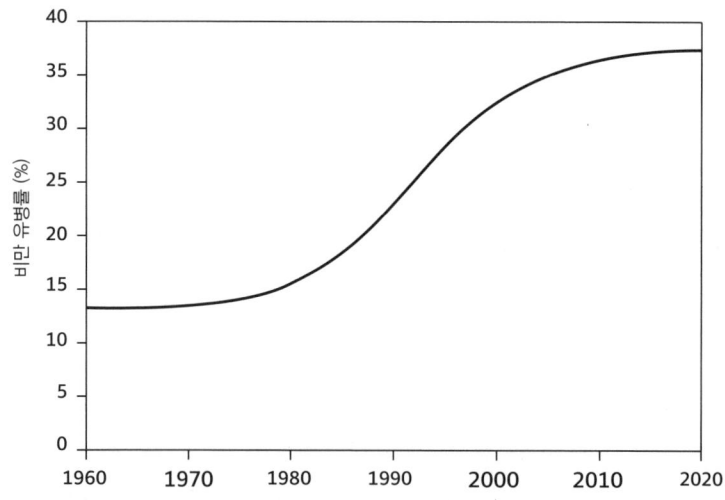

**그림 3.4**_미국에서 체질량 지수 30~35 사이에 해당하는 비만의 유병률은 1970년대까지 안정적이었다. 이후 로지스틱 적합점은 전체 인구의 약 38%에 해당하는 점근값을 보인다.

련이다. 그렇다고 해서 평균 체중 자체가 올라가야 할 정당한 이유는 없다. 미국의 자료를 보면 비만 증가는 단순히 식량 공급 증가 때문만이 아니라, 개인이 선택적으로 과식하고 신체 활동을 충분히 하지 않기 때문이라는 점을 알 수 있다(그림 3.4 참조).

이를 이해하려면 먼저 BMI(체질량지수)에 대해 알아야 한다. 정상 체중의 BMI 범위는 19에서 25 사이다. BMI가 25에서 30 사이인 사람은 과체중, 30이 넘으면 비만으로 분류된다. 제2차 세계대전 이후 미국에서 BMI 25를 초과하는 인구 비율은 1970년대 후반까지 일정하게 유지되었는데, 이 중 과체중은 인구의 3분의 1, 비만은 8분의 1을 차지했다. 그러나 세기 말로 접어들면서 과도한 하루 섭취량과 줄어드는 신체 활동량으로 인해 비만이 만연하기 시작했다. 성인 비만율은 2010년 약 36%까지 증가했고, 여기에는 고도 비만 5%가 포함되었다. 거의 같은 비율의 성인들이 과체중으로 분류되어, 현재 미국 성인 4명 중 3명은 BMI가 비정상이며, 명백히 비만으로 보이는 사람들은 어디에서나 쉽게 찾아볼 수 있다. 더욱이 요즘 비만은 더 이른 연령에서 시작되고 있다. 현재 6~11세 아동과 12~19세 청소년 모두 과체중 및 비만 비율이 50%를 넘어서며, 저소득층에서는 그 비율이 훨씬 더 높다. 이러한 증가는 특히 우려스러운데, 아동기 비만은 대개 평생 지속되기 때문이다.

불명예스럽게도 비만율 1위인 미국을 바짝 뒤쫓는 나라들이 여럿 있다. 성인 남성의 과체중 및 비만율은 현재 소국인 쿠웨이트와 카타르뿐만 아니라 호주, 멕시코, 영국, 독일, 체코, 포르투갈에서도 60%를 넘는다. 성인 여성의 비만율은 언급된 모든 나라와 더불어 남아프리카공화국과 모로코에서도 50%보다 높다. 세계적인 비만 추세 역시 심상치 않다. 1980년부터 2008년 사이, 전 세계 200개국 중 8개국을 제외한 모든 나라에서 성인 BMI가 증가했으며, 전 세계 남성과 여성의 평균 BMI는 24까지 상승했다.

전체 비만 아동 및 청소년 수는 40년 동안 10배 증가하여 2016년에는 1억 2,400만 명에 달했고, 여기에 과체중 인구 2억 1,300만 명이 더해졌다. 이러한 세계적 추세가 계속된다면 2022년에는 비만 아동 수가 영양 부족 아동 수를 넘어설 것으로 예측되었다.

음식과 건강의 관계, 특히 지방 섭취가 심혈관계 질환이나 당뇨병에 미치는 영향은 오랫동안 중요한 연구 주제였다. 하지만 그 연구 결과들을 자세히 들여다보면, 우리가 상식처럼 여겼던 많은 사실이 실제로는 불확실한 근거 위에 서 있음을 알 수 있다.

과거 식단과 질병의 관계를 밝히려는 연구는 대부분 사람들이 무엇을 얼마나 먹었는지 기억에 의존해 답하는 방식으로 이루어졌다. 그러나 연구자 아처Archer와 그의 동료들은 이러한 방식에 근본적인 문제가 있다고 지적한다. 그들은 기억에 의존한 데이터는 신뢰할 수 없으며, 과학적 탐구 방법으로 볼 수 없다고 주장했다. 수많은 연구가 이런 방식으로 진행되었지만, 아처는 이 연구들에서 나온 자료는 타당하지 않으며, 현재 우리가 추측하는 것과는 달리 식단이 비만이나 여러 만성 질환의 직접적인 원인임을 입증하지 못한다고 결론 내렸다. 이는 다소 극단적인 주장일 수 있지만, 식단과 질병의 관계를 다룬 기존 연구들에 의문점이 많다는 점은 분명해 보인다.

우리가 지방 섭취를 줄여야 한다고 믿게 된 데에는 '프레이밍햄 심장병 역학 연구'의 역할이 컸다. 이 연구는 육류나 달걀, 유제품에 포함된 포화지방 섭취가 서구 사회의 심장 질환 사망률을 높이는 결정적인 요인인 것처럼 보이는 결과를 내놓았다. 이를 근거로 1957년 미국심장협회는 지방 섭취를 줄이는 것이 관상동맥 심장 질환을 예방하는 최선의 방법이라고 공식적으로 권고했다. 이후 의학자 앤셀 키스Ancel Keys 박사가 저지방 지중해식 식단을 적극적으로 알리면서, 저지방 식단은 건강을 위한 표준 지침처럼 자리 잡았다. 미국, 캐나다, 유럽의 식단 가이드라인은 성인에게 총지방 섭취량을 전체 칼로리의 30% 이하로, 포화지방은 10% 이하로 유지하고, 콜레스테롤 섭취도 제한하라고 권고했다.

역사학자 라 베르주La Berge는 저지방 식단이 어떻게 하나의 지배적인 이념으로 자리 잡고 의사, 정부, 식품 산업, 대중 매체를 통해 홍보되었는지를 상세히 기록했다. 그는 이 과정에 담긴 아이러니를 지적했다. 저지방 식단이 사회 전체를 휩쓸던 바로 그 시기에 미국인의 비만율은 급격히 치솟아 '비만 유행병'이라 불릴 정도였다는 것이다. 그럼에도 불구하고 미국 사회는 저지방이라는 신념에 사로잡혀 회의적인 목소리를 무시했고, 최근에 와서야 이러한 생각에 변화의 조짐이 보이기 시작했다. 이처럼 저지방 식단이 널리 퍼졌지만, 이것만으로 심혈관계 질환으로 인한 사망률이 크게 줄었다고 단정하기는 어렵다. 수많은 연구 결과가 이를 뒷받침하지 않기 때문이다. 또한 저지방 식단이 모든 사람에게 확실하고 안전한 효과를 내는지에 대한 의문도 여전히 남아 있다.

물론 20세기 후반 동안 지방 섭취는 양과 질 모든 면에서 크게 변했다. 동물성 지방 섭취는 줄고, 대신 불포화지방이 풍부한 식물성 기름 섭취가 늘었다. 그러나 최근의 연구들은 식단과 심장 질환 사이에 강력하고 보편적인 인과관계가 없음을 보여준다. 구체적으로 포화지방 섭취가 심혈관계 질환, 뇌졸중, 제2형 당뇨병으로 인한 사망률과 직접적인 관련이 없다는 연구 결과도 있다. 여러 관련 연구를 종합적으로 분석한 한 대규모 메타 연구는 "포화지방 섭취를 줄이고 다불포화지방 섭취를 늘리라는 기존의 지침을 명확하게 지지하는 증거는 발견되지 않았다"고 결론 내리기도 했다.

최근에는 더 구체적인 성분을 분석한 연구도 등장했다. 약 3천 명의 고령 성인을 대상으로 유제품 지방 섭취가 사망률에 미치는 영향을 추적한 한 연구는 복잡한 결과를 보여주었다. 유제품에서 섭취하는 특정 지방산(헵타데칸산)의 혈중 농도가 높을수록 심혈관계 질환이나 뇌졸중으로 인한 사망 위험은 오히려 낮아졌다. 하지만 다른 원인으로 인한 사망 위험은 반대로 높아지는 경향이 나타났다. 이는 특정 성분이 몸에 미치는 영향이 단순하지 않다는 점을 보여준다.

심지어 건강에 좋다고 널리 알려진 오메가-3 지방산의 효과에 대해서도 의문이 제기된다. 생선 기름 등에 많이 함유된 오메가-3 지방산을 많이 섭취하면 심혈관계 질환 위험을 낮춘다는 주장이 오랫동안 지지를 받아왔다. 그러나 관련 연구들을 종합한 가장 큰 규모의 메타 분석에서는, 이러한 지방산 섭취를 늘려도 전체 사망률이나 심혈관계 질환 발생에 미치는 영향은 거의 없거나 미미하다고 결론 내렸다. 이는 식단과 건강의 관계가 우리가 생각했던 것보다 훨씬 더 복잡하고 미묘하다는 사실을 일깨워 준다.

앞서 살펴본 지방 섭취와 심장 질환의 복잡한 관계와는 달리, 당뇨병과 설탕 소비의 연관성은 비교적 명확하게 드러난다. 당뇨병은 크게 두 종류로 나눌 수 있다. 제1형 당뇨병은 그 원인이 아직 정확히 밝혀지지 않았지만, 특정 유전적 요인이 발병 위험을 높이는 것으로 알려져 있다.

반면, 당뇨병 환자의 대부분을 차지하는 제2형 당뇨병은 이야기가 다르다. 물론 가족력이나 유전, 노화와 같은 요인이 영향을 미치지만, 병이 생기고 악화되는 데에는 식단과 생활 방식이 결정적인 역할을 한다. 특히 설탕이 많이 들어간 음료를 자주 마시거나, 과식과 운동 부족으로 비만이 되는 것이 주요 원인으로 꼽힌다. 과거의 전통적인 식단은 지방이 적고 복합 탄수화물 위주였지만, 오늘날에는 칼로리와 당분이 높은 가공식품을 더 많이 먹는다. 이러한 식단의 변화가 주로 앉아서 생활하는 현대인의 습관과 결합하면서, 제2형 당뇨병 발병률을 크게 높이고 있다.

제2형 당뇨병의 확산은 전 세계적인 현상이다. 2015년 기준으로 전 세계 당뇨병 환자는 약 4억 1,500만 명이었고, 이 중 90% 이상이 제2형 당뇨병이었다. 이러한 추세라면 2040년에는 환자 수가 6억 4,000만 명을 넘어설 것으로 예측되었다. 같은 해 미국에서는 인구의 약 10%인 3,000만 명이 당뇨병을 앓고 있었으며, 이 중 95%가 제2형 당뇨병 환자였다. 중요한 사실은 제2형 당뇨병은 상당 부분 예방이 가능하다는 점이다. 아시아, 유럽, 미국에서 진행된 여러 연구에 따르면, 당뇨병 발병 직전 단계에 있는 사람이라도 생활 습관을 개선하면 발병 위험을 30%에서 최대 60%까지 낮출 수 있었다. 가당 음료를 줄여 총 섭취 칼로리를 낮추고 운동량을 늘리는 것만으로도 큰 효과를 볼 수 있다는 것이다. 하지만 안타깝게도 현실은 다르다. 연구자 시걸Siegel과 그의 동료들이 아직 당뇨병에 걸리지 않은 미국 성인들을 조사한 결과는 충격적이다. 제2형 당뇨병의 위험을 낮추기 위한 생활 습관 목표를 제대로 실천하는 사람은 단 3%에 불과했다. 우리는 병을 예방할 방법을 알고 있지만, 대부분이 그 방법을 실천하지 않고 있는 셈이다.

### 환경 악화

농업 생산의 확대는 여러 환경 문제를 낳았다. 단위 면적당 생산량을 늘리는 농업의 집약화가 전 세계적으로 진행되고 있음에도 불구하고, 건조 지역의 토양 침식이나 질산염으로 인한 지하수 오염과 같은 오래된 문제들은 오히려 더욱 악화되었다. 여기에 더해, 대규모로 한 가지 작물만 재배하는 단일 경작이 생태계에 미치는 영향이나 중금속으로 인한 토양 오염처럼 과거에는 없었던 새로운 문제들도 계속해서 나타나고 있다.

또한, 작물을 재배하고 가축을 기르는 일은 생물 다양성을 파괴하고 온실가스를 배출하는 주요 원인이기도 하다. 이러한 영향에 대해서는 이 책의 뒷부분에서 더 자세히 다룰 것이다. 그러나 지금까지 농업의 대전환이 지구 환경에 남긴 가장 거대하고 명백한 흔적은 바로 농경지의 엄청난 확대였다.

과거 기록을 살펴보면, 전 세계 경작지 면적은 1700년 약 2억 6천만 헥타르$^{ha}$에서 2000년에는 15억 헥타르로, 300년 동안 약 여섯 배나 증가했다. 이러한 팽창은 크게 두 시기에 걸쳐 이루어졌다. 첫 번째 시기는 19세기 후반으로, 주로 북미와 아르헨티나, 러시아의 드넓은 초원이 농경지로 바뀌었다. 두 번째 시기는 1950년 이후로, 이번에는 아시아와 아프리카, 라틴아메리카의 열대우림을 베어내어 농경지를 확보하는 방식으로 진행되었다. 가축을 방목하기 위한 목초지는 이보다 훨씬 더 빠른 속도로 늘어났다. 1700년 이래 일곱 배나 증가하여 총면적이 32억 헥타르에 달했으며, 최근에도 열대우림을 파괴하며 계속 확장되고 있다. 오늘날 인류가 사용하는 경작지와 목초지를 모두 합한 면적은 약 48억 헥타르에 이른다. 이는 지구상에서 얼음으로 덮이지 않은 땅의 약 40%를 차지하는 어마어마한 넓이다. 북미 대륙과 아프리카 대륙 전체를 합친 것보다 약간 작은 면적의 땅이 오직 인류의 식량을 생산하기 위해 사용되고 있는 것이다.

전체적으로 볼 때, 식량 생산에 사용되는 토지 중 아주 작은 부분에서 발생하는 특정 환경 문제라 할지라도, 그 영향은 광범위하게 확대되었다는 사실을 알 수 있다. 이러한 현실은 단일 경작이나 토양 침식에 대한 자료를 통해 쉽게 확인할 수 있다. 단일 경작은 전체 경작지에서 차지하는 비중이 점점 커지고 있다. 주요 곡물 생산지의 단일 경작 총면적은 작은 나라 몇 개를 합친 것보다 넓거나, 심지어 세계에서 인구가 많은 국가의 전체 면적과 맞먹거나 이를 능가하기도 한다. 앞서 언급했듯이 캐나다의 프레리 지역에서는 과거 대부분 밀을 재배했지만, 현재는 유채(카놀라)로 대체되었고, 서유럽 일부 지역에서도 비슷한 변화가 일어났다. 미국에서 옥수수를 재배하는 면적은 약 3,500만 헥타르로 독일 전체 면적과 거의 같으며, 미국과 브라질의 대두 재배지는 각각 3,300만 헥타르로 말레이시아나 베트남의 국토 면적과 비슷하다. 이러한 지역에서는 인접한 넓은 밭들이 1,000헥타르$^{10km^2}$를 넘어서는 경우도 흔하다. 더욱이 브라질에서는 이러한 대규모 단일 경작지 중 상당수가 원래 숲이었던 지역을 파괴하여 조성된 것으로, 세계에서 가장 다양한 식물 군락이 거대한 단일 작물 재배지로 대체된 것이다.

현대 농업은 토양을 여러 방식으로 위협한다. 토양 침식은 농업의 오래된 문제지만, 밭고랑을 따라 한 줄로 작물을 심는 '줄뿌림 농법'이 확산되면서 더욱 심각해졌다. 식물의 잎이 땅을 충분히 덮기 전까지 흙이 그대로 드러나, 빗물에 쉽게 쓸려나가기 때문이다. 무거운 농기계의 사용도 새로운 문제를 낳았다. 농기계가 밭을 반복해서 오가면 흙이 단단하게 굳어지는 '답압' 현상이 발생한다. 단단해진 땅에는 물이 잘 스며들지 못하고 작물의 뿌리도 제대로 뻗지 못해, 결국 침식이 심해지고 수확량도 줄어든다.

또한, 과거와 달리 동물성 퇴비를 쓰거나 콩과 작물을 심어 땅의 힘을 돋우는 윤작이 줄어든 것도 큰 문제다. 농부들이 그 대신 화학 비료에 의존하면서 토양 속 유기물이 크게 줄어들었다. 토양 유기물은 지렁이를 비롯한 땅속 생물들에게 필수적인 탄소 공급원으로서, 토양 생태계의 건강을 좌우한다.

일부 지역에서는 토양 오염이 직접적인 위협이 되고 있다. 중국의 후난성, 쓰촨성 등 인구 밀집 지역에서는 농경지와 작물이 중금속에 오염되는 심각한 문제가 발생했다. 이러한 문제는 토양이 산성화되면서 더욱 악화되었다. 토양 산성화는 주로 공장에서 배출된 석탄 연소 가스가 원인이며 지금도 계속 진행 중이다. 땅의 산성도가 더 높아지면, 산성화된 땅에서 자란 쌀을 먹는 사람들의 건강까지 위협할 수 있다. 특히 카드뮴 같은 중금속에 오염되면, 그 농도가 법적 허용치보다 낮더라도 쌀의 수확량과 품질이 떨어지는 피해를 낳는다.

최근 수십 년 사이에는 완전히 새로운 종류의 토양 오염이 나타났다. 바로 얇은 비닐(폴리에틸렌 필름)으로 땅의 표면을 덮는 '멀칭 농법' 때문이다.

이 농법은 땅의 수분 증발을 막고 잡초와 해충을 억제하여 생산량을 늘리는 데 효과적이어서, 특히 건조하거나 추운 지역에서 널리 사용된다. 하지만 이 편리함에는 큰 대가가 따른다. 멀칭에 쓰이는 얇은 비닐은 쉽게 찢어지는 반면, 자연적으로 분해되지도 않고 재활용도 거의 불가능하다. 결국 잘게 부서진 비닐 조각들은 땅속에 그대로 남는다. 심한 곳은 땅속 30센티미터 깊이까지 헥타르당 수백 킬로그램의 비닐 조각이 쌓여 있기도 하다. 이렇게 쌓인 비닐 조각들은 토양의 구조를 망가뜨리고 땅속 생물들에게 해를 끼치며, 씨앗이 싹트는 것을 방해한다. 그 결과 밀과 목화의 생산량이 점차 감소하는 부작용이 나타나고 있다. 재활용이 어려운 이유는 비닐이 너무 얇고 쉽게 더러워지기 때문인데, 차라리 더 두꺼운 필름을 쓰는 것이 내구성이나 재활용 측면에서 더 나은 대안이 될 수 있다.

폴리에틸렌 필름으로 인한 오염은 현재 다수의 국가에서 흔하게 나타난다. 필름으로 덮인 경작 면적이 가장 넓은 나라는 중국으로, 2011년에는 약 120만 톤의 폴리에틸렌이 전국 재배 면적의 약 15%에 해당하는 거의 2,000만 헥타르를 덮는 데 사용되었다. 이 플라스틱 필름에서는 프탈레이트라는 화학 물질이 방출된다. 프탈레이트는 플라스틱을 부드럽고 유연하게 만들기 위해 첨가하는 일종의 가소제인데, 이것이 토양으로 스며드는 것이다. 그 결과, 현재 중국 토양의 프탈레이트 오염 농도는 세계에서 가장 높은 수준이 되었고, 대부분 지역에서 이미 허용 기준치를 훌쩍 넘어선 상태다. 프탈레이트 오염만이 문제는 아니다. 이미 중국 전체 경작지의 약 20%는 다양한 종류의 독성 물질로 오염되어 있으며, 그 오염도는 국가가 정한 기준치를 넘어선 것으로 보고되었다.

농업에 쓰이는 플라스틱 필름은 땅을 덮는 비닐 멀칭에만 국한되지 않는다. 이보다 더 두꺼운 필름은 채소를 키우는 거대한 비닐하우스를 만드는 데 사용된다. 이러한 비닐하우스가 얼마나 넓은 지역을 뒤덮을 수 있는

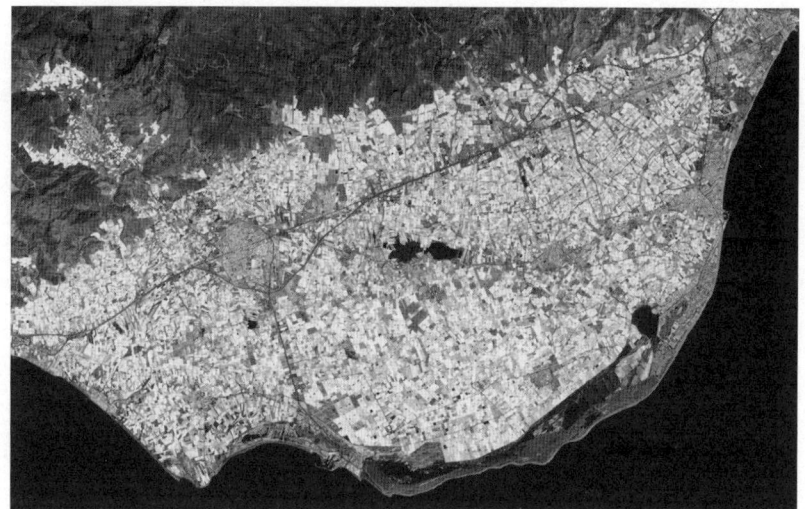

**그림 3.5**_비닐하우스는 사실상 스페인 안달루시아 지방 A7 고속도로 남쪽의 모든 토지를 덮고 있다. 위성사진에서 보이는 고속도로(서남서에서 동북동 방향으로 이어짐)의 길이는 대략 35km이다.

지는 스페인 남부의 알메리아 지방을 보면 알 수 있다(그림 3.5). 위성사진으로 보면 이 지역은 마치 하얀 플라스틱 바다처럼 보인다. 도로와 일부 마을을 제외한 약 450제곱킬로미터의 땅이 끝없이 이어진 비닐하우스로 완전히 덮여 있기 때문이다. 값싼 이주 노동력에 의존하는 이곳에서 유럽연합이 겨울철에 소비하는 채소의 대부분이 생산된다. 이렇게 드넓은 지역을 뒤덮은 플라스틱은 지역의 기후에도 영향을 미친다. 비닐 표면이 햇빛을 반사하면서 그 지역의 햇빛 반사율, 즉 '알베도$^{albedo}$'를 인위적으로 높이는 것이다.

농업으로 인한 토양 오염은 결국 수질 오염으로 이어진다. 농업의 대전환은 오랫동안 존재해 왔던 이 문제를 전례 없는 수준으로 악화시켰다. 대표적인 예가 질산염으로 인한 오염이다. 과거에도 동물 축사나 퇴비 더미에서 나온 질산염이 녹아 나와 우물이나 하천을 오염시키는 일은 흔했다. 하지만 이는 대부분 농장 주변에만 영향을 미치는 지역적인 문제에 머물렀다.

그러나 오늘날에는 상황이 완전히 달라졌다. 화학 비료의 사용이 폭발적으로 늘어나면서 막대한 양의 질산염이 토양에 쏟아부어지고 있다. 이 질산염은 빗물에 씻겨 멀리 떨어진 강까지 흘러 들어간 뒤, 최종적으로는 바다로 유입된다. 이렇게 바다로 흘러든 과도한 영양분은 특정 플랑크톤을 급격히 증식시키고, 이는 결국 물속의 산소를 고갈시켜 해양 생물이 살 수 없는 거대한 '데드존dead zone', 즉 죽음의 바다를 만든다. 지역적이던 문제가 이제는 전 지구적인 해양 생태계를 위협하는 문제로 확대된 것이다.

농경지에서 흘러나온 과도한 질소와 인은 강과 바다로 흘러들어 부영양화라는 현상을 일으킨다. 부영양화란 물속 영양분이 너무 많아져 조류가 비정상적으로 무성하게 번식하는 것을 말한다. 이렇게 늘어난 조류가 죽어 물속에서 분해될 때 막대한 양의 산소를 사용해버린다. 결국 물속 산소가 부족해지거나 완전히 사라져 물고기를 비롯한 생물이 살 수 없는 죽음의 바다, 즉 데드존이 만들어진다. 현재 주요 데드존은 미국 멕시코만, 북서 유럽의 바다, 일본 남부 해안, 그리고 동중국해 등에 나타나고 있다. 이외에도 농약 잔류물과 가축 배설물에 섞여 나오는 항생제 역시 심각한 수질 오염을 일으킨다. 특히 공장식 축산 시설에 빽빽하게 들어찬 수많은 소, 돼지, 닭이 쏟아내는 분뇨를 처리하는 문제는 매우 심각한 상황이다.

음식을 냉장하거나 냉동시켜 먼 거리를 운송하는 과정은 온실가스 배출량을 크게 늘리는 원인이 되었다. 대륙을 넘나드는 과일, 채소, 육류, 유제품의 수송은 물론이고, 북미나 유럽연합처럼 같은 대륙 안에서의 운송 거리도 상상을 초월한다. 예를 들어, 미국 캘리포니아에서 수확한 채소를 동부의 뉴잉글랜드 지역으로 보내려면 4,500킬로미터를 이동해야 한다. 멕시코에서 생산된 망고와 아보카도가 캐나다까지 운송되는 거리도 4,000킬로미터에 달한다. 유럽의 사정도 마찬가지다. 스페인에서 재배된 후추와 딸기가 스웨덴 스톡홀름의 시장에 도착하려면 3,500킬로미터를 이동해야 하고, 이탈리아 남부에서 온 토마토가 스코틀랜드까지 가려면 3,000킬로미터를 여행해야 한다.

농업은 전 세계 온실가스 배출에 막대한 영향을 미쳤다. 먼저 이산화탄소는 주로 토지 이용 방식이 바뀔 때 배출된다. 숲이나 초원을 밀어내고 밭이나 목초지를 만드는 과정에서 이산화탄소가 나온다. 또한 밭을 갈거나 작물을 수확한 뒤 남은 것들이 썩을 때도 토양 속 유기물이 변하면서 이산화탄소가 배출된다. 메테인은 주로 소나 양 같은 되새김질 동물이 장내 발효 과정에서 트림 등으로 배출하거나, 물을 가둬 산소가 없는 상태로 벼를 재배하는 논에서 발생한다. 유기물이 산소 없이 썩을 때도 메테인이 나온다. 마지막으로 아산화질소는 주로 밭에 뿌려진 화학 비료, 가축의 분뇨, 그리고 농작물 잔여물 등에서 배출된다.

가축이 내뿜는 메테인이나 토양에서 나오는 아산화질소의 양은 상황에 따라 매우 크게 달라지기 때문에 정확한 배출량을 측정하기는 어렵다. 그래서 보통 농업으로 인해 배출되는 온실가스의 총량은 추정 범위로 제시된다. 과학자들은 농업 분야가 전체 온실가스 배출량의 20%에서 30%를 차지할 가능성이 높다고 본다. 농업이 배출하는 온실가스의 비중이 이렇게 큰 이유는 메테인과 아산화질소의 특성 때문이다. 이 두 가스는 이산화탄소보다 훨씬 강력하게 지구의 열을 가두어 지구 온난화를 일으키는 효과가 있다. 하지만 반대로 목초지와 경작지를 잘 관리하면 토양이 유기 탄소 형태로 상당한 양의 이산화탄소를 흡수하는 저장고 역할을 할 수도 있다.

# 04

## 에너지의 대전환

===== 에너지 전환을 이끈 세 가지 핵심 요소 =====

화석 에너지와 전기를 직접적으로나 간접적으로 더 많이 사용하게 되면서 우리 생활과 사회는 이전과는 비교할 수 없을 정도로 크게 발전했다. 만약 이러한 에너지 사용의 증가가 없었다면, 농작물 생산과 축산업의 생산성은 지금처럼 크게 늘지 못했을 것이다. 또한, 이전보다 저렴한 가격으로 다양한 음식을 맛보는 것도 어려웠을 것이다. 실제로 화석 연료와 전기는 인간의 모든 활동 방식에 엄청난 변화를 가져왔다. 예를 들어, 공장에서 물건을 만드는 산업 생산 과정의 효율성은 크게 높아졌다. 또한, 새롭게 등장한 여러 교통수단 덕분에 더 빠르고 편안하게 이동할 수 있게 되었으며, 사람들이 여가를 즐기는 방식까지도 이전과는 완전히 달라졌다.

이처럼 화석 연료와 전기에 대한 의존도가 높아지면서 경제에도 커다란 영향이 나타났다. 일자리가 생기고 사라지는 노동 시장이 근본적으로 변했으며, 물건을 만드는 제조업의 생산성은 눈에 띄게 향상되었다. 경제의 중심축도 농업이나 광업 같은 1차 산업과 제조업 같은 2차 산업에서 서비스업으로 이동하는 현상이 나타났다. 그 결과 나라 전체의 생산량이 증가하고 국민 한 사람당 벌어들이는 소득도 크게 늘어났다. 이렇게 에너지 의존이 경제에 미친 구체적인 변화에 대해서는 다음 장에서 더욱 자세히 살펴볼 예정이다.

이 장에서 필자는 에너지 대전환을 이끈 세 가지 중요한 변화에 초점을 맞추고자 한다. 첫 번째 변화는 주요 에너지원이 나무나 풀과 같은 식물 자원에서 석탄이나 석유 같은 화석 연료로 빠르게 바뀌었다는 점이다. 두 번째 변화는 동력의 근원이 바뀐 것이다. 과거에는 가축의 힘이나 사람의 노동력 같은 생물 동력에 주로 의존했지만, 점차 기계의 힘과 같은 무생물 동력을 사용하게 되었다. 세 번째 변화는 현대 사회가 전기를 폭넓게 사용하게 된, 이른바 '전기화' 현상이다. 이는 화석 연료를 태워 쓰는 것보다도 우리 생활과 사회 전반에 훨씬 더 큰 변화를 가져온 발전이었다. 마지막으로, 과거에는 한정된 용도로만 사용되던 에너지의 쓰임새가 점점 더 다양해졌다는 점 역시 중요한 변화로 꼽을 수 있다.

이러한 에너지 사용 방식의 변화 과정에서 주목할 만한 기술적 발전도 함께 이루어졌다. 예를 들어, 에너지 전환 효율이 눈에 띄게 좋아졌는데, 이는 같은 양의 에너지 자원을 투입하더라도 더 많은 유용한 일을 할 수 있게 되었음을 의미한다. 또한, 에너지 집약도, 즉 일정한 경제적 가치를 생산하는 데 필요한 에너지의 양이 줄어드는 긍정적인 현상도 나타났다. 하지만 이러한 여러 발전에도 불구하고, 우리는 여전히 너무 많은 폐기물을 만들어내고 있다는 문제점을 안고 있다.

## 짧은 시간 안에 이루어진 에너지 전환

다시 한번 강조하지만, 산업화가 시작되기 이전 수천 년 동안 세상은 거의 발전이 없거나 아주 느리게 변화했다. 하지만 19세기 후반부터는 매우 빠른 변화가 나타나기 시작했는데, 이 두 시대 사이에는 뚜렷한 차이가 있다. 이렇게 오랫동안 발전이 더뎠던 주된 이유 중 하나는 열을 얻는 방식에 있었다. 당시 사람들은 주변에서 쉽게 구할 수 있는 나무, 숯, 짚, 가축의 마른 똥과 같은 생물 자원 연료에만 의존했다. 하지만 이러한 연료를 사용하는 방식은 매우 비효율적이어서, 이것이 바로 발전이 정체되었던 시기의 가장 눈에 띄는 공통된 모습이었다. 당시 사람들은 나무나 짚과 같은 생물 자원 연료를 주로 맨땅 위나 간단한 화덕, 혹은 효율이 낮은 벽난로나 난로에서 태웠다. 이 과정에서 연료가 가진 에너지의 90% 이상이 열로 제대로 활용되지 못하고 그냥 사라져 버렸고, 동시에 집 안의 공기는 심각하게 오염되었다. 안타깝게도 오늘날에도 경제적으로 어려운 나라에서는 여전히 20억 명이 넘는 사람들이 음식을 만들 때 이처럼 비효율적이고 건강에 해로운 방식을 사용하고 있어 실내 공기 오염으로 고통받고 있다. 숯은 거의 순수한 탄소로 이루어져 연기가 거의 나지 않아 실내에서 사용하기에 더 나은 연료였다. 그래서 숯을 사용하면 앞서 언급한 실내 공기 오염의 위험을 크게 줄일 수 있었지만, 가격이 비싸 널리 쓰이지는 못했다.

한편, 주요 에너지원을 나무와 같은 식물 자원에서 석탄으로 바꾸는 변화는 영국에서 특별히 일찍 시작되었다. 영국은 이미 16세기부터 이러한 에너지 전환의 첫발을 내디뎠다. 다른 유럽 나라들과 미국은 영국보다 200년에서 250년 정도 늦게 이러한 변화의 흐름에 동참했다. 이들 나라에서 석탄은 한동안 가장 중요한 핵심 에너지원으로 자리를 잡았지만, 그 지위는 한 세기를 채 넘기지 못했다. 곧이어 원유를 정제해서 만든 석유 제품들이 등장했고, 이후에는 천연가스가 석탄을 보완하거나 아예 대체하면서 에너지 시장에서 차지하는 비중이 점점 더 커졌기 때문이다. 모든 나라가 똑같은 순서로 에너지원을 바꾸지는 않았다. 일반적인 변화의 흐름은 나무에서 석탄으로, 다시 석탄에서 석유나 천연가스와 같은 탄화수소 연료, 그리고 수력이나 원자력 발전 등을 통해 얻는 1차 전기로 넘어가는 것이었다. 하지만 어떤 나라들은 나무와 같은 전통적인 생물 자원 연료를 사용하다가 석탄 단계를 건너뛰고 바로 석유나 천연가스와 같은 탄화수소 연료로 넘어가기도 했다. 또 다른 나라들은 수력 발전에 크게 의존하는 에너지 체계를 갖추기도 했다.

주된 에너지원은 시대의 흐름에 따라 나무에서 석탄으로, 그리고 석유를 거쳐 천연가스로 바뀌어 왔다. 하지만 이는 주로 난방이나 조명에 사용되는 에너지의 이야기다. 물건을 옮기거나 기계를 움직이는 힘, 즉 기계적 에너지를 얻는 방식의 역사는 이와는 조금 다른 경로를 거쳤다. 인류 역사의 아주 오랜 기간 동안 기계적 에너지를 얻는 유일한 방법은 사람의 힘, 즉 노동력뿐이었다. 이러한 상황은 약 7천여 년 전 일부 사회에서 동물을 가축으로 기르면서 바뀌기 시작했다. 소나 말처럼 일하는 가축이 점차 중요한 동력원으로 자리 잡았다. 쟁기나 수레를 끌 수 있도록 고안된 마구와 같은 기술이 발전하고 가축을 먹이는 방식이 나아지면서, 동물들은 일부 농경 사회에서 움직임에 필요한 에너지의 상당 부분을 책임지게 되었다. 사람과 동물의 힘 외에도, 과거 여러 사회에서는 자연의 힘을 이용하기도 했다. 흐르는 물이 가진 힘으로 물레방아를 돌리거나 세차게 부는 바람으로 풍차를 움직여 필요한 에너지를 얻었다.

**나무에서 석탄으로의 전환**

사람들이 열매를 따거나 사냥을 하며 살았던 수만 년의 긴 시간 동안, 그리고 이후 약 1만 년에 걸친 전통적인 농경 사회에서도 식물은 사람들이 쓸 수 있는 거의 유일한 열에너지원이었다. 그중에서도 주로 나무와 같은 식물 자원이 사용되었다. 나무를 태워 만든 숯이나, 수확하고 남은 짚이나 쭉정이 같은 다양한 농작물 부산물들이 부족한 땔감을 보충해 주었다. 숲이 사라져 나무가 귀해진 지역에서는 이러한 농작물 부산물이 유일하게 기댈 수 있는 얼마 안 되는 연료이기도 했다. 대부분의 사회가 주요 에너지원을 나무에서 석탄으로 바꾸는 과정을 겪었지만, 눈에 띄는 예외도 있었다. 17세기 황금기를 누렸던 네덜란드가 대표적이다. 네덜란드는 당시 땅속에 묻힌 식물이 오랜 시간 동안 압력을 받아 반쯤 탄화된 연료인 이탄과 함께 풍차를 이용한 바람의 힘을 주요 에너지원으로 활용했다. 하지만 질 좋은 이탄이 대부분 고갈되자, 네덜란드 역시 결국 석탄을 사용하는 방향으로 나아갔다.

인류가 경험한 첫 번째 에너지 전환이 어떤 의미를 갖는지 제대로 이해하려면, 먼저 전통 사회에서 1인당 나무 사용량이 얼마나 적었는지를 살펴볼 필요가 있다. 1800년 무렵 독일의 1인당 연간 땔감 소비량은 7기가줄$^{GJ}$에 불과했다. 이는 무게로 환산하면 500킬로그램이 채 되지 않는 양이다. 프랑스는 약 9기가줄로 독일보다 약간 많았지만, 스웨덴은 35기가줄 이상으로 훨씬 풍부했다. 물론 지역별로 편차는 컸고, 특히 대도시의 에너지 소비량이 많았다. 예를 들어 1818년 파리 시민 한 명은 한 해에 평균적으로 나무 1.43세제곱미터, 숯 226리터, 석탄 57리터를 사용했다. 이 에너지들을 모두 합하면 연간 약 20기가줄에 해당한다. 이 중 나무가 차지하는 비중은 약 16기가줄이었는데, 이는 당시 프랑스 전국 평균의 두 배에 달하는 수치였다. 산업 분야에서는 훨씬 더 많은 나무가 필요했다. 철 1톤을 생산하기 위해서는 숯이 8톤까지 필요했다. 숯 8톤을 만들려면 나무가 32톤이나 있어야 했다. 유리 1킬로그램을 만드는 데도 나무가 최대 2.4톤, 에너지로는 90메가줄$^{MJ}$이 소모되었다 (그림 4.1). 유럽의 상황과 비교하면 북아메리카의 풍부한 목재 공급은 더욱 두드러진다. 특히 삼림이 크게 파괴된 중국 북부 지역과 비교하면 그 차이는 더욱 극명했다. 1850년 미국의 1인당 목재 공급량은 약 95기가줄에 달했다. 이 수치는 당시 독일이나 프랑스보다 무려 10배나 높은 수준이었다.

고대 중국 북부에서는 철광석을 녹이는 데 석탄을 사용했고, 로마 시대 영국이나 중세 유럽 일부 지역에서도 난방용으로 석탄을 썼다. 하지만 석탄을 대규모로 채굴하기 시작한 것은 16세기 영국에서부터였다. 당시 석탄은 주로 금속을 가공하거나 비누, 맥주를 만드는 데 쓰였고 가난한 가정의 난방 연료로도 사용되었다. 특히 연료와 제련할 물질을 직접 닿게 하지 않고 반사된 열로 높은 온도를 내는 새로운 방식의 용광로인 반사로가 등장하면서 석탄 채굴은 더욱 활발해졌다. 놀랍게도 18세기와 19세기에 영국을 세계 최대 석탄 생산국으로 만들었던 모든 탄전은 이미 1640년 이전에 개발된 곳들이었다. 영국의 석탄 생산량은 1600년 2만 5천 톤에서 1700년 3백만 톤으로, 다시 1800년에는 약 1천 3백만 톤으로 급증했다. 영국 전체 에너지 공급에서 석탄이 차지하는 비중은 늦어도 1620년에 이미 절반을 넘어섰고, 1650년에는 3분의 2, 1700년에는 4분의 3, 그리고 1800년에는 90%에 이르렀다.

수확한 나무의 양과 채굴한 석탄의 양을 각각의 에너지양으로 환산하면, 에너지 공급원에서 각 연료가 차지하는 비중의 변화를 추적할 수 있다. 예를 들어 공기 중에서 말린 나무는 톤당 17기가줄[GJ]의 에너지를, 단단한 무연탄은 30기가줄, 품질 좋은 역청탄은 25기가줄의 에너지를 포함한다. 이런 계산을 통해 석탄이 전체 에너지 공급량의 절반을 넘어서는 시점, 즉 전환점을 정확히 찾아낼 수도 있다. 이러한 에너지 전환 과정은 나라마다 독특한 특징을 보인다. 프랑스는 영토가 넓고 대부분의 지역에 숲이 잘 가꾸어져 있어, 1800년에도 나무가 전체 에너지의 90% 이상을 공급했다. 이 비중은 1850년에 75%로 줄었고, 1870년대 중반이 되어서야 50% 아래로 떨어졌다. 스웨덴 역시 20세기 초까지 경제 활동의 대부분을 나무에 의존했다.

18세기 말, 막 독립한 신생 국가였던 미국은 동부에 광활한 숲을 보유하고 있었다. 그러나, 19세기 중반에 이르러 뉴잉글랜드의 넓은 지역, 특

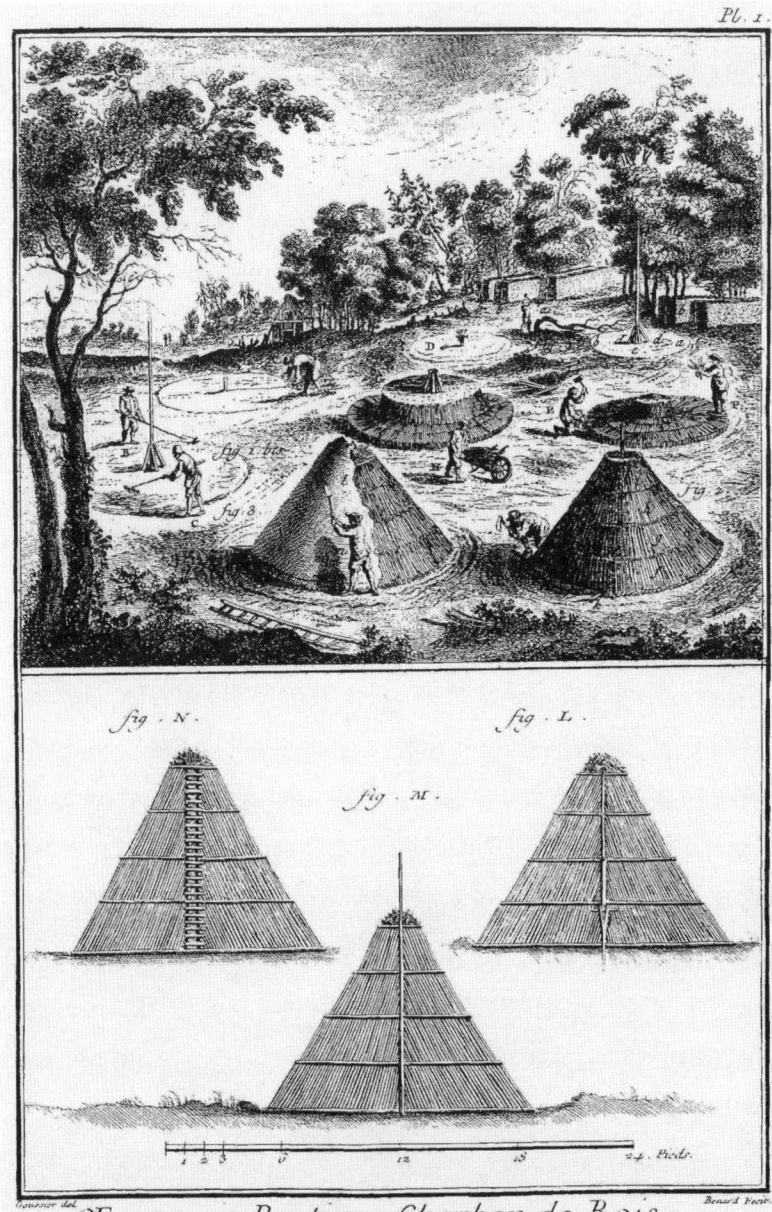

그림 4.1_목탄을 만드는 단계

히 매사추세츠주를 중심으로 숲이 심각하게 파괴되었다. 이로 인해 미국은 더 이상 나무와 숯만으로는 계속해서 성장하는 산업을 지탱할 수 없게 되었다. 미국에서 석탄 채굴이 전체 에너지 공급에서 차지하는 비중은 1851년에 10%를, 1863년에는 20%를 차지했다. 그리고 마침내 1884년에는 석탄이 나무보다 더 많은 에너지를 공급하는 주요 에너지원이 되었다. 1900년 석탄의 비중은 66%까지 올랐고, 1910년에는 77%로 정점을 찍었다. 이후 석탄이 차지하는 비중은 1976년에 16%까지 떨어졌다. 발전용 석탄 사용이 늘면서 2000년에는 그 비중이 거의 23%까지 잠시 회복되기도 했다. 하지만 그 후 석유와 천연가스 채굴이 늘면서 2019년 석탄의 비중은 다시 12%로 낮아졌다.

일본에서는 이미 1901년에 석탄 생산량이 전체 연료 공급량의 절반을 넘어섰다. 한편, 같은 시기 러시아에서는 여전히 나무가 전체 에너지의 최소 75~80%를 공급하고 있었다. 러시아에서 나무의 비중이 50% 아래로 떨어진 것은 미국보다 반세기나 늦은 1930년대 초반이었다. 중국은 20세기 전반기 동안 거의 전적으로 나무에 의존했으며, 공산당이 정권을 잡은 1949년에도 나무의 비중은 98%에 달했다. 중국 전체적으로 석탄이 주요 에너지원이 되는 전환은 1960년대 중반에 일어났지만, 나무와 짚에 의존하던 농촌 지역에서는 이러한 전환이 1988년까지 늦춰졌다.

나무에서 석탄으로의 에너지 전환 과정을 비교하는 한 가지 방법은, 특정 국가에서 석탄이 전체 에너지 공급의 5%를 차지하기 시작한 시점부터 50% 이상을 차지하게 된 해까지 걸린 시간을 살펴보는 것이다. 이 5%라는 수치는 대규모 석탄 채굴이 본격적으로 시작되는 일종의 '이륙점'을 의미한다. 이 기간은 프랑스가 75년, 스웨덴이 55년, 러시아가 약 50년, 미국이 41년, 일본이 31년이 걸렸다. 반면 중국은 겨우 14~15년밖에 걸리지 않았다. 영국을 제외하면, 오늘날 부유한 국가들은 대부분 19세기 말에 이미 에너지 전환의 상당히 진전된 단계에 있었으며, 오늘날의 평균 수명보다 짧은 기간 안에 전환의 정점에 도달했다. 여기서도 늦게 출발한 후발 주자들이 선발 주자들의 기술과 경험을 활용하여 더 빠르게 전환을 이룰 수 있었다는 점이 분명하게 드러난다.

각국의 에너지 전환 시점을 자세히 살펴보면, 흔히 19세기를 '석탄의 시대'라고 부르는 것이 얼마나 잘못되었는지 알 수 있다. 19세기는 수천 년간 이어져 온 '나무의 시대'의 마지막 시기였다. 당시 전 세계적으로 나무와 같은 생물 자원 연료의 사용량은 석탄 연소량보다 거의 다섯 배나 많았다. 전 세계 에너지 공급에서 석탄이 차지하는 비중은 제2차 세계 대전 이전에 이미 증가세를 멈추었지만, 석탄은 20세기 전반기 동안 가장 지배적인 에너지원이었다.

나무에서 석탄으로의 에너지 전환은 소규모 금속 제련과 수공업에 기반한 초기 산업화 단계에서 본격적인 산업화 단계로 나아가는 것을 가능하게 했다. 제철 산업의 역사를 살펴보면, 나무만으로는 산업 경제를 뒷받침하는 것이 왜 불가능했는지 명확히 알 수 있다. 수천 년 동안 철은 숯에 의존해 생산되었고 그 효율은 점차 개선되었다. 매우 효율적인 경우를 가정하여, 나무 3.5톤으로 숯 1톤을 만들고, 녹인 쇳물 1킬로그램당 숯을 단 0.7톤만 사용한다고 해보자. 만약 2018년 전 세계 총생산량인 12억 5천만 톤의 선철을 모두 숯에 의존해 생산한다면 약 30억 톤, 부피로는 약 47억 세제곱미터의 나무가 필요할 것이다. 참고로 2016년 전 세계에서 건축용 목재나 합판, 종이를 만들기 위해 수확한 통나무의 총량은 18억 세제곱미터였다. 이는 철광석을 녹이는 데만 필요한 나무 총량의 40%에도 미치지 못하는 양이다. 만약 이 모든 나무를 생산성이 높은 열대 조림지에서 길러야 한다면, 그 조림지의 면적은 아마존 분지 전체 면적의 절반을 쉽게 넘어설 것이다. 따라서 현대 사회가 필요로 하는 철강을 나무에만 의존해 생산하는 것은 불가능에 가깝다.

초기 에너지 시장의 성장을 이끌었던 네 가지 주요 분야가 있었다. 바로 가정 난방, 산업용 열과 온수 공급, 철도, 그리고 해상 운송이다. 하지만 이 시장들은 결국 더 저렴하고 사용하기 편리한 화석 연료로 모두 전환했다. 석유나 천연가스와 같은 탄화수소로의 에너지 전환이 일단 시작되자 석탄의 퇴장은 매우 빠르게 진행되었다. 특히 영국을 포함한 여러 나라에서는 석탄 산업이 완전히 자취를 감추는 단계에 이르렀다. 영국의 석탄 생산량은 1913년에 2억 8700만 톤으로 정점을 찍은 후 1950년대까지 높은 수준을 유지했다. 그러나 그 이후 북해에서 생산되는 석유와 천연가스에 밀려 나기 시작했다. 결국 영국의 석탄 생산량은 2000년에는 2000만 톤 아래로 떨어졌다. 그리고 2015년 12월, 노스요크셔에 있던 영국 마지막 심부 탄광이 문을 닫으면서 500년 넘게 이어져 온 영국 석탄 산업의 역사는 막을 내렸다 (그림 4.2). 다른 유럽 국가들도 비슷한 길을 걸었다. 네덜란드에서는 1974년에, 프랑스에서는 2004년에 석탄 채굴이 완전히 중단되었다.

이와 대조적으로 나무나 식물에서 얻는 에너지원은 부유한 국가들의 에너지 통계에서 완전히 사라진 적이 없다. 과거처럼 짐을 끄는 말이나 증기 기관차, 물레방아는 더 이상 쓰이지 않지만, 주요 경제국 어디에서도 식물 자원이 에너지원에서 완전히 배제된 적은 없다. 2017년 미국 전체 연간 에너지 소비량의 약 2%는 나무와 산업용 목재 폐기물에서 나왔다. 또한 전체 가구의 약 11%가 난방을 위해 장작이나 목재 펠릿을 태우고 있다. 2016년 유럽 연합 국가들은 전체 에너지의 약 6%를 나무와 목재 제품에서 얻었으며, 핀란드의 경우 그 비중이 24%에 달하기도 했다.

초기에 석탄 사용이 늘어난 것은 주로 산업용 연료, 가정용 연료, 그리고 증기 기관의 동력원이라는 세 가지 용도 때문이었다. 1882년부터는 석탄이 전기를 생산하는 데 점점 더 많이 사용되기 시작했다. 이렇게 발전용으로 쓰이는 석탄 수요가 늘어나면서, 초기의 세 주요 시장이 위축된 것을 상쇄하고도 남았다. 증기 기관과 가정 난방 시장은 결국 완전히 사라졌고, 산업 부문도 석유와 천연가스로 전환하면서 석탄 사용이 크게 줄었다. 용광로에 사용되는 코크스를 만들기 위한 제철용 석탄 시장도 한때 확대되었으나, 부유한 국가들이 고철을 재활용하여 강철을 생산하기 시작하면서 서구에서는 그 수요가 감소했다. 그러나 아시아 지역의 막대한 철강 수요로 인해, 현재는 중국과 인도가 세계에서 가장 큰 규모로 용광로를 가동하는 국가가 되었다.

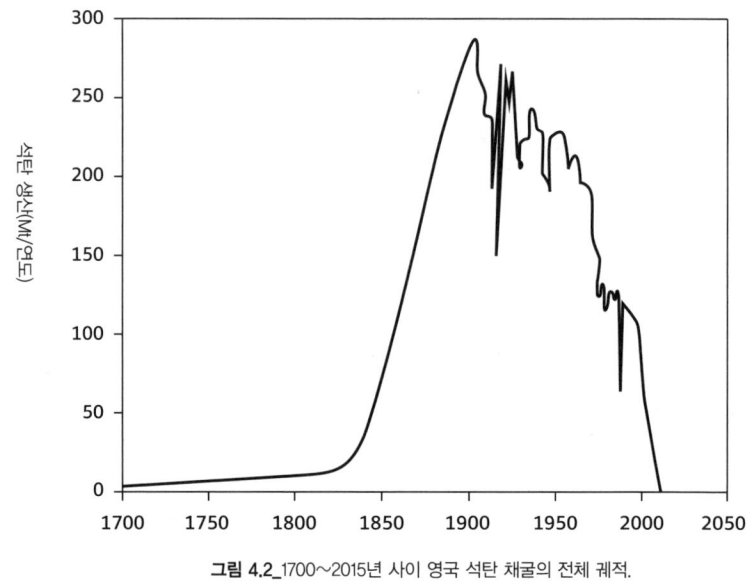

그림 4.2_1700~2015년 사이 영국 석탄 채굴의 전체 궤적.

### 탄화수소의 부상

20세기는 에너지의 시대였으며, 그 전반부를 지배한 왕은 단연 석탄이었다. 놀랍게도, 20세기 전체를 놓고 보아도 석탄은 원유보다 약간 더 많은 에너지를 공급했다. 측정 과정의 불확실성을 감안하더라도, 석탄은 적어도 원유만큼이나 중요한 에너지원이었다. 하지만 20세기 후반기로 접어들면서 둘의 위상은 빠르게 역전되었다. 이 시기에는 원유가 석탄보다 약 30% 더 많은 에너지를 공급했을 뿐만 아니라, 에너지의 '질'적인 측면에서도 훨씬 뛰어난 특성을 보였다.

에너지의 질적 차이는 에너지 밀도에서 가장 먼저 드러난다. 에너지 밀도란 같은 무게나 부피에 얼마나 많은 에너지를 담고 있는지를 의미한다. 일반적인 발전용 석탄 1톤은 약 22~25기가줄$^{GJ}$의 에너지를 내는 반면, 원유 1톤은 그보다 약 75%나 많은 42기가줄의 에너지를 품고 있다. 부피로 비교하면 차이는 더 명확해진다. 1세제곱미터의 공간에 석탄을 채우면 약 20기가줄의 에너지를 얻지만, 같은 공간에 원유를 채우면 거의 두 배에 가까운 38기가줄의 에너지를 얻을 수 있다. 이렇게 에너지 밀도가 높다는 것은 더 적은 공간에 더 많은 에너지를 저장하고 운반할 수 있다는 뜻이다. 바로 이 '휴대성'의 차이가 이동 수단의 운명을 결정했다. 이론적으로는 석탄 자동차도 가능하다. 실제로 1980년대 초, GM은 가루 석탄으로 달리는 캐딜락과 올즈모빌을 시험 제작하기도 했지만 상용화되지는 못했다. 하지만 석탄을 연료로 대륙을 횡단하는 비행기를 만드는 것은 불가능하다. 반면, 에너지 밀도가 높은 액체 연료는 자동차와 비행기 시대를 연 핵심 동력이 되었다. 또한, 액체 연료는 대형 유조선이나 파이프라인으로 운송하기가 훨씬 쉽고 저렴하며, 품질 저하 없이 오랫동안 보관할 수 있다는 장점도 있다.

원유의 또 다른 장점은 정제 과정을 통해 다양한 용도의 제품을 얻을 수 있다는 점이다. 가장 가벼운 성분인 휘발유는 승용차에, 그다음인 등유는 항공기 연료로 쓰인다. 더 무거운 경유는 대형 트럭, 중장비, 기차, 선박의 동력이 된다. 가장 무거운 잔사유는 난방이나 대형 선박의 연료로 사용된다. 연료뿐만이 아니다. 휘발유와 등유 사이에서 나오는 나프타는 수많은 공업 제품을 만드는 석유화학 산업의 핵심 원료가 되며, 가장 무거운 성분은 기계의 윤활유나 도로를 포장하는 아스팔트가 된다. 20세기 후반에 중요성이 커진 또 다른 화석 연료는 천연가스다. 주로 메테인으로 이루어진 천연가스는 매우 가볍지만 압축이 쉬워 대규모 파이프라인으로 운송하기 좋다. 다만, 액화 과정을 거치지 않으면 운송 수단에 쓰기 어렵고, 바다 건너로 운반할 때는 반드시 액화천연가스$^{LNG}$ 형태로 만들어야 한다. 천연가스에 섞여 있는 에탄, 프로판, 부탄 같은 성분들은 석유화학 산업에서 매우 유용한 원료로 쓰인다.

상업적 목적의 원유 채굴은 1850년대 러시아, 캐나다, 미국에서 처음 시작되었다. 당시에는 원유를 정제해서 얻는 등유가 가장 중요한 석유 제품이었다. 하지만 석유 산업의 초기 발전은 여러 제약에 부딪혔다. 원유를 운송할 만한 파이프라인이 부족했고, 정제 기술도 충분히 발달하지 못했다. 또한 등유를 뽑아내고 남은 벙커C유와 같은 무거운 석유 제품들을 소비할 시장도 마땅치 않았다. 1908년부터 자동차가 대량 생산되기 시작하면서 휘발유라는 새로운 시장이 열렸다. 하지만 제1차 세계대전 이전까지 원유를 국가의 주요 에너지원으로 사용한 나라는 러시아가 거의 유일했다. 미국에서는 1930년대 후반에 이르러 원유가 전체 상업용 에너지의 약 30%를 차지했고, 1950년에는 그 비중이 50%를 넘어섰다. 전 세계 대부분의 국가가 원유에 본격적으로 의존하기 시작한 것은 제2차 세계대전이 끝난 이후부터였다. 이는 저렴한 가격의 중동 산 원유가 대량으로 공급되었기 때문에 가능했다. 중동 지역 최초의 중요한 유전은 1908년 이란에서 발견되었다. 그 후 1920년대 후반부터 1960년대 초반 사이에 거대한 유전들이 잇달아 발견되었는데, 1948년에는 현재까지 세계 최대 유전으로 알려진 사우디아라비아의 가와르 유전이 발견되기도 했다. 이처럼 중동에서 생산된 원유를 전 세계로 대량 수출하기 위해서는 거대한 선박이 필요했고, 이는 1950년대와 1960년대에 대형 유조선이 개발되는 배경이 되었다.

원유가 석탄을 따라잡는 속도는 매우 빨랐다. 1950년만 해도 원유가 공급하는 에너지는 석탄의 절반에도 미치지 못했다. 그러나 불과 10년 뒤인 1960년에는 원유 공급량이 전 세계 석탄 소비량의 70%를 넘어섰다. 마침내 석유가 석탄보다 더 많은 에너지를 전 세계에 공급하는 역전이 일어났다. 유엔$^{UN}$ 공식 통계에 따르면 그 전환점은 1967년이었다. 하지만 석탄의 정확한 총생산량과, 이를 에너지양으로 환산하는 과정에는 약간의 불확실성이 존재한다. 이러한 점을 고려하면 실제 역전 시점은 이보다 **빠른 1963년이나 1964년이었을 가능성도 있다** (그림 4.3). 이후 석유의 비중은 계속 높아져 1973년과 1974년에 정점을 맞이했다. 이때 석유는 전 세계 상업용 1차 에너지의 약 48%를 차지했다. 하지만 이 수치는 20세기 초반 석탄이 차지했던 최고 점유율의 절반 정도에 불과한 것이었다. 물론 이는 나무나 숯과 같은 비상업적 에너지를 제외하고 상업용 에너지만을 기준으로 비교했을 때의 이야기다.

석유의 전성기는 길지 않았다. 1973년 석유수출국기구$^{OPEC}$가 주도하여 유가를 다섯 배나 올렸고, 1979년에는 다시 네 배 가까이 폭등시키는 두 차례의 석유 파동이 세계 경제를 강타했다. 이 충격으로 석유의 독주는 한풀 꺾였다. 석유의 절대 소비량은 1975년에 잠시 주춤했고, 1978년에 기록했던 최고점은 10년이 지난 1988년에야 다시 넘어설 수 있었다. 물론 그 이후로도 세계 경제가 성장하면서 석유의 절대적인 소비량 자체는 꾸준히 늘어, 2010년에는 1973년보다 50%나 더 많은 석유를 사용했다. 하지만 다른 에너지원의 사용량이 더 **빠르게** 늘면서, 전체 에너지에서 석유가 차지하는 비중은 계속해서 떨어졌다. 석유의 비중은 1990년에 39% 아래로 내려갔고, 2019년에는 중국의 막대한 석탄 소비 증가 등의 영향으로 약 33%까지 낮아졌다.

결과적으로 석유가 과거 전성기처럼 세계 1차 에너지 공급의 48%라는 최고 점유율을 다시 차지할 가능성은 거의 없어 보인다. 풍력이나 태양광 같은 재생에너지 발전의 비중이 커지고 있다는 사실은 언론의 많은 주목을 받았다. 하지만 석유의 상대적인 성장을 억제한 주된 요인은 재생에너지가 아니었다. 그보다는 천연가스가 전 세계적으로 사용되는 주요 연료로 부상한 것이 압도적인 원인이었다. 1950년 이후 천연가스 채굴이 꾸준히 늘어났고, 대규모 가스관 건설이 이어졌다. 가스관 건설은 북미에서 시작되어 유럽으로 확대되었다. 유럽에서는 네덜란드와 북해에서 생산된 가스를 유럽내 공급하고 시베리아의 가스를 서유럽으로 들여오기 위해 가스관이 건설되었다. 이러한 과정 덕분에 천연가스가 차지하는 비중은 서서히 높아졌다. 상업용 에너지 중에서 천연가스의 점유율은 1970년 17%에서 2000년에는 22%로, 그리고 2019년에는 24%를 약간 넘는 수준까지 상승했다.

천연가스의 중요성은 앞으로 액화천연가스$^{LNG}$를 중심으로 더욱 커질 것이다. 액화천연가스는 과거 소수의 장기 계약을 통해서만 거래되었지만, 최근에는 진정한 국제 연료로 자리 잡았다. 액화천연가스 운반선의 용량이 커지고, 더 작고 유연한 액화 설비나 바다 위에 떠 있는 생산 설비까지 등장하면서 대륙 간 운송이 쉬워졌기 때문이다. 2019년에는 전체 수출 천연가스 거래량의 절반에 가까운 49%가 액화천연가스 운반선을 통해 이루어졌으며, 20개국 이상이 이 연료를 판매하고 30개국 이상이 수입했다.

천연가스는 에너지 밀도가 매우 낮다는 단점이 있다. 같은 부피일 때 액체 연료보다 에너지를 약 1,000분의 1밖에 담지 못한다. 이 때문에 압축하지 않은 천연가스는 비행기는 물론 자동차 같은 육상 운송 수단에 사용하기 어렵다. 하지만 내구성이 뛰어난 파이프라인을 통해 저렴하고 안정적으로 공급할 수 있어, 발전소나 공장, 가정처럼 고정된 장소에서 사용하는 데에는 아무런 제약이 없다.

석탄이 전례 없는 경제적 세계화를 이끌며 생산과 운송 방식을 모두 바꾸어 놓았다면, 석탄에서 석유나 천연가스 같은 탄화수소 연료로의 전환은 무엇보다도 더 높은 효율성, 더 큰 편리함, 그리고 더 적은 환경 영향을 추구하는 변화였다. 유리를 만들거나 식품을 저온 살균하고 병원을 난방하는 일은 석탄을 태워서도, 천연가스를 사용해서도 완벽하게 해낼 수 있다. 하지만 천연가스를 사용하면 연소 효율이 더 높고, 작동이 더 쉬우며, 사용 환경이 더 쾌적하고, 오염 물질 배출이 적다는 여러 가지 분명한 장점이 있다.

실내 난방 분야에서 석탄이 천연가스로 바뀐 것은 특히 환영할 만한 변화였다. 겨울철에 석탄난로를 사용하는 것은 매우 번거롭고 위험한 일이었다. 우선 효율이 40%에도 미치지 못했고, 계절마다 쓸 석탄을 지하실이나 창고에 따로 저장해야 했다. 무거운 석탄 통을 각방으로 일일이 옮겨야 했으며, 난로에 불을 붙이고 석탄을 채워 넣고 재를 치우는 일을 끊임없이 반

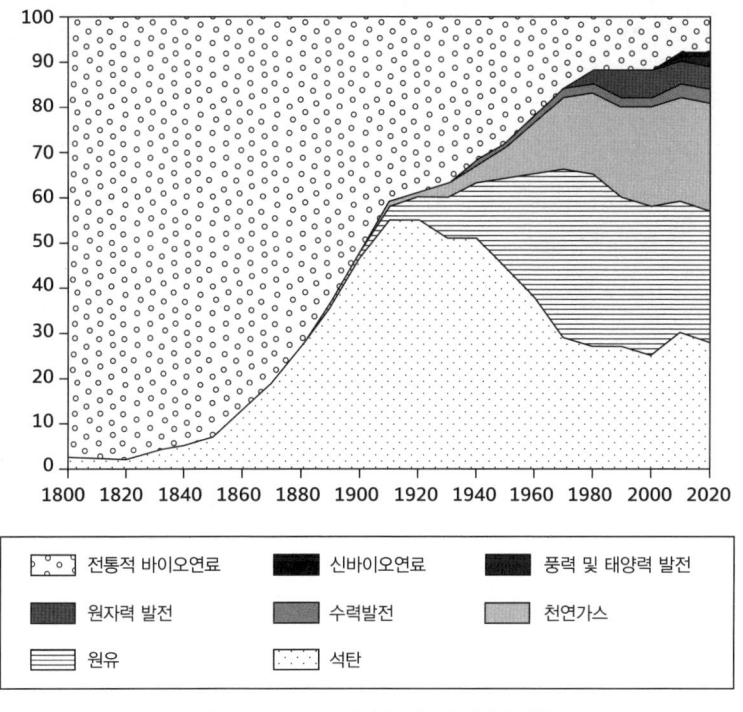

그림 4.3_1800~2015년 사이, 전 세계 에너지 전환

복해야 했다. 화재의 위험은 물론, 일산화탄소 중독의 위험까지 감수해야 했다. 이와 대조적으로, 최신 천연가스 난방로는 효율이 95%를 넘는다. 연료는 배관을 통해 자동으로 공급되고, 사용자는 온도 조절 장치를 설정하고 매년 점검하는 것 외에는 신경 쓸 필요가 없다. 또한 연소 시 사용 현장에서는 물과 이산화탄소만 나올 뿐이다. 미국에서는 석탄이나 석유 난방로에서 천연가스 난방으로의 전환이 1970년대에 대부분 이루어졌고, 유럽 국가들 대부분은 그보다 10여 년 후에 이 전환을 마쳤다.

석탄을 연료로 사용하는 기관차와 증기선은 철도망의 급격한 확장과 대규모 대륙 간 이동을 가능하게 했다. 1825년에서 1900년 사이에 영국의 총 철도 길이는 단 25km에서 3만km로 늘어났고, 전 세계 철도 총연장은 77만 5천km에 달했다. 증기선의 새로운 수송 능력을 잘 보여주는 예는 유럽에서 미국으로 향하는 대서양 횡단 이민자 수이다. 1840년대에는 10년간 총 137만 명이었던 이민자 수가 20세기 첫 10년 동안에는 1,370만 명으로 급증했다. 그러나 석탄이 이끈 운송 혁명의 영향력은 석탄에서 액체 연료로의 전환, 그리고 더욱이 휘발유와 등유를 사용하는 새로운 엔진의 등장으로 인해 그 빛을 잃었다. 선박에 디젤 엔진이 채택되면서 모든 종류의 벌크 화물과 완제품의 해상 운송에서 고체 연료는 자취를 감추었다. 최대 90메가와트$^{MW}$에 달하는 출력을 내는 거대한 디젤 엔진이 없었다면 오늘날과 같은 전례 없는 세계 경제 통합은 결코 일어날 수 없었을 것이다. 디젤 엔진은 세계화의 필수적인 동력원이었다.

운송 방식이 얼마나 거대하게 전환되었는지는 컨테이너선의 적재 용량 변화를 보면 가장 잘 알 수 있다. 1956년, 규격화된 강철 상자인 컨테이너를 싣고 나르기 위해 최초로 설계된 선박은 컨테이너 100개를 실을 수 있었다. 20피트 길이의 컨테이너 1개를 기준으로 하는 TEU라는 단위를 사용하면, 이 선박의 용량은 100 TEU였다. 불과 10년 뒤 가장 큰 컨테이너선의 용량은 1,300 TEU로 늘어났고, 1996년에는 6,000 TEU에 도달했다. 그리고 2019년에는 지중해 해운 회사MSC가 무려 23,756 TEU를 실을 수 있는 귈슌급 컨테이너선을 선보였다. 이러한 선박의 대형화는 전 세계 컨테이너 물동량의 폭발적인 증가로 이어졌다. 1970년대에 1,000만 TEU 미만이던 전 세계 항만의 물동량은 2000년에는 2억 2,500만 TEU로, 2018년에는 거의 7억 9,300만 TEU로 급증했다.

육상 운송에서도 비슷한 변화가 일어났다. 연료가 석탄에서 경유나 전기로 바뀌면서 증기 기관차가 퇴출되었다. 증기 기관차보다 훨씬 강력한 디젤 기관차나 전기 기관차는 150량이 넘는 화물칸을 한 번에 끌 수 있었고, 컨테이너를 2단으로 높이 쌓아 운반하는 것도 가능해졌다. 이러한 철도 운송의 전환은 서구에서는 1960년대에 마무리되었지만, 중국에서는 1980년대에 이르러서야 이루어졌다.

현대 사회의 전반적인 경제에 가장 큰 영향을 미친 발전을 하나 꼽으라면, 단연 휘발유를 연료로 쓰는 내연 기관의 발명과 보급일 것이다. 그 기술적인 발전 과정은 잠시 뒤로하고, 여기서는 자동차 소유가 어떻게 확산되었고 이것이 원유 소비에 어떤 결과를 가져왔는지 살펴본다. 현대 석유 산업이 막 시작된 1860년대에 가장 중요한 정제 제품은 조명용 등유와 윤활유였다. 당시 등유는 고래 기름을 대체하는 중요한 광원이었다. 왁스와 아스팔트는 유용한 비에너지 부산물이었다. 1880년 미국 정유 공장 총생산량의 75%는 등유였고, 휘발유는 단 10%에 불과했다. 1882년부터 도시의 밤을 밝히는 역할을 전기가 등유로부터 넘겨받기 시작했지만, 포드 자동차 회사가 대량 생산한 저렴한 모델 T를 선보인 1908년에도 미국의 등유 생산량은 여전히 휘발유 생산량의 세 배에 달했다.

그 후 미국에서 자동차를 소유하는 가구는 폭발적으로 늘어났다. 연간 자동차 판매량은 1910년 18만 대에서 1916년에는 150만 대로 급증했다.

미국 전체에 등록된 자동차 수는 1913년에 1백만 대를 넘어섰고, 1921년에는 1천만 대를 돌파했다. 마침내 1929년에는 미국 전체 가구의 거의 절반이 자동차를 소유하게 되었다. 그 결과 등유와 휘발유의 생산 비중은 완전히 역전되었다. 요리용 풍로나 휴대용 난로 같은 새로운 시장이 생겨났지만, 등유가 석유 정제 과정에서 부차적인 연료로 밀려나는 것을 막지는 못했다. 정유업체들은 원유 1배럴에서 더 많은 휘발유를 뽑아내기 위해 열분해 공정을 도입했고, 1923년부터는 더 효과적인 촉매 분해 공정과 추가적인 개선 공정들을 잇달아 개발했다. 이러한 기술 발전 덕분에 미국 정유 공장은 원유에서 45~47%에 달하는 높은 수율로 휘발유를 생산할 수 있게 되었다.

미국의 자동차 보급은 1930년대 대공황 시기에 잠시 주춤했지만, 제2차 세계 대전이 끝나고 승용차 생산이 재개되면서 다시 속도가 붙어 마침내 전체 가구의 50%가 자동차를 소유하게 되었다. 1960년에는 다섯 가구 중 네 가구가 자동차를 보유했고, 1990년대 초에는 그 비율이 약 90%에 이르러 포화 상태에 도달했다. 이는 당시 주택 소유율이 70% 미만이었던 것과 비교하면 미국 사회에서 자동차가 얼마나 중요한 존재가 되었는지 보여준다. 서유럽에서는 1950년대 후반부터, 일본에서는 1960년대부터 자동차가 빠르게 대중화되기 시작했다. 일본의 경우 1960년에서 1972년 사이에 휘발유 수요가 네 배로 증가할 정도였다.

20세기 후반에는 여러 대의 차를 소유하는 가정이 늘어나면서 자동차 수요가 계속 유지되었다. 1960년 미국 가구의 약 57%는 차량을 한 대만 보유했고, 세 대 이상 가진 가구는 2.5%에 불과했다. 그러나 2016년이 되자 한 대만 가진 가구는 33%로 줄고, 세 대 이상 가진 가구는 21%로 크게 늘었다. 유럽의 고소득층 가정에서도 비슷한 경향이 나타났다. 현재 미국 전국의 가구당 평균 차량 보유 대수는 거의 정확히 두 대에 가까워졌고, 캘리포니아의 몇몇 소도시에서는 약 2.25대로 가장 높은 비율을 보인다. 가구주 연령이 45~55세인 가구에서 차량 보유 대수가 가장 많다. 서구와 일본 시장이 거의 포화 상태에 이른 후, 전 세계 자동차 시장의 다음 거대한 변화는 중국의 급격한 자동차 대중화와 함께 시작되었다.

덩샤오핑의 경제 개혁이 시작된 지 20년이 지난 2000년, 중국의 연간 자동차 생산량은 60만 7천 대에 불과했다. 그러나 2019년에는 그 수가 거의 2,600만 대로 폭증했다. 중국의 이러한 팽창은 전 세계 자동차 수를 크게 늘리는 데 기여했다. 2010년 전 세계 도로 위 차량은 총 10억 대를 넘어섰고, 2015년에는 12억 8천만 대에 이르렀다. 이 가운데 승용차가 전체의 80%를 차지했으며, 유럽이 약 3억 9천만 대, 미국이 2억 6천 4백만 대를 보유하고 있었다. 최근 한 조사를 보면, 미국 가구의 88%가 자동차를 보유하고 있는 반면 독일은 85%, 브라질은 47%, 중국은 17%, 인도는 6%에 그쳤다. 이러한 수치는 앞으로 전기 자동차 판매가 늘어나 그 시기가 다소 앞당겨질 수는 있겠지만, 전 세계 휘발유 수요가 가까운 미래에 정점을 찍고 줄어들지는 않을 것임을 암시한다.

한때 조명용으로 쓰이다 사라지는 듯했던 등유는 1960년대 이후 화려하게 부활했다. 제2차 세계대전 이후 등장한 새로운 원동기인 가스 터빈, 즉 제트 엔진에 가장 적합한 항공 연료로 각광받게 된 것이다. 이전의 프로펠러 비행기는 휘발유를 연료로 사용했지만, 제트 엔진의 시대가 열리면서 등유가 그 자리를 차지했다. 등유가 제트 연료로 선택된 데에는 여러 이유가 있다. 첫째, 등유는 같은 무게일 때 항공 휘발유와 에너지양이 거의 차이 나지 않으면서도, 밀도는 약 13% 더 높다. 따라서 같은 크기의 연료 탱크를 가득 채우면 등유가 더 무겁게 들어가므로, 결과적으로 항공기는 10% 이상 더 멀리 비행할 수 있는 것이다. 그뿐만 아니라 등유는 가격이 더 저렴하고, 공기 중으로 날아가는 증발 손실이 적으며, 불이 붙을 위험도 휘발유보다 낮아 훨씬 안전하다. 항공 여행이 얼마나 폭발적으로 성장했는지는 '인-킬로미터$^{pkm}$'라는 지표를 보면 가장 잘 알 수 있다. 이는 모든 승객의 비행 거리를 합산한 값이다. 프로펠러 비행기 시대였던 1929년 전 세계 항공 여행 총량은 9600만 인-킬로미터에 불과했다. 이 수치는 1950년에 280억 인-킬로미터로 늘어났지만, 제트기 시대가 본격화되면서부터는 비교할 수 없을 정도로 급증했다. 2000년에는 2조 8000억 인-킬로미터, 2015년에는 6조 6000억 인-킬로미터에 달했다. 코로나19 사태 이전의 예측에 따르면, 이러한 성장세는 2020년대 이후에도 계속될 것으로 전망되었다 (그림 4.4).

### 동력원의 전환

지금까지 에너지 전환의 역사를 주로 연료의 관점에서 살펴보았다. 하지만 이는 불완전한 시각이다. 화석 연료로의 대전환을 이끈 핵심 동력은 바로 새로운 '원동기'의 발명과 보급이었기 때문이다. 원동기란 기계적인 힘, 즉 움직이는 에너지를 만들어내는 장치를 말한다. 인류가 동물을 가축화하여 일에 사용하기 전까지는 인간의 근육이 유일한 원동기였다. 건강한 성인이 꾸준히 일할 때 낼 수 있는 힘, 즉 일률은 여성의 경우 50에서 70와트$^W$, 남성은 80에서 100와트 정도였다. 모든 근대 이전 사회에서 흔했던 아동의 노동력은 약 30에서 50와트의 일률을 낼 수 있었다. 물론 순간적으로 힘을 쓸 때는 수백 와트의 더 높은 일률을 낼 수도 있었다. 유럽 대서양 연안의 거석 기념물이나 이집트 기자의 거대한 피라미드 건설처럼, 고대에 무거운 돌을 옮기는 대규모 공사에는 수많은 사람의 노동력을 한데 모으는 것이 필수적이었다. 필자의 연구에 따르면, 스무 명의 장정이 거대한 돌을 실은 나무 썰매를 함께 끌 때, 순간적으로 낼 수 있는 총 일률은 8에서 12킬로와트$^{kW}$에 달했다.

동물의 가축화는 인간이 제어할 수 있는 힘의 양을 몇 배나 늘려준 혁신이었다. 일하는 동물은 크게 세 가지 용도로 나뉘었다. 멍에를 메고 밭을 갈거나 길에서 짐수레를 끄는 역축, 즉 일하는 가축이 있었다. 그리고 말이나 당나귀, 낙타, 야크처럼 등에 짐을 싣고 나르는 운반용 동물이 있었으며, 사람이 직접 타고 다니는 말, 당나귀, 낙타 같은 승용 동물도 있었다. 이 동물들이 발휘하는 힘은 종류, 크기, 나이, 경험, 그리고 먹이의 질과 양에 따라 크게 달랐다. 사람과 마찬가지로 동물 역시 순간적으로 내는 힘과 꾸준히 지속할 수 있는 힘 사이에는 큰 차이가 있었다. 동물이 지속적으로 낼 수 있는 힘은 당나귀의 경우 100에서 150와트에 불과했다. 소나 물소는 200에서 400와트, 대부분의 말은 500에서 700와트 정도의 힘을 냈는데, 이는 흔히 1마력이라고 부르는 약 745와트에는 조금 못 미치는 수준이었다. 말 두 마리가 끄는 한 팀은 꾸준히 1에서 1.5킬로와트의 힘을 냈으며, 1890년대 미국에서 처음 등장한 곡물 수확기를 끌었던 14마리에서 32마리의 거대한 말 팀은 총 8에서 20킬로와트의 힘을 발휘할 수 있었다.

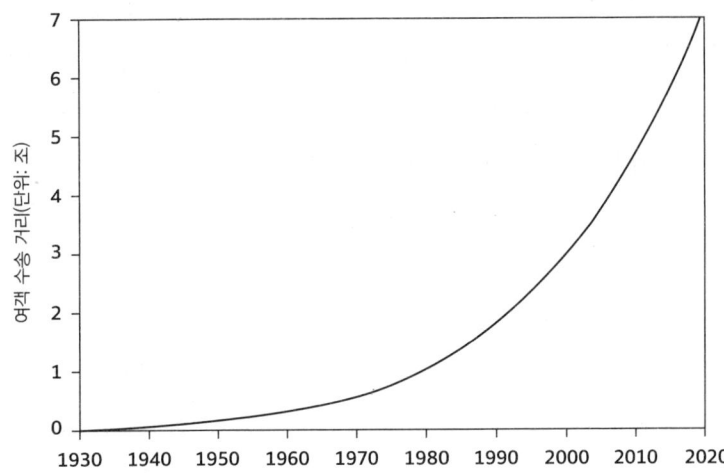

그림 4.4_1930~2020년 사이 세계 상업 비행의 성장. 국제항공운송협회는 2017년 40억 명이 수송된 것에 비해 2037년에는 82억 명으로 늘어나, 승객 수가 더욱 크게 성장할 것으로 예측했다.

18세기 사람들은 인간과 동물의 힘의 관계를 잘 알고 있었다. 당시 좋은 말 한 마리는 사람 일곱 명의 몫을 해냈지만, 보통의 소는 성인 남성 2.5명을 대체하는 수준이었다. 프랑스의 공학자 샤를 뒤펭은 이러한 관계를 바탕으로 19세기 초 프랑스 농부들이 가축을 이용해 노동력을 약 다섯 배로 늘렸다고 계산했다. 반면 더 많고 잘 먹인 가축을 보유했던 영국 농업은 노동력을 열두 배나 증대시킬 수 있었다. 이러한 계산법을 1920년 미국 농업에 적용해 볼 수 있다. 당시 미국에는 일하는 말과 노새가 거의 2,100만 마리에 달해 정점을 이루었는데, 이를 통해 미국 농부들은 자신들의 노동 잠재력을 무려 열다섯 배 이상으로 키웠음을 알 수 있다.

    농업이 완전히 기계화되기까지는 오랜 시간이 걸렸다. 1889년에서 1892년 사이 미국에서 최초의 휘발유 트랙터가 만들어지면서 기계화는 아주 느리게 시작되었다. 1920년에도 트랙터를 한 대라도 가진 농가는 전체의 3.6%에 불과했고, 90%의 농가는 여전히 말이나 노새에 의존했다. 하지만 그 후 기계화는 빠르게 진행되었다. 1933년에는 가축이 내는 힘과 트랙터가 내는 힘의 총량이 거의 같아졌다. 1930년대에는 휘발유 엔진 기계에서 더 효율적인 디젤 엔진 기계로의 전환도 이루어졌다. 마침내 1950년이 되자 트랙터가 전체 농업 동력의 88%를 차지하게 되었고, 1960년에는 동물의 힘이 차지하는 비중이 3%까지 줄어들면서 기계로의 전환이 거의 마무리되었다. 이 과정에서 중요한 변화가 생겼다. 이전에는 동물의 사료를 생산하는 데 쓰이던 땅을 이제 식량이나 공업용 작물을 재배하는 데 사용할 수 있게 된 것이다. 그 결과 유효 경작지가 약 30% 증가하는 효과를 얻었다. 기계화가 본격화되기 전인 1910년, 일하는 동물들이 낼 수 있는 총 잠재 동력은 약 14.5기가와트$^{GW}$였다. 그러나 1960년에는 농기계의 총 동력이 거의 65기가와트에 달했다. 이러한 기계화는 농촌의 노동력 수요를 170만 명이나 감소시켰는데, 이는 1910년에서 1960년 사이 전체 농업 고용 감소분의 4분의 1이 넘는 수치였다.

　대부분의 유럽 국가에서는 제2차 세계 대전이 끝난 후에야 트랙터를 이용한 농업으로 전환하기 시작했다. 폴란드나 루마니아 같은 일부 국가에서는 1980년대까지도 말을 농사에 사용했다. 중국은 1950년대 후반부터 논에 소형 트랙터를 도입하기 시작했지만, 농업 기계화가 본격적으로 진행된 것은 1980년대부터였다. 오늘날 사하라 사막 이남의 아프리카는 농업에서 생물이 아닌 무생물 동력원으로의 전환이 여전히 초기 단계에 머물러 있는 유일한 주요 지역이다. 21세기 초에도 전 세계적으로 약 5억 마리의 일하는 동물들이 여전히 농업 기계 동력의 약 5분의 1을 담당하고 있었다.

　물레방아는 인류가 처음으로 사용한 무생물 동력원이었다. 물레방아 덕분에 이전에는 힘들고 지루하기 짝이 없던 곡물 제분, 기름 짜기, 광석 분쇄, 목재 제재와 같은 작업들을 훨씬 쉽고 빠르게 처리할 수 있게 되었다. 물레방아는 이미 고대 로마 제국 후기에 비교적 흔하게 사용되었고, 중세 유럽 전역과 중동, 그리고 동아시아 일부 지역에서는 더욱 널리 보급되었다. 18세기 유럽의 물레방아도 일반적인 용량은 3에서 5킬로와트$^{kW}$에 불과했다. 19세기에 이르러서야 최대 50킬로와트의 힘을 내는, 훨씬 크고 효율적인 금속 물레방아가 많이 등장했다. 하지만 이들은 곧 수력 터빈으로 대체되었다. 많은 지역에서 산업화를 이끈 주된 동력원은 증기 기관이 아니라 바로 이러한 수력 기계들이었다. 1882년 이후 수력 터빈으로의 전환이 이루어지면서, 일반적으로 설치되는 동력 설비의 용량은 이전에 비해 1만 배에서 10만 배까지 폭발적으로 증가했다.

　풍차는 물레방아가 도입된 지 약 천 년이 지나서야 널리 보급되기 시작했다. 중세의 탑형 풍차는 무겁고 비효율적이며 출력이 낮은 목재 기계였다. 하지만 이후 개선된 설계 덕분에 풍차는 네덜란드의 저지대 땅에서 물을 빼내는 데 결정적인 역할을 했다. 또한 황금기 동안 네덜란드의 초기 산업화에 동력을 공급하는 중요한 역할을 담당했다. 서유럽과 미국에서 풍차는 19세기 후반에 전성기를 맞았다. 그러나 저렴한 전기가 널리 보급되면서 오래된 풍차의 시대는 막을 내렸다. 새로운 풍력 발전의 시대는 1980년대 캘리포니아에서 다시 시작되었다. 높은 강철 탑에 세 개의 커다란 플라스틱 날개를 단 현대식 풍력 터빈은 뛰어난 성능 덕분에 현재 새로운 재생가능 에너지 공급원에서 지배적인 위치를 차지하고 있다.

18세기 초에 등장한 최초의 증기 기관은 효율이 너무 낮았다. 그래서 석탄을 거의 공짜로 쓸 수 있는 탄광에서 물을 퍼내는 용도로만 겨우 수익을 낼 수 있었다. 발명가 제임스 와트가 1776년에 획득한 증기 기관 특허가 만료된 후에야 비로소 이동 수단에 적합한 새로운 고압 증기 기관을 개발할 수 있게 되었다. 영국은 다시 한번 이 분야를 선도하여 1829년 달링턴과 스톡턴 사이에 세계 최초의 철도를 개통했다. 그 후 유럽 대륙의 주요 국가들과 미국에서도 철도망이 빠르게 확장되었다. 그러나 도시 안에서 사람을 실어 나르거나, 계속해서 확장되는 철도망이 아직 닿지 않는 곳까지 물품을 배송하기 위해서는 여전히 말이 끄는 운송 수단이 필수적이었다.

이러한 도시의 상황을 바꾼 첫 번째 발전은 전기 노면전차의 도입이었다. 일부 부정확한 역사 연구와는 달리, 도시의 주된 동력이었던 말을 대체한 것은 내연 기관을 단 자동차나 버스가 아니었다. 그것은 바로 전동기를 사용한 전기 노면전차였다. 당시 대부분의 도시 말은 개인이 소유한 것이 아니었다. 여러 사람이 함께 타는 합승마차나 정해진 궤도를 따라 달리는 노면 마차를 끄는 데 사용되었다. 합승마차는 1827년 뉴욕에서, 노면 마차는 1831년 런던에서 처음 등장한 대중교통 수단이었다.

최초의 전기 전차, 즉 전차는 1881년 5월 독일에서 첫선을 보였다. 발명가 베르너 지멘스가 베를린 남부 교외 지역인 리히터펠데에 처음으로 노선을 개통한 것이다 (그림 4.5). 이를 시작으로 유럽의 여러 도시들이 곧바로 전차를 도입하기 시작했다. 미국에서는 1886년 앨라배마주 몽고메리와 펜실베이니아주 스크랜턴을 시작으로, 1887년에는 오마하, 1888년에는 버지니아주 리치먼드 등에서 짧은 전차 노선들이 생겨났다. 1890년대에 들어서면서 뉴욕, 피닉스, 보스턴과 같은 대도시에도 본격적으로 전차망이 깔리기 시작했다. 20세기 초반에는 로스앤젤레스와 샌디에이고 등 서부 도시들로 확산되었다. 전차 노선은 도시 중심부를 넘어 외곽 지역까지 뻗어 나갔다. 이로 인해 사람들은 도심에서 떨어진 곳에 거주하며 통근하는 것이 가능해졌고, 전차는 도시가 교외로 팽창하는 '교외화' 현상을 이끈 최초의 기계적 동력이 되었다. 대중교통의 주요 동력이었던 말을 전기 모터가 대체하는 전환점은 대부분의 유럽과 북미 도시에서 1895년에서 1910년 사이에 일어났다. 물론 새로운 기술이 기존 기술을 완전히 대체하는 데는 시간이 걸렸다. 뉴욕에서는 1917년까지, 피츠버그에서는 1923년까지도 일부 노선에서 말이 끄는 구식 마차 철도가 운행되었다.

1860년대에 기원을 둔 두 번째 새로운 동력원, 바로 내연 기관은 결국 도시에 남아있던 나머지 일하는 동물들을 사라지게 만들었다. 소형 트럭이 보급되자 짐마차를 끄는 말은 더 이상 필요 없게 된 것이다. 물론 내연 기관이 가장 큰 성공을 거둔 분야는 승용차였다. 1886년 고틀리프 다임러와 빌헬름 마이바흐, 그리고 별도로 카를 벤츠가 각자 선구적인 모델을 시험한 후, 첫 20년 동안 자동차의 보급은 매우 제한적이었다. 개선된 설계들은 당시 새롭게 인기를 끌던 자동차 경주에서 서로의 성능을 겨루었다. 최초의 공식적인 자동차 경주는 1894년 7월 파리에서 루앙까지 126킬로미터를 달리는 것이었고, 다음 해에는 파리에서 보르도까지 거의 1,200킬로미터를 왕복하는 대규모 경주가 열렸다. 그러나 자동차는 여전히 보통 사람이 사기에는 너무 비싼 물건이었다.

이러한 상황은 1908년 포드 자동차의 모델 T가 등장하면서 완전히 바뀌었다. 1908년 10월 1일부터 판매되기 시작한 모델 T는 약 20마력에 해당하는 15킬로와트$^{kW}$의 출력을 낼 수 있었다. 무엇보다 중요한 것은 이동식 조립 라인과 같은 제조 기술의 발전 덕분에 가격이 매우 저렴해져 대중적으로 널리 보급될 수 있었다는 점이다. 1927년 생산이 중단될 때까지 포드사는 총 1,500만 대의 모델 T를 판매했다. 이와 동시에 트럭 개발도 꾸준히 이루어졌다. 특히 1924년 독일에서 처음으로 트럭에 장착된 디젤 엔진은 모든 대형 해상 및 육상 운송 수단과 건설 및 비포장도로용 기계의 주요 동력원으로 자리 잡으면서 트럭 개발을 더욱 가속화했다.

본질적으로 디젤 엔진은 효율은 높았지만 비행에 사용하기에는 너무 무거웠다. 반면 휘발유 엔진은 항공 분야에서 급격한 발전을 겪었다. 라이트 형제가 최초의 유인 동력 비행에 성공한 1904년부터 제2차 세계 대전 중 전투기 속도가 시속 800킬로미터에 육박했던 1944년까지 휘발유 엔진의 성능은 비약적으로 향상되었다. 더 빠른 속도와 저렴한 대륙 간 비행은 가스 터빈 덕분에 가능해졌다. 가스 터빈은 1940년대 독일, 영국, 미국, 소련의 제트 전투기에 처음 사용되었다. 이후 1950년대에는 최초의 상업용 제트 여객기가 등장했고, 1960년대에는 더욱 커지고 효율이 높은 터보팬 엔진이 도입되었다. 터보팬 엔진은 압축된 공기 대부분이 엔진의 핵심부를 거치지 않고 노즐에서 분사되는 공기에 비해 상대적으로 느린 속도로 빠져나가며 추력을 얻는 방식이다. 1960년대 이후 가스 터빈은 전기를 생산하는 고정식 동력원으로서도 큰 성공을 거두었다. 특히 가스 터빈에 증기 터빈을 결합한 복합 화력 발전 방식은 매우 효율적이다. 가스 터빈에서 나오는 뜨거운 배기 가스로 다시 증기 터빈을 돌리는 이 방식은 효율이 60%를 넘어, 다른 어떤 동력원도 따라올 수 없는 뛰어난 성능을 자랑한다.

하지만 오늘날 대부분의 전기는 여전히 증기 터빈으로 생산된다. 1884년 찰스 파슨스가 발명한 증기 터빈은 1900년 무렵 가장 큰 설비의 정격

그림 4.5_프랑크푸르트암마인(Frankfurt-am-Main)의 전차. 전차 지붕 위의 집전장치(트롤리 폴)가 가공 전차선(전깃줄)에 연결되어 동력을 공급받는 모습.

출력이 1메가와트$^{MW}$였다. 이 수치는 제1차 세계 대전 직전에는 25메가와트에 달했다. 한동안 성장이 정체되기도 했지만, 제2차 세계 대전 이후 전기 수요가 폭발적으로 증가하면서 1960년에는 최대 정격 출력이 거의 600메가와트까지 치솟았다. 마침내 1965년에는 1,000메가와트, 즉 1기가와트$^{GW}$의 벽을 넘어섰다. 그 이후 일반적인 설비의 크기는 1기가와트 미만을 유지했지만, 대형 원자력 발전소에 설치된 설비는 1.75기가와트라는 기록적인 용량에 도달하기도 했다.

살아있는 생물 동력에서 기계와 같은 무생물 동력으로 힘의 중심이 넘어가는 전환점은 미국에서는 1880년대에 찾아왔다. 전 세계 평균으로는 20세기 초였으며, 인구가 많은 아시아 국가들은 20세기 말이 되어서야 이러한 전환을 맞이했다. 1900년 미국 기계 동력의 60%는 증기 기관과 증기 터빈이 차지했다. 일하는 가축은 3분의 1을 약간 넘는 수준이었고, 물레방아와 풍차는 4% 미만, 그리고 새롭게 보급되던 내연 기관은 2% 미만에 불과했다. 그러나 1929년이 되자 상황은 완전히 달라졌다. 자동차의 대규모 보급 덕분에 내연 기관이 약 88%로 압도적인 우위를 차지했다. 반면 증기 터빈은 약 10%로 줄었고, 동물의 힘은 단 1% 수준으로 감소했다.

전 세계적으로 전환 이전과 이후에 각 동력원이 차지하는 비중을 정확히 계산하는 것은 어렵지만 대략적인 추정은 가능하다. 1850년 전 세계 경제에서 유용한 운동 에너지의 거의 절반은 일하는 가축이 제공했다. 약 5분의 2는 인간의 근육이 담당했고, 나머지 10~15%는 세 가지 무생물 동력원, 즉 오래전부터 사용해 온 물레방아와 풍차, 그리고 새로운 증기 기관이 힘을 보탰다. 그로부터 불과 50년 만에 무생물 동력원은 전체 힘의 절반 이상을 차지하게 되었다. 1900년경에는 무생물 동력원의 힘이 전체 유용 운동 에너지의 거의 절반에 육박했다. 반면 일하는 가축의 기여도는 3분의 1로 줄었고, 인간 근육의 기여도는 20% 아래로 떨어졌다.

1950년경에는 생물 동력원에서 무생물 동력원으로의 전환이 거의 완료되었다. 이제 인간과 동물의 노동력을 합친 힘은 연료나 수력으로 움직이는 기계 설비의 용량에 비해 훨씬 작아졌다. 당시 기계 설비는 자동차의 내연 기관이 지배적이었고, 그 뒤를 증기 터빈과 수력 터빈이 상당한 격차를 두고 따르고 있었다. 인간의 근육은 전체 가용 동력의 5% 미만을, 일하는 동물은 15% 미만을 차지하는 데 그쳤다. 그리고 2000년에는 모든 생물 동력원의 용량을 합해도 전체의 약 5% 수준으로 줄어들었다. 또한 점점 더 강력해지는 승용차를 수많은 사람이 소유하게 되면서, 현재 전 세계 동력 설비 용량에서 내연 기관이 압도적인 비중을 차지하고 있다.

물론 동력원의 설비 용량이 차지하는 비중과 실제로 사용된 에너지의 비중은 다르다. 이는 동력원마다 실제 작업 시간이 최대 가능 작업량에서 차지하는 비율, 즉 가동률이 다르기 때문이다. 농업 노동은 계절에 따라 수요 변동이 커서, 농부들이 연간 일하는 총 시간은 초기 산업 노동자들보다 적은 경우가 많았다. 아시아의 벼농사에 사용되는 물소는 1년에 130일에서 140일 정도 일했고, 여름에 한 번만 작물을 재배하는 북유럽의 말은 단 60일에서 80일만 농사일에 투입되었다. 이러한 가동률을 연간 최대치에 대한 비율로 환산하면, 사람의 경우 평균 15~20%, 일하는 동물의 경우 5~15%라는 낮은 수치가 나온다. 이와 대조적으로 원자력 발전소의 증기 터빈은 가동률이 약 90%에 달하며, 석탄이나 천연가스 발전소의 증기 터빈은 45~55% 수준이다. 수력 터빈은 보통 전체 시간의 35~55% 동안 작동하며, 공장의 고정식 증기 기관이나 증기 기관차는 평균 30~50%의 가동률을 보인다. 그러나 승용차의 내연 기관은 가동률이 매우 낮다. 연간 평균 주행 거리가 약 22,000킬로미터에 달하는 미국에서조차, 자동차의 가동률은 평균 시속 60킬로미터로 주행한다고 가정했을 때 단 4%에 불과하다.

이러한 에너지 전환이 가져온 결과를 가장 잘 이해하는 방법은 동력원의 출력, 효율, 신뢰성 등을 비교하는 것이다. 생물 동력원은 몸의 크기나 신진대사율 같은 생물학적 요인 때문에 힘에 본질적인 한계가 있다. 열심히 일하는 성인이 내는 힘은 100와트 미만이었고, 대부분의 일하는 동물은 500와트 미만, 크고 잘 먹인 말이라야 최대 700~800와트의 힘을 낼 수 있었다. 여러 사람이 힘을 합치면 최대 출력을 10배에서 50배까지 높여 약 4킬로와트에 이르게 할 수 있었다. 초기 곡물 수확기를 끌기 위해 30~40마리의 말이나 노새로 구성된 거대한 팀을 동원했던 이례적인 경우에는 최대 25킬로와트의 힘을 만들어낼 수 있었다.

이에 비해 1930년 이전에 나온 소형 트랙터조차도 10~15킬로와트$^{kW}$의 출력을 가졌다. 현재 세계 최대 트랙터 제조업체인 인도의 마힌드라 사는 약 19~78킬로와트급의 기계를 판매하고 있으며, 미국의 대표적인 디어 사는 약 100~300킬로와트급의 모델을 제공한다. 이처럼 농업에서 한 사람이 다루는 동력의 크기는 엄청나게 커졌다. 먼저, 무생물 동력으로 전환되기 이전에도, 한 농부가 자신의 근육, 즉 약 80와트$^{W}$의 힘에만 의지해 일했다면, 잘 훈련된 말 두 마리를 부리게 되면서부터는 상황이 달라졌다. 말 두 마리가 내는 힘은 약 1,200와트에 달해, 농부 한 사람이 다룰 수 있는 동력의 크기가 단번에 15배나 커졌다. 그리고 생물 동력에서 무생물 동력으로의 전환은 그 시작부터 힘의 규모를 다시 10배나 증가시켰다. 말 두 마리의 1.2킬로와트에서 소형 트랙터의 12킬로와트로 도약한 것이다. 이제는 흔히 사용되는 트랙터의 힘이 100킬로와트를 훌쩍 넘어서면서, 오늘날의 농부는 100년 전 말 두 마리를 몰던 농부에 비해 100배나 더 큰 힘을 다루게 된 셈이다.

흥미롭게도, 한 사람이 다루는 힘이 100배 증가한 것은 농업에 필요한 노동력이 100분의 1로 감소한 것과 일치하는 결과를 낳았다. 19세기 초 미국 전체 노동력 중 약 80%가 농업에 종사했다. 무생물 동력으로의 전환이 거의 완료된 1960년에는 농업 노동력의 비율이 그 10분의 1 수준인 8.1%로 줄어들었다. 그리고 21세기 두 번째 10년 동안에는 더욱 강력한 기계를 사용하게 되면서 밭작물을 재배하는 데 필요한 노동력의 비율이 다시 10분의 1로 줄어들어, 전체 고용 인구의 1%에도 미치지 못하게 되었다.

원동기의 능력, 즉 출력이 얼마나 성장했는지는 고정된 장소에서 사용되는 산업용 기계와 운송 수단을 비교해 보면 더욱 극적으로 드러난다. 과거의 가장 강력한 고정형 원동기는 풍차였다. 네덜란드에서 바다를 막아 만든 간척지의 물을 퍼내는 데 사용되던 대형 풍차의 출력은 20에서 30킬로와트$^{kW}$ 수준이었다. 이는 약 1만 와트$^W$에 해당한다. 반면 오늘날 사용하는 대형 디젤 펌프의 출력은 최대 100만 와트에 달하는데, 이는 풍차보다 100배나 강력한 힘이다. 용광로에 바람을 불어넣는 거대한 풀무를 움직이던 수차의 총출력은 약 1,000와트 수준이었다 (그림 4.6). 이에 비해 현대 제철소에서 가스 터빈으로 작동시키는 압축기는 출력이 무려 1,000만 와트에 이른다. 이는 과거 수차보다 1만 배나 더 강력해진 것이다. 도로 운송

**그림 4.6_**위에서 물을 떨어뜨려 바퀴를 돌리는 방식(상사식, 上射式)의 물레방아로 작동하는 풀무를 사용한 18세기 후반의 용광로 모습.

수단의 출력 변화도 인상적이다. 마부 한 명이 네 마리의 말을 몰아 끄는 '4두 마차'의 출력은 약 2.5킬로와트였다. 그런데 오늘날 우리가 흔히 모는 소형 승용차의 엔진 출력은 보통 75에서 125킬로와트, 평균적으로 100킬로와트에 달한다. 이는 마차에 비해 출력이 30배에서 50배나 커진 셈이다. 철도 분야의 발전은 더욱 눈부시다. 19세기 중반의 증기 기관차는 출력이 300에서 600킬로와트 정도였다. 반면 현대의 디젤 기관차는 출력이 3에서 5메가와트$^{MW}$, 즉 3,000에서 5,000킬로와트에 이른다. 약 10배 가까이 출력이 증가한 것이다.

동력원의 성능을 비교하는 가장 좋은 지표 중 하나는 '단위 질량당 출력 비율'이다. 이는 같은 무게에서 얼마나 큰 힘을 낼 수 있는지를 보여주는 값으로, 동력원의 휴대성과 직결된다. 인간이나 동물의 근육과 같은 생물 동력원은 이 비율이 1와트/킬로그램$^{W/kg}$ 정도로 매우 낮다. 근육 자체가 에너지를 힘으로 바꾸는 효율이 낮기 때문이다. 반면, 인간이 만든 무생물

동력원은 이 비율이 비교할 수 없을 정도로 높다. 고성능 증기 기관은 약 15W/kg, 현대 자동차의 내연 기관은 500W/kg에 달하며, 항공기에 쓰이는 터보팬 엔진은 무려 15,000W/kg을 넘어선다. 인간의 근육과 제트 엔진의 힘의 밀도가 이처럼 1만 배 이상 차이 나는 현실은 많은 것을 설명해 준다. 왜 날개를 달고 하늘을 날려던 인간의 모든 시도가 비극적인 실패로 끝났는지, 그리고 어떻게 보잉 787과 같은 거대한 비행기가 300명에 가까운 승객을 태우고 12시간 넘게 대륙 사이를 날 수 있는지를 말이다.

현대의 동력원은 단순히 힘만 강한 것이 아니다. 효율성과 신뢰성, 내구성 면에서도 생물 동력원을 압도한다. 먼저 효율성을 살펴보자. 포유류의 근육은 섭취한 음식의 화학 에너지를 실제 움직이는 힘으로 바꾸는 효율이 15~20%에 불과하다. 초기의 증기 기관 역시 이보다 나을 것이 없었으며, 특히 증기 기관차에 쓰이던 소형 증기 기관의 효율은 10%에도 미치지 못했다. 그러나 현대의 휘발유 엔진은 효율이 약 35%까지 높아졌고, 대형 선박에 쓰이는 디젤 엔진은 50%를 넘는다. 앞서 언급했듯이, 가장 발전된 복합 화력 가스 터빈은 그 효율이 60%를 웃도는 수준에 도달했다. 신뢰성과 내구성의 차이는 더욱 극명하다. 오늘날 제트 여객기에 장착되는 가스 터빈은 10만 시간 작동하는 동안 고장이 한 번도 채 일어나지 않을 것으로 기대된다. 이는 거의 11년 반 동안 쉬지 않고 비행하는 것과 맞먹는 시간이다. 이러한 엔진들은 정기적인 정밀 검사를 받으며 20년 이상 사용될 수 있다.

### 근본적인 변화들

에너지 대전환은 인류 문명에 네 가지 근본적인 변화를 가져왔다. 첫째, 에너지원의 시간 개념이 바뀌었다. 인류는 최근에 생겨난 식물 자원에서 벗어나 수억 년 전에 형성된 화석 연료로 주된 에너지원을 옮겨왔다. 과거에 쓰던 땔감은 길어야 수십 년 된 나무였지만, 오늘날 우리가 쓰는 원유와 석탄은 대부분 1억 년에서 3억 년 전에 땅속에 묻힌 고대의 유산이다.

둘째, 에너지의 밀도가 높아졌다. 과거의 인류는 짚이나 나무처럼 1톤당 15~17기가줄$^{GJ}$의 에너지를 내는 저밀도 연료에 의존했다. 하지만 에너지 전환을 통해 1톤당 22~25기가줄인 석탄이나 1톤당 42기가줄인 원유처럼 훨씬 높은 밀도의 에너지를 사용하게 되었다.

셋째, 저장과 운반이 편리한 연료를 사용하게 되었다. 땔감과 같은 식물 연료는 부피가 크고 저장할 수 있는 에너지양도 적다. 잘 말린 나무를 1세제곱미터만큼 쌓아도 얻을 수 있는 에너지는 8기가줄에 못 미친다. 반면, 같은 부피의 석탄은 2.5배인 20기가줄, 원유는 거의 5배인 38기가줄의 많은 에너지를 담고 있다. 이러한 에너지 밀도의 차이는 연료의 휴대성을 결정하고, 이는 곧 이동 수단의 발전에 결정적인 영향을 미쳤다. 나무를 때는 증기 자동차는 계속해서 땔감을 보충해야 하므로 장거리 운행이 불가능하다. 한 번의 주유로 500킬로미터를 달리는 나무 자동차나, 나무를 때서 대륙을 건너는 비행기는 상상조차 할 수 없는 일이다.

넷째, 단위 면적당 얻을 수 있는 에너지의 양, 즉 '출력 밀도'가 폭발적으로 증가했다(그림 4.7). 나무와 같은 식물 자원은 연간 수확량을 기준으로 할 때, 1제곱미터의 땅에서 1와트$^{W/m^2}$에도 훨씬 못 미치는 에너지를 생산한다. 만약 현대 문명이 필요한 에너지를 모두 식물 자원으로 얻으려 한다면, 지구는 거대한 나무 농장으로 뒤덮여야 할 것이다. 이와 대조적으로 화석 연료는 매우 작은 면적에서 엄청난 에너지를 뽑아낼 수 있다. 탄광이나 유전의 출력 밀도는 보통 제곱미터당 100와트에서 1,000와트에 이르며, 생산성이 높은 곳은 이보다 10배나 더 높다. 덕분에 인류는 좁은 지역에 생산 시설을 집중시키고, 여기서 생산된 막대한 양의 에너지를 파이프라인과 유조선을 통해 전 세계로 실어 나를 수 있게 되었다.

물론 화석 연료는 언젠가 고갈될 유한한 자원이다. 하지만 많은 거대 유전들은 지난 수십 년, 길게는 1세기가 넘도록 인류에게 풍부한 에너지를 공급해왔다. 앞으로는 이 화석 연료의 자리를 풍력이나 태양광 같은 신재생 에너지가 대체해야 할 것이다. 이러한 신재생 에너지는 화석 연료보다 출력 밀도가 낮다는 한계가 있다. 하지만 태양빛을 직접 전기로 바꾸는 광전지, 즉 태양광 패널 기술이 계속 발전하면서 그 효율이 높아지고 있다. 머지않아 제곱미터당 50와트 이상의 전기를 생산할 수도 있을 것이다. 지난 한 세기가 넘는 시간 동안 인류가 걸어온 에너지 전환의 길을 돌아볼 때, 우리의 미래가 더욱 전기에 의존하는 사회로 나아갈 것이라는 점은 분명해 보인다.

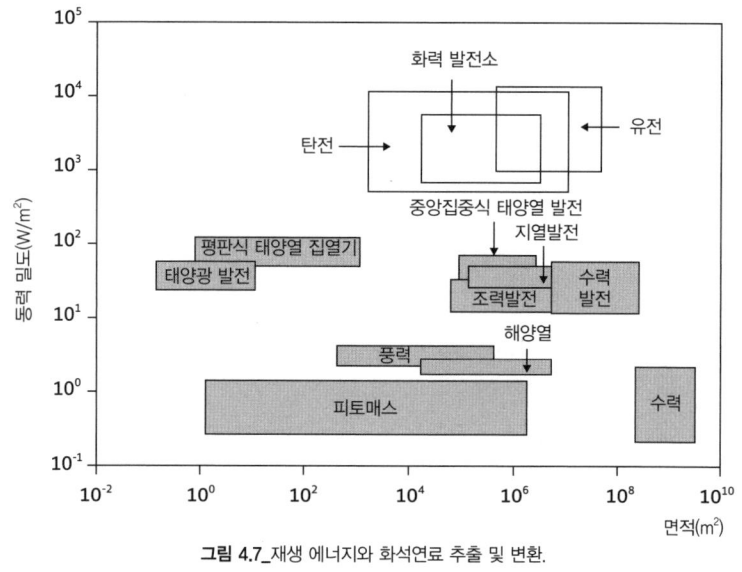

그림 4.7_재생 에너지와 화석연료 추출 및 변환.

## 전기화: 전환의 속도를 높이다

전기에 대한 기초적인 발견과 이를 활용한 실용적인 장치들은 대부분 19세기 전반에 이루어졌다. 이 시기의 중요한 발견들은 다음과 같다. 1800

년 알레산드로 볼타가 최초의 전지를 발명했고, 1819년에는 한스 크리스티안 외르스테드가 전류가 자기장을 만든다는 사실을 발견했다. 그리고 1831년, 마이클 패러데이는 움직이는 자기장 속에서 전류가 만들어지는 '전자기 유도' 현상을 발견하는 위대한 업적을 이루었다. 패러데이의 발견은 전기 기술의 발전 방향을 완전히 바꾸어 놓았다. 이전까지는 에너지 저장 용량이 적은 전지에 의존할 수밖에 없었지만, 전자기 유도 원리를 이용하면 대규모로 전기를 만들어내는 것이 가능해졌기 때문이다. 이로써 전기의 중심은 소규모 전지에서 '중앙 발전소'로 옮겨가게 되었다. 이러한 획기적인 발전에 마침표를 찍고 실용화의 길을 연 인물은 토머스 에디슨이었다. 에디슨은 오랫동안 빛을 내는 백열전구를 발명했을 뿐만 아니라, 전기를 대량으로 생산하고 각 가정과 건물에 공급하는 완벽한 시스템을 구축했다. 1882년, 그가 세운 최초의 발전소가 런던과 뉴욕에서 가동을 시작했고, 이후 이를 본뜬 훨씬 더 큰 규모의 발전소들이 곧바로 뒤를 이었다 (그림 4.8).

이후 30년 동안 전기 시스템은 빠르게 발전했다. 이 새로운 전기 시대를 여는 데 기여한 주요 인물들의 명단에는 찰스 커티스, 미하일 돌리보-도브로볼스키, 세바스찬 페란티, 갈릴레오 페라리스, 존 깁스, 찰스 파슨스, 윌리엄 지멘스, 윌리엄 스탠리, 찰스 스타인메츠, 조지프 윌슨 스완, 니콜라 테슬라, 그리고 조지 웨스팅하우스 같은 이름들을 빼놓을 수 없다. 1910년 이전에 그들이 이룩한 수많은 업적들은 오늘날 현대 전기 시스템의 기초로 남아 있다. 제1차 세계 대전이 끝난 후, 이러한 전기 기술들은 더욱 발전하여 설비의 용량은 대폭 커지고 효율성과 신뢰도 또한 크게 향상되었다. 그 후에도 중요한 발명들이 뒤따랐다. 1920년대에는 가루 형태의 석탄을 태우는 미분탄 연소 보일러가 등장했고, 1930년대에는 가스 터빈이, 1950년대에는 발전을 위한 원자로가 개발되었다. 1960년대에는 최초의 태양광 전지가 발명되었으며, 21세기 초부터는 점점 더 강력해지는 풍력 터빈과

그림 4.8_1902년 뉴욕에 완공된 에디슨의 93MW 전기 발전소는 증기기관을 사용한 마지막 대형 발전소 중 하나다(그림의 왼쪽에 있는 홀 안에 있는 것이 증기기관, 오른쪽은 보일러).

효율이 높아진 태양광 전지가 전 세계적으로 널리 설치되기 시작했다.

 오늘날 전 세계의 전기 생산은 중앙에 집중된 화석 연료 발전소와 수력 발전소가 주도하고 있다. 이렇게 생산된 전기는 지하에 묻힌 케이블이나 하늘에 설치된 가공 전선을 통해 개별 사용자에게 전달된다. 화력 발전소에서는 고압의 증기가 팽창하며 증기 터빈을 돌리고, 대규모 수력 발전소에서는 떨어지는 물의 힘으로 수력 터빈을 돌려 전기를 만든다. 변압기는 전기를 멀리 보내기 전이나 특정 용도에 맞게 사용하기 전에 전압을 높이거나 낮추는 역할을 한다. 그리고 최종적으로 전동기는 수많은 산업, 가정, 운송 부문의 작업에 힘을 공급하는 가장 유연하고 저렴하며 신뢰할 수 있는 동력원이 되어준다.

### 전기의 중요성

만약 에너지 대전환이 단지 나무와 같은 식물 자원을 석탄이나 석유 같은 화석 연료로 대체하는 데 그쳤다고 가정해 보자. 그랬더라도 우리는 여전히 더 편리하고 효율적인 실내 난방을 즐기고, 여러 산업 공정에서 더 나은 에너지원을 사용하며, 내연 기관이나 터빈을 이용해 더 빠른 속도로 이동할 수 있었을 것이다. 하지만 전기 없이 오직 화석 연료에만 의존해서 사회를 운영하려면, 수많은 기술적 어려움을 극복하기 위한 엄청난 창의력이 필요했을 것이다.

전기 없는 세상의 불편함은 자동차 엔진을 거는 방식만 봐도 명백히 드러난다. 초기의 모든 휘발유 자동차는 운전자가 직접 손으로 크랭크를 돌려 시동을 걸어야 했다. 이 방식은 순간적으로 큰 힘이 필요했을 뿐만 아니라, 자칫 잘못하면 팔이 부러지는 등 고통스러운 부상을 당할 위험도 따랐다. 아세틸렌 가스나 압축 공기를 이용하는 등 여러 개선 방식이 시도되었지만, 1911년 찰스 케터링이 발명한 전기 시동기만큼 완벽한 해결책은 없었다. 마지막 포드 모델 T가 생산된 1927년에는 모든 신차가 전기 시동기를 갖추고 있었다. 초기 비행기 역시 프로펠러를 손으로 돌려 시동을 걸었지만, 1930년대에는 전기 시동기가 이를 대체했다. 오늘날 제트 엔진은 보조 동력 장치가 만들어내는 압축 가스를 이용해 시동을 걸지만, 바로 그 보조 동력 장치 자체를 작동시키는 것은 배터리의 전기다.

엔진 시동 문제는 전기 없이 화석 연료만으로 세상을 운영할 때 겪게 될 엄청난 어려움의 작은 부분에 불과하다. 비행기를 생각해 보자. 통신 및 항법 장비, 기상 레이더, 객실 조명, 실내 온도 조절, 음식과 음료 준비는 모두 전기에 의존한다. 개인용 기내 엔터테인먼트 스크린은 말할 것도 없다. 자동차의 경우, 압축 가스로 작동하는 앞 유리 와이퍼나 경적은 어떻게든 만들 수 있을 것이다. 하지만 야간 운전과 신호를 위한 조명을 전기 없이 구현하는 것은 매우 어려운 일이다. 자동으로 창문을 여닫고 사이드 미러를 조절하며 문을 잠그는 장치 역시 마찬가지다.

물론 손으로 직접 창문을 돌려 열고 문을 잠그던 시대로 돌아가는 것은 어떻게든 감당할 수 있을지 모른다. 하지만 끊임없는 전기 공급에 의존하는 오늘날 우리 주변의 모든 시스템을 포기하는 것은 전혀 다른 차원의 문제다. 이는 곧 신호등, 지하철, 고속 열차, 공항, 병원, 냉장 시설, 에어컨이 없는 세상을 의미하기 때문이다.

그리고 당연히, 즉각적인 소통이 가능하고 연간 정보 흐름이 이제 제타바이트, 즉 10의 21제곱 바이트 수준에 이르는 새로운 전자 세계의 경이로움도 사라질 것이다. 기계식 계산 장치로 돌아간다면 성능은 몇 단계나 퇴보할 것이고, 오늘날의 노트북보다 몇 배나 더 무거우면서도 성능은 훨씬 뒤떨어지는 장치에 의존해야 할 것이다. 전기의 상실이 휴대폰 중독에 대한 극단적인 치료법이 될 수는 있겠지만, 우리의 건강 관리는 심각하게 훼손되고 기대 수명은 크게 줄어들 것이다.

오늘날 대부분의 아기는 병원에서 태어나며, 미숙아들은 한동안 인큐베이터에서 생명을 유지한다. 백신은 물론 모든 부패하기 쉬운 식품은 반드시 냉장 보관되어야 한다. 몸에 상처를 내지 않고 내부를 들여다보는 가장 정확한 진단 방법들은 전기 없이는 작동할 수 없다. 심장 수술에 쓰이는 장치나 혈액 투석기도 마찬가지다. 수많은 노인들이 호흡기나 심장 박동 모니터에 의존하여 생명을 연장하고 있다.

## 현대 사회의 전기화

 2018년 기준으로 전 세계 전기의 약 3분의 2는 화석연료를 태워서 생산된다. 하지만 전기를 상업적으로 사용하기 시작한 1882년부터 수력 발전도 함께 이용했다. 시간이 흐르면서 1904년에는 지열 발전, 1956년에는 원자력 발전이 추가되었다. 1980년대부터는 태양광 전지와 현대적인 풍력 터빈도 에너지원에 포함되었다. 전기화의 과정은 '전환 속의 전환'이라는 독특한 이중적 성격을 지닌다. 과거 사람들은 석탄 같은 화석연료를 집이나 공장에서 난방과 동력을 위해 직접 태워 사용했다. 하지만 전기화는 이러한 에너지 사용 방식을 근본적으로 바꾸었다. 즉, 화석연료를 발전소에서 태워 전기를 생산하고, 생산된 전기를 각 사용자에게 보내주는 간접적인 방식으로 전환된 것이다. 전기는 우리 생활에 필수적이며 사회 구석구석으로 빠르게 퍼져나갔고, 그 사회경제적 영향력은 헤아릴 수 없을 만큼 컸다. 이러한 이유로 전기화는 수많은 기술 혁신이 이끌어낸 변화 중에서 가장 중요한 대전환으로 평가받는다. '전기'라는 말만큼 현대 사회의 모습을 잘 설명하는 단어도 없을 것이다.
 전기 기기가 우리 주변 어디에나 존재한다는 사실은 이 에너지 형태가 가진 독보적인 장점들을 잘 보여준다. 전기는 사용하려는 장소에서 바로 손쉽게 쓸 수 있고 깨끗하며, 안정적으로 공급되고 가격도 저렴하다. 실제로 2016년 부유한 국가의 평범한 가정에서 한 달 전기 요금은 쓸 수 있는 소득의 약 2%에 불과했다. 또한 빛, 화학 반응, 열, 움직임 등 다양한 형태로 손쉽게 바꿀 수 있는 유연성도 갖추고 있다. 어떤 다른 에너지 형태도 전기만큼 소비자에게 해방감을 안겨주지는 못했다. 전기는 곡식의 이삭을 터는 손 타작에서부터 농업용수를 퍼 올리는 일, 맷돌로 곡물을 가는 일에서 손빨래에 이르기까지, 수없이 많고 힘들며 지치는 육체노동을 덜어주거나 아예 없애주었기 때문이다. 전기는 또한 하루의 길이를 연장하는 데 훨씬 더 심오한 영향을 미쳤다. 과거의 모든 조명 방식은 백열전구나 형광등에 비하면 보잘것없었으며, 이제는 이 두 가지 조명 방식조차 더 효율적인 새로운 기술들로 대체되고 있다.

필자는 전기화가 어떻게 진행되었는지 그 과정을 추적하면서, 세 가지 보편적인 전환과 그 결과에 집중하고자 한다. 첫째는 인류의 삶에서 어둠을 몰아낸 변화인데, 오늘날 세계 여러 지역에서는 이 변화가 너무 지나치게 진행된 측면도 있다. 둘째는 공장의 조직과 산업 생산 방식에 미친 영향이다. 셋째는 집안일과 여가 활동의 변화다. 전기 덕분에 수많은 잡일이 줄거나 사라졌고 여가 시간이 늘어났으며, 그 여가 시간조차 점점 더 전기에 의존하게 되었다.

어둠을 몰아낸 것은 실로 마법과 같은 기술적 진보였다. 전기 시대가 열리기 직전까지 일반적인 조명 방식은 수천 년 전의 방식과 크게 다르지 않았기 때문이다. 한 가지 중요한 예외가 있었는데, 바로 일부 대도시에 한정되었던 가스등이다. 가스등은 석탄을 가스 연료로 바꾼 뒤 배관을 통해 건물로 공급하는 방식으로, 1812년 런던에서 처음 시작되었다. 이후 수십 년 동안 북미와 유럽의 주요 도시로 확산되어 1825년에는 뉴욕에, 1839년에는 상트페테르부르크에 도입되었다. 1860년 이후 원유를 정제하여 얻게 된 등유를 사용하는 램프도 등장했지만, 이는 불꽃을 보호하는 얇은 유리 굴뚝만 추가되었을 뿐 전통적인 개방형 불꽃 램프를 약간 개선한 것에 불과했다. 화재는 항상 존재하는 위험이었다. 전구는 외부와 완전히 밀봉되어 제자리에 고정되므로, 이전의 모든 조명 방식과는 차원이 다른 획기적인 출발을 의미했다.

미국 전역의 전기화 기록은 1907년부터 찾아볼 수 있다. 당시 전체 가구의 단 8%만이 전기 서비스를 받았으며, 이들은 모두 도시에 사는 사람들이었다. 1912년이 되자 미국 전기 산업은 30년의 역사를 갖게 되었고 전체 주택의 16%가 전력망에 연결되었다. 하지만 그해 미국 정치사회과학 학회가 발행한 농촌 생활 특집호에서는 전화와 우편 배달을 새로운 농촌 편의 시설로 언급했을 뿐, 농장의 전기화에 대해서는 전혀 다루지 않았다. 1920년까지 전기를 사용하는 주택의 비율은 거의 35%로 증가했지만, 농장의 전기화율은 여전히 1.6%에 불과했다. 근본적인 변화는 1936년 농촌 전기화청이 설립되면서 시작되었다. 이 기관은 저렴한 대출을 제공했고 수많은 전기 협동조합의 탄생을 이끌었다. 그 결과 전기화된 농장의 생산성은 평균 40% 이상 증가했다. 놀랍게도 당시 농가들은 전기가 들어오는 집에 살기 위해 연간 소득의 28%를 기꺼이 포기할 의향이 있었는데, 이는 농촌 전기화가 가져다주는 혜택이 그 비용을 훨씬 뛰어넘었음을 보여준다.

농촌 전기화 프로그램 덕분에 미국 농장의 전기화율은 1930년 약 10%에서 1940년 거의 33%로 크게 올랐다. 제2차 세계 대전 이후 급속한 발전을 거쳐 1950년에는 78%까지 상승했으며, 이 통계가 마지막으로 조사된 1956년에는 농장의 95.9%가 전기화되었다. 당시 도시 및 농촌의 비농가 주택 전기화율은 99.2%에 달했다. 전체 주택의 10%를 전력망에 연결하는 데 26년(1882~1908년)이 걸렸고, 50%에 도달하는 데는 43년(1925년), 90%에 도달하는 데는 67년(1953년), 그리고 99%에 도달하는 데는 75년이 걸렸다. 따라서 미국에서 전기 조명으로의 완전한 전환은 1882년부터 1956년까지 약 4분의 3세기가 소요된 셈이다. 이는 1880년대 미국 남성의 평균 수명이 약 45세에 불과했던 것보다 훨씬 긴 시간이었다. 작은 유럽 국가들은 제2차 세계 대전 이전에 전기화를 완료했고, 캐나다와 호주는 미국과 거의 같은 시기에 완료했다. 일본은 전쟁 이전에 기본적으로 전기화되었으며, 중국은 현재 거의 완전히 전기화되었다. 반면 인도는 도시 전기화율이 98%를 넘지만 농촌 전기화율은 77%로 여전히 격차가 크다.

아프리카의 경우, 나이지리아의 도시 전기화율은 거의 90%에 달하지만 농촌은 5% 미만이다. 차드의 경우 이 수치는 각각 약 3분의 1과 3% 미만이다. 농촌 전기화의 진척 상황은 이제 위성 관측 자료를 통해 측정할 수 있다. 야간 조명 데이터는 마을 단위로 분석해도 놀라울 정도로 정확한 정보를 제공한다. 전 세계적으로 볼 때 전기화는 아직 갈 길이 멀며, 지구 전체가 전기화되는 전환은 2020년대에도 완료되지 않을 것이다. 2016년 기준으로 약 11억 명의 사람들이 여전히 전기를 사용하지 못하고 있었다. 이는 2000년의 17억 명에 비해 35% 감소한 수치이며, 2030년에는 6억 7,400만 명으로 더욱 줄어들 것으로 예측되었다.

### 조명과 모터

조명은 전기화의 전령사였다. 가장 주목할 만한 사실 중 하나는, 1880년대 초 전기화 과정을 시작했던 백열전구가 75년 후에도 여전히 지배적인 조명 기구였으며 20세기 내내 그 지위를 유지했다는 점이다. 에디슨과 스완이 처음 만들었던 상업용 전구에 비해 후대의 설계는 훨씬 개선되었다. 초기의 탄소 필라멘트는 오래전에 금속으로 대체되었지만, 와트당 생성되는 빛의 양을 나타내는 광효율은 여전히 15루멘$^{lm/W}$ 미만으로 낮았다.

이보다 더 효율적인 형광등은 이미 1901년에 특허가 나왔지만 1938년이 되어서야 상업적으로 도입되었고, 결국 100lm/W에 도달했다. 형광등의 빛은 스펙트럼이 햇빛과 상당히 달라 질이 낮았음에도 불구하고, 사무실, 공장, 상점 및 공공기관에서는 결국 백열전구를 대체했다. 저소득 국가에서는 가정용 조명으로도 널리 쓰였다. 1990년대에는 소형 형광등이 도입되었고, 2018년까지 이 두 가지 유형의 형광등은 전 세계에 설치된 약 450억 개의 조명 중 약 55%를 차지했다.

가장 최근의 빠른 전환은 할로겐등과 발광 다이오드, 즉 LED로 이루어졌다. 할로겐등은 햇빛에 더 가까운 빛을 냈고, LED는 100lm/W 이상의 높은 효율을 자랑했다. 2020년대 초가 되면 LED가 새로 판매되는 조명의 대부분을 차지할 것으로 전망되었다. 이 예측은 현실이 되어 LED는 실제로 주요 조명원으로 자리 잡았다. 결국 최초의 백열전구에서 오늘날의 LED 조명으로 완전히 전환되기까지는 거의 150년이 걸린 셈인데, 이는 우리 주변에서 흔히 볼 수 있는 현대의 물건치고는 특이하게 오래 걸린 예이다.

전등은 인간 행동의 여러 측면을 바꾸었으며, 특히 다른 전기 및 전자 장치와 결합하여 더욱 큰 영향을 미쳤다. 일, 교육, 취미, 운동에 사용할 수 있는 시간을 연장함으로써 의심할 여지 없이 많은 긍정적인 효과를 가져왔다. 경제적 영향 또한 심오했다. 노동 생산성이 향상되고 직장과 교통의 안전이 개선되었으며, 소매점의 영업시간이 늘어나고 가사를 돌보는 일도 훨씬 유연해졌다.

하지만 전등은 부정적인 영향도 낳았다. 오늘날 부유한 사회는 실내외에서 너무 많은 빛을 만들어내고 있다고 결론짓는 것이 과장이 아니다. 밤하늘의 위성 이미지를 보면 사하라 사막 이남의 일부 지역, 티베트, 몽골, 아마존 서부, 그리고 북극 지역에서만 광범위한 어둠의 영역이 나타난다. 반면 미국 북동부, 플로리다, 캘리포니아, 북서 유럽, 그리고 일본 같은 많은 지역에서는 인공조명이 이제 거대한 연속적인 빛의 얼룩이나 띠를 형성하고 있다. 실내조명 역시 명백히 부정적인 영향을 미친다. 특히 자연적인 어둠이 사라지고 스크린 중독이 만연하면서 광범위한 수면 부족 현상이 나타나고 있다.

두 번째로 주목할 만한 전기 전환은 전동기가 산업 생산을 정복한 것이다. 이전의 획기적인 변화, 즉 인간의 근육을 증기 기관으로 대체한 것은 공장 기계를 움직이는 데 필요한 힘을 전달하는 기본 방식까지 바꾸지는 못했다. 과거 손으로 큰 바퀴를 돌리거나 발로 발판을 밟아 나오는 동력은 벨트로 전달되었는데, 증기 기관에서 나오는 동력도 마찬가지였다. 중앙에 위치한 거대한 증기 기관에서 나오는 힘을 전달하는 최선의 방법은 구동

벨트였다. 긴 가죽 벨트가 천장의 구멍을 통해 각 층으로 연결되어 천장 근처의 주 동력 전달축을 돌렸고, 더 짧은 벨트들이 이 축의 회전을 개별 작업 기계로 전달했다.

이 시스템에는 여러 가지 명백한 단점이 있었다. 모든 구동 벨트는 같은 속도로 작동했고, 개별 기계에 다른 속도를 전달하려면 번거로운 장치가 필요했다. 덮개가 없는 벨트는 미끄러지면서 작업자에게 부상을 입힐 수 있었고, 벨트가 돌아가는 소음은 매우 시끄러웠다. 마찰로 인한 에너지 손실도 상당했다. 공장 내부는 벨트 배치에 따라 기계의 위치가 결정되었고, 벨트 하나가 미끄러지거나 축에 금이 가면 전체 생산 라인이 멈춰 섰다. 그리고 기계 몇 대만 사용하더라도 전체 동력 전달 장치는 계속해서 움직여야만 했다. 전동기는 이 모든 것을 바꾸었다.

적절한 크기의 전동기를 개별 기계마다 설치하자 부상 위험이 사라졌다. 전동기가 기계 축을 직접 돌리므로 소음과 마찰 손실도 없어졌다. 정밀한 제어 덕분에 기계 작동을 개별화하여 생산성을 극대화할 수 있었다. 공장의 설계는 가장 합리적인 작업 흐름을 따르거나 제조의 유연성을 높이는 방향으로 최적화될 수 있었다. 그리고 머리 위로 시끄럽게 돌아가던 축들을 제거함으로써 더 나은 조명과 냉난방 장치까지 설치할 수 있게 되어 노동 생산성을 높이는 데 큰 도움이 되었다.

미국 산업 생산에서 증기 기관이 전동기로 바뀌는 전환은 1899년에서 1929년 사이 단 30년 만에 대부분 이루어졌다. 이 기간 동안 전동기의 총 설비 용량은 거의 60배나 증가했지만, 전체 기계 동력은 단 4배 증가하는 데 그쳤다. 1899년 미국 제조업 동력의 77%는 증기 기관이었고 전기의 비중은 5%에 미치지 못했다. 그러나 1929년에는 전동기 용량이 전체의 82.3%를 차지했고, 1969년에는 이 비율이 85%까지 상승했다. 이러한 전환은 1899년에서 1929년 사이 미국 제조업 생산성이 거의 두 배로 증가하고, 1960년까지 다시 두 배로 증가하는 데 가장 중요한 요인이었다.

1882년부터 1914년까지 이어진 가정 전기화의 첫 번째 물결은 더디게 진행되었다. 이 시기 전기화는 주로 전등을 받아들이는 형태로 이루어졌다. 당시 전등은 보통 방마다 중앙에 15에서 30와트W짜리 저전력 전구 하나를 다는 수준이었고, 그마저도 모든 방에 전등이 설치된 것은 아니었다. 일부 부유한 가정에서는 천장 선풍기나 가벼운 전기다리미, 그리고 최초의 토스터 같은 몇 가지 작은 전기 제품을 구매하기도 했다(그림 4.9). 그 이후 주요 가전제품이 보급되는 속도는 여러 요인이 복합적으로 작용하여 결정되었다. 우선 새로 나온 제품의 기술적 완성도가 중요했다. 또한 제품 자체의 가격과 전기 요금 역시 보급 속도에 영향을 미쳤다. 당시 사람들의 생활 수준과 생활 방식 또한 중요한 변수였다. 어떤 제품은 세상에 처음 소개된 후 대중적으로 널리 퍼지기까지 수년이 아니라 수십 년이 걸리기도 했다. 실제로 당시 가전제품의 보급 현황 자료를 보면, 제품마다 시장에 퍼져나가는 속도가 제각기 달랐음을 알 수 있다.

전기레인지는 주방에서 가장 먼저 전기로 전환된 가전제품이었다. 1920년까지 미국 전체 가구의 20%가 전기레인지를 소유했고, 제2차 세계 대전 직전인 1940년에는 절반, 1955년에는 90%가 소유했다. 세탁기는 1920년대 중반에야 보급되기 시작했고, 전쟁 기간에는 보급률이 오히려 떨어졌다. 1964년이 되어서야 50% 보급률에 도달했고, 최종적으로는 90%에 약간 못 미치는 수준에서 보급이 멈추었다. 이와 대조적으로 냉장고는 비슷한 시기에 보급되기 시작했지만 꾸준히 높은 성장률을 보였다. 1940년대 초에 50%를, 1953년에는 90% 보급률을 달성했다. 1960년 이후 냉장고는 거의 모든 미국 가정의 필수품이 되었다. 유럽과 일본에서는 냉장고와 세탁기가 미국만큼 흔하지만, 전기 요금이 더 비싸기 때문에 의류 건조기는 여전히 드물다.

세 가지 주요 전기 기기는 제2차 세계 대전 이후에야 널리 보급되기 시작했다. 창문형 에어컨 판매는 1960년 이후 본격화되었고, 1974년에는 전체 가구의 절반이 에어컨을 갖추게 되었으며, 점차 중앙 집중식 에어컨으로 대체되었다. 에어컨은 1960년대 이후 남부로 대거 이주한 북부 사람들에게 미국의 '선벨트', 즉 햇볕이 잘 드는 남부 지역을 쾌적한 곳으로 만들었다. 1990년까지 에어컨은 미국 전체 가구의 약 95%에 보급되었다.

부유한 국가 중에서는 일본과 대만만이 미국과 비슷한 높은 에어컨 보급률을 보인다. 중국의 따뜻한 지역에서는 도시 아파트 대부분에 창문형 에어컨이 설치되어 전국 보급률이 약 60%에 달한다. 이는 후발 주자가 보편적 보급으로의 전환을 얼마나 빠르게 이룰 수 있는지를 보여주는 좋은 예다. 1990년 중국의 일반 가정은 선풍기 한두 대를 소유하는 데 그쳤지만, 2018년에는 농촌 가구조차 100가구당 65대의 에어컨을 보유할 정도가 되었다.

그러나 주거 공간 냉방은 프랑스와 독일에서는 여전히 드물며, 멕시코와 브라질에서는 보급률이 약 20%에 불과하고, 인도에서는 불과 몇 퍼센트 수준이다. 사하라 사막 이남 아프리카 전역에서는 도시의 부유한 지역을 제외하고는 냉방 시설이 거의 없다. 따라서 앞으로 에어컨이 보급될 잠재력은 막대하다. 만약 효율에 상당한 발전이 없다면, 에어컨은 건물 부문 세계 전력 수요의 3분의 1 이상을 차지하는 가장 큰 단일 요인이 될 수 있다. 이는 현재 주거용 가전제품 전체가 필요로 하는 4분의 1보다도 큰 비중이며, 전 세계 에어컨 총대수는 50억 대를 넘어설 수도 있다.

## 에너지 사용 효율 향상과 경제 전반의 에너지 소비량 변화

에너지 변환 기술이 발전하면서 효율이 크게 높아졌다. 그 결과, 과거에 비해 훨씬 적은 양의 에너지를 사용하고도 동일한 경제적 가치를 창출하거나 같은 양의 제품을 만들어낼 수 있게 되었다. 이처럼 특정 결과물을 얻기 위해 들어가는 에너지의 양을 '에너지 집약도'라고 하는데, 기술 발전 덕분에 에너지 집약도가 눈에 띄게 낮아진 것이다. 물론 나라마다 차이는 있지만, 에너지 효율 개선은 전 세계적으로 나타나는 보편적인 흐름이다. 어떤 분야에서는 효율 개선의 효과가 매우 커서, 전체 시장의 규모가 커지는데도 불구하고 에너지 수요의 증가율이 거의 멈추는 현상이 나타나기도 한다. 심지어 수요가 더는 늘지 않는 경우도 있다.

**에너지 사용 방식의 역사적 변화**

과거 인류는 나무를, 나중에는 석탄을 태워 요리나 난방에 필요한 열에너지를 얻었다. 이후 석탄을 가공해 코크스를 만들게 되면서 기존에 사용하던 숯을 대체하기 시작했다. 이것은 제철 산업이 땔감용 나무에 의존하던 상황에서 벗어나는 결정적인 계기가 되었고, 덕분에 철 생산량은 이전과 비교할 수 없을 정도로 폭발적으로 증가했다.

그다음으로 중요한 변화는 석탄을 이용해 가스를 만들어 도시의 조명으로 사용한 것이다. 산업화가 진행되던 주요 도시에서는 이 석탄 가스를 실내외 조명뿐 아니라 일부 난방에도 활용했다. 이후 석탄은 기차나 선박 같은 운송수단의 연료, 즉 이동 동력원으로 빠르게 자리 잡았다. 1850년대에 확고한 지위를 굳힌 석탄은 그 후 약 100년 동안 운송 연료 시장을 지배했다.

하지만 석유를 정제한 새로운 연료가 등장하면서 석탄의 시대는 막을 내렸다. 비슷한 시기에 가정용 난방이나 산업 공정에 열을 공급하던 연료로서의 석탄도 점차 쓰이지 않게 되었다. 결국 오늘날 석탄의 주요 시장은 발전용과 제철용 코크스 생산, 이렇게 두 가지만 남게 되었다. 이 중 발전용 석탄은 미국과 유럽 연합에서 사용량이 빠르게 줄어들고 있지만, 중국과 인도에서는 앞으로도 수십 년간 여전히 중요한 에너지원으로 남을 것이다.

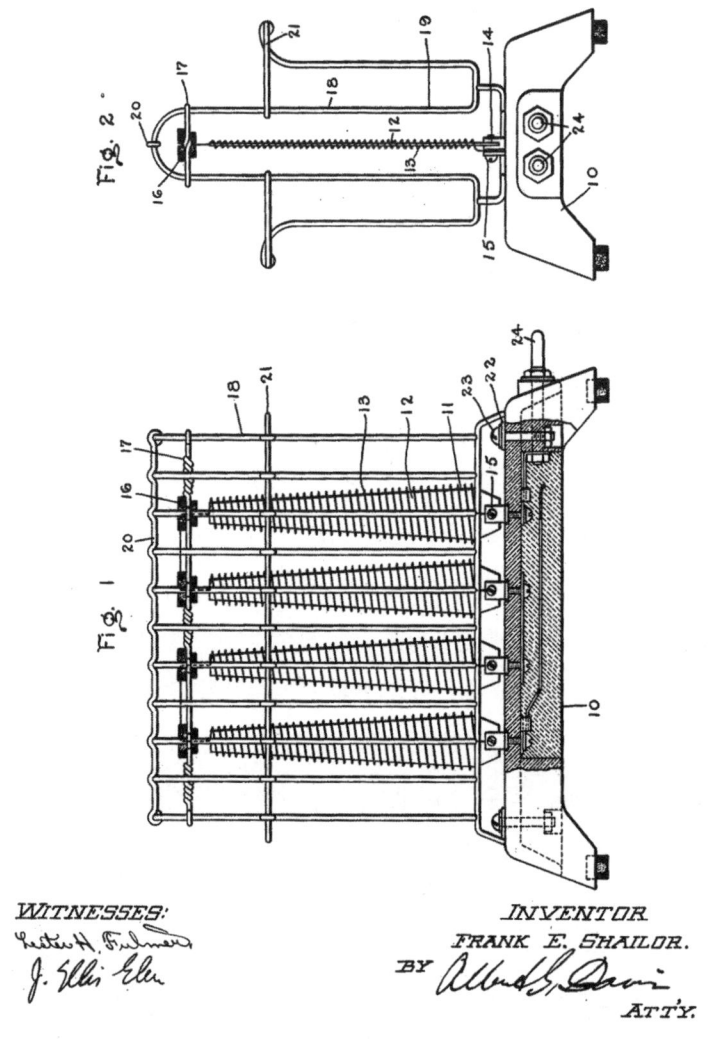

그림 4.9_프랭크 샤일러(Frank Shaylor)의 '전기 히터'는 1910년에 특허를 받았으며, 제너럴일 렉트릭사는 이보다 일 년 앞서 최초로 널리 보급된 토스터를 생산하기 시작했다.

연료를 사용하는 방식에도 세 가지 중요한 변화가 있었다. 첫째, 에너지를 간접적으로 소비하는 비중이 크게 늘었다. 특히 화석연료를 바로 사용하기보다 전기로 바꾸어 쓰는 경우가 많아졌다. 실제로 1900년에는 전기로 전환되는 화석연료가 2%도 채 되지 않았지만, 2000년에는 그 비율이 약 25%까지 치솟았다. 둘째, 전체 연료 소비에서 운송 부문이 차지하는 비중이 전 세계적으로 높아졌다. 셋째, 가계의 에너지 소비 영역이 집 안을 넘어 집 밖으로까지 확대되었다. 과거에는 주로 집을 쾌적하게 유지하는 데 에너지를 썼다면, 이제는 잦은 외식이나 여행 같은 외부 활동에도 많은 에너지를 사용한다. 석탄의 경우를 좀 더 자세히 살펴보자. 2015년 기준으로 전 세계에서 채굴된 석탄의 약 54%가 발전소에서 사용되었다. 하지만 이 비율은 나라마다 편차가 커서, 미국은 그 비중이 거의 90%에 달했지만 중국은 46% 수준이었다. 중국은 세계 최대의 석탄 화력 발전 국가이면서, 동시에 제조업 분야에서도 석탄에 크게 의존하는 독특한 구조를 가지고 있다. 2017년 중국 제조업 에너지의 65%는 석탄으로 공급되었다.

2015년 기준으로 전 세계 연료 공급량 가운데, 철을 생산하는 제철 산업에서 소비한 양은 10%가 채 되지 않았고 다른 모든 산업 분야의 소비량을 합쳐도 15% 미만이었다. 반면 석유를 정제해서 만든 제품들은 그 쓰임새가 매우 다양하다. 인도에서는 아직도 등유 램프를 조명으로 널리 사용하며, 기계의 윤활유, 난방 연료, 그리고 석유화학 제품의 원료로도 쓰인다. 하지만 정제된 석유 제품의 가장 압도적인 용도는 바로 운송 부문이다. 최근 통계를 보면 전 세계적으로 석유 제품의 약 3분의 2가 운송 연료로 쓰였고, 미국의 경우 그 비율이 76%에 달했다. 운송 부문 안에서도 자동차가 차지하는 비중이 가장 컸다. 2015년 기준으로 자동차 연료가 전 세계 운송용 석유 소비의 77%를, 미국에서는 87%를 차지했다. 그 뒤를 이어 항공과 해상 운송이 나머지 부분을 사용했다.

이러한 현실은 가까운 미래에 쉽게 바뀌지 않을 것이다. 장거리 상업 비행이나 대규모 대륙 간 해상 운송을 곧바로 대체할 만한 뾰족한 기술이 아직 없기 때문이다. 그 결과, 항공기 제트 엔진인 터보팬과 디젤 엔진은 앞으로도 수십 년간 우리 곁에 머물게 될 것이라고 필자는 생각한다. 변화가 더딘 또 다른 핵심적인 이유는 운송 부문의 에너지 수요가 엄청나게 크다는 점이다. 매년 소비되는 25억 톤에 달하는 정제 석유 제품은, 설령 수많은 대체 수단이 상용화된다 하더라도 단기간에 다른 에너지원으로 바꾸는 것이 불가능하다. 또한 모든 화석연료는 에너지를 얻는 용도 외에 다른 중요한 쓰임새도 가지고 있다. 2015년 기준으로 이러한 비에너지 용도의 소비량은 전체 석탄 공급량의 2% 미만이었지만, 정제 석유 제품은 16%, 천연가스는 약 5%를 차지했다.

화석 연료에 의존하는 현대 고에너지 사회로의 전환이 얼마나 거대한 규모였는지를 가장 잘 이해하는 방법은 아마도 20세기 동안 화석 연료 사용량이 얼마나 증가했는지, 그리고 21세기 초 20년 동안 얼마나 더 늘었는지를 살펴보는 것일 것이다. 1900년에서 2000년 사이 최종 에너지 공급량은 석탄이 4.7배, 원유가 199배, 천연가스가 538배 증가했다. 그 결과 전체 화석 연료 소비량은 약 15배 늘어났다. 그리고 21세기 첫 20년 동안 석탄과 다른 탄화수소 연료의 사용은 더욱 크게 증가하여, 석탄은 70% 넘게, 원유는 약 25%, 천연가스는 60% 이상 늘어났다.

이러한 증가는 화석 연료로의 전환이 전 세계적으로 아직 완료되지 않았음을 명확히 보여준다. 장기 예측조차도 21세기 중반 이전에 탄화수소 연료에 대한 수요가 상당히 더 늘어날 것으로 예상하고 있다. 이러한 성장의 대부분은 아시아와 아프리카에서 일어날 것이다. 하지만 미국, 캐나다, 호주에서도 1차 에너지의 절대 공급량은 증가할 것으로 예상된다. 일본이나 유럽 연합 국가들과 달리, 이 세 나라는 여전히 대규모 이민으로 인구가 증가하고 있으며, 이는 에너지 공급량의 추가적인 증가로 이어진다. 그러나 상대적인 측면에서 상황은 상당히 다르다. 모든 주요 서구 경제국들은 1인당 에너지 소비가 정점에 도달했으며, 많은 경우 이후 수요가 약간 감소하는 양상을 보였다.

19세기 전반 유럽에서 나무를 주로 쓰던 시대가 끝날 무렵, 1인당 연간 에너지 사용량은 지중해 국가들에서는 15~20기가줄[GJ] 정도로 낮았고, 숲이 우거진 스칸디나비아에서는 150기가줄에 달할 정도로 높았다. 20세기 초반이 되자 프랑스에서는 연간 50기가줄 이상으로, 영국과 미국에서는 모두 150기가줄 이상으로 증가했다. 최근 유럽 연합 주요 경제국들의 평균은 대부분 1인당 150~160기가줄이었고, 미국과 캐나다의 평균은 연간 300기가줄을 넘었다. 이러한 차이는 놀랍지 않다. 비슷한 수준의 부를 누리더라도 국가의 크기, 기후, 주된 생활 방식, 경제 구조의 차이로 인해 서로 다른 수준의 에너지 소비가 필요할 수 있기 때문이다.

이러한 차이에도 불구하고, 모든 서구 국가의 1인당 에너지 사용량은 현재 정체 상태이거나 상당한 감소를 보이고 있다. 국가별로 소비가 포화 상태에 이른 시기는 각기 달랐다. 캐나다에서는 일찍이 1980년에 정체되기 시작했고, 미국, 독일, 프랑스에서는 1990년에 정점에 도달한 후 정체되었다. 일본의 소비는 1990년대 중반에 정점을 찍었으며, 호주의 1인당 에너지 공급은 2000년 이후 정체 상태이다. 이 모든 경우를 볼 때, 1인당 에너지 사용량의 전환은 이제 완료된 것으로 보인다.

단순히 한 국가의 총에너지 사용량이나 국민 한 사람이 소비하는 에너지양이 시간에 따라 어떻게 변했는지만 추적해서는, 우리가 실제로 얼마나 더 풍요로워졌는지 제대로 파악할 수 없다. 즉, 에너지 소비를 통해 경제가 얼마나 성장했고 삶의 질이 얼마나 향상되었는지 그 진정한 혜택을 온전히 이해하기 어렵다는 의미다. 이러한 혜택을 제대로 알려면, 그동안 꾸준히 개선되어 온 에너지 변환 효율의 증가를 반드시 함께 고려해야 한다. 시중에 발표되는 여러 비교 자료들은 이 중요한 요소를 간과하는 경우가 많다. 하지만 에너지 효율의 향상은 에너지 대전환의 가장 핵심적인 부분 중 하나이다. 모든 종류의 에너지 변환 효율이 높아지면서, 같은 결과물을 얻는 데 더 적은 에너지를 쓰게 되었기 때문이다. 이것이 바로 '에너지 집약도'가 낮아지는 현상으로 나타나며, 이렇게 개선된 효율은 환경에 미치는 부담을 줄이는 데에도 기여했다.

## 에너지 사용의 효율성 증대

더 높은 효율을 향한 전환은 현대 에너지 발전에서 가장 보편적이면서도 가장 큰 보람을 안겨준 변화였다. 이러한 전환 덕분에 에너지 사용은 더 저렴해졌고, 에너지 가격이 하락하면서 사람들은 소득 중 더 많은 부분을 자유롭게 쓸 수 있게 되었다. 만약 오늘날의 세계가 1900년에 널리 퍼져 있던 수준의 에너지 효율로 에너지를 소비한다면, 세상은 견딜 수 없을 정도로 오염된 곳이 되었을 것이다. 더 높은 효율로의 전환은 기존 기술을 점진적으로 개선하고 혁신적인 해결책을 새롭게 채택하면서 가능해졌다.

이 두 가지 방식의 발전은 증기 기관의 오랜 역사를 통해 잘 설명될 수 있다. 18세기 초 최초의 증기 기관은 효율이 1%도 되지 않았다. 1800년경 제임스 와트의 유명한 개선 덕분에 효율이 2%를 겨우 넘는 수준으로 향상되었고, 이후의 혁신으로 일반적인 효율은 6~8%까지 높아졌으며 일부 대형 기계는 15%를 넘어서기도 했다. 하지만 이보다 더 크고 효율적인 기계를 만드는 것은 매우 비현실적이었고, 증기 기관은 곧 증기 터빈과 디젤 엔진으로 빠르게 대체되었다. 증기 터빈과 디젤 엔진은 점진적인 개선을 통해 각각 최고 효율이 40% 이상과 50%를 약간 넘는 수준으로 향상되었다.

실내 난방은 새로운 장치가 등장할 때마다 효율성이 단계적으로 향상되는 훌륭한 예다. 전통적인 나무 난로의 효율은 25% 미만이었으나 석탄난로는 45% 이하, 석유난로는 65%, 초기 천연가스 난방로는 70% 이상, 그리고 최신 설계는 95%를 초과하는 효율을 보인다. 또한 승객 1명을 1킬로미터 수송하는 데 필요한 연료 소비량으로 효율을 측정했을 때, 최신 보잉 항공기(787-9)는 최초의 상업용 보잉 항공기(1958년 707)보다 약 70% 더 효율적이다.

이보다 훨씬 더 어려운 작업은 국가나 전 지구적 차원에서 효율성이 얼마나 향상되었는지 계산하는 것이다. 이 계산은 최근 수십 년에 대해서만 상당히 신뢰할 수 있게 수행될 수 있다. 국제에너지기구[IEA]의 자료에 따르면, 현재 우리가 사용하는 1차 에너지 공급량의 약 50%가 열, 빛, 운동과 같이 유용한 에너지로 전환된다. 1950년 전 세계 에너지 사용의 평균 효율은 35%를 넘지 못했고, 1900년에는 20% 미만이었다. 이 통계는 20세기 동안 전 세계 1차 에너지 생산이 16배 증가하는 동안, 우리가 실제로 사용할 수 있는 유용한 에너지의 양은 40배 이상 증가했음을 의미한다.

1900년에 이미 석탄이 에너지 소비의 대부분을 차지했던 부유한 국가들은 현재 같은 양의 1차 에너지로부터 최소 두 배에서 최대 세 배 더 많은 유용한 에너지를 얻는다. 반면, 1900년에 여전히 낮은 효율로 나무나 식물을 태워 에너지를 얻었던 국가들의 경우, 유용한 에너지의 증가 폭은 일반적으로 다섯 배에서 여덟 배에 달했다. 그럼에도 불구하고, 고효율 사회로의 전환은 아직 갈 길이 멀다. 대형 전동기나 복합 화력 가스 터빈처럼 일부 장치들은 거의 최고의 효율에 도달했지만, 다른 많은 장치들은 상당히 개선될 여지가 있다. 또한 많은 경우, 개별 장치의 효율을 높이는 것보다 시스템 전체를 다시 설계함으로써 더 높은 효율을 달성할 수 있다.

디젤 엔진과 비슷하게 작동하는 차세대 휘발유 자동차 엔진은 개별 장치의 효율을 더 높일 수 있는 좋은 예다. 전통적으로 자동차용 휘발유 엔진과 디젤 엔진 사이에는 큰 효율 격차가 있었지만, 최근의 새로운 설계는 그 격차를 거의 없앴다. 한편, 시스템 재설계를 통해 효율을 높일 기회는 우리 주변 어디에나 존재한다. 예를 들어, 천연가스 난방로는 이미 95% 이상의 거의 완벽한 효율에 도달했다. 하지만 만약 모든 난방로를 초단열 기술과 아르곤 가스를 채운 삼중창을 갖춘 주택에 설치한다면, 유용한 열을 얻기 위해 필요한 1차 에너지 소비를 최소 10%에서 20%까지 더 줄일 수 있다.

### 에너지 집약도

경제 성장에 필요한 에너지의 양, 즉 에너지 집약도가 점차 낮아지는 데에는 서로 긴밀하게 연결된 세 가지 유형의 대전환이 있었다. 첫 번째 전환은 에너지 손실을 크게 줄여 더 높은 효율로 에너지를 바꾸는 새로운 기계의 등장이었다. 두 번째 전환은 산업 분야에서 일어났다. 새롭거나 크게 개선된 생산 공정에 새로운 에너지원이 결합되면서, 제품 단위당 필요한 에너지의 양이 감소했다. 세 번째 전환은 세계 경제 구조의 재편과 관련이 있다. 국가 간 무역이 활발해지고 생산 방식이 바뀌면서, 전 세계적으로 에너지 사용을 가장 효율적인 방식으로 최적화할 수 있게 되었다. 그 결과 인류는 전체적인 에너지 비용을 크게 줄일 수 있었다.

필자는 이 세 가지 전환을 보여주는 대표적인 사례를 각각 하나씩 소개하고자 한다. 첫 번째 사례는 엔진 기술의 발전이다. 과거 증기 엔진은 보일러에서 석탄을 태운 열기로 물을 끓여 증기를 만들어 동력을 얻는 외부 연소 방식의 외연 기관이었다. 이와 달리 디젤 엔진은 연료를 엔진 실린더 안에서 직접 폭발시켜 힘을 얻는 내연 기관이다. 내연 기관은 외연 기관보다 에너지 효율이 월등히 높다. 예를 들어, 석탄을 사용하던 과거의 대양 횡단 증기선은 투입된 전체 에너지의 10% 정도만 실제 배를 움직이는 힘으로 사용할 수 있었고 나머지는 열 등으로 흩어져 버렸다. 하지만 오늘날 거대한 컨테이너선을 움직이는 대형 디젤 엔진은 연료가 가진 에너지의 약 50%를 동력으로 전환한다. 두 번째 사례는 암모니아 생산 공정의 혁신이다. 암모니아를 합성하는 과정은 과거 석탄을 원료로 사용하던 방식에서 천연가스를 사용하는 방식으로 바뀌었다. 이와 함께 성능이 더 뛰어난 압축기와 효율적인 촉매 기술이 개발되어 공정에 도입되었다. 이러한 기술 발전 덕분에 암모니아를 생산하는 데 필요한 에너지는 과거에 비해 70% 이상 절감되었다. 세 번째 사례는 전 지구적 차원의 에너지 거래가 어떻게 에너지 사용을 최적화했는지를 보여준다. 액화천연가스, 즉 LNG를 운반하는 선박 기술이 발전하고 국제 무역이 활성화되면서 새로운 에너지 공급망이 만들어졌다. 그 결과 천연가스가 풍부한 나라에서 멀리 떨어진 다른 나라로 에너지를 옮겨, 난방 등에 사용되던 석탄을 대체하는 것이 가능해졌다. 이런 변화를 상징적으로 보여주는 초기 사례가 바로 1960년대에 알래스카에서 생산된 천연가스를 액화시켜 일본으로 수출한 것이다. 이처럼 에너지를 전 세계적으로 효율적으로 배분하는 방식은 경제적으로 이익이 되었을 뿐만 아니라, 환경에 부담이 큰 석탄 사용을 줄이는 효과적인 방법이기도 했다.

　에너지 집약도가 높은 상태에서 낮은 상태로 얼마나 전환되었는지를 간단하게 수치로 나타낼 방법은 없다. 물질을 생산하는 데 필요한 에너지양에는 명백한 물리적 최소값이 있다. 실제 에너지 소비량이 이러한 변하지 않는 값에 가까워지면, 에너지 집약도 전환은 완전히 달성된 것으로 볼 수 있다. 예를 들어, 암모니아 합성은 과거에 1톤당 100기가줄[GJ] 이상의 에너지를 필요로 했지만, 오늘날 가장 효율적인 공장은 단 27기가줄만 필요로 한다. 이는 메테인을 기반으로 암모니아를 합성하는 데 이론적으로 필요한 최소 에너지양인 20.9기가줄보다 20% 미만으로 높은 수치에 불과하다. 동시에, 이론적인 최소값에 더 가까이 다가가는 것이 기술적으로는 가능할지라도 비용이 너무 많이 들어 현실적으로는 수용하기 어려울 수도 있다는 점을 알아야 한다.

오늘날 제철 기술 역시 다른 분야와 마찬가지로 효율이 매우 높아졌다. 과거부터 이어져 온 전통적인 제철 방식, 즉 용광로에서 철광석을 녹여 쇳물을 만들고 이를 강철로 만드는 통합 제철 공정을 예로 들어보자. 한 연구에 따르면, 이 공정에서 기술적으로 도달 가능한 최소 에너지 소비량은 강철 1톤당 19.5기가줄$^{GJ}$이다. 그런데 현재 가장 효율적인 공장들의 실제 에너지 소비량은 25.5에서 27.9기가줄 수준으로, 이미 달성 가능한 최저 수준의 25% 이내까지 근접해 있다. 고철을 녹여 강철을 만드는 전기로 방식도 마찬가지다. 이 공정의 기술적 최소 에너지 필요량은 1톤당 약 1.6기가줄인데, 실제 공정에서는 2.1에서 2.4기가줄이 사용된다. 이 역시 최고 효율에 25% 이내로 가까워진 수치다. 이와 대조적으로 유리 제조업은 아직 효율 개선의 여지가 많이 남아 있다. 일반적인 판유리를 만드는 데 필요한 최소 에너지는 1톤당 2.8기가줄, 특수 유리인 붕규산염 유리나 크리스털 유리는 최소 2.35기가줄이 필요하다. 하지만 오늘날 현대적인 공장에서 실제로 사용하는 에너지는 5.8에서 9기가줄에 달해, 이론적인 최소치보다 두세 배나 높은 실정이다.

개별 산업이 아닌 한 나라 경제 전체의 에너지 집약도 변화를 수치로 나타내는 것은 훨씬 더 복잡한 문제다. 만약 오늘날의 경제가 불과 1970년대 수준의 에너지 효율에 머물렀다면 지금과 같은 풍요는 결코 누릴 수 없었을 것이다. 1870년대와 비교하면 그 차이는 말할 것도 없다. 에너지 집약도라는 지표는 개별 국가의 변화 추이를 따라갈 때 가장 유용하다. 하지만 이 경우에도 그 나라가 처한 특수한 상황에 대한 깊은 이해가 반드시 필요하다. 이 지표의 신뢰도는 과거의 총에너지 사용량과 경제 관련 데이터를 얼마나 정확하게 복원할 수 있느냐에 달려 있다. 그런 점에서 영국, 미국, 일본의 장기적인 데이터가 가장 신뢰할 만하다고 할 수 있다. 따라서 필자

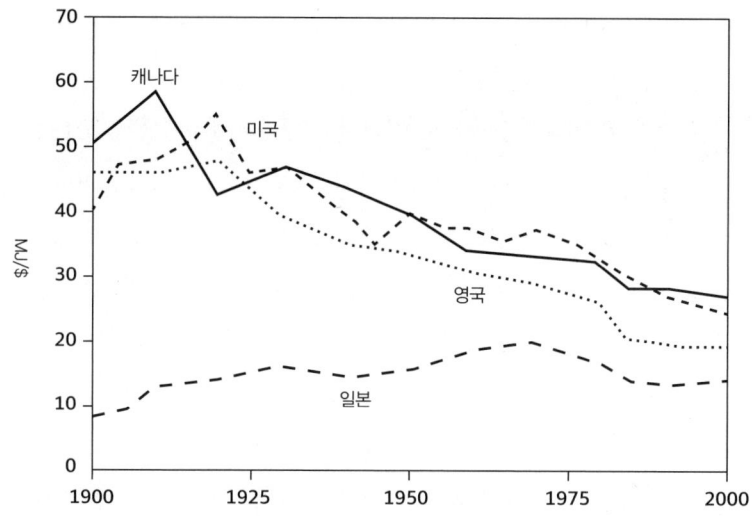

**그림 4.10**_국가 경제의 에너지 집약도 감소: 보편적으로 비슷한 결과를 보이는 경향이 있다. (1990년 환율 기준)

는 이들 국가의 에너지 집약도 절대 수치를 제시하기보다는, 그 변화 과정을 상대적인 관점에서 검토하고자 한다 (그림 4.10).

영국의 에너지 집약도는 산업화 초기 단계에서 오히려 40% 이상 상승했다. 이후 광업, 철강업, 중공업과 같이 에너지를 많이 쓰는 산업이 급격히 발전하면서 1880년경에 정점을 찍었다. 그 후부터는 전쟁이나 전후 복구 시기에 일시적인 등락이 있었을 뿐, 에너지 집약도는 꾸준히 하락하기 시작했다. 그 결과 21세기 초 영국의 에너지 집약도는 가장 높았던 시기의 20% 수준에 불과했다. 유럽의 다른 주요 국가들을 살펴보면 장기적으로 서로 비슷해지는 '수렴' 현상을 발견할 수 있다. 1860년만 해도 국가 간 차이가 매우 커서, 에너지 집약도가 가장 높은 스웨덴은 가장 낮은 이탈리아의 세 배에 달했다. 하지만 2000년에 이르러서는 스웨덴과 이탈리아를 비롯해 독일, 영국, 프랑스, 스페인, 네덜란드, 포르투갈 등 대부분 국가의 에너지 집약도가 매우 비슷한 수준이 되었다. 물론 각국이 겪은 변화의 폭은 달랐다. 20세기 동안 영국과 스웨덴은 70% 이상 하락했지만, 네덜란드는 3분의 1 미만, 이탈리아는 약 10% 정도만 감소하는 데 그쳤다.

이러한 하락 추세는 최근까지도 이어지고 있다. 1990년에서 2015년 사이 유럽연합EU 국가들의 에너지 집약도는 평균적으로 35%나 더 낮아졌다. 영국의 경우 45%나 감소했으며, 프랑스는 24%, 이탈리아는 14%의 감소율을 보였다. 이처럼 유럽 대륙 전체에 걸친 뚜렷한 변화를 보고 유럽환경청EEA은 중요한 질문을 던졌다. 바로 '유럽은 경제는 성장하면서 총에너지 소비량은 오히려 줄어드는 절대적 탈동조화absolute decoupling를 달성했는가?'라는 물음이다. 이러한 현상은 유럽에만 국한되지 않는다. 같은 기간 동안 러시아의 에너지 집약도는 약 30%, 미국은 35%, 중국은 3분의 2가량 감소했다. 하지만 이 수치들만 보고 특정 국가의 성과를 단순하게 비교해서는 안 된다. 예를 들어 '중국이 66%나 줄였으니 미국이나 프랑스보다 훨씬 잘했다'고 결론 내린다면, 이는 상황을 오해하게 만들 수 있다. 앞서 보았듯이 각 나라가 처한 역사적 상황과 출발점이 다르기 때문이다.

각 나라의 에너지 집약도를 평가할 때는 반드시 그 나라의 역사적인 상황을 함께 고려해야 한다. 중국의 사례가 좋은 예이다. 1990년 이후 중국의 에너지 집약도는 매우 인상적으로 하락했다. 하지만 이는 대부분 과거의 부진을 만회하기 위한 '따라잡기' 현상이었다. 과거 마오쩌둥 시대의 비현실적인 정책들 때문에 수십 년간 정체되었던 경제가 빠르게 현대화되면서 에너지 사용의 효율이 높아진 것이다. 여기에 더해 산업 구조가 바뀐 것도 큰 도움이 되었다. 과거의 에너지 소모가 큰 중공업 중심에서, 수출을 위한 소비재를 대량으로 생산하는 제조업 중심으로 전환된 것이 에너지 집약도를 낮추는 데 기여했다. 하지만 효율성이 개선되었음에도 불구하고, 절대적인 기준으로 보면 중국 경제는 여전히 미국이나 프랑스보다 더 많은 에너지를 사용한다. 2015년 기준으로, 물가 상승을 고려한 2011년 기준 1

달러의 가치를 생산하는 데 필요한 에너지는 중국이 6.7메가줄$^{MJ}$, 미국이 5.4메가줄, 프랑스가 3.8메가줄이었다. 중국의 사례에서 가장 중요한 점은 에너지 집약도가 낮아지면서 얻은 효율성의 이점이 경제 전체의 엄청난 성장 속도에 완전히 묻혀버렸다는 사실이다. 1990년부터 2015년까지 중국의 경제 총생산은 거의 11배나 성장했다. 이처럼 폭발적인 경제 성장 때문에 같은 기간 동안 총에너지 소비량 역시 4.4배나 급증했다. 이는 경제 성장과 에너지 소비 증가가 전혀 분리되지 않았다는 것을 명백히 보여준다. 이런 현상을 '탈동조화$^{decoupling}$의 실패'라고 부른다. 즉, 효율은 좋아졌지만 경제 규모가 훨씬 더 빠르게 커지면서 결국 총에너지 사용량은 폭발적으로 늘어난 것이다.

이와 대조적으로 미국과 프랑스의 총에너지 소비량 증가는 각각 15%와 10% 수준에 그쳤다. 여기에는 두 가지 이유가 있다. 우선, 이들 국가는 이미 1인당 에너지 사용량이 매우 높은 수준에 도달해 있었다. 앞서 언급했듯이, 1인당 에너지 공급량은 더 이상 늘지 않고 정체되거나 오히려 감소하는 상황이었다. 또 다른 이유는 탈산업화 현상 때문이다. 에너지를 많이 필요로 하는 산업들이 공장을 해외, 주로 아시아 지역으로 이전하면서 자국 내 에너지 소비 증가세가 둔화된 것이다. 물론 에너지 집약도가 낮아지는 현상은 전 세계적으로 나타나고 있다. 하지만 나라마다 경제 구조가 서로 다르기 때문에, 모든 국가에 공통적으로 적용할 수 있는 보편적인 최저 수준의 목표치가 있는 것은 아니다. 이 때문에 전 세계 전체를 하나로 묶어 에너지 집약도를 계산하는 것은 훨씬 더 복잡하고 어려운 문제다. 과거 여러 나라의 국내총생산$^{GDP}$ 추정치는 그 정확성을 신뢰하기 어려운 경우가 많다. 또한 전 세계 에너지 공급량 통계에는 경제 발전 단계가 제각기 다른 모든 나라가 포함되어 있다. 이제 막 산업화를 시작한 가난한 나라부터 고도로 발전한 부유한 나라까지 한데 섞여 있어, 이를 바탕으로 한 평균값은 현실을 제대로 보여주기 어렵다.

이러한 에너지 집약도의 변화가 모든 나라에서 똑같이 나타난 것은 아니다. 1971년부터 2010년까지 99개 나라의 자료를 분석한 결과, 부유해진 나라들에서는 에너지 집약도가 낮아지는 경향이 뚜렷했지만, 그렇지 않은 나라들에서는 같은 경향이 나타나지 않았다. 더 큰 흐름에서 보면, 19세기 초부터 전 세계 국가들의 에너지 집약도는 점차 오늘날과 비슷한 분포로 모여드는 경향을 보였다. 이러한 수렴 현상은 1인당 에너지 사용량이 늘고 더 우수한 품질의 에너지를 사용하게 되면서, 동시에 전체 비용에서 에너지가 차지하는 비중은 줄어들었기 때문에 나타났다.

앞으로도 전 세계의 에너지 집약도는 계속해서 낮아질 것이 분명하다. 하지만 특정 국가의 사례와 마찬가지로, 전 세계적으로 '이 정도면 충분하다'고 할 만한 최종 목표 수준을 제시하기는 어렵다. 왜냐하면 에너지 효율을 높이는 과정은 스스로 한계에 부딪히기 때문이다. 이미 여러 핵심적인 생산 활동들은 기술적으로 가능한 최소한의 에너지만으로 생산하는 수준에 가까워지고 있다. 이 때문에 효율을 더 높여 에너지 사용량을 줄이기가 점점 어려워지고 있다.

현재 진행 중인 화석연료에서 재생에너지로의 전환은 에너지 집약도를 더욱 낮추는 데 기여할 것이다. 더 많은 에너지 변환 과정이 전기를 사용하게 되면서 전체적인 효율이 높아지기 때문이다. 하지만 이 전환에 대해 많은 사람들이 오해하는 점이 있다. 최근에는 이 전환이 비교적 짧은 시간 안에 이루어질 수 있다는 기대가 많지만, 이는 에너지 전환의 근본적인 속성을 잘못 이해한 것이다. 역사적으로 모든 에너지 전환은 그 변화가 완전히 자리 잡기까지 항상 수십 년이라는 긴 시간이 걸렸다.

## 현대 시스템으로 나아가는 경제의 전환

　대전환 이전 사회와 오늘날의 풍요로운 현대 국가 사이에는 수많은 경제적 차이점이 존재한다. 이 모든 차이점을 책의 한 장章에서 전부 다루기란 불가능한 일이다. 물론 앞서 이미 두 가지 근본적인 차이점은 자세히 살펴보았다. 현대의 풍요로운 경제를 '식량, 연료, 전기가 남아도는 사회'로 정의하는 것은 매우 실용적인 접근이며, 일부 경제학자들도 동의할 만한 설명이다. 이제 이 기본적인 차이점을 넘어, '성장', '구조', '풍요'라는 세 가지 핵심 범주에 초점을 맞추어 논의를 확장하고자 한다. 이러한 분석을 위해 고소득 국가들의 지난 수백 년간의 데이터를 주로 활용할 것이다. 하지만 뒤늦게 출발하여 매우 빠른 속도로 경제 전환을 이룬 후발 국가들의 사례 또한 마땅히 주목해야 하므로 함께 살펴볼 것이다.

　고대, 중세, 그리고 1700년까지의 근세 초기까지 인류의 경제 성장은 연간 1%에도 훨씬 못 미치는 미미한 수준에 머물렀다고 우리는 아주 확실하게 결론 내릴 수 있다. 이 시기 전통 사회의 경제 구조는 어디나 비슷할 수밖에 없었다. 극소수의 인구를 제외한 대다수는 생계를 위해 농사를 지었다. 나머지 소수의 인구가 수공업, 건설, 운송 등에 종사했으며, 지배 계층과 지식인 같은 엘리트 집단은 그중에서도 가장 작은 비중을 차지했다. 식량이든, 물질적 재화든, 혹은 정신적인 만족감이든, '풍요'라는 것은 오직 소수의 특권 계층만이 누릴 수 있는 예외적인 것이었다. 이러한 독점적인 상황은 17세기와 18세기에 들어서면서 몇몇 사회에서부터 서서히 변하기 시작했다.

이러한 초기 변화의 대표적인 사례로는 서양에서는 '황금시대'를 맞은 네덜란드를, 동양에서는 도쿠가와 시대 일본의 수도였던 에도를 꼽을 수 있다. 이 두 사회에서는 물질적 풍요와 다양한 여가 활동이 과거보다 훨씬 넓은 계층으로 확산되는 초기 현상이 나타났다. 하지만 이것은 대전환의 서막에 불과했다. 생산량의 지속적인 증가, 경제 구조의 근본적인 변화, 그리고 대중이 제품과 경험을 대규모로 소비하는 시대의 도래라는 세 가지 분명한 특징으로 대표되는 진정한 의미의 경제 대전환은 그 이후에야 나타났다. 이러한 거대한 변화는 인구, 식습관, 에너지 분야에서 일어난 각각의 전환이 기술 혁신 및 더 나은 통치 방식과 결합되면서 비로소 가능해졌다. 이 모든 요소가 합쳐져 인류는 역사상 유례없는 경제 발전의 새로운 시대를 열게 된 것이다.

인구, 식생활, 에너지 부문에서의 대전환은 그 완료 시점, 즉 더 이상 큰 변화가 없는 안정 상태가 언제인지 비교적 명확하게 알 수 있다. 예를 들어, 한 사회의 출산율이 인구를 유지하는 데 필요한 대체출산율 아래로 떨어져 수십 년간 그 상태를 유지한다면, 그 사회는 인구 전환을 마쳤다고 확실히 말할 수 있다. 마찬가지로, 식량 공급량이 필요한 영양 요구량을 훨씬 넘어서고 그 결과 엄청난 양의 음식물 쓰레기가 발생한다면, 그 사회는 식생활 전환을 거쳤다고 볼 수 있다. 또한, 땔나무와 같은 전통적인 연료를 더 이상 사용하지 않고 화석연료와 1차 전기에만 의존하며 1인당 에너지 소비량이 매우 높은 수준에 이르면 에너지 전환을 이루었다고 할 수 있다.

이와는 대조적으로 경제 전환에는 다른 전환들처럼 명확한 '완성' 지점이 있다는 증거가 없다. 1인당 국민소득이나 가처분소득이 아무리 높은 수준에 도달하더라도 그것을 경제 전환이 끝났다는 신호로 볼 수는 없는 것이다. 실제로 평균적인 1인당 생산량이나 소득을 현재 수준으로 유지하는 것만을 목표로 삼는 국가 경제 정책은 존재하지 않는다. 성장을 멈추는 '정상상태 경제steady-state economy'를 만들자는 주장도 있기는 하다. 정상상태 경제란 인구 증가분을 메울 정도의 최소한의 성장만 하거나, 인구가 안정되거나 감소하는 경우에는 아예 성장을 멈추거나 마이너스 성장을 하는 경제를 의미한다. 하지만 이러한 주장은 현재로서는 일부 생태 경제학자들 사이에서만 논의될 뿐이다.

세계에서 가장 부유한 나라들조차도 가능한 한 높은 경제 성장률을 유지해야 한다는 강박에 시달린다. 이미 성장이 안정 단계에 접어들어 높은 성장률을 기대하기 어려운 선진 경제 대국에서도 마찬가지다. 이런 나라들에서조차 연간 경제 성장률이 1% 미만으로 떨어지는 것을 꺼리고, 최소한 2~3%는 되어야 바람직하다고 여긴다. 이처럼 성장에 대한 끊임없는 추구는 물질적 풍요에 대한 인간의 욕망에는 뚜렷한 한계가 없다는 사실로 이어진다. 예를 들어, 오늘날 미국 주택의 평균 면적은 1950년에 비해 2.5배나 커졌으며, 지금도 그 크기는 계속해서 조금씩 넓어지고 있다. 또한 아마존 프라임과 같은 서비스가 성공한 것을 보면, 사람들이 원하는 물건을 즉시 손에 넣으려는 욕구와 그 물건의 수량에는 끝이 보이지 않는다는 점을 알 수 있다. 이처럼 개인의 소비 욕구에서는 어떤 전환점이나 한계를 찾아보기 어렵지만, 사회의 근본적인 구조 변화를 살펴보면 명확한 전환 단계를 파악하기가 상대적으로 쉽다. 물론 이러한 구조적 전환의 구체적인 모습은 나라마다 고유한 특성을 보이며 다르게 나타날 것이다. 하지만 보편적으로 적용되는 일정한 양적 기준점이나 단계가 분명히 존재한다는 것을 확인할 수 있다(그림 5.1).

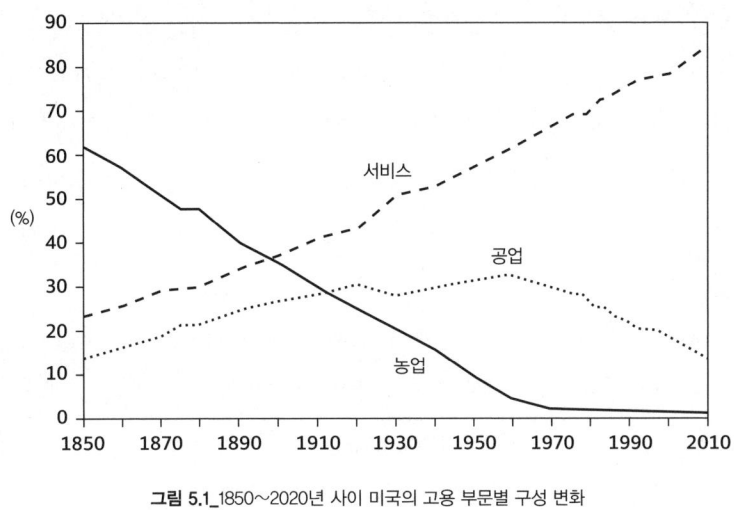

그림 5.1_1850~2020년 사이 미국의 고용 부문별 구성 변화

전통 경제에서는 전체 인구의 80% 이상이 식량 생산에 종사했지만, 오늘날 모든 선진국에서는 그 비율이 5% 미만으로 떨어졌다. 2019년 세계은행 자료에 따르면, 농업에 종사하는 노동 인구의 비율이 1%에 불과한 영국이나 독일은 물론, 2%대인 미국, 스웨덴, 네덜란드, 그리고 3%대인 프랑스, 일본과 같은 나라들은 농업 중심에서 벗어나는 구조적 전환을 이미 마쳤다고 볼 수 있다. 반면 2017년 기준으로 농업 종사자 비율이 18%였던 중국은 이 전환이 상당히 진행된 상태이며, 43%인 인도는 아직 갈 길이 멀다고 할 수 있다. 우간다나 르완다처럼 그 비율이 70%에 육박하는 나라들은 이제 막 전환의 초기 단계에 들어섰다고 볼 수 있다. 마찬가지로, 세계 최초로 산업화를 이루었던 영국에서조차 현재 상품 제조가 국내총생산에서 차지하는 비중이 10% 미만이라는 사실은, 노동력이 제조업에

서 서비스업으로 이동하는 또 다른 구조 변화가 거의 마무리되었음을 명확히 보여준다.

모든 경제 전환은 에너지와 물질의 필요량, 그리고 자연적, 기술적 요인이 부과하는 한계라는 보편적인 제약을 받는다. 하지만 이러한 물리적 제약의 테두리 안에서, 경제 전환이 얼마나 빨리 진행되었는지, 그리고 그 혜택이 인구 대다수에게 얼마나 널리 퍼졌는지는 나라마다 큰 차이를 보였다. 이처럼 성장, 구조, 풍요라는 경제 전환의 세 가지 요소에서 나타나는 각국의 독특한 경로를 추적해 보면, 그 배경에 있는 역사적, 문화적 원인들을 발견할 수 있다.

1990년대 이후 경제학 문헌에서 '경제 전환'이라는 용어는 흔히 특정한 의미로 사용된다. 이는 과거의 공산주의 국가들이 중앙 계획과 폐쇄적인 자급자족 체제를 버리고, 일종의 '자유 시장' 체제를 도입하며 세계 경제에 통합되는 과정을 가리키는 말이다. 하지만 필자는 이러한 변화를 '2차적 전환'이라고 본다. 왜냐하면 소련을 비롯한 동유럽 공산주의 국가들은 1990년 이전에 이미 농업 경제에서 산업 경제로 넘어가는 '1차적 전환'을 경험했기 때문이다. 비록 국민에게 풍요의 혜택을 나누어주는 면에서는 서구에 뒤처졌지만, 이들 역시 서구와 비슷한 발전 경로를 따라가고 있었다.

이 장에서는 이러한 2차적 전환을 다루지 않는다. 대신 필자는 낮은 성장률, 정체된 경제 구조, 제한된 소비 패턴을 특징으로 하는 전통 사회에서 벗어나, 성장과 구조 변화를 끊임없이 추구하고, 대량 소비, 높은 이동성, 정보 과잉을 특징으로 하는 현대적 체계로 이행해 온 역사적 과정에 초점을 맞출 것이다. 다만, 최근의 중국은 1차적 전환과 2차적 전환의 요소를 모두 포함하는 복합적인 사례라고 할 수 있다.

## 세계 경제성장률의 전환

 전통 경제가 오랫동안 침체하거나 매우 낮은 성장률을 보인 것은 놀라운 일이 아니다. 여기에는 몇 가지 이유가 복합적으로 작용했다. 우선 인구 증가 속도가 매우 느렸고, 식량 생산을 생존에 필요한 최소한의 수준 이상으로 꾸준히 늘리는 데 어려움을 겪었다. 또한 수천 년 동안 나무나 작물 잔여물 같은 똑같은 바이오 연료에 의존했고, 사용하는 동력 기관 역시 성능이 제한적이었다. 더구나 기술 혁신 속도도 느려서 노동 생산성을 높이거나 새로운 경작 방식이나 제조 기술을 도입하는 데 거의 기여하지 못했다. 이러한 현실을 고려할 때, 더 높고 지속적인 경제 성장은 과연 어디에서 비롯된 것일까?

 놀랍게도 자본과 노동을 중심으로 경제 현상을 분석하는 주류 경제학은 가장 중요한 물리적 요인인 에너지 사용량 증가와 그 질적 변화를 간과해 왔다. 일부 경제학자들은 에너지 비용이 전체 생산 비용에서 차지하는 비중은 작지만, 실제로는 그보다 훨씬 중요한 생산 요소임을 설득력 있게 보여주었다. 이들은 값싸고 에너지 밀도가 높은 화석 연료의 발견과 활용으로 에너지 비용이 낮아진 것이 근대 경제 성장의 주된 원인이었다고 주장한다. 이러한 에너지 전환 과정의 역사는 이미 앞에서 살펴보았으므로, 이 장에서는 장기적인 경제 성장 과정을 재구성하고 그 원인을 설명하는 데 초점을 맞추고자 한다.

 과거 경제 상황을 복원하는 작업은 근대 초기로만 가도 잠정적인 추정에 불과하며, 그 이전 시대로 거슬러 올라가면 상대적인 순위나 과정의 특징을 파악하는 수준의 근사치에 지나지 않는다. 하지만 그마저도 쉽지 않을 수 있다. 예를 들어, 1750년 이전 중국과 유럽 경제의 상대적 성과에 대해 학자들 사이에 근본적인 견해 차이가 있다는 점은 이미 언급한 바 있다. 이처럼 학자들 사이에 큰 의견 차이가 있음에도 불구하고, 근대 이전 사회의 연간 경제 성장률이 1%에 훨씬 못 미쳤다는 점에는 폭넓은 공감대가 형성되어 있다.

실제로 1300년부터 1913년까지 이탈리아 중부와 북부 지역은 거의 성장이 없었다. 1270년부터 1663년까지 잉글랜드의 성장률은 겨우 0.03%에 불과했으며, 스페인 역시 1270년부터 1850년까지 비슷한 수준이었다. 중국은 1020년부터 1850년까지 연평균 0.1% 성장했고, 네덜란드는 1348년부터 1850년까지 0.22% 성장하는 데 그쳤다. 최초의 산업혁명 국가인 영국의 사정도 크게 다르지 않았다. 17세기 초까지 거의 성장이 없다가 17세기 후반에 연 0.8%까지 잠시 가속되는 듯했다. 하지만 1700년대부터 1760년대 사이에는 다시 0.3% 미만으로 떨어졌고, 1760년대와 1780년대 사이에는 0.1%에 불과했다. 이후 50년간 연평균 성장률은 0.5% 수준에 머물렀으며, 1830년대에 들어서야 비로소 1.2%까지 상승했다. 다른 연구에 따르면 1820년에서 1870년 사이 영국의 1인당 평균 성장률은 약 1.26%였다. 이 시기 영국은 세계 총생산의 거의 10%를 차지하는 세계 최대의 경제 대국으로 떠올랐다. 당시 영국 인구가 전 세계 인구의 2.5%에 불과했다는 점을 감안하면, 이는 엄청난 성과였다. 미국이 바로 그 뒤를 쫓고 있었다.

이처럼 역사적으로 유례없는 단절, 즉 전통 사회의 정체 상태에서 근대적 성장으로의 전환은 당연히 수많은 연구와 경제 모델의 대상이 되어 왔다. 또한 이러한 놀라운 현상을 설명하려 했던 기존의 여러 주장에 대한 비판적인 논쟁도 활발하게 이루어졌다. 왜 영국은 근대 초기 경제 국가들 중에서 가장 먼저 이러한 경제 성장의 도약을 경험했을까? 그 시기는 어떻게 결정되었을까? 어떤 요인들이 결합하여 성장을 지속시켰을까? 새로운 에너지원, 과학 지식, 기술 발명, 경제 제도는 각각 어떤 역할을 했을까? 이러한 변화는 과연 '산업혁명'이라는 이름에 걸맞게 비교적 빠른 변혁이었을까, 아니면 보다 복잡하고 점진적인 과정이었을까?

이러한 질문들에 대한 연구는 아직 명확한 결론에 이르지 못하고 있다. 그 대표적인 예로, 이러한 대전환의 시작 시점과 지속 기간에 대해서조차 학자들 간에 합의가 이루어지지 않았다는 사실을 들 수 있다. 어떤 학자는 영국의 산업혁명 기간을 1660년부터 1918년까지로 매우 폭넓게 보는 반면, 다른 학자는 1760년부터 1830년까지로 범위를 좁혔다. 경제가 본격적으로 도약한 시기를 1783년에서 1802년 사이로 매우 구체적으로 특정하는 견해도 있다.

**가속화된 성장의 원천들**

증기기관의 발명과 개선이 곧 산업혁명으로 이어졌다는 기존의 단순한 설명은 더 이상 타당하지 않다는 것이 이제는 분명하다. 사실 이러한 단순한 관점은 오랫동안 비판적인 검토의 대상이 되어 왔다. 흔히 산업화하면 거대한 공장과 기계 노동자를 떠올리지만, 연구 결과는 다른 모습을 보여 준다. 19세기 중반까지도 영국의 노동자 대다수는 공장 노동자가 아니었다. 그들은 전통적인 기술을 가진 장인이거나 단순 육체노동자, 혹은 가정에서 일하는 사람들이었다. 1760년 이후 90년이 지난 1850년경에도 영국 경제의 전반적인 모습은 여전히 전통적인 방식에 크게 의존하고 있었다. 더 나아가, 일부 역사가들은 '산업혁명'이라는 용어 자체가 당시의 변화를 정확히 표현하지 못한다고 지적하거나, 심지어 '영국 산업혁명'이라는 개념이 후대에 과장되거나 만들어진 신화에 가깝다고 주장하기도 한다.

증기기관이 산업혁명에 미친 영향력은 우리가 흔히 생각하는 것보다 크지 않았으며, 그 효과도 훨씬 뒤늦게 나타났다. 최근의 주요 연구들은 1830년 이전까지 증기기관이 경제 성장에 기여한 바가 거의 없었다고 본다. 증기기관의 성능을 획기적으로 개선한 고압 증기기관 설계가 널리 보급된 것도 1850년이 지나서야 가능했다. 따라서 증기기관은 산업혁명 시기보다는 19세기 후반에 이르러 생산성 향상에 가장 큰 영향을 주었다. 19세기 영국 경제의 성장을 오직 증기기관의 역할로만 설명하려는 시도는 사실과 다르다. 어느 시기를 보더라도 증기기관 하나가 경제 전체의 성장을 이끌 만큼 지배적인 위치를 차지하지는 못했다.

석탄의 역할 역시 마찬가지다. 석탄 사용의 증가 그 자체만으로 영국의 폭발적인 성장을 설명할 수는 없다. 석탄은 수많은 증기기관에 동력을 공급하기 훨씬 이전부터 이미 사회 곳곳에서 널리 쓰이고 있었다. 17세기부터 석탄은 가정의 난방과 요리에 사용되었고, 대장장이, 양조업자, 염색업자, 석회 및 비누 생산업자들도 석탄을 중요한 연료로 활용했다. 또한 반사로 덕분에 유리와 도자기를 만드는 공예 분야에서도 석탄을 쓸 수 있었다. 반사로는 열을 천장에 반사시켜 온도를 높이는 방식의 가마로, 섬세한 공정이 가능하게 했다. 1750년 이후에는 용광로에서 철광석을 녹이는 데 필요한 연료인 코크스를 만들기 위해 석탄이 점점 더 많이 사용되었다. 제임스 와트의 증기기관이 본격적으로 시장에 팔리기 전에도, 석탄은 이미 영국 전체에서 사용하는 열에너지의 80% 이상을 공급하는 핵심 에너지원이었다.

그렇다면 영국 경제가 토지 기반의 한계에서 벗어난 직접적인 원인은 무엇이었을까? 1780년에서 1860년 사이에 나타난 두 가지 변화가 핵심이었다. 바로 총요소생산성TFP 증가율이 두 배로 뛴 것과, 이와 동시에 경제의 토지 의존도가 그보다 더 큰 폭으로 감소한 것이다. 영국이 경제적으로 도약하는 데 총요소생산성은 매우 중요한 요인이었다. 총요소생산성이란 노동력 투입이나 자본 투입의 증가만으로는 설명되지 않는 경제 성장의 부분을 가리킨다. 즉, 생산 기술의 진보와 혁신이 가져온 순수한 효율성 증가분을 의미한다. 이 개념의 연구 토대는 1950년대 후반과 1960년대 초반에 여러 학자들에 의해 마련되었으며, 오늘날 경제 성장을 평가하는 데 있어 매우 중요한 개념이 되었다. 현대 경제에서는 총요소생산성이 종종 경제 팽창을 설명하는 가장 중요한 단일 요인으로 꼽히기도 한다.

앞서 언급한 '토지 의존도의 감소'에 대해 더 자세히 살펴보자. 영국의 농업혁명으로 농업 생산성이 향상되면서 잉여 노동력이 생겨났다. 이들은 도시와 공장으로 일자리를 찾아 떠났고, 그 결과 농업에 종사하는 인구의 비율은 1760년 37%에서 1841년 24%까지 떨어졌다. 총요소생산성의 증가와 이러한 토지 의존도의 감소, 이 두 가지 요인과 비교하면 석탄 채굴량의 증가나 무역의 확대는 상대적으로 즉각적인 영향을 미치지 못했다. 따라서 최초의 산업혁명은 역설적인 현상이었다. 빠른 속도로 모든 면에서 발전했다는 기존의 통념과는 달리, 실제로는 경제 성장이 점진적으로 가속되고 노동력의 산업화가 뚜렷하게 나타나는 과정이었다. 그러나 이러한 점진적인 변화를 근본적인 변화가 없었다는 뜻으로 혼동해서는 안 된다. 한 연구에 따르면, 산업혁명의 진정한 특징은 '지속적인 기술 진보와 더 빠른 총요소생산성 성장을 이룰 수 있는 사회가 탄생했다'는 점에 있다.

영국이 어떻게 세계 최초로 강대국이 되었는지에 대해, 로버트 앨런과 조엘 모키르 두 학자는 각기 다른 설득력 있는 설명을 제시했다. 먼저 로버트 앨런의 주장은 그의 책 서문에 담긴 "요컨대 산업혁명은 18세기 영국에서 발명되었다. 왜냐하면 그곳에서 발명하는 것이 돈이 되었기 때문이다"라는 구절로 요약된다. 그의 주장은 당시 영국이 처한 상대적인 조건에 초점을 맞춘다. 당시 영국은 유럽 대륙의 다른 나라들과는 달리 임금은 비교적 높았던 반면, 자본과 석탄 가격은 훨씬 저렴했다. 이러한 독특한 비용 구조 때문에 영국에서는 비싼 노동력을 대체할 수 있다면, 초기 투자 비용이 많이 드는 증기기관과 같은 기계나 코크스를 이용한 제철 공정 같은 새로운 기술에 투자하는 것이 경제적으로 합리적인 선택이었다. 반면 노동력이 쌌던 다른 유럽 국가들에서는 굳이 막대한 비용을 들여 기계를 도입할 필요가 없었다.

이에 반해 조엘 모키르는 문화가 결정적인 역할을 했다고 주장한다. 그는 세 권의 저서를 통해 근대 경제가 어떻게 시작되었는지 설명했는데, 특히 영국이 산업혁명을 주도한 이유를 '계몽주의가 만들어낸 거대한 시너지 효과' 덕분이라고 결론 내렸다. 그가 말하는 시너지 효과란 두 가지 요소의 결합을 의미한다. 하나는 철학자 프랜시스 베이컨의 영향으로 실제 경험과 응용을 중시하게 된 실용적 학문 풍토이고, 다른 하나는 더 나은 사회 제도가 사람들에게 강력한 동기를 부여한다는 믿음이었다. 이후 다른 저서에서 그는 당시 유럽의 정치적 분열 상태가 오히려 계몽주의 사상이 타오르는 데 결정적인 불꽃이 되었다고 다시 한번 강조했다. 유럽 전역에 걸쳐 새로운 과학적 발견을 전파하는 '학자들의 공화국'이라는 지식인 공동체가 국경을 넘어 존재했고, 이 공동체가 새로운 아이디어가 샘솟고 교류하는 시장의 기반이 되어 주었다는 것이다. 모키르는 "유럽과 나머지 세계의 가장 큰 차이는 바로 계몽주의였고, 이 계몽주의가 과학과 기술의 진보에 미친 영향이었다"라고 단언했다.

이 두 학자의 거시적인 설명은 저마다 분명한 한계를 지닌다. 모든 기술 발전이 계몽주의 과학에서 직접 비롯된 것은 아니었다. 또한, 아무리 뛰어난 아이디어가 있었다고 하더라도, 풍부한 에너지와 저렴한 자본 없이는 그 아이디어를 현실로 구현하기 어려웠을 것이다. 반대로, 모든 기술 혁신이 비싼 노동력을 절약하려는 이윤 추구의 결과였다고만 설명하기도 어렵다. 영국의 독특한 고임금, 저에너지 비용 구조 하나만으로 완전히 새로운 시대가 열렸다고 보는 것 역시 무리가 있다. 아마도 두 학자의 책을 모두 깊이 있게 검토한 경제사학자 니컬러스 크래프츠[Nicholas Crafts]의 결론이 가장 균형 잡힌 시각일 것이다. 그는 이렇게 말했다. "두 저자는 자신들의 설명이 서로 경쟁 관계에 있다고 생각하는 듯하지만, 본질적으로 두 설명은 서로를 배제하지 않는다. 오히려 미래에는 이 두 설명을 서로 보완하는 관계로 이해하는 것이 더 타당해질 것이다."

앨런과 모키르의 설명을 서로 보완하는 것을 넘어, 우리는 그림을 완성하기 위해 다른 필수적인 요인들까지 고려해야 한다. 산업혁명의 시작에 결정적으로 기여하고, 그 발전이 여러 세대에 걸쳐 지속되도록 만든 다른 힘들도 함께 살펴보아야 하는 것이다. 예를 들어, 1710년 영국 직업 통계 자료를 바탕으로 한 어느 연구는 산업혁명 초기에 특정 지역에서 경제적 도약이 일어난 이유와 그 규모를 성공적으로 설명해 냈다. 이 연구는 경제 활동이 특정 지역에 집중되는 현상이 매우 중요했음을 보여준다. 동시에, 산업혁명의 초기 단계에서 정부가 기여한 역할은 생각보다 제한적이었음도 분명히 했다. 또한, 새로운 에너지 공급원의 양과 질이 시대 발전을 위한 핵심적인 전제 조건이었다는 사실을 잊어서는 안 된다. 증기기관을 움직인 유연탄, 철을 녹인 코크스, 그리고 더 강력해진 수차와 같은 새로운 동력원의 등장은 그 중요성을 아무리 강조해도 지나치지 않다. 마지막으로, 높아진 글을 읽고 쓰는 능력, 특허권이나 재산권 같은 한층 강화된 제도적 장치, 해외 시장으로의 원활한 접근, 그리고 늘 그렇듯 특정 역사적 상황이 장기적인 경제 발전에 미친 영향 같은 요인들도 결코 가볍게 넘길 수 없다.

월트 로스토는 영국의 역사적 경험을 바탕으로 큰 영향력을 미친 '경제 성장 단계론'을 만들었다. 그가 영국을 모델로 삼은 것은 한편으로는 타당하지만 다른 한편으로는 논란의 여지가 있다. 영국은 최초의 선구자였으므로 다른 나라들이 그 경험의 일부를 되풀이할 수밖에 없다는 점에서는 타당하다. 하지만 모든 나라에는 각자의 뚜렷한 특수성이 존재하므로, 근대적 경제로의 전환이라는 복잡한 과정을 단 하나의 모델로 설명할 수는 없다는 점에서 비판의 여지가 있다. 실제로 영국이 맨 처음 앞서나갔지만 모든 나라가 영국의 발자취를 똑같이 따라간 것은 아니었다.

경제가 '도약' 단계에 이르기 위해 반드시 특정 조건을 갖추어야 하는 것은 아니기 때문이다. 예를 들어, 일정 수준의 자본 축적, 교육 수준, 특정 산업 구조, 혹은 제도적 장치가 반드시 먼저 마련되어야만 성장이 시작되는 것은 아니다. 오히려 한 연구에 따르면, 어떤 경제든 그 출발점과 상관없이 현대적 성장은 특정한 계기로 촉발될 수 있다. 그 계기는 바로, 지속적이면서 때로는 일시적일 수 있는 생산성의 급격한 향상, 혹은 그에 못지않은 인구 부양 능력의 큰 폭의 증가이다. 바로 이러한 변화가 성장의 불꽃을 당기는 역할을 한다.

### 성장의 궤적

영국처럼 경제 근대화를 이룬 여러 나라 역시 꾸준히 성장했다. 1820년부터 1870년까지의 시기를 보면, 영국의 성장은 다른 나라들에 비해 특별히 빠르지 않았다. 실제로 독일, 벨기에, 노르웨이, 미국의 연평균 국내총생산 성장률은 영국의 성장률을 넘어서거나 비슷한 수준이었다. 다음 시기인 1870년부터 1913년까지 영국의 성장세는 더욱 뒤처졌다. 이 기간 영국의 연평균 성장률은 1.9%에 머물렀지만, 대부분의 서유럽 국가는 2% 이상, 미국은 거의 4%에 달하는 성장률을 기록하며 영국을 앞서갔다. 일본 역시 이 시기에 영국을 추월한 나라 중 하나였다. 일본은 250년 넘게 이어진 봉건 시대, 즉 도쿠가와 막부 시대가 1868년 메이지 유신으로 막을 내린 뒤 1870년대부터 본격적인 경제 근대화를 시작했다.

1인당 국내총생산 성장률을 봐도 비슷한 흐름을 확인할 수 있다. 1820년부터 1870년 사이에는 미국을 제외하면 주요 서구 국가들과 일본의 1인당 성장률이 영국보다 낮았다. 하지만 1870년부터 1913년까지 영국의 1인당 평균 성장률은 1.10%였지만, 프랑스, 일본, 독일, 미국은 모두 영국보다 더 빠른 속도로 성장했다. 주요 라틴 아메리카 국가들 또한 상당한 경제 발전을 이루었다. 그러나 당시 중국은 아직 근대 이전의 국가 단계에 머물러 있었다. 1870년부터 1913년까지 1인당 평균 소득 성장률은 0.1%에 불과했다. 이 시기는 청나라 말기에 해당하며, 1911년 왕조가 무너진 후 중국은 거의 40년간의 불안과 분열을 겪게 된다.

그다음 시기인 1913년부터 1950년까지는 두 차례의 세계대전과 세계를 휩쓴 대공황 때문에 전반적으로 경제 성장이 크게 둔화되었다. 이 기간 미국의 1인당 국내총생산 성장률은 1.6%였고 프랑스, 영국, 일본도 저조한 성장을 보였다. 특히 독일은 연평균 성장률이 0.2%에도 미치지 못했으며, 끊임없는 내전에 시달린 중국은 오히려 경제가 뒷걸음질 쳤다.

1950년부터 1973년까지는 서구와 일본이 역사상 유례없는 고도 성장을 이룬 황금기였다. 이 시기는 석유수출국기구OPEC가 유가를 급격히 인상하기 이전까지에 해당한다. 이 기간 연평균 1인당 성장률은 중국이 약 2%, 미국과 영국이 2.5% 수준이었던 반면, 소련은 3.5%, 프랑스는 4%, 전쟁의 폐허에서 회복하던 독일은 5%, 그리고 훨씬 더 큰 피해를 딛고 재건에 나선 일본은 무려 8%라는 경이로운 성장률을 기록했다. 하지만 1973년 이후 상황이 바뀌었다. 모든 선진국에서 1인당 경제 성장률이 둔화되었는데, 특히 독일과 일본의 성장 둔화가 눈에 띄었다.

20세기 주요 경제 대국들의 성장 요인을 분석한 연구가 있다. 성장의 원동력을 크게 자본, 노동, 그리고 총요소생산성으로 나누어 볼 수 있다. 총요소생산성이란 자본과 노동 투입량만으로는 설명되지 않는 기술 발전, 효율성 향상 등을 포함하는 개념이다. 영국은 항상 자본이 성장의 가장 중요한 동력이었다. 일본의 경우, 20세기 전반과 1973년 이후에 자본이 성장을 이끌었다. 독일은 제2차 세계대전 이전까지 자본의 역할이 컸다. 미국은 1973년까지 총요소생산성이 성장을 주도했지만, 그 이후에는 자본의 역할이 더 중요해졌다. 독일은 1950년부터 20세기 말까지 총요소생산성이 성장을 이끄는 핵심 요인이었다. 1973년 이후 선진국의 경제 성장은 둔화되고 총요소생산성의 기여도 줄었지만, 사람들의 평균적인 생활 수준은 꾸준히 나아졌다. 특히 일본은 인간개발지수[HDI]로 평가한 생활 수준에서 큰 발전을 이루어 서구의 평균 수준에 도달하거나 이를 뛰어넘었다.

몇몇 아시아 국가들은 일본의 성공 사례를 따라 특정 제조업 부문에 집중하며 단기간에 빠른 성장을 이루었다. 대만은 처음에는 저가 소비재 생산에 주력하다가, 빠르게 부가가치가 높은 전자 산업으로 방향을 틀었다. 한국은 거대한 조선업과 자동차 산업을 육성했고, 삼성, 현대, LG와 같은 재벌을 중심으로 전자제품 생산에 힘쓰며 일본의 성공 모델을 따랐다. 이러한 일본식 발전 모델의 영향은 싱가포르, 태국, 말레이시아뿐만 아니라 최근에는 인도네시아, 베트남, 그리고 뒤늦게 근대화에 뛰어든 중국에서도 발견할 수 있다.

중국의 근대화 과정은 한 나라의 역사와 정치가 경제에 얼마나 큰 영향을 미치는지를 보여주는 대표적인 사례이다. 1949년 공산당이 집권하면서 청나라 멸망 이후의 오랜 혼란기는 끝났지만, 이후 중국은 마오쩌둥의 교조적인 정책으로 인해 30년간의 고통을 겪어야 했다. 그는 중공업을 우선하는 스탈린식 경제 모델에 도시화 억제와 개인의 자유에 대한 극심한 통제를 결합했다. 최악의 정책은 다른 나라들이 수십 년에 걸쳐 이룬 공업화를 단 몇 년 만에 달성하려 했던 망상에 가까운 시도였다. 석탄과 철강 생산량을 무리하게 늘리려던 '대약진 운동'은 결국 1959년부터 1961년까지 세계 역사상 가장 끔찍한 대기근을 불러왔다. 중국이 진정한 근대화의 길에 들어선 것은 1980년대 초 덩샤오핑이 개혁개방 정책을 시작하면서부터였다.

중국이 1980년 이후 보여준 경제 성장의 속도는 대단히 인상적이다. 물론 중국 공식 통계가 다소 과장되었을 수 있고, 후발 주자로서 최신 기술을 쉽게 얻는 이점도 있었지만, 이를 고려하더라도 성장세는 놀라운 수준이다. 특히 실제 성장의 대부분은 1990년 이후에 집중되었다. 이러한 고속 성장은 막대한 해외직접투자가 꾸준히 유입되었기에 가능했다. 세계은행 자료를 보면, 중국에 대한 순 해외직접투자는 2002년부터 매년 500억 달러를 넘어섰고 2013년에는 2,900억 달러까지 치솟았다. 1990년 이후 중국의 연간 1인당 국내총생산 성장률은 5%를 넘었고, 그 결과 2017년에는 평균 1인당 국내총생산이 약 17,000달러에 이르러 브라질을 약간 앞질렀다. 아시아의 또 다른 거대 경제 대국인 인도는 중국보다 훨씬 느리게 성장했으며, 대부분의 아프리카 국가들은 여전히 한 세대 전 유럽에도 미치지 못하는 생활 수준에 머물러 있다.

여러 나라의 1인당 경제 수준을 비교하는 가장 좋은 방법은 구매력평가 PPP 기준을 적용하는 것이다. 구매력평가란 각 나라의 물가 수준을 반영하여 화폐의 실제 구매력을 기준으로 환율을 계산하는 방식이다. 예를 들어, 같은 1달러라도 물가가 싼 나라에서는 더 많은 물건을 살 수 있는데, 이러한 차이를 보정해주는 것이다. 이 방법이 완벽하지는 않지만, 변동이 심한 공식 환율보다 훨씬 현실적인 비교를 가능하게 한다. 세계은행의 구매력평가 기준 데이터를 보면, 1870년 영국이 1인당 약 4,800달러로 가장 앞서 나갔고, 미국은 약 3,900달러, 프랑스는 3,100달러, 일본은 1,100달러 수준이었다. 1900년이 되자 미국은 영국을 바짝 추격했지만, 프랑스와 일본은 여전히 영국에 크게 미치지 못했다. 2015년에는 국가 간 격차가 크게 좁혀졌다. 프랑스의 1인당 소득은 1900년에 비해 8배, 일본은 20배나 증가했지만, 영국은 5.4배 증가하는 데 그쳤다. 그 결과, 세 나라의 소득 수준은 비슷해졌다. 반면 미국은 1900년 이후 8배 성장하여 평균 52,000달러를 넘어섰다. 중국의 데이터는 1950년부터 집계되는데, 당시 1인당 소득은 1900년 일본 수준의 절반에도 미치지 못했고, 마오쩌둥 시대 동안 겨우 두 배 증가했을 뿐이다. 1980년 중국의 평균 소득은 700달러 남짓이었고, 1990년까지 두 배가 되었으며, 그 후 2015년까지 다시 아홉 배 가까이 성장하여 1인당 약 13,000달러에 이르렀다.

1990년만 해도 인도와 나이지리아는 모두 중국보다 1인당 국내총생산이 높았고, 특히 나이지리아는 중국의 두 배가 넘었다. 그러나 2015년에는 중국의 평균 소득이 두 나라보다 두 배 이상 높아졌는데, 이는 일본이 1960년대 후반에 도달했던 수준이다. 같은 시기 인도의 평균 소득은 1920년대 초 프랑스 수준에 불과했고, 사하라 사막 이남 아프리카 여러 나라의 평균 소득은 19세기 후반 일부 유럽 국가들의 평균보다도 낮았다. 왜 이렇게 나라마다 큰 경제적 격차가 나타나는 것일까? 여러 가지 원인이 제시된다. 문화적 차이를 지적하는 주장이 있는가 하면, 지리적 조건이 모든 것을 결정한다는 지리적 결정론도 있다. 또한 한 국가가 독립적인 정치 체제를 유지했는지, 아니면 식민 지배나 노예 무역 같은 고통스러운 역사적 경험을 했는지도 중요한 변수로 꼽힌다. 정부의 형태, 재산권 보장, 특허법과 같은 제도적, 법적 환경의 차이 역시 중요한 원인으로 논의된다.

기술 혁신이 경제 성장에 미치는 역할, 그리고 새로운 기술을 받아들이고 꾸준히 발전시켜 나가려는 경향은 오랫동안 중요한 연구 주제였다. 많은 경우 '기술 변화'라는 용어가 쓰이지만, 엄밀히 말하면 '기술 혁신'이 더 정확한 표현이다. 경제사학자 로버트 앨런은 2012년 연구에서 이와 관련해 설득력 있는 주장을 펼쳤다. 그의 주장에 따르면, 노동 생산성이 향상된 핵심적인 이유는 '자본 집약도'가 높아졌기 때문이다. 노동 생산성이란 노동자 한 명이 일정 시간 동안 만들어내는 생산물의 양을 의미한다. 그리고 자본 집약도가 높아졌다는 것은 노동자 한 명에게 투입되는 기계나 설비 같은 자본의 양이 늘어났다는 뜻이다. 앨런은 이러한 새로운 기술이 높은 임금을 주는 국가에서만 쉽게 받아들여졌다고 강조했다. 앨런이 제시한 자료를 보면, 선진국들을 중심으로 노동자 한 명당 투입된 자본의 양이 얼마나 극적으로 늘었는지 알 수 있다. 1850년에서 1880년 사이, 주요 선진국에서 노동자 한 명당 투입된 자본의 양은 5천 달러에서 9천 달러 수준으로 증가했다. 이 수치는 1913년에는 9천 달러에서 1만 2천 달러로, 1939년에는 2만 달러까지 치솟았다. 이러한 자본 투자 증가 추세는 제2차 세계 대전 이후에도 계속되었다. 노동자 한 명당 자본은 1965년에 4만 달러를 넘어섰고, 1990년에는 7만 3천 달러에 달했다. 그 결과, 1990년 노동자 한 명당 생산량은 3만 8천 달러를 기록했는데, 이는 20세기 초와 비교하면 약 네 배나 많은 양이었다. 이러한 분석에서 가장 주목할 만한 결론은 자본 투자의 중요성을 극명하게 보여준다. 20세기 말, 자본 투자가 적었던 국가의 노동자 한 명당 생산량은 놀랍게도 1820년대에 비슷한 자본 수준을 가졌던 국가의 노동자 생산량과 별 차이가 없었다. 이는 거의 200년의 시간이 흘렀음에도 불구하고, 기계나 설비에 대한 투자가 없으면 생산성 향상은 거의 이루어지지 않는다는 사실을 의미한다.

 이러한 사실은 중요한 점을 시사한다. 로버트 앨런이 2011년 연구에서 지적했듯이, 지난 200년간 부유한 국가들이 사실상 전 세계의 '생산 함수'를 만들어냈다. 생산 함수란 자본과 노동 같은 생산 요소를 투입했을 때 어느 정도의 결과물을 만들어낼 수 있는지를 보여주는 관계로, 기술 수준과 효율성을 나타내는 척도라고 할 수 있다. 다시 말해, 선진국들이 개척해 놓은 기술과 경제 발전의 경로가 오늘날 개발도상국들이 성장할 수 있는 가능성의 한계를 정하고 있다는 의미다. 1990년대 이후 중국은 바로 이 정해진 발전 경로를 따라 매우 빠르게 성장했다. 하지만 중국과 같이 인구가 많은 다른 나라가 앞으로 수십 년 안에 중국의 성공 사례를 그대로 재현하기는 어려워 보인다. 세계은행이 2019년에 발표한 자료를 보면 이러한 격차를 실감할 수 있다. 2006년부터 2016년까지 10년간 중국의 연평균 국내총생산GDP 성장률은 9%에 달했다. 반면 인도는 6%를 기록했고, 아프리카에서 인구가 가장 많은 나라인 나이지리아는 3% 성장에 그치며 훨씬 뒤처졌다. 따라서 앞으로 이들 아시아와 아프리카의 거대 경제권이 성장 속도를 더 높인다 하더라도, 현재 선진국들이 누리는 풍요로운 경제 수준에 도달하기까지는 수십 년이라는 긴 시간이 걸릴 것이다.

**경제성장의 전망**

1870년부터 2015년까지의 역사를 살펴보면, 주요 선진국 경제는 모두 성장률이 둔화되는 시기에 접어들었다는 점을 알 수 있다. 이들 국가의 경제 성장 과정은 마치 S자 모양과 같은 곡선 형태를 그린다. 이 곡선은 경제가 초기에 서서히 성장하다가 어느 시점부터 가파르게 성장하고, 정점을 지나면서 다시 성장세가 완만해지는 과정을 보여준다. 물론 나라마다 고유한 특성이 반영되어 곡선의 모양은 조금씩 다르다. 하지만 중요한 공통점은 이들 선진국 모두가 가장 가파른 성장세를 보이던 시기, 즉 '변곡점'을 이미 지났다는 사실이다. 이제 이들 국가의 성장 곡선은 성장이 거의 멈추는 최종 단계에 가까워지고 있으며, 그 시점도 그리 멀지 않은 것으로 보인다. 실제로 국가별로 성장률이 정점을 찍고 둔화되기 시작한 변곡점을 살펴보면, 이탈리아는 1974년, 일본은 1979년, 프랑스는 1981년이었다. 네덜란드는 1994년, 미국은 1996년, 캐나다는 1997년에 각각 변곡점을 통과했다(그림 5.2a-d). 이러한 성장 곡선을 바탕으로 2050년의 경제 규모를 예측해 보면, 프랑스와 일본 같은 나라는 성장이 거의 멈추는 수준에 머무를 것으로 보인다. 반면 미국은 2015년 대비 약 30%가량 추가로 성장할 것으로 전망된다. 이와 대조적으로, 1950년대부터 본격적인 성장을 시작한 중국의 경우는 상황이 다르다. 중국은 2016년에 이르러서야 성장률의 변곡점을 지난 것으로 분석된다. 따라서 2050년 중국의 국내총생산$^{GDP}$ 규모는 2015년에 비해 두 배까지 커질 수 있을 것으로 예측된다(그림 5.2).

부유한 국가들의 1인당 소득 또한 전체 GDP 성장과 마찬가지로 S자 형태의 로지스틱 곡선을 따르며 성장세가 둔화되는 모습을 보인다. 변곡점을 맞는 시기도 전체 GDP 성장과 비슷하다. 예를 들어 일본은 1982년, 미국은 1995년에 1인당 소득 성장의 변곡점을 지났으며, 21세기 중반까지는 소득이 완만하게 증가할 것으로 예상된다. 그런데 놀라운 점은, 아직 부유한 나라라고 보기는 어려운 중국 역시 이미 이러한 성장 둔화 그룹에 속해 있다는 사실이다. 중국의 평균 1인당 소득은 2012년에 변곡점을 지났다. 로지스틱 곡선 모델에 따르면 중국은 2050년까지 추가로 60% 더 성장할 여력이 있다. 하지만 그렇게 성장하더라도, 그때의 1인당 소득은 예상되는 미국 소득의 3분의 1 수준에 그칠 것이다.

이미 많은 중국 경제학자들은 '경제 전환 증후군'이라는 현상을 우려하고 있다. 이 증후군은 경제 내부의 힘만으로는 더 이상 성장하기 어려워지는 상황을 말한다. 즉, 내생적 성장이 한계에 부딪히면서 성장률이 급격히 둔화되는 것이다. 이때 정부가 과도한 경기 부양책을 쓰면 부채만 늘어나고, 이는 다시 성장률을 떨어뜨리는 악순환으로 이어진다.

세계에서 가장 큰 경제 대국인 미국, 중국, 일본의 성장이 둔화되면서, 세계 경제 전체의 성장세 역시 둔화되는 것은 당연한 결과다. 세계은행 자료를 보면 이러한 경향은 뚜렷하게 나타난다. 1960년부터 2010년까지 50년 동안, 10년 단위로 측정한 세계 GDP 최고 성장률은 연 6.7%에서 4.4%로 낮아졌다. 같은 기간 최저 성장률은 4.4%에서 -1.7%로 급락했다. 이러한 사실은 오늘날 인류의 약 5분의 2가 경제 전환을 이미 마쳤거나, 그 과정에 깊숙이 들어선 나라에 살고 있음을 보여준다. 이들 국가는 낮은

그림 5.2-a_프랑스의 GDP(2011년 환율 기준)

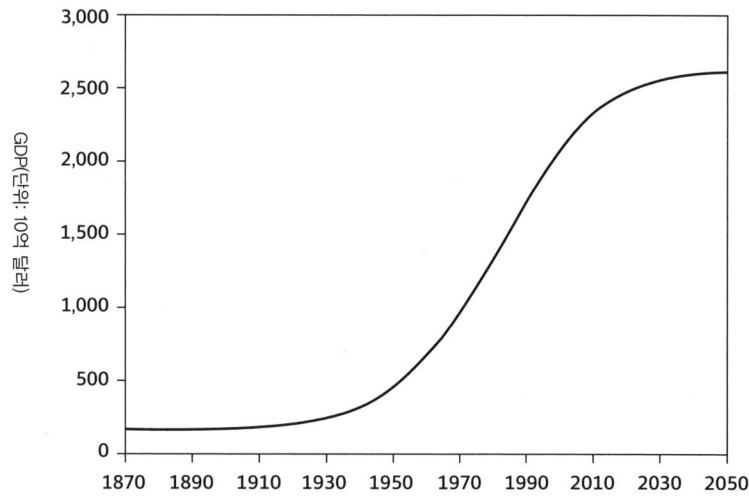

그림 5.2-b_일본의 GDP(2011년 환율 기준)

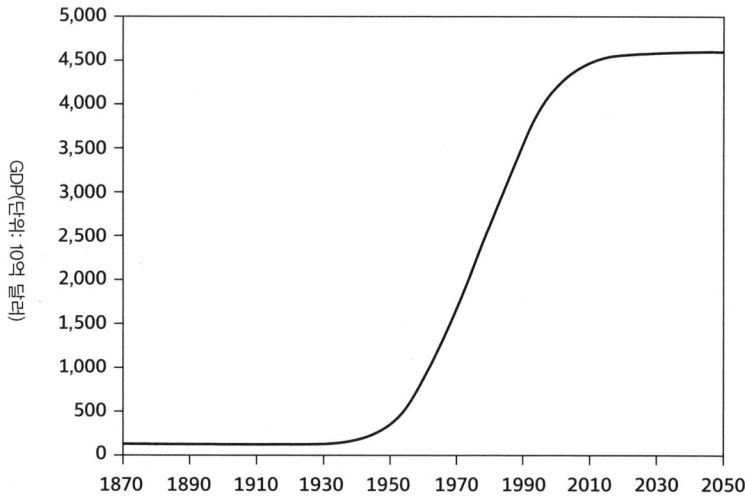

그림 5.2-c_미국의 GDP(2011년 환율 기준)

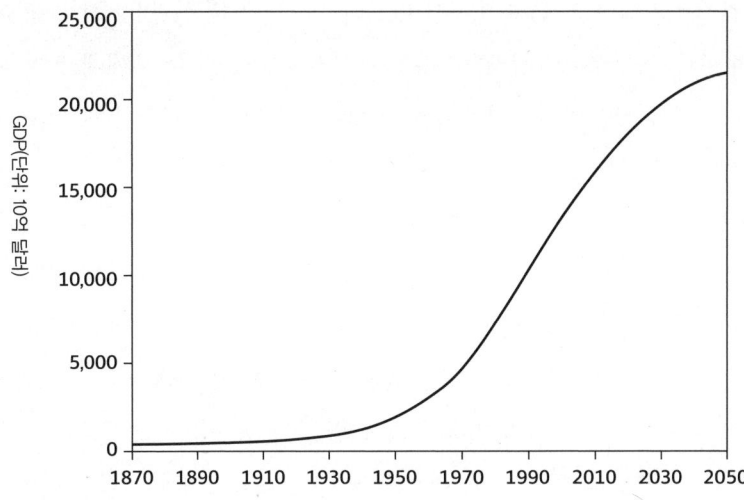

그림 5.2-d_중국의 GDP(2011년 환율 기준)

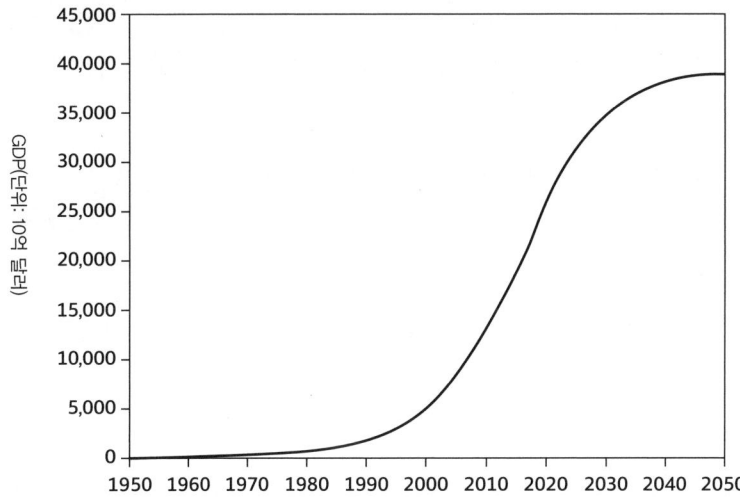

그림 5.2 a-d_1870~2015년 사이, 로지스틱 곡선을 보이는 프랑스, 일본, 미국, 중국의 장기적 GDP 발달 궤적

성장률에서 출발하여 한때 높은 성장을 경험한 뒤, 다시 완만한 발전 단계로 접어들고 있다. 그리고 인도나 아프리카의 인구 대국들이 1990년대 이후의 중국처럼 빠르게 성장하기는 어렵겠지만, 앞으로 두 세대에 걸쳐 이들 지역에서 상당한 성장이 이루어질 것이라는 기대는 여전히 크다. 이들 지역의 인구를 합하면 현재 세계 인구의 약 3분의 1에 해당한다.

그렇다면 이미 성숙한 부유한 나라들의 미래는 어떻게 될까? 이 나라들은 앞으로도 완만하지만 꾸준한 성장을 이어갈 수 있을까? 아니면 오랜 저성장 시기를 거쳐 결국 성장이 거의 멈추는 '정체 경제'로 접어들게 될까? 혹은 훨씬 더 극적인 길을 가게 될 수도 있다. 인류가 초래한 환경 파괴라는 전 지구적 재앙을 막기 위해 의도적으로 성장을 멈추거나 늦추는 길을 선택하게 될까? 대부분의 경제학자들은 성장이 끝없이 이어질 것이라고 굳게 믿는다. 성장률은 오르내리고, 경제 위기 때 잠시 마이너스가 될 수도 있지만, 장기적으로는 계속해서 우상향할 것이라는 믿음이다. 한 예로, 경제협력개발기구$^{OECD}$는 2018년 예측에서 세계 경제가 연 2.5%씩 꾸준히 성장하여, 2018년 약 76조 달러에서 2060년에는 221조 달러 규모로 커질 것이라고 전망했다.

하지만 어떤 데이터를 사용하느냐에 따라 결과는 크게 달라질 수 있다. 2009년 한 연구는 지난 200년간의 경제 성장을 분석하여 로지스틱 곡선을 그렸는데, 그 결과 22세기 초에 성장이 한계에 도달하는 것으로 나타났다. 이는 적어도 앞으로 한 세기 동안은 성장이 계속될 여지가 있음을 시사한다. 필자가 1800년부터 2015년까지의 데이터를 바탕으로 로지스틱 곡선을 그려본 결과, 2066년에 변곡점을 지나고 2150년경에 성장이 멈추는 것으로 나타났다. 이때의 경제 규모는 최근 수준의 약 8배에 달했다. 그러나 분석 기간을 1500년부터 2015년까지 500년으로 늘리자 전혀 다른 결과가 나왔다. 이 경우, 가장 잘 맞는 로지스틱 곡선은 2500년경에야 성장 한계에 도달했으며, 그 규모는 2015년보다 수십만 배나 더 높은 수준이었다.

이처럼 통계 모델을 만드는 것은 쉽지만, 그 결과를 그대로 믿기는 어렵다. 우리가 아는 것은 지금까지 어떤 주요 경제국도 장기간 성장이 멈춘 적이 없으며, 지속적인 쇠퇴를 겪은 나라도 없다는 사실이다. 일본 경제는 이러한 '성장 정체'의 가장 유력한 후보처럼 보였다. 1960년대에는 두 자릿수의 경이로운 성장률을 기록했지만, 1970년대와 1980년대에는 2~5% 수준으로 성장세가 꺾였다. 1990년 거품 경제가 붕괴된 이후에는 인구 감소까지 겹치면서 한 세대가 넘는 어려운 시기를 겪었다. 하지만 이 기간 동안에도 일본의 국내총생산이 실제로 감소한 해는 27년 중 단 6년에 불과했다. 세계은행에 따르면, 일본 경제는 이 시기에도 연평균 1%씩 성장하여, 2019년 총 GDP는 1990년에 비해 30% 증가했다.

물론 이처럼 부진한 성과를 보인 일본 경제도 성장이 멈춘 정체 경제와는 거리가 멀다. 같은 기간 독일과 프랑스의 총 GDP는 50%, 미국은 90%나 증가했다는 점과 비교하면 일본의 성과가 부진했던 것은 사실이다. 특히 미국은 거대하고 성숙한 경제임에도 불구하고 매우 강력한 성장세를 보여주었다. OECD는 미국의 경제 규모가 2060년까지 현재의 거의 두 배 수준인 약 39조 달러로 커질 것이라고 전망하기도 했다. 하지만 이러한 낙관론에 반대하는 목소리도 있다. 경제학자 리처드 고든은 최근의 기술 혁신들이 제2차 산업혁명 시기의 발명들만큼 파급력이 크지 않다고 결론 내렸다. 고든은 인구 구조의 변화, 심해지는 불평등, 세계화의 부작용, 그리고 에너지 및 환경 문제와 같은 여러 요인이 장기적인 경제 성장을 가로막을 것이라고 지적했다. 물론 이러한 비관적인 전망은 지속적인 고성장을 믿는 사람들에게는 쉽게 받아들여지지 않는다.

하지만 설령 부유한 나라들의 성장이 크게 둔화된다 하더라도, 이것이 곧바로 세계 경제의 침체를 의미하지는 않는다. 성장의 중심이 아시아로 옮겨갔기 때문이다. 실제로 중국의 2017년 총 경제 생산량은 1990년에 비해 12배 이상 커졌다. 인도가 중국과 같은 폭발적인 성장을 재현하기는 어렵겠지만, 인도 경제 역시 1990년과 2017년 사이에 거의 10배나 성장했다. 인도의 꾸준한 성장과 더불어 남아시아 및 아프리카 다른 지역의 발전을 고려하면, 세계 경제는 당분간 높은 성장세를 이어갈 가능성이 크다. 물론 대규모 전쟁, 심각한 전염병, 또는 전 지구적 재앙과 같은 큰 변수가 없다면 말이다. 현재로서는 세계 경제를 매우 낮은 성장 국면으로 이끌 만한 뚜렷한 내부 요인은 보이지 않는다. 따라서 성장이 멈춘 '정체 경제'로의 전환을 논하는 것은 아직은 먼 미래의 일이다.

결론적으로 세계 경제의 미래 성장 경로를 예측하는 것은 매우 불확실하다. 앞으로 40년에서 50년 후를 내다본다 해도, 매우 다양한 시나리오를 생각해 볼 수 있다. 이러한 시나리오에는 최근 성장률이 그대로 이어지는 경우, 성장률이 상당히 감소하는 경우, 장기적으로 성장이 거의 없는 변동 상태에 머무는 경우, 느리지만 꾸준히 쇠퇴하는 경우, 그리고 경기 침체에서 회복하는 능력을 잃고 급격히 쇠퇴하거나 재앙으로 인해 경제가 무너지는 파국적인 경우까지 포함된다. 그리고 여기에 지구 온난화라는 위협에 어떻게 대응할 것인가 하는 새로운 변수가 더해졌다. 미래 경제는 이 문제에 대한 우리의 선택에 따라 크게 달라질 것이다.

## 생계형 경제에서 현대 경제로의 전환

전통 경제는 자급자족을 위한 식량 생산이 중심이었다. 따라서 농사를 짓거나 가축을 기르고 물고기를 잡는 활동이 노동 인구의 대부분을 차지했으며, 전체 경제 생산량에서도 가장 큰 비중을 차지했다. 이러한 보편적인 모습 속에서도 환경의 차이에 따라 다양한 생계 방식이 나타났다. 예를 들어, 인구 밀도가 높고 땅이 비옥하며 비가 충분히 내리는 지역에서는 집약적인 농업이 발달했다. 물을 대기 위한 관계 시설이 잘 갖추어진 곳도 마찬가지였다. 이러한 곳에서는 한 해에 같은 땅에서 여러 번 농사를 짓는 다모작이나, 해마다 다른 작물을 심어 땅의 힘을 보존하는 복잡한 윤작 방식이 사용되었다. 물고기나 조개를 기르는 양식업 역시 이러한 집약적 식량 생산의 한 형태였다. 반면, 자연환경이 척박한 사회에서는 상황이 달랐다. 이런 곳에서는 보통 일 년에 주식 작물을 한 번만 수확할 수 있었다. 부족한 식량을 보충하기 위해 식물을 채집하거나 동물을 사냥하는 수렵채집 활동을 함께 하는 경우가 많았다. 이 밖에도 땅을 옮겨 다니며 농사를 짓는 이동 경작이나, 오로지 가축에만 의존하는 목축, 또는 농업과 목축을 섞은 다양한 방식으로 살아가는 사회도 있었다.

이러한 식량 생산 활동 외에도 오늘날 우리가 건설, 광업, 제조업, 운송, 서비스업으로 부르는 많은 다른 일들이 이루어졌다. 하지만 이런 일들만을 전문적으로 하는 사람의 비율은 매우 낮았다. 대부분의 작업은 농민들이 직접 해결했기 때문이다. 농사를 짓는 틈틈이 필요할 때마다, 혹은 농한기에 집을 짓거나 물건을 만드는 식이었다. 이러한 현실을 구체적인 수치로 잘 보여주는 연구가 있다. 1937년에 발표된 존 로싱 벅의 중국 농업에 관한 연구가 바로 그것이다. 이 연구는 중국 전역 152개 지역을 조사했는데, 전체 노동력의 68%는 오직 농사일에만 종사했다. 반면 약 12%는 농업 외의 부업에만 종사했고, 나머지 20%는 농사와 부업을 모두 하는 것으로 나타났다. 특히 계절에 따라 농사를 쉬는 기간이 있는 지역에서는 농민들의 부업 활동이 더욱 활발했다. 겨울 밀과 기장을 주로 재배하는 지역이 그랬는데, 이곳에서는 농사에만 종사하는 비율이 54%로 낮아지고, 부업에만 종사하거나 농사와 부업을 겸하는 사람들의 비율이 각각 23%에 달했다.

근대화를 먼저 시작한 나라들은 대부분 비슷한 발전 경로를 거쳤다. 처음에는 자급자족 농업 사회에서 출발하여, 면직물이나 모직물 같은 섬유 산업 중심의 경공업으로 넘어갔다. 그다음 단계는 광물 자원을 캐내고 이를 바탕으로 한 중공업을 발전시키는 것이었다. 최종적으로는 반도체 기반 제품 생산처럼 노동력이 훨씬 덜 필요한 산업으로 나아갔다. 이러한 발전 과정에서 농업과 산업에 필요 없게 된 노동력은 계속해서 커지는 서비스 부문으로 흡수되었다. 농업이 현대화되고 공장이 기계화되면서 일손이 남아돌았기 때문이다. 초기에는 소매업, 교육, 대중교통 같은 분야에서 새로운 일자리가 생겨났다. 나중에는 보건, 금융, 과학 연구, 관광 산업에 이르기까지 그 범위가 훨씬 더 넓어졌다. 이와 대조적으로, 뒤늦게 근대화에 뛰어든 많은 나라들은 다른 길을 걸었다. 전통적인 농경 사회에서 곧바로 이란이나 사우디아라비아처럼 자원 수출에 의존하는 국가가 되기도 했다. 또는 특정 공산품을 집중적으로 생산하여 수출하는 나라로 변모하기도 했는데, 1950년대 이후의 대만과 1970년대 이후의 한국이 바로 그 대표적인 성공 사례다.

  산업 구조가 어떻게 변해왔는지를 학문적으로 연구하기 시작한 것은 1930년대부터였다. 제2차 세계대전이 끝난 후에는 여러 저명한 경제학자들이 이 주제를 더욱 깊이 있게 다루었고, 이들의 연구는 오늘날 경제학의 고전으로 평가받는다. 하지만 과거 전통 경제가 근대적인 산업 사회로 바뀌는 구조적 변화의 과정을 구체적으로 추적하는 일은 매우 어렵다. 가장 큰 이유는 과거의 고용 상태나 한 나라의 총생산을 보여주는 국내총생산 GDP에 대해 믿을 만한 통계 자료를 찾기 어렵기 때문이다. 설령 자료가 남아 있더라도, 그 내용이 너무나 개괄적이어서 전체적인 윤곽만 보여줄 뿐, 세부적인 내용을 담고 있지 않은 경우가 대부분이다. 이런 이유로 과거의 노동 관련 통계는 경제 활동 전체를 그저 세 가지의 큰 덩어리로만 나누어 제시하는 경우가 많다. 즉, 농업, 임업, 어업을 모두 묶어 1차 산업으로, 광업과 공업을 2차 산업으로, 그리고 다양한 서비스업을 통틀어 3차 산업으로 크게 구분하는 것이 고작이었다.

## 세 가지 산업 부문

이처럼 다양한 경제 활동을 체계적으로 분류하려는 시도는 이전부터 있었다. 제2차 세계대전 직전, 경제학자 앨런 피셔 Allan Fisher는 1939년에 발표한 연구를 통해 이러한 분류를 공식적으로 제시했다. 피셔가 제시한 분류법은 경제 활동의 기능에 따라 산업을 나누는 방식으로, 이해를 돕는다는 장점이 있었다. 하지만 이 분류법은 명확한 만큼이나 오히려 현실을 혼란스럽게 만드는 문제점도 안고 있었다. 오늘날 우리가 흔히 쓰는 '1차 생산 primary production'이라는 용어의 유래를 살펴보면 이러한 문제점을 더 잘 이해할 수 있다. 이 용어는 1891년 뉴질랜드에서 처음 사용되었다. 당시 뉴질랜드 통계에서는 '농업 및 목축 생산'이라는 다소 어색하고 불편한 범주를 사용하고 있었는데, 앨런 피셔의 지적에 따르면 이를 대체하기 위해 '1차 생산'이라는 새로운 용어가 만들어진 것이다. 중요한 점은 이 용어가 처음부터 매우 포괄적인 의미로 쓰였다는 사실이다. 피셔의 연구에 따르면, 1차 생산은 단순히 농업이나 목축업뿐만 아니라 '농업, 목축업, 광업 및 기타 1차 생산자들'이 수행하는 모든 수확 및 채취 활동을 포함하는 개념이었다. 즉, 자연에서 직접 무언가를 얻어내는 모든 활동을 1차 생산으로 묶었던 것이다.

이처럼 '1차 생산'이라는 범주에는 매우 다양한 활동이 포함된다. 우선, 농업과 목축업은 물론이고 어업과 수산 양식까지 모든 종류의 식량 생산 활동이 여기에 속한다. 또한, 목재나 펄프를 얻기 위해 나무를 베는 임업과 물을 보존하고 공급하는 활동 역시 포함된다. 뿐만 아니라, 자연에서 자원을 캐내는 모든 광업과 채석 활동도 1차 생산으로 분류된다. 여기에는 석탄과 같은 연료, 철광석과 같은 광물, 비금속 광물, 그리고 건축용 자재 등이 모두 해당된다. 여기서 중요한 점은 1차 생산에는 자원의 '기초적인 가공'까지만 포함된다는 것이다. 예를 들어, 운송 전에 석탄을 선별하거나 건축용 돌을 부수는 작업은 1차 생산에 속한다. 하지만 원유를 정제하여 휘발유나 경유를 만드는 것처럼 복잡한 가공 과정은 1차 생산의 범주를 벗어난다. 이렇게 1차 생산을 통해 얻어진 산물 중 일부는 소비자에게 직접 판매된다. 다양한 종류의 농수산물이 대표적인 예다. 하지만 1차 생산물의 대부분은 다른 산업의 원료로 사용된다. 이 원료를 받아 가공하는 분야가 바로 '2차 산업'이다. 밀가루를 만들기 위한 밀, 정제 과정을 거쳐야 하는 원유, 알루미늄을 제련하기 위한 보크사이트 등이 모두 2차 산업으로 넘어가는 1차 생산물에 해당한다.

이처럼 1차 산업은 서로 다른 성격의 활동들이 한데 묶여 있는 매우 이질적인 부문이다. 그렇기 때문에 경제가 현대화되는 과정에서 1차 산업에 속한 개별 요소들은 종종 서로 상반된 방향으로 변화하는 모습을 보인다. 예를 들어 경제가 발전하면서 다음과 같은 변화가 동시에 나타난다. 농업 분야의 고용은 꾸준히, 때로는 급격하게 감소한다. 반면, 산업 발전을 위해 화석 연료와 광물 채굴은 이전보다 훨씬 더 큰 규모로 확대되어야 한다. 또한, 주된 연료가 나무에서 석탄으로 대체되면서 과거에 활발했던 벌목 활동은 크게 줄어들게 된다. 1차 산업 내부에서 나타나는 이러한 모순적인 변화를 가장 잘 보여주는 사례는 미국과 러시아의 경제 발전 과정이다. 두 국가는 모두 화석 연료가 풍부했기 때문에 이러한 변화가 더욱 뚜렷하게 나타났다. 바로 이러한 모순 때문에 1차 산업 전체의 변화를 추적하는 것은 현실을 왜곡할 수 있다. 따라서 연구자들은 더 좁은 범주에 집중하는 것을 선호한다. 예를 들어, 농업 생산량만을 따로 분석하거나, 범위를 조금 더 넓혀 목초지에서 기르는 가축, 어업, 수산 양식을 모두 포함하는 '전체 식량 생산 부문'의 발전을 추적하는 것이다. 물론 이는 필요한 정보를 충분히 확보할 수 있을 때 가능한 일이다.

1921년에 처음 정의된 2차 산업의 범위는 매우 넓었다. 여기에는 원자재를 가공하는 모든 제조업과 모든 종류의 건물 및 시설을 짓는 건설업이 포함되었다. 또한 가스, 수도, 전기 공급과 같은 공익사업도 2차 산업으로 분류되었다. 시간이 흐르면서 이 정의는 더욱 다듬어지고 현실에 맞게 조정되었다. 예를 들어보자. 초기의 정의에서 언급된 가스는 석탄을 원료로 만들어낸 가스를 의미했다. 하지만 제2차 세계대전 이후, 산업계와 일반 가정에서는 석탄 가스 대신 천연가스를 사용하기 시작했다. 이 변화로 인해 석탄 가스 산업은 점차 사라지게 되었다. 한편, 천연가스를 땅에서 채굴하고 현장에서 처리하는 과정은 원자재를 얻는 활동이므로 1차 산업으로 분류된다. 또한, 부유한 나라에서는 1921년 무렵에 흔하게 사용되던 많은 공산품들이 이제는 더 이상 찾아보기 어렵게 되었다. 말에 씌우던 굴레나 편자, 손으로 치던 수동 타자기, 만년필, 그리고 주름진 양철 빨래판 같은 물건들이 바로 그런 예이다. 오늘날 이런 물건들은 부유한 서구 사회에서 골동품이나 별난 물건으로만 남아있을 뿐이다. 이와는 반대로, 한 세기 전에는 아예 존재조차 하지 않았던 새로운 산업 분야도 많이 등장했다. 반도체, 마이크로프로세서, LED와 같은 고체 전자공학 분야가 대표적이다. 건축 분야에서도 비활성 기체를 채운 3중창이나 유리섬유 단열재, 그리고 특수하게 가공된 공학 목재처럼 과거에는 볼 수 없었던 뛰어난 성능의 건축 자재들이 새로운 산업을 형성했다.

따라서 2차 산업 역시 성격이 다른 활동들이 섞여 있는 범주다. 그래서 자료만 있다면, 근대화 초기 단계를 대표하는 제조업의 변화만 따로 추적하는 것이 더 나을 수 있다. 물론 제조업이라는 범주 자체도 매우 넓어서, 소규모 장인의 수작업부터 수십억 달러 규모의 공장에서 완전 자동으로 이루어지는 반도체 생산까지 모든 것을 포함한다. 또한 그 생산물에는 돌이나 나무처럼 에너지가 적게 드는 재료뿐만 아니라, 알루미늄이나 티타늄처럼 엄청난 에너지를 필요로 하는 제품도 있다. 하지만 2차 산업은 '인간이 만든 물건', 즉 인공물을 생산한다는 근본적인 공통점을 가지고 있다.

피셔는 3차 산업을 정의하면서, 단순히 1차와 2차를 제외한 나머지를 묶는 것은 안일한 방식이라고 지적했다. 대신 그는 3차 산업을 '소비자들의 새롭거나 비교적 새로운 수요와 관련된' 활동이라고 정의했다. 하지만 이 범주는 결국 오늘날 우리가 '서비스 경제'라고 부르는 모든 것을 담는 거대한 바구니가 되었다. 여기에는 정부, 교육, 의료, 치안, 폐기물 처리와 같은 기본적인 공공 서비스부터 시작해서, 소매업, 금융, 법률, 부동산, 회계, 경영 컨설팅, 언론, 그리고 호텔과 크루즈 여행 같은 관광 산업까지 계속해서 늘어나는 목록이 포함된다. 최근에는 스마트폰의 성능 발전에 힘입어 탄생한 온갖 새로운 서비스까지 더해졌다. 하지만 이 부문 역시 눈에 보이는 상품이 아닌, 무형의 서비스를 제공한다는 근본적인 공통점이 있다.

피셔가 이러한 세 부문 분류법을 발표한 지 1년 후, 콜린 클라크는 이를 바탕으로 한 경제 전환 모델을 제시했다. 이 모델에 따르면, 경제가 발전하면서 1차 산업의 고용 비중은 점차 줄어드는 반면, 2차 산업의 비중은 늘어난다. 뒤이어 3차 산업의 비중도 꾸준히 증가한다. 일부 국가에서는 2차 산업, 즉 제조업이 한때 경제의 가장 큰 부분을 차지하기도 하지만, 결국 그 비중도 줄어들기 시작한다. 최종적으로 모든 근대 경제는 1차 산업의 비중은 계속 줄고 3차 산업의 비중은 계속 늘어나, 서비스업이 경제를 압도적으로 지배하는 형태로 나아가게 된다.

1949년 프랑스 경제학자 장 푸라스티에는 이러한 전환 과정을 세 단계로 나누고, 각 단계별 노동력 분포를 구체적인 수치로 제시했다. 그는 또한 3차 산업의 규모가 거의 무한히 커질 수 있기 때문에, 이러한 전환이 결국 실업 문제를 해결할 것이라고 낙관적으로 예측하기도 했다. 푸라스티에에 따르면, 첫 번째는 전통 사회 단계다. 중세 유럽이나 당시 아프리카, 아시아의 개발도상국이 여기에 해당한다. 이 사회에서는 전체 노동력의 70%가 1차 산업에, 20%가 2차 산업에, 그리고 단 10%만이 3차 산업에 종사한다.

두 번째는 전환기 단계다. 이 시기에는 1차 산업의 노동력이 20%로 크게 줄고, 기계화에 힘입어 2차 산업이 50%까지 성장하며 경제를 주도한다. 3차 산업의 고용은 30%로 늘어난다. 마지막은 3차 문명, 즉 현대의 부유한 사회. 이 단계에서는 1차 산업의 고용이 10% 아래로 떨어지고, 2차 산업은 20%를 차지한다. 그리고 3차 산업이 전체 노동자의 70%를 고용하며 경제의 중심이 된다. 실제로 서비스 경제가 거대해지고 복잡해지면서, 오늘날에는 정보 관리를 다루는 4차 산업과 지식 기반 활동을 포괄하는 5차 산업이라는 새로운 범주가 추가되기도 했다.

하지만 다른 모든 일반화된 모델처럼, 푸라스티에의 단계 이론 역시 실제 현실과는 다른 점이 많다. 미국의 사례를 보면 이 점이 명확해진다. 미국은 1850년에 이미 1차 산업이 경제를 지배하고 있었지만, 나머지 노동력은 2차와 3차 산업에 거의 똑같이 나뉘어 있었다. 가장 최근의 자료를 보면, 1차 산업의 비중은 푸라스티에가 예측한 10%가 아닌 단 2%에 불과하고, 2차 산업은 13% 미만, 3차 산업은 80%를 훌쩍 넘어섰다. 이는 미국의 농업 쇠퇴와 탈산업화가 모델의 예측보다 훨씬 더 급격하게 진행되었으며, 서비스 경제의 지배력이 훨씬 더 막강하다는 것을 의미한다.

중국의 발전 경로는 이 일반적인 모델에서 훨씬 더 크게 벗어난다. 중화민국 시기 중국은 압도적인 농업 국가였고, 1952년 공산당 집권 이후에도 노동력의 75%가 1차 산업에 종사했다. 마오쩌둥 시대에 거의 30년간 산업화를 추진했지만, 경제 개혁이 시작된 1978년에도 중국의 고용 구조는 여전히 푸라스티에 모델의 첫 번째 단계 수준에 머물러 있었다. 더 놀라운 것은 그 이후 40년간의 급속한 성장이다. 중국은 세계 최대의 제조업 국가가 되었지만, 2016년의 고용 비중(1차 28%, 2차 29%, 3차 44%)은 여전히 푸라스티에 모델의 두 번째나 세 번째 단계와는 거리가 멀다. 여전히 너무 많은 인구가 1차 산업에 종사하고, 나머지 두 부문의 비중은 상대적으로 낮은 것이다.

### 농장에서 공장으로: 산업화의 길

산업화를 가능하게 한 두 가지 중요한 현실적인 요인이 있었다. 첫 번째 요인은 농촌에서 도시로 이동한 수많은 노동력이었다. 전통적인 농업 방식이 점차 현대화되면서 농촌에서는 더 이상 많은 인력이 필요하지 않게 되었다. 일자리를 잃은 사람들은 도시로 향했고, 이들은 새로운 산업의 중요한 노동력이 되었다. 당시의 공장들은 원자재를 가공하거나 제품을 만드는 과정에서 기계의 힘을 일부만 빌렸기 때문에, 많은 사람의 손길이 필요한 노동 집약적인 곳이었다. 흔히 농업 혁명이 있었기에 산업 혁명이 가능했다고 말하는데, 비록 다소 오해의 소지가 있는 표현이기는 하지만 이런 상황을 잘 보여준다. 농촌에서 도시로 인구를 밀어내는 이러한 흐름은 엥겔의 법칙Engel's law으로 인해 더욱 강력해졌다. 엥겔의 법칙이란 소득이 늘어날수록 식료품에 사용하는 돈의 비중은 줄어드는 현상을 말한다. 즉, 사람들은 식비 부담을 덜게 되면서 공장에서 만든 새로운 상품을 살 수 있는 여유 자금을 더 많이 가지게 되었고, 이는 다시 산업 생산을 자극하는 효과를 낳았다. 두 번째 요인은 산업 부문에서 생겨난 새로운 기회들이었다. 기술이 발전하고 값싼 연료와 전기가 공급되면서 새로운 공장들이 계속 생겨났다. 이 공장들이 제공하는 일자리는 농촌의 사람들을 도시로 끌어들이는 강력한 유인책이 되었다. 즉, 도시의 공장들이 일자리를 찾아 나선 농촌의 노동력을 자석처럼 끌어당긴 것이다.

과거 연구들은 두 가지 상반된 힘에 주목했다. 하나는 농촌의 어려운 생활이 사람들을 떠나도록 '밀어내는 힘'이고, 다른 하나는 도시의 새로운 기회가 사람들을 '끌어당기는 힘'이다. 연구자들은 이 둘 중 어느 힘이 인구 이동에 더 큰 영향을 미쳤는지 분석했다. 19세기 미국을 포함한 12개 나라의 물가와 농업 고용 자료를 분석한 결과, 제2차 세계대전 이전까지는 도시의 일자리와 기회가 사람들을 끌어당기는 힘이 더 강하게 작용했다. 하지만 전쟁이 끝난 후에는 농업의 기계화 등으로 인해 농촌에서 버티기 힘든 상황이 사람들을 밖으로 밀어내는 힘이 더 중요해졌다. 이러한 결과는 경제 구조가 막 변하기 시작하는 초기 단계의 국가일수록, 산업 부문이 만들어내는 새로운 기회, 즉 도시의 '끌어당기는 힘'이 인구 이동에 결정적인 역할을 한다는 것을 보여준다. 물론 이러한 구조 변화의 모습은 모든 나라와 지역에서 똑같이 나타나지는 않았다. 각자가 처한 고유한 상황에 따라 그 양상은 달랐다. 예를 들어 1865년 이후 미국의 산업화가 만들어낸 강력한 '끌어당기는 힘'은 자국민을 넘어 유럽의 거의 모든 나라에까지 영향을 미쳤다. 특히 유럽의 가난한 지역에 살던 많은 사람이 이 힘에 이끌려 미국으로 이주했다. 에너지원의 사용 방식에서도 지역적 차이가 있었다. 산업화라는 첫 번째 구조적 전환을 이끈 주된 에너지원은 보통 석탄이었다. 하지만 모든 지역이 그런 것은 아니었다. 어떤 곳에서는 산업화 초기 단계에 석탄 대신 땔감용 나무나 강물의 힘을 이용하는 수력에 크게 의존하기도 했다.

그러나 산업화를 단순히 노동력이 농촌에서 도시로 한 번 이동한 거대한 사건으로만 보면 그 복잡한 과정을 제대로 이해할 수 없다. 어떤 지표를 보면 모든 부유한 국가에서 산업화 과정이 이미 오래전에 끝난 것처럼 보인다. 하지만 다른 지표를 보면 산업 부문이 새로운 경제 환경에 계속 적응하면서 산업화가 여전히 진행 중임을 알 수 있다. 산업 생산물의 종류가 어떻게 바뀌었는지, 그리고 생산 기술과 주요 원자재 공급원이 어떻게 변했는지를 살펴보는 것은 전체 생산량의 변화를 보는 것만큼이나 중요하다. 한 경제학자는 1960년 연구에서 바로 이 점을 강조했다.

첫 번째 중요한 변화는 만들어내는 물건의 종류가 달라졌다는 점이다. 산업화 초기에는 섬유 산업과 금속 공업이 중심이었다. 특히 금속 공업은 철도를 놓는 것과 같은 새로운 사회 기반 시설을 만드는 데 필수적이었다. 시간이 흐르면서 산업의 중심은 소비재를 대량으로 생산하는 쪽으로 옮겨갔다. 그리고 가장 최근에는 새로운 전자 기기에 대한 전 세계적인 수요를 맞추는 방향으로 또 한 번 변화했다. 두 번째 변화는 생산 기술과 원자재를 구하는 방식이 달라졌다는 점이다. 이러한 기술 혁신은 생산성을 높이고 비용을 줄이는 가장 근본적인 힘이었다. 또한 제품의 성능, 즉 효율성, 신뢰성, 내구성도 크게 개선되었다.

항공기 생산의 역사는 이러한 지속적인 변화를 잘 보여주는 완벽한 사례이다. 항공기 산업은 19세기에는 존재하지도 않았다. 1903년에서 1914년 사이에 만들어진 1세대 비행기들은 왕복 엔진을 제외하면 금속 부품이 거의 쓰이지 않았다. 대신 나무, 천, 그리고 밀랍을 먹인 끈이 비행기를 만드는 데 필수적인 재료였다. 1920년대에는 모노코크 구조라는 새로운 방식이 등장했다. 이것은 비행기의 껍데기 자체가 기체의 무게와 압력을 지탱하는 방식이다. 처음에는 합판을 사용했고, 그다음에는 알루미늄을 이용해 동체와 날개를 만들었다. 알루미늄으로 만든 동체, 날개, 방향타는 21세기 초반까지 항공기 제작의 표준으로 자리 잡았다. 1950년대부터는 비행기 내부에 더 가벼운 플라스틱이 사용되기 시작했다. 최근에는 복합 재료가 동체와 날개를 만드는 데 가장 선호되는 재료가 되었다. 복합 재료는 여러 물질을 섞어 만든 것으로, 특히 장력, 즉 잡아당기는 힘을 잘 견디는 특성이 있다. 2011년에 등장한 보잉 787은 탄소섬유 강화 플라스틱을 동체에 사용한 최초의 제트 여객기였다. 이 비행기에서 강철은 무게의 10%에 불과하고 주로 착륙 장치에 쓰인다. 알루미늄은 20%를 차지하지만, 복합 재료는 무게의 50%를 차지할 정도로 비중이 크다.

제조 방식 역시 크게 변했다. 처음에는 개인이나 가족 단위의 장인들이 물건을 만들었다. 이후 소규모 작업장을 거쳐 대규모 공장으로 생산 방식이 발전했다. 옷감을 짜거나 바느질을 하는 산업에서 흔했던 이러한 변화는 자동차 제작과 항공기 제작에서도 똑같이 반복되었다. 자동차를 처음 만들던 소규모 작업장들은 대부분 자전거 수리공들이 운영했다. 1903년 12월, 오빌 라이트가 인류 최초의 동력 비행에 성공했을 때 그 비행기에 달린 엔진조차도 설계도면 없이 만들어졌다. 라이트 형제가 정비공으로 고용한 찰스 테일러라는 사람이 직접 손으로 만든 맞춤 제작품이었다. 항공기 산업에 대량 생산 방식이 처음 도입된 것은 제1차 세계대전 때였다. 전쟁으로 군용기 수요가 폭발적으로 늘어났기 때문이다. 예를 들어, 미국 공장들은 1917년부터 1919년까지 불과 2년 만에 2만 개가 넘는 '리버티 엔진'을 만들어냈고, 이 엔진은 1920년대 항공기 시장을 이끄는 핵심 부품이 되었다. 프로펠러를 단 알루미늄 비행기의 대량 생산은 제2차 세계대전 중에 최고조에 이르렀다. 특히 미국의 생산 능력은 압도적이어서, 전쟁 기간에 무려 295,959대의 비행기를 생산했다. 이는 같은 기간 영국이 약 11만 7천 대, 독일이 약 11만 1천 대, 그리고 일본이 약 6만 8천 대를 생산한 것과 비교하면 얼마나 엄청난 규모인지 짐작할 수 있다.

오늘날 우리가 타는 제트 여객기는 과거의 비행기와는 비교할 수 없을 정도로 훨씬 더 크고 복잡해졌다. 이는 조종사가 직접 기계 장치를 움직이는 대신, 컴퓨터가 조종사의 의도를 전기 신호로 바꾸어 비행기를 제어하는 '플라이 바이 와이어'와 같은 전자식 비행 제어 기술 덕분이다. 이러한 복잡성 때문에 현대 항공기 제조는 고도로 조직화된 거대한 조립 산업이 되었다. 항공기 한 대를 만드는 데 필요한 부품들은 전 세계 10여 개 나라에 흩어져 있는 수십 개의 공급업체로부터 조달된다. 볼트나 리벳 같은 아주 작은 부품들을 제외하고 세더라도, 보잉사에서 가장 작은 기종인 737 모델에 약 40만 개의 부품이 들어간다. 최신 기종인 보잉 787의 경우에는 그 수가 무려 230만 개에 달한다. 보잉사는 이 수많은 부품을 전 세계 공급망을 통해 정해진 시간에 정확하게 공급받는다. 그리고 이 부품들을 가지고 워싱턴주 렌튼에 있는 공장에서 세계적인 베스트셀러인 737 기종을 단 9일 만에 한 대씩 조립해낸다. 이러한 극적인 변화는 자동차나 전자 부품 제조에서도 똑같이 찾아볼 수 있다. 자동차 역시 처음에는 작은 작업장에서 장인들이 만들었지만, 지금은 고도로 자동화된 공장에서 생산된다. 현재 전 세계 자동차 생산량은 연간 거의 1억 대에 육박한다.

전자 부품의 변화는 더욱 놀랍다. 초기의 전자제품은 부피가 크고 쉽게 고장 나는 뜨거운 유리 진공관을 사용했다. 하지만 지금은 크고 작은 수많은 제품에 들어가는, 계속해서 작아지는 고체 전자 장치가 그 자리를 대신했다. 이 변화를 묘사하기에는 '믿을 수 없는'이라는 표현이 가장 적절할 것이다. 이러한 현실은 산업화가 단편적인 사건이 아니라 여러 단계를 거쳐 진화하는 복잡한 과정임을 보여준다. 따라서 산업화의 성과를 단순히 전체 고용 인구나 국내총생산GDP 비중 같은 통계 수치만으로 판단할 수는 없다.

산업 부문은 끊임없는 기술 혁신을 이루어왔지만, 몇몇 분야에서는 놀라울 정도로 오랫동안 기존 기술을 고수하는 모습을 보이기도 했다. 산업 발전은 양적인 측면과 질적인 측면 모두에서 진행되었다. 첫 번째 경향인 양적 발전은 대량 생산으로 이어졌다. 자동차는 연간 전 세계 생산량이 거의 1억 대에 이르고, 휴대폰은 거의 20억 대에 달한다. 대량 생산 덕분에 규모의 경제가 실현되었고, 소비자들은 더 저렴한 가격에 제품을 살 수 있게 되었다. 반면, 두 번째 경향인 질적 발전은 기능, 내구성, 신뢰성이 향상된 제품을 만들어냈다. 예를 들어, 잘 관리된 제트 여객기는 25년 동안 5만 시간 이상 비행할 수 있다. 또한 질적 발전은 종종 더 아름답고 매력적인 디자인의 제품을 탄생시켰다.

과거의 고용 기록이나 현대 통계는 보통 한 나라의 경제를 여러 부문으로 자세히 나누어 보여준다. 가장 대표적인 분류 방식은 다음과 같다. 우선 식량을 생산하는 농업이 있으며, 여기에는 때로 어업과 임업도 포함된다. 다음으로 석탄이나 광물처럼 땅속의 자원을 캐내는 추출 산업, 물건을 만드는 제조업, 그리고 건물을 짓는 건설업이 있다. 그 밖에도 상업 및 금융, 운송 및 통신, 그리고 이 모든 것에 속하지 않는 기타 서비스업으로 경제 활동을 나눈다.

이처럼 자세한 자료가 있기에 여러 주요 국가에서 경제 구조가 어떻게 변해왔는지 그 경로를 추적할 수 있다. 구체적으로는 식량을 생산하던 농업 부문의 비중이 점차 줄어들고, 그 자리를 제조업과 서비스업이 어떻게 채우며 성장했는지 그 전환 과정을 명확히 파악할 수 있는 것이다. 글의 뒷부분에서는 이러한 구조적 변화가 최근 전 세계적으로 어떤 새로운 경향을 보이는지에 대해서도 다룰 것이다.

이번에도 잉글랜드 경제, 그리고 1707년 연합법 이후의 영국 경제가 변화를 이끌었다. 영국 경제는 이미 중세 후기부터 광업, 상업, 해운업 등 비교적 다양한 산업 구조를 가지고 있었다. 국내총생산$^{GDP}$에서 각 부문이 차지하는 비중으로 볼 때, 근대 초기가 되기 전부터 이미 농업 중심 경제가 아니었다. 여러 연구에 따르면, 1381년 영국에서 농업이 총 경제 생산에서 차지하는 비중은 약 42%였다. 이 비중은 이후 200년 동안 거의 변하지 않다가 1700년에는 28%, 1841년에는 22%로 감소했다. 고용 측면에서도 비슷한 변화가 있었다. 케임브리지 대학의 연구 그룹에 따르면, 농업에 종사하는 남성 노동력의 비율은 1400년 약 75%에서 1750년 40%로, 1875년에는 15%까지 떨어졌다. 이러한 급격한 변화는 영국을 매우 독특한 사례로 만들었다. 당시 다른 어떤 나라도 영국만큼 구조 전환이 빠르게 진행되지 못했다. 1870년 기준으로 농업 노동력의 비중은 미국, 독일, 프랑스에서 약 50%였고, 일본에서는 60%를 넘어섰다.

미국의 노동력 분포에 관한 자료는 19세기 초부터 찾아볼 수 있다. 당시 미국은 압도적인 농업 사회였다. 1800년 전체 노동력의 약 83%가 농장에서 일했다. 제조업, 무역 및 운송, 가사 서비스는 각각 전체의 약 3%를 차지하는 데 그쳤다. 1850년까지 농장 노동력의 비중은 전체의 55%로 줄어들었다. 하지만 19세기 후반에는 그 감소 속도가 다소 느려졌다. 이는 서부 대평원으로 이민자들이 몰려와 새로운 농장을 계속 개척했기 때문이다. 한편, 남북전쟁은 노동자와 고용주 사이의 관계에 근본적인 변화를 가져오면서 산업 확장을 촉진하는 계기가 되었다. 전쟁이 없었다면 미국의 구조적 변화는 더 느리게 진행되었을 것이다.

1900년에도 미국 노동력의 41%는 여전히 농장에 있었다. 하지만 이 비중은 1930년까지 거의 절반으로 줄어들었고, 당시 농업은 미국 GDP의 약 8%를 차지했다. 제2차 세계 대전이 끝날 무렵, 이 두 비중은 각각 16%와 거의 7%로 더 떨어졌다. 그리고 2000년에는 농업 고용 비중이 단 1.9%, GDP 기여도는 0.7%로 급격히 줄어들었다. 그러나 농업 부문이 이렇게 크게 위축되는 동안, 생산의 규모는 놀라울 정도로 커졌다. 이미 언급했듯이, 20세기 동안 미국 농장의 수는 절반 이상으로 줄었지만, 평균 농장 규모와 생산성은 두 배 이상 커졌고, 농산물 수출은 8배나 늘어났다. 생산성 향상의 또 다른 이유는 전문화가 심화되었기 때문이다. 20세기 동안 한 농장에서 기르는 평균 작물이나 가축의 종류는 약 3분의 2나 감소했다.

경제 근대화 초기 단계에서 농촌을 떠난 노동력 대부분은 제조업으로 흘러 들어갔다. 석탄이나 철광석 같은 자원이 풍부한 나라에서는 광업을 포함한 추출 산업으로도 인력이 유입되었다. 여기서도 선구자였던 잉글랜드는 초기에 두드러진 예외를 보였다. 신뢰할 수 있는 고용 통계가 시작된 1600년에서 1841년 사이, 영국 경제 생산에서 산업 부문이 차지하는 비중은 약 36%로 놀라울 만큼 높고 안정적이었다. 우리가 흔히 생각하는 것과는 달리, 영국 산업화의 속도는 1850년대에 들어서야 본격적으로 빨라졌다. 1851년 인구 조사에 따르면, 당시 영국에는 기계를 다루는 공장 노동자보다 전통적인 방식으로 물건을 만드는 장인이 훨씬 많았다. 또한 탄광 노동자보다 구두를 만드는 제화공이 더 많았고, 제철소 노동자보다 대장장이가 더 많았다.

영국 제조업은 1880년대 중반에 전 세계적인 우위의 정점에 도달했다. 당시 영국은 전 세계 제조 수출품의 43%를 생산했다. 반면, 미국은 6%, 독일은 16%를 차지하는 데 그쳤다. 제조업은 영국이 세계 경제를 이끄는 기반이자 가장 인상적인 상징이 되었다. 영국의 기술자와 기업가들은 지하철에서부터 자전거와 원양 여객선에 이르기까지, 그리고 저렴한 강철에서 증기 터빈과 공기 타이어에 이르기까지 수많은 혁신을 이끌었다. 영국의 제조업 부문은 20세기 전반부 60년 동안 상당히 강력한 힘을 유지했다. 두 차례의 세계 대전에서 영국이 승리하는 데 결정적인 기여를 했으며, 합성 재료, 제트 여객기, 전자계산기와 같은 새로운 기술 발전을 시작하는 데 도움을 주었다. 영국 노동력에서 제조업이 차지하는 비중은 놀라울 정도로 안정적이어서, 1901년 38%에서 1961년 37.4%로 거의 변동이 없었다. 1961년 당시 제조업 부문은 기록적인 약 900만 명의 노동자를 고용했다. 바로 그 무렵은 첨단 기술 혁신의 상징이었던 콩코드 초음속 여객기 프로젝트가 공식적으로 시작된 때였고, 브리티시 스틸과 롤스로이스는 세계적으로 품질을 인정받는 브랜드였다.

1850년 이후 제조업의 확장은 현대적인 고소득 경제를 만들고 다지는 데 핵심적인 역할을 했다. 많은 연구에서 제조업 부문이 가진 독보적인 장점들을 밝혀냈다. 아마도 가장 중요한 점은 제조업이 현대 사회에서 혁신의 가장 큰 원천이라는 사실일 것이다. 모든 연구개발R&D 활동의 약 3분의 2가 바로 제조업 부문에서 이루어진다. 제조업 활동은 경제 전반에 걸쳐 수많은 연관 효과를 만들어낸다. 물류나 회계와 같은 전통적인 일자리는 물론, 온라인 판매나 글로벌 마케팅과 같은 새로운 고용 기회도 창출한다. 또한 제조업은 원자재 관리, 운송, 판매와 같은 활동을 교육, 훈련, 그리고 끊임없는 혁신과 결합하도록 요구한다. 특히 숙련된 노동력을 공급하는 데 중요한 도제 제도는 제조업의 중요한 특징이다. 이 모든 것을 고려할 때, 제조업은 경제 전반에 추가적인 가치를 창출하는 데 있어 서비스업보다 더 뛰어난 능력을 가지고 있다.

그리고 제조업은 오랫동안 경제 성장을 이끄는 원동력이었다. 이때 성장을 이끈 더 중요한 요인은 제조업 고용 인원의 규모 자체가 아니라, 부문 내에서 부가가치가 높은 산업으로 구조가 바뀌는 것이었다. 제조업은 또한 높은 임금을 주는 일자리의 주요 공급원이며, 다른 나라와 거래할 수 있는 상품의 주요 원천이다. 후자의 사실은 세계 경제에서 특히 중요하다. 강력하고 경쟁력 있는 교역 부문을 가진 나라가 큰 이점을 갖기 때문이다. 수출을 많이 하는 제조업의 비중이 상대적으로 높은 독일, 체코, 한국, 일본과 같은 나라들이 상당한 무역 흑자를 기록하고 세계에서 가장 낮은 실업률을 보이는 것은 결코 우연이 아니다. 이러한 여러 가지 이유 때문에, 1980년 이후 소수의 부유한 국가들을 제외한 거의 모든 곳에서 나타나는 제조업 일자리 감소 현상은 대중과 정치권의 큰 걱정거리가 되어왔다.

세계 최초로 제조업 혁명을 이끌었던 영국은 그 쇠퇴 또한 극적으로 맞이했다. 영국은 오랫동안 원자재를 수입하고 가공한 반제품과 완제품을 수출하며 막대한 무역 흑자를 누려왔다. 100년 이상 이어진 이 흑자 구조는 영국 경제의 힘의 원천이었다. 그러나 1983년, 마침내 제조업 부문의 무역수지마저 적자로 돌아섰다. 이는 영국 경제의 구조적인 변화를 알리는 중요한 신호였으며, 이후 탈산업화가 가속화되면서 적자 규모는 계속해서 커져만 갔다. 이러한 변화는 영국 사회에 깊은 흔적을 남겼다. 한때 국가 경제의 심장이었던 제조업 일자리는 2000년에 이르러 500만 개 아래로 줄어들었고, 전체 노동 인구에서 제조업 종사자가 차지하는 비중도 9% 미만으로 떨어졌다. 경제 전체에서 제조업이 만들어내는 부가가치의 비중 역시 급격히 하락했다. 1980년대 후반에 이미 20% 선이 무너졌고, 2009년에는 8.7%라는 역사상 가장 낮은 수치를 기록했다. 이후 2017년에 9.2%로 소폭 회복되기는 했지만, 과거의 영광을 되찾기에는 턱없이 부족한 수준이었다. 영국 제조업이 이처럼 쇠퇴한 배경에는 여러 복합적인 원인이 얽혀 있었다. 우선, 국제적인 경쟁이 심화되었다. 초기에는 미국이 강력한 경쟁자로 떠올랐고, 1970년대 이후에는 아시아의 제조업 국가들이 무섭게 추격해왔다. 여기에 과거의 거대한 식민지 제국이 해체되면서 안정적인 시장을 잃어버린 것도 큰 타격이었다. 내부적으로는 강성 노조의 비타협적인 태도와 잦은 파업이 생산성을 저해했으며, 기업들은 혁신에 뒤처졌다. 또한, 파운드화 가치가 반복적으로 급등하는 현상도 영국 제품의 수출 경쟁력을 약화시키는 요인으로 작용했다. 이러한 대내외적인 요인들이 복합적으로 작용하며 한때 세계를 호령했던 영국의 제조업은 서서히 힘을 잃어갔다.

제조업 노동력이 전체의 단 9%에 불과한 영국은, 공장 기반 근대화의 선구자였음에도 불구하고 이제 세계에서 가장 탈산업화된 주요 경제국이 되었다. 다른 부유한 국가들도 비슷한 길을 걸었다. 이들 국가에서 제조업이 창출하는 GDP 부가가치의 비중은 20%를 훨씬 밑돌게 되었다. 2017년 기준으로 스위스는 18%였고 프랑스는 10%에 불과했다. 유럽연합[EU] 평균은 14%였다. 다만 독일(21%), 체코(24%), 한국(28%)은 예외적인 국가였다.

미국의 제조업 비중은 현재 12% 미만이며, 캐나다의 기여도는 영국만큼이나 낮다. 일자리 감소는 심각했다. 미국 제조업 고용은 1979년 9월 1,960만 개로 정점을 찍었다. 이후 2000년 말까지 1,700만 개로 감소했고, 그 후 중국이 세계무역기구WTO에 가입하면서 값싼 수입품이 미국으로 쏟아져 들어오자 급격히 줄어들었다. 2010년 3월에는 사상 최저인 1,140만 개까지 떨어졌다가, 2019년 말까지 1,280만 개로 부분적으로 회복되었다.

이러한 회복에도 불구하고, 1979년 이후 거의 700만 개(35%)에 달하는 제조업 일자리가 순수하게 사라진 것은 미국 사회에 많은 경제적, 사회적 파장을 남겼다. 특히 펜실베이니아, 오하이오, 미시간, 위스콘신과 같이 제조업 의존도가 높았던 주들은 큰 타격을 입었다. 그 영향은 단일 산업에 의존하던 작은 도시들에서 훨씬 더 컸다. 여러 세대에 걸쳐 섬유, 의류, 가구, 가정용품 또는 가전제품 공장에서 일하며 삶의 터전을 꾸려왔던 도시들이 경제 기반 자체를 잃어버렸기 때문이다.

하지만 제조업 고용 인구가 줄거나 GDP에서 차지하는 비중이 감소한 것이 공장 생산량 자체가 줄어들었다는 의미는 아니다. 생산성이 크게 향상되었기 때문이다. 덕분에 미국 제조업은 2000년까지 실질 부가가치를 거의 매년 늘려왔다. 잠시 하락한 후 2007년에는 새로운 최고 기록을 세웠지만, 제2차 세계 대전 이후 가장 큰 경기 침체기였던 2009년 중반까지 약 12% 후퇴했다. 그러나 그 후 2018년까지 이어진 꾸준한 상승세는 2007년의 기록에 다시 근접하게 만들었다. 제조업 부문은 여전히 높은 수준의 교육을 필요로 하지 않는 직업 중에서 가장 좋은 급여를 주는 일자리를 일부 제공하고 있다. 또한 제너럴 일렉트릭GE의 제트 엔진과 캐터필러의 중장비에서부터 인텔의 반도체와 화이자의 의약품에 이르기까지, 일부 미국 제품은 여전히 세계 최고의 품질, 신뢰성, 내구성을 자랑하며 기술 혁신의 주요 원천으로 남아 있다.

앞으로 제조업이 추가적으로 쇠퇴할 가능성은 있지만, 대부분의 고소득 국가에서 가장 급격한 탈산업화 시기는 대체로 지나간 것으로 보인다. 한편, 현재 세계 최대의 제조업 경제국인 중국은 2017년 GDP의 29%를 제조업 부문에서 얻었다. 이는 2006년의 최고치였던 32.5%에서 약간 감소한 수치이다. 그러나 우리가 흔히 사용하는 부문별 분류를 넘어서서 살펴보면, 제조업의 흥망성쇠를 추적하는 것이 단순히 노동력이나 GDP 비중 통계를 비교하는 것만큼 간단한 일이 아니라는 것을 금방 알게 된다. 무엇을 '제조업'으로 정의할 것인지, 그 경계가 불분명하기 때문이다.

미국 인구조사국에 따르면, 제조업 부문은 "재료, 물질 또는 부품을 기계적, 물리적 또는 화학적으로 변형시켜 새로운 제품으로 만드는 시설"을 포함한다. 또한 "만들어진 제품의 부품을 조립하는 활동도 제조업으로 간주된다. 다만 건설 부문으로 분류되는 경우는 예외이다." 이 정의에 따르면 "손으로 만들거나 노동자의 집에서 재료나 물질을 새로운 제품으로 바꾸는 시설도 제조업에 포함될 수 있다. 또한 빵집, 사탕 가게, 맞춤 양복점처럼 제품을 만든 바로 그 장소에서 일반 대중에게 판매하는 시설도 포함될 수 있다."

그러나 사람들이 현대 제조업을 생각할 때, 그들은 자동차나 휴대폰을 대량으로 조립하는 기계화된 공장을 상상하지, 동네 빵집이나 맞춤 양복점을 떠올리지는 않는다. 프랑스의 평론가들이 제조업 일자리 감소를 걱정할 때, 그들이 염두에 두는 것은 동네 빵집들이 문을 닫는 현상이 아니다. 그리고 제조업 범주 안에서 무엇이 '새로운 제품'인지를 명확하게 정의하기도 어렵다. 미국 분류에 따르면, 미리 섞어서 파는 레미콘과 금속 도금은 제조업의 일부로 간주된다. 하지만 광석에서 불순물을 제거하여 품위를 높이는 선광 작업은 광업의 일부이고, 책을 만들고 인쇄하는 출판 및 인쇄는 정보 부문의 일부이다. 책은 분명히 만들어진 물건이지만, 그 가치가 "소비자에게는 형태가 아니라 정보 내용에 있기 때문에" 제조업에서 제외된다.

더욱 근본적인 문제는 현대 제조업의 본질 자체가 변하고 있다는 점이다. 오늘날 제조업 부문은 통찰력 있는 경영, 트럭, 선박, 비행기로 부품과 자재를 제시간에 공급하는 물류 시스템, 효율적인 급여 및 회계 처리, 그리고 무엇보다도 연구개발R&D 활동에 크게 의존한다. 기존 설계를 개선하고 완전히 새로운 제품을 도입하여 세계 시장에서 경쟁력을 유지하려면 연구개발이 필수적이기 때문이다. 놀랍지 않게도, 한 국제 비교 연구에서는 다른 회사의 제조업 이외 부문에서 구매한 서비스가 미국에서 생산된 제품 부가가치의 30%를 차지한다는 사실을 발견했다. 유럽연합EU의 주요 경제국 제품에서도 이 서비스의 비중은 23%에서 29%에 달했다. 또 다른 연구에서는 서비스 관련 업무가 미국 제조업 일자리의 53%를 차지하며, 유럽연합의 대규모 국가들에서도 비슷한 비율이 44%에서 50%에 달하는 것으로 나타났다. 일본의 경우는 32%였다.

미국에서는 이러한 서비스 업무가 회사 내부에서 이루어질 때만 제조업의 일부로 계산된다. 하지만 요즘 흔히 볼 수 있듯이 급여 관리에서부터 설계, 계약 연구, 마케팅에 이르기까지 다양한 업무를 외부 회사에 아웃소싱하면, 그 업무는 더 이상 제조업 통계에 잡히지 않는다. 이러한 현실을 고려하면, 회계 및 분류 체계를 어떻게 사용하느냐에 따라 현대 제조업과 직간접적으로 관련된 일자리의 비중이 상당히 다르게 나타날 수 있다. 이는 우리가 일반적으로 보는 지표가 보여주는 것만큼 탈산업화가 광범위하게 진행되지 않았을 수도 있다는 점을 시사한다. 동시에, 같은 논리를 적용하면 농업 부문 역시 통계가 보여주는 것보다 훨씬 덜 위축되었다고 볼 수 있다.

이러한 차이는 현대 농업의 본질이 변했기 때문에 발생한다. 과거의 전통 농업은 외부에서 투입하는 것이 거의 없었다. 농부들은 수확한 씨앗의 일부를 다음 해 농사를 위해 남겨두었고, 간단한 농기구는 직접 만들거나 마을의 장인들이 만들어주었다. 또한 대부분 자급자족을 위해 식량을 생산했기 때문에, 수확물 중 극히 일부만이 마을이나 인근 지역 밖으로 팔려 나갔다.

하지만 현대 농업의 범위를 농경지와 축사로만 한정하는 것은 현실을 제대로 반영하지 못하며 오해를 불러일으킬 수 있다. 현재의 식량 생산은 대규모의 외부 투입물에 전적으로 의존한다. 씨앗, 자재, 기계, 그리고 전문적인 기술이 국내 다른 지역은 물론 해외에서도 들어오기 때문이다.

씨앗은 더 이상 이전 작물에서 얻지 않는다. 전문 종자 회사들이 수십 년간 집중적으로 연구하고 상업화한 결과물이다. 수익성 있는 수확을 위해서는 적절한 농약, 즉 비료, 제초제, 살충제, 살균제를 사용해야 한다. 논밭을 갈고 물을 대는 관개 작업은 이제 액체 연료와 전기로 움직이는 효율적인 기계 없이는 상상할 수 없다. 그리고 식량 유통은 여러 면에서 세계화되었다. 더욱이, 과거의 자급 농업은 농촌 가구가 직접 소비할 식량의 거의 전부를 생산했지만, 고도로 도시화된 현대 사회에서 농부들은 멀리 떨어진 시장을 위해 생산한다. 그 결과, 농부들은 복잡한 식량 저장, 가공, 유통 시스템을 이용한다. 이 시스템이 없다면 그들의 생산물은 소비자에게 결코 도달하지 못할 것이다. 소비자들 또한 정교한 소매 및 가정 조리 시스템 없이는 대부분의 농산물을 소비할 수 없으며, 심지어 요즘에는 식사의 상당 부분을 집 밖에서 해결한다.

이 모든 사실은 현대 식량 생산 시스템의 경계를 다시 정의해야 한다는 강력한 주장을 뒷받침한다. 현대 식량 시스템에서 직접적으로 쓰이는 에너지와 간접적으로 쓰이는 에너지를 비교하면, 이러한 재정의가 위축되는 농업 부문에 대한 우리의 인식을 얼마나 바꿀 수 있는지 알 수 있다. 식량을 직접 생산하는 과정, 즉 작물 재배와 축산업에서 사용하는 에너지는 한 나라의 총 1차 에너지 공급량의 2~4% 수준에 불과하다. 하지만 국가 전체의 식량 시스템은 총 1차 에너지의 약 15%를 소비한다. 물론 수확과 유통에 직접적으로 기여하는 서비스만 계산한다면 배수는 더 작아질 것이다. 그럼에도 불구하고 식량 생산의 경계를 다시 정의하면, 이 부문에 속하는 전체 일자리와 국가 GDP의 비중이 5~8%에 이를 가능성은 상당히 높아 보인다.

어떤 경우든, 역사적 기록은 거의 보편적인 패턴을 명확히 보여준다. 그것은 바로 경제 구조가 농업 중심 사회에서 제조업이 GDP의 가장 큰 비중을 차지하는 경제로 전환되었다는 것이다. 이러한 전환은 영국이 가장 먼저 시작했고, 19세기 후반에는 서유럽과 북미 국가들이 그 뒤를 이었다. 그 후 일본과 소련이 이 패턴을 반복했고, 1950년 이후에는 라틴 아메리카와 아시아에서 산업화의 물결이 이어졌다. 대만, 한국, 중국, 베트남은 가장 최근에 이 대열에 합류한 주목할 만한 국가들이다.

가장 먼저 산업화를 시작한 영국에서는 이미 1830년대에 농업, 어업, 임업에 종사하는 인구보다 제조업에 종사하는 인구가 더 많았다. 이러한 경향은 더욱 심화되어 1880년이 되자 제조업 종사자 수는 농업 분야 종사자 수의 두 배에 달했다. 미국의 경우, 농업과 제조업의 고용 인구 수가 비슷해진 시점은 1910년이었다. 그 후 산업화가 빠르게 진행되면서 1950년에는 물건을 만드는 제조업 분야가 식량을 생산하는 농업 분야보다 세 배나 많은 미국인에게 일자리를 제공했다.

다른 유럽 선진국들은 그 전환이 더 늦었다. 네덜란드는 제1차 세계대전이 끝나고 나서야 제조업 종사자 수가 농어업 종사자 수를 앞질렀다. 프랑스는 1950년대 초까지도 여전히 공장에서 일하는 사람보다 농사를 짓거나 고기를 잡는 사람이 더 많았다. 반면, 아시아의 거대 경제권인 중국에서는 농업을 포함한 1차 산업보다 제조업 중심의 2차 산업에서 일하는 사람이 더 많아진 것이 아주 최근인 2014년의 일이었다. 인도의 경우는 아직 이러한 역전이 일어나지 않았다. 현재 인도에서는 상품을 만드는 사람보다 식량을 생산하는 사람이 여전히 두 배가량 더 많다.

동시에, 많은 개발도상국에서 제조업의 역할은 이미 약화되었으며, 일부 국가에서는 심지어 '조기 탈산업화'를 경험하기도 했다. 한 연구에서는 아시아, 라틴 아메리카, 사하라 이남 아프리카의 30개국 이상을 대상으로 1950년 이후의 경제 데이터를 분석했다. 그 결과, 제2차 세계 대전 직후 제조업의 확장은 경제 성장을 촉진하는 긍정적인 자원 재분배와 연결되었지만, 1970년대 중반과 1980년대에 많은 아프리카 및 라틴 아메리카 경제에서 그 성장이 정체되었음을 발견했다. 1990년대에 이들 국가의 경제 성장이 다시 회복되었을 때, 노동력은 주로 서비스업, 특히 소매 및 유통업으로 이동했다. 이러한 변화는 해당 국가들이 세계 혁신을 이끄는 선도 그룹에서 뒤처지게 만드는 결과를 낳았다. 이 분석은 더 많은 개발도상국을 대상으로 한 후속 연구에서도 확인되었다. 이 연구는 1950년에서 2005년 사이에 제조업 부문의 확장이 전체 경제 성장과 단지 완만하게만 연결되었으며, 특히 1990년 이후에는 제조업을 통한 성장이 이전 수십 년보다 더 어려운 길이 되었음을 보여주었다.

이러한 조기 탈산업화는 제조업 부문이 가진 발전 잠재력이 변했기 때문이 아니다. 오히려 제조업 자체가 소수의 국가로 급격히 이전된 결과였다. 가장 명백하게는 중국과 한국으로, 그리고 의류나 전자제품과 같은 특정 산업의 경우 베트남, 파키스탄, 인도네시아, 방글라데시와 같은 국가로 생산 기지가 집중되었다. 이러한 이전은 또한 우리가 일반적으로 생각하는 것과는 다른 결과를 낳았다. 1970년에서 2010년 사이에 전 세계 제조업 고용의 비중은 하락하지 않았다. 왜냐하면 선진 경제에서 급격한 생산성 향상으로 국내 제조업 고용 비중이 낮아진 효과가, 생산성이 낮은 경제에서 제조업 일자리가 늘어난 효과로 상쇄되었기 때문이다.

**공장에서 서비스로: 경제 구조의 마지막 전환**

경제학자 앨런 피셔는 경제 활동을 처음으로 세 가지 부문으로 나누었다. 그는 마지막 세 번째 범주, 즉 3차 산업에 매우 폭넓은 활동을 포함시켰다. 여기에는 운송, 통신, 상업, 금융뿐만 아니라 전문직, 공공 행정, 오락, 스포츠, 그리고 개인 및 가사 서비스에 종사하는 사람들이 모두 해당한다고 보았다. 이러한 광범위한 정의는 오늘날에도 그대로 이어진다. 예를 들어, 미국 노동통계국은 '서비스 제공 산업'을 하나의 거대한 부문으로 묶어 정의한다. 이 안에는 도매와 소매, 창고업을 포함하는 무역, 운송, 공익사업이 들어간다. 또한 정보, 금융, 보험, 부동산, 임대와 같은 활동도 포함된다. 과학 기술 서비스에서부터 폐기물 관리에 이르는 전문 및 사업 서비스, 교육 및 보건 서비스, 예술과 오락을 포함하는 레저 및 환대 산업, 그리고 정부 부문까지 모두 서비스업으로 분류된다.

농업과 제조업의 생산성이 계속해서 발전해온 역사를 생각해보면, 현대 사회의 대부분 사람이 결국 식량을 기르거나 물건을 만드는 일 이외의 다른 일에 종사하게 될 것은 필연적인 결과였다. 더구나, 이렇게 폭넓게 정의된 서비스 부문에는 여러 세대에 걸쳐 본질적으로 크게 변하지 않은 활동들도 포함된다. 아기를 돌보는 일에서부터 집을 수리하는 일, 프로 스포츠에 이르기까지 예전부터 있었던 서비스들이 그렇다. 하지만 동시에, 이 부문에는 제조업이 겪었던 거대한 변화만큼이나, 혹은 그보다 훨씬 더 심대한 변화를 겪은 활동들도 있다. 심지어 한 세대 전에는 아예 존재하지도 않았던 완전히 새로운 직업들도 생겨났다.

이렇게 새롭게 변하거나 완전히 새로 등장한 서비스들은 사람들을 고용할 수 있는 전례 없는 기회를 만들어냈다. 이러한 활동들은 새로운 '정보 부문'의 일부로 분류할 수 있다. 정보 부문의 일들은 대부분 하나 이상의 정보 중심 활동으로 이루어진다. 글, 데이터, 이미지, 영상 등 다양한 형태의 정보를 모으고, 분류하며, 합치고, 분석하는 일이 여기에 해당한다. 또한 정보를 일반적이거나 개인에게 맞춘 평가로 가공하고, 다른 곳으로 전송하며, 저장하는 활동도 포함된다. 이 모든 활동의 목적은 경쟁자보다 우월한 통찰력을 얻는 것이다. 소비자가 물건을 살 때 어떻게 결정하는지, 혹은 경쟁 상대가 무슨 생각을 하는지에 대한 통찰력이 그 예다. 이러한 통찰력을 통해 판매를 늘리거나, 기업, 정치, 또는 치안 통제를 최적화하고 극대화하려는 목적도 있다. 이러한 통제 활동은 야당에 대한 정보 수집, 산업 스파이 활동, 전자 해킹에서부터 촘촘하게 설치된 폐쇄회로 TV 카메라 네트워크와 중국의 사회 신용 평가 감시 시스템에 이르기까지 매우 다양하다.

  주요 국가들의 고용 구조가 제조업에서 서비스업 중심으로 이동하는 현상은 일부 국가에서는 19세기 중반부터 그 흐름을 찾아볼 수 있다. 예를 들어, 네덜란드는 이미 1849년에 전체 노동 인구의 27%가 서비스업에 종사했고, 1850년 덴마크에서는 그 비율이 14%에 달했다. 하지만 대부분의 국가에서 신뢰할 만한 통계 자료는 20세기에 들어서야 체계적으로 집계되기 시작했다. 20세기 초의 기록을 보면, 1900년 프랑스에서는 서비스업 종사자 비율이 23%였고, 1915년 중국에서는 약 14% 수준이었다. 이처럼 국가별로 서비스업 종사자 비율에 차이가 나는 것은 각 나라가 처한 경제 발전 단계가 달랐기 때문이다. 하지만 이러한 차이점에도 불구하고, 통계 자료는 한 가지 중요한 공통점을 명확하게 보여준다. 전통적으로 특정 서비스 분야에 유독 여성 인력이 집중되는 경향이 있었기 때문에, 고용 구조의 전환 과정에서 성별 간에 상당한 시간적 격차가 발생했다. 즉, 여성 노동력이 제조업에서 서비스업으로 이동하는 현상은 남성에게서 동일한 변화가 나타나기보다 훨씬 먼저 시작되었다. 이러한 시차는 보통 수십 년에 달했고, 길게는 1세기가 넘는 경우도 있었다(그림 5.3).

영국에서는 근대 초기 대부분의 기간 동안 서비스업에 종사하는 여성이 농업이나 어업에 종사하는 여성보다 훨씬 많았다. 1860년 이후로는 제조업보다 서비스업에 종사하는 여성이 더 많았다. 그러나 영국 남성 전체를 놓고 보면, 농업보다 서비스업에 더 많이 종사하게 된 것은 20세기에 들어선 후였고, 제조업보다 서비스업에 더 많이 종사하게 된 것은 21세기 첫 10년이 되어서야 가능했다. 마찬가지로, 네덜란드에서는 적어도 1850년대 초부터 여성이 농업보다 서비스업에 더 많이 종사했지만, 남성의 경우 이러한 전환은 1960년에야 일어났다. 벨기에에서는 여성의 경우 1961년에, 남성의 경우 2003년에 각 부문 간 전환이 일어났다.

미국의 경우, 1850년 상품을 생산하는 부문과 서비스를 제공하는 부문의 고용 비중은 각각 17.7%와 17.8%로 거의 똑같았다. 그 후 19세기 후반 동안 두 부문은 함께 성장하여 1900년에는 각각 30.5%와 31.4%에 도달했다. 이후 제조업의 비중은 아주 조금만 증가했다. 1952년 제조업 비중이 약 35%로 정점을 찍었을 때, 서비스업은 이미 전체 고용의 53%를 차지했고, 2016년에는 80.3%에 이르렀다. 앞으로 서비스업의 고용 비중은 이 수준에서 거의 변하지 않을 것으로 예상된다. 이처럼 매우 다양한 활동을 포함하는 서비스 부문 내에서 산업 간 일자리가 어떻게 이동했는지를 살펴보는 것은, 서비스업 전체의 양적 증가를 보는 것만큼이나 흥미롭다. 여기에는 우리가 예상했던 변화와 전혀 예상치 못했던 놀라운 변화가 모두 포함되어 있다.

불행하게도, 서비스 부문 내에서 일어난 변화를 장기적으로 비교하는 것은 쉽지 않다. 시대마다 직업을 정의하는 방식이 다르고 통계 분류 기준이 일관되지 않기 때문이다. 예를 들어, 미국의 가사 노동자 관련 데이터를 살

**그림 5.3**_1914년 초, 파리 기차역의 아침 풍경. 사무직 근로자들과 상점 점원들이 출근하기 위해 도착한 모습을 보여주는 사진이다.

펴보자. 전체 노동력에서 가사 노동자가 차지하는 비중은 1800년 2.1%에서 1870년 7.7%로 거의 네 배나 증가했다가 1960년에는 3.4%로 다시 감소했다. 하지만 오늘날 미국의 노동 통계는 더 이상 이 범주를 공식적으로 집계하지 않는다. 2012년 당시 미국에는 200만 명의 가정 내 노동자가 있었고, 이들 중 90% 이상이 여성이었으며 이민자 비율이 매우 높았음에도 불구하고 통계에서는 사라진 것이다. 대신 미국 노동부의 월간 노동 보고서는 개인 서비스 분야의 고용을 언급하는데, 이 범주는 그저 "개인 및 세탁 서비스"라고만 설명되어 있어 내용을 파악하기 어렵다.

더 중요한 문제는 과거 통계의 불분명함이다. 20세기 초 미국 데이터는 보건 부문 일자리를 정보, 전문 및 사업 서비스, 그리고 사회 지원 분야의 일자리와 함께 "기타 전문 서비스"라는 하나의 큰 범주로 묶어서 집계했다. 1910년 당시 이 다양한 직업을 모두 합친 범주는 비농업 노동력의 단 3%만을 고용했다. 하지만 2000년이 되자 보건 및 사회 지원 분야만으로도 일자리가 1,100만 개에 달했고, 2018년에는 1,900만 명을 넘어 전체 노동력의 12.2%를 차지했다. 교육과 보건을 합친 거대 부문은 거의 2,400만 명, 즉 미국 노동 인구의 거의 15%를 고용하게 되었다. 그런데 놀랍게도, 미국인 10만 명당 의사 수는 사람들이 생각하는 것보다 훨씬 적게 변했다. 1850년 170명에서 2000년 258명으로, 150년 동안 대략 50% 증가하는 데 그쳤다.

많은 사람이 오늘날 정부 조직이 통제 불가능할 정도로 비대해졌다고 생각한다. 하지만 역사적인 통계를 살펴보면, 우리의 생각과는 다른 현실을 마주하게 된다. 미국의 사례를 보자. 1900년, 농업을 제외한 전체 노동 인구 중 연방, 주, 지방 정부를 위해 일하는 사람의 비율은 7.2%였다. 이 비율은 1950년에 13.3%로 크게 늘었지만, 그 후로는 증가세가 둔화되어 2016년에는 14.2%를 기록하는 데 그쳤다. 116년 동안 전체적으로 두 배 정도 증가한 셈이다.

이러한 증가 폭이 과연 큰 것일까? 1900년 이후 복지 국가라는 개념이 등장하고, 정부의 규제가 일상생활의 거의 모든 영역으로 확대되었으며, 그에 따라 전례 없이 많은 일에 정부의 개입과 감독이 이루어졌다는 사실을 고려하면, 두 배라는 수치는 오히려 놀라울 정도로 작은 증가라고 볼 수 있다. 이처럼 정부 부문의 고용 변화도 우리의 직관과는 다른 면이 있지만, 이보다 훨씬 더 우리의 상식을 뒤엎는 변화는 운송 및 공공시설 부문에서 일어났다.

1910년 포드 모델 T 자동차는 출시된 지 불과 2년밖에 되지 않았지만, 2016년 미국은 거의 2억 7천만 대의 자동차를 보유하게 되었다. 1910년 전기 공급은 아직 초기 단계였지만, 현재는 보편화되었고 추운 지역에서의 천연가스 난방도 마찬가지이다. 하지만 1910년 미국 도시에는 여전히 약 100만 마리의 말이 있었고, 철도는 운송에서 가장 중요한 수단이었으며, 석탄 가스는 도시의 밤을 밝히는 데 널리 사용되었다. 말이 끄는 마차와 기차를 자가용과 비행기가 대체하고, 석탄 가스를 중앙 발전소에서 오는 전기와 파이프로 공급되는 천연가스가 대체하면서, 운송 및 공공시설 분야의 총 고용은 1910년 비농업 고용의 12.6%에서 2015년 단 3.8%로 크게 감소했다. 더욱 놀라운 점은, 2015년 이 부문의 총 노동력 540만 명은 1910년에 비해 단 68%만 증가한 수치라는 사실이다. 그 사이 107년 동안 미국 인구는 9,220만 명에서 3억 930만 명으로 세 배 이상 늘었고, 개인의 이동성은 수십 배나 증가했음에도 불구하고 말이다.

규모의 경제는 도소매 무역 분야에서도 비슷한 효과를 낳았다. 동네 구멍가게가 사라지고 슈퍼마켓과 쇼핑몰이 등장했으며, 최근에는 온라인 주문이 대규모로 확산되었다. 이러한 변화 덕분에, 총지출은 약 50배나 증가했음에도 불구하고 도소매 무역 분야의 고용 비중은 1900년 16.5%에서

2018년 13%로 오히려 낮아졌다. 한편, 보험 및 부동산을 포함한 금융 서비스의 비중은 1900년 비농업 고용의 단 2%에서 2016년 5.3%로 두 배 이상 증가했다. 1910년 비농업 고용의 3.5%인 약 90만 명이 교육 분야에 고용되었으나, 2015년에는 그 총수가 거의 1,400만 명으로 늘었고, 상대적인 비중도 9.7%로 거의 세 배나 커졌다.

나라마다 통계 분류 기준이 달라 국제 비교는 종종 어렵다. 하지만 비교적 쉽게 비교할 수 있는 부문들을 살펴보면, 예상대로 서비스업의 비율이 비슷해지는 수렴 현상과 각 나라의 특수성이 계속 유지되는 현상을 모두 볼 수 있다. 예를 들어, 중국의 지속적인 건설 붐 덕분에 2016년 도시 노동력의 약 15%가 건설 부문에 고용되었다. 이는 일본의 7.7%나 미국의 4.3%와 비교하면 매우 높은 수치이다. 반면 운송 부문의 노동 비중은 세 나라가 각각 4.7%, 5.2%, 3.2%로 비슷한 수준으로 수렴하는 모습을 보여준다. 중국의 보건 부문은 여전히 취약한데, 2016년 도시 노동력의 4.8%만이 이 분야에 종사했다. 이는 일본의 12.5%, 미국의 12.2%에 크게 못 미치는 수준이다.

국제노동기구ILO가 추정한 전 세계 서비스 부문 데이터는 1991년부터 이용할 수 있다. 2017년 기준으로 보면, 서비스업 종사자 비중은 말라위의 7%에서 싱가포르의 84%에 이르기까지 나라마다 큰 차이를 보인다. 평균적으로는 사하라 이남 아프리카가 31%, 유럽 연합이 72%, 전 세계적으로는 51%이다. 모든 부유한 국가에서 서비스 경제로의 전환은 사실상 완료되었다고 볼 수 있다. 2017년 주요 경제국 중에서는 독일이 71%로 비교적 낮은데, 이는 여전히 강력한 제조업 기반을 가지고 있기 때문이다. 반면 영국은 81%로, 이미 언급한 급격한 탈산업화를 반영한다. 브라질은 69%로 부유한 국가 수준에 거의 도달했고, 중국은 56%로 앞으로 최소 10년 이상 구조 변화가 더 필요해 보인다. 인도는 33%로 훨씬 뒤처져 있으며, 남수단이나 니제르 같은 나라의 서비스업 종사자 비중은 19세기 후반 일부 서유럽 국가들의 비중보다도 낮다.

서비스라는 범주 안에는 너무나 다양한 직업이 섞여 있다. 이 때문에 소득, 복지, 직업 안정성, 개인적 만족도와 같은 기준으로 볼 때, 서비스 경제로의 전환이 가져온 결과와 그 바람직성에 대해 일반적인 결론을 내리기는 어렵다. 예를 들어, 어떤 경우에는 구조적 변화가 성장의 동력이 아니었다. 소득 변화의 원인을 분석한 한 연구에 따르면, 대부분의 아시아 경제에서 1인당 GDP 증가의 주요 원천은 농업에서 제조업으로 일자리가 이동한 것과 같은 부문 간 고용 이동보다는, 각 부문 내에서의 노동 생산성 증가였다.

서비스로의 전환은 또한 고용과 소득 평등에 복합적인 영향을 미쳤다. 서비스 부문은 농업이나 제조업으로부터 단순히 일자리를 넘겨받아 성장한 것이 아니었다. 서비스 부문의 고용 성장은 주로 노동력 자체가 늘어난 것, 특히 여성의 경제 활동 참여가 증가한 데서 비롯되었다. 전통적인 가사 노동자로서의 고용을 넘어, 여성들을 위한 새로운 기회는 초기에 교육, 보건, 숙박 및 음식업에 집중되었지만, 결국 금융, 광고, 정보, 관리 분야로까지 확장되었다.

이론적으로 서비스 경제의 확장은 제조업의 추가적인 성장을 가져와야 한다. 하지만 값싼 수입품으로 새로운 상품 수요를 채울 수 있었던 많은 부유한 경제에서는 이 두 부문 사이의 연결고리가 약했다. 북미와 많은 유럽 국가에서 서비스로의 대규모 전환은 종종 급격한 탈산업화와 함께 일어났다. 이러한 조합은 특히 높은 수준의 교육을 받지 않은 남성들이 일자리를 찾기 어렵게 만들었다. 그 결과, 최근 실업률이 가장 높았던 두 시기(1982년과 2009년)에 남성 실업률은 여성보다 최대 22%나 더 높았다.

더욱이, 높은 임금을 주던 제조업 일자리가 사라지고 소매업이나 숙박 및 음식업 분야의 저임금, 시간제 일자리로 이동하는 현상은 경제적 불평등을 심화시키는 데 기여했다. 이러한 변화의 원인과 결과는 이미 널리 분석되고 논의되어 왔지만, 기본적인 결론은 명확하다. 미국에서 불평등은 1930년대와 1940년대에 감소했다. 1928년 가장 부유한 1% 가구가 전체 소득의 28%를 차지했으나, 1950년에는 10%를 약간 넘는 수준으로 떨어졌다. 1950년 이후 경제가 꾸준히 성장하면서 1970년대 후반까지 이 비율은 10% 미만으로 유지되었다.

그러나 이것이 새로운 표준이 될 운명은 아니었다. 추세는 역전되었고, 2008년까지 불평등은 1920년대 후반 수준으로 되돌아갔으며, 그 후에는 새로운 최고 기록을 경신했다. 2016년까지 가장 부유한 1% 가구가 전체 소득의 39%를 차지했고, 하위 90%는 4분의 1 미만을 차지하는 데 그쳤다. 캐나다와 영국을 포함한 다른 여러 부유한 국가에서도 비슷한 역전 현상이 발생했다. 그 결과, 1980년 이후 소득 불평등은 거의 모든 부유한 경제뿐만 아니라 전 세계적으로 증가했다. 이러한 추세는 대부분의 나라에서 중산층의 몰락이라는 결과를 낳았다.

세계에서 가장 빠르게 성장하는 경제는 또한 불평등에서도 가장 빠른 변화를 경험했다. 모두가 가난했던 마오쩌둥 시대 중국의 불평등은 낮았고, 경제 근대화 초기 몇 년 동안에도 그러했다. 1985년 불평등 정도를 나타내는 지니 계수는 0.24였다. 그 후 중국은 빈곤이 급격히 줄었지만, 불평등 또한 엄청나게 증가했다. 2010년까지 중국의 지니 계수는 0.53에서 0.55 사이에 도달했다. 이는 당시 미국 값인 0.45보다 상당히 높으며, 전 세계적으로 기록된 가장 높은 불평등 수준 중 하나에 해당한다. 중국은 또한 특정 금융 서비스 접근이나 실업 보험 적용 범위의 격차와 같은 기회의 불평등, 심각한 지역적 불균형, 그리고 여전히 해소되지 않은 도시와 농촌 간의 격차에 직면해 있다.

마지막으로, 과거의 구조 변화를 평가하는 데 사용했던 범주 분류가 새로운 현실에서는 오해를 불러일으킬 수 있다는 점을 다시 한번 생각해 볼 필요가 있다. 오늘날 새로운 형태의 제조업은 종종 대학이나 연구소에서 수행되는 기초 및 응용 연구의 직접적인 결과물이다. 그렇다면 이 연구원들을 어떻게 분류해야 할까? 그들은 제조업 부문의 일부인가, 아니면 교육 또는 정부 서비스의 일부인가? 책상 위에 놓고 쓸 수 있는 3D 프린터가 등장하면서, 많은 산업 디자이너들이 이제 사실상의 제조업자가 되기도 한다. 인공 보철물이나 예술 복제품처럼 독특한 디자인을 생산하는 일부 디자이너들은 실제 물건을 파는 판매자가 될 것이다.

산업 현장에서 로봇이 정해진 작업을 수행하도록 만드는 프로그램을 개선하는 일을 생각해보자. 소프트웨어 개발이 없다면 이런 형태의 제조업은 불가능하다. 더욱이, 경제 범주 간의 경계가 허물어졌다는 점은 농업이나 자원 채굴과 같은 모든 1차 산업 활동에도 마찬가지로 적용된다. 예를 들어, 품종 개량을 거치거나 유전자가 변형된 씨앗으로 높은 수확량을 내는 작물을 재배하는 일은 원격 탐사, 위성 기반 지도 제작, GPS 유도 비료 살포와 같은 첨단 기술의 도움을 받는다. 또한, 석유나 천연가스를 탐사하고 채굴하는 일은 복잡한 컴퓨터 모델링과 시추 과정에서 얻는 방대한 데이터를 처리하는 기술 없이는 불가능하다.

실제로, 이러한 서비스 부문의 요소들이 없다면 기록적인 작물 수확량이나 높은 석유 및 천연가스 회수율을 유지하는 것은 불가능하다고 쉽게 결론 내릴 수 있다. 이러한 현실은 구조 전환의 끝을 보여주는 완벽한 예시이다. 다시 말해, 현대 경제 생산은 과거에 우리가 세 개의 고전적인 부문으로 나누었던 활동들을 하나로 융합시키고 있다. 이제는 서로 분리할 수 없는 새로운 시너지 효과를 내는 전체를 이루게 된 것이다. 인공지능이 앞으로 할 역할에 대한 오늘날의 일부 주장들이 과장되었을 수도 있다. 하지만 점점 더 보편화되는 고도로 정교한 소프트웨어의 사용이 많은 경제 활동을 이러한 융합된 구조의 새로운 범주로 밀어 넣을 것이라는 점에는 의심의 여지가 없다.

## 물질적 풍요, 이동성, 정보, 그리고 소통

물질적인 풍요, 잦은 여행, 그리고 방대한 정보의 흐름은 근대 문명이 이룩한 가장 눈에 띄는 성과들이다. 이 모든 것은 근대 이전 사회의 모습과 뚜렷한 대조를 이룬다. 이러한 대전환이 일어나기 전에는 극소수의 사람을 제외한 모든 이들이 단순하고 제한된 양의 물건만을 가지고 살았다. 그들의 활동 반경은 인근 마을이나 목초지, 또는 장이 서는 마을을 벗어나지 못했다. 자신이 직접 경험하는 가까운 주변 너머의 세상에 대한 정보는 아주 가끔씩만 접할 수 있었다. 또한 일상적인 일을 처리하고 때로는 놀랍도록 풍부한 구전 역사를 다음 세대에 물려주는 데에도 주로 입에서 입으로 전해지는 말에 의존했다. 물론, 이러한 일반적인 현실 속에서도 수많은 중요한 차이점과 주목할 만한 예외들이 존재했다.

어떤 근대 이전 사회, 심지어 일부 수렵 채집 사회조차도 비슷한 시대를 살았던 다른 이들의 삶과 비교했을 때 상대적으로 물질적인 풍요를 누렸다. 예를 들어, 북미 태평양 연안에 정착했던 어민들은 튼튼한 삼나무로 지은 집과 인상적인 목조각품, 그리고 삼나무 껍질과 부들로 엮은 직물 등을 소유했다. 반면, 북쪽의 추운 숲이나 미국 대평원의 최북단 지역에서 생존했던 부족들은 아주 적은 물질적 소유물만으로 살아갔다. 이 두 집단 사이의 극명한 대조는 당시에도 지역에 따라 삶의 모습이 얼마나 달랐는지를 잘 보여준다. 고대의 상업 사회들은 무역을 계속하고 새로운 기회를 찾기 위해 광범위한 정보망을 유지해야만 했다. 지중해 주변에 멀리 떨어진 식민지를 건설하고 대서양으로 모험을 떠나는 등 대담한 항해에 나섰던 페니키아인들은, 이처럼 정보를 활발하게 활용하는 활동 방식의 초기 개척자들이었다.

이러한 대조는 근대 초기에 더욱 뚜렷해졌다. 도시의 부유한 계층은 초기 소비자 사회라고 부를 수 있을 만한 단계에 도달했다. 17세기 네덜란드 황금시대에 그려진 델프트나 암스테르담의 주택 내부 그림들을 보면 당시의 풍요로운 생활상을 엿볼 수 있다. 불과 몇 세대 전 조상들과 비교하여 그들이 접하는 정보와 소통의 범위 또한 훨씬 넓었다. 동인도 회사의 배들이 상품뿐만 아니라 먼 대륙에 있는 사회들에 대한 소식과 이야기를 가져다주었고, 성장하는 출판업은 역사서에서부터 요리책에 이르기까지 다양한 서적에 대한 새로운 수요를 채워주고 있었기 때문이다.

그러나 이러한 초기의 물질적 풍요와 정보에 대한 폭넓은 접근은 새로운 위험을 감수하며 대륙 간 무역에 나섰던 상인들을 포함한 도시의 부유층에게만 한정되었다. 반면, 농민들의 삶은 여전히 물질적으로 궁핍했고, 글을 읽고 쓸 줄 몰랐기 때문에 점점 늘어나는 정보의 흐름에 접근할 수 없었다. 필자는 풍요로운 사회로의 전환을 가능하게 한 두 가지 핵심 요소, 즉 식량 공급의 증가와 한 사람이 사용할 수 있는 1차 에너지 흐름의 증가에 대해서는 이미 앞에서 다루었다. 따라서 여기서는 먼저 근대의 대량 소비를 보여주는 여러 다른 지표들을 살펴볼 것이다. 이를 위해 물질과 물의 흐름이 전반적으로 어떻게 증가했는지 추적할 것이다. 물은 소비 증가에서 그동안 간과되어 온 중요한 요소이다. 그다음으로는 생존에 필요한 최소한의 소비에서 적정한 수준의 소비로, 그리고 나아가 과시적으로 자원을 낭비하는 단계로 나아가는 전환의 전제 조건, 단계, 그리고 결과를 살펴볼 것이다. 마지막으로 이 장에서는 이동성의 변화를 보여주는 지표들을 살펴보고, 통신 능력의 폭발적인 성장과 정보를 생성, 포착, 저장하는 방식의 훨씬 더 인상적인 발전에 대해 기술하며 마무리할 것이다.

### 소비자 사회

소비자 사회로의 전환은 여러 가지 방법으로 추적할 수 있다. 경제학자라면 식량, 에너지, 주거비를 제외한 비필수적인 소비 지출이 국민 총생산에서 차지하는 비중을 살펴볼 것이다. 기술의 역사를 연구하는 학자라면 자동차, 가전제품, 전자기기의 보급 현황을 추적할 수 있다. 사회학자라면 집 밖에서 식사하는 비중이나 유명 상표의 사치품에 얼마나 돈을 쓰는지를 추적하자고 제안할 수도 있다. 하지만 전통 사회에서 근대 경제로 바뀌는 동안 전반적인 물질 소비가 얼마나 크게 변했는지를 가장 잘 이해하는 방법은 아마도 각 사회가 한 사람당 얼마나 많은 자원을 사용하는지를 비교하는 것일 것이다.

한 연구에 따르면, 1982년 인도 구자라트 주의 한 마을에서는 광물이나 금속 같은 비생물성 물질의 소비가 거의 무시할 만한 수준이었다. 반면, 식량, 사료, 연료, 건축 자재 등 생물성 원료의 연간 소비량은 마른 상태의 무게로 계산했을 때 1인당 4톤이 넘었다. 또 다른 연구에 따르면, 1830년 오스트리아의 한 작은 마을은 1인당 연간 약 5.5톤을 소비했는데, 이 역시 거의 전부가 유기물이었다. 주로 벽돌이나 석조 주택으로 이루어진 독일과 프랑스의 마을들은 연간 1인당 평균 1~2톤의 비생물성 물질과 4~5톤의 건조된 유기물을 소비하여, 총 5~7톤의 자원을 사용했다. 비생물성 물질은 주로 건물을 짓는 데 쓰였고, 농기구, 수레, 말편자, 각종 도구와 냄비 등에 약간의 금속이 사용되는 정도였다.

현대 사회의 물질 소비량과 과거를 비교하는 것은 분석의 경계를 어떻게 설정하느냐에 따라 결과가 크게 달라진다. 분석은 직접적인 물질 투입량, 즉 모든 유기물, 화석 연료, 광물에만 한정할 수 있다. 이때 물과 공기는 보통 제외한다. 오늘날 국제 교역이 활발하므로 모든 수입품을 계산에 포함해야 한다. 더 넓은 범위의 정의는 '숨겨진 물질 흐름'까지 포함한다. 이것은 자원을 채취하는 과정에서 함께 파내거나 옮겨지지만, 최종 상품이나 서비스를 생산하는 데는 직접 사용되지 않는 모든 물질을 가리킨다. 주로 채석, 채광, 건설, 강바닥 준설 작업 때문에 발생하는 흙이나 암석이 대부분이며, 수확 후 버려지는 농작물이나 임산물 잔여물의 비중은 상대적으로 적다. 예상할 수 있듯이, 이러한 숨겨진 흐름은 직접 사용되는 자원보다 그 양을 측정하기가 훨씬 더 어렵다.

가장 넓은 정의를 사용하여 모든 숨겨진 흐름까지 포함하고 물과 공기를 제외한다면, 20세기 마지막 10년 동안 연간 물질 소비량은 미국, 독일, 네덜란드에서 1인당 평균 약 85톤에 달했고, 일본에서는 거의 50톤에 달했다. 이 엄청난 총량에서 숨겨진 흐름이 55%에서 75%를 차지했으며, 건축 자재, 화석 연료, 금속과 같은 비생물성 물질의 소비가 대부분이었다. 전통 농촌 사회의 연간 총 물질 소비량이 1인당 5~7톤이었던 반면, 현대 경제에서는 50~85톤에 달한다는 사실은 약 10배의 차이를 의미한다. 이러한 엄청난 증가는 주로 막대한 양의 흙과 돌을 파내야 하는 광물 추출 산업이 이끌었다.

분석을 직접적인 물질 투입량으로 제한하고 장기간에 걸쳐 추적해보아도, 물질 소비 증가 규모는 여전히 상당하다. 미국의 데이터를 통해 20세기 동안 연료와 식량을 제외한 기본 자원의 소비가 어떻게 증가했는지 추적할 수 있다. 이러한 물질의 연간 1인당 소비량은 1900년 1.9톤에서 2000년 12.1톤으로, 한 세기 동안 6배 이상 증가했다. 그러나 1900년의 미국은 이미 상당히 발전한 산업 경제였다. 만약 압도적인 농촌 사회였던 19세기 초의 평균 소비량과 비교한다면, 10배 이상의 증가를 보게 될 것이 분명하다. 예상대로, 유기물인 목재, 섬유, 가죽의 중요성은 크게 줄어들었다. 1900년 총 소비량의 약 46%를 차지했던 유기물은 2000년에는 단 5%로 감소했다. 반면, 쇄석, 모래, 자갈과 같은 대량 건설 자재의 비중은 38%에서 약 75%로 크게 증가했다.

이러한 전환을 보여주는 또 다른 의미 있는 방법은 1980년 이후 중국의 기록을 살펴보는 것이다. 1980년에서 2019년 사이, 중국의 시멘트 생산량은 거의 28배 증가하여 전 세계 생산량의 54%를 차지했다. 최근 몇 년 동안 중국은 3년마다 미국이 20세기 전체에 걸쳐 사용한 것보다 더 많은 콘크리트를 쏟아붓고 있다. 같은 40년 동안 중국의 판유리 생산량은 38배, 가공 전 강철인 조강 생산량은 27배 이상 증가하여, 각각 전 세계 총량의 거의 70%와 53%를 차지했다. 중국의 물질 소비량 증가는 그 속도 면에서 전례가 없는 일이지만, 메이지 유신 이후 일본의 증가량도 비슷한 규모였다. 일본에서 소비된 물질의 총량은 1878년에서 2005년 사이에 40배 증가했으며, 이는 1인당 15배 증가에 해당한다.

이 모든 규모의 증가 비교에는 물이 빠져 있다. 그러나 물은 일시적인 식량 부족보다도 우리의 생존을 더 직접적으로 위협하는 자원이다. 또한 작물 생산에 엄청난 양이 사용되는 것은 차치하고라도, 공중 및 개인위생을 유지하고 철강에서 식품 가공에 이르는 여러 산업에 없어서는 안 될 필수 요소이다. 건조한 지역의 산업화 이전 농촌이나, 집에서 쓸 물을 500미터 이상 길어 와야 하는 곳에서의 최소 물 사용량은 하루 10리터 미만이었고, 보통 하루 20리터를 넘지 않았다. 아시아, 아프리카, 라틴 아메리카 국가들의 50개 이상 실제 측정치를 종합한 한 연구에 따르면, 하루 평균 물 사용량은 29리터였으며, 최저 2리터에서 최고 113리터까지 다양했다.

이와 대조적으로, 부유한 국가 도시 지역의 상수도 사용량은 훨씬 많다. 식수, 요리, 세탁, 설거지, 목욕, 화장실 물 사용을 모두 포함한 양은 일부 유럽 도시의 경우 하루 100리터 미만에서 일부 북미 대도시 지역의 경우 하루 300리터를 초과하는 범위에 있다. 대표적인 증가 배수를 얻기 위해, 필자는 전통 농촌 환경에서는 하루 30리터, 현대 도시에서는 보수적으로 하루 120리터를 사용한다고 가정할 것이다. 전통 사회에서 하루 30리터라는 평균은 합리적인 가정이다. 왜냐하면 식수, 요리, 위생에 필요한 최소량이 하루 20~40리터로 간주되는데, 많은 전통 사회에서는 야외 배변이나 재래식 화장실이 흔했기 때문에 폐기물 처리에 물이 거의 사용되지 않았기 때문이다. 그 결과, 평균적으로 물 수요가 4배 증가했는데, 이는 근대성으로의 전환이 가져온 전체적인 차이의 일부에 불과하다.

근대 이전 국가들의 연간 총 담수 취수량과, 관개용수를 사용하지 않는 산업화된 사회의 취수량을 비교하면 훨씬 더 큰 차이를 볼 수 있다. 관개용수를 많이 쓰는 국가는 이 부문이 물 수요의 대부분을 차지하기 때문에 비교에서 제외한다. 근대 이전 국가들의 1인당 취수량은 15~20세제곱미터 수준이었던 반면, 강수량이 충분하고 수자원이 풍부한 부유한 비관개 경제의 취수량은 영국의 경우 1인당 약 200세제곱미터에서 프랑스의 경우 약 500세제곱미터에 이르며, 네덜란드와 일본은 더 높은 수치를 보인다. 따라서 근대 이전 농촌 경제에서 근대 산업화 사회로의 전환은 담수 취수량이라는 또 다른 차원에서도 엄청난 규모의 증가를 동반했다.

주거 면적을 비교하는 것은 주택의 질적 향상이라는 전체적인 성과의 일부만을 보여줄 뿐이다. 작은 시골집은 보통 50제곱미터의 생활 공간을 제공했는데, 이는 1인당 10제곱미터, 때로는 8제곱미터도 안 되는 좁은 공간이었다. 가난한 도시의 아파트는 종종 그보다 더 작았다. 예를 들어, 비교적 최근인 1972년 프랑스에서 방 두 개짜리 아파트의 최소 규정 크기는 단 46제곱미터였는데, 이마저도 1922년부터 요구되었던 35제곱미터보다 약 30% 더 커진 것이었다. 그리고 미국에서조차 1900년 평균 주택 크기는 90제곱미터를 넘지 않았다. 부유한 국가에서조차 생활 공간이 크게 늘어난 것은 제2

차 세계 대전이 끝난 후에야 가능했으며, 최근 평균은 미국 신축 단독 주택의 경우 약 250제곱미터, 일본 아파트의 경우 100제곱미터에 이른다.

그러나 단순히 면적이 늘어난 것만으로는 오늘날의 주택을 1950년은 물론이고 1900년 이전의 표준적인 주택보다 훨씬 우수하게 만드는 많은 질적 향상을 놓치게 된다. 상수도, 실내 화장실과 욕실, 중앙난방, 그리고 주요 가전제품은 이제 표준이지만, 1954년 인구 조사에 따르면 프랑스 가구의 60% 미만이 수돗물을 사용했고, 단 25%만이 실내 화장실을 가지고 있었으며, 고작 10%만이 욕실과 중앙난방을 누렸다. 양호한 위생 시설은 전기가 보편화되고 생활 공간이 새로운 물건들로 채워지기 시작한 지 수십 년이 지난 후에야 갖춰졌다. 위생적인 측면에서 근대성으로의 전환은 특히 더디게 이루어졌다.

사람들이 점점 더 다양하고 질 좋은 물건을 갖게 되는 모습은 경제가 변화하는 과정에서 나타나는 가장 흥미로운 현상 중 하나다. 과거에 소수의 전유물이었던 사치품이 점차 많은 사람에게 퍼져나갔다. 경제학자 베르너 좀바르트는 바로 이 사치를 향한 욕망이 자본주의를 발전시킨 핵심 동력이라고 주장했다. "그 자체로 부정한 사랑의 정당한 자식이었던 사치가 자본주의를 낳았다" 좀바르트가 남긴 이 말은 사치가 처음에는 떳떳하지 못한 욕망으로 여겨졌지만, 바로 그 욕망이 자본주의라는 거대한 체제를 탄생시켰다는 의미를 담고 있다. 실제로 그의 생각은 상당한 설득력을 얻고 있다. 과거에는 사치를 부패나 나쁜 것으로 여기는 시선이 많았지만, 이러한 부정적인 인식이 점차 사라졌다. 그 결과, 꼭 필요하지 않은 물건들을 만들고 사고파는 활동이 크게 늘어날 수 있었다. 18세기에는 많은 사상가들이 사치를 추구하는 욕망이 상업과 공업의 성장에 긍정적인 영향을 미친다고 주장하며 이를 지지했다.

사치의 역할에 관한 논쟁은 한 역사학자의 분석에 따르면 크게 두 가지 주장으로 나눌 수 있다. 첫 번째는 좀바르트의 견해를 따르는 주장이다. 이 주장에 따르면, 부유층은 자신의 높은 신분을 과시하기 위해 과거처럼 하인을 많이 거느리는 대신, 남들이 부러워할 만한 값비싼 물건을 사서 보여주는 방식을 택했다. 시간이 흘러 경제적으로 여유를 갖게 된 더 많은 도시 사람들이 이러한 부유층의 소비를 모방하기 시작했다. 두 번째 주장은 이와 달리, 오히려 작고 상대적으로 덜 비싼 물건들이 변화를 이끌었다고 본다. 옷이나 작은 장신구, 그리고 특히 새로운 고급 식품들이 바로 그것이다. 예를 들어 설탕, 커피, 차, 코코아는 18세기 초만 해도 아주 진귀한 외래 사치품이었지만, 200년이 지난 후에는 누구나 쉽게 즐길 수 있는 기호품이 되었다.

하지만 사치품에만 초점을 맞추면 소비자 사회가 형성된 더 근본적인 이유를 놓칠 수 있다. 소비자 사회의 진정한 기반은 사람들이 매일 사용하는 일상용품의 품질이 꾸준히 향상된 데 있기 때문이다. 이러한 소비의 발전은 보통 세 가지 단계를 거친다. 첫째, 기본적인 물건부터 갖추게 된다. 근대 이전 시대의 가난한 사람들에게는 이런 기본적인 것조차 없거나 부족한 경우가 많았다. 예를 들어, 바닥에 깔고 자던 짚을 침대로 바꾸고, 갈아입을 여분의 옷을 한 벌 더 갖게 되는 식이다. 둘째, 소소하지만 삶을 안락하게 만들어주는 물건들이 점차 늘어난다. 여기에는 기본적인 가구부터 주방용품까지 모든 것이 포함된다. 딱딱한 등받이 없는 의자 대신 푹신한 의자와 소파를 사용하게 된다. 또한, 벽난로에 걸린 냄비 하나로 모든 음식을 조리하던 방식에서 벗어나, 가스레인지 위에 여러 개의 깨끗한 냄비를 놓고 요리하는 것처럼 생활이 편리해진다. 셋째 단계에 이르면, 과거에는 사치품이었던 것들이 널리 보급된다. 유명 상표 운동화나 디자이너 핸드백 같은 물건들이 이제는 많은 사람의 손에 들려 있다. 이와는 대조적으로, 최상위 계층이 과시를 위해 구매하는 물건들의 가격은 천정부지로 치솟는다.

오늘날 가장 비싼 집이나 요트, 그림의 가격은 수천억 원에 이른다.

소비자 사회로의 전환 초기 단계를 연구하는 데 18세기 프랑스만큼 풍부한 자료를 제공하는 나라는 없다. 당시 가계 예산을 처음으로 분석한 것은 유명한 군사 기술자였던 세바스티앙 드 보방으로, 그는 1707년에 출판한 책에서 일반적인 4인 가족이 식료품을 사고 나면 남는 것이 거의 없음을 보여주었다. 1720년대 초에는 식비가 가계 소득의 약 80%를 차지했고, 40년 후에도 고임금 소득자들 사이에서조차 그 비율은 여전히 약 75%였다. 의류에는 15% 미만이 지출될 뿐이었다.

19세기 도시는 소득 수준이 높아졌음에도 소비자 사회로 나아가는 속도는 매우 더뎠다. 당시의 기록을 보면 도시의 상황은 끔찍했다. 도시는 과밀했고 곳곳에 슬럼과 판자촌이 생겨났다. 도시 환경이 빠르게 나빠지는 상황에서 시골에서 새로 이주해 온 사람들의 삶은 거의 나아지지 않았다. 당시 노동자들의 삶은 동물과 다를 바 없다는 묘사가 있을 정도였다. 많은 시골 마을의 생활환경 역시 원시적인 수준에 머물렀다. 초가지붕을 얹은 집들은 삐걱거리는 외부 계단을 통해 위층으로 연결되었는데, 이 위층은 사람이 사는 공간이라기보다 작업장이나 창고로 쓰이는 경우가 많았다. 이전에 프랑스의 사례에서 살펴보았듯이, 위생 시설이 제대로 갖춰지는 등 삶의 질에 실질적인 변화가 찾아온 것은 훨씬 뒤인 1960년대에 이르러서였다.

20세기에 들어 소비자 사회로의 전환이 어떻게 이루어졌는지는 미국의 데이터를 통해 명확히 알 수 있다. 소비 수준을 크게 끌어올린 핵심적인 변화는 세 가지였다. 첫째, 한 집안의 평균 가족 수가 4.9명에서 2.5명으로 줄었다. 둘째, 여성의 경제 활동 참여가 늘어나면서 고용률이 20% 미만에서 거의 50%까지 증가했다. 셋째, 가계가 실제로 쓰는 돈이 크게 늘어, 1901년 평균 769달러였던 연간 지출액이 2000년에는 약 4만 달러로 급증했다. 이와 동시에, 사람들이 소득에서 생필품을 사는 데 쓰는 돈의 비중은 오히려 줄어들었다. 1901년 미국의 평균적인 가정은 쓸 수 있는 돈의 85%를 식비, 공과금, 집세로 지출했다. 하지만 100년이 지난 후에는 이 비율이 50%까지 낮아졌다. 특히 식비가 차지하는 비중은 소득의 43%에서 13%로 크게 줄었고, 옷값으로 쓰는 돈의 비중도 14%에서 4% 남짓으로 감소했다. 반면, 주거비 비중은 23%에서 33%로 오히려 늘어났다. 이는 집의 크기가 더 커지고 기본적인 편의 시설이 훨씬 잘 갖춰졌기 때문이다.

대량 소비 사회의 초기 단계는 몇 가지 특징을 보인다. 사람들은 저축을 많이 하면서도 냉장고, 세탁기, 전기 스토브, 라디오, 텔레비전 같은 주요 가전제품을 적극적으로 사들였다. 저축률은 시기별로 높게 나타나기도 했는데, 1960년대 미국에서는 약 25%, 1980년대 후반 일본에서는 40%에 달했고, 2010년 중국에서는 50%라는 이례적인 수치를 기록하기도 했다. 시간이 흐르면서 가계의 소비 활동은 국가 경제 성장을 이끄는 가장 중요한 동력이 된다. 오늘날 부유한 국가들은 전체 경제 규모, 즉 GDP의 약 70%를 민간 소비가 차지하고 있다. 기본적인 의식주 욕구가 해결되고 나면, 대량 소비는 더욱 다양해지는 단계로 들어선다. 시장은 온갖 종류의 상품은 물론, 눈에 보이지 않는 서비스까지 제공하며 사람들의 다채로운 취향을 만족시킨다. 사람들이 돈을 주고 사는 경험의 폭도 넓어진다. 저렴한 가족 테마파크 여행부터 이국적인 곳으로 떠나는 초호화 유람선 여행까지 선택의 폭이 매우 다양해졌다.

소비자들은 더 높은 품질의 제품을 선택하고, 소득이 낮았을 때는 구매하지 않았거나 소량만 구매했던 제품을 사기 시작한다. 유명 브랜드를 선호하고 더 비싼 수입품을 찾는 것이 그 예이다. 이러한 품목들은 보석, 화장품, 주류와 같은 전통적인 사치품에서부터, 이제는 어디서나 볼 수 있는 생수나 수입 과일 같은 새로운 식음료, 그리고 조리된 식사나 기저귀 같은 편의품, 휴대폰과 운동화 같은 유행 품목에 이르기까지 다양하다. 신용카드를 더 쉽게 사용할 수 있게 되면서 GDP 대비 가계 부채 비율도 상승한다. 2017년 이 비율은 인도에서 단 11%, 중국에서 거의 50%, 미국에서 거의 80%, 캐나다에서 100%, 스위스에서는 128%에 달했다.

최근 수십 년간 대중화된 행복 또는 삶의 만족도에 대한 연구 결과를 살펴보자. 가장 최근의 세계 행복 순위는 "행복은 돈으로 살 수 없다"는 오랜 격언이 어느 정도 사실임을 다시 한번 확인시켜 준다. 예를 들어, 일본인의 집은 온갖 물건으로 가득 차 있지만, 훨씬 가난한 콜롬비아인이 일본인보다 더 행복하다고 느꼈다. 세계 행복 순위에서도 콜롬비아는 43위, 일본은 58위를 기록했다. 과테말라와 한국의 차이는 훨씬 더 크다. 한국의 구매력이 과테말라 평균의 5배에 달하지만, 행복 순위는 과테말라(27위)가 한국(54위)보다 훨씬 높다.

그럼에도 불구하고 새로운 상품과 경험에 대한 유혹은 부유한 사회에서도 여전히 강하게 작용한다. 이미 충분한 수준에 도달한 후 자발적으로 소비를 줄인다는 생각은 현실성이 떨어진다. 왜냐하면 만족과 충분함에 대한 기준 자체가 끊임없이 높아지는 목표가 되었기 때문이다. 이는 갖고 싶다는 욕구를 자극하는 광고와, 사회적 지위를 놓고 경쟁하려는 인간의 타고난 성향 때문이다. 이런 의미에서, 생존을 위한 경제에서 과잉 소비 경제로의 대전환은 여전히 매우 활발하게 진행 중이다. 과거에 컬러 TV와 에어컨을 갖게 된 후 대부분의 미국인은 그것들 없는 삶을 상상할 수 없었다. 이제 이런 상품들은 너무나 당연하게 여겨진다. 그리고 이제 미국인들은 불과 몇십 년 전에는 시장에 존재하지도 않았던 휴대전화와 소셜 네트워크 없이는 살 수 없다고 말한다.

**이동성**

대규모 이동성으로의 전환은 크게 두 가지에 의존해왔다. 하나는 철도, 해운, 버스, 항공과 같은 정기 상업 서비스로 제공되는 대중교통의 공급이고, 다른 하나는 자전거나 자동차와 같은 개인 소유 이동 수단의 보급이다. 다른 전환 과정과 마찬가지로, 이 과정 역시 순서대로 전개되었다. 특정 교통수단이 차례로 발달했고, 나라마다 그 발전 속도도 달랐다.

첫 번째 실질적인 진보는 1830년대부터 철도와 해운에 증기력이 사용되면서 이루어졌다. 영국이 이 과정을 이끌었으며 그 발전은 매우 빨랐다. 새로운 철도 노선을 건설하는 속도는 이미 1840년대에 연간 1,500km 이상이라는 최고 수준에 도달했다. 총 승객 수는 1860년대 초 2억 명에서 1880년까지 6억 명으로 증가했고, 19세기 말에는 10억 명을 넘어섰다.

전통 사회의 보통 사람이 평생 동안 이동하는 거리는 대부분 수백 킬로미터에 불과했으며, 그중에서도 인근 장터를 방문하는 몇 킬로미터의 짧은 이동이 대부분이었다. 가장 가까운 대도시나 수도를 방문하는 며칠짜리 여정도 수십 킬로미터를 넘는 경우는 드물었다. 마차를 이용한 교통수단은 빠른 우편 마차의 경우 하루 최대 이동 가능 거리를 약 100km까지 늘렸다. 철도는 일상적인 최대 이동 거리를 수백 킬로미터로 늘렸다. 예를 들어 런던에서 버밍엄까지는 162km, 파리에서 브뤼셀까지는 264km였다. 19세기 말 이전에는 많은 부유한 사람들이 산이나 해변의 휴양지, 또는 온천으로 휴가를 가기 위해 수백 킬로미터를 여행했다. 또한 수만 명의 러시아인들은 상트페테르부르크에서 파리까지 약 2,800km, 또는 모스크바에서 프랑스 남부 휴양지인 리비에라까지 3,000km가 넘는 거리를 반복적으로, 심지어 매년 여행했다. 이 거리는 1869년에 완공된 미국 최초의 대륙 횡단 철도 노선(3,007km)의 길이와 거의 똑같다.

1830년대에 시작된 증기 동력 선박은 수십 년 안에 모든 대륙을 잇는 정기 운항 서비스를 제공하기 시작했으며, 가장 긴 항로는 수만 킬로미터에 달했다. 예를 들어, 1869년 11월에 완공된 수에즈 운하를 거쳐 런던에서 시드니까지 가는 거리는 25,000km이고, 샌프란시스코에서 홍콩까지는 11,200km이다. 시속 30km를 넘지 않는 일반적인 속도로 이 두 항해를 마치는 데는 각각 한 달 이상과 보름이 걸렸을 것이다. 필연적으로, 상업 비행이 시작되면서 배를 이용한 대규모 장거리 여객 운송의 시대는 저물기 시작했다. KLM 항공은 1920년에 최초의 정기 항공편인 런던-암스테르담 노선(358km)을 운항했다. 1930년대에는 미국과 유럽에 수백 킬로미터 정도의 거리를 오가는 많은 도시 간 항공 노선이 생겨났다.

알루미늄으로 동체의 껍데기가 하중을 지탱하는 모노코크 구조의 비행기가 도입되면서, 비행기의 최대 항속 거리는 수천 킬로미터로 늘어났다. 1935년에 나온 DC-3 기종의 최대 항속 거리는 2,400km였고, 제2차 세계 대전 직전 보잉 314 클리퍼 수상 비행기는 거의 5,900km를 비행할 수 있었다. 불과 30년 후인 1969년, 보잉 747은 최대 항속 거리를 거의 10,000km까지 끌어올렸지만, 이 기종의 두 번째 모델이 되어서야 10,000km 이상을 비행할 수 있었다. 그리고 우리는 이제 가장 긴 상용 노선인 시드니-런던 구간(16,983km)을 직항으로 연결하는 시대에 가까워지고 있다. 필자가 글을 쓰는 현재 가장 긴 정기 상업 항공 노선은 싱가포르에서 뉴어크까지로 15,000km가 넘는다.

1800년, 비교적 부유한 국가의 보통 사람이 일상적으로 이동하는 최대 거리는 수십에서 수백 킬로미터 정도였다. 한 세기 후에는 거의 모든 사람이 수백 킬로미터의 여행을 할 수 있게 되었고, 수천만 명은 기차나 배로 수천 킬로미터의 여정을 떠났다. 항공사들이 대규모로 승객을 수송하기 시작한 것은 제트 여객기가 도입된 1958년 이후부터였고, 대륙 간 노선에서는 동체가 넓은 광폭동체 항공기가 도입된 1969년부터였다. 1970년 전 세계 항공사들은 3억 1,040만 명의 승객을 수송했다. 2000년까지 그 수는 16억 7천만 명으로 5배 이상 증가했고, 2005년과 2019년 사이에는 다시 두 배로 늘어 약 42억 명에 달했다. 이제 매년 수십억 명의 사람들이 수천 킬로미터를 비행하며, 수천만 명이 편도 수만 킬로미터의 거리를 이동한다. 이러한 통계는 1970년에는 세계 평균 한 사람이 11년에 한 번 비행했지만, 2018년에는 22개월에 한 번 비행했음을 의미한다. 반면, 영아를 포함한 평균적인 미국인은 4개월마다, 평균적인 독일인은 8개월마다 비행기를 탔다.

사람들은 점점 더 먼 곳으로 비행기를 타고 있다. 예를 들어 노르웨이 가족이 겨울 휴가를 즐기기 위해 태국까지 날아가고, 중국인 관광객이 라스베이거스나 베네치아를 방문하는 사례가 늘고 있다. 이처럼 비행 거리가 길어지면서, 전체 항공 여행의 총량을 나타내는 지표가 크게 증가했다. 이 지표는 '여객-킬로미터'라고 부르는데, 수송한 승객 수에 각 승객의 이동 거리를 곱해서 계산한다. 단순히 비행기를 탄 사람의 수가 늘어난 것보다 이 여객-킬로미터의 증가세가 훨씬 더 가팔랐다.

4장에서 살펴보았듯이 전 세계의 총 여객-킬로미터는 1950년 280억에서 2017년에는 약 7조 5천억으로 폭발적으로 늘어났다. 2017년의 7조 5천억 여객-킬로미터라는 수치는 지구에 사는 모든 사람을 1,000킬로미터씩 비행기로 실어 나른 것과 같은 엄청난 거리다. 이러한 기록적인 수치에도 불구하고, 전 세계적으로 항공 여행의 대중화는 아직 초기 단계에 불과할 수 있다. 앞으로 더 많은 사람들이 비행기를 이용하게 될 잠재력이 크다는 의미다. 물론 앞으로 항공 여행의 미래가 순탄한 것만은 아니다. 경제가 침체되거나 항공유 가격이 급등하면 성장이 둔화될 수 있다. 특히, 빠르게 진행되는 지구 온난화 문제는 항공 산업의 미래에 가장 큰 변수가 될 수 있다. 하지만 이런 변수들에도 불구하고 아직 항공 여행을 경험하지 못한 잠재적인 수요는 막대하다. 앞으로 수십억 명의 새로운 승객이 생겨날 수 있으며, 이는 수조 단위의 여객-킬로미터가 추가될 수 있음을 의미한다.

여행자가 하루에 이동하는 최대 거리를 기준으로 측정했을 때, 근대성으로의 전환은 1830년대 이후 이동성을 최대 1만 배까지 증가시켰다. 늘어나는 이동성을 살펴보는 또 다른 방법은 업무 관련 여행과 여가 관련 여행이라는 두 가지 주요 범주에 초점을 맞추는 것이다. 첫 번째 범주의 여행 대부분은 일상적인 통근으로 이루어진다. 하지만 특정 업무를 수행하거나 회의에 참석하기 위한 훨씬 더 긴 여정은 세계화된 경제에서 더욱 흔해졌으며 종종 더 긴 기간 동안 이루어진다. 근대 이전 사회의 통근은 주로 걸어서 반복적으로 이동할 수 있는 거리에 의해 제한되었다. 철도가 확장되면서 이러한 제약이 사라졌고, 더 빠른 기차와 저렴한 자동차 덕분에 통근 거리는 계속해서 늘어났다.

미국에서는 약 1억 5,400만 명이 통근하며, 이 중 85%가 운전을 한다. 그중 76%는 혼자 운전하고 단 5%만이 대중교통을 이용하며, 직장까지 가는 데 평균 약 25분이 걸린다. 빈번한 통근 때문에 미국은 여전히 연간 차량당 평균 주행 거리에서 세계 최고 수준을 유지하고 있다. 이 수치는 1921년 8,500km 미만에서 1970년까지 16,500km로 증가했고, 2016년에는 19,500km라는 새로운 기록에 도달했다. 이는 유럽연합 평균인 약 12,000km보다 60% 이상 높은 수치이다. 그러나 포화 상태의 분명한 징후도 있다. 미국에서 가구당 차량 소유 대수와 가구당 평균 주행 거리는 2006년에 각각 2.05대와 연간 약 39,000km로 정점을 찍었다.

이와 대조적으로, 일본에서는 통근자의 약 85%가 기차를 이용하며, 출퇴근에 하루 평균 약 80분을 소비한다. 도쿄에서 일하는 사람들은 총 102분을 소비한다. 전 세계를 보수적으로 추정하면, 약 25억 명의 사람들이 하루 50분씩 통근하는 시간은 연간 거의 6천만 인년에 달한다. 이는 인간 잠재력의 막대한 낭비이자, 일반적으로 스트레스와 불편함을 동반하는 혐오스러운 경험이다. 붐비는 대중교통은 성희롱의 온상이 되기도 하며, 교통 체증과 대기 오염을 유발한다.

이것이 인간 이동성 증가의 가장 바람직하지 않은 방식일 수 있지만, 그 보상은 도시에만 있는 일자리 기회와 높은 소득이다. 그리고 궁극적으로 얼마나 많은 직원이 집에서 일하게 될지는 두고 봐야 한다. 재택근무의 미래 잠재력은 의심할 여지 없이 크지만, 과거에는 그 실제 적용의 단점들이 종종 무시되었고 그 가능성은 만성적으로 과장되어 왔다. 그리고 이제 많은 여가 이동 역시 여러 가지 부정적인 속성을 띠게 되었다. 이는 여가 활동의 규모가 엄청나게 커지고, 비교적 소수의 세계적으로 유명한 목적지에 사람들이 집중되기 때문에 불가피한 현상이다.

대중 관광은 추가적인 상품 구매보다는 경험에 대한 현대인의 지출 중 일부이다. 프로 스포츠 경기를 관람하는 것에서부터 소위 생태 관광 탐험에 이르기까지 그 범위는 꾸준히 넓어지고 있으며, 이는 소비주의의 특별한 범주를 이룬다. 여가 여행은 길지만 대체로 부유층 중심의 역사를 가지고 있다. 18세기와 19세기의 일부 여행기, 예를 들어 토비아스 스몰렛의 "프랑스와 이탈리아 여행기"나 요한 볼프강 폰 괴테의 "이탈리아 여행기"는 서양 문학의 고전으로 남아 있다.

오랫동안 이런 종류의 여행은 강력한 문화적, 역사적 요소를 가지고 있었다. 이는 특히 그랜드 투어라는 근대 초기의 관습에서 두드러졌다. 젊고 부유한 영국 남녀가 적절한 보호자를 동반하여 프랑스와 이탈리아의 명소를 방문하던 여행이었다. 1863년 이후, 이러한 경험의 다양한 형태는 토머스 쿡에 의해 점진적으로 상업화되었다. 그는 동명의 여행사를 설립하여 국제 여행을 더 저렴하게 만들었다. 유럽에서는 제1차 세계 대전 이전에 여가 여행과 단기 여행이 비교적 일반화되었다. 목적지는 해변과 온천 마을에서부터 유명 도시와 종교 순례지에 이르기까지 다양했으며, 여행은 압도적으로 여름철에 이루어졌다. 겨울 산악 휴가는 더 최근의 발명품이다. 그러나 두 차례의 세계 대전, 그 사이의 경제 위기, 그리고 1945년 이후의 재건은 대규모 관광의 본격적인 시작을 1960년대까지 지연시켰다. 대규모 관광은 가처분 소득 증가, 자동차 소유, 그리고 더 저렴해진 항공 여행에 의해 주도되었다.

1960년 국제 관광객 도착은 단 6,900만 명이었으나, 1970년까지 그 수는 두 배 이상 증가하여 1억 6,600만 명이 되었고, 꾸준한 확장은 2000년까지 6억 8,000만 명, 2018년에는 14억 명으로 늘어났다. 유럽이 전체 관광객의 절반을 차지하고, 동아시아-태평양 지역이 4분의 1을 차지한다. 프랑스는 여전히 최고의 목적지이며, 스페인, 미국, 중국, 이탈리아가 상위 5개국을 차지한다. 대부분의 관광은 여전히 인접 국가로의 여행을 의미하지만, 항공사들이 지역 주요 도시들 간에 수천 개의 새로운 직항 노선을 도입하고 할인 가격으로 제공하면서 대륙 간 여행은 일상화되었다.

중국의 해외여행은 이러한 활동의 가장 최근이면서도 전례 없는 급증 현상이며, 현재 많은 관광지를 괴롭히는 '과잉 관광'의 주요 원인이 되고 있다. 중국의 국제 관광 지출은 2012년에 미국을 넘어섰고, 2017년에는 거의 두 배나 많아졌다. 독일은 멀찍이 3위를 차지했다. 1인당 지출액 기준으로 독일은 중국의 약 5배, 미국의 2배 이상을 쓰며 여전히 세계 선두를 유지하고 있지만, 독일의 해외여행은 2000년 이후 큰 성장 없이 변동만 보이고 있다. 마찬가지로, 프랑스, 한국, 호주의 여행도 포화 상태인 것으로 보이지만, 미국의 해외여행객 수는 여전히 증가하고 있다.

1950년 이후 국제 관광의 성장은 아직 상승 초기 단계에 있는 성장 곡선에 완벽하게 부합하며, 이 곡선이 계속된다면 2050년까지 약 43억 명의 여행객이 발생할 것으로 예측된다. 이는 2050년 예상 인구 97억 명 중 거의 두 명 중 한 명이 그해에 국제여행을 떠날 것이라는 전망이다. 대중 관광이 이미 많은 목적지에 파괴적인 영향을 미치고 있다는 점을 고려할 때, 그 정도의 이동성은 생각만 해도 끔찍하다. 이미 갈라파고스 제도, 페루의 잉카 트레일, 우간다의 브윈디 국립공원 등에서는 방문객 수를 제한하고 있으며, 베네치아, 이탈리아의 친퀘테레, 캐나다 로키산맥의 밴프 국립공원 등에서는 규제 강화에 대한 요구가 쏟아지고 있다. 일부 훼손된 아시아의 해변은 실제로 폐쇄되기도 했다. 바람직하지 않은 영향의 다른 예로는 스키 슬로프를 만들기 위해 자연 산악 경관을 대규모로 바꾸는 것에서부터, 최근 업계에서 가장 빠르게 성장하는 부문인 초대형 유람선 운항에 이르기까지 다양하다.

국제 관광의 규모가 과거와는 비교할 수 없을 정도로 커진 현상은 오늘날과 같은 세계화 시대의 또 다른 중요한 특징을 보여준다. 이러한 변화는 서비스 분야의 일자리를 늘리는 긍정적인 효과도 있지만, 동시에 심각한 환경 파괴를 일으키는 등 많은 부정적인 결과를 낳고 있다.

정보의 양이 폭발적으로 늘어나고 누구나 즉시 소통할 수 있게 된 시대의 변화 역시 그 명암을 평가하기가 매우 어렵다. 컴퓨터가 보편화된 세상과 이전에는 없던 막대한 데이터의 흐름은 분명 우리에게 큰 이점을 가져다주었다. 하지만 이러한 이점의 이면에는 여러 어두운 단점들이 존재하므로, 장점과 단점을 함께 따져 보아야 한다.

예를 들어, 사람들은 스스로 원해서든 원치 않아서든 사생활을 침해당하고 있으며, 온갖 종류의 범죄 활동이 인터넷을 통해 더 쉽게 조장되고 있다. 또한 사람들은 깊이 있는 독서나 사색을 예전만큼 하지 않게 되었고, 얼굴을 마주하고 나누는 직접적인 교류도 줄어들고 있다. 여기에 더해, 과거에는 상상조차 할 수 없었던 규모로 허위 정보가 퍼져나가고 특정 세력이 선거에 개입하는 심각한 문제까지 발생하고 있다.

**정보와 커뮤니케이션**

이 장의 앞에서 살펴보았듯이, 역사학자 모키르는 정보와 통신 기술의 발전을 근대화를 이끈 핵심 동력으로 보았다. 당시 지식을 만들고 나누던 이들은 책, 소책자, 편지, 그리고 직접적인 만남을 통해 새로운 정보를 유럽 전역으로 확산시켰다. 모키르의 주장에 완전히 동의하지 않는 사람이라도 한 가지 사실은 인정할 수밖에 없다. 그것은 바로 정보가 더 원활하게 흐르고 소통이 더 쉬워진 것이 농경 사회가 산업 사회로 넘어가는 과정에서 핵심적인 역할을 했다는 점이다. 정보와 통신의 역할은 오늘날 훨씬 더 중요해졌다. 우리는 지금 컴퓨터 기술을 기반으로 하는 전자 경제 시대로 나아가는 또 다른 대전환을 겪고 있기 때문이다. 이러한 변화는 흔히 인공지능이 모든 것을 해결해 줄 것이라는 기대와 함께 논의되곤 한다. 최근 많은 책들이 이러한 주장과 기대를 다루고 있다. 하지만 필자의 목표는 조금 다르다. 필자는 과거의 전환 과정들이 어떤 속도로 진행되었고, 어떤 성과와 결과를 낳았는지 되짚어보고자 한다. 바로 그 과거의 전환들이 오늘날 우리가 겪는 정보의 홍수와 과도한 소통 문제로 이어졌기 때문이다.

정보를 기록하는 방식의 역사에는 주목할 만한 예외가 하나 있다. 수천 년간 사람들은 손으로 기록을 남기고 책을 베껴 써왔는데, 여기서 벗어난 첫 번째 근본적인 변화가 매우 일찍 일어났기 때문이다. 바로 요하네스 구텐베르크가 발명한 금속 활자 인쇄술인데, 이 기술은 근대 초기가 시작되는 1500년 이전에 이미 등장했다. 이 책의 앞부분에서도 말했듯이, 1454년부터 상업적으로 쓰인 인쇄술의 영향력은 놀라울 정도로 빠르게 퍼져나갔다. 책, 신문, 잡지부터 통계 자료, 재무 기록, 설계도에 이르기까지 모든 인쇄물은 정보를 담는 가장 중요한 수단으로 오랫동안 자리를 지켰다. 1830년대에 사진이 등장하고 1878년부터 소리를 기록할 수 있게 되었으며, 1890년대에는 영화가, 1950년대에는 텔레비전이 널리 보급되었다. 하지만 이러한 새로운 기술들의 등장에도 인쇄물의 중요성은 쉽게 흔들리지 않았다.

인쇄물이 세상을 지배하던 시대는 1960년대에 들어 변화를 맞이했다. 기업들이 컴퓨터를 본격적으로 도입하기 시작했고, 첩보 위성과 기상 위성이 우주로 발사되었으며, 의료 분야에서는 신기술 덕분에 인체 내부를 영상으로 볼 수 있게 되었다. 이후 개인용 컴퓨터PC, 비디오카세트 레코더VCR, 콤팩트디스크CD, 디지털카메라 같은 기기들이 대중에게 보급되면서 변화의 속도는 더욱 빨라졌다. 1990년대 이후에는 인터넷의 확산과 스마트폰의 등장이 이러한 변화에 불을 붙였다. 전 세계 사람들은 이 새로운 기기에 열광했다. 오늘날 우리가 쓰는 이 기기들은 과거의 시계, 카메라, 계산기, 지도, 라디오, TV의 기능을 모두 하나로 합쳤기 때문에, 이것을 단순히 '전화기'라고 부르는 것은 더 이상 어울리지 않는다. 이처럼 정보를 얻고 저장하는 방식이 합쳐지면서 우리가 접할 수 있는 정보의 양은 전례 없이 늘어났다. 우리는 이 엄청난 증가량을 디지털 정보 단위인 바이트byte로 측정할 수 있다.

인쇄술이 발명되기 전 유럽과 아시아의 모든 도서관과 개인이 소장한 자료를 합쳐도 그 정보량은 대략 100기가바이트GB에 불과했다. 하지만 이후 정보량은 급격히 늘어났다. 정보의 크기를 가늠해 보자면, 1,000페이지짜리 책 한 권의 원고는 약 1메가바이트MB이고, 셰익스피어의 희곡 전집은 5MB 정도다. 그림이 많은 요즘 책은 20~40MB에 달한다. 글자보다 이미지가, 이미지보다는 영상이 훨씬 더 큰 저장 공간을 차지한다. 고화질 사진 한 장은 2~4MB, 디지털 유방암 X선 사진은 50MB, 영화 한 편은 2~3GB나 된다. 한 연구에 따르면 1990년대 후반 미국 의회도서관이 소장한 텍스트 자료만 20테라바이트TB였고, 음성, 사진, 영화 등 모든 자료를 합치면 3페타바이트PB에 달했다. 당시 전 세계에 저장된 모든 정보의 총량은 3엑사바이트EB로 추산되었다. 이는 1450년부터 2000년까지 정보량이 무려 천만 배나 증가했다는 것을 의미한다.

하지만 이 엄청난 수치조차 과거의 이야기일 뿐이다. 1990년대 이후 디지털 정보량은 폭발적으로 늘어나, 2016년 전 세계의 저장 용량은 16제타바이트$^{ZB}$를 넘어섰다. 이는 1450년의 정보 총량보다 1,600억 배나 많은 양이다. 이 수치는 2025년까지 다시 10배 더 증가할 것으로 예측된다.

정보 총량의 증가는 그 정보를 퍼뜨리기 위한 새로운 대규모 수단들의 등장과 함께 이루어졌다. 인쇄물은 여전히 독자들에게 도달하기 위해 상대적으로 많은 에너지와 노동력이 필요한 배포 과정을 거쳐야 했다. 방송되는 정보가 도달할 수 있는 사람들의 수는 초기에 송신기의 출력과 수신기 소유의 부족으로 제한되었다. 하지만 이러한 제약은 여러 방송사들이 강력한 신호를 내보내고 라디오와 텔레비전 수상기가 저렴해짐에 따라 급속히 해소되었다. 정보를 얻고자 하는 인간의 욕구는 정보 확산을 위한 모든 새로운 장치들이 열렬히 채택되도록 만들었으며, 인쇄 정보에서 방송 정보로의 전환은 근대사에서 가장 빠른 변화 중 하나가 되었다.

기술의 발전은 정보가 퍼져나가는 방식을 근본적으로 바꾸었다. 처음에는 진공관 기술이 라디오의 급속한 보급을 이끌었다. 이후 깨지기 쉬운 진공관을 대체한 트랜지스터가 등장했고, 그 뒤를 이은 집적회로$^{IC}$는 인류 역사상 전례 없는 규모로 정보가 흐르는 길을 열었다(그림 5.4a-c). 상업 라디오 방송은 1921년 미국 피츠버그에서 처음 시작되었다. 라디오는 매우 빠른 속도로 퍼져나가, 10년 만에 미국 전체 가구의 절반이 라디오를 보유하게 되었다. 방송 시작 후 25년이 지난 1946년에는 보급률이 90%에 이르렀다. 텔레비전의 보급은 라디오보다 더 많은 시간이 걸렸다. 1920년대 후반에 이미 작동하는 시제품이 개발되었지만, 1930년대의 대공황과 제2차 세계대전으로 인해 대중화가 지연되었기 때문이다. 흑백 텔레비전 판매는 전쟁이 끝난 후인 1947년에야 본격적으로 시작되었고, 1963년이 되어서야 보급률 90%를 달성했다. 이후 트랜지스터 기술이 발전하면서 상황은 또 한 번 바뀌었다. 트랜지스터는 처음에는 소형 라디오에 사용되었지만, 곧 컬러 텔레비전의 대중화를 가능하게 했다. 최초의 컬러 텔레비전은 1954년에 판매되기 시작했고, 10년쯤 지나 보급 속도에 불이 붙었다. 마침내 1985년에는 미국 가구의 90%가 컬러 텔레비전을 보유하게 되었다. 결과적으로 미국 가정의 보급률이 90%에 도달하는 데 걸린 시간은 라디오가 25년, 컬러 텔레비전은 31년으로 라디오가 더 빨랐다. 다른 많은 기술 확산 사례와 마찬가지로, 후발 주자들의 기술 도입 속도는 선두 주자보다 훨씬 빠른 경향을 보였다. 이들 국가에서는 기술이 도입된 지 20년이 채 안 되어 보급률이 거의 포화 상태에 이르기도 했다.

디지털 케이블과 고화질 이미지를 제공하는 HDTV의 도입이 미디어의 오랜 역할을 근본적으로 바꾸지는 않았지만, 평균 시청 시간의 추가적인 증가에는 기여했다. 가구당 일일 평균 시청 시간은 1955년 5시간에서 2009년에서 2010년 사이 9시간으로 정점을 찍었다. 방송 시작부터 정점까지 늘어난 평균 시청 시간의 거의 3분의 1이 21세기 첫 10년 동안에 발생했으며, 그 후 마침내 감소하기 시작했다. 인터넷과 휴대폰이 널리 보급되었음에도 불구하고, 텔레비전 시청은 15년이나 더 증가한 후에야 비로소 감소하기 시작한 것이다. 어쩌면 정말로 감소하지 않았을 수도 있다. 그 시청 시간의 일부가 똑같은 방송을 더 작은 휴대용 화면으로 보는 것으로 옮겨갔을 뿐일 수도 있기 때문이다. 어쨌든 일부 국가에서는 텔레비전 시청 방식의 전환이 이미 지겨울 정도의 포화 상태에 이르렀음이 분명하다.

무선 인터넷이 널리 보급되면서 방송 정보는 엄청난 도약을 이루었다. 초기에 월드 와이드 웹World Wide Web 접속은 유선으로만 가능했다. 오늘날에도 인터넷 연결의 중심은 계속 확장되는 광섬유 케이블망이지만, 새로운 위성 통신망이 등장하면서 무선 접속의 비중이 늘어나고 있다. 1993년에는 최초로 널리 쓰인 웹 브라우저인 모자이크Mosaic가 등장했다. 그로부터 불과 6년 만에 미국 성인의 절반이 인터넷을 사용하게 되었다. 이 비율은 꾸준히 증가하여 2015년에는 84%에 이르렀고, 특히 18세에서 29세 사이의 젊은 층에서는 96%라는 높은 사용률을 보였다. 이러한 변화는 모든 부유한 국가에서 뚜렷하게 나타났으며, 이제 전 세계적인 성장세도 거의 포화 상태에 가까워지고 있다. 전 세계 인터넷 트래픽의 양만 보더라도 1992년에는 하루에 100기가바이트$^{GB}$ 수준이었지만, 2016년에는 초당 26.6테라바이트$^{TB}$로 폭발적으로 증가했다. 하지만 그 증가세는 2008년을 기점으로 둔화되기 시작하여 완만한 S자 형태의 성장 곡선을 그리고 있다. 이런 추세라면 2030년경에는 성장이 거의 멈추는 한계점에 도달할 것으로 예측된다.

현대의 개인 간 통신 기술은 사실 대중을 상대로 한 방송 기술보다 훨씬 먼저 세상에 나왔다. 전화는 라디오보다 40년 이상 앞서 발명되었지만 그 보급 속도는 매우 느렸다. 19세기 후반 미국에서조차 전화는 더디게 확산되었다. 1915년이 되어서야 미국 가구의 30%가 전화를 보유하게 되었고, 라디오가 폭발적으로 보급되던 1920년대에는 오히려 전화의 확산 속도가 느려졌다. 심지어 1930년대 경제 대공황 시기에는 보급률이 줄어들기까지 했다. 미국 가구의 절반이 전화를 갖게 된 것은 1946년이었고, 90%를 넘어선 것은 1970년이었다. 1877년 벨 전화 회사가 설립된 후 거의 한 세기가 걸린 셈이다. 이후 통신 규제가 완화되고 저렴한 이동 전화가 등장하면서 새로운 통신 시대가 열렸다.

그러나 흔히 생각하는 것과 달리, 반도체 기술을 기반으로 한 새로운 모바일 기기가 진공관을 사용했던 과거의 전자제품보다 항상 더 빠르게 보급된 것은 아니다. 한 예로, 1925년부터 1930년까지 5년간 미국에서 라디오가 퍼져나간 속도는 1995년부터 2000년 사이의 휴대폰 확산 속도와 거의 비슷했다. 무선 전화기, 즉 휴대폰의 소유가 가장 빠르게 늘어난 시기는 21세기에 들어선 후 15년 동안이었다. 전 세계 휴대폰 판매량은 1997

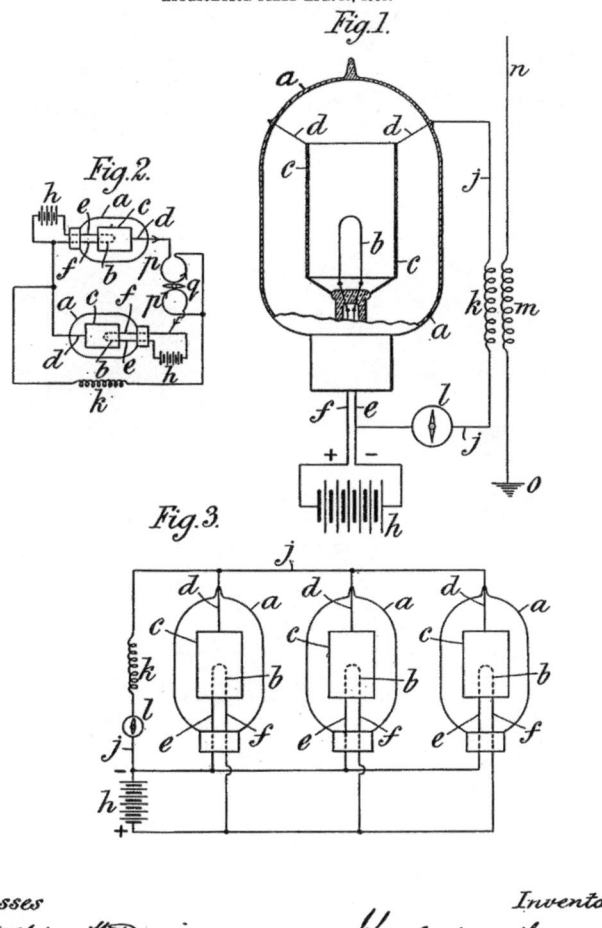

그림 5.4-a_존 앰브로즈 플레밍(John Ambrose Fleming)의 1905년 다이오드 특허

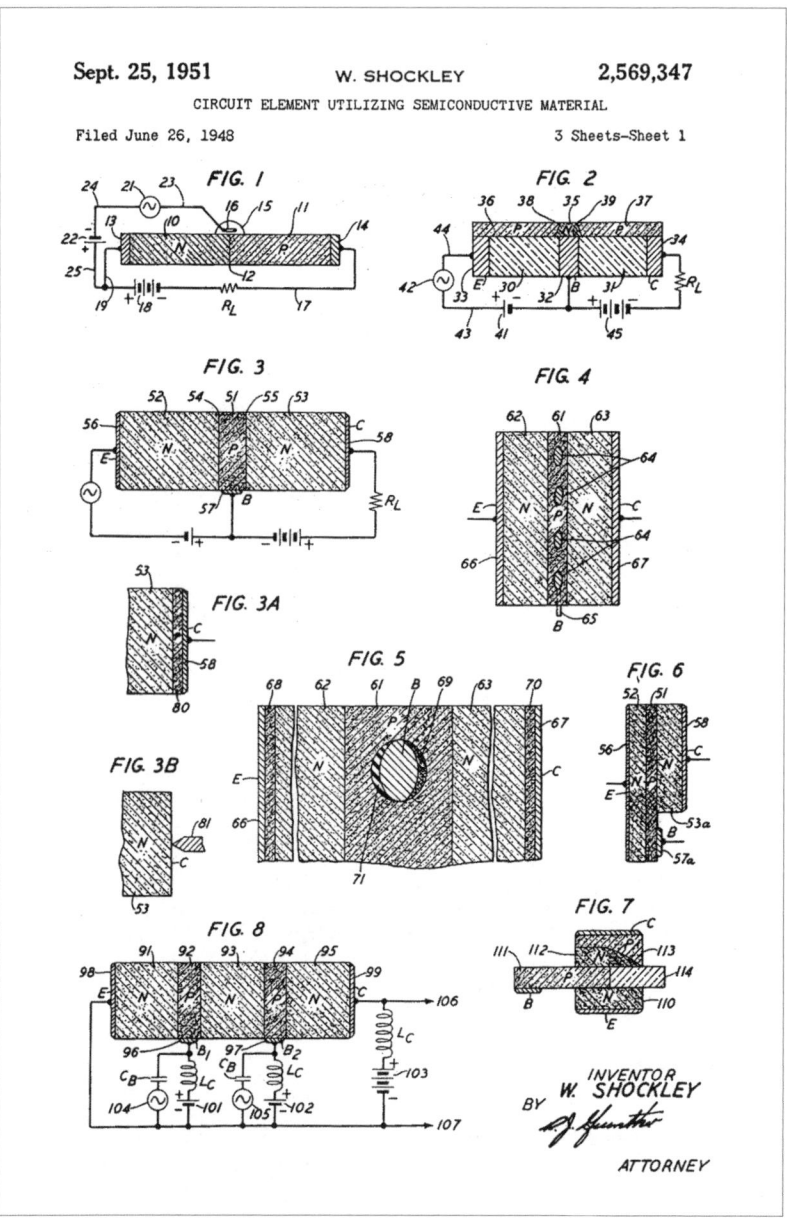

그림 5.4-b_새로운 정보 시대의 세 가지 주요 특허. 1951년 윌리엄 쇼클리(William Shockley) 의 1951년 '반도체 재료를 이용한 회로 소자(circuit element utilizing semiconductive material)' 특허.

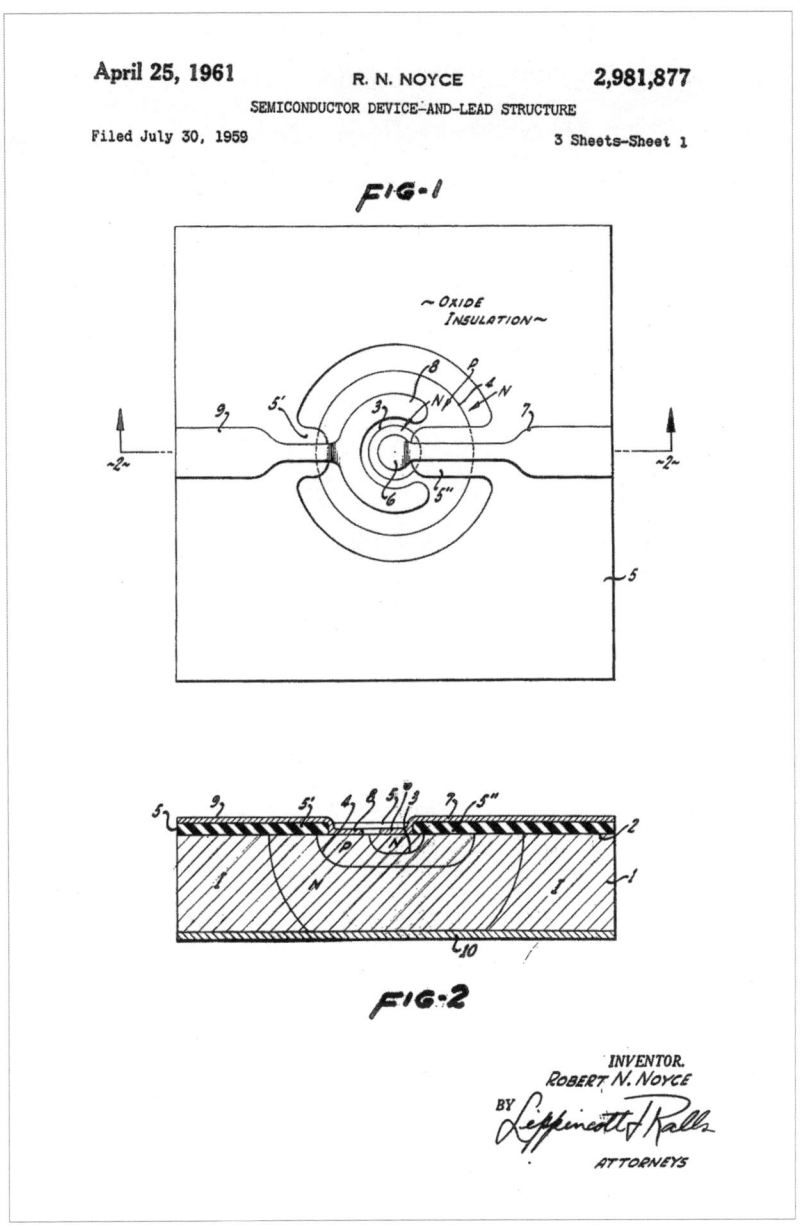

그림 5.4-c_새로운 정보 시대의 세 가지 주요 특허. 로버트 노이스(Robert Noyce)의 1961년 집적회로 특허.

년 연간 1억 대 수준에서 불과 12년 만인 2009년에 10억 대로 열 배나 증가했다. 2017년에는 스마트폰 판매량이 15억 대를 넘어섰으며, 시장은 약 20억 대 수준에서 포화 상태에 이를 것으로 보인다.

이처럼 즉각적이고 저렴하게 서로 연결되고 소통할 수 있게 되면서 그 경제적, 사회적 파급효과는 엄청났다. 특히 중독성이 매우 강한 새로운 형태의 전자적 상호작용이 등장하면서 그 영향력은 더욱 커졌다. 수백만 개의 블로그와 유튜브 게시물, 그리고 페이스북과 같은 소셜 미디어가 대표적이다. 2020년에는 전 세계 페이스북 계정 수가 30억 개를 돌파했다. 데이터 전송 용량이 커지면서 글은 점차 부수적인 요소로 밀려나고, 전 세계 인터넷 트래픽의 대부분은 동영상과 음악 스트리밍이 차지하게 되었다. 이러한 변화가 가져다준 크고 작은 편리함과 정보 습득, 조직화, 학습의 기회는 실로 막대했지만, 그만큼 수많은 부작용도 뒤따랐다.

앞서 언급했듯이 사생활 침해, 정보와 신원 및 금융 자산의 도용, 허위 정보와 가짜 뉴스의 확산, 다른 나라의 정치 문제에 대한 노골적인 개입 등은 이미 사회적으로 큰 문제가 되고 있다. 하지만 인터넷과 휴대폰으로 인해 가능해진 온갖 종류의 범죄 활동이나, 이 새로운 전자 세상이 환경에 미치는 거대한 영향에 대해서는 상대적으로 덜 알려져 있다. 추적이 점점 더 어려워지는 사이버 범죄는 물론이고, 전자 부품과 기기들이 작고 가벼워 보이지만, 그것을 만드는 데 들어가는 에너지와 자원의 양은 상상 이상으로 많다는 점을 알아야 한다.

휴대폰 한 대의 무게는 약 140그램인 반면, 일반적인 승용차는 1.4톤으로 그보다 1만 배나 무겁다. 당연히 자동차 한 대를 만드는 데 훨씬 더 많은 에너지가 들어갈 것이라고 생각하기 쉽다. 하지만, 2015년 한 해 동안 전 세계에서 판매된 휴대폰, 노트북, 태블릿의 총 무게는 55만 톤이었고, 이를 생산하는 데 약 1엑사줄[J]의 에너지가 필요했다. 반면 같은 해에 생산된 7,200만 대의 자동차는 총 무게가 1억 톤에 달했지만, 생산에 필요한 에너지는 약 7엑사줄이었다. 여기서 첫 번째 놀라운 점이 드러난다. 자동차의 총 무게는 휴대용 전자기기보다 180배 이상 무거웠지만, 생산에 필요한 에너지는 고작 7배 더 많았을 뿐이다.

하지만 더 중요한 사실은 제품의 수명을 고려했을 때 나타난다. 휴대용 전자기기는 수명이 매우 짧다. 평균 수명을 2년으로 가정하면, 1년당 소요되는 에너지 양은 약 0.5엑사줄이다. 반면 자동차는 평균적으로 10년 정도 사용된다. 여기서 두 번째 놀라운 점이 밝혀진다. 전 세계 자동차 생산에 들어가는 에너지를 연간 비용으로 환산하면 0.7엑사줄이다. 이는 휴대용 전자기기를 만드는 데 드는 연간 에너지 비용보다 불과 40% 더 많은 수치다. 무게는 수백 배 차이가 나지만, 연간 에너지 소모량은 거의 비슷한 수준인 것이다.

따라서 이러한 전자기기들은 처음부터 오래 사용할 수 있고 쉽게 재활용될 수 있도록 만들어져야 한다. 분해가 용이하도록 설계하는 것이 마땅하다. 그러나 현실은 정반대다. 많은 제품이 의도적으로 일찍 고장 나도록 설계되며, 소비자 가전제품의 표준 보증 기간은 여전히 1년에 불과하다. 특히 휴대폰 제조사들은 정당한 이유 없이 짧은 주기로 신제품을 출시하며 새로운 것에 대한 사람들의 욕구와 사회적 지위를 과시하려는 심리를 이용한다. 그러면서도 누구나 쉽게 이용할 수 있는 신뢰할 만한 재활용 시스템은 제대로 제공하지 않는다. 그 결과 일반적인 스마트폰의 평균 수명은 고작 17개월에서 22개월에 불과하며, 재활용률은 한심할 정도로 낮은 수준에 머물러 있다. 새로운 전자기기 중심의 생활 방식이 낳은 또 다른 두 가지 문제점도 주목해야 한다. 바로 얼굴을 마주하는 직접적인 상호작용의 감소와 독서량의 감소다. 이제 미국인 한 사람이 1년에 읽는 책은 평균 네 권에 불과하며, 전체 미국인 중 4분의 1은 책을 전혀 읽지 않는 것으로 나타났다.

# 06

# 환경의 대전환

===== 세계의 전환이 환경에 미친 부정적 영향 =====

인류가 겪어온 인구, 식량, 에너지, 경제 분야의 대전환은 주로 지난 두 세기에 걸쳐 서로 영향을 주고받으며 일어났다. 그러나 인간 활동이 지구 환경을 크게 바꾸기 시작한 것은 이러한 흐름보다 수천 년이나 앞선 일이다. 최근 벌어지는 환경 파괴의 심각성을 제대로 파악하고, 동시에 몇 가지 긍정적인 변화도 함께 이해하기 위해서는 과거를 돌아볼 필요가 있다. 먼저 현대 이전 시대에 인간이 환경에 미쳤던 영향이 어느 정도였는지 자세히 살펴보겠다.

  인류가 환경에 큰 영향을 미치기 시작한 가장 오래된 계기는 바로 불의 사용이었다. 초기 인류가 언제부터 의도적으로 불을 사용했는지는 정확히 알 수 없다. 일부 연구에서는 약 170만 년 전인 홍적세 전기와 중기, 즉 구석기 시대 초중반부터 불을 사용했다는 희미한 증거를 제시하기도 한다. 하지만 불을 통제해서 사용했다는 가장 확실한 증거는 약 80만 년 전의 것으로 거슬러 올라간다. 이후 불의 사용은 중기 구석기 시대인 30만 년 전에서 20만 년 전 사이에 보편적인 일이 되었다. 이 시기는 현생 인류가 유럽의 네안데르탈인을 대체하며 마무리된 때이다. 심지어 약 5만 5천 년 전 남아프리카에서는 인류가 의도적으로 초목을 태우는 일을 했을 가능성도 제기된다. 정확한 시점이야 어찌 되었든, 요리 중에 우연히 발생한 불씨나 의도적으로 지른 불이 오랜 세월에 걸쳐 합쳐지면서 환경에 미친 영향은 막대했을 것이다. 특히 초목이 마르기 쉬운 건조한 지역에서는 그 누적된 효과가 더욱 컸을 것은 분명하다.

인류가 환경에 미친 두 번째 영향은 대형 동물의 멸종을 앞당긴 것이다. 이는 불의 사용보다 훨씬 더 중대한 결과를 낳았다. 대형 동물의 멸종은 인류가 지방이 풍부한 큰 동물을 사냥하는 것을 선호했던 점과 자연적인 기후 변화가 겹치면서 일어났다. 뼈에 남은 도구 자국 같은 고고학적 증거를 보면, 인류는 이미 40만 년에서 20만 년 전부터 힘을 합쳐 오룩스나 사슴, 말 같은 큰 초식동물을 사냥했다. 이렇게 사냥에 나선 이유는 양질의 단백질과 지방을 얻기 위해서였다. 이러한 습성은 인류의 영장류 조상에게서도 나타나는 특징으로, 실제로 침팬지와 보노보 모두 고기를 얻기 위해 사냥을 한다. 몸집이 작은 동물의 고기는 대부분 단백질로 이루어져 있다. 반면 매머드처럼 다 자랐을 때 몸무게가 40~50킬로그램이 넘는 대형 동물, 즉 메가파우나는 에너지 효율이 높은 지방을 많이 가지고 있었다. 이 지방은 든든한 포만감을 주었을 뿐만 아니라, 추운 기후에서 살아남는 데 꼭 필요한 에너지를 공급해 주었다.

플라이스토세 후기의 지구에는 거대한 초식동물들이 가득했다. 매머드, 털코뿔소, 큰사슴, 스텝 들소, 오룩스, 땅늘보 같은 동물들이 대표적이다. 하지만 이 동물들과 이들을 사냥하던 거대한 육식동물들은, 인류가 수렵과 채집 생활을 그만두고 정착 생활을 시작할 무렵에는 모두 자취를 감추었다. 인간의 사냥이 이러한 대멸종의 한 원인이라는 주장이 과학계에서 처음 제기되었다. 이후 폴 마틴이라는 학자가 제기한 '과잉 사냥 가설'이 큰 주목을 받았다. 이 가설은 새로운 땅으로 이주하던 인류가 가는 곳마다 대형 동물들을 무차별적으로 사냥하여 결국 멸종시켰다는 내용을 담고 있다. 이 가설은 특히 북아메리카 대륙에서 대형 동물들이 사라진 이유를 설명하는 유력한 이론으로 널리 받아들여졌다.

그러나 최근 연구들은 당시의 기후와 식생 변화가 더 결정적인 역할을 했다고 본다. 넓게 펼쳐져 있던 풀밭이 나무가 빽빽한 숲으로 바뀌면서 동물들의 서식지가 파괴되었고, 이런 상황에서 인간의 사냥이 멸종을 더욱 부추겼다는 설명이다. 사실 플라이스토세의 거대 초식동물들은 오늘날 아프리카 코끼리처럼 나무를 쓰러뜨리고 풀밭을 만들어 다른 작은 동물들이 살아갈 수 있는 환경을 조성하는 중요한 역할을 했다. 이들이 사라지자 북쪽 지역에는 침엽수림인 타이가가, 온화한 지역에는 낙엽수림이 들어서는 등 숲이 우거지게 되었다.

대형 동물 멸종의 원인 중 자연적인 요인과 인간의 사냥이 각각 얼마나 큰 영향을 미쳤는지 정확히 가려내기는 어려울 것이다. 하지만 인류가 환경에 미친 세 번째 영향, 즉 토지 이용 변화로 인한 온실가스 배출 문제에 대해서는 좀 더 확실한 근거를 가지고 이야기할 수 있다. 약 1만 년 전 신석기 시대에 농사를 짓기 시작하면서 인류는 초원과 숲, 습지를 농경지로 바꾸기 시작했다. 초기에는 인구가 적어 그 영향이 일부 지역에 한정되었고, 주로 지역적인 생물 다양성 감소나 토양 침식 같은 문제를 일으켰을 뿐 지구 전체에 미치는 영향은 미미했다고 여겨졌다.

하지만 윌리엄 러디먼이라는 학자는 이러한 기존의 결론에 반박을 제기했다. 그는 비록 초기 농경 인구의 수는 적었지만, 이들의 활동이 약 8천 년 전부터 이미 지구 전체에 뚜렷한 변화를 만들어내기 시작했다고 주장했다. 광범위한 토지 이용의 변화, 특히 삼림 벌채와 습지 개간으로 이산화탄소$CO_2$ 배출이 늘어났기 때문이다. 또한 벼농사를 위해 물에 잠긴 논에서 산소가 없는 상태가 되면서 메테인$^{CH_4}$이 방출되었고, 가축으로 기르던 소와 같은 반추동물도 메테인을 배출했다. 물론 고대 인류의 활동으로 이런 온실가스들이 배출되었다는 사실 자체는 논쟁의 여지가 없다. 하지만 그 영향이 러디먼이 주장하는 만큼 정말로 컸는지에 대해서는 다른 견해가 있다. 러디먼의 결론에 따르면, 산업 시대가 시작될 무렵 인류가 배출한 이산화탄소와 메테인은 이미 대기 중 농도를 크게 높여 놓았다. 그 증가량은 과거 지구의 기후가 자연적으로 변동하던 전체 폭의 절반에 달하는 엄청난 수준이었다. 그는 이렇게 발생한 온실효과가 당시 자연적으로 진행되던 지구의 냉각 현상을 상당 부분 상쇄시켰다고 보았다. 결론적으로 러디먼은 당시 인류가 기후에 미치는 영향력이 거의 자연의 힘과 맞먹는 수준에 이르렀다고 주장했다.

근대 이전 시대에 인류가 생물권에 미친 네 번째 큰 영향은 바로 광범위한 삼림 파괴였다. 이러한 삼림 파괴는 아시아의 일부 지역, 특히 중국의 북부와 중부, 동부에서 심각했으며 유럽에서는 지중해 연안 국가들에서 두드러졌다. 자연 경관을 심각하게 훼손한 이 변화의 원인은 크게 세 가지였다. 첫째는 숲을 농경지로 바꾸는 개간이었고, 둘째는 난방과 취사에 필요한 땔감 수요였다. 셋째는 구리나 철과 같은 금속을 생산하기 위한 필요 때문이었다. 구리 제련은 고대 지중해 지역의 숲이 파괴된 주된 원인이었다. 구리 1킬로그램을 생산하는 데 무려 90킬로그램의 나무가 필요했다. 초기의 철 제련 기술 역시 지역의 삼림 자원에 엄청난 압박을 가했다. 철 1킬로그램을 얻으려면 약 20킬로그램의 목탄이 필요했는데, 이 목탄을 만들려면 최대 80킬로그램의 나무를 베어야 했다. 물론 이후 더 좋은 용광로가 도입되면서 금속 1킬로그램당 필요한 나무의 양은 줄어들었다. 하지만 금속의 전체 생산량 자체가 계속해서 늘어났기 때문에, 숲에 가해지는 부담은 줄어들지 않고 오히려 계속 커졌다.

서기 900년경 중세 초기에 중부 유럽은 울창한 숲으로 뒤덮여 있었다. 당시 숲은 알자스 지방부터 폴란드 동부, 그리고 발트해와 북해에서 알프스산맥에 이르는 광대한 지역의 약 70%를 차지했다. 그러나 1900년이 되자 이 지역의 숲은 전체 면적의 25%까지 줄어들었다. 삼림 면적이 이처럼 크게 줄어든 것은 대부분 1700년 이전에 벌어진 일이다. 대서양 연안 유럽과 중부 유럽에서 가장 대대적인 삼림 벌채가 이루어진 시기는 950년부터 1350년 사이였다. 프랑스의 역사학자 마르크 블로크는 이 시기를 '대개간의 시대'라고 부를 정도로 광범위한 개간 작업이 진행되었다. 중국의 상황도 크게 다르지 않았다. 1700년부터 1900년까지 약 200년 동안 중국에서는 최소 9천만 헥타르의 숲이 사라졌다. 이는 1700년에 남아있던 전체 삼림 면적의 거의 40%에 해당하는 엄청난 규모이다. 이처럼 인류가 환경에 미친 영향은 현대로 들어서면서 더욱 강해졌다. 앞서 서론에서 설명한 바와 같이, 인류가 만들어 낸 전 지구적 변화는 두 가지 종류로 나누어 살펴보아야 한다.

첫 번째 범주는 지구 전체에 영향을 미치는 변화를 가리키며, 온실가스 배출이 대표적인 사례이다. 인류의 활동으로 배출되는 이산화탄소의 양은 엄청나서 2019년 한 해에만 370억 톤이 넘게 대기 중으로 배출되었다. 이는 인류가 만들어 내는 다른 어떤 가스보다도 압도적으로 많은 양이다. 하지만 이산화탄소 외에도 인류가 배출하는 물질 중에는 그 양이 자연적으로 발생하는 양과 맞먹거나 이를 넘어서는 것들이 있다. 예를 들어, 화석 연료를 태우거나 금속을 제련할 때 나오는 황산화물은 박테리아나 화산 활동으로 자연적으로 발생하는 전 세계 총량보다 더 많아졌다. 또한 자동차나 공장에서 배출되는 질소산화물의 양도 자연 상태에서 발생하는 모든 질소산화물의 양과 거의 비슷한 수준에 이르렀을 것으로 추정된다. 바로 이 황산화물과 질소산화물 배출은, 두 번째 범주의 지구적 문제를 잘 보여주는 사레이기도 하다. 두 번째 범주의 문제들은 전 세계 모든 대륙에서 나타날 만큼 보편적이지만, 그 영향은 특정 지역이나 국가 단위에 머무르는 특징이 있다. 대표적으로 산성 강하물, 흔히 산성비라고 부르는 현상이나 광화학 스모그를 들 수 있다. 이 밖에도 토양 침식 문제나, 바다의 산소가 부족해져 생물이 살 수 없게 되는 연안 해역의 '죽음의 지대'(데드존$^{dead\ zone}$) 현상 같은 다양한 환경 파괴 문제들이 이 두 번째 범주에 속한다.

이쯤에서 한 가지 짚고 넘어갈 점이 있다. 어떤 비평가들은 지금까지 필자가 서술한 환경 변화에 대한 설명이 근본적으로 부족하다고 비판할지도 모른다. 그 이유는 인류가 이제 '인류세$^{Anthropocene}$'라는 새로운 지질 시대에 살고 있기 때문이라고 주장한다. 인류세는 인류의 활동이 지구 전체를 좌우할 만큼 지배적인 역할을 하는 시대를 의미한다. 이러한 주장을 하는 사람들은 인류세의 핵심이 단순히 '환경'에 미치는 영향이 아니라 '지구 시스템$^{Earth\ System}$' 자체에 미치는 영향이라고 강조한다. 여기서 지구 시스템이라는 개념을 이해하는 것이 중요하다. 이 개념은 1980년대와 1990년대에 등장한 지구 시스템 과학에서 비롯된 것으로, 기존의 환경 개념과는 근본적으로 다르다. 지구 시스템은 우리가 흔히 말하는 '경관'이나 '생태계' 혹은 '환경'과 같은 단어로는 온전히 설명할 수 없는, 훨씬 더 크고 통합적인 개념이다. 따라서 지구 시스템이라는 새로운 관점을 이해하지 못하면 인류세라는 개념이 왜 등장했는지 제대로 파악할 수 없다는 것이다.

인류가 만든 새로운 지질 시대를 설정하자는 제안은 2000년에 처음 나왔고, 이를 공식적인 지질 시대 단위로 만드는 작업은 2009년부터 시작되었다. 2016년에는 한 전문가 그룹이 인류세가 지층에 실제로 기록으로 남아있다는 다수 의견을 내놓았다. 이들은 20세기 중반에 있었던 핵무기 실험에서 나온 인공 방사성 물질을 기준으로 인류세를 공식화하자고 제안했다. 하지만 필자는 이러한 주장 역시 앞서 언급한 해밀턴의 주장과 마찬가지로, 그럴듯해 보이지만 사실은 정확하지 않다고 생각한다. 물론 암석권, 수권, 대기권, 생물권으로 이루어진 지구 시스템의 각 부분은 지각 변동이나 물질 순환을 통해 서로 연결되어 있다. 그러나 현대 문명은 이렇게 서로 연결된 지구 시스템의 모든 구성 요소가 아니라 일부에만 깊은 영향을 미쳤을 뿐이다.

인류의 활동이 새로운 시대를 명명할 만큼 중요해졌을 수는 있다. 하지만 그 이유는 지층에 남은 미세한 방사능 물질 때문이 아니라, 인류가 기후에 미치고 있는 거대한 영향력 때문일 것이다. 동시에 우리는 인류의 힘으로는 도저히 통제할 수 없는 근본적인 조건들 속에서 살아가고 있다는 사실을 잊어서는 안 된다. 지구가 우리 은하의 비교적 안정적인 공간에 자리 잡고 있다는 사실, 태양이 뿜어내는 막대한 에너지, 지구의 형태와 자전축의 기울기, 자전과 공전 궤도 같은 것들이 바로 그것이다. 이러한 요소들은 계절의 변화와 빙하기의 도래를 결정하지만 인류가 통제할 수 있는 영역이 아니다. 대륙을 움직이고 해양을 만들며 지진과 쓰나미를 일으키는 거대한 판 구조의 힘 역시 마찬가지다. 더 나아가 진화의 긴 역사에서 볼 때, 거대한 소행성 충돌이나 대규모 화산 폭발과 같은 재앙적인 위협은 언제든 닥칠 수 있다. 인류의 활동이 환경에 영향을 주고, 환경을 바꾸고, 파괴하며, 수많은 동물을 멸종시킨 것은 너무나 명백한 사실이다. 하지만 태양계 안에서 지구가 차지하는 위치나 지구의 궁극적인 운명을 결정하는 근본적인 힘은 여전히 인류의 손 밖에 있다.

인류세와 같은 시대를 공식적으로 구분하는 것과는 별개로, 인류가 환경에 미치는 영향은 그 자체로 명백한 한계를 가진다. 지구의 크기가 유한하고 생태계의 범위가 정해져 있기 때문이다. 예를 들어, 우리가 베어낼 수 있는 열대 원시림의 면적은 무한하지 않다. 또한 이러한 변화의 과정은 뚜렷한 지표를 통해 그 흐름을 추적할 수 있다. 삼림 벌채의 진행 과정은 인구 변화의 추세와 매우 닮아 있다. 인구 증가율이 '낮은 단계에서 높은 단계로, 그리고 다시 낮은 단계'로 변하는 인구 변천 과정처럼, 삼림 벌채도 비슷한 경로를 따른다. 유럽인들이 정착하기 전 뉴잉글랜드 지역의 상황을 보자. 당시 이곳에 살던 원주민 사회는 사냥과 소규모 농사를 병행하며 살았기 때문에 숲을 파괴하는 일은 거의 없었다. 매사추세츠주의 경우, 1700년까지만 해도 주 전체 면적의 약 85%가 숲으로 덮여 있었다. 그러나 개척이 본격화되면서 1870년에는 삼림 면적이 30%까지 급격히 줄어들었다. 이것이 바로 삼림 벌채가 정점에 달한 시기이다. 하지만 그 이후 상황은 다시 바뀌었다. 2015년에는 삼림 면적이 61%까지 다시 늘어나, 매사추세츠는 미국 전체 주 가운데 여덟 번째로 숲이 울창한 주가 되었다.

 한 사람이 섭취하는 식량 에너지가 충분해져 더는 늘지 않는 포화 상태에 이르는 것을 '영양 전환'의 마무리 단계라고 볼 수 있다. 이와 비슷한 현상을 폐기물 문제에서도 찾아볼 수 있다. 즉, 한 사회가 배출하는 고체, 액체, 기체 폐기물의 양이 1인당 기준으로 더는 늘지 않고 정체되거나, 심지어 눈에 띄게 줄어드는 단계에 이르는 것이다. 최소한 폐기물을 관리하고 통제하는 기술이 발전하는 것도 이러한 전환의 일부로 볼 수 있다. 하수를 제대로 처리하거나 석탄 화력발전소에서 나오는 배출가스에서 황을 제거하는 탈황 기술 등이 좋은 예다. 하지만 반대로, 어떤 종류의 환경 파괴는 여전히 용납하기 어려울 정도로 심각한 속도로 진행되고 있다. 이 심각한 문제들에는 여러 가지가 포함된다. 대표적으로 열대우림 파괴, 맹그로브 숲을 포함한 해안 습지 매립, 농경지 등에서 흘러나온 질소 성분이 바다로 유입되는 문제, 그리고 고형 폐기물 누적 등이 있다. 특히 최근에는 전자 폐기물이 급증하고 바다의 플라스틱 오염이 심각해지는 것도 큰 문제다. 또한 거의 모든 생태계에서 공통으로 나타나는 생물 다양성 감소 역시 매우 우려스러운 현상이다. 필자는 이 책에서 인류가 환경에 미치는 영향을 세 가지로 나누어 살펴보려고 한다. 바로 '토지 이용의 전환', '생태계 파괴', 그리고 '전 지구적 변화'이다. 이 분류는 각각의 성격, 영향 범위, 사회경제적 파장이 모두 다른 수많은 변화를 체계적으로 설명하기 위한 편리한 틀이다. 물론 현실의 문제들은 서로 겹치고 복잡하게 얽혀 있지만, 이 분류가 지나치게 단순하지 않으면서도 문제의 핵심을 파악하는 데 도움이 될 것이다.

=== 파괴된 땅, 함부로 쓰인 땅: 대전환이 남긴 지표면의 상처 ===

대전환이 만들어 낸 가장 극적인 변화 중 하나는 지난 200년간 지구의 땅이 어떻게 달라졌는지를 비교해 보는 것이다. 1800년의 지구 표면과 2000년의 지구 표면을 나란히 놓고 보면 그 차이는 실로 엄청나다. 물론 1800년의 땅이 정확히 어떠했는지를 완벽하게 복원하기는 어렵다. 최초의 지구 관측 위성인 랜드샛이 1972년에야 발사되었기 때문에 그 이전의 모습은 추정할 수밖에 없다. 여러 연구 결과를 비교해 보면 여전히 불확실한 부분이 많고, 특히 토지의 용도를 분류하는 기준이 저마다 달라 오차가 발생하기도 한다. 하지만 이런 한계에도 불구하고 한 가지 사실만은 분명하다. 지난 200년 동안 자연 그대로의 생태계는 엄청나게 파괴되었고, 그 자리를 인간의 활동을 위한 땅이 계속해서 차지해 왔다는 점은 누구도 부인할 수 없다.

인간의 손길로 가장 광범위하게 변한 땅은 소나 양을 키우는 방목지와 농사를 짓는 경작지다. 그 뒤를 이어 마을과 도시 같은 주거지가 들어섰고, 자원을 캐내는 광산부터 물건을 만드는 공장, 그리고 창고에 이르기까지 각종 산업 시설이 자리를 잡았다. 또한 도로와 철도 같은 교통 시설도 전 지구적으로 확장되었다. 이 과정에서 본래 가장 비옥했던 강가의 충적토나 생태적으로 중요한 역할을 하던 습지가 사라지는 경우가 많았다. 때로는 바다를 메워 새로운 땅을 만들기도 했다. 이러한 변화는 특히 열대 지역에서 극심하게 나타났는데, 아마존 분지의 남쪽 절반과 계절풍의 영향을 받는 아시아 일부 지역의 변화는 그야말로 놀라울 정도다. 북아메리카와 유라시아의 광활한 평원 지대 역시 크게 변모했다. 하지만 1800년과 2000년을 비교하면 파괴만 있었던 것은 아니다. 근대 이전 시대에 파괴되었던 숲이 다시 복원되는 모습도 볼 수 있다. 유럽과 북아메리카, 그리고 최근에는 중국의 일부 지역에서 자연적으로 숲이 다시 자라나거나 대규모 조림 사업을 통해 숲이 되살아났다. 도시의 성장은 두 가지 형태로 나타났다. 하나는 기존의 도시 중심부가 바깥으로 퍼져나가며 확장되는 방식이고, 다른 하나는 이웃한 여러 마을이 점차 하나로 합쳐지면서 거대한 도시, 즉 메가시티를 형성하는 방식이다. 이러한 거대 도시는 주로 해안가를 따라 형성되는 경우가 많았다.

  도시나 산업 시설, 교통망이 차지하는 땅의 변화를 파악하는 데 가장 좋은 방법은 밤에 찍은 위성 사진을 살펴보는 것이다. 밤하늘을 밝히는 불빛을 보면 인간이 사용하는 땅의 범위를 짐작할 수 있기 때문이다. 하지만 이 방법을 사용하더라도 연구 결과에 따라 그 총면적의 차이가 두 배까지 나기도 한다. 예를 들어, 컬럼비아 대학교의 한 연구 프로젝트는 전 세계의 도시 지역 면적을 약 3억 5천만 헥타르로 추산했다. 이는 빙하가 없는 지구 육지 면적의 약 2.6%에 해당한다. 그러나 다른 연구에서는 이 수치가 상당히 과장되었다고 지적한다. 실제 도시 지역의 총면적은 2010년 기준으로 약 1억 1천만 헥타르이며, 이는 지구 육지 면적의 1%에도 미치지 못한다는 것이다.

  야간 위성 사진은 또 다른 중요한 정보를 알려준다. 바로 '불투수층 impervious surface'의 면적이다. 불투수층이란 콘크리트나 아스팔트, 돌, 벽돌 등으로 포장되어 물이 스며들지 못하는 땅을 말한다. 도로, 공항, 항만, 보도, 주차장 등이 여기에 해당하며, 건물 지붕으로 덮인 땅도 포함된다. 이렇게 인간이 만든 불투수층의 전 세계 총면적을 처음으로 조사한 결과, 2000년 기준으로 약 5천 8백만 헥타르에 달했다. 이는 빙하가 없는 육지 면적의 0.43% 정도를 차지하는 규모다. 국가별로 보면 예상대로 중국이 약 870만 헥타르로 가장 넓은 면적을 차지했다. 그 뒤를 이어 2위를 차지한 나라는 인도가 아닌 미국으로, 약 840만 헥타르에 달했다. 아주 작은 도시 국가들을 제외하고 국민 한 사람이 차지하는 불투수층 면적을 비교해보면, 고위도에 위치한 선진국들이 유독 높게 나타난다. 캐나다는 1인당 350 제곱미터, 핀란드는 320 제곱미터, 미국은 300 제곱미터, 노르웨이는 235 제곱미터에 달한다. 반면 다른 대부분의 나라에서는 이 수치가 1인당 50에서 150 제곱미터 수준에 머문다.

    도시의 미래, 즉 콘크리트와 아스팔트로 덮인 불투수층 면적이 얼마나 더 넓어질 것인지는 경제 성장보다는 인구의 증감에 더 직접적인 관련이 있다. 독일의 사례가 이를 가장 잘 보여준다. 2008년 금융 위기 이후 독일 경제는 전반적으로 꽤 좋은 성과를 거두었다. 하지만 과거 동독 지역을 중심으로 인구가 정체되거나 감소하면서 도시의 모습은 달라지고 있다. 최근에는 수도인 베를린의 일부 위성도시를 제외하면 인구가 늘어나는 곳이 거의 없다. 심지어 라이프치히나 드레스덴 같은 주요 도시들조차 현재 인구가 제2차 세계대전 이전 가장 많았을 때와 비교해 각각 약 20%와 12%나 줄어들었다. 이러한 변화는 독일의 미래를 암시한다. 독일의 총인구는 2019년 약 8,300만 명에서 2060년에는 시나리오에 따라 약 6,800만 명에서 7,300만 명 수준까지 감소할 것으로 예측된다. 인구 감소를 겪고 있는 일본의 상황도 비슷하다. 수도인 도쿄만이 계속 성장할 뿐, 다른 도시들은 쇠퇴하고 있다. 제2의 도시인 오사카의 현재 인구는 1960년대 전성기보다 약 15%나 적고, 일본 남부 최대 공업도시인 기타큐슈의 인구는 이미 1980

년에 정점을 찍고 감소세로 돌아섰다.

이처럼 도시의 성장이 한계에 도달한 지역은 독일과 일본뿐만이 아니다. 러시아 대부분 지역과 동유럽 및 중부 유럽, 그리고 캐나다와 미국의 중부 지역 상당수도 비슷한 상황에 처해 있다. 이와는 대조적으로, 최근 수십 년 동안 중국의 도시들은 비록 어느 정도 계획하에 이루어지기는 했지만, 엄청나게 빠른 속도로 성장해 왔다. 중국을 제외한 아시아의 다른 개발도상국들과 아프리카의 도시들은 그보다 속도는 조금 느리지만, 거의 아무런 통제 없이 무질서하게 팽창하고 있다. 이들 지역에서는 앞으로도 여러 세대에 걸쳐 도시화가 계속 진행될 것이며, 그 과정에서 열대우림의 파괴 또한 계속될 것으로 보인다.

### 숲의 파괴와 새로운 숲

삼림 벌채, 즉 숲이 사라지는 현상은 여러 가지 이유로 일어났다. 사람들은 집을 짓기 위해, 그리고 1800년대 후반까지는 배를 만들기 위해 목재를 사용했다. 석탄이나 광물을 캐는 광산에서는 갱도가 무너지지 않도록 지지하는 갱목으로 나무가 필요했고, 1830년대부터는 철도를 놓기 위한 침목으로도 막대한 양의 나무가 사용되었다. 또한 난방과 요리를 위한 땔감, 금속을 녹이거나 벽돌과 유리를 만드는 데 필요한 숯을 얻기 위해서도 숲을 베어냈다. 하지만 삼림 벌채를 이끈 가장 중요한 원인은 따로 있다. 바로 농사를 지을 땅과 가축을 키울 목초지를 넓히기 위해서였다. 이 과정은 전 세계적인 인구 증가와 사람들의 식생활 개선과 맞물려 더욱 가속화되었다.

'농경지'가 무엇인지에 대해서는 거의 이견이 없다. 식량이나 사료, 섬유 등을 얻기 위해 작물을 키우는 땅을 말하기 때문이다. 하지만 '숲'의 정의는 그렇게 간단하지 않다. 유엔식량농업기구$^{FAO}$의 한 보고서에는 무려 650가지에 달하는 숲의 정의가 실려 있을 정도다. 숲을 정의하려면 최소한의 면적과 나무 밀도 기준이 필요한데, 이 기준이 제각각이기 때문이다. 예를 들어 최근 유엔식량농업기구가 사용하는 기준을 보자. 이 기준에 따르면, 0.5헥타르, 즉 가로세로 약 71미터 넓이의 땅에 키가 5미터 이상인 나무가 땅의 10% 이상만 덮고 있어도 숲으로 분류된다. 하지만 나무가 10%만 덮고 있는 땅은 우리가 흔히 생각하는 빽빽한 숲이라기보다는 나무가 듬성듬성 있는 초원이나 황무지에 가깝다.

게다가 이 기준은 더욱 관대하다. 아직은 작고 어린나무라도 나중에 기준을 충족할 것으로 기대되면 숲으로 간주한다. 심지어 벌채나 산불로 일시적으로 나무가 없는 땅도 다시 숲이 될 예정이라면 숲 면적에 포함시킨다. 숲 사이로 난 길이나 방화선, 작은 공터까지도 모두 숲의 일부로 계산한다. 이처럼 느슨한 정의의 반대편에는 우리가 진정한 숲이라고 부를 만한 곳이 있다. 미국 태평양 북서부나 아마존의 원시림처럼, 다 자란 큰 나무들이 하늘을 90%에서 100%까지 가리는 울창한 숲이다. 이처럼 '숲'을 정의하는 기준 자체가 제각각이고, 농업이 시작되기 이전의 숲 면적이 어떠했는지를 정확히 복원하는 것도 불가능하기 때문에, 과거의 삼림 벌채 규모에 대한 모든 통계는 어디까지나 대략적인 추정치일 수밖에 없다.

과거 삼림 벌채 규모에 대한 학자들의 추정치는 연구마다 큰 차이를 보인다. 어떤 연구에서는 1980년 이전에 사라진 숲의 면적을 약 10억 헥타르 미만으로 보기도 하고, 다른 연구에서는 1700년부터 1995년 사이에만 약 14억 헥타르가 사라졌다고 추정하기도 한다. 또 다른 복원 연구에 따르면, 마지막 빙하기 이후 가장 울창했던 시기의 숲과 삼림지 면적은 약 55억 헥타르에 달했는데, 이 중 5% 미만이 1700년까지 사라졌고, 1990년대 초가 되자 그 손실이 20%까지 늘어났다고 분석한다. 이 수치들을 종합해보면, 인류는 마지막 빙하기 이후 가장 무성했던 숲의 약 25%를 1990년대까지 없앤 셈이다.

현재 전 세계에 남아있는 숲의 총면적에 대한 평가도 '숲'을 어떻게 정의하느냐에 따라 크게 달라진다. 지난 수십 년간 발표된 연구들은 전 세계 숲의 총면적을 적게는 29억 헥타르에서 많게는 41억 헥타르 이상으로 추정하고 있다. 가장 최근의 유엔식량농업기구$^{FAO}$ 보고서에 따르면 2015년 전 세계 숲의 총면적은 약 40억 헥타르에 약간 못 미치는 수준이다. 이는 21세기가 시작된 후 15년 만에 1.4%가 추가로 사라진 결과다. 하지만 이 40억 헥타르가 모두 울창한 자연림은 아니다. 인간의 간섭 흔적이 거의 없는 순수한 '원시림'의 면적은 약 13억 헥타르에 불과하다. 이 원시림의 4분의 3은 러시아, 캐나다, 브라질, 콩고민주공화국, 미국, 페루, 인도네시아 단 7개국에 집중되어 있다.

전체적인 흐름을 요약해 보자. 마지막 빙하기 이후 숲과 삼림지는 지구의 육지, 즉 빙하를 제외한 면적의 약 40%를 덮고 있었다. 1800년경까지 그 면적은 약 10% 감소하는 데 그쳤지만, 이후 산업화 시대를 거치며 21세기 초에는 그 손실이 약 28%까지 늘어났다. 현재 유엔식량농업기구의 기준으로 '숲'은 전체 육지 면적의 약 30%를 차지하지만, 인간의 손길이 닿지 않은 '원시림'은 고작 10% 정도에 불과하다. 물론, 언제나 그렇듯이 이러한 전 지구적인 평균 수치 뒤에는 나라별, 지역별로 매우 다른 이야기가 숨어 있다.

유럽과 북아메리카에서는 삼림 벌채가 감소세로 돌아섰다. 석탄이 땔감과 숯을 대체하고, 강철과 콘크리트가 주요 건축 자재로 사용되면서 목재 수요가 줄었기 때문이다. 동시에 농업 기술이 발전하여 생산성이 높아지자, 척박한 땅에서는 더 이상 농사를 짓지 않게 되었고 버려진 땅에는 다시 나무가 자라기 시작했다. 그 결과 숲이 다시 늘어나는 인상적인 변화가 나타났다. 20세기 후반 50년 동안 이탈리아에서는 숲이 20% 이상, 프랑스에서는 약 33%나 증가했다. 20세기 전체 기간 동안 유럽의 숲은 약 1,200만 헥타르나 늘어났는데, 이는 오늘날 독일의 전체 숲 면적과 맞먹는 엄청난 규모다.

이러한 숲의 회복 경향은 21세기에도 계속되고 있다. 1990년에서 2015년 사이 25년 동안 유럽연합의 주요 국가들은 대부분 숲 면적이 늘어났거나 최소한 유지되었다. 프랑스, 이탈리아, 스페인 등에서는 매년 숲이 꾸준히 증가했고, 독일이나 스웨덴 같은 나라들은 기존의 숲 면적을 그대로 지켜냈다. 광활한 아한대림을 가진 러시아와 캐나다의 총 숲 면적도 거의 변화가 없었다. 이처럼 많은 부유한 국가에서 삼림 벌채 시대는 막을 내렸다. 물론 일부 국가에서는 벌목이 완전히 멈춘 것이 아니라, 나무를 베는 속도보다 새로운 나무를 심거나 자연적으로 복원되는 속도가 더 빨라진 결과이기도 하다. 또한 숲을 보호하려는 노력도 확대되어, 2015년 기준으로 전 세계 숲의 16%가 넘는 약 6억 5천만 헥타르가 다양한 형태의 보호 구역으로 지정되었다.

많은 아시아, 아프리카, 라틴 아메리카 국가에서는 여전히 숲이 사라지고 있지만, 다행히 그 속도는 점차 느려지고 있다. 유엔식량농업기구의 추정에 따르면, 전 세계 삼림 벌채 규모는 1980년대와 1990년대에 연간 1,500만에서 1,600만 헥타르에 달하며 정점을 찍었다. 그러나 2000년대에 들어서면서 연간 약 1,300만 헥타르로 줄어들었다. 여기에 새로 나무를 심는 조림 면적이 늘어난 것을 감안하면, 실제 숲이 줄어드는 순감소 면적은 1990년대 연간 1,150만 헥타르에서 2010년에서 2015년 사이에는 연간 580만 헥타르로 거의 절반 수준까지 떨어졌다. 그렇다 하더라도 여전히 너무 많은 개발도상국에서 용납할 수 없을 만큼 빠른 속도로 숲이 파괴되고 있다. 특히 열대우림은 지구의 생물 다양성을 보존하고, 탄소와 물의 순환에 핵심적인 역할을 하기 때문에, 이곳의 파괴는 여전히 매우 심각한 문제로 남아있다.

세계에서 가장 거대한 열대우림인 아마존의 사례를 보자. 아마존은 브라질, 베네수엘라, 콜롬비아 등 여러 나라에 걸쳐 있다. 1970년 이전까지만 해도 아마존의 파괴는 미미한 수준이었다. 당시 숲의 면적은 약 41억 헥타르에 달했고, 브라질의 사바나 지대인 세하두까지 합치면 그 규모는 훨씬 더 컸다. 하지만 개발이 시작되면서 상황은 급변했다. 1978년까지 약 8,000만 헥타르의 숲이 사라졌고, 1980년대에는 매년 평균 150만 헥타르가 사라졌다. 1996년부터 2005년까지 10년 동안에는 약 2,000만 헥타르의 숲이 추가로 파괴되었다. 상황이 심각해지자 브라질 정부는 삼림 파괴를 대폭 줄이겠다고 약속했고, 한때는 아마존 파괴를 멈출 수 있으리라는 희망이 생기기도 했다.

하지만 현실은 달랐다. 1990년에서 2015년 사이 브라질에서 사라진 원시림의 총면적은 1,550만 헥타르로, 여전히 세계에서 가장 넓은 면적이었다. 이후 들어선 브라질 정부의 정책들도 삼림 파괴를 막는 데 거의 도움이 되지 못했다. 아이티의 경우는 삼림 파괴가 거의 비극적인 결말에 다다랐다. 1990년에도 원시림은 국토의 4.4%에 불과했는데, 2016년에는 0.32%까지 줄어들었다. 이대로라면 아이티는 자국의 원시림을 완전히 잃어버리는 최초의 나라가 될지도 모른다. 이와 대조적으로, 같은 섬의 동쪽에 있는 도미니카 공화국은 국토의 약 40%가 여전히 숲으로 덮여 있으며, 이 차이는 위성 사진에서도 뚜렷하게 보인다.

중국의 사례는 매우 특별하다. 마오쩌둥 시대에 벌인 대대적인 조림 운동은 대부분 실패로 돌아갔고, 1980년경에는 숲다운 숲이 국토의 13%도 채 되지 않았다. 하지만 그 이후의 조림 노력은 엄청난 성공을 거두었다. 유엔식량농업기구의 기준에 따르면, 중국의 숲 면적은 1990년 1억 5,700만 헥타르에서 2015년 2억 800만 헥타르까지 늘어나, 국토의 거의 22%를 덮게 되었다. 이렇게 단기간에 숲을 늘린 나라는 전 세계에 중국뿐이다. 하지만 양적인 성공 뒤에는 질적인 문제가 숨어있다. 새로 심은 나무들은 대부분 빨리 자라는 소나무, 포플러, 유칼립투스 같은 단일 품종이다. 이 때문에 전체 숲 면적 중 자연 그대로의 원시림은 6%도 되지 않는다. 이와 비교해 보면, 2015년 캐나다의 경우 원시림의 비율이 60%에 달했다.

이처럼 전 세계 숲의 면적이 지역별로 증감하는 복잡한 변화는 지구의 탄소 흡수 능력에 어떤 영향을 미쳤을까? 결론부터 말하면 순수한 효과는 긍정적이었다. 즉, 전체적으로 숲이 이산화탄소를 흡수하는 능력이 커졌다. 여기에는 두 가지 요인이 추가로 작용했다. 대기 중 이산화탄소 농도가 높아지면서 식물의 성장을 촉진했고, 화석 연료 사용으로 배출된 질소 산화물이 비료처럼 작용했기 때문이다. 구체적인 수치를 보면, 1990년에서 2005년 사이 미국 숲은 매년 약 1억 6천만 톤의 탄소를 흡수했다. 러시아를 포함한 유럽의 숲은 매년 3억에서 6억 톤, 중국의 숲은 매년 1억 9천만에서 2억 6천만 톤의 탄소를 저장하고 있다. 가장 중요한 발견은 아마존 열대우림에 관한 것이다. 한때 아마존이 탄소를 흡수하는지 아니면 오히려 배출하는지에 대한 논란이 있었지만, 이제는 매년 최대 13억 톤의 탄소를 흡수하는 거대한 탄소 저장고로 인정받고 있다.

전 세계 숲 전체의 탄소 수지를 계산해 보자. 1990년에서 2007년 사이, 전 세계 숲은 매년 평균 약 24억 톤의 탄소를 흡수했다. 같은 기간 동안 열대우림 파괴로 인해 배출된 탄소는 약 13억 톤으로 추정된다. 따라서 이 둘을 합한 순효과는 전 세계 숲이 매년 약 11억 톤의 탄소를 대기 중에서 제거했다는 계산이 나온다. 이론적으로는 늘어나는 숲과 다른 식생들이 지금보다 최대 5배나 많은 탄소를 흡수할 잠재력이 있다. 하지만 기후 변화로 인해 갈수록 잦아지는 산불, 가뭄, 폭풍, 병충해 같은 재앙이 이러한 긍정적인 효과를 감소시키거나 심지어 완전히 없애버릴 수도 있다. 결과적으로 2100년이 되었을 때, 지구의 숲과 식생이 지금처럼 탄소를 흡수하는 순 저장고 역할을 할지, 아니면 반대로 탄소를 배출하는 순 배출원이 될지는 아무도 확실히 말할 수 없다.

### 늘어나는 경작지와 목초지

근대 이전 시대의 경작지나 목초지 면적에 대한 모든 자료는 대략적인 추정치에 불과하다. 비교적 기록이 풍부한 중국조차 1900년대의 경작지 면적 추정치가 연구에 따라 20%까지 차이가 날 정도다. 전 지구적으로 보면, 1700년대 자료의 오차 범위는 최대 25%, 1800년대 자료는 약 18%에 달하는 것으로 추정된다. 하지만 데이터의 불확실성에도 불구하고 큰 흐름은 분명하다. 서기가 시작되고 1500년까지, 즉 천오백 년이라는 긴 세월 동안 농사를 짓는 땅은 매우 서서히 늘어났다. 이 기간에 경작지는 약 1억 3천만 헥타르에서 2억 3천만 헥타르로, 목초지는 약 110만 헥타르에서 2억 2천만 헥타르로 증가했을 뿐이다.

하지만 1500년을 기점으로 변화의 속도는 빨라지기 시작했다. 1500년에서 1800년 사이 300년 동안 경작지 면적은 2억 3천만 헥타르에서 4억 2천만 헥타르로 거의 두 배나 늘어났다. 이 시기에는 동유럽, 중국 중남부, 그리고 라틴 아메리카의 유럽 식민지에서 새로운 농경지가 대거 개척되었다. 같은 기간에 가축을 기르는 목초지 면적은 2억 2천만 헥타르에서 5억 1천만 헥타르로 두 배 이상 증가했는데, 이는 주로 아시아 지역의 목초지가 확장된 결과다. 인구 증가가 더욱 가속화되면서 지난 두 세기는 그야말로 전례 없는 토지 이용의 변화를 겪었다. 특히 19세기 한 세기 동안 전 세계 경작지 면적은 또다시 두 배로 늘어났다. 절대량으로는 무려 4억 3천만 헥타르가 증가하여 총면적이 8억 5천만 헥타르에 이르게 되었다. 이는 북아메리카 대평원과 캐나다 프레리 지역의 서부 개척, 그리고 호주, 브라질, 아르헨티나, 러시아 제국(중앙아시아), 중국 북부 등지에서 새로운 땅을 농경지로 개간한 결과였다.

19세기에는 목초지가 경작지보다 훨씬 더 빠른 속도로 늘어났다. 한 세기 동안 2.5배나 증가하여 늘어난 면적만 거의 8억 헥타르에 달했다. 이 역시 북아메리카의 서부 개척과 호주, 사하라 사막 이남 아프리카, 중앙아시아 등지에서 방목지가 크게 늘어난 덕분이었다. 하지만 20세기에 들어서면서 두 경향은 다른 길을 걷게 된다. 전 세계 경작지의 증가율은 둔화되었지만, 총면적은 약 80%나 더 늘어났다. 절대적인 증가량으로 보면 사상 최대치인 6억 8천만 헥타르가 늘어나, 2000년에는 15억 헥타르를 넘어섰고 2015년에는 15억 9천만 헥타르에 이르렀다. 이러한 증가는 모든 대륙에서 일어났다. 특히 아시아에서는 구소련이 카자흐스탄에 곡창지대를 개척했고, 미국은 서부 대평원의 반건조 지역까지 농경지로 만들었다. 브라질의 세하두 지대는 사탕수수와 콩 재배지로, 아르헨티나의 팜파스는 콩 재배지로 바뀌었으며, 호주와 사하라 사막 이남 아프리카에서도 새로운 경작지가 생겨났다.

전체 경작지의 약 90%는 매년 작물을 갈아 심는 경지이고, 나머지는 과일, 견과류, 차, 커피 등을 생산하는 농장처럼 한 번 심으면 계속 수확하는 영년생 작물 재배지다. 그런데 이 경작지 총면적이라는 수치는 실제 농사를 짓는 땅의 상황을 과소평가하는 동시에 과대평가하는 측면이 있다. 먼저 과소평가되는 이유를 보자. 첫째, 유엔식량농업기구의 통계는 화전과 같은 이동식 경작지를 제외하기 때문이다. 아시아, 아프리카, 라틴 아메리카의 많은 지역에서는 여전히 땅을 놀리는 휴경 기간이 5년이 넘는 전통적인 이동식 농업이 이루어지는데, 이것이 통계에서 빠지는 것이다. 둘째, 따뜻한 기후 지역에서는 일 년에 여러 번 작물을 심고 수확하는 다모작이 흔한데, 이 역시 단순 면적 계산에는 제대로 반영되지 않는다.

다모작 중 가장 흔한 형태는 이모작, 즉 1년에 두 번 농사를 짓는 것이다. 이모작은 온대 및 아열대 지역에서 널리 행해진다. 미국에서는 주로 겨울 밀을 수확한 뒤 옥수수나 콩을 심는 방식으로 이루어지지만, 전체 경작지의 약 2%에서만 행해져 비중이 크지는 않다. 반면 독일, 폴란드, 동유럽의 흑토지대와 중국 화베이평원에서는 이모작이 매우 흔하다. 위성 연구에 따르면 2002년 기준 중국 전체 경작지의 34%가 다모작 지역이며, 이 중 5%가 넘는 땅에서는 삼모작까지 이루어진다. 열대 지방의 집약적인 밭이나 비닐하우스를 이용하는 아열대 지역에서는 채소를 1년에 최대 다섯 번까지 수확하기도 한다.

반대로 경작지 면적이 과대평가되는 이유는 휴경지 때문이다. 휴경지는 작물을 심을 수 있는 땅이지만, 한 해 또는 특정 계절 동안 일부러 농사를 짓지 않고 놀리는 땅을 말한다. 21세기 초의 한 연구에 따르면, 전 세계 경작지 총면적은 약 16억 헥타르였다. 그런데 이 중 28%에 해당하는 4억 4천만 헥타르가 휴경지 상태였다. 이 휴경지를 어떻게 계산하느냐에 따라 토지 이용의 효율성을 나타내는 지표가 크게 달라진다. 예를 들어, 휴경지를 제외하고 계산하면 경작 강도는 1.13으로, 땅이 매우 효율적으로 사용되는 것처럼 보인다. 하지만 휴경지를 포함하여 계산하면 이 수치는 0.82로 뚝 떨어진다. 이는 공식적으로는 경작지이지만 실제로는 상당 부분이 쉬고 있다는 뜻이다.

앞서 살펴본 수치, 즉 경작 강도가 0.82라는 것은 1998년에서 2002년 사이 전 세계의 농경지가 1년 중 절반 정도만 실제 농사에 사용되었다는 의미다. 유엔식량농업기구의 다른 자료도 비슷한 결론을 보여준다. 이처럼 토지 이용 효율은 일반적으로 생각하는 것보다 훨씬 낮다. 물론 지역별 차이는 크다. 동아시아와 남아시아에서는 채소를 연작하거나 쌀을 삼모작하는 등 토지 이용 강도가 매우 높은 반면, 사하라 이남 아프리카에서는 그 강도가 가장 낮다. 이는 곧, 지금보다 더 많은 에너지를 투입하고 발전된 농업 기술을 보급한다면, 현재의 농경지에서 더 많은 식량을 생산할 잠재력이 남아있다는 뜻이기도 하다.

목초지는 20세기 동안 사상 최대의 확장 기록을 세웠다. 총면적은 2.7배 가까이 늘어나 21억 헥타르가 추가되었고, 전체 면적은 34억 헥타르를 넘어섰다. 특히 사하라 이남 아프리카의 목초지 면적은 두 배 이상 늘어났고, 브라질과 아르헨티나가 주도한 라틴 아메리카에서는 네 배나 증가했다. 하지만 최근 유엔식량농업기구의 자료에 따르면 영구 목초지 면적은 32억 7천만 헥타르로 다소 감소한 것으로 나타난다. 실제 면적은 이보다 훨씬 더 작을 수도 있는데, 다른 위성 연구에서는 전 세계 초지 면적을 28억 헥타르로 추정하기도 했다. 어떤 수치가 맞든, 한 가지는 분명하다. 목초지는 인류가 식량을 생산하기 위해 변형시킨 자연 생태계 중 가장 넓은 영역을 차지하며, 이제 그 면적은 줄어들고 있을 가능성이 있다.

아프리카에서는 매년 의도적으로 목초지에 불을 지르는 일이 벌어진다. 관목이나 나무가 들어서는 것을 막고, 불이 꺼진 뒤 새로운 풀이 더 잘 자라도록 하기 위해서다. 위성 사진으로 이 과정을 분석해 보면, 불을 지르는 주기는 1년에서 20년 사이로 다양하며, 평균적으로는 4년에 한 번꼴이다. 이로 인해 매년 불타는 식물의 총량에 대한 추정치는 연구에 따라 8배 이상 차이가 나기도 한다. 매년 불타는 면적은 약 2억 헥타르에 달하는 것으로 추정되는데, 이는 미국 전체 농경지 면적보다도 넓은 규모다.

그렇다면 자연 그대로의 생태계가 농경지로 바뀌는 이 기나긴 전환 과정에서 우리는 지금 어느 지점에 와 있는 것일까? 식량 생산을 위한 토지의 증가는 보통 S자 형태의 성장 곡선, 즉 로지스틱 곡선을 따른다. 처음에는 서서히 증가하다가 어느 시점에서 폭발적으로 늘어난 뒤, 점차 한계에 가까워지면서 증가세가 둔화되는 모습이다. 이 곡선에서 가장 가파른 증가가 일어나는 변곡점은 목초지의 경우 1960년대 후반, 경작지의 경우 1990년대 중반에 이미 지났다. 현재의 추세로 볼 때 미래에 경작지가 최대로 늘어날 수 있는 면적은 약 28억 헥타르로 예측된다. 이는 과거에 잠재적으로 경작 가능한 땅의 총량을 31억에서 34억 헥타르로 보았던 평가들보다 훨씬 낮은 수치다. 만약 인류가 과거의 예측처럼 더 많은 땅을 개간하려 한다면, 현재 숲이나 습지, 초원으로 남아있는 이 땅들을 모두 농경지로 바꿔야만 한다. 이는 생물권에 또 한 번의 엄청난 파괴를 가져오는 것을 의미한다.

하지만 인류가 미래에 30억 헥타르에 가까운 땅을 경작하게 될 가능성은 거의 없다. 1950년 이후 본격화된 농업의 집약화가 새로운 농경지 개간을 막았기 때문이다. 수확량이 많은 품종을 도입하는 등 농업 기술이 발전하면서, 같은 면적에서 훨씬 더 많은 식량을 생산할 수 있게 된 것이다. 오히려 많은 나라에서는 인구가 계속 늘어났음에도 불구하고 경작지 면적을 줄일 수 있었다. 이러한 '토지 절약 효과'는 특히 신품종 도입의 혜택을 많이 본 작물에서 두드러졌다. 만약 1960년대의 생산성이 그대로 유지되었다면, 2010년 인도의 밀 재배 면적은 지금보다 거의 네 배나 더 넓어야 했을 것이다. 같은 방식으로 계산하면 미국은 네 배 이상의 밀밭이, 중국은 일곱 배 이상의 옥수수밭과 여덟 배 이상의 논이 필요했을 것이다.

이러한 토지 절약 효과는 실제 통계로도 확인된다. 북아메리카, 유럽, 구소련 지역의 경작지 면적은 1950년대에 정점을 찍은 이후, 2015년까지 각각 약 14%, 25%, 13%나 감소했다. 미국의 경작지는 1950년대 초 약 1억 9,400만 헥타르로 최대치에 달했지만, 2016년에는 1억 5,450만 헥타르로 20%나 줄었다. 미국 최대 작물인 옥수수 생산량의 36%를 가축 사료 대신 자동차용 에탄올 생산에 사용하고 있음에도 불구하고 경작지가 줄어든 것이다. 이러한 추세를 바탕으로 일부 학자들은 전 세계 경작지 면적이 정점에 도달했다는 결론을 내렸다. 이들은 1961년 13억 7천만 헥타르에서 2009년 15억 3천만 헥타르까지 증가했던 경작지가 앞으로는 감소세로 돌아서, 2060년에는 다시 13억 8천만 헥타르 수준으로 돌아갈 것이라고 예측했다.

하지만 이러한 예측이 발표된 이후에도, 유엔식량농업기구의 통계에 따르면 전 세계 경작지는 2015년까지 15억 9천만 헥타르로 오히려 더 늘어났다. 2017년에 발표된 새로운 위성 분석 자료는 그 면적을 18억 7,400만 헥타르로 훨씬 더 높게 추정하기도 했다. 그럼에도 불구하고 전 세계가 경작지 면적의 정점에 가까워지고 있다는 주장은 여전히 설득력이 있다. 아시아와 특히 아프리카에서 농업 집약도를 높이고, 앞서 살펴본 휴경지를 줄이는 것만으로도 토지 절약 효과는 훨씬 더 커질 수 있기 때문이다. 반면에 정반대의 시나리오도 가능하다. 브라질과 사하라 이남 아프리카에서 계속해서 빠르게 증가하는 인구를 먹여 살리기 위해 농경지를 확장한다면, 앞으로 수십 년 동안 전 세계 경작지 면적은 계속해서 늘어날 수도 있다. 특히 아프리카의 농업이 현대화되지 못한 채 무질서하게 확장된다면 이러한 가능성은 더욱 커질 것이다.

### 인간이 남긴 영향 요약

토지 피복과 토지 이용의 변화는 여러 가지 부수적인 효과를 낳았다. 땅 표면의 햇빛 반사율, 즉 알베도$^{albedo}$가 달라진 것이 대표적이다. 침엽수림의 반사율은 0.1 이하로 낮지만, 건조한 맨땅은 0.3까지 높아진다. 이렇게 반사율이 바뀌면서 토양과 식생의 온도가 변하고, 땅과 식물에서 수분이 증발하는 양도 달라졌다. 특히 자연 상태의 땅을 불투수층으로 바꾼 것은 도시 열섬 현상을 일으키는 주된 원인이 되었다. 이제 모든 대도시에서 나타나는 열섬 현상은 인간의 쾌적함, 바람의 속도, 강수량까지 바꾸고 있다. 불투수층은 홍수의 위험을 높이기도 했다. 한편, 농경 활동, 특히 부적절한 농법은 토양 먼지를 더 많이 발생시키고, 토양 침식과 유기물 손실을 가속했으며, 토양이 수분을 머금는 능력을 떨어뜨렸다.

2015년 기준으로, 인간의 활동으로 변형된 숲과 목초지, 경작지, 도시 지역을 모두 합하면 그 총면적은 약 75억 헥타르에 달한다. 이는 지구의 육지, 즉 빙하를 제외한 면적의 55%에 해당하는 거대한 규모다. 하지만 이 계산에는 아직 포함되지 않은 것들이 있다. 광업, 비도시 지역의 주거 및 산업 시설, 교통망, 저수지 등으로 인해 파괴되거나 변형된 땅이다. 이 중 첫 번째는 광물과 화석연료를 채굴하고 가공하는 활동이다. 노천광산이 가장 큰 흔적을 남기지만, 지하 광산 역시 채굴 폐기물을 처리하는 과정에서 지표면에 상당한 영향을 미친다.

2015년 기준으로, 이러한 활동으로 영향을 받은 총면적은 약 5천만 헥타르에 이른다. 도시를 제외한 농촌 지역의 주택이 차지하는 면적도 도시 지역 전체 면적과 맞먹는 최소 2억 헥타르에 달한다. 모든 도로와 철도가 인접 지대를 포함하여 차지하는 땅은 적어도 5억 헥타르나 된다. 전 세계 저수지의 총면적은 현재 2억 헥타르를 넘으며, 필자가 추정한 송유관과 고압선이 지나가는 길의 총면적도 약 1억 헥타르에 이른다. 물론, 주거지나 교통망 주변에는 기존의 식생이 일부 남아있거나 공원이나 도로변에 새로 풀과 나무를 심는 경우도 많다.

지금까지의 모든 항목을 합산하면, 인간의 활동으로 영향을 받은 땅의 총면적은 약 85억 헥타르에 이른다. 이는 전체 육지 면적의 약 63%에 해당한다. 여기에 더해, 인간의 활동으로 발생한 침식 퇴적물로 인해 변형된 땅도 있다. 광산 유출물, 경작으로 인한 먼지, 건설 및 삼림 벌채 등으로 가속화된 침식 작용이 만들어 낸 퇴적물이 쌓인 땅이다. 이 면적을 약 5억 헥타르로 중간값을 잡아 더하면, 인간의 손길이 닿은 땅의 최종 총면적은 약 90억 헥타르, 즉 전체 육지 면적의 67%에 달하게 된다. 이제 지구 육지의 3분의 2가 다양한 강도로 인간의 영향을 받게 된 것이다. 우리는 지구의 모습을 바꾸는 독보적인 '테라포밍terraforming' 종족이 되었다. 하지만 특정한 목적을 위한 토지 이용은 유한하며, 우리는 21세기가 끝나기 전에 그 대부분이 정점에 도달하는 것을 목격하게 될 가능성이 매우 높다.

인류가 지구의 모습을 바꾸는 지질학적 행위자라는 사실은, 우리가 변화시킨 땅의 면적이 아니라 우리가 옮긴 흙과 암석의 질량을 추정해 보아도 잘 알 수 있다. 영국의 지질학자 로버트 라이오넬 셜록은 이러한 과정을 과학적으로 주목한 최초의 인물이다. 그는 영국에서 인간의 활동으로 이동한 물질의 양을 상세히 조사했다. 그의 계산에 따르면, 1500년부터 1914년까지 광산 채굴, 채석, 철도 및 도로 건설, 도시 확장 등으로 파낸 물질의 총량은 300억 세제곱미터가 넘었다. 이는 영국 제도 전체 표면에서 거의 10센티미터 두께의 층을 걷어낸 것과 같은 양이다. 셜록은 인류를 자연적인 침식 작용과 비교한 뒤, "영국처럼 고도로 개발된 나라에서는 인간이라는 존재가 모든 자연적 침식 요인을 합친 것보다 몇 배나 더 강력한 침식의 동인이다"라고 결론 내렸다.

지질학자 브루스 윌킨슨은 이러한 암석과 토사의 이동을 '깊은 시간deep time'의 관점에서 분석했다. 그의 연구에 따르면, 지난 5억 년 동안 자연적인 침식 작용은 100만 년에 수십 미터 정도의 속도로 대륙의 표면을 깎아내렸다. 반면 현대 인류의 건설과 농업 활동은 100만 년에 수백 미터를 깎아낼 수 있는 엄청난 속도로 흙과 암석을 옮기고 있다. 인류가 일으키는 침식의 속도는 지난 수억 년간의 자연적인 평균 속도보다 무려 10배나 더 빠른 셈이다. 물론, 어떤 문명도 이런 속도로 행성을 깎아내면서 수백만 년 동안 생존할 수는 없다. 최근 매립 공사나 콘크리트 건설에 필요한 모래가 부족하다는 소식은 바로 이러한 과정의 단면을 보여준다. 윌킨슨의 연구는 또한 인류가 서기 1000년이 되기 전에 이미 지구상에서 가장 주된 침식의 동인이 되었지만, 그 대부분의 침식은 1800년 이후에 일어났음을 보여준다.

최근의 다른 연구들도 인간이 지구 표면에 얼마나 광범위하게 개입했는지를 확인해 준다. 지금까지 발표된 것 중 가장 포괄적이고 정확한 평가는 2014년에 공개된 유엔식량농업기구의 전 지구 토지 피복 공유$^{GLC-SHARE}$ 자료다. 이 분석은 빙하와 남극 대륙을 포함한 지구의 모든 대륙을 대상으로 했다. 분석 결과, 인공적인 표면은 전체 대륙 면적의 0.6%에 불과했지만, 경작지는 12.6%, 초지(관목 지대 포함)는 31.5%, 삼림은 27.7%, 맨땅은 15.2%, 수역은 2.7%를 차지했다. 여기서 원시림의 면적을 제외하고 계산하면, 이 자료 역시 빙하 지역을 포함한 지구 전체 표면의 최소 63%가 인간의 활동에 의해 영향을 받았다는 결론에 이르게 된다. 심지어 이 연구의 분류 방식은 맨땅이나 해안 생태계에 대한 인간의 영향 정도를 제대로 보여주지 않기 때문에, 실제 영향을 받은 면적은 이보다 다소 더 넓을 것이다.

인간의 토지 이용 변화를 더 넓은 시각에서 파악하는 방법으로 '인류 발자국$^{human\ footprint}$' 지도가 있다. 이는 위성 관측을 통해 인간 활동이 가하는 직접적인 압력을 종합적으로 보여주는 지도다. 한 연구에서는 인류 발자국을 측정하기 위해 8가지 지표를 사용했다. 건축물이 들어선 지역, 경작지, 목초지의 면적, 인구 밀도, 야간 불빛, 그리고 철도, 도로, 항해 가능한 수로가 그것이다. 1993년부터 2009년까지의 변화를 지속적으로 관찰한 결과, 세계 인구가 23% 늘어나고 세계 경제 규모가 153%나 성장하는 동안 인류 발자국의 총점은 9% 미만으로 소폭 증가하는 데 그쳤다. 2009년 기준으로 지구의 약 75%가 측정 가능한 수준의 인류 압력을 받고 있었다. 이 기간 동안 상대적으로 가장 크게 증가한 분야는 건축 환경, 경작지, 그리고 야간 불빛이었다. 고해상도 지도를 통해 우리는 인간의 영향이 어디서 줄어들고 어디서 늘어나는지 추적할 수 있다. 압력이 줄어든 곳은 주로 미국 중서부, 캐나다 프레리, 유럽과 아프리카 남동부 일부 지역이며, 압력이 커진 곳은 브라질, 아프리카의 사헬 지대, 인도, 인도네시아, 중국 등에서 두드러지게 나타났다.

우리는 반대의 질문을 던져볼 수도 있다. 그렇다면 인간의 손길이 닿지 않은 '야생'은 과연 얼마나 남아 있을까? 여기서 야생이란 단순히 인간의 정착지나 기반 시설에서 멀리 떨어져 있다는 것을 의미하지 않는다. 아주 멀리 떨어진 외딴곳이라도 먼 곳에서 날아온 황산염과 질산염 같은 대기오염 물질이나, 전 지구적으로 증가하는 이산화탄소 농도에 의해 미세하게 변형되었을 수 있기 때문이다. 이처럼 인간의 영향이 생각보다 훨씬 더 광범위했다는 발견은 사실 새로운 것이 아니다. 아마존의 '테라 프레타' 발견에서부터 장 자크 루소의 '고독한 산책자의 몽상'에 이르기까지, 역사는 놀라울 정도로 깊숙이 뻗어 나간 인간의 흔적들을 보여준다.

브라질 아마존은 오랫동안 인간의 간섭이 없는 원시 자연림의 대표적인 사례로 여겨졌다. 하지만 '인디오의 검은 흙'이라는 뜻의 '테라 프레타$^{terra}$ $^{preta\ de\ índio}$'가 발견되면서 이러한 생각은 완전히 뒤집혔다. 테라 프레타는 아마존 분지 전역에서 발견되는 고대의 인공 토양이다. 콜럼버스가 아메리카 대륙에 도착하기 이전에 살았던 고대 사회가 인위적으로 만든 이 탄소 함량이 높은 흙은, 평균 20헥타르 정도의 조각들로 나타나지만 그 총면적은 수천 제곱킬로미터에 달한다. 이 흙은 당시 사람들이 음식을 조리하며 사용한 숯과 생활 쓰레기가 쌓여 만들어진 것이다. 이는 과거 아마존에 지금은 사라진, 인구가 많고 계층화된 사회가 존재했으며, 일부 정착지는 도시 규모로까지 성장했음을 시사한다. 그들의 활동은 검은 흙뿐만 아니라 습지 형태의 밭, 2차림, 흙으로 쌓은 둔덕, 그리고 광범위한 이동식 농업의 흔적까지 남겼다.

인간의 영향력이 얼마나 놀라울 정도로 광범위한지를 이보다 더 잘 보여주는 사례는 없을 것이다. 바로 루소가 겪었던 야생에서의 경험이다. 그는 알프스의 깊은 골짜기를 걷다가 너무나 외진 곳에 다다랐다. 그는 이렇게 기록했다. "내 평생 이보다 더 황량한 광경을 본 적이 없을 정도로 후미진 곳이었다...나는 무인도를 발견한 위대한 탐험가에 나 자신을 비유하며 흡족한 마음으로 중얼거렸다. '틀림없이, 여기까지 들어온 최초의 인간은 바로 나일 것이다'...이런 생각에 혼자 우쭐해 있는데, 바로 근처에서 무언가 덜컹거리는 소리가 들렸다...나는 일어나 덤불을 헤치고 나아갔다...그리고 내가 최초로 도달했다고 믿었던 바로 그 장소에서 불과 스무 걸음 떨어진 작은 골짜기에서, 나는 양말 공장을 발견했다."

루소의 반응은 복합적이었다. 한편으로는 "완전히 혼자라고 믿었던 순간에 다시 인간 세상과 만났다는" 안도감이었고, 다른 한편으로는 "알프스의 가장 깊숙한 곳에서조차 인간의 잔인한 손길에서 벗어날 수 없다는" 절망감이었다.

남아있는 지구의 야생 지역에 대한 최초의 정식 조사는 1980년대에 이루어졌다. 이 조사에서는 40만 헥타르, 즉 최소한 가로세로 약 63킬로미터에 해당하는 거대한 자연 지역이 끊기지 않고 이어진 곳을 '야생'으로 정의했다. 조사 결과, 당시에는 남극 대륙을 포함한 전 세계 대륙 표면의 약 3분의 1, 총 48억 헥타르에 달하는 땅이 여전히 야생 상태인 것으로 나타났다. 야생 지역의 비율은 남극 대륙이 100%, 캐나다가 65%에 달하는 반면, 멕시코와 나이지리아는 2% 미만에 불과했다. 유럽에서는 스웨덴을 제외한 주요 국가들에서는 이러한 대규모 야생 지역이 발견되지 않았다. 지역별로 보면, 아한대림과 극지방의 추운 사막이 인간의 영향을 가장 적게 받은 반면, 지중해, 북아메리카 동부, 중국의 온대림과 기니 고원, 마다가스카르, 자바섬 등의 열대우림에서는 거대한 야생 지역이 거의 남아있지 않았다.

그 이후 야생 지역의 파괴는 더욱 가속화되었다. 1993년부터 2009년까지, 불과 16년 만에 인도보다 더 넓은 면적인 3억 3천만 헥타르의 야생이 인간의 활동으로 사라졌다. 현재 남극을 제외한 육지 중 야생으로 분류될 수 있는 곳은 약 23%에 불과하다. 그나마 남아있는 야생 지역의 70% 이상은 단 5개국(러시아, 캐나다, 미국의 아한대림, 브라질의 열대우림, 호주의 사막)에 집중되어 있다. 바다의 상황은 더욱 심각하다. 15가지 현재의 인위적인 스트레스 요인을 종합적으로 고려하여 온전한 해양 생태계를 조사한 결과, 전 세계 바다의 13.2%만이 해양 야생 지역으로 분류되었다. 산호초를 포함한 연안 해역은 남아있는 야생 지역의 10%에 불과하며, 이제 광대한 해양 야생은 서부 열대 태평양과 남극해에서나 찾아볼 수 있게 되었다.

남아있는 자연 생태계가 더는 파괴되지 않도록 막는 또 다른 제약 요인은 바로 보호 구역의 확대다. 2016년 기준으로 전 세계에는 20만 개가 넘는 보호 구역이 있으며, 그 총면적은 거의 2,000만 제곱킬로미터에 달한다. 이는 남극을 포함한 전체 대륙 면적의 약 15%에 해당하는 규모로, 2020년까지 달성하기로 한 17%라는 목표치에 근접한 수치다. 이 중에는 옐로스톤 국립공원, 오카방고 삼각주, 갈라파고스 제도처럼 세계자연유산으로 지정된 238개의 대규모 보존 지역이 포함되어 있으며, 이들이 전체 보호 구역 면적의 8%를 차지한다. 하지만 해양 생태계의 보호는 육지에 비해 훨씬 미흡한 실정이다. 앞서 살펴보았듯이, 전 세계 바다의 약 13%만이 야생 상태로 남아있는데, 이 얼마 남지 않은 야생 해역 중에서 다양한 형태로 보호받고 있는 곳은 고작 5%에 불과하다.

## 현대 사회가 환경에 끼친 많은 악영향

토지 피복과 토지 이용의 변화는 거의 예외 없이 환경의 질적 저하, 즉 환경 파괴를 동반한다. 숲이 사라지면 생물 다양성이 감소하고, 집약적 농업은 토양 침식을 가속하며, 불투수성 표면은 도시 열섬 현상을 만든다. 하지만 필자는 지금까지 이들을 토지 이용 변화라는 항목으로 따로 묶어서 다루었다. 주로 면적의 변화라는 양적인 측면에서 정의되는 문제들이기 때문이다. 이와 대조적으로, 지금부터 다룰 다양한 환경 파괴 문제들은 '질적인 손실'이라는 공통점을 갖는다. 현대 사회는 수천 년간 이어진 농경지 관리 실패 문제부터, 정수 처리 후에도 물에 남아있는 살충제나 의약품 찌꺼기, 그리고 바다를 떠도는 미세플라스틱 오염에 이르기까지, 생물권에 너무나 많은 상처를 입혔다. 따라서 필자는 이 모든 문제를 다루는 대신, 가장 중대한 환경 파괴 문제에만 집중하고자 한다. 이러한 문제들은 크게 '자원의 질적 변형'과 '환경오염'이라는 두 가지 범주로 나눌 수 있다. 환경오염이란 바람직하지 않은 인공 물질이 유입되거나, 해를 끼칠 잠재력이 있는 자연 화합물이 인간의 활동으로 인해 대량으로 동원되는 현상을 말한다.

우리 존재에 필수적인 자연 자원이 물리적으로 고갈될 것이라는 걱정은, 그 자원의 질이 나빠지는 문제에 비하면 덜 중요하다. 앞서 설명했듯이, 우리는 경작 가능한 땅의 상당 부분을 휴경지로 놀리고 있으며, 생산된 식량의 막대한 양을 변명의 여지없이 낭비하고 있다. 따라서 전 지구적으로 볼 때 농경지가 고갈될 것이라는 걱정은 정당화되기 어렵다. 목재와 종이의 경우, 조림지에서 성공적으로 수확할 수 있으며, 과거에는 폐기물로 취급되던 나무 부스러기들로 공학 목재를 만들 수도 있다. 또한 콘크리트, 강철, 알루미늄, 유리 같은 훌륭한 대체재들이 있으므로, 심각한 목재 부족 사태를 걱정할 필요도 없다. 물은 의심할 여지 없이 가장 심각하게 잘못 관리되고 있는 핵심 자원이다. 하지만 이 경우에도 물을 훨씬 더 합리적으로 사용할 거대한 기회가 남아있다. 물 가격을 현실화하고, 사용한 물을 전면적으로 재활용하며, 물 사용의 가장 큰 주범인 농업 분야에서 재배 작물과 사육 가축의 종류를 최적화하는 방법들이 그것이다.

## 질적인 변화

이와 대조적으로, 인간의 활동이 빚어낸 많은 질적인 변화는 바로잡기가 어렵거나 아예 불가능하다. 예를 들어, 한때는 야생 코끼리의 서식지였던 튀니지, 알제리, 모로코에 다시 코끼리가 돌아오는 모습을 상상하기는 어렵다. 캐나다 뉴펀들랜드 연안에서는 지금도 대구를 소량 잡을 수는 있지만, 상업적 어업을 전면 금지한 지 거의 40년이 지났음에도 불구하고 개체 수는 좀처럼 회복되지 못하고 있다. 500년 가까이 이어져 온 어업의 기반이었던 과거의 풍부한 자연 상태와 비교하면, 현재는 극히 일부만 살아남았을 뿐이다.

'생물 다양성 손실'이라는 말은 우리가 생물권을 공유하는 다른 종들을 어떻게 무시하고 있는지를 전달하기에는 너무 학술적이고 무미건조한 표현이다. 한때는 흔했던 아메리카 여행비둘기나 들소가 1890년대에 이르러 거의 사라진 것처럼, 특정 종의 멸종이나 멸종 위기 사례에 많은 관심이 쏠리는 것은 당연하다. 오늘날에도 판다, 호랑이, 고래와 같이 대중에게 인기 있는 동물들을 내세워 생물 다양성의 위기를 알린다. 하지만 이보다 훨씬 더 중요한 두 가지 종류의 감소가 있다. 하나는 식량으로 잡는 상업적으로 중요한 야생 종의 감소이고, 다른 하나는 여러 포유류 집단 전반에 걸쳐 광범위하게 나타나는 개체 수 감소다. 특히 후자는 인류 문명이 존재하는 시간 단위 내에서는 결코 회복될 수 없는 결과를 초래한다.

첫 번째 종류의 자원 고갈, 즉 야생 동물의 감소는 물고기와 해양 무척추동물의 남획에서 가장 뚜렷하게 나타나며, 영양학적으로나 경제적으로 가장 중대한 결과를 낳고 있다. 육지에서의 동물상 파괴는 오랜 역사를 가지고 있으며, 심지어 플라이스토세의 거대 동물군 멸종의 한 원인이기도 했다. 하지만 바다에서의 동물상 파괴는 산업적 어업이 도입되면서부터 본격화되었다. 이러한 공격적인 어업은 19세기 후반에 시작되었다. 증기 동력선은 범선보다 훨씬 더 큰 그물을 사용할 수 있었고, 거대한 그물을 해저에 끌고 다니며 물고기를 싹쓸이하는 저인망 조업을 쉴 새 없이 할 수 있게 되었기 때문이다.

제1차 세계대전 이후 디젤 엔진이 도입되면서 어선의 평균 동력과 조업 범위는 더욱 늘어났다. 이러한 경향은 제2차 세계대전 이후에 정점을 찍었다. 배 위에서 직접 가공과 냉동까지 할 수 있는 거대한 공장형 어선이 등장하면서 남극해를 포함한 먼바다까지 쉽게 나아갈 수 있게 되었고, 음파 탐지기로 어군을 찾아내고, 길이가 50킬로미터에 달하는 거대한 유자망을 사용할 수 있게 된 것이다. 현대의 포경 산업도 마찬가지다. 디젤 동력선에서 작살포를 쏘는 방식은 범선에서 작은 배를 내려 작살을 던지던 전통적인 방식과는 비교할 수 없을 정도로 파괴적이었다. 1982년에 상업적 포경 금지 조치가 내려지지 않았다면 가장 큰 고래 종들은 거의 멸종에 이르렀을 것이다.

현대의 산업적 어업은 세 가지 방향으로 확장되었다. 항구에서 더 멀리, 더 깊은 심해로, 그리고 이전에는 건드리지 않았던 새로운 어종까지 싹쓸이하게 된 것이다. 바다를 진공청소기처럼 빨아들이는 이러한 어업의 결과, 1950년에서 2000년 사이 대서양과 인도양의 포식성 어류 밀도는 절반으로 줄었고, 태평양에서도 약 25%가 감소했다. 21세기에 들어서면서 대구, 참치 같은 대형 어류의 총량은 과거에 비해 10분의 1 수준으로 급감했다. 유엔식량농업기구의 2009년 평가에 따르면, 전 세계 어족 자원의 약 57%는 이미 지속 가능한 최대치에 도달하여 더 잡을 여유가 없는 '완전 조업' 상태였고, 30%는 이미 그 한계를 넘어선 '과잉 조업' 상태였다. 아직 여유가 있는 어종은 13%에 불과했지만, 이들 대부분은 상업적 가치가 크지 않았다.

원래 선박 충돌을 막기 위해 개발된 선박자동식별장치 덕분에, 이제는 7만 척이 넘는 산업 어선의 움직임을 추적할 수 있게 되었다. 한 연구팀은 220억 개의 위치 정보를 분석하여, 2012년부터 2016년까지의 전 지구적 어업 활동 범위를 이전보다 수백 배 더 정확한 지도로 만들어냈다. 그 결과, 산업적 어업이 전 세계 바다의 55% 이상에서 이루어지고 있으며, 그 면적은 지구상의 모든 농경지를 합친 것보다 네 배나 더 넓다는 사실이 밝혀졌다. 예상대로 어업 활동은 유럽, 동아시아, 북태평양 연안에서 가장 활발하게 이루어지고 있지만, 적도 부근 태평양의 넓은 해역에서도 강도 높은 조업이 행해지고 있었다. 반면 남극해 주변은 조업이 활발하지 않았다.

해양 생물 다양성의 손실은 바다의 식량 생산 능력을 떨어뜨리고, 수질에 영향을 미치며, 외부 충격으로부터 생태계가 회복되는 것을 더 어렵게 만든다. 자원이 얼마나 희귀해졌는지를 보여주는 좋은 지표는 바로 가격이다. 심각한 멸종 위기에 처한 참다랑어, 즉 일본에서 초밥이나 회의 최고급 재료로 쓰이는 '마구로'가 대표적인 사례다. 1960년대 후반 킬로그램당 약 0.1달러에 불과했던 일본 내 가격은 1975년에는 약 2.5달러로 올랐고, 2018년 10월 도쿄 도요스 수산시장에서는 신선한 참치의 평균 가격이 53달러에 달했다. 50년 만에 500배 이상 가격이 폭등한 것이다.

이처럼 지나친 남획은 결국 양식업의 급속한 팽창으로 이어졌다. 오래전부터 있었던 양식업은 이제 거대한 글로벌 산업으로 성장하여, 2016년 한 해에만 8천만 톤을 생산했다. 이는 같은 해에 자연에서 잡은 어획량 9,100만 톤에 거의 육박하는 수치다. 이제 양식업은 연어, 도미, 심지어 참치와 같이 상업적으로 인기 있는 육식성 어류까지 길러낸다. 하지만 여기에 복잡한 문제가 숨어있다. 초식성 어류는 식물성 사료로 키울 수 있지만, 육식성 어류를 키우려면 생선 단백질과 지방이 필요하다. 이는 결국 멸치, 정어리, 청어 같은 작은 물고기들을 대량으로 잡아 사료로 만들어 공급해야만 한다는 뜻이다. 결국 양식업은 한편으로는 자연산 어종에 대한 압력을 덜어주면서도, 다른 한편으로는 사료를 만들기 위해 또 다른 야생 어종을 남획하게 만들어 그 압력을 가중시키는 이중적인 역할을 하고 있다.

육지에서는 도시와 거대 도시라는 새로운 세계가 탄생했다. 이곳의 동물계는 개와 고양이가 지배하며, 야생에서 번성하는 포유류와 조류는 대부분 쥐, 비둘기, 까마귀 같은 전 지구적 침입종들이다. 여기에 지역에 따라 너구리나 사슴, 그리고 이들을 노리는 코요테(북미)나 원숭이(인도) 같은 몇몇 종이 더해질 뿐이다. 이러한 육상 동물의 파괴를 보여주는 방법은 많다. 하지만 그중 가장 오해를 불러일으키기 쉬운 방식은, 세계자연기금WWF의 '지구생명보고서' 결과를 단순화하여 "1970년 이후 지구상의 모든 동물이 60%나 사라졌다"고 주장하는 것이다.

세계자연기금의 지구생명지수LPI는 모든 척추동물 종의 개체 수 데이터를 종합한 것이다. 최신 보고서에 따르면 1970년 이후 척추동물의 개체 수가 '평균적으로' 60% 감소했다는 것이다. 이 결과는 이미 그 수가 크게 줄어든 동물들의 추가적인 손실에 의해 큰 영향을 받는다. 예를 들어, 코뿔소 20마리가 사라지면 특정 고립된 집단에게는 90%의 감소를 의미할 수 있다. 하지만 캐나다 기러기 1만 마리가 사라져도, 워낙 거대한 전체 개체 수에 비하면 거의 아무런 영향도 주지 못한다. 이러한 손실을 덜 혼란스럽게 보여주는 지표는 세계자연보전연맹IUCN이 '생명의 기압계'라고 부르는 '레드 리스트Red List', 즉 멸종 위기종 목록이다.

지금까지 세계자연보전연맹은 9만 6,000종 이상의 생물을 평가했는데, 이 중 2만 6,500종 이상이 멸종 위기에 처해 있다. 구체적으로 보면 전체 양서류의 40%, 산호초를 만드는 산호의 33%, 포유류의 25%, 조류의 14%가 위협을 받고 있다. 다른 연구에 따르면 1500년 이후 322종의 육상 척추동물이 멸종했으며, 남아있는 종들의 개체 수도 평균 25% 감소했다. 무척추동물의 상황은 더 나쁠 수도 있다. 특히 곤충과 나비의 개체 수가 크게 줄어들고 있다는 연구 결과들이 잇따르고 있다. 이러한 감소의 주된 원인은 서식지 파괴, 환경오염, 병원균, 외래종 도입, 그리고 기후 변화다.

이 손실의 규모를 가늠하는 또 다른 방법은, 지구의 생물 다양성이 인간의 간섭 이전 상태로 회복되는 데 걸리는 시간을 추정하는 것이다. 한 연구에 따르면, 설령 오늘날의 멸종 속도가 인간 이전 시대의 수준으로 느려진다고 해도, 한번 사라진 포유류의 계통 발생적 다양성을 회복하는 데는 수백만 년이 걸릴 가능성이 매우 높다. 하지만 이러한 속도 둔화를 기대하는 것조차 헛된 희망일지 모른다. 전 지구적 생물 다양성 손실의 장기 추세를 평가한 다른 연구에서는, 일부 지역적인 성공 사례에도 불구하고 전체적인 손실 속도는 전혀 느려지지 않고 있다고 결론 내렸기 때문이다.

환경 간섭이란 생물권의 정상적인 물리적 속성과 기능에 영향을 미치는 온갖 종류의 바람직하지 않은 개입을 포함한다. 그중 가장 중대한 간섭 중 하나는 바로 어둠의 상실이다. 온도나 강수량 같은 기후 조건은 진화의 시간 속에서 상당한 변화를 겪어왔지만, 특정 위도에서 주어지는 자연의 빛은 늘 일정했다. 인공조명이 이 자연스러운 주기를 방해하는 것은 새롭고 잠재적으로 매우 심각한 간섭 행위다. 모든 생물은 낮과 밤의 순서에 따라 조절되는 강력한 일주기 리듬circadian rhythm을 가지고 진화해 왔지만, 이제 이 리듬은 실내뿐만 아니라 광범위한 야외 조명에 의해서도 무너지고 있다. 빛 공해는 식물의 일차 생산성, 일부 생리 기능의 회복, 그리고 생물의 시각적 인식과 공간 지각 능력에도 영향을 미쳐, 이동성이 높은 종들의 항해를 방해한다.

야간의 빛 노출은 인간의 멜라토닌 생산에 영향을 미친다. 일주기 리듬에 따라 분비되는 이 호르몬은 수면을 유도할 뿐만 아니라 면역력을 높이고 콜레스테롤을 낮추는 등 인체의 모든 분비선에 영향을 준다. 저녁이나 심야에 전자기기 화면에 노출되면서 이 문제는 더욱 악화되었다. 이런 기기들은 특히 멜라토닌 분비를 억제하는 푸른빛, 즉 블루라이트 blue light를 많이 방출하기 때문이다. 과도한 빛 노출이 암, 당뇨, 심혈관 질환의 발병률과 관련이 있다는 연구 결과도 있다. 또한 야간의 빛이 음식 섭취 시간을 바꿔 체중을 증가시킬 수 있다는 가능성도 동물 실험을 통해 제기되었다.

이러한 경향은 최근 대대적으로 이루어지고 있는 LED 조명으로의 전환과 함께 더욱 심각해질 것이다. LED는 다른 조명보다 효율적이지만, 그 빛의 파장에는 야간에 멜라토닌 분비를 가장 효과적으로 억제하는 특정 파장의 푸른빛이 두드러지게 포함되어 있기 때문이다. 하지만 한편으로는, 최근 사람들의 수면 시간이 줄어들고 있다는 일반적인 통념이 최고의 연구들에 의해서는 뒷받침되지 않는다는 사실도 고려해야 한다. 여러 연구에 따르면, 12개 국가에서 수면 감소가 유행병처럼 번지고 있다는 주장에 대한 증거는 거의 없으며, 1960년대와 2010년대의 미국 데이터를 비교한 연구에서도 비슷한 결론이 나왔다.

도시의 주민과 동물들은 또한 상대적으로 높은 배경 소음으로 인한 청각적 간섭을 경험한다. 한편, 인공 구조물과의 충돌은 조류의 대규모 사망 원인이 되고 있다. 새들은 보통 투명하거나 반사되는 유리를 장애물로 인식하지 못하며, 밝게 빛나는 건물 외벽에 이끌리는 경우가 많기 때문이다. 이동 중인 철새들이나, 유리로 된 고층 빌딩의 거대한 반사면에 방향 감각을 잃은 도시의 새들은 이런 벽에 부딪힌다. 이때의 속도 때문에 즉사하거나 심각한 부상을 입는 경우가 많다. 하지만 치명적인 충돌 사고의 절반 이상은 저층 건물에서 발생하며, 미국의 경우 연간 3억 6,500만에서 9억 8,800만 마리의 새가 이러한 사고로 죽는 것으로 추정된다. 먹이를 찾거나 이동하는 포유류, 양서류, 갑각류에게는 고속도로와 운하가 간섭 요인으로 작용한다. 거대한 댐 역시 산란을 위해 강을 거슬러 올라오는 물고기들에게는 극복할 수 없는 장애물이다. 물론, 물고기들이 댐의 방수로를 넘거나 터빈을 통과하여 하류로 내려오는 데 성공한다는 가정하에서다.

높이 15미터 이상의 대형 댐은 전 지구적 규모의 간섭을 보여주는 또 다른 완벽한 사례다. 대형 댐은 발전을 위해서나, 도시 및 농업용수 공급을 포함한 여러 가지 목적으로 모든 대륙에 건설되었다. 그 총개수는 57,000개를 넘어섰고, 2014년에는 최소 3,700개의 댐이 추가로 계획되거나 건설 중이었다. 세계에서 가장 큰 댐들은 거대한 철근 콘크리트 구조물이며, 이 댐들이 만들어 내는 저수지의 면적은 일부 작은 나라의 영토와 맞먹는 규모다.

대형 댐 건설은 최소 4천만 명의 삶의 터전을 빼앗았는데, 이들 대부분은 중국과 인도 주민이었다. 댐으로 강물의 흐름을 막고 물을 대규모로 가두는 것은 하류 지역에 여러 가지 중대한 영향을 미친다. 저수지는 강물이 실어 나르는 토사의 상당 부분을 가두어 버린다. 그 결과 하류 지역은 영양분이 풍부한 토사를 공급받지 못하게 되고, 댐 안에는 토사가 쌓여 저수지 자체의 수명을 단축시킨다. 또한 저장된 물은 방류되기 전에 오랫동안 고여 있게 되며, 강물의 온도는 계절에 따라 큰 폭으로 변하는 반면 깊은 저수지에서 방류되는 물의 온도는 일 년 내내 거의 변하지 않는다. 게다가 영양분이 풍부해진 채 정체된 넓은 수역은 조류나 다른 침입성 수생 식물이 자라기에 이상적인 환경을 제공한다.

20세기 말, 대형 댐 뒤에 저장된 물의 양은 자연 상태의 강에 흐르는 물의 총량보다 7배나 많은 수준이었다. 저수지에 물이 갇혀있는 시간은 몇몇 대형 강 하구에서 3개월을 초과했으며, 전 세계 평균 체류 시간은 3배로 늘어나 한 달을 훌쩍 넘겼다. 물이 오래 고여있게 되면 당연히 하천의 전체적인 흐름과 균형이 바뀌고, 물 표면의 산소 공급과 토사 운반에도 영향을 미친다. 온대 지역에서는 여름에 크고 깊은 저수지에서 방류되는 물이 자연

하천보다 훨씬 차가워서 생태계를 교란시킬 정도다. 더운 기후에서는 영양분이 풍부한 저수지가 녹조가 만연하는 최적의 장소가 되기도 한다. 저수지에 토사가 과도하게 쌓이는 현상은 계절풍의 영향을 받는 아시아 전역, 특히 중국 일부 지역에서 흔하게 나타난다. 어떤 경우에는 불과 수십 년 만에 실제 저수량이 설계 당시 기대했던 양보다 훨씬 적게 줄어들기도 했다.

침입종은 이제 세계 경제에서 흔한 문제가 되었다. 큰 나무까지 뒤덮어 질식시키는 칡덩굴이나 고속도로에서 밟혀 죽는 사탕수수두꺼비는 잘 알려진 사례. 칡은 아시아가 원산지인 덩굴 식물로 1876년 미국에 도입되었는데, 현재 미국 남동부의 약 300만 헥타르를 뒤덮고 있으며 북쪽으로는 캐나다의 노바스코샤까지 퍼져나가, 온갖 퇴치 노력을 무색하게 만들고 있다. 사탕수수두꺼비는 남아메리카가 원산지인 독이 있는 대형 양서류로, 1935년 사탕수수밭의 딱정벌레를 구제하기 위해 호주 퀸즐랜드에 도입되었다. 이 두꺼비들은 연간 최대 60킬로미터의 속도로 서식지를 넓혀, 2009년에는 처음 방사된 곳에서 2,000킬로미터 이상 떨어진 서호주와 노던 준주의 경계를 넘었다.

아시아에서 건너온 침입종들은 북아메리카의 숲을 황폐화시켰다. 20세기 초에 유입된 밤나무 마름병균은 한때 미국 동부 숲의 주인이었던 미국 밤나무를 거의 전멸시켰다. 1928년에는 또 다른 아시아의 곰팡이가 유럽을 거쳐 미국 동부에 상륙했는데, 이 균은 서쪽으로 서스캐처원주까지 퍼져나가면서 대부분의 미국 느릅나무를 죽였다. 세 번째 침입자는 나무의 수액을 빨아먹는 작은 곤충인 울리 아델지드로, 현재 북아메리카의 솔송나무를 파괴하고 있다. 한번 퍼진 침입종을 박멸하는 것은 비용이 많이 들고, 대개 극도로 어려우며, 종종 불가능에 가깝다. 완전한 박멸에 성공한 최초의 사례는 2005년 뉴질랜드 남쪽 아남극에 있는 캠벨섬에서 이루어졌다. 이후 캠벨섬보다 더 남쪽에 있는 매쿼리섬의 쥐 박멸 작업, 그리고 알류샨

열도와 갈라파고스 제도의 일부 섬들, 남대서양의 사우스조지아섬에서도 성공 사례가 이어졌다. 하지만 이 성공 사례들은 모두 외부와 고립된 섬이라는 특수한 환경에서만 가능했던 예외적인 경우다.

**환경오염**

근대 이전에도 환경 오염은 흔했고 때로는 심각했지만, 그 영향은 대부분 특정 지역에 한정되었다. 농촌에서 사람들의 건강을 해치는 가장 흔한 오염은 환기가 잘 안 되는 방 안에서 나무를 땔 때 발생하는 실내 연기였다. 이러한 생활 방식은 오늘날에도 아프리카와 아시아의 저소득 국가 농촌 지역에서 호흡기 질환을 일으키고 악화시키는 주요 원인이 되고 있다. 세계보건기구WHO도 2018년 보고서에서 이 문제의 심각성을 지적한 바 있다. 또한 전통적인 축산업 환경에서는 마을 사람들이 가축우리에서 흘러나오는 오물과 아무렇게나 쌓아둔 거름 더미에 그대로 노출되었다. 마을 전체가 덮개 없는 하수구와 반복적으로 오염되는 우물물을 사용하며 살아야 했다.

환경 오염은 산업화와 도시화가 진행되면서 더욱 심각해졌다. 공장과 주거 지역이 뚜렷한 구분 없이 뒤섞였고, 사용한 물을 별다른 처리 없이 그대로 버리는 것이 일반적이었다. 그 결과 도시의 하천은 심하게 오염되기 시작했으며, 석탄 연소는 대기 오염의 주된 원인이 되었다. 오늘날의 도시들은 과거의 문제가 일부 개선된 동시에 새로운 문제가 더 심각해진 복합적인 상황에 놓여 있다. 위생적인 상수도가 거의 모든 곳에 공급되고, 사람들의 배설물은 하수관을 통해 안전하게 처리되면서 물을 통해 전염되는 질병의 위험은 크게 줄었다. 기본적인 수질 관리 역시 이제는 표준이 되었다. 하지만 다른 문제들은 더욱 악화되었다. 쓰레기 수거 시스템은 여전히 미흡하고 재활용은 거의 이루어지지 않아, 많은 도시 외곽에는 분리되지 않은 쓰레기가 산더미처럼 쌓여간다. 대기 오염은 종종 전례 없는 수준에 도달하여, 미세먼지 농도가 안전 기준치를 수십 배나 초과하는 일이 잦다. 소음 공해와 밤을 낮처럼 밝히는 빛 공해도 마찬가지로 심각한 문제로 자리 잡았다.

 과거 석탄을 주요 연료로 사용하던 근대화 시기에는 눈에 보이는 재나 검댕, 그리고 눈에 보이지 않는 미세한 먼지들이 대기 오염의 가장 큰 상징이었다. 이러한 오염 물질들은 건물을 검게 만들고 하늘을 뿌옇게 흐려 가시거리를 줄였다. 또한 식물의 광합성을 방해하고 사람들에게 각종 호흡기 질환을 일으켰다. 이러한 미세먼지의 해로운 영향은 석탄이 탈 때 함께 나오는 아황산가스 때문에 더욱 커졌다. 그 결과로 발생하는 스모그는 19세기 말부터 산업화된 도시에서 흔한 현상이 되었다. 최악의 사건은 1952년 12월 영국 런던에서 일어났다. 지독한 스모그가 도시 전체를 덮쳐 무려 4,000명이 조기에 사망하는 끔찍한 참사가 발생한 것이다. 이 비극적인 사건은 영국이 1954년 세계 최초의 포괄적인 대기오염 방지법인 '청정공기법'을 만드는 직접적인 계기가 되었다. 서구의 도시들이 재와 아황산가스로 인한 이러한 전통적인 스모그 문제를 해결하는 데에는 수십 년의 시간이 걸렸다. 예를 들어, 미국 뉴욕시는 1966년 11월을 마지막으로 더 이상 과거와 같은 심각한 스모그를 겪지 않게 되었다.

 발전소나 제련소의 높은 굴뚝에서 뿜어져 나온 황산화물과 질소산화물은 대기오염의 양상을 바꾸어 놓았다. 이 오염물질들은 바람을 타고 수백 킬로미터씩 멀리 이동하면서 대기 중에서 황산염과 질산염이라는 산성 화합물로 변했다. 흥미롭게도, 1950년대 이후 공장 연기에서 날아다니는 미세한 재를 99% 이상 제거하기 위해 전기 집진기가 널리 설치되면서 이 산성화 과정은 오히려 더 심해졌다. 원래 이 재에는 알칼리 성분이 있어 산성 오염물질의 일부를 중화시키는 역할을 할 수 있었는데, 재가 사라지자 순수한 산성 물질만 남게 된 것이다. 이렇게 만들어진 미세한 산성 입자들은 햇빛을 분산시켜 하늘을 뿌옇게 만들고, 결국 땅으로 떨어져 호수와 토양을 산성화시켰다. 오염물질이 배출된 곳에서 아주 멀리 떨어진 곳까지 영향을 미쳤기 때문에, 산성비 문제는 북미 동부와 유럽 북서부 및 중부 전역에 걸친 대륙적 규모의 문제로 커졌다. 하지만 1980년대 중반까지도 제기되었던, 호수가 완전히 산성화되고 숲이 모두 죽어버릴 것이라는 파국적인 시나리오는 다행히 현실이 되지 않았다.

이 문제를 해결한 것은 몇 가지 핵심적인 기술의 발전이었다. 황 함량이 낮은 석탄을 사용하고, 석탄을 태울 때 오염물질이 거의 나오지 않는 천연가스로 연료를 바꿨으며, 발전소 굴뚝에서 연기가 빠져나가기 전에 황 성분을 제거하는 대규모 탈황 기술을 적용한 것이 결정적이었다. 그 결과, 1970년대와 1980년대에 가장 큰 환경 문제였던 산성비는 이제 환경오염의 역사에서 하나의 지나간 일화 정도로 여겨지게 되었다. 중국이 전례 없는 규모로 석탄 발전을 늘리기 시작했을 때, 탈황 기술은 이미 성숙한 단계에 있었고 덕분에 중국의 오염물질 배출을 제한하는 데 도움이 되었다. 또한 중국 북부의 사막에서 날아오는 알칼리성 먼지가 대기 중에서 자연적으로 산성 물질을 중화시키는 완충 역할을 하기도 했다.

한편, 과거의 스모그가 해결되자 새로운 종류의 대기오염 현상이 주요 문제로 떠올랐다. 바로 '광화학 스모그'다. 이 현상은 제2차 세계대전이 끝난 직후 미국 로스앤젤레스에서 처음 관찰되었다. 광화학 스모그는 복잡한 과정을 거쳐 만들어진다. 먼저 자동차 배기가스나 공장 등에서 나오는 일산화탄소, 질소산화물, 그리고 쉽게 증발하는 휘발성 유기 화합물이 1차 오염물질로 배출된다. 이 물질들이 강한 햇빛과 만나 일련의 화학 반응을 일으키면, 오존이나 과산화아세틸 질산염$^{PAN}$과 같은 2차 오염물질로 변환된다. 여기서 오존은 이중적인 특성을 가진다. 높은 성층권에 있을 때는 자외선을 막아주는 고마운 존재지만, 우리가 숨 쉬는 지표면 근처에 있을 때는 폐와 식물에 해를 끼치는 공격적인 오염물질로 돌변한다. 과산화아세틸 질산염 역시 눈과 호흡기를 강하게 자극하는 물질이다. 오늘날 대도시의 여름 하늘을 뿌옇게 만드는 갈색빛 스모그는 주로 질소산화물 때문이며, 햇볕이 강한 기후의 도시에서는 거의 만성적인 현상이 되었다.

산업화된 도시들은 수질 오염 문제를 해결하기 위해 점진적인 단계를 밟아왔다. 먼저 고대 로마인들이 개척했던 설계를 다시 도입하여 오염된 물을 도시 밖으로 내보내는 지하 하수도를 갖추었다. 그 후 점차 정화되지 않은 하수를 강이나 호수, 바다에 그대로 버리는 것을 중단하고, 현대적인 수질 처리 시설을 설치하기 시작했다. 이러한 변화는 전 세계에서 동시에 일어나지 않았다. 일부 유럽과 북미 도시에서는 1900년 이전에 이미 하수 처리 시설 건설이 시작되어 제2차 세계대전 이전에 더욱 확대되었다. 반면 일본은 1950년대에 이르러서야 도입했고, 중국은 그보다 한 세대 더 늦었다. 나이지리아의 최대 도시인 라고스 같은 곳은 오늘날까지도 하수 처리가 매우 미흡한 실정이다.

폐수 처리는 복잡성과 비용에 따라 여러 단계로 나뉜다. 가장 기초적인 1차 처리는 물에 섞인 무거운 덩어리나 떠다니는 물질을 가라앉혀 분리하는 과정이다. 여기서 더 나아간 2차 처리는 물에 녹아 있는 오염 물질까지 제거한다. 가장 비용이 많이 들고 복잡한 3차 처리는 질소나 인과 같은 화합물을 제거하고, 마지막으로 물을 소독하여 자연으로 내보내는 단계까지 포함한다. 하지만 이처럼 전통적인 수질 오염 문제를 해결해 나가는 과정에서, 과거에는 생각하지 못했던 새로운 종류의 오염이 나타나고 있다. 미세플라스틱 문제와 더불어, 의약품 성분처럼 잠재적으로 해로운 물질들이 강과 바다로 흘러 들어가는 것이 대표적인 예다. 현대 사회의 의약품 사용은 크게 늘었지만, 하수 처리 시설은 이러한 약물 성분을 효과적으로 제거할 기술을 갖추지 못하고 있다. 그 결과, 진통제인 디클로페낙이나 호르몬의 일종인 에스트라디올과 같은 성분들이 미량이지만 도시의 하수와 강물에서 흔하게 검출된다. 이러한 약물이나 우리 몸에서 약물이 분해되고 남은 물질들이 낮은 농도라도 생태계에 장기간 노출될 경우 어떤 영향을 미치는지에 대해서는 아직 충분히 알려지지 않았다.

### 다른 염려들

이 밖에도 여러 중대한 문제들이 있지만, 아마도 가장 파급력이 큰 것은 항생제에 대한 세균의 내성 문제일 것이다. 새로운 항생제 개발은 더딘데 내성균은 빠르게 늘어나는 이 현상은 전 세계 공중 보건과 식량 안보에 큰 위협이 되고 있다. 바다에 쌓이는 플라스틱 쓰레기는 시각적으로 가장 불쾌한 현상일지 모른다. 해안을 뒤덮고 해변에 밀려드는 거대한 쓰레기 더미의 이미지는 문제의 일부만을 보여줄 뿐이다. 그 사진들에는 훨씬 더 많고 해로운 미세플라스틱의 위험이 담겨있지 않기 때문이다. 그리고 인간이 자연의 질소와 인 순환에 개입하여 그 흐름을 바꿔놓은 것은, 아마도 대중에게 가장 적게 알려진 생물권 파괴 문제일 것이다.

20세기의 발명품 중 항생제만큼 인류에게 큰 혜택을 준 것은 드물다. 이전에는 치료가 불가능했던 질병으로 인한 사망을 거의 없앴기 때문이다. 하지만 세균이 약에 적응하는 것은 피할 수 없는 일이었고, 그 현상은 거의 즉시 나타났다. 최초의 페니실린 내성 황색포도상구균은 1947년에 이미 발견되었고, 그 대안으로 사용된 메티실린에 대해서도 1962년까지 내성을 가진 균주MRSA가 등장했다. 이제 다양한 종류의 메티실린 내성 황색포도상구균은 전 세계 병원에서 흔히 발견되며, 병원 내 감염의 주된 원인이 되고 있다. 인류는 최후의 보루로 반코마이신이라는 항생제에 의지했지만, 1986년에는 이 약에도 내성을 가진 세균이 나타났다.

항생제 내성균이 퍼지는 원인은 여러 가지다. 의사와 수의사의 무분별한 항생제 처방, 처방전 없이 항생제를 살 수 있거나 인터넷으로 구매하는 사람들의 과도한 자가 치료, 병원의 비위생적인 환경, 그리고 고기와 달걀, 우유 생산 과정에서 예방 목적으로 이루어지는 대규모 항생제 사용 등이 모두 원인이다. 이제는 일부 야생 동물에게서도 흔한 항생제에 대한 내성이 발견되며, 열대와 온대의 토양은 물론 북극에서도 항생제 내성 유전자가 발견되고 있다. 항생제의 효능이 광범위하게 사라지는 재앙에 비하면, 사망률 증가나 입원 기간 연장, 의료비 상승 같은 문제는 사소한 결과에 불과할 것이다. 항생제가 없는 '새롭고도 낡은' 세상이 다시 온다면, 매년 유행하는 독감은 세균성 폐렴이라는 합병증으로 훨씬 더 많은 사망자를 낼 것이고, 결핵과 장티푸스는 다시 한번 효과적인 치료법이 없는 무서운 질병이 될 것이다.

이제 많은 세균 균주가 흔히 사용되는 모든 항생제에 대해 다중 내성을 획득했다. 여기에는 위장염이나 요로 감염을 일으키는 대장균, 폐렴과 뇌수막염을 일으키는 헤모필루스 인플루엔자, 결핵균, 장티푸스균, 심각한 설사를 유발하는 이질균, 그리고 콜레라균 같은 흔한 병원균들이 포함된다. 그 결과, 폐렴, 결핵, 임질, 살모넬라증을 포함한 점점 더 많은 흔한 감염병들이 치료하기 어려워지고 있다. 1차 또는 2차 선택 약으로 사용되던 항생제들이 효과를 잃었기 때문이다.

특히 항생제 오남용 문제에서 가장 심각한 부분은 가축에게 사용되는 경우이다. 전 세계에서 생산되는 항생제의 약 80%가 가축에게 투여되는데, 이는 주로 좁은 공간에 동물을 밀집시켜 키우는 '공장식 축산 시설'에서 질병을 예방하고 성장을 촉진하기 위한 목적이다. 따라서 닭의 분변이나 소와 돼지의 분뇨에서 여러 종류의 항생제 성분이 흔하게 검출되는 것은 놀라운 일이 아니다. 문제는 동물 분뇨에 섞인 항생제와 내성균이 환경으로 퍼져나가는 것을 막기가 매우 어렵다는 점이다. 분뇨를 저장하거나 거름으로 밭에 뿌리는 과정에서 항생제 내성이 더욱 확산된다. 분뇨를 퇴비로 만들어도 항생제가 잘 분해되지 않으며, 산소 없이 미생물로 유기물을 분해하는 혐기성 소화 방식 역시 일부 주요 항생제들을 없애는 데 효과가 없다는 연구 결과도 있다.

합성 물질의 등장은 완전히 새로운 종류의 환경 문제를 만들어냈다. 1862년에 초기 플라스틱이 발명되긴 했지만, 플라스틱 시대는 20세기 초 베이클라이트와 폴리염화비닐PVC이 등장하면서 본격적으로 시작되었다. 오늘날 흔히 사용되는 대부분의 합성수지(폴리스티렌, 나일론, 폴리에틸렌 등)는 1930년대에 발명되어 제2차 세계대전 이후에야 상업적으로 큰 영향을 미치기 시작했다. 이후 플라스틱이 수많은 산업, 운송, 가정용품에서 금속, 유리, 도자기를 대체하면서 그 생산량은 기하급수적으로 증가했다.

전 세계 플라스틱 생산량은 1950년 2백만 톤에서 2015년 3억 8천만 톤으로 폭증했다. 1950년부터 2015년까지 인류가 생산한 플라스틱의 총량은 78억 톤에 달한다. 2015년까지 이 중에서 약 63억 톤이 더 이상 사용되지 않는 쓰레기가 되었다. 이 쓰레기 중 소각된 것은 12%에 불과했고, 재활용된 것은 단 9%뿐이었다. 나머지 79%는 그대로 버려져 매립지를 채우고, 토양을 오염시키고, 강으로 흘러 들어가 결국 바다에 쌓이고 있다. 내구성이 필요한 가구나 기계에 쓰인 플라스틱은 수십 년간 사용될 수 있지만, 포장재로 쓰인 플라스틱은 단 한 번 사용된 후 곧바로 버려지는 경우가 대부분이다.

가장 정확한 통계를 가진 미국을 보면, 2015년에 생산된 플라스틱 중 약 9%만이 재활용되었고 16%는 소각, 그리고 75%는 매립되어 오랜 시간 썩지 않는 인공 퇴적물이 되었다. 한 연구에 따르면 2010년에만 192개 연안 국가에서 약 2억 7,500만 톤의 플라스틱 쓰레기가 발생했으며, 이 중 480만에서 1,270만 톤이 바다로 유입된 것으로 추정된다. 바다에 가장 많은 플라스틱을 버리는 나라는 중국으로, 연간 최대 350만 톤에 이른다. 인도네시아, 필리핀, 베트남이 그 뒤를 잇는다. 바다의 플라스틱은 육지에서 버려진 쓰레기뿐만 아니라, 어업 활동 중 의도적으로 버려지거나 유실된 거대한 '유령 그물' 같은 어구들도 큰 비중을 차지한다.

대부분의 플라스틱은 환경에서 분해되지 않고 오랫동안 남는다. 이들 중 약 60%는 바닷물보다 밀도가 낮아 물에 뜨며, 해류를 따라 이동하다가 결국 외딴 바다에 모여 해안을 뒤덮고 해변에 밀려온다. 캘리포니아와 하와이 사이에 있는 '태평양 거대 쓰레기 섬GPGP'은 아마도 가장 큰 해양 플라스틱 축적지일 것이다. 한 연구팀이 이곳의 플라스틱 총량을 측정한 결과, 약 160만 제곱킬로미터의 면적에 7만 9,000톤의 플라스틱이 떠 있는 것으로 나타났다. 이는 이전 보고보다 4배에서 16배나 많은 양이다. 이 중 75% 이상은 5센티미터보다 큰 쓰레기였고, 어망이 그 절반 가까이를 차지했다. 미세플라스틱은 전체 질량의 8%에 불과했지만, 총 1조 8,000억 개로 추정되는 전체 플라스틱 조각 수의 94%를 차지했다. 이러한 보고는 큰 주목을 받았지만, 사실 가장 높은 농도의 미세플라스틱은 수심 200에서 600미터 사이의 심해에 존재할 수도 있다.

미세플라스틱은 바다뿐만 아니라 우리가 사는 육지와 강에서도 흔하게 발견된다. 개인 위생용품에 들어있는 작은 플라스틱 알갱이나, 합성섬유 옷을 세탁할 때 떨어져 나오는 미세한 섬유가 하천으로 흘러 들어간다. 또한 하수 처리 과정에서 나온 찌꺼기를 거름으로 사용하거나, 앞서 언급했듯이 농사지을 때 사용하는 비닐이 닳고 찢어져 토양을 오염시키기도 한다. 플라스틱은 이미 지구의 퇴적층에 섞여 들어가고 있으며, 플라스틱 쓰레기가 가장 많이 모여있는 매립지가 오랜 세월에 걸쳐 침식되면 결국 지구의 거대한 퇴적 순환의 일부가 될 것이다.

한편, 지구의 탄소 순환 문제에 가려져 있지만, 사실 인류가 가장 극심하게 교란한 자연의 순환은 질소와 인의 순환이다. 다른 어떤 물질 순환도 이 두 원소만큼 인간의 활동에 의해 광범위하게 영향을 받지는 않았다. 현대 사회는 주로 '하버-보슈 공법'이라는 획기적인 기술을 통해 공기 중의 질소를 식물이 사용할 수 있는 암모니아로 바꾼다. 이렇게 인공적으로 만들어진 암모니아의 전 세계 생산량은 2017년에 질소 무게로만 1억 6,640만 톤에 달했다. 이 중 약 70%인 1억 1,360만 톤이 농업용 비료로 사용되었고, 나머지는 화학 산업에 쓰였다. 여기에 콩이나 알팔파 같은 콩과 작물을 재배하면서 약 5천만 톤의 질소가 추가되고, 발전소나 자동차 엔진에서 화석 연료를 태울 때 약 3천만 톤의 질소산화물이 배출된다. 이를 모두 합하면 인류는 매년 거의 2억 톤, 일부 연구에 따르면 최대 2억 1천만 톤의 새로운 질소를 자연에 쏟아붓고 있는 셈이다.

이처럼 인류가 만들어낸 고정 질소의 양은 근대 이전 시대에 자연적으로 동원되던 양보다 훨씬 많다. 이렇게 질소의 흐름이 커지고 빨라지면서 여러 가지 환경적 결과를 낳았다. 가장 큰 원인은 쌀, 밀, 옥수수 같은 주요 곡물들이 질소 비료를 흡수하는 효율이 비교적 낮다는 점이다. 이 세 작물은 전 세계 질소 비료의 대부분을 소비한다. 전 세계 평균적으로, 비료로 준 질소의 약 50%만이 수확된 곡물에 흡수된다. 1961년에서 1980년 사이에는 질소 이용 효율이 68%에서 45%로 뚜렷하게 감소했고, 그 이후에는 약 47% 수준에서 안정되었다.

질소 비료의 과도한 사용은 심각한 토양 산성화를 유발하는데, 특히 중국의 사례가 대표적이다. 높은 쌀 수확량을 유지하기 위해 막대한 양의 요소 비료를 사용한 결과, 1980년대와 2000년대 사이에 중국 농경지의 평균 산성도는 3배 이상 높아졌다. 토양의 산성도를 나타내는 지표인 pH가 평균 0.5 이상 감소한 것이다. 이렇게 산성화된 토양을 다시 중화시키려면 엄청난 양의 석회석을 뿌려야만 한다.

농경지에 뿌려진 질소 비료 중 작물이 흡수하지 못하고 남은 것들은 다양한 환경 문제를 일으킨다. 남은 질소 화합물은 공기 중으로 날아가거나, 물에 녹는 질산염 형태로 빗물에 씻겨 내려가 강과 바다를 오염시킨다. 이러한 과정은 세 가지 심각한 결과를 낳는다. 첫째, 강력한 온실가스가 배출된다. 토양 속 질산염이 질소 가스로 변하는 과정에서 아산화질소$^{N_2O}$가 생성되는데, 이는 지구 온난화를 가속화한다. 둘째, 토양과 물이 산성화된다. 공기 중으로 배출된 질소산화물이 대기 중에서 질산염으로 변해 땅으로 떨어지면 산성비처럼 토양과 하천을 산성으로 만든다. 셋째, 바다에 '죽음의 지대'가 형성된다. 질소 성분이 강과 바다를 비옥하게 만들면 조류$^{algae}$가 폭발적으로 성장한다. 이 조류가 죽어서 썩는 과정에서 물속의 산소를 모두 고갈시켜, 물고기를 비롯한 해양 생물이 살 수 없는 저산소 또는 무산소 상태의 '죽음의 지대'를 만든다.

집약적인 비료 사용은 전 세계적으로 죽음의 지대를 만들고 확장시키는 주된 요인이었다. 20세기 마지막 30년 동안 연안 해역으로 배출되는 질소의 양은 40% 이상 증가했으며, 이 중 약 75%가 비료에서 비롯된 것이었다. 현재 500곳 이상의 연안 해역이 저산소 상태에 있으며, 1950년대에는 이 중 10% 미만만이 산소 부족 지역으로 알려져 있었다. 가장 큰 죽음의 지대는 멕시코만 북부, 유럽의 북해, 발트해, 흑해, 그리고 아시아의 동중국해와 한국 및 일본 규슈섬 연안에 형성되어 있다. 또한 바다 전체의 산소 농도도 1960년대 후반 이후 약 2% 감소했으며, 산소가 희박한 해역은 유럽 연합 전체 면적과 맞먹는 크기로 확장되었다.

이 상황을 개선하는 것은 매우 어렵다. 오늘날 전 세계 인구는 질소 비료에 생존을 의존하고 있기 때문이다. 질소 비료는 현재 세계 인구의 약 45%, 즉 30억 명이 넘는 사람들의 식량을 책임지고 있으며, 중국과 인도에서는 그 비율이 60%를 넘어선다. 질소 사용량을 줄이기 위한 효과적인 방법은 두 가지뿐이다. 첫째는 더 나은 농업 기술을 적용하는 것이다. 비료를 여러 번 나누어 주거나, 정밀 농업 기술을 도입하고, 값비싼 완효성 비료를 사용하는 등 복합적이고 비용이 많이 드는 조치를 통해 비료의 낭비를 줄일 수 있다.

두 번째 선택지는 부유한 국가들이 육류 소비를 줄이는 것이다. 이 방법이 더 크고 빠른 효과를 낼 수 있다. 작물이 흡수하는 질소의 효율이 원래 낮은 데다, 그 작물의 상당 부분이 동물 사료로 사용되고, 사료가 고기로 전환되는 효율 또한 매우 낮기 때문이다. 그 결과 전 세계 식량 시스템의 전체 질소 효율은 15%에 불과하다. 이 수치는 미국에서 약 12%, 중국에서는 9%까지 떨어진다. 따라서 육류 소비를 줄이는 것이 질소 오염을 줄이는 가장 효과적인 방법 중 하나다. 하지만 육류 생산을 갑자기 줄이면 농업 시스템에 큰 혼란을 일으킬 수 있다. 또한 설령 이러한 조치가 성공하더라도, 아프리카 대륙은 앞으로 훨씬 더 많은 질소 비료가 필요하다. 아프리카의 비료 사용량은 아시아 평균에 한참 못 미치는 수준이며, 21세기 세계 인구 증가의 대부분이 바로 이곳에서 일어날 것이기 때문이다.

자연계에서 인$P$은 식물이 사용할 수 있는 형태로 존재하는 양이 매우 적다. 또한 빠르게 불용성 형태로 변하기 때문에 식물이 이용하기 어려워진다. 이 때문에 인은 특히 수생 생태계에서 성장을 제한하는 핵심 영양소로 작용한다. 인간의 활동은 이러한 인의 자연적인 흐름을 가속화했다. 경작지에서의 토양 침식과 유출수 증가, 정화되지 않은 채 하천, 호수, 연안으로 방류되는 유기 폐기물, 그리고 가장 중요하게는 무기질 비료의 사용을 통해서다. 21세기 초가 되자, 이러한 활동으로 매년 이동하는 인의 양은 근대 이전의 전 지구적 흐름보다 최소 다섯 배나 많아졌다.

무기질 인 비료의 사용은 1840년대 인산칼슘으로 시작되었다. 미국은 플로리다의 대규모 광상 덕분에 1880년대에 세계 최대의 인광석 생산국이 되었고, 2005년에야 중국에 그 자리를 내주었다. 모로코와 러시아도 주요 생산국이다. 현재 전 세계 인광석 생산량은 연간 2억 5천만 톤에 가깝다. 인산 비료의 연간 공급량은 비료 통계에서 흔히 사용하는 오산화인$P_2O_5$ 단위로는 5천만 톤이 조금 넘고, 원소 인$P$으로 환산하면 약 2,200만 톤이다. 이제 전 세계 식량 생산은 인산염에 절대적으로 의존하고 있다. 인산염은 현재 농경지에 투입되는 모든 인의 60%를 차지하며, 유기물 재활용은 그 뒤를 잇는 두 번째 공급원일 뿐이다. 이 영양소가 가장 부족한 곳은 이번에도 역시 아프리카다.

식물은 비료로 뿌려진 인을 절반 정도밖에 흡수하지 못한다. 이는 질소와 비슷한 수준이다. 나머지 절반의 인은 빗물에 씻겨 강이나 바다로 흘러 들어간다. 이렇게 물속에 영양분이 과도하게 많아지는 현상을 '부영양화'라고 하는데, 인은 이 부영양화를 일으키는 주된 원인이다. 과학자들은 인이 질소보다 물을 오염시키는 힘이 훨씬 강하다는 사실을 밝혀냈다. 같은 양이라도 인은 질소보다 16배나 더 많은 수중 식물을 자라게 만든다. 따라서 아주 적은 양의 인만으로도 녹조가 폭발적으로 늘어날 수 있다. 이러한 현상은 물속 산소를 고갈시켜 생물이 살 수 없는 '죽음의 바다'를 만드는 핵심적인 원인이 된다. 결론적으로 부유한 국가에서 인으로 인한 오염을 줄이는 가장 효과적인 방법은 질소와 마찬가지다. 육류 소비를 줄이고, 동시에 가장 효율적인 최신 농업 기술을 적용해야 한다.

인은 질소와 중요한 차이점이 있다. 질소는 물에 잘 녹아 토양에서 쉽게 씻겨 나가지만, 인은 그렇지 않다. 인은 흙 속에 있는 여러 원소와 쉽게 결합하여 물에 잘 녹지 않는 화합물로 변한다. 이 때문에 인은 흙 속에 단단히 붙잡혀 잘 이동하지 않는다. 과거에는 이러한 특성 때문에 한번 흙 속에 붙잡힌 인은 다시 꺼내 쓸 수 없다고 생각했다. 그래서 언젠가는 비료의 원료인 인광석이 고갈될 것이라는 우려가 컸다. 하지만 연구 결과 이는 사실이 아닌 것으로 밝혀졌다. 흙이 인을 붙잡아 둘 수 있는 능력에는 한계가 있다. 스펀지가 물을 가득 빨아들이면 더 이상 흡수하지 못하는 것처럼, 흙이 인으로 가득 차고 나면 그 이후부터는 식물이 흡수해간 만큼만 비료로 보충해주면 된다. 인에게는 또 다른 중요한 특징이 있다. 질소처럼 공기 중으로 날아가 사라지지 않는다는 점이다. 덕분에 도시에서 나오는 하수나 쓰레기 속에 포함된 인을 물리적, 화학적 방법을 통해 다시 수거하여 비료로 재활용하는 것이 가능하다.

## 인간의 행동이 초래한 전 지구적 변화

우리 행성의 가장 두드러진 특징은 생명체의 존재이다. 따라서 가장 근본적인 평가는 인간의 활동이 지구상 생명체의 총량과 그 구성 비율에 초래한 변화를 살펴보는 것이어야 한다. 전 지구적 영향에 대한 다른 두 가지 접근 방식은 여러 변수의 변화를 고려한다. 첫 번째 접근 방식은 인류 전체의 생태 발자국과 적절한 환경 수용력을 정량화하려는 시도이다. 두 번째 접근 방식은 인류를 위한 안전한 운영 공간을 정의하려는 노력이다. 이 장의 나머지 부분에서는 가장 중대한 인위적 변혁인 전 지구적 기후 변화를 다룰 것이다.

### 지구적 규모의 변화 측정

농업이 시작되기 전, 인구가 적고 사용하는 도구도 단순했던 사회에서 인류가 생태계 전체에 미치는 영향은 제한적이었다. 유일하게 주목할 만한 예외가 있다면, 신석기 시대 사냥꾼들이 유라시아와 북아메리카 대륙의 거대한 동물들을 멸종시키는 데 기여했을 가능성 정도다. 농업이 확산되면서 변화의 속도는 빨라졌지만, 그로 인해 얼마나 많은 식물과 포유동물의 총량이 줄었는지를 정확히 계산하는 것은 대략적인 추정만 가능하다. 인류 전체의 무게, 즉 '인류 총량'이 과거에 얼마나 되었는지 추정하는 것 역시 마찬가지다. 이는 아주 먼 과거의 전 세계 인구수에 대해 학계의 통일된 견해가 없기 때문이다.

만약 기원전 5000년에 천만 명의 인구가 살았다고 가정하면, 당시 인류 전체의 무게는 50만 톤을 넘지 않았을 것이다. 그러나 1900년경 인류 총량은 약 7,500만 톤이었고, 2000년에는 3억 톤에 달했다. 이는 7천 년 동안 인류의 총 무게가 600배나 증가했으며, 특히 지난 한 세기 동안에만 4배나 늘어났음을 의미한다. 과거에 살았던 모든 동물의 총량을 복원하는 것은 어려운 일이지만, 야생 육상 포유류의 총량만을 계산하면 오차 범위를 줄일 수 있다.

야생 육상 포유류의 총 생체중량은 1900년에 약 4,000만 톤, 2000년에는 2,500만 톤으로 35~40% 감소했다. 다른 연구에서는 야생 포유류의 바이오매스를 약 1,400만 톤으로 추정하기도 한다. 결과적으로 전 지구의 인류 바이오매스는 19세기 중반쯤에 육상 동물의 총 바이오매스를 넘어섰고, 이제는 그보다 10배나 더 커졌다. 하지만 필자가 가장 놀랍다고 생각하는 것은, 많은 지역에서 인류 바이오매스가 이제 야생 척추동물의 바이오매스뿐만 아니라 토양 무척추동물의 총 바이오매스마저 능가하고 있다는 사실이다. 생체중량으로 환산하면, 침팬지의 바이오매스는 보통 헥타르당 0.5킬로그램 미만이다. 반면 전통적인 집약 농업은 헥타르당 다섯 명 이상, 즉 최소 200킬로그램을 부양할 수 있었고, 현재 중국의 비율은 헥타르당 약 15명, 즉 최소 650킬로그램에 달한다.

이 수치는 건조 바이오매스로 약 225킬로그램에 해당한다. 반면 온대 지방 경작지의 토양 동물군(주로 지렁이, 노래기, 선충, 진드기 등)의 총 건조 바이오매스는 보통 헥타르당 100킬로그램 미만이다. 이는 수천 년 동안 농업 생태계에서 유지되어 온 '미생물 〉 무척추동물 〉 척추동물 〉 인류' 순서의 정상적인 먹이 피라미드 순서가 뒤집혔다는 것을 의미한다. 대규모 에너지와 영양분 투입 덕분이다. 이제 많은 지역에서 높은 농작물 수확량이 토양의 모든 무척추동물의 총량보다 더 큰 인류 바이오매스를 지탱하고 있는 것이다. 인류의 부상을 이처럼 극명하게 보여주는 비교는 드물다.

그러나 전 세계 포유류 무게의 진정한 지배자는 인간이 아니다. 바로 인간이 기르는 가축들이다. 1900년에 소, 물소, 돼지와 같은 대형 가축의 수는 약 16억 마리였고, 2000년에는 43억 마리를 넘어섰다. 이를 무게로 환산하면, 1900년 가축의 총량은 최소 1억 7천만 톤, 2000년에는 최소 6억 톤에 달했다. 이는 1900년에 이미 가축의 무게가 야생 포유류보다 4배 이상 무거웠고, 2000년에는 그 차이가 무려 25배로 벌어졌음을 의미한다. 이제 이 행성은 자유롭게 뛰노는 야생 동물이 아니라 소, 돼지, 그리고 인간이 지배하는 행성이다. 심지어 지구상에서 가장 큰 육상 포유류인 아프리카 코끼리의 총 무게조차도, 현재 전 세계 소의 총 무게의 0.5%에도 미치지 못한다.

대륙의 식생은 마지막 빙하기 동안 후퇴했다. 빙하가 가장 넓었던 시기 이후 홀로세에 식생이 다시 회복되면서 열대우림의 총면적은 약 3배로 늘어났고, 한랭 온대림의 면적은 30배 이상 확장되었다. 육상 식물 바이오매스$^{phytomass}$의 총량은 7,000년 전에는 1,000기가톤$^{Gt}$의 탄소를 넘어섰을 수 있다. 하지만 삼림 벌채와 경작지 확장으로 인해 19세기 초에는 그 총량이 750~800기가톤까지 줄어들었다. 지난 두 세기 동안의 손실은 최소 150~200기가톤에 달했으며, 21세기 초 육상 식물 바이오매스는 650기가톤 이하, 아마도 600기가톤 수준까지 감소했을 것이다. 이러한 추정치는 농업 시대가 시작된 이래 인간의 활동으로 지구의 식물 바이오매스가 35~40% 감소했음을 의미한다.

인간이 지구 생태계에 미치는 영향을 측정하는 한 가지 방법은 생물권의 총생산량 중에서 인간이 얼마만큼을 차지하는지 알아보는 것이다. 여기서 생물권의 총생산량은 전문용어로 순일차생산량$^{NPP}$이라고 부른다. 그러나 인간이 차지하는 몫을 의미하는 '전유$^{appropriation}$'라는 개념은 아직 보편적으로 합의된 정의가 없다. 또한 순일차생산량 자체도 직접 관측하거나 측정할 수 있는 값이 아니라 이론적으로 계산해낸 값이어서, 무언가를 판단하는 기준값으로 사용하기에는 한계가 있다. 순일차생산량이란 식물이 광합성으로 만들어내는 총생산량에서 식물 자신의 호흡에 사용되는 양을 뺀 값을 말한다. 이 값이 바로 박테리아나 곤충 같은 다른 생명체들이 먹이로 삼을 수 있는 식물 바이오매스의 총량이다. 다른 생물들이 이 식물 바이오매스 중 일부를 소비하고 남은 나머지를 인간이 수확하여 이용할 수 있다. 하지만 인간이 이용가능한 양이 실제 농업이나 임업 생산량과 정확히 일치하지는 않는다. 농작물의 뿌리나 벌목 후 남는 그루터기처럼 인간이 수확하지 않고 남겨두는 부분이 있기 때문이다.

　그럼에도 불구하고 순일차생산량은 식물의 광합성 생산량을 가장 포괄적으로 보여주는 개념이다. 하지만 이 값을 기준으로 인간의 전유량을 계산한 여러 연구 결과는 큰 편차를 보인다. 연구에 따라 지구 전체의 순일차생산량 값부터가 40%나 차이가 나기도 했다. 인간의 바이오매스 전유량을 처음으로 평가한 과거의 한 연구는 인간의 몫이 3%에서 39%에 이른다는 매우 폭넓은 추정치를 제시하여 실제적인 도움이 되지 못했다. 그럼에도 불구하고 이 연구는 인간이 전체 순일차생산량의 약 40%를 이미 사용하고 있다는 주장의 근거로 잘못 인용되기도 했다. 그 이후의 다른 연구들 역시 인간이 전유하는 순일차생산량의 비율을 24%에서 55% 사이로 매우 다양하게 추정했다. 21세기 첫 10년 동안 인간의 수확과 개발로 인한 파괴를 모두 합한 육상 식물의 총량은 건조된 상태의 식물체를 기준으로 약 200억 톤에 이른다. 이는 식물에 포함된 탄소의 양으로 환산하면 약 100억 톤에 해당한다.

가장 널리 받아들여지는 지구 전체의 연간 순일차생산량 추정치는 탄소 기준으로 약 600억 톤이다. 이 값을 기준으로 계산하면, 앞서 말한 인간이 제거하는 탄소 100억 톤은 전체 순일차생산량의 약 17%에 해당한다. 만약 지구 전체의 순일차생산량을 더 높게 잡아 연간 750억 톤의 탄소로 가정한다면, 인간의 몫은 약 13%가 된다. 이 비율 자체는 아직까지는 놀라울 정도로 높은 수준이라고 말하기는 어렵다. 하지만 여기서 더 중요한 결론은 따로 있다. 바로 순일차생산량을 기반으로 인간의 '전유' 비율을 계산하는 방식은 그 자체로 문제점이 너무 많아서, 인간이 생물권에 미치는 영향을 평가하는 우선적인 지표로 삼기에는 부적합하다는 점이다. 오늘날 실제 인간이 사용하는 비율이 얼마인지와는 상관없이, 그 비율은 앞으로 계속 높아질 수밖에 없다. 그렇게 하지 않고서는 현재 저소득 국가에서 살아가는 50억 명이 넘는 사람들과, 21세기 말까지 늘어날 가능성이 높은 20억 명의 인구의 삶을 개선하는 것이 불가능하기 때문이다.

지구 전체가 감당해야 할 부담을 평가하는 데에는 두 가지 주요한 접근법이 있다. 하나는 '생태 발자국'과 '적정 부양 능력'을 수치로 계산하는 것이고, 다른 하나는 '인류를 위한 안전한 운영 공간'을 정의하는 것이다. 이 중에서 첫 번째 접근법인 생태 발자국과 적정 부양 능력 평가는 특히 문제가 많다. 지구가 감당할 수 있는 부양 능력은 고정된 값이 아니라 인간의 기술 발전과 사회 변화에 따라 계속 변하기 때문이다. 또한 그 한계가 어디까지인지 현재 시점에서 명확히 정의하기도 어렵다. 더 큰 문제는 서로 다른 종류의 자원과 영향을 하나의 숫자로 합쳐버림으로써 복잡한 현실을 지나치게 단순화하고 심각하게 왜곡한다는 점이다. 이 계산법에 따르면 오늘날 인류는 지구 1.7개에 해당하는 자원을 쓰고 있다고 한다. 이러한 계산 방식이 만들어내는 거짓된 정확성은 '지구 생태용량 초과의 날'을 특정 날

짜로 지정하는 데서 가장 잘 드러난다. 이 날은 인류가 사용하는 자원의 양이 지구가 한 해 동안 재생할 수 있는 양을 넘어서는 시점을 의미하는데, 2018년에는 그날이 8월 1일이었다.

이러한 측정 방식에 대한 여러 비판이 있지만, 수많은 국가가 수천 년 단위의 문명적 생존을 위협할 정도로 환경에 과도한 부담을 주고 있다는 사실 자체는 의심할 여지가 없다. '인류를 위한 안전한 운영 공간'이라는 개념은 바로 이 장기적인 생존의 문제를 지구의 핵심적인 생물물리학적 시스템과 연결하여 설명한다. 이 시스템들은 외부의 간섭에 대해 점진적으로 반응하는 것이 아니라, 특정 지점을 넘어서면 갑작스럽고 예측 불가능하게 변하는 비선형적 특징을 보인다. 2009년 한 연구는 이러한 지구 시스템을 9가지로 나누고, 각각에 대해 '안전 경계'를 설정했다. 이 경계는 실제 위험이 발생하는 물리적 임계점보다 훨씬 낮은 수준으로 설정되었다. 이는 우리가 예상치 못한 변화에 미리 대비하고 대응할 시간을 벌기 위한 예방 조치다. 당시 연구에서 인류가 넘어서는 안 될 지구적 한계점으로 지목된 9가지 영역은 기후 변화, 생물 다양성 손실, 질소와 인 순환 교란, 성층권 오존층 파괴, 해양 산성화, 전 지구적 담수 사용, 토지 이용 변화, 화학 물질 오염, 대기 중 에어로졸 농도였다.

2009년에 발표된 최초의 평가에 따르면, 인류는 이미 여러 영역에서 안전 경계를 넘어섰다. 또한 전 지구적 담수 사용, 토지 이용 변화, 해양 산성화, 인 순환 교란 같은 영역에서도 안전 경계에 빠르게 다가서고 있다고 결론 내렸다. 이후 일부 정의를 수정하고 분석 기간을 2010년까지 확장한 새로운 평가가 이루어졌다. 인류가 지구에 막대한 영향을 미치기 시작한 인류세의 변화 궤적은 '대전환'이라고 불리는데, 이 분석을 통해 여러 핵심 영역에서 안전 경계가 이미 초과되었다는 사실이 다시 한번 확인되었다. 가장 우려스러운 경계 초과가 나타난 영역은 이산화탄소 농도(안전 경계

350ppm 초과), 생물권 온전성(멸종률 기준), 해양 산성화, 그리고 생지화학적 순환(특히 인간에 의한 질소 고정)이었다.

**기후변화**

지구 환경에 가장 큰 변화를 몰고 오는 요인은 바로 대기 중 온실가스 농도의 증가이며, 그중에서도 인간의 활동으로 발생하는 이산화탄소가 핵심이다. 그 이유는 간단하다. 이로 인한 기후 변화는 인간 사회뿐 아니라 지구의 모든 생명체에 영향을 미치기 때문이다. 이산화탄소 배출 문제는 지구 온난화가 중요한 환경 문제로 떠오른 1980년대 중반부터 부유한 나라들을 시작으로 전 세계적인 관심을 받아왔다. 따라서 온실 효과의 원리나 이것이 지구 생명과 기후에 미치는 영향은 새로운 이야기가 아니다.

1820년대 후반, 프랑스의 수학자 조제프 푸리에는 지구의 대기가 마치 온실의 유리와 같은 역할을 한다고 설명했다. 햇빛은 그대로 통과시키지만, 지표면에서 다시 방출되는 눈에 보이지 않는 열은 빠져나가지 못하게 막는다는 것이다. 이어서 1861년에는 존 틴들이 지구 밖으로 빠져나가는 열을 흡수하는 가장 중요한 물질이 바로 수증기라는 사실을 밝혀냈다. 그리고 1896년, 스반테 아레니우스는 대기 중 이산화탄소 농도가 산업화 이전 시대의 두 배가 될 경우 지표면 온도가 얼마나 상승할지를 최초로 계산했다. 그의 계산에 따르면 열대 지방은 연평균 4.95도, 북극은 6도 이상 기온이 오를 것으로 예측되었는데, 이는 오늘날 최신 컴퓨터 시뮬레이션 결과와 거의 일치하는 놀라운 수치다. 이처럼 이산화탄소를 더 많이 배출하면 지구가 뜨거워진다는 위험은 이미 100여 년 전부터 알려져 있었다. 하지만 역설적으로 지구에 생명체가 존재하려면 바로 이 온실가스가 반드시 필요하다. 만약 온실가스가 없다면 지구의 평균 온도는 영하 18.1도까지 떨어져 얼어붙고 말 것이다. 온실가스 덕분에 지구는 평균 15도라는 생명체가 살기 좋은 온도를 유지하고 있다. 이러한 온실 효과의 약 3분의 2는 수증기가 만들고, 약 4분의 1은 이산화탄소가 담당한다. 메테인, 아산화질소, 오존 같은 나머지 기체들이 그 나머지를 차지한다. 특히 이산화탄소는 한 번 배출되면 대기 중에 수백 년간 머무르면서 농도가 높아질수록 지구의 에너지 균형을 깨뜨린다. 실제로 19세기 중반 이후 이산화탄소만으로도 지구에 도달했다 빠져나가지 못하는 에너지양이 1제곱미터당 약 2와트씩 늘어났으며, 다른 온실가스들의 효과까지 모두 더하면 총 3와트에 달한다.

지난 천 년 동안 대기 중 이산화탄소 농도는 놀라울 정도로 안정적인 수준을 유지했다(그림 6.1). 기록을 살펴보면, 가장 낮았을 때는 17세기 초의 275ppm이었고 가장 높았을 때도 12세기 후반의 약 285ppm 수준에 머물렀다. 그러나 최근의 농도 상승 속도는 과거와 비교할 수 없을 만큼 빠르다. 1998년에 350ppm을 기록하더니, 2015년에는 400ppm, 그리고 2020년 7월에는 414ppm을 넘어섰다.

이산화탄소 외의 다른 온실가스들은 분자 하나하나를 놓고 보면 지구가 내보내는 열을 이산화탄소보다 훨씬 더 강력하게 흡수한다. 하지만 이산화탄소만큼 오래 대기 중에 머무르지는 않는다는 차이가 있다. 이처럼 가스마다 온난화에 미치는 영향과 대기 중에 머무르는 시간이 다르기 때문에, 이를 종합적으로 비교할 기준이 필요하다. 그래서 나온 개념이 '지구온난화지수$^{GWP}$'다. 이는 특정 온실가스가 100년 동안 지구를 얼마나 뜨겁게 만드는지를 이산화탄소를 기준으로 환산한 값이다. 예를 들어, 과거 냉매로 흔히 사용되던 염화불화탄소의 지구온난화지수는 3,800이다. 이는 이 가스 1톤이 이산화탄소 3,800톤과 맞먹는 온난화 효과를 낸다는 의미다. 같은 기준으로 아산화질소는 310, 메테인은 21이다. 그런데 이 기준을 100년이 아닌 20년으로 짧게 잡으면 메테인의 온난화지수는 72까지 치솟는다. 반대로 500년이라는 긴 시간으로 보면 8 미만으로 떨어진다. 메테인이 단기적으로는 매우 강력한 온실효과를 내지만, 이산화탄소보다 훨씬 빨리 사라지기 때문이다. 현재 전체 온실효과를 유발하는 원인을 지구온난화지수로 환산해 보면, 약 75%는 이산화탄소 배출 때문이며, 나머지의 대부분은 메테인(약 16%)과 아산화질소에서 비롯된다.

지구 온난화의 모든 측면에 대해 엄청난 양의 연구가 이루어졌음에도 불구하고 여전히 불확실한 부분이 많이 남아있다. 하지만 한 가지 분명한 사실은 온실가스 배출량이 계속해서 늘고 있다는 점이다. 거의 한 세기 동안 꾸준히 증가해 온 화석연료 연소로 인한 이산화탄소 배출량은, 역설적이게도 전 세계가 기후 변화에 대응하기 위해 처음으로 모였던 1992년 이후 오히려 더 가파르게 증가했다. 1992년 이후 25년 동안 석탄 연소로 인한 배출량은 70%, 원유는 37%, 천연가스는 83%나 늘었다. 모든 화석연료를 합친 총배출량은 54% 증가했다. 화석연료를 원료나 에너지원으로 사용하는 주요 산업의 생산량 증가는 더욱 놀랍다. 같은 기간 동안 암모니아 생산은 60%, 용광로에서 생산되는 선철은 90%, 시멘트는 무려 230%나 증가했다. 새로 등록된 자동차 수는 거의 두 배로 늘었고, 항공기 인도 대수 역시 150% 가까이 급증했다.

'기후변화에 관한 정부 간 협의체IPCC'는 주기적으로 지구 온난화에 관한 과학적 지식들을 종합하여 평가 보고서를 발표한다. 수천 쪽에 달하는 방대한 전문 보고서를 모두 읽기 어렵더라도, 지구 평균기온 상승을 1.5도 이내로 억제하는 것을 목표로 다룬 특별 보고서의 요약본만은 살펴볼 가치가 있다. 이 보고서에 따르면, 지금까지 인류의 활동으로 지구의 평균 기온은 이미 약 1도 상승했다. 만약 지금과 같은 속도로 온실가스를 계속 배출한다면, 빠르면 2030년에서 2052년 사이에 기온 상승 폭이 1.5도에 도달할 것으로 예측된다.

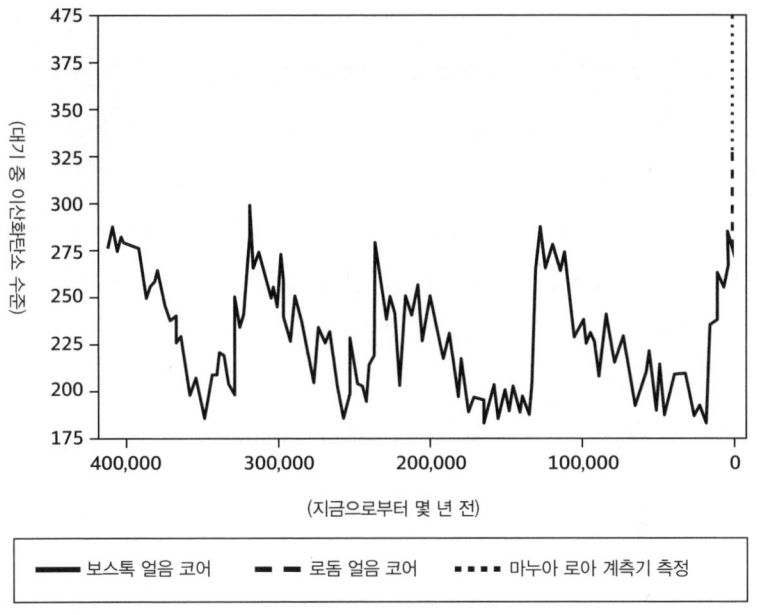

그림 6.1_대기 중 이산화탄소 농도의 증가: 1959년부터 마누아 로아 관측소에서 얼음 코어로부터 지난 40만 년을 계측.

### 변화의 결과

미래의 온도 상승은 지역에 따라 고르게 나타나지 않을 것이다. 현재 전 지구 평균 기온은 산업화 이전보다 약 1℃ 올랐지만, 북극 지역의 연평균 기온은 그보다 훨씬 높은 3℃ 가까이 상승했다. 이러한 온난화와 관련된 환경 변화는 앞으로 더욱 심해질 것으로 예상된다. 구체적인 변화로는 여름철에 바다의 얼음이 줄어들고, 겨울철에 땅을 덮는 눈의 양이 감소하며, 빙하의 부피가 줄어드는 현상 등이 있다. 또한 일 년 내내 얼어있던 땅인 영구동토층이 광범위하게 파괴되고, 강물의 유량이 늘어나며, 호수의 수온이 오르고 있다. 한대 지방의 나무 없는 평원인 툰드라 지역에서는 관목이 더 많이 자라나고, 숲이 존재할 수 있는 북쪽 한계선이 더 높은 위도와 고도로 이동하는 현상도 나타난다. 이러한 변화는 북극권 바로 아래 지역에 사는 동물들의 번식지와 개체 수에도 영향을 미칠 것이다.

여름철 폭염은 대도시에서 특히 우려된다. 유럽처럼 아직 에어컨 보급률이 낮은 지역이나, 반복되는 분쟁과 불평등으로 사회 경제적 기반이 이미 파괴된 중동 지역에서는 그 피해가 더욱 클 수 있다. 일부 지역에서는 이미 폭우의 빈도가 증가했으며, 특히 겨울철에 이러한 현상이 두드러진다. 이렇게 한 번에 많은 비가 쏟아지는 집중호우는 중위도 지역에서 더욱 잦아지고 강도도 세질 수 있다.

높아진 이산화탄소 농도와 평균 기온은 식물의 생산성을 향상시키는 효과를 가져올 수도 있다. 오늘날의 이산화탄소 농도는 400ppm을 넘었지만, 이는 대부분의 숲을 이루는 나무나 옥수수, 사탕수수를 제외한 모든 주요 작물 같은 'C3 식물'의 광합성 능력을 완전히 채우기에는 여전히 한참 낮은 수준이다. C3 식물은 이산화탄소가 더 많아지면 물 사용 효율이 높아져 강수량이 다소 적은 지역에서도 더 많은 생산량을 낼 수 있다. 실제로 높은 이산화탄소 농도에 노출된 작물과 나무를 장기간 관찰한 현장 연구들은 이러한 예상을 확인시켜 주었다. 20세기 후반 동안 미국 대부분 지역과 중국의 숲에서 연간 생산성이 높아진 것이 관찰되었으며, 1982년부터 1999년 사이에 전 지구적으로 식물의 순생산량이 약 6% 증가했다는 연구 결과도 이미 나와 있다.

물론 기온이 오르면 고위도 지역에서 식물이 자랄 수 있는 기간은 길어질 것이다. 하지만 육상 생태계는 여전히 기온 변화에 매우 민감하게 반응할 것이다. 게다가 영양분 부족이나 다 자란 나무들의 미미한 반응 때문에 생산성 향상이 제한될 수도 있다. 따라서 이산화탄소 농도가 더 높고 더 따뜻해진 세상에서 식물들이 최종적으로 어떻게 반응할지에 대해서는 아직 명확한 결론을 내리기 어렵다. 한편, 늘어나는 이산화탄소 배출량의 상당 부분은 바다가 흡수해왔다. 이 과정에서 바닷물은 점차 산성화되고 있는데, 이는 모든 해양 생물, 특히 칼슘을 이용해 몸을 구성하는 생물들에게 큰 영향을 미친다. 해양 산성화가 바닷물을 산성(pH 7.0 미만)으로 만드는 것은 아니지만, 이미 알칼리성은 약해졌다. 지난 200년 동안 해수 표면의 pH는 8.2에서 8.1로 낮아졌는데, 이는 로그 눈금으로 계산하면 산성도가 거의 30%나 강해졌다는 의미다.

바닷물은 원래 탄산칼슘 광물(방해석과 아라고나이트)로 가득 차 있다. 조개류, 산호, 그리고 플랑크톤의 일종인 유공충이나 석회비늘편모류 같은 석회화 생물들은 이 광물을 이용해 껍데기나 골격을 만든다. 하지만 바다의 산성화로 탄산칼슘이 부족해지는 해역이 늘어나면, 이 생물들은 자신의 몸을 만들고 유지하기가 점점 더 어려워질 것이다. 수온 상승은 산호 백화 현상도 일으킨다. 수온이 높아지면 산호는 조직 안에 함께 사는 조류(황록공생조류)를 밖으로 내보내고 하얗게 변해버린다. 이런 현상에서 살아남는 경우도 있지만, 대부분은 심각한 산호 폐사로 이어진다. 게다가 백화 현상이 발생하는 주기가 점점 짧아지면서 산호초가 완전히 회복할 시간을 갖지 못하고 있다. 1980년부터 2016년까지 전 세계 100곳의 산호초 지대를 분석한 한 연구에 따르면, 심각한 백화 현상이 반복해서 발생하는 평균 주기는 꾸준히 짧아지고 있다.

이미 일부 동식물의 서식 범위가 북쪽으로 이동하는 현상이 목격되고 있다. 식물 생육에 필요한 유효 온도를 평가한 결과에 따르면, 2017년에는 북방림 지대의 32%만이 작은 곡물을 재배하기에 적합했지만, 2099년에는 그 면적이 약 76%까지 늘어날 수 있다고 한다. 재배 가능 지역의 북쪽 한계선은 최대 1,200킬로미터까지 북상할 수 있다는 예측이다. 최근 호주, 북미, 유럽에서 발생한 대규모 산불은 또 다른 변화에 대한 대중의 관심을 집중시켰다. 동시에, 산불 빈도의 증가는 수십 년간 이어진 산불 억제 정책과 인간의 거주지가 숲으로 잠식해 들어간 것과도 관련이 있다.

 이러한 환경 변화에 대처하는 것은 엄청나게 어려운 일이다. 그 도전의 규모가 거대하고, 각각의 문제들이 서로 피할 수 없이 얽혀있기 때문이다. 과거 농업, 에너지, 경제 기반의 전환은 인구가 많은 국가의 경우에도 어느 정도 감당할 수 있는 일이었다. 그러나 지금의 도전은 전혀 다른 차원의 문제다. 수십 년 안에 100억 톤에 달하는 화석연료 탄소 배출을 다른 것으로 대체해야 한다. 동시에 약 100억 명의 사람들에게 충분한 식량과 에너지를 공급하고, 매년 100조 달러를 초과하는 생산을 하는 세계 경제를 유지해야 한다. 이 모든 것을 함께 해내야 하는 것은 인류가 한 번도 경험해보지 못한 거대한 과제다.

## 다섯 가지 대전환의 결과와 전망

변화는 진화의 본질이지만, 그 속도는 일정하지 않고 매우 다양하다. 따라서 인류 역사의 대전환이 남긴 결과를 더 넓은 시야에서 살펴보는 것은 대단히 의미 있는 작업이다. 필자는 바로 이 대전환의 속도와 규모에 초점을 맞추어 그 결과를 평가하고자 한다. 이러한 비교와 요약을 통해 우리는 대전환이 얼마나 광범위하게 일어났으며, 인류의 삶에 실제로 어떤 영향을 미쳤는지 더욱 분명하게 이해할 수 있다. 하지만 대전환이 이룬 막대한 성과는 제대로 평가받지 못하는 경향이 있다. 이는 대중 매체가 인류가 이룬 명백한 성공보다는 실패나 좌절, 그리고 곧 닥칠 것처럼 과장된 재앙을 더 집중적으로 보도하기 때문이다. 이러한 부정적인 보도 경향은 과거에도 마찬가지였다. 예를 들어 1960년대 이후 언론은 통제 불능의 인구 증가, 식량 위기와 기근, 심각한 환경 파괴, 임박한 에너지 고갈과 그로 인한 경제 붕괴 같은 파멸적인 예측들을 쏟아냈다. 그러나 지난 반세기 동안 제기된 수많은 종말론적 전망 가운데 현실이 된 것은 아무것도 없었다.

그러므로 우리는 과거와 현재에 대한 사실을 정확하게 파악하는 것이 중요하다. 또한, 언론을 통해 끊임없이 반복되는 파멸적 주장에 대해서는 건전한 회의주의를 견지할 필요가 있다. 그렇다고 과거의 성공에 도취되어 무조건적인 낙관론에 빠지는 것도 경계해야 한다. 미래가 과거의 성취를 그저 뛰어넘는 장밋빛 세상일 것이라고 쉽게 단정해서는 안 된다. 이는 결코 현명한 태도가 아니다. 현대 문명이 이룩한 위대한 성취는 분명 우리에게 희망을 주고, 인류의 문제 해결 능력에 대한 자신감을 심어준다. 하지만 우리는 발전이 낳은 그림자 역시 외면해서는 안 된다. 우리 앞에는 여전히 여러 근본적인 한계와 해결해야 할 문제들이 놓여 있다. 이러한 문제들이 서로 복잡하게 얽히고설킨다면, 우리가 앞으로 마주할 대전환은 과거 그 어느 때보다 훨씬 더 어려워질 수 있다.

## 다섯 가지 대전환의 영향

태양은 천문학자들이 주계열성이라고 부르는 별의 한 종류다. 주계열성은 중심부에서 수소 원자를 헬륨으로 바꾸는 핵융합 반응을 일으키며, 이 과정에서 엄청난 양의 에너지를 우주 공간으로 내보낸다. 태양은 약 46억 년 전에 이러한 활동을 시작했으며, 앞으로도 약 45억 년에서 55억 년 동안 지금처럼 안정적으로 빛과 열을 낼 것이다. 그 후 태양은 생애의 다음 단계인 적색 거성으로 변한다. 이때 태양은 현재 금성의 궤도를 넘어설 정도로 거대하게 부풀어 오를 것이며, 이 단계를 거친 후에야 마침내 붕괴하여 백색 왜성이라는 작고 희미한 별로 남게 될 것이다.

지구의 나이는 약 45억 살이다. 지구가 존재해온 시간의 절반이 넘는 긴 세월 동안, 지구의 환경은 지금 우리가 경험하는 상태와 크게 다르지 않았다. 즉, 드넓은 바다 위로 대륙이 솟아 있었고, 대기에는 생명체가 숨 쉬는 데 꼭 필요한 산소가 있었다. 이렇게 수십억 년에 이르는 아주 긴 우주적 시간이나 지질학적 시간의 관점에서 보면, 지혜를 가진 인간, 즉 호모 사피엔스가 지구에 나타난 이후 우리가 일으킨 변화들은 거의 눈 깜짝할 사이에 일어난 일처럼 여겨질 수 있다.

이러한 변화가 얼마나 거대한 규모인지를 가장 잘 보여주는 방법은 그 크기가 몇 자릿수나 증가했는지를 따져보는 것이다. 여기서 자릿수 변화란 10배의 차이를 의미한다. 하지만 이렇게 거대한 숫자를 다룰 때면 늘 그렇듯이, 우리의 이해는 곧 경험으로 파악할 수 있는 한계에 부딪힌다. 예를 들어, 1에서 10으로, 또는 10에서 100으로 변하는 것은 우리가 쉽게 상상할 수 있는 증가이다. 그러나 숫자가 비교할 수 없을 정도로 커지면 그 엄청난 변화의 폭을 직관적으로 느끼기는 거의 불가능하다. 천만에서 1억으로 증가하는 경우가 바로 그렇다. 두 숫자 모두 상상하기 어려운 큰 수이기 때문에 그 차이가 얼마나 거대한지 현실적으로 실감하기는 어렵다.

### 변화의 속도

현생 인류가 언제 처음 등장했는지에 대해서는 여전히 불확실한 부분이 있지만, 오늘날 학계에서는 인류의 분화 시점을 지금으로부터 26만 년에서 35만 년 전 사이로 보고 있다. 기원전 1만 년경에는 모든 거주 가능한 대륙에 수백만 명의 사람들이 흩어져 살았으며, 이들은 모두 수렵과 채집으로 생계를 유지했다. 기원전 4000년경이 되자 전 세계 인구는 1천만 명에 육박했다. 이때부터 정착하여 농사를 짓는 사회의 인구가 점차 늘어났는데, 일부 지역에서는 이러한 정착 농업 사회로의 전환이 불과 수천 년 만에 이루어지기도 했다. 그 이후에 나타난 양적, 질적 전환은 훨씬 더 빠르고 인상적이었다. 기원전 500년경, 즉 철학자 피타고라스가 사망하고 고대 그리스의 보이오티아 동맹이 결성된 지 두 세대가 지난 시점에는 세계 인구가 1억 명에 도달했다. 이들 대부분은 도시를 중심으로 운영되는 복잡한 정주 사회에 속해 있었고, 놀라운 건축물과 예술 작품을 남겼다.

이후 천 년 동안 인류는 점진적인 발전을 이루었다. 이 시기에는 세 개의 거대하고 오래 지속된 제국이 등장하여 확장했는데, 지중해를 중심으로 한 로마 제국(기원전 509년 공화정으로 시작하여 기원전 27년부터 서기 466년까지 존속), 중동의 파르티아 제국(기원전 243년부터 서기 224년까지), 그리고 중국의 한나라(기원전 206년부터 서기 220년까지)가 바로 그것이다. 그러나 이 시기가 지나자 인구, 기술, 경제가 전반적으로 침체하는 시대가 뒤따랐다. 이 시대는 성장률이 매우 낮았고, 간헐적인 발전이 있었지만 퇴보를 거듭하는 양상을 보였다. 이 암울한 상황은 16세기에 근대 초기가 시작되면서 바뀌기 시작했다. 유럽 사회가 제국주의적 정복과 과학적 발견을 결합한 과정을 통해, 이전까지 기술적으로 더 앞서 있던 중국을 추월하기 시작한 것이다. 이러한 변화와 발전이 현대 문명의 기초를 마련했다.

세계 인구가 1억 명에서 10억 명으로 10배 증가하는 데는 2천 년 이상, 정확히는 약 2,300년이 걸렸으며, 19세기 초에 이르러서야 10억 명을 돌파했다. 고대, 중세, 근대 초기의 경제 생산량에 대한 모든 복원 추정치는 매우 불확실하지만, 전 세계의 경제 생산량이 10배 증가하는 데에도 비슷한 시간이 걸렸을 것으로 보인다. 수 세기 동안 연간 경제 성장률이 0.01% 미만이었고, 이후 가장 높았을 때조차 0.1~0.2%에 불과했으며, 여러 세대에 걸쳐 성장이 없는 시기가 반복되었다는 점을 고려하면 이는 놀라운 결과가 아니다.

그 후 거대한 가속의 시대가 연쇄적으로 시작되었다. 사회 경제 발전, 삶의 질, 조직의 복잡성을 보여주는 모든 근본적인 지표들이 전례 없는 속도로 함께 성장하기 시작했고, 그 결과 불과 몇 세대 만에 현대 사회를 만들어낸 엄청난 변화와 결과가 나타났다. 세계 인구는 1960년대까지 초지수적인 성장을 계속하여 불과 여덟 세대 만에 네 배로 증가했다. 그 이후 성장률은 둔화되었지만, 인구 기반 자체가 커졌기 때문에 1800년 이후 200년 동안 세계 인구는 총 여섯 배로 늘어났다. 현재로서는 10억 명을 넘어선 지 300년이 채 안 된 2100년 이전에 다음 단계인 100억 명에 도달할 가능성이 매우 높아 보인다.

현대 시대의 가장 주목할 만한 특징은 아마도 식량과 에너지 공급, 그리고 총 경제 생산량의 성장률이 세계 인구 성장률(20세기 동안 연평균 1.3%)을 훨씬 앞질렀다는 점일 것이다. 인류 존재의 근간이 되는 요소들의 생산이 인구보다 빠르게 늘어난 덕분에, 1인당 생산량은 상당한 수준으로 증가했다. 식량 생산은 만성적인 부족 상태에서 벗어나 고소득 국가에서는 식량이 남아도는 수준에 이르렀고, 생산된 모든 식량의 최대 40%가 낭비되기도 한다. 중국, 인도, 인도네시아, 브라질을 포함한 세계에서 가장 인구가 많은 국가들에서도 기본적인 혹은 넉넉한 수준의 식량을 확보하게 되었다. 오늘날 중국의 1인당 평균 식량 공급량은 일본보다 높으며, 브라질의 평균 공급량은 호주와 거의 같은 수준이다.

20세기의 작물 수확량을 분석해 보면, 에너지양으로 환산한 총생산량(작물 부산물 포함)은 일곱 배나 증가했다. 이는 연평균 1.9%의 성장률로, 같은 기간의 인구 연평균 성장률보다 50%나 높은 수치이다. 이러한 증가는 전 세계의 영양 부족 및 영양실조 인구 비율을 꾸준히 감소시켰고, 육류와 같은 동물성 식품의 소비를 크게 늘릴 수 있게 했다. 역사상 처음으로 수확된 작물의 상당량을 사람이 먹는 대신 동물의 사료로 전환할 수 있게 된 것이다. 그 결과 전 세계 육류 생산량은 연간 1.9%씩 성장하며 20세기 동안 다섯 배 증가했다.

주요 에너지 공급원은 바이오매스 연료와 가축의 힘 같은 생물 에너지 중심의 세상에서 벗어나, 화석 연료를 압도적으로 사용하는 새로운 복합 시스템으로 전환되었다. 여기에는 수력 및 원자력 발전과 기계 같은 비생물 원동기가 보조적으로 사용되었다. 20세기 동안 이러한 새로운 에너지의 공급은 연평균 약 2.8%의 속도로 증가하여, 세계 인구 증가율보다 두 배 이상 빨랐다. 하지만 제대로 비교하려면 그사이에 이루어진 에너지 전환 효율의 향상까지 고려해야 한다. 이를 반영하면, 인류가 실제로 유용하게 사용한 상업 에너지의 연평균 성장률은 약 3.7%에 달한다. 이는 총인구 성장률보다 거의 세 배나 높은 수치다.

전 세계 총 경제 생산량은 각 국가의 경제 지표가 가진 모든 문제점을 안고 있으며, 장기적인 추정치는 항상 어느 정도 방어 가능한 근사치에 불과하다. 시대별, 국가별 비교를 위해서는 모든 수치를 미국 달러와 같은 공통 통화로 변환하고 물가 상승을 반영한 불변 가격으로 조정하는 과정이 추가로 필요하다. 이러한 모든 이유 때문에 실제 화폐 가치를 제시하기보다는 지표가 되는 성장률을 인용하는 것이 더 낫다. 여러 연구를 종합해 보면, 1800년부터 2000년까지 200년 동안 세계 경제는 연평균 2.7% 성장했으며, 1820년부터 2003년까지는 연평균 2.2% 성장한 것으로 나타난다. 두 수치 모두 평균 인구 성장률을 훨씬 앞서는 것으로, 1인당 소득이 눈에 띄게 증가했음을 의미한다.

### 변화의 규모

필자는 지난 20세기에 인류가 이룩한 발전을 요약하기 위해, 현대 문명을 가능하게 한 핵심 요소들의 전 세계 연간 생산량 데이터를 종합해 보았다. 여기에는 에너지, 비료, 그리고 핵심 소재가 포함된다. 에너지 부문에서는 세 종류의 화석 연료와 총 전력 생산량을 살펴보았다. 비료 부문에서는 질소$^N$와 인$^P$이라는 두 가지 주요 성분을 다루었다. 구체적으로 질소는 합성 암모니아 형태로, 인은 인광석을 산성 처리하여 만든 과인산염 형태로 공급된 양을 기준으로 했다. 마지막으로 현대 사회를 구성하는 네 가지 주요 소재, 즉 시멘트, 철강, 플라스틱, 알루미늄의 생산량 추이를 분석했다(그림 7.1). 이렇게 다양한 항목을 한데 모아 비교하는 분석은 20세기에 들어서야 비로소 가능해졌다는 점에서 그 자체로 의미가 있다. 19세기만 하더라도 이런 식의 종합적인 비교는 불가능했다. 당시에는 상업적으로 대량 생산되던 품목이 극히 일부였기 때문이다. 예를 들어 1800년대 초에는 석탄과 철강만이 의미 있는 규모로 생산되었으며, 이 두 품목 모두 영국이 전 세계 생산을 주도하고 있었다.

그러나 1900년에 이르자 상황은 크게 달라졌다. 필자가 선정한 현대 문명의 핵심 동력 가운데 합성 암모니아를 제외한 모든 품목이 시장에서 거래될 만큼 생산되기 시작했다. 합성 암모니아의 상업적 생산은 그보다 늦은 1913년에야 비로소 시작되었다. 플라스틱 역시 1910년 이후 베이클라이트라는 초기 플라스틱이 등장하면서부터 본격적으로 생산량이 늘었다. 이처럼 암모니아와 플라스틱은 20세기가 시작되고 나서야 본격적으로 생산되었기 때문에, 20세기 전체 기간에 걸친 생산량 증가를 정확히 계산하기는 어렵다. 하지만 20세기 후반 50년의 변화만 살펴봐도 그 성장세는 놀라울 정도이다. 1950년부터 2000년까지 암모니아 생산량은 약 30배, 플라스틱 생산량은 무려 120배나 폭증했다. 다른 주요 생산 요소들을 살펴보면, 석탄을 제외하고 강철과 인광석을 포함한 품목들은 20세기 동안 생산량이 최소 10배 이상 증가했다. 원유 및 천연가스 채굴량과 시멘트 생산량은 100배가량 늘어났다. 알루미늄 제련량과 전체 전기 발전량은 무려 1000배나 증가하는 경이적인 성장을 보였다.

이렇게 서로 밀접하게 연관된 생산량의 급증은 우리 삶의 질 향상으로 이어졌다. 구체적으로 평균 수명이 늘어났고, 건강하게 활동하는 기간도 길어졌다. 교육 수준과 소득 수준이 전반적으로 높아졌으며, 삶을 더욱 편리하게 만드는 여러 제품들을 이전보다 쉽게 구매할 수 있게 되었다. 여행

빈도 역시 증가했고, 정보통신 기술의 발달로 정보를 얻고 소통하는 것이 훨씬 저렴하고 용이해졌다. 이러한 혜택들은 대부분 동시에 발전했으며, 점점 더 많은 사람이 이러한 발전의 과실을 누리게 되었다. 물론 산업화된 국가들이라 할지라도 20세기 동안 기대수명이나 글을 읽고 쓸 줄 아는 능력, 즉 식자율이 10배씩 향상될 수는 없었다. 하지만 서구 사회의 경우, 1800년에서 2000년 사이에 평균 수명은 약 40세에서 거의 80세로 약 두 배 증가했다. 1900년 당시 서유럽의 식자율은 이미 약 80%로 높은 편이었으나, 전 세계 평균은 35%에 불과했고 동아시아 지역은 30%에 그쳤다. 그러나 2000년이 되자 유럽 전체의 평균 식자율은 거의 100%에 도달했으며, 동아시아 지역 평균은 90%에 육박했고, 전 세계 평균 역시 80%에 가까워졌다.

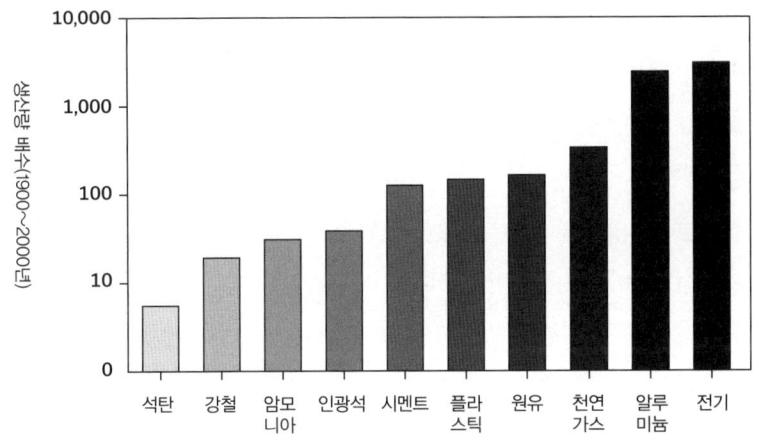

그림 7.1_20세기 주요 에너지 형태 및 가장 중요한 물질에 대한 생산량 배수. 전기 발전, 알루미늄의 제련, 질소 고정화가 가장 큰 확장을 보였으며, 암모니아와 플라스틱의 증가는 1950~2000년 사이에 이루어졌다.

경제학자 매디슨의 연구에 따르면, 1820년부터 2003년 사이에 세계 1인당 국내총생산$^{GDP}$은 평균적으로 약 10배 증가했다. 국가별로 보면 일본은

30배, 미국은 약 25배, 독일은 약 18배, 영국은 12배 늘어났다. 또 다른 경제학자 들롱의 추정에 따르면, 1800년 이후 세계 GDP는 평균 약 40배 상승했으며, 20세기 동안만 보면 거의 정확히 10배 증가한 것으로 분석된다. 주요 경제 대국들 가운데 가장 큰 폭의 성장을 이룬 나라는 중국이다. 중국의 1인당 GDP는 1800년부터 1950년까지 거의 변화가 없었다. 그 후 약 25년 동안, 즉 마오쩌둥이 사망한 1976년까지도 성장률은 이전 대비 두 배 정도 증가하는 데 그쳤다. 1980년부터 경제 개혁이 점진적으로 시작되면서 상황은 달라졌다. 2000년이 되자 물가와 환율을 조정한 구매력 평가 PPP 기준으로 중국의 1인당 GDP는 12배나 성장했다. 이후 2019년까지 이 수치는 다시 거의 10배 가까이 추가로 증가했다. 결과적으로 1980년 이후 약 40년 만에 거의 120배에 달하는 놀라운 성장을 이룬 것이다. 이처럼 이례적으로 높은 성장률은 세 가지 주요 요인이 복합적으로 작용한 결과였다. 첫째, 중국은 산업화 후발 주자로서 이미 발전된 최고의 기술들을 즉시 도입하여 활용할 수 있는 이점을 누렸다. 둘째, 막대한 규모의 외국인 직접 투자를 유치하는 데 성공했다. 셋째, 세계 최대의 수출 중심 제조업 국가로 발돋움했다.

사람들이 얼마나 더 많이 이동하게 되었는지를 오랜 기간에 걸쳐 종합적으로 파악하는 것은 간단한 일이 아니다. 이러한 이동성의 총체적인 변화를 측정하려면, 시대별로 등장한 주요 교통수단의 발전 과정, 널리 사용된 운송 수단의 수송 능력 변화, 그리고 사람들이 평균적으로 이동한 거리 등을 모두 종합해야 한다. 그러나 이렇게 종합된 수치는 사람들이 왜 이동하는지에 대한 다양한 이유들을 제대로 보여주지 못하는 한계가 있다. 예를 들어, 수많은 사람이 매일 짧은 거리를 출퇴근하는 경우나, 소수의 사람이 장거리 비행을 자주 하는 경우 모두 승객 수와 이동 거리를 곱한 값인 '여객-킬로미터' 총량은 높게 나타날 수 있지만, 두 이동의 성격은 매우 다르다. 미국의 교통 통계 자료를 살펴보면 1900년과 2000년 사이의 여객-킬로미터 총량 변화를 추정해 볼 수 있다. 1900년의 이동량은 대부분 철도에 의한 것이었다. 당시 미국에서는 연간 약 2,500대의 자동차만이 생산되었고, 미국 최초의 상업용 항공 노선은 1914년에야 등장했기 때문이다. 그러나 한 세기가 지난 2000년에는 승용차, 정기 항공편, 철도 운송이 결합된 형태로 이동량이 집계된다. 이러한 변화를 바탕으로 계산하면, 20세기 동안 미국의 전체 이동량은 약 200배 증가한 것으로 나타난다. 특히 2000년에는 자동차가 전체 이동량의 약 85%를 차지할 정도로 주요한 이동 수단이 되었다.

이처럼 부유한 국가들에서 개인의 이동성은 에너지 및 주요 원자재 사용량 증가와 비슷한 수준으로 크게 늘어났다. 그러나 이러한 이동성의 증대조차도 정보통신 분야에서 오랜 기간에 걸쳐 이루어진 엄청난 발전에 비하면 그 규모가 작아 보일 정도다. 정보통신 관련 지표들은 19세기에 처음으로 급격한 성장을 경험했다. 이는 고속 인쇄술, 사진술, 음성 녹음 기술의 발전과 더불어, 목재 펄프를 이용한 저렴한 종이 생산이 가능해졌기 때문이다. 20세기 전반에는 인쇄, 녹음, 사진 복제 기술이 더욱 발전하여 비용이 훨씬 저렴해졌으며, 여기에 영화와 텔레비전이라는 새로운 매체가 등장하면서 정보 전달 능력은 더욱 확대되었다. 그 이후 디지털 정보의 폭발적인 확장은 이전 시대의 모든 발전을 왜소하게 만들었다. 한 저장매체 제조사의 분석에 따르면, 2016년 전 세계 정보 저장 총량은 16제타바이트$^{ZB}$를 넘어섰다. 이는 약 2000년 전 인류가 저장했던 정보 총량에 비해 무려 3,200억 배나 많은 양이다.

통신 기술의 발전 수준을 가장 확실하게 보여주는 지표 중 하나는 국제전화 요금의 변화일 것이다. 하지만 이 요금의 변화를 20세기 전체에 걸쳐 살펴보는 것은 불가능하다. 애초에 국제 통화 자체가 20세기에 들어서야 가능해졌기 때문이다. 미국 내 도시 간 전화 서비스는 1880년대 초에 시작되었지만, 샌프란시스코에서 뉴욕을 잇는 최초의 미 대륙 횡단 통화는 1915년 1월에야 이루어졌다. 런던과 뉴욕을 연결하는 대서양 횡단 통화는 그보다 늦은 1926년 3월에 처음 성공했다. 본격적인 국제 통화가 가능해진 1930년의 요금을 기준으로 그 변화를 추적해 보면 놀라운 사실을 발견할 수 있다. 1972년이 되자 국제 통화 요금은 1930년의 10% 수준으로 떨어졌고, 1993년에는 1% 미만으로, 2000년에는 0.1% 수준까지 폭락했다. 불과 70년 만에 비용이 1,000분의 1로 줄어든 것이다. 가격 하락은 여기서 멈추지 않았다. 21세기에 들어선 후 15년 동안 요금은 다시 10분의 1 수준으로 추가 하락했다(그림 7.2). 오늘날 우리는 이메일이나 스카이프, 왓츠앱과 같은 메신저 서비스를 통해 전 세계 누구와도 거의 공짜로, 그것도 여러 사람과 동시에 소통할 수 있다. 이런 시대에, 전화 교환원이 연결해주기를 기다려 비싼 돈을 내고 좋지 않은 음질과 시간 지연을 감수하며 국제 전화를 하던 시절은 이제 아주 먼 옛날의 기억이 되었다.

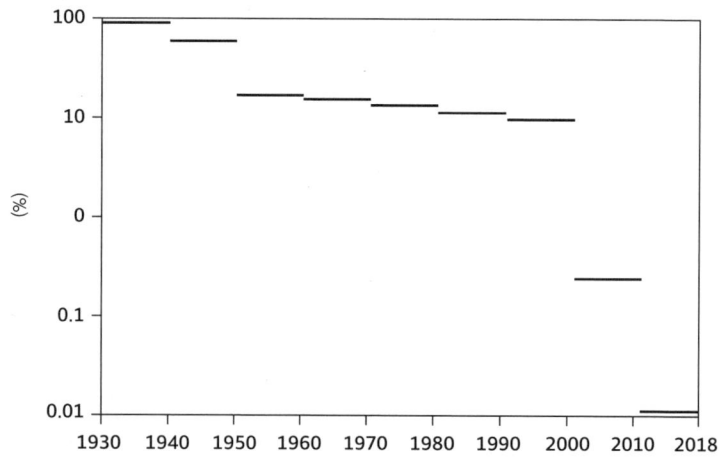

**그림 7.2**_국제전화 요금의 하락. 1930년대와 비교해서 짧은 대서양 횡단 통화는 현재 4자릿수 (1/10,000) 저렴하다.

아서 클라크는 자주 인용되는 그의 제3 법칙에서 '충분히 발달한 기술은 마법과 구별할 수 없다'고 통찰력 있게 말했다. 이 말은 비단 기술에만 적용되는 것이 아니다. 지난 200년, 혹은 길게 볼 것도 없이 불과 100년 남짓한 기간의 대전환이 가져온 삶의 질 향상에도 그대로 적용될 수 있다. 평균 수명의 증가, 소득 수준의 향상, 일상생활의 편의성 증대, 끊임없는 에너지 공급, 다양해진 음식, 저렴하고 편리해진 여행, 거의 무료로 넘쳐나는 정보 등 이 모든 발전은 두 가지 이유에서 진정 마법처럼 느껴진다. 첫째, 오늘날 우리 삶에 필수적인 것들 대부분이 200년 전에는 존재조차 하지 않았기 때문이다. 암모니아 합성이나 전기 생산 같은 기반 기술부터 항생제나 냉장 기술이 주는 혜택에 이르기까지 모든 것이 새로운 것이다. 둘째, 그 발전의 규모가 상상을 초월하기 때문이다. 기대 수명을 제외한 20세기의 발전은 단순히 과거보다 두세 배 나아진 수준이 아니었다. 대부분의 지표에서 그 향상 배수는 최소 10배였고, 많게는 100배에서 1,000배에 달했다. 이는 그 정도를 쉽게 가늠하기조차 어려운 거대한 변화이며, 돌이켜보면 진정 마법과도 같은 일이었다.

**미래에 대한 전망**

필자가 이 책을 쓴 근본적인 이유는 인류가 이룩한 발전의 시작과 그 과정을 밝히기 위해서이다. 이러한 목적을 달성하고자, 어떤 독자에게는 지나치게 많다고 느껴질 수도 있겠지만, 수많은 통계 자료를 활용했다. 필자는 이런 방법이야말로 우리가 겪고 있는 '대전환'의 복잡한 모습을 제대로 기록하기 위해 반드시 필요하다고 믿는다. 다시 말해, 인류의 눈부신 발전 이면에 있는 여러 걱정스러운 결과들을 함께 보여주고 싶었다. 이를 통해 인류 발전이 이룬 성과와 그 안에 숨겨진 복잡성을 모두 전달하려는 것이다. 그렇기 때문에 필자는 미래의 변화를 평가할 때 한쪽으로 치우친 시각을 거부한다. 미래의 실패와 손실만을 강조하는 비관론이나, 성공과 발전만을 내세우는 맹목적인 낙관론 모두 받아들이지 않는다. 이러한 필자의 입장은 세상을 지배하는 양극단의 전망, 즉 파멸적인 미래와 무한히 밝은 미래라는 두 가지 관점과 뚜렷이 대조된다.

첫 번째, 파국이 닥칠 것이라는 비관적인 전망은 고대의 종말론에 뿌리를 두고 있다. 현대의 비관론자들은 곧 닥칠 붕괴와 대규모 고통의 시나리오를 극적으로 묘사하는 데 주저함이 없다. 이들은 로마 제국의 멸망을 붕괴 시나리오의 단골 예시로 들지만, 이는 두 가지 중요한 사실을 외면한 것이다. 첫째, 로마 제국의 동부는 수백 년 동안 번영을 이어갔고 오히려 영토를 확장하기까지 했다. 수도를 로마에서 콘스탄티노플로 옮긴 동로마 제국은 서로마의 마지막 황제가 물러난 476년 이후로도 천 년 가까이 더 지속되었다. 둘째, 서로마 제국의 다양한 유산은 결코 사라지지 않았다. 오히려 서기 800년 이후 서유럽에서 화려하게 부활하여 이후 천 년간 유럽 역사의 중요한 정치적, 문화적 토대가 되었고, 오늘날 유럽 연합에까지 그 영향력을 미치고 있다.

인구 증가와 식량 생산에 대한 비관적인 예측 중에서 폴 에얼릭의 주장만큼 완전히 빗나간 예언도 없을 것이다. 그는 "모든 인류를 먹여 살리려는 싸움은 끝났다. 1970년대에는 수억 명의 사람들이 굶어 죽을 것이다"라고 단언했다. 하지만 곧 닥칠 종말을 예측한 사람은 에얼릭뿐만 아니었다. 그가 단지 시대의 불안한 분위기를 다른 사람들보다 더 극적으로 표현했을 뿐이다.

로버트 하일브로너의 베스트셀러 '인간 전망에 대한 탐구' 역시 식량 문제에 대해 암울한 미래를 그렸다. 그는 세계 식량 재고가 제2차 세계대전 이후 최저 수준이며, 전례 없는 기근이 닥칠 수 있다는 경고가 나오고 있다고 썼다. 또한 세계 어획량은 정체되거나 오히려 줄고 있으며, 저개발 국가의 심각한 식량 부족을 해결할 만큼 비료 공장을 빨리 짓는 것도 불가능해 보인다고 예측했다. 그러나 이러한 예측들은 완전히 빗나갔다. 현실은 정반대 방향으로 나아갔고, 수억 명의 사람들이 불안정한 식량 상황에서 벗어나 안정적으로 식량을 공급받게 되었다.

저소득 국가에서 영양 부족을 겪는 사람들의 비율은 1970년 35%에서 2018년경 약 12%로 크게 줄었다. 전 세계 평균 영아 사망률은 1970년 이후 절반 이하로 떨어졌다. 2018년까지 전 세계 주요 곡물 생산량은 1970년 수준의 2.5배에 달했고, 어업과 양식을 포함한 전체 해산물 수확량은 거의 세 배나 늘었다. 경제학 교수였던 하일브로어는 질소 비료를 만드는 하버-보슈 공법에 대해 조금이라도 아는 전문가에게 자문을 구했어야 했다. 비료 공장을 추가로 짓는 데에는 기술적, 경제적 문제가 전혀 없었다. 중국은 1989년에 세계 최대의 암모니아 생산국이 되었고, 1990년대 초에는 질소 비료가 과잉 공급되어 가격이 크게 떨어졌다. 2018년 전 세계 암모니아 생산량은 1975년 총생산량의 세 배를 넘어섰다.

하일브로너는 중국을 이상적인 사회 형태로 극찬했다. 그는 중국이 "미래 세대가 겪어야 할 깊고 고통스러운 적응 과정을 이끌어낼 잠재력이 가장 큰 사회"라고 평가했다. 그가 이 글을 쓴 시점은 마오쩌둥이 사망하기 1년 전이었다. 그는 중국 공산당이 세계 최대 규모의 인위적인 기근을 일으키고 수백만 명을 숙청하고 추방했던 끔찍한 역사를 외면했다. 이는 당시 서구 지식인들 사이에 퍼져 있던 새로운 중국에 대한 맹목적인 환상을 반영하는 것이었다. 그는 이렇게 결론 내렸다. "우리는 중국 사회에서 미래의 몇 가지 특징적인 요소를 발견할 수 있다. 그것은 산업화에 대한 신중한 통제, 개인의 소비 욕구를 억제하는 경제 정책, 그리고 무엇보다도 사회주의라는 '종교'의 교리와 규율을 통해 표현되는 조직적인 신앙심이다."

그로부터 40여 년이 지난 지금도 중국은 여전히 같은 공산당이 절대 권력을 휘두르고 있다. 통치 방식은 과거처럼 대규모 고통을 주는 방식에서 벗어나, 이제는 사회 신용 시스템과 같은 첨단 기술을 이용한 광범위한 전자 통제를 강조하는 쪽으로 바뀌었다. 마오쩌둥 이후 중국의 정책은 세계에서 가장 빠르고 광범위한 산업화를 이끌었다. 그 결과 합법적인 것과 불법적인 것을 가리지 않고 전례 없는 물질 소비를 추구하게 되었다. 이로 인해 중국은 세계 최대의 사치품 시장이 되었고, 세계에서 가장 많은 억만장자를 보유한 나라가 되었다. 미국을 넘어서려는 중국의 모습은 하일브로너가 예상했던 '깊고 고통스러운 적응'과는 거리가 멀다. 덩샤오핑이 또 다른 기근을 막기 위해 국가 현대화가 필수적이라고 생각했음을 고려하면 놀라운 일도 아니다. 하지만 일부 서구 지식인들이 가졌던 희망 섞인 기대와 경제 발전에 매진한 중국의 현실 사이에는 당황스러울 만큼 큰 차이가 있다. 이처럼 실패한 파국적 예측과 현실을 심각하게 오판한 사례는 책 한 권을 채우고도 남을 정도이며, 이러한 주장을 펼치는 사람들은 과거의 실패를 그대로 답습하고 있을 뿐이다.

이러한 파국적 해석과 예측의 오랜 전통은 오늘날에도 계속되고 있다. 자원 고갈, 특히 원유 고갈에 대한 반복적인 경고, 경제 침체, 테러, 그리고 지구 온난화의 영향에 대한 우려가 커지면서 비관론은 다시 힘을 얻고 있다. 실패한 기근 예측을 내놓았던 폴 에얼릭은 그로부터 45년이 지난 후, 환경 파괴가 심각해짐에 따라 "이제 처음으로 전 지구적 붕괴가 가능해 보인다"고 결론 내렸다. 이는 얼릭만의 생각이 아니다. 월리스-웰스는 지구 온난화 때문에 "모든 상황이 당신이 생각하는 것보다 훨씬, 훨씬 더 나쁘다"고 단언했다. 영국의 한 공공정책 연구소는 우리가 환경 붕괴의 시대에 들어섰다고 결론 내렸다. 자연 시스템이 전례 없는 속도와 규모로 불안정해지면서 새로운 위험을 만들고 있으며, 이로 인해 전 세계 사회가 한계 상황으로 내몰리고 있다는 것이다.

아마도 인류의 미래에 대한 가장 우려스러운 평가는 생물다양성과학기구IPBES가 발표한 보고서일 것이다. 이 보고서는 산호초의 절반가량이 사라진 문제, 지구 육지 면적의 거의 4분의 1에서 생산성이 감소한 토지 황폐화 문제, 꽃가루를 옮기는 벌과 같은 수분 매개체 감소 문제, 그리고 외래 침입종 증가 문제 등 악화되는 상황들을 조목조목 나열한다. 그중에서도 가장 암울한 결론은 다음과 같다. "평가된 동식물 종의 약 25%가 멸종 위기에 처해 있다. 이는 생물 다양성 손실의 원인을 줄이기 위한 조치가 없다면 약 100만 종이 이미 멸종 위기에 놓여 있으며, 그중 다수가 수십 년 내에 사라질 것임을 의미한다. 이러한 조치가 없다면 전 지구적 종 멸종 속도는 더욱 빨라질 것이며, 이는 이미 지난 1,000만 년 평균보다 최소 수십 배에서 수백 배나 높은 수준이다."

거리로 나선 십 대 환경 운동가들이나 '멸종 반란'과 같은 단체뿐만 아니라, 유엔 총회 의장조차 파국을 피할 시간이 11년밖에 남지 않았다고 주장했다. 심지어 미래의 시점에서 붕괴된 서구 문명을 돌아보는 글도 있다. 벤델이라는 학자는 "기후 변화로 인한 단기적 사회 붕괴는 피할 수 없으며, 이러한 상황에서 독자들이 자신의 일과 삶을 다시 생각할 기회를 주기 위해" 지구 기후 비극에 대한 논문을 썼다.

필자는 기후 변화나 자원 고갈을 이유로 반복되는 파국론이 지겹고 설득력 없다고 생각한다. 동시에 미래에 대한 정반대의 견해, 즉 끝없는 낙관론에 대해서도 마찬가지로 회의적이다. 낙관론 중 비교적 절제된 첫 번째 버전은 세상이 계속해서 더 나아질 것이라는 믿음이다. 이는 앞으로의 세대가 우리가 최근 이룬 성과들을 여러 번 반복해서 경험하게 될 것이라는 약속과 같다. 건강은 꾸준히 향상되고, 기대 수명은 늘어나며, 소득은 더 높아지고, 식량과 에너지는 훨씬 풍부해질 것이다. 또한 이동은 더욱 저렴해지고 정보 접근성은 크게 향상될 것이며, 이 모든 발전이 환경에 미치는 영향은 오히려 줄어들 것이라고 전망한다. 이것이 바로 한스 로슬링과 스티븐 핑커가 쓴 두 권의 유명한 책이 전하는 메시지이다.

두 저자는 필자가 여러 저술에서 따랐던 것과 동일한 기본 원칙을 사용했다. 우리 모두는 과거와 현재의 사실과 수치에 초점을 맞춰 인류의 놀라운 역사적 성과를 평가하고 현대 문명의 현주소를 진단했다. 우리 모두는 암울한 문제에 대한 뉴스와 곧 닥칠 위기에 대한 글들이 넘쳐나는 세상 속에서, 수많은 삶의 질 향상과 놀라운 기술적 성과를 지적하며 세상이 얼마나 꾸준하고 인상적으로 발전해왔는지를 설명했다.

한스 로슬링은 그의 책 '팩트풀니스'에서 전문가들조차 "세상에 대한 기본 사실을 잘못 알고 있다"고 주장했다. 그는 '세상은 점점 나빠지고 있다'는 생각이 '거대한 오해'이며, "상황은 당신이 생각하는 것보다 훨씬 낫다"고 말했다. 스티븐 핑커는 우리에게 자극적인 뉴스 헤드라인이 아닌 장기적인 추세를 보라고 조언하며, 수명 연장과 빈곤 감소에서부터 민주주의 확산에 이르기까지 수많은 삶의 질 향상을 나열했다. 필자는 과거의 발전 정도와 속도를 제대로 알리는 것이, 문제투성이 세상에 대한 일방적인 묘사를 바로잡는 데 꼭 필요하다는 로슬링과 핑커의 의견에 전적으로 동의한다. 하지만 필자는 왜 그들의 낙관적인 전망을 온전히 받아들이지 못하는 것일까? 왜 그 눈부신 과거의 기록이 미래에도 똑같이 반복될 것이라는 보증수표가 된다고 믿지 않는 것일까?

필자는 핑커가 경멸적으로 표현한 '퇴보론자'도 아니고, '진보 공포증'을 앓고 있지도 않으며, 확실히 '혼란을 팔아먹는 장사꾼'도 아니다. 하지만 필자는 세상이 보편적이고 멈출 수 없이 개선될 것이라는 메시지에 대해 최소한 세 가지 큰 우려를 가지고 있다. 첫 번째 우려는 필자가 '사실에 대한 선택적 외면'이라고 부르는 것이다. 로슬링과 핑커 모두 자신들의 주장에 맞지 않는 현실을 무시하는 경향이 있으며, 심지어 자신들이 내세운 긍정적인 발전 범주 안에서도 그러한 외면이 나타난다. 일부 비평가들이 로슬링이 "자신의 주장에 유리한 변수만 편향적으로 선택했다"고 비판했으며, 필자는 두 가지 주요 사례를 통해 이 점을 설명하고자 한다.

지구 생물권 문제는 로슬링의 책에 거의 등장하지 않는다. 생물 다양성 손실과 같은 핵심적인 우려는 전혀 언급되지 않으며, 지구 온난화 문제는 329페이지에 달하는 본문 중 단 14줄만 할애되어 있다. 또한 그의 책이 "세상과 그 실제 모습에 관한 것"이라면, 왜 소득과 부의 불평등 심화 문제에 대해서는 침묵하는가? 이 책은 토마 피케티의 유명한 저서 '21세기 자본'이 출간된 지 4년 후에 나왔다는 점에서 더욱 의아한 누락이다. 물론 피케티의 결론에 대한 반론도 존재한다. 특히 미국에서의 불평등 심화에 대한 그의 주장이 모두 타당한 것은 아니라는 설득력 있는 연구도 있다. 그러나 다른 많은 최근 연구들은 전 세계적으로 불평등이 증가하고 있음을 보여주며, 그중에서도 중국의 사례가 가장 두드러진다.

중국은 새로운 부를 창출하고 확산시킨 가장 위대한 성공 사례로 꾸준히 언급된다. 실제로 중국은 대부분의 인구를 절대 빈곤에서 벗어나 어느 정도의 번영을 누리게 했다. 그러나 중국 사회는 1980년대 경제 개혁 초기만 해도 비교적 평등한 사회였지만, 지금은 세계에서 가장 불평등한 국가 중 하나로 변모했다. 로슬링이 참고한 자료 어디에도 이러한 달갑지 않은 경제적 변화에 대한 언급은 없다. 대신 그는 핑커의 책 네 권을 참고 문헌으로 제시하는데, 그중 대표작이 '우리 본성의 선한 천사'이다. 이 책의 기본 메시지, 즉 거의 모든 것이 더 나아졌고 앞으로도 그럴 것이라는 주장은 '지금 다시 계몽'이라는 책에서 반복되고 확장된다.

'우리 본성의 선한 천사'의 가장 주목할 만한 메시지는 폭력이 감소해 왔으며, 특히 국가 간 전쟁과 그로 인한 사망자가 드물어졌다는 것이다. 물론 핑커가 주장하는 도덕적 진보라는 생각과 그의 "유토피아주의에 대한 장

황한 희롱"에 대해 사려 깊은 비판을 제기한 사람들도 있다. 필자는 단지 다른 측면을 보면 매우 다른 이야기가 펼쳐진다는 점만 지적하고자 한다. 이른바 갈등이 사라진다는 시대에, 미국은 아프가니스탄에서 역사상 가장 긴 전쟁을 치르고 있었다. 처음에는 알카에다와 탈레반을 상대로, 그 후에는 탈레반 단독으로, 그리고 결국에는 탈레반과 이슬람 국가ISIS를 상대로 싸웠다. 2019년 10월까지 이 전쟁은 군사적 해법이 보이지 않는 가운데 19년째에 접어들었다. 탈레반은 2001년보다 훨씬 더 강력한 세력이 되었고, 여기서 말하는 어떠한 '평화'도 중세 시대와 같은 여성 혐오적인 신정 국가에 항복하는 것과 다름없을 것이다.

더욱이 2019년까지 이라크, 아프가니스탄, 파키스탄, 시리아에서 미국이 치른 전쟁 비용은 거의 6조 달러에 달했다. 여기에 빌린 돈에 대한 이자와 참전용사 지원 비용까지 더하면, 향후 40년간 들어갈 비용은 8조 달러로 늘어날 것으로 추정된다. 그리고 핑커가 완전히 무시한 사실이지만, 이 전쟁들에서 48만 명 이상이 목숨을 잃었다. 이는 제2차 세계대전에서 사망한 미국 군인과 민간인을 합친 수보다 많은 숫자이다. 이것이 과연 선한 천사가 한 일이라고 할 수 있을까? 또한 말리에서 미얀마에 이르기까지 세계 곳곳에서 벌어지는 다른 폭력적인 갈등들은 거의 사라지지 않았으며, 그 피해는 대부분 민간인에게 집중되고 있다. 이러한 이유로 유엔난민기구는 2019년 기준으로 전 세계 강제 이주민 수가 약 7,100만 명에 달해 사상 최고치를 기록했다고 보고했다. 그리고 핑커는 미국 성인 약 220만 명을 포함한 전 세계적인 대규모 수감 현상을 어떻게 설명할 것인가?

핑커는 또한 몇 가지 주목할 만한 환경 개선 사례를 든다. 미국 내 대기 오염 물질 배출 감소, 온대 지역의 삼림 벌채 감소, 기름 유출 감소, 전 세계 보호 지역 증가 등이 그것이다. 그는 심지어 전 지구적 멸종률이 75%나 감소했다고 주장하기까지 한다. 그러나 다른 연구자들은 현재의 멸종 속도가 인간이 등장하기 전보다 약 1,000배나 빠르다고 결론 내렸다. 또 다른 연구에서는 우리가 단 20년 만에 지구 야생 지역의 10분의 1을 파괴했다고 계산했으며, 가속화되는 인간에 의한 종의 손실을 지구가 여섯 번째 대멸종의 시작을 알리는 신호로 규정하는 연구도 있다. 이러한 현실을 인정한다면, 과연 이를 진보라고 해석할 수 있을까?

필자의 두 번째, 그리고 더 심각한 반론은 삶과 환경, 사회, 경제가 끝없이 자동으로 개선될 것이라는 비전이 마치 끝없이 올라가는 건물 안의 에스컬레이터처럼 단순하다는 점이다. 핑커는 "진보를 이끌어온 힘, 즉 지식, 번영, 연결성은 아마도 되돌릴 수 없으며, 서로를 기반으로 더욱 발전할 것이다"라고 결론 내렸다. 이러한 종류의 결정론은 또 다른 형태의 맹목적인 믿음처럼 들린다. 이는 우리 인류의 진화와 역사에서 항상 나타났던 단절, 역전, 예측 불가능한 변화의 가능성을 거의 인정하지 않는다. 역사를 공부하는 사람이라면 인류의 발전이 실제였지만, 그것이 결코 멈추지 않고 한 방향으로만 나아가는 자기 강화적인 과정이 아니었음을 지적할 것이다. 역사는 항상 순환했으며, "문명은 계속 강해지는 대신 본질적으로 취약한 상태로 남아있다." 혹은 역사학자 맥닐이 우리에게 상기시켰듯이, 우리는 인간사에서 파국이 현실이 될 수 있다는 가능성을 무시해서는 안 된다.

성장 과정을 진지하게 연구하는 사람이라면, 현실 세계가 끝없이 상승하는 추세로만 구성되어 있다고 믿는 것은 불가능하다는 것을 알 것이다. 현실 세계의 성장은 단순히 직선적으로 증가하는 것이 아니라 때로는 기하급수적으로, 심지어는 폭발적으로 증가하는 궤적을 따른다고 여겨지기 때문이다. 가속화되는 성장에 대한 이러한 확고한 믿음은 전자 기술의 발전으로 더욱 강해졌다. 우리는 곧 인공 지능이 세상을 다스리고, 에너지와 물질에 대한 끊임없는 수요 없이도 경제 성장이 이루어지는 사회를 맞이할 것이라는 약속을 듣는다. 이러한 주장들은 필연적으로 확대되는 진보에 대한 두 번째 범주, 즉 진정으로 무한한 가능성을 약속하는 범주에 속한다.

끝없는 발전의 세계에서는 점근선이나 한계라는 개념이 설 자리가 없다. 이러한 태도는 레이 커즈와일에 의해 가장 극단적으로 표현되었고, 최근에는 제프리 웨스트와 유발 하라리에 의해 이어졌다. 극단적인 해석에 따르면, 이는 단순히 지속적이고 활발한 성장을 넘어, 상상조차 할 수 없을 만큼 보람 있는 미래로 우리를 이끌 것이다. 커즈와일은 이렇게 말한다. "그래서 우리는 21세기에 100년 치의 진보를 경험하지 않을 것이다. 그것은 오늘날의 속도로 2만 년 치의 진보와 같을 것이다. 지수적 성장의 속도 자체도 지수적으로 증가하고 있다. 수십 년 내에 기계 지능은 인간 지능을 능가하여 특이점Singularity에 도달할 것이다. 이는 인간 역사의 구조 자체를 뒤흔드는 너무나 빠르고 심오한 기술적 변화를 의미한다. 그 영향으로는 생물학적 지능과 비생물학적 지능의 융합, 소프트웨어 기반의 불멸하는 인간, 그리고 빛의 속도로 우주로 뻗어 나가는 초고도 지능 등이 포함될 것이다."

백만 배 더 똑똑하고 백만 배 더 빠르게 작동하는 인간은 지난 한 세기 동안의 진보를 단 몇 밀리초 만에 이룰 것이며, 인류의 물리적 필요를 충족시키는 것은 사소한 문제가 될 것이다. 그리고 그 시간은 빠르게 다가오고 있다. 커즈와일은 특이점이 2045년에 도달할 것이라고 예측한다. 커즈와일 외에도 다가오는 특이점을 믿는 다른 사람들은 다양한 분야에 존재한다. 웨스트는 인간 활동이 초지수적 속도로 확장되어 유한한 시간 안에 무한한 결과에 도달할 것이라는 데 동의한다. 이는 물리학자 다이슨이 "과학이라기보다는 공상 과학에 가깝다"고 적절히 표현한 상태이다.

하라리의 생각은 그의 책 제목인 '호모 데우스(신이 된 인간)'에 잘 요약되어 있다. 의심할 여지 없이, 진지한 역사학자라면 인류가 매우 적응력이 뛰어나고 창의적이어서 성공적인 종이었다는 점은 인정하겠지만, 결코 신과 같은 존재는 아니었다고 말할 것이다. 하지만 하라리에게는 이것이 문제가 되지 않는다. 그의 책은 불멸과 신성함의 꿈이 이루어지는 미래를 그린다. 이 미래에는 전능한 인공 지능을 지휘하는 신과 같은 종이 등장하고, 그 결과 인류의 대부분은 불필요한 존재가 될 것이라고 예측한다. 일부 경제학자들도 끝없는 혁신이 가져올 거의 기적에 가까운 변화를 상상한다.

오수벨이라는 학자는 "자원은 필요하지 않다. 자연은 적어도 전통적인 시장의 의미에서는 쓸모없거나 거의 그렇다"고 믿는다. 그는 이렇게 말한다. "인류의 목표는 자연 시스템으로부터 우리 자신을 독립시키는 것이다. 우리는 땅이 필요 없는 수직 농업으로 계속 전환할 것이다. 도시는 물을 포함한 대부분의 물질이 재활용되는 본질적으로 닫힌 시스템으로 기능할 것이다. 우리는 10년마다 정보 사용량을 두 배로 늘릴 것이고, 그것이 나머지 모든 것을 해방시킬 것이다. 그리고 앞으로 60년 안에 우리는 미소 지을지도 모른다. 왜냐하면 우리의 진정한 성과는 자연을 쓸모없게 만드는 지속적인 궤적을 확립함으로써 오히려 자연 보존을 달성하는 것이었을 것이기 때문이다."

만약 앞서 제시된 기술 유토피아적 전망이 다가올 현실을 조금이라도 비추고 있다면, 지금 우리가 하는 모든 걱정은 부질없는 일이 되고 만다. 탈산업화에서 로봇 경제로의 이행에 대한 경제적 고민, 지구 온난화와 해양 산성화로 대표되는 생물권의 위기, 그리고 치매와 신체적 쇠약 등으로 고통받는 고령화 인구를 부양해야 하는 어려움까지, 이 모든 중대한 문제들이 한순간에 무의미해지는 것이다. 이러한 관점에 따르면 우리는 걱정할 필요가 전혀 없다. 그저 가만히 앉아 몇십 년을 기다리기만 하면 된다. 그러면 어느 날 가차 없고 자동적인 초지능이 갑자기 나타나 모든 것을 해결해 줄 것이기 때문이다. 그 초지능은 스스로 초지수적으로 성장하여 무한한 속도에 도달할 것이라고 한다. 그 과정에서 자연의 가치는 무의미해지고, 이미 스스로를 신과 같이 여기게 된 인간은 마침내 시공을 초월한 신적인 존재로 거듭나게 될 것이라는 주장이다. 인류의 모든 문제가 한순간에 해결되고 영원한 번영이 찾아오는 것이다.

그러나 현실 세계에서는 생물권의 제한적인 법칙이 항상 지배한다. 개별 유기체의 성장이든 생태계의 진화든, 모든 것은 무수한 자연적 제약에 의해 형성되고 제한된다. 그리고 우리 사회와 경제는 생물권이라는 더 큰 시스템의 일부에 불과하다는 사실을 결코 잊어서는 안 된다. 이러한 불변의 위계 구조는 여러 면에서 중요하며, 가장 근본적으로는 식량 생산에 적합한 조건을 유지하는 데 결정적인 역할을 한다. 이 점에 있어서 식물 다양성과 벌의 건강 문제는 대중의 많은 관심을 받았지만, 우리의 의존성은 그보다 훨씬 더 깊다.

예를 들어, 우리가 식물의 대사 과정을 완전히 바꾸어 주요 작물에 적용하지 않는 한, 모든 농부는 질소가 항상 가장 중요한 영양소라는 사실을 받아들여야 한다. 이는 식물 진화의 결과이다. 따라서 우리는 질소의 자연적인 순환 과정이나, 콩과 작물과 달리 스스로 질소를 고정할 수 없는 주요 곡물의 한계를 무시할 수 없다. 이러한 제약은 질소 고정 능력을 다른 곡물이나 유지 작물로 확장함으로써 극복될 수도 있다. 최근 이 목표에 기여할 수 있는 몇 가지 흥미로운 자연 과정이 발견되기도 했지만, 이는 아직 실험 단계에 머물러 있다. 또한 그러한 기술이 성공하더라도 현재의 작물 수확량을 어느 정도 감소시킬지는 알 수 없다.

이 점은 필자가 끊임없는 개선과 무한한 전망을 이야기하는 글들에 대해 제기하는 세 번째이자 가장 근본적인 반론으로 이어진다. 바로 생물권 악화 문제를 다루는 방식이다. 이러한 글들은 세 가지 접근 방식 중 하나를 취한다. 첫째, 삶의 질 향상 과정에서 이미 발생한 막대한 환경 부담을 완전히 무시한다. 둘째, 그러한 부담을 스치듯 언급하고는, 이러한 우려스러운 변화가 앞으로 더 심각해질 가능성에 대해서는 아무런 걱정도 표하지 않는다. 셋째, 배출가스 통제나 환경 보호 확대와 같은 과거의 몇몇 성공 사례를 들며, 앞으로 닥칠 문제들도 이런 방식으로 해결될 것이라고 주장한다.

스티븐 핑커는 국내총생산$^{GDP}$ 대비 이산화탄소$^{CO_2}$ 배출량이 줄어든 현상과 보호 지역이 확대된 것을 효과적인 해결책의 예로 든다. 하지만 유럽, 미국, 그리고 전 세계적으로 경제 규모 대비 이산화탄소 배출량은 수십 년 전에 정점을 찍었을지 몰라도, 배출되는 이산화탄소의 절대적인 양은 역사상 최고치를 기록하고 있다. 핑커의 주장과는 달리 전 세계 총배출량은 계속해서 늘고 있다. 지구 대기는 특정 국가의 기여도 변화가 아니라, 대기 중 이산화탄소의 절대 농도 상승에 반응한다. 즉, 이산화탄소 농도가 높아질수록 지구는 더 많은 열을 가두게 된다. 또한, 보호 지역 확대는 그래프 상으로는 긍정적으로 보이지만, 그 이면을 들여다보면 문제가 많다. 아프리카뿐만 아니라 캐나다와 같은 선진국의 많은 국립공원에서도 밀렵, 불법 벌목, 거주지 잠식과 같은 문제들이 끊임없이 일어나고 있다. 이처럼 수치 뒤에 숨겨진 현실은 결코 낙관적이지 않다.

더 걱정스러운 점은, 계속해서 쏟아져 나오는 새로운 발명품을 맹신하는 사람들이 있다는 사실이다. 이들은 인류에게 신과 같은 능력을 부여하고, 자연을 쓸모없는 것으로 만들어야 한다고 주장한다. 이들은 인류가 살수 있는 행성을 유지하는 것이 절대적으로 필요하다는 사실에 대부분 무관심하거나 완전히 외면한다. 또한, 이러한 궁극적인 목표가 우리가 이미 생물권에 일으킨 광범위한 변화를 계속해서 유지하는 것과 양립할 수 없다는 사실도 깨닫지 못한다. 이들은 우리가 초래한 변화가 얼마나 광범위한지 제대로 인식하지 못하는 것 같다. 그 변화는 이미 명백하게 드러난 원시림의 대규모 손실에서부터, 항생제에 대한 세균의 내성 증가, 남극의 급격한 해빙, 그리고 전 세계적인 바이러스 감염병의 위협과 같은 잠재적인 변화와 영향까지 포함한다.

  그들의 글에서는 인류가 이미 인간 존재의 생물학적 기반을 심각하게 약화시켰다는 인식을 찾아보기 어렵다. 또한 인류가 삶의 질을 향상하는 과정에서 지구 환경이 엄청난 대가를 치렀다는 점도 인정하지 않는다. 이러한 영향의 강도와 범위가 너무 커서, 우리가 사는 시대를 '인류세'라는 새로운 지질 시대로 불러야 할 정도라는 사실조차 외면한다. 인류는 이러한 파괴적인 과정이 너무나 가속화되어, 지구의 장기적인 생존 가능성을 위해 넘어서는 안 될 여러 경계선에 접근하고 있다는 사실도 인정하지 않는다. 우리는 이러한 지구의 기반을 더 이상 오랫동안 약화시킬 수 없다. 갑작스러운 붕괴가 오지 않더라도, 우리가 만든 구조물은 결국 너무 약해져서 변화하기 시작할 것이고, 우리는 결국 매우 다른 조건에 대처해야 할 것이다. 이것이 바로 지속적인 기후 변화, 지표면 파괴와 변형, 대규모 도시화, 그리고 막대한 규모의 연료와 물질 추출이 가져올 정확한 결과이다.

  그리고 추가적인 환경 악화는 피할 수 없다. 왜냐하면 수십억 명의 사람들, 현재 약 50억 명에서 곧 70억 명에 이를 사람들이 아직 선진국 소수가 누리는 혜택의 대부분을 받지 못했기 때문이다. 필자가 앞으로 보여주겠지만, 그러한 혜택을 누리려면 그것을 가능하게 하는 자원의 투입이 엄청나게 증가해야 한다. 지구의 안전한 운영 공간을 정의하려는 시도가 있었지만, 우리가 생물권의 복잡한 역학을 완전히 이해하지 못하기 때문에 그러한 시도는 정확한 예측이라기보다는 참고 자료 수준에 머문다. 그러나 우리는 다가올 대전환의 요구 사항과 한계를 탐구하기 위해 핵심적인 필요 사항을 정의하고, 필수적인 수요의 범위를 예측해 볼 수 있다.

  우리가 무엇을 필요로 하는지를 파악하는 것은 그리 어렵지 않다. 그 목록의 대부분은 자유 시장 경제학자, 에너지 혁신가, 환경 운동가 등 서로 다른 입장을 가진 사람들도 동의할 만한 내용이다. 가장 분명한 것은, 현재의 식량 공급 수준을 유지하는 것만으로는 부족하다는 점이다. 인구가 계속 증가하고 만성적인 영양 부족이 존재하는 국가에서는 식량 생산량을 상당히 늘리거나 수입을 늘려야 한다. 마찬가지로, 모든 저소득 및 중간 소득 국가에서는 국민 한 사람당 에너지와 물질 소비를 늘려, 최소한 품위 있는 삶의 질을 유지할 수 있는 수준으로 경제를 끌어올려야 한다. 그리고 이 모든 발전과 개선은 현대 문명이 환경을 덜 파괴하는 방식으로 이루어져야 한다. 인구 증가 속도를 늦추는 것은 이러한 모든 목표를 달성하는 데 도움이 되겠지만, 그 도움은 당장 오지 않을 것이다. 21세기 전반기 동안 세계 인구는 중국 인구 두 배에 해당하는 수가 늘어날 것이기 때문이다.

그렇다면 중국은 최근 어떤 길을 걸어왔는가? 거의 14억 명의 인구에게 어느 정도의 번영을 가져다주기 위해, 중국은 1990년에서 2015년까지 25년 동안 총에너지 소비를 4배 이상 늘렸다. 현대성의 두 가지 기본 재료인 시멘트와 철강 소비는 12배나 늘렸으며, 현재 전 세계 철강 생산량의 약 50%, 시멘트 생산량의 거의 60%를 차지한다. 현재 중국보다 훨씬 낮은 경제 발전 수준에 있는 전 세계 인구의 거의 절반, 2020년 기준으로 35억 명 이상에게 중국과 같은 수준의 발전을 제공하는 것만으로도, 현재 중국이 소비하는 에너지와 물질의 최소 두 배가 필요할 것이다. 그리고 경제 발전의 목표는 부유한 국가들의 1인당 소비량의 절반에도 미치지 못하는 중국의 현재 수준에서 멈추지 않을 것이다. 동시에, 금세기 전반기 동안 세계 최빈국에 추가될 30억 명 이상의 사람들에게도 같은 혜택이 주어져야 한다.

생물권에 대한 인간의 간섭이 안전 경계를 넘어서지 않으면서, 이미 여러 경계를 넘어선 상황에서, 그리고 지구 온난화를 늦추기는커녕 가속화하지 않으면서 어떻게 이러한 엄청난 요구를 충족시킬 수 있을까? 최근 풍력 터빈과 태양광 전지 같은 재생 가능 에너지원으로 전기를 생산하는 데 상당한 발전이 있었고, 일부 국가에서는 전기 자동차 보급이 비교적 빠르게 이루어지고 있다. 또한 화석 연료에서 신속하게 벗어나겠다는 대담한 국가 계획들이 발표되면서, 미래의 탈탄소화 속도에 대한 비현실적인 기대가 많이 생겨났다.

마찬가지로, 최근 유전체학과 유전 공학의 발전은 새롭게 설계된 유기체, 즉 합성생물을 조기에 활용하여 영양 문제부터 물질 생산에 이르는 과제를 해결할 수 있을 것이라는 희망을 불러일으켰다. 또한 최근 인공 지능의 진보와 제4차 산업 혁명의 도래에 대한 끊임없는 주장은 많은 사람들에게 기계가 인간을 불필요하게 만드는 미래가 곧 닥칠 것이라고 믿게 만들었다.

그러한 기대는 필자가 '무어의 저주'라고 부르는 현상에 영향을 받아왔다. 이는 반도체 칩에 부품을 집적하는 능력이 기하급수적으로 발전한 것처럼, 다른 모든 기술 혁신 분야에서도 그러한 발전이 빠르게 복제될 수 있다는 매우 잘못된 믿음이다. 특히 재생 가능 에너지로만 운영되고, 새롭게 설계된 합성 생물에 의해 기적적으로 식량을 공급받으며, 신처럼 지능적인 기계에 의해 완벽하게 통치되는 세상을 만드는 데 있어서는 더욱 그렇다. 불행히도, 이는 전형적인 범주적 오류이다. 반도체 부품 밀도가 짧은 기간에 두 배씩 증가하는 것, 즉 연간 약 35%의 성장률에 해당하는 것은 일반적인 인간 진보 속도를 보여주는 지침이라기보다는 매우 이례적인 예외 사례였기 때문이다.

이전의 모든 문명과 마찬가지로 현대 문명은 에너지와 물질의 지속적인 흐름에 의존한다. 이러한 근본적인 자원을 공급하는 공정과 기술의 성능은 몇 년마다 두 배로 향상될 수 없다. 이러한 분야의 개선은 무어의 법칙보다 한 자릿수 낮은 성장률을 보이며, 대부분 연간 1.5%에서 3% 사이에 머문다. 이러한 꾸준하지만 완만한 개선율의 몇 가지 중요한 예는 다음과 같다. 신품종 밀과 쌀이 도입된 지 반세기가 넘는 기간 동안, 전 세계 평균 수확량은 각각 연간 약 3.2%와 2.6% 증가했다. 미국 잡종 옥수수 수확량은 1950년 이후 연간 2%씩 증가해 왔다. 20세기 동안 전 세계 전기의 대부분을 생산하는 증기 터빈 발전기의 평균 효율은 연간 약 1.5% 향상되었다. 조명의 효율은 에디슨의 최초 전구 이후 연간 약 2.6%씩 증가해 왔다. 현대 문명의 결정적인 금속인 철강을 제조하는 데 드는 에너지 비용은 1950년 이후 연간 2% 미만으로 감소해 왔다. 그리고 항공기의 최고 속도는 1958년 정기 제트 여객기 운항이 시작된 이후 거의 변하지 않았다.

풍력 터빈이나 전기 자동차 같은 신제품의 연간 설치량이 급격히 증가하는 것을 두고 새로운 시대가 열렸다는 증거로 인용하는 경우가 많다. 그러나 그러한 높은 성장률은 어떤 기술이든 보급 초기 단계, 즉 성장 곡선이 가장 가파르게 상승하는 시기에 나타나는 자연스러운 현상이다. 높은 성장률은 과거 기관차 속도나 증기 터빈 용량, 또는 라디오 보급 초기에도 나타났던 특징이다. 결국, 신규 설비의 연간 증가율이나 새로운 기술 도입 비용의 감소율은 시간이 지나면서 점차 둔화될 수밖에 없다.

그러나 현대 문명의 에너지 및 물질 수요와 이전 모든 문명의 수요 사이에는 한 가지 근본적인 차이가 있다. 바로 그 전례 없는 규모이다. 전 세계 전력 흐름은 이제 테라와트$^{TW}$ 단위로 측정된다. 연간 식량 수요와 광물 및 유기 물질 수요는 수십억 톤 단위이다. 오늘날 거의 80억 명의 인구는 연간 가치가 100조 달러를 초과하는 제품과 서비스를 생산한다. 이 거대한 지구 경제 시스템은 약 18테라와트의 비율로 1차 상업 에너지를 소비하며, 그 에너지의 85%는 화석 연료에서 나온다. 인류는 매년 약 26억 톤의 곡물, 약 3억 톤의 육류, 그리고 약 600억 톤의 건축 자재, 금속, 합성 물질을 소비한다. 이러한 엄청난 규모를 고려할 때, 현재 이러한 자원을 공급하는 방식에 대한 어떠한 대안도, 설령 그 기술이 성숙하고 저렴하다 하더라도, 널리 보급되기까지는 상당한 시간이 걸릴 것이다. 그렇다면 다가오는 대전환은 과연 얼마나 빨리 전개될 수 있을까?

마지막 문장에서 '할 것이다'가 아니라 '할 수 있을까'라는 표현을 쓴 점에 주목해야 한다. 필자는 앞으로의 내용이 특정 시점을 예측하려는 것이 아님을 강조하고 싶다. 필자는 수십 년 동안 그러한 시도를 피해왔는데, 그 이유는 명백하다. 어떤 예측이든 정확하게 맞힐 가능성은 예측 기간이 길어질수록 급격히 줄어든다. 장기 예측이 특정 추세를 어느 정도 맞춘다 하더라도, 그 배경이 되는 광범위한 사회 변화까지 예측하기는 불가능하기 때문이다. 그럼에도 불구하고, 다양한 성장 곡선 모델이나 정교한 시스템 시뮬레이션을 통해 장기 예측을 하는 것은 비교적 쉽고, 그러한 예측에 대한 수요도 많다. 따라서 1960년 이후 수십 년 동안 수많은 예측이 실패로 돌아갔다는 것은 놀라운 일이 아니다.

인간의 어떤 노력도 이러한 실패에서 자유롭지 않았다. 엄청난 과장, 주요 변화 예측 실패, 명백한 환상과 망상의 사례는 인구, 식량, 환경에 대한 예측뿐만 아니라 경제나 에너지 예측에서도 흔하게 발견된다. 경제 분야의 재미있는 예로 1990년대의 경제 호황을 바탕으로 한 주식 시장 예측이 있다. 1999년 말 다우존스 지수가 11,000포인트를 약간 넘었을 때, 일부 예측가들은 지수가 40,000포인트를 넘어 100,000포인트까지 멈추지 않고 상승할 것이라고 보았다. 20년 이상이 지난 지금도 우리는 여전히 그 수준의 3분의 1에도 미치지 못하고 있다.

에너지 개발에 관한 가장 유명한 예측 실패는 20세기 말까지 핵분열이 전력 생산의 주류가 될 것이라는 기대였다. 이 주장은 1950년대에 처음 제기되어 1970년대 초까지 이어졌는데, 당시 예측은 대규모 원자로 건설뿐만 아니라 고속 증식로로의 전환까지 구상했다. 현실을 확인해 보자. 2019

년 핵분열은 전 세계 전기의 약 10%만을 생산했으며, 상업적으로 운영되는 증식로는 단 한 기도 없었다. 그리고 우리는 여전히 상업적으로 이용 가능한 핵융합 발전, 전 지구적 수소 경제, 또는 저렴한 바이오 연료의 대량 생산을 기다리고 있다. 의심스러운 주장들의 빈도는 매일같이 새롭고 이른바 '파괴적인' 발명에 대한 소식을 들으면서 더욱 증가하고 있다. 이러한 발명들은 원리적으로나 실험실 규모에서는 작동할지 모르지만, 그 기술을 대규모로 배치하는 것은 수십 년간의 점진적인 개발 후에야 가능하거나, 어쩌면 전혀 이루어지지 않을 수도 있다. 발명가들이 과장된 약속으로 투자자들을 유치하기 위해 경쟁하면서 그러한 주장들은 종종 극도로 대담해지는데, 치매에 대한 효과적인 치료법에서부터 스스로 비료를 만드는 작물, 거의 기적에 가까운 성능의 배터리에 이르기까지 그 종류는 매우 다양하다.

## 다가오는 획기적인 전환

필자는 그러한 의심스러운 예측들 대신, 피할 수 없는 기술적 제약과 생물권의 한계를 고려하고, 상당한 차이를 만들어낼 수 있는 규모로 혁신이 채택되고 확산될 가능성을 신중히 검토하여, 가장 실현 가능성이 높은 범위의 가능성과 기회를 제시하고자 한다. 과거를 돌아보면, 진정으로 유망한 혁신과 과장된 주장을 구분하는 데 우리는 서툴렀다. 그리고 이러한 벅찬 도전 과제 앞에서 우리가 갑자기 뛰어난 분별력을 발휘할 것이라고 기대할 만한 특별한 이유도 보이지 않는다. 대신, 필자는 다가오는 전환을 이끌 잠재력을 지닌 가장 유망해 보이는 주장들조차 왜 보편적인 현실이 되기까지 상당한 시간이 걸릴 수 있는지 그 이유를 지적하고자 한다. 이러한 관점은 필자를 다소 보수적인 쪽으로 치우쳐 틀리게 만들 수도 있겠지만, 그 점에 대해 개의치 않는다. 만성적으로 실망하는 것보다는 가끔 틀리더라도 기분 좋게 놀라는 편이 더 낫기 때문이다.

### 인구와 식량

20세기 후반 40년 동안 세계 인구에 대한 전망은 근본적으로 바뀌었다. 1960년대 초에는 인구가 통제 불가능할 정도로 폭발적으로 증가할 것이라는 우려가 컸다. 심지어 2026년이 되면 인구 증가율이 무한대에 이를 것이라는 예측까지 나올 정도였다. 더 현실적으로는, 식량은 부족하고 인구만 늘어나 결국 인류가 큰 재앙을 맞을 것이라는 맬서스의 경고가 다시 힘을 얻기도 했다. 한 학자는 2075년이 되면 저개발 국가들이 약 400억 명의 인구를 부양해야 할지도 모른다고 두려워했다. 그러나 40년이 지난 후, 상황은 완전히 달라졌다. 한 여성이 평생 낳을 것으로 예상되는 평균 자녀 수를 나타내는 합계출산율이 인구 유지를 위해 필요한 수준 이하로 떨어지는 현상이 나타났기 때문이다. 유럽에서 처음 관찰된 이 현상은 아시아와 라틴아메리카의 여러 근대화 국가에서도 일반적인 경향이 되었다. 이들 중 일부 국가는 1970년대부터 이미 낮은 출산율을 유지해왔으며, 그 경험에 비추어 볼 때 출산율은 약간의 변동만 있을 뿐 결정적인 반등의 조짐 없이 낮은 수준을 유지하고 있다.

이러한 출산율 감소 추세는 중요한 예측의 근거가 되었다. 21세기 말 이전에 세계 인구 증가가 멈출 확률이 85%에 이르고, 총인구가 100억 명을 넘지 않을 확률도 60%나 된다는 연구 결과가 나온 것이다. 심지어 2100년의 인구가 2000년보다 더 적을 확률도 15%로 제시되었다. 만약 이러한 예측이 현실화된다면, 인구 증가는 더 이상 식량과 에너지 수요, 경제 성장의 핵심 변수가 아니게 되며, 환경 악화를 가속하는 요인에서도 벗어날 수 있다. 인구가 안정되면 그 자원을 삶의 질을 높이는 데 사용할 수 있게 된다. 또한 생물권 파괴를 막고 환경을 되살릴 가능성도 더 커질 것이다. 물론 이는 안정된 인구가 오늘날 미국이나 두바이와 같은 과도한 수준의 1인당 소비를 추구하지 않는다는 조건에서만 가능한 이야기다. 그러나 인구 증가가 곧 멈출 것이라는 희망은 오래가지 못하고 새로운 도전에 부딪혔다.

  2014년 유엔은 확률론적 인구 추계를 사용하여 세계 인구 전망을 수정했다. 이 보고서는 사하라 사막 이남 아프리카 대부분 지역에서 전례 없는 수준으로 출산율이 떨어지지 않는 한, 21세기 안에 세계 인구 증가가 멈출 가능성은 거의 없다고 결론 내렸다. 이 수정된 전망에 따르면 세계 인구는 2012년 76억 명에서 2050년 96억 명, 2100년에는 109억 명으로 계속 늘어날 것으로 예측되었다. 2100년의 인구는 95%의 확률로 90억 명에서 132억 명 사이가 될 것으로 보았다. 이로써 21세기 내에 인구 증가가 멈출 확률은 30%를 넘지 않는다는 결론이 내려졌다. 이후 2017년 수정판에서는 2100년의 예측치가 112억 명으로 더 높아졌다가, 2019년 수정판에서는 다시 108억 7천만 명으로 소폭 낮아졌다.

  이처럼 인구 예측치가 다시 상향 조정된 주된 이유는 아프리카의 출산율 감소세가 예상보다 더뎠기 때문이다. 1990년대에 아프리카의 출산율이 감소하긴 했지만, 그 속도는 1970년대 아시아와 라틴아메리카가 비슷한 발전 단계에서 경험했던 출산율 감소 속도의 약 25%에 불과했다. 인구 유지를 위해 필요한 출산율보다 50%나 높은 3.2명 이상의 합계출산율은 아프리카 전역에서 여전히 일반적인 현상이다. 반면 아프리카를 제외한 인구 대국들 중에서는 이런 높은 출산율을 보이는 나라가 드물다. 파키스탄, 예멘, 볼리비아 정도만이 여기에 해당할 뿐이다. 최근 아프리카의 출산율 감소가 주춤하는 이유 중 하나로는 여성 교육의 차질이 지목되기도 한다.

  결과적으로 아프리카의 미래 출산율 변화 과정은 매우 불확실한 상태로 남아있다. 유엔의 장기 전망에 따르면, 2100년 아프리카의 인구는 95% 확률로 31억 명에서 57억 명 사이가 될 것으로 예측되며, 중간값은 43억 명에 달한다. 이는 2012년의 10억 명에 비해 엄청난 증가다. 한편, 이와는 정반대의 방향으로 나아가는 다른 주요 예측도 있다. 국제응용시스템분석연구소IIASA에서 내놓은 예측이 그것이다. 이 연구소는 도시화와 교육 수준 향상이 미래의 인구 증가율을 낮출 것으로 가정했다. 이에 따라 세계 인구는 2050년 92억 명으로 증가하고, 2070년경 약 97억 명으로 정점을 찍은 뒤, 21세기 말에는 90억 명으로 서서히 감소할 것으로 보았다. 심지어 이보다 더 빠른 인구 감소가 가능하다는 주장도 있다. 전 세계적인 인구 감소라는 충격이 곧 텅 빈 행성을 만들 것이라는 내용의 책이 나오기도 했지만, 그렇게 급격한 반전이 일어날 가능성은 매우 낮다. 국제응용시스템분석연구소의 감소 시나리오에 따르더라도, 2100년 아프리카의 인구는 유엔의 중간 예측치보다 30% 낮지만 여전히 30억 명에 이를 것이기 때문이다.

유엔의 최신 인구 전망 보고서에서 주목할 만한 또 다른 발견은 전 세계 모든 지역에서 노년부양비가 크게 증가할 것이라는 점이다. 노년부양비란 생산가능인구 대비 고령 인구의 비율을 의미하는데, 이는 사회가 부양해야 할 노년층의 부담을 보여준다. 이미 일본과 일부 유럽 국가에서 뚜렷하게 나타나고 있는 인구 고령화는 앞으로 더욱 심화될 것이며, 특히 중국에서 가장 심각한 문제로 떠오를 것이다. 현재 중국의 인구는 2029년 14억 4,200만 명으로 정점을 찍은 뒤, '멈출 수 없는' 감소를 시작하여 2050년에는 13억 4,600만 명, 2065년에는 1990년 수준과 같은 11억 7,200만 명까지 줄어들 것으로 예측된다. 유엔의 전망은 이보다 약간 더 늦춰져, 2031년에 14억 6,400만 명으로 정점을 찍고 2050년까지 14억 200만 명으로 감소할 것으로 본다. 결과적으로 21세기 전체에 걸쳐 노년부양비의 상승폭이 가장 클 것으로 예상되는 나라는 중국이다. 중국의 노년부양비는 11에서 64로 급증할 것인데, 이는 유럽의 평균인 61보다 높지만 일본의 약 80보다는 낮은 수치다. 인도의 노년부양비는 9에서 50으로, 아프리카는 8

에서 24로, 나이지리아는 7 미만에서 17로 상승할 것이다. 이처럼 인구 고령화가 가져올 재정적 영향은 모든 고소득 국가뿐만 아니라 중국, 대만, 대한민국, 말레이시아에도 큰 도전이 될 것이다.

이 모든 사실은 몇 가지 중요한 점을 시사한다. 첫째, 아프리카의 출산율이 전례 없는 수준으로 급격히 떨어지지 않는 한 21세기 동안 세계 인구는 계속 증가할 것이다. 우리는 효과적인 산아제한이 널리 보급되지 않고서는 사회 전체의 낮은 출산율을 달성하는 것이 불가능하다는 점을 알고 있다. 둘째, 2020년에서 2100년 사이에 세계 인구는 약 40%, 즉 31억 명가량 추가로 증가할 가능성이 크다. 그리고 이 증가분의 약 절반은 세계에서 가장 가난한 나라인 아프리카 국가들에서 발생하여, 세계 인구 분포에 큰 변화를 가져올 것이다. 셋째, 모든 사회가 고령화될 것이다. 유럽과 중국의 노년부양비는 약 60까지 치솟고, 아프리카조차도 세 배 이상 증가할 것이다. 20세기 내내 넓은 밑변을 가진 피라미드 형태였던 세계 인구 구조는 2015년경 돔 형태로 변했고, 2060년이 되면 50세 이상부터 가늘어지는 기둥 모양이 될 것이다. 이러한 변화는 여러 세대가 함께 사는 대가족의 추가적인 감소, 1인 가구의 증가, 그리고 홀로 죽음을 맞이하는 사람들의 증가를 동반할 것이다.

넷째, 많은 부유한 국가들은 국가 전체 또는 일부 지역에서 상당한 인구 감소를 계속 경험할 것이다. 유럽에서는 루마니아, 불가리아, 그리스, 알바니아, 라트비아, 리투아니아뿐만 아니라 거의 모든 구동독 지역, 스페인 서부와 북서부, 스칸디나비아 일부 지역에서 이미 인구 감소가 심각한 문제다. 미국에서는 대평원, 애팔래치아 산맥 전역, 몬태나주에서 인구 감소가 가장 뚜렷하게 나타난다. 다섯째, 러시아를 포함한 점점 더 많은 유럽 국가와 일본은 21세기 후반에 접어들면서 인구가 줄어든 상태가 될 것이다. 이민이 없다고 가정할 경우, 2020년과 비교하여 이러한 인구 감소 폭은 일본과 루마니아에서 15%, 폴란드에서 12%, 러시아에서 7%에 이를 수 있다.

2100년에 대한 예측은 오차 범위가 상당히 크다. 2019년 유엔 수정판의 낮은 추정치와 높은 추정치는 각각 73억 명과 156억 명으로, 2.1배 이상의 차이를 보인다. 필자가 2050년까지의 가장 가능성 있는 증가분에만 초점을 맞추는 이유는 바로 이러한 불확실성 때문이다. 한 세대 남짓한 미래를 내다보는 것은 훨씬 오류가 적다. 왜냐하면 미래에 아이를 낳을 어머니가 될 여성의 상당수가 이미 우리와 함께 살고 있고, 80년이 아닌 30년 후의 출산율 변화 과정을 예측하는 것이 불확실성도 훨씬 적기 때문이다. 2050년의 중간 예측치인 97억 4천만 명은 낮은 변수와 높은 변수와 비교해도 10% 미만의 차이를 보일 뿐이다. 하지만 지속적인 인구 증가가 가져올 부담이 예상외로 크다는 메시지는 변함이 없다.

20세기 후반 50년 동안 세계는 36억 1천만 명의 인구를 추가했다. 21세기 전반 50년 동안 가장 가능성 있는 증가분은 36억 명으로, 성장률은 둔화되었지만 기준 인구가 더 커졌기 때문에 거의 동일한 총증가분을 낳게 될 것이다. 이러한 인구 증가는 필요한 경제 성장을 위해 요구되는 에너지와 자원에 중대한 영향을 미칠 것이다. 하지만 기후 변화로 인해 환경 조건이 급격히 악화되지 않는 한, 미래 식량 생산에 대한 몇몇 최근의 세계적인 평가들은 약 100억 명의 인구를 먹여 살리기 위해 특별한 조치가 필요하지는 않을 것이라는 데 동의한다. 물론 기후 변화의 영향을 전 지구적 차원에서 수치화하기는 어렵다.

고령화, 가구 규모 축소, 국가 또는 지역 단위의 인구 감소와 같은 주요 구조적 변화는 국제 이주와 함께 일어날 것이다. 저소득 국가에서 부유한 국가로의 이주 흐름은 다양한 대응책으로 인해 둔화될 수 있지만, 해외 원조가 이주를 막는 효과적인 도구는 아니다. 장벽, 순찰, 출신 국가와의 협정에도 불구하고, 장기적으로 유럽은 이슬람 배후지에서 수백만 명의 새로운 이주민을 더 맞이하게 될 것이다. 또한 중남미에서 온 수백만 명의 이주민들이 합법적으로든 불법적으로든 미국에 도달할 것이며, 호주와 캐나다로 가는 대부분의 합법 이민자들은 계속해서 아시아와 아프리카에서 올 것이다. 이러한 이동은 세계의 부유한 국가와 가난한 국가 사이의 불평등을 줄이는 가장 효과적인 방법 중 하나로 계속 작용할 것이다. 물론 사회적 혼란을 야기할 수도 있다.

2050년이 되면 전반적인 식량 수요는 21세기 초에 비해 약 60% 증가할 수 있으며, 동물성 식품에 대한 수요는 70%까지 높아질 수 있다. 주요 곡물의 연간 수확량은 30억 톤에 도달해야 하고, 육류 생산량은 거의 5억 톤까지 늘어나야 할 것이다. 적절한 투자, 지속적인 생산성 향상, 경작의 집약화, 농지 확장, 폐기물 감소, 그리고 동물성 식품 섭취 조절의 조합을 통해 필요한 목표를 달성할 수 있을 것이다. 이러한 요소들 중 어떤 것도 전례 없는 속도나 성과를 요구하지는 않지만, 환경에 미치는 영향을 줄이면서 공급을 늘리는 궤도에서 어느 하나도 뒤처지게 해서는 안 된다.

이를 위해 가장 먼저 해야 할 일은 과거와 미래의 성과를 이끈 주요 동력인 세계 농업 생산성 지수를 연평균 1.75%로 유지하는 것이다. 이 정도 비율을 유지해야만 농지와 목초지를 더 이상 크게 확장할 필요성을 제한할 수 있다. 경작의 집약도를 높이면 추가로 필요한 경작지 면적을 현재 총면적의 10% 미만으로 유지할 수 있으며, 이 추가 경작지는 모두 저소득 국가에 집중될 것이다. 경작 가능한 토지의 확장은 주로 아프리카와 라틴아메리카에서 이루어져야 한다. 다행히도 이 대륙들의 여러 국가들은 새로운 경작을 위한 잠재력이 가장 높다. 남미에서는 브라질, 아르헨티나, 콜롬비아, 베네수엘라, 사하라 사막 이남 아프리카에서는 콩고, 앙골라, 모잠비크, 탄자니아가 그러하다.

생산성 향상의 잠재력은 '수확량 격차'를 통해 가장 잘 알 수 있다. 수확량 격차는 특정 지역의 기후, 토양, 물 조건에서 이론적으로 가능한 최대 수확량과 실제 수확량 사이의 차이를 말한다. 심지어 미국에서조차 천수답 옥수수와 관개 옥수수 모두 헥타르당 2~3톤, 관개 쌀은 3~4톤의 전국적인 수확량 격차가 존재한다. 인도의 경우 천수답 밀은 1.6~2.4톤, 관개 밀은 3.2~4톤의 격차를 보인다. 예상대로, 수확량 격차가 가장 큰 곳은 사하라 사막 이남 아프리카다. 이곳에서는 여전히 비료를 전혀 사용하지 않거나 최소한으로만 사용하는 전통적인 천수답 농업이 흔하다. 많은 아프리카 국가의 주식인 옥수수의 경우, 물 공급이 제한된 조건에서의 잠재적 수확량은 에티오피아에서 헥타르당 12~13톤이지만 실제 수확량은 2~3톤에 불과하다. 나이지리아에서는 잠재적 수확량이 10~11톤이지만 실제 수확량은 1~2톤에 그친다. 이러한 격차를 줄이는 것은 오래전부터 시급한 과제였다. 아시아의 두 거대 국가와 비교할 때 엄청난 농업 잠재력을 가졌음에도 불구하고, 아프리카 대륙은 1970년대 이후로 주요 곡물, 유제품, 식용유, 육류의 순수입국 신세를 면치 못하고 있다.

더 나은 작물 품종을 도입함으로써 생산성을 향상할 수도 있다. 20세기 후반에는 하이브리드 품종과 키가 작은 다수확 곡물 품종이 전 세계적으로 채택되었고, 유전자 변형 옥수수와 콩의 재배도 널리 퍼졌다. 2017년 미국은 7,500만 헥타르의 유전자 변형 작물을 심었고, 브라질이 약 5,000만 헥타르로 그 뒤를 이었다. 이러한 작물들이 미래에 얼마나 기여할지, 그리고 유전자 변형 포유류와 어류가 어떤 역할을 할지는 예측하기 어렵다. 하지만 결국 큰 차이를 만들 수 있는 다른 유전적 개량 방법들이 있다.

가장 흥미로운 선택지 중 하나는 광호흡을 최소화하도록 식물을 설계하는 것이다. 광호흡은 산소가 있는 환경에서 광합성을 할 때 필수적인 대사 과정이지만, 이로 인해 C3 광합성 경로를 가진 일반적인 식량 및 사료 작물의 수확량이 20~50% 감소하는 손실이 발생한다. 최근 유전자 변형 담

배 식물에서 시험된 합성 경로는 광호흡을 낮추어 결국 C3 작물의 수확량을 높일 수 있는 가능성을 보여주었다. 하지만 이 과정에 필요한 효소는 자연 유전체에 존재하지 않으므로, 이러한 장점을 가진 미래의 작물은 유전공학을 통해 만들어져야만 한다. 따라서 그 실용성에는 의문이 남는다.

더 나은 농업 관행을 통해 부유한 국가에서는 비료 사용을 안정시키고 줄여야 한다. 한편 수확량 격차가 가장 큰 곳, 특히 사하라 사막 이남 아프리카에 적절한 양의 영양분을 공급하는 데에는 기술적 또는 자원적 장애물이 없다. 이곳에서는 더 집약적인 경작을 위해 기존 관행의 상당한 현대화는 물론, 자문 서비스와 재정적 지원이 필요할 것이다. 이상적인 해결책은 궁극적으로 질소를 고정하는 곡물을 도입하는 것이지만, 그 목표를 향한 진전은 실망스러운 수준이다. 더 어려운 과제는 세계 농업이 확인된 온실가스 감축 격차를 어떻게 메울 수 있을지 상상하는 것이다. 이 격차는 전 세계 농업에서 발생하는 연간 배출량과 지구 온난화를 1.5°C 미만으로 제한하는 데 필요한 목표량 사이의 차이를 말한다. 논과 반추동물에서 나오는 메테인, 박테리아의 탈질 과정에서 나오는 아산화질소 등이 큰 비중을 차지하는 100억 톤 이상의 이산화탄소 환산 배출량을 2050년까지 절반 이상 줄여야 한다.

축산업에서도 상당한 개선이 가능하다. 예를 들어, 2015년 인도는 미국보다 50% 더 많은 우유를 생산했지만, 우유를 생산하는 소와 물소의 수는 10배나 많았다. 사료용 곡물 수요를 가장 크게 줄일 수 있는 방법은 저소득 국가에서 곡물을 고기로 전환하는 효율을 높이는 것이다. 육류의 대안으로는 생물반응기에서 동물 근육을 키우거나, 콩과 같은 식물성 단백질을 기반으로 육류와 유사한 대체품을 생산하는 방법이 있다. 첫 번째 방법인 배양육이 조기에 대규모로 차이를 만들 가능성은 낮다. 미국의 쇠고기 소비는 1976년 정점 이후 31% 감소했는데, 이 감소로 인해 줄어든 메테인의 양만큼을 배양육으로 대체하려면, 현재 생물반응기를 사용하여 새로운 바이오매스를 키우는 가장 큰 산업인 전 세계 항생제 산업보다 약 50배 더 큰 규모의 육류 재배 시설을 설치하고 운영해야 한다. 과연 30년 안에 그런 산업이 생겨날 수 있을까? 반면에 콩류, 특히 대두와 완두콩은 이미 육류 대체품을 생산하기 위한 단백질 공급원으로 사용되고 있다. 현재 동물 사료로 사용되는 더 많은 양의 콩류를 식물성 육류 대체품 생산으로 쉽게 전환할 수 있으며, 특히 식감이 중요하지 않은 다진 고기 대체품의 경우 더욱 그렇다. 필자는 기존의 축산업을 합리화하는 방식을 더 선호한다. 필자는 우리가 고기 생산량을 줄이고 육류 대체품 없이도 100억 명의 사람들에게 충분한 동물성 단백질을 제공할 수 있음을 보여준 바 있다. 이러한 변화는 소를 방목하거나 농작물 잔여물만 먹여 생산된 쇠고기만 소비하도록 제한하고, 효율적으로 생산된 닭고기, 양식 어류, 유제품의 소비를 확대함으로써 이룰 수 있다.

미래의 식량 수요는 많은 유럽연합 국가에서 거의 변하지 않거나 감소할 것이며, 일본에서도 감소할 것이다. 그러나 일본은 수입 의존도를 낮추지 못할 수도 있다. 식량 수요 감소와 함께 농부의 수가 계속 줄어들기 때문이다. 일본의 농부 수는 2010년에서 2017년 사이에 이미 25%나 감소했으며, 평균 연령은 70세에 가까워지고 있다. 반면에 인도와 아프리카 국가들에서는 식량 공급을 상당히 늘려야 할 필요가 있을 것이다. 이미 언급했듯이, 21세기 전반기에 세계는 20세기 후반과 거의 같은 수의 인구를 추가할 가능성이 높지만, 그중 거의 절반이 아프리카, 특히 사하라 사막 이남 지역에서 나올 것이다. 이러한 증가는 적절한 식량 공급을 보장하는 데 특정한 어려움을 제기할 것이다.

불과 1990년대 중반까지만 해도 중국이 스스로를 먹여 살릴 수 있을지에 대한 우려가 있었다. 그러한 추측은 잘못된 가정에 근거한 것이었다. 당시 필자는 "더 나은 관리, 더 나은 가격 책정, 더 나은 투입물, 그리고 더 나은 환경 보호의 조합이 중국의 농업 생태계에서 충분한 추가 식량을 추출하여 다음 세대 동안 괜찮은 영양을 제공할 수 있다"고 주장했다. 그리고 정확히 그런 일이 일어났다. 최근까지도 기근, 식량 부족, 굶주림의 역사를 겪었던 것을 고려하면, 중국은 식량 수요를 충족시키는 데 놀라운 성과를 거두었다. 필자는 중국이 미래에도 스스로를 먹여 살릴 수 있다고 확신하며, 2019년에서 2050년 사이에 중국 인구가 실제로는 약간 감소할 것이라는 사실은 이 도전을 더 쉽게 만들어 준다.

개선된 농업 관행을 통해 중국은 현재의 식량 수입을 크게 늘리지 않고도 자국 인구에게 현재 수준 이상의 충분한 식량을 계속 공급할 수 있을 것이다. 2016년 중국의 곡물 수입량은 소비량의 4% 미만에 불과했다. 이러한 결론은 1980년 이후 중국 농업의 성과와 더불어, 최근의 대규모 현장 연구 결과를 바탕으로 한다. 이 연구는 더 낮은 환경 영향으로 더 많은 주요 곡물을 생산할 수 있는 가능성을 보여주었다. 강화된 통합 토양-작물 관리 관행에 대한 이 연구는 2005년부터 2015년까지 수행되었으며, 중국의 주요 밀, 쌀, 옥수수 재배 지역의 관련 작물 생리 및 토양 생지화학 연구 결과를 기반으로 했다.

이 권장 사항들은 최종적으로 누적 면적 거의 4천만 헥타르에 달하는 주요 곡물 재배 지역에서 2,090만 명의 농부들에 의해 시험되었다. 평균 수확량은 약 11% 증가했으며, 질소 비료 사용량은 15~18% 감소하여 반응성 질소의 손실도 줄었다. 만약 중국 대부분의 농부들이 이러한 성과의 대부분을 실현할 수 있다면, 그 결과로 얻어지는 수확량은 직접 소비용 곡물뿐만 아니라 동물 사료 수요까지 충분히 공급하고도 남을 것이다. 또한, 다른 고령화 인구의 경우와 마찬가지로, 전체적인 육류 수요도 결국 감소하기 시작하여 사료용 곡물 수요를 완화할 것으로 예상된다.

절대적인 수치로 볼 때, 앞으로 수십 년 동안 인구를 먹여 살리는 데 있어 인도보다 더 큰 도전에 직면할 나라는 없을 것이다. 인도는 2050년에 2000년보다 약 6억 명 더 많은 인구를 갖게 될 것이다. 중국과 비교할 때, 인도는 더 넓은 경작지 면적(1인당 기준으로 거의 50% 더 높음)과 더 많은 가용 수자원을 가지고 있다. 또한 일반적으로 더 큰 수확량 격차와 더 낮은 비료 사용량(헥타르당 질소 사용량은 중국의 절반 미만)을 보여, 집약화와 생산성 성장을 위한 더 큰 기회를 제공한다. 반면에 인도는 여전히 영양 부족 인구의 비율이 상대적으로 더 높다. 평균적인 고품질 동물성 단백질 공급량은 중국 평균의 절반 미만이다. 증가하는 수요는 콩류, 식용유, 설탕에서 상당한 공급 격차를 만들 수 있다. 그리고 인도는 항상 몬순 체제의 주요 교란과 히말라야에서 흘러나오는 수량 감소에 취약한 상태로 남을 것이다.

세계에서 가장 인구가 많은 두 나라인 중국과 인도는 약간의 수입에 의존하여 인구가 정점에 도달하고 감소하기 시작할 때까지 식량 수요를 충족시킬 수 있을 것이다. 하지만 아프리카 사헬 지역의 식량 안보가 결정적으로 개선될 것이라고 확신하기는 어렵다. 모리타니, 말리, 니제르, 차드를 포함한 이 지역 대부분의 국가는 극심한 영양실조를 한 번도 없애지 못했고, 식량 자급률은 최근 수십 년 동안 감소했다. 강수량이 비교적 소폭 감소하거나 변동성이 커지기만 해도, 특히 만성적으로 취약한 통치 구조와 결합될 경우 심각한 영향을 미칠 것이다. 전 지구적 차원의 도전은 여전히 벅차다. 2016년에도 여전히 약 8억 1,500만 명의 영양 부족 인구가 있었고, 약 1억 5,500만 명의 5세 미만 아동이 발육 부진을 겪고 있었으며, 5,200만 명이 넘는 5세 미만 아동이 쇠약으로 고통받고 있었다.

전 세계적으로는 식량이 충분함에도 불구하고 식량 불안은 사헬 지역에만 국한되지 않는다. 한 연구에 따르면 66개국이 천연자원 제약(경작지와 물의 제한된 가용성)으로 인해 식량을 자급자족할 수 없었으며, 이들 국가의 증가하는 인구는 꾸준히 확장되는 세계 식량 시장에 의존해야 할 것이다. 하지만 여기서 전망은 인상적인 반전 덕분에 더 긍정적이다. 제정 러시아는 주요 곡물 수출국이었지만, 악명 높게 비효율적인 소련 농업은 자국 인구를 제대로 먹여 살리지 못했고 1960년대 후반에는 대규모 곡물 수입에 의존해야 했다. 그러나 마침내 그 추세가 역전되었다. 1990년 붕괴 직전의 소련은 세계 곡물 수출의 0.7%를 차지했지만, 2016년까지 러시아의 점유율은 거의 8%로 상승했다. 그리고 2017-2018 판매 연도에 러시아는 3,240만 톤을 수출하며 미국의 3,150만 톤을 앞질러 세계 최대의 밀 수출국이 되었다. 그리고 러시아뿐만 아니라 이웃한 우크라이나와 카자흐스탄도 훨씬 더 많은 수확량을 올릴 수 있는 상당한 잠재력을 가지고 있다.

필자는 또한 두 가지 변화가 가져올 이점을 강조해야 한다. 하나는 전 세계적으로 과체중과 비만을 1970년대 이전 수준으로 줄이는 것이고, 다른 하나는 전 세계 식량 손실을 절반 이상 줄이는 것이다. 전자는 상상할 수 있는 어떤 부정적인 결과도 없을 것이며, 후자는 북미와 유럽에서 여전히 모든 식량의 20%가 낭비된다는 점을 감안할 때 현실적인 장기 목표다. 일본은 다른 고령화 부유국들에게 무엇이 가능하고 어떤 이점이 있을 수 있는지 완벽한 본보기를 보여주고 있다. 2000년에서 2015년 사이에 일본의 1인당 평균 식품 섭취량(1세 이상 기준)은 3% 감소했으며, 현재 동물성 식품은 전체 식품 에너지의 약 25%만을 공급한다. 그러면서도 일본은 기대 수명에서 세계 최고 수준을 유지하고 있다.

장기적인 식량 전망에 대한 최근의 전 세계적인 평가들은 잠재적인 생산량 측면에서 상당히 고무적이다. 그러나 이러한 생산량이 환경 요인과 관련될 때 주요 우려가 발생한다. 한 연구에 따르면 혁신적인 발전이 없다면, 확대된 식량 생산의 환경적 영향은 2010년에서 2050년 사이에 50~90% 증가하여 인류를 위한 안전한 운영 공간을 구분하는 행성 경계를 넘어서는 수준에 도달할 것이라고 계산했다. 또 다른 연구는 만약 전 세계가 미국의 식단 지침을 따른다면, 현재의 농업 관행으로는 추가로 10억 헥타르의 토지가 필요할 것이라고 결론 내렸다. 이는 캐나다 전체 영토와 거의 같은 면적이다. 그러나 현재 식용 작물이 생산하는 모든 에너지의 약 36%는 동물에게 먹이고 있으며, 바이오 연료가 약 5%를 차지한다. 한 계산에 따르면, 작물을 오로지 직접적인 인간 소비를 위해 재배하면 이론적으로 가용 식량 에너지 공급을 70%까지 늘릴 수 있다. 이는 유엔의 중간 버전 인구 예측이 예상하는 총 증가 인원보다 많은 40억 명을 추가로 먹일 수 있는 양이다.

'인류세의 식량에 관한 EAT-랜싯 위원회'는 지속 불가능한 비건강 식품 생산을 없애고 2050년까지 더 건강하고 환경을 보호하는 방식으로 대체하기 위해 필요한 농업 및 식단 변화의 정도를 수치화했다. 식단 변화에는 붉은 고기와 설탕의 전 세계 소비량을 50% 이상 줄이고, 견과류, 과일, 채소, 콩류의 소비를 100% 이상 늘리는 것이 포함되어야 한다. 그리고 이 모든 것은 추가적인 토지를 사용하지 않으면서 기존의 생물 다양성을 보호하고 물, 질소, 인의 사용을 줄이며 온실가스 배출을 제한하면서 이루어져야 한다.

이처럼 비교적 빠르고 광범위한 변화가 얼마나 도전적이거나 비현실적으로 야심 찬 것인지는, "행성 경계 내에서 모두를 위한 좋은 삶"을 확보하는 데 필요한 요구 사항에 대한 더 넓은 전 세계적 평가와 비교함으로써 판단할 수 있다. 그 평가는 오늘날의 70억 명이 넘는 사람들을 위해 기본적인 물리적 필요(적절한 영양, 위생, 전기 접근성, 극심한 빈곤 퇴치)는 행성 경계를 넘지 않고도 충족될 수 있다고 결론 내렸다. 그러나 더 높은 질적 목표에 도달하려면 현재의 관계를 기반으로 한 지속 가능한 수준보다 2배에서 6배 더 큰 자원이 필요할 것이다.

### 에너지 공급의 탈탄소화

오늘날의 세계 문명은 에너지 전환 없이는 이룩될 수 없었다. 전통적으로 사용하던 바이오매스 에너지와 가축의 힘에서 벗어나, 화석 연료를 태워 움직이는 기계 동력으로 나아간 덕분이다. 화석 연료에 크게 의존하는 시대는 20세기 초에 시작되었다. 당시 석탄이 전 세계 1차 에너지 공급의 절반 이상을 차지하면서 본격적인 변화가 일어났다. 그로부터 100년이 지난 지금, 전통적인 바이오연료는 전체 에너지의 약 10%에 불과하다. 나머지 에너지의 대부분은 화석 연료가 차지하고 있으며, 수력과 원자력 발전이 일부를 담당한다. 전체적으로 보면 화석 연료가 에너지 공급의 90% 가까이를 차지하는 셈이다. 이처럼 인류가 화석 연료에 의존하게 된 역사는 매우 짧다. 만약 환경 문제를 전혀 고려하지 않는다고 가정하더라도, 화석 연료 시대의 지속 기간은 지구 지각의 가장 윗부분에서 경제적으로 채굴할 수 있는 연료의 양에 따라 결정될 수밖에 없다. 현재 추정되는 총자원 매장량은 정확한 수치라기보다는 가능한 규모를 보여주는 대략적인 지표에 불과하다. 하지만 이 추정치를 통해 화석 연료 시대가 필연적으로 제한된 기간만 유지될 수 있음을 알 수 있다.

가령 전체 화석 연료 자원이 200제타줄$^{ZJ}$에 이르고, 미래의 기술 발전 덕분에 이 자원을 모두 채굴할 수 있다고 가정해 보자. 이는 모든 매장 자원이 상업적으로 이용 가능한 상태가 된다는 뜻으로, 사실 매우 비현실적인 가정이다. 이렇게 가장 낙관적인 상황을 가정하더라도, 현재의 채굴 속도를 유지한다면 화석 연료 시대는 500년도 채 남지 않게 된다. 이 500년이라는 시간은 러시아의 이반 4세나 스코틀랜드의 메리 여왕이 통치하던 시기로부터 현재까지 흐른 시간과 비슷하다. 또한 인류가 기록한 전체 역사의 10분의 1에 불과한 짧은 기간이다. 언젠가 비화석 에너지를 상업화하는 기술이 발전하면 남아있는 화석 연료 대부분이 땅속에 그대로 묻히게 될 것이라는 점은 항상 분명했다. 하지만 이제는 단순히 비용 문제만을 고려하여 점진적으로 에너지원을 바꾸는 방식은 더 이상 받아들여지기 어렵게 되었다.

우리가 화석 연료 시대를 서둘러 끝내려는 이유는 자원 고갈이 임박했거나 채굴 및 사용 비용이 감당할 수 없을 만큼 높아졌기 때문이 아니다. 얼마 전까지만 해도 석유 생산이 곧 정점에 이를 것이라는 '피크 오일peak oil' 이론을 주장하는 목소리가 높았다. 그러나 이러한 우려는 근거가 없는 것으로 드러났다. 수평 시추와 수압 파쇄법 같은 새로운 기술이 등장하면서 이전에는 채굴할 수 없었던 셰일 오일을 대규모로 상업 생산할 수 있게 되었기 때문이다. 수요가 계속 증가했음에도 불구하고, 기록적인 원유 생산량으로 인해 시장은 포화 상태에 이르렀고 유가는 하락하는 현상을 겪었다. 특히 미국이 다시 한번 세계 최대 산유국으로 부상하는 결과를 낳았다.

현재 진행 중인 대전환의 궁극적인 목표는 간단히 말할 수 있다. 바로 화석 연료를 전혀 태우지 않고 전 세계의 에너지 수요를 충족시키는 것이다. 이 목표를 흔히 '탈탄소화'라고 부르지만, 이는 정확한 표현이 아니다. 대전환의 진짜 목표는 화석 연료 연소로 인한 이산화탄소$CO_2$의 추가적인 배출을 막는 것이기 때문이다. 예를 들어 바이오매스 연료는 사용이 가능하다. 건조 상태에서 탄소 함량이 50%에 달하는 바이오매스를 태울 때 탄소가 배출되기는 하지만, 그 탄소는 이후에 새로운 작물을 재배하거나 나무를 심음으로써 다시 대기 중에서 제거될 수 있기 때문이다. 상황은 이보다 더 복잡하다. 대기에 추가되는 이산화탄소의 순증가만 없다면, 일부 화석 연료의 연소도 허용될 수 있다. 이는 배출된 이산화탄소$CO_2$를 그 이상으로 제거하거나 격리하면 달성할 수 있는 목표다. 대규모로 숲을 다시 조성하거나, 배출된 가스를 포집하여 저장하는 기술을 활용하는 것이 그 방법이다. 화석 연료에서 벗어나는 이 세계적인 전환이 얼마나 거대한 과제인지는 몇 가지 기본적인 현실을 살펴보면 쉽게 알 수 있다.

첫째, 우리 문명은 여전히 압도적으로 화석 연료에 의존하고 있다. 심지어 최근에는 화석 연료에서 벗어나기는커녕 오히려 화석 연료 사용을 향해 더 달려왔다. 1750년부터 2000년까지 화석 연료 사용으로 인한 전 세계 이산화탄소 배출량은 1,000배나 증가하여 탄소 기준으로 70억 톤에 이르렀다. 그리고 21세기에 들어선 후 2017년까지 불과 17년 동안 배출량은 거의 45%나 더 늘어났다. 1차 에너지 공급에서 화석 연료가 차지하는 비중은 1950년 약 98%에서 2000년 90%로 감소했다. 이는 수력 및 원자력 발전이 확대된 덕분이었다. 하지만 같은 기간 동안 화석 연료의 절대적인 소비량은 5.3배나 증가했다. 21세기에 들어와 18년 동안에는 중국의 경제 성장이 주된 원인이 되어 전 세계 1차 에너지 사용량이 거의 50%나 급증했다. 이 기간 동안 화석 연료의 비중은 약 85%에서 90% 수준으로 거의 변하지 않았고, 그 결과 탄소 기준으로 약 92억 톤이라는 기록적인 양의 화석 탄소가 이산화탄소$^{CO_2}$ 형태로 대기에 배출되었다. 게다가 이러한 추세가 빠르게 바뀔 조짐은 전혀 보이지 않는다.

코로나19 대유행으로 인한 이산화탄소 배출량 감소의 직접적인 효과는 장기적으로 볼 때 미미할 것이다. 설령 이번 경험을 계기로 부유한 국가들에서 에너지 전환이 가속화된다 하더라도, 오늘날 에너지를 적게 소비하는 국가들에서는 비슷한 효과를 기대하기 어렵다. 21세기의 첫 20년 동안 유럽의 총에너지 소비는 거의 변화가 없었고, 북미 지역은 약 5% 증가하는 데 그쳤다. 하지만 같은 기간 아시아와 아프리카가 성장을 주도하면서 전 세계 에너지 소비량은 매년 2% 이상씩 증가해 왔다. 미래를 주도할 현대화 국가들의 전망도 밝지 않다. 중국은 당초 에너지 소비 정점이 2020년대 후반에 올 것이라고 예측했다가, 이후 2035년으로 전망을 수정했다. 하지만 가장 최근의 전망에서는 정점 시기를 2040년으로 또다시 늦추고, 소비량도 2017년 수준보다 약 30% 더 높은 170엑사줄EJ로 예상했다. 인도의 경우, 한 정부 연구에 따르면 2012년부터 2047년까지 총 1차 에너지 소비량이 거의 다섯 배나 증가할 것으로 예상된다.

이러한 전망은 장기 예측에도 그대로 반영된다. 국제에너지기구IEA는 각국 정부가 발표한 정책과 목표를 반영한 '신규 정책 시나리오'를 제시했다. 이는 기존의 상황이 그대로 유지될 것이라는 가정보다 더 낙관적인 시나리오다. 하지만 이 시나리오에서조차 2040년 전 세계 에너지 수요는 2017년보다 약 25% 증가할 것으로 예측된다. 과거와 마찬가지로, 전력 수요는 전체 1차 에너지 공급량보다 더 빠르게 증가할 것이다. 여기에는 여러 요인이 작용한다. 아직 전기를 사용하지 못하는 거의 10억 명의 사람들에게 전력을 공급해야 하고, 냉방 수요와 제조업, 운송 부문, 각종 전자기기 사용이 크게 늘어나기 때문이다. 국제에너지기구의 신규 정책 시나리오에 따르면, 2050년의 전력 수요는 2017년보다 약 50%나 더 높을 것이다. 만약 이보다 더 급진적인 '미래는 전기다' 시나리오가 현실화된다면, 2017년 중국과 인도의 전력 소비량을 합친 만큼의 전력이 추가로 더 필요해진다.

둘째, 역사적으로 대규모 에너지 전환은 언제나 여러 세대에 걸쳐 서서히 진행되는 장기적인 과정이었다. 화석 연료에서 비탄소 에너지로 넘어가는 지금의 대전환 역시 예외일 수 없다. 이 전환이 얼마나 더디게 진행되는지 보여주는 가장 좋은 방법은 지난 25년간의 세계적인 노력을 돌아보는 것이다. 지구 온난화와 관련된 최초의 국제 조약인 유엔 기후변화협약은 1992년 5월에 채택되었다. 이 협약의 목표는 인류 활동이 기후 시스템에 위험한 영향을 미치지 않도록 대기 중 온실가스 농도를 안정시키는 것이었다. 이 협약이 채택될 무렵, 전 세계적으로 재생에너지 도입을 위한 강력한 움직임이 시작되었고, 여기에는 종종 정부의 막대한 보조금이 지원되었다. 그로부터 상당한 시간이 흘렀으므로, 우리는 이제 화석 연료에서 재생에너지로의 전환이 어떻게 진행되고 있는지 평가하고 중간 결론을 내릴 수 있게 되었다.

유엔의 에너지 환산 기준을 사용해 1차 에너지 총량에서 각 에너지원이 차지하는 비중을 계산해 보면 놀라운 사실을 발견하게 된다. 1992년 전 세계는 1차 에너지의 약 91%를 화석 연료에 의존했다. 그런데 25년이 지난 2017년에도 이 비중은 약 90.5%로, 본질적으로 아무런 변화가 없었다. 전 지구적인 탈탄소화를 향한 진전이 전혀 없었던 셈이다. 물론 지난 25년간 재생에너지의 공급량은 크게 성장했다. 하지만 바로 그 기간 동안 화석 연료의 소비량은 훨씬 더 가파르게 증가했다. 그 결과 화석 연료는 전체 에너지 공급에서 차지하는 비중을 그대로 유지했으며, 심지어 전 세계 채굴량은 1992년보다 53%나 더 많아졌다.

여기서 반복해서 강조해야 할 핵심 결론이 있다. 우리는 화석 연료 의존에서 벗어나지 못하고 오히려 그 사용을 늘려왔다는 점이다. 그 결과 2017년의 이산화탄소$^{CO_2}$ 배출량은 1992년보다 57%나 더 많아졌다. 이로 인해 대기 중 이산화탄소의 평균 농도는 14% 증가하여 356.5ppm에서 406.5ppm으로 높아졌다. 바로 같은 기간 동안, 풍력 터빈과 태양광 발전을 통한 에너지 생산량은 빠르게 증가했다. 1992년 두 에너지를 합친 생산량은 5테라와트시$^{TWh}$에 불과했지만, 2017년에는 1,565테라와트시$^{TWh}$에 달했다. 25년 만에 무려 300배나 증가한 것이다. 물론 이는 성장 초기 단계에 있는 기술에서 드물지 않은 증가율이다. 하지만 상대적인 비중으로 보면 이야기가 달라진다. 2017년 기준으로 전체 전력 생산량에서 이 두 에너지가 차지하는 비중은 약 6%에 불과했다. 이는 16%를 차지하는 수력 발전에 여전히 크게 뒤처지는 수치다.

앞으로 25년 동안 풍력과 태양광 발전의 합산 비중이 지금보다 세 배로 늘어난다고 가정하더라도, 여전히 계속해서 확장되고 있는 수력 발전의 비중에는 미치지 못할 수 있다. 또한 원자력 산업의 불확실한 미래라는 변수에 따라 달라지겠지만, 2040년에도 화석 연료를 이용한 발전이 전체의 절반 이상을 차지할 가능성이 있다. 참고로 2017년 기준으로 석탄과 천연가스를 이용한 화석 연료 발전의 비중은 68%였다. 더 중요한 사실이 있다. 풍력과 태양광으로 생산된 전기는 전체 에너지 소비량의 극히 일부에 불과하다는 점이다. 유엔의 표준 기준을 적용해 모든 에너지를 동일한 단위로 환산하면, 2017년 기준으로 풍력과 태양광이 전 세계 상업용 1차 에너지에서 차지하는 비중은 고작 1.1%였다. 여기에 현대적인 바이오연료까지 더하더라도, 이 모든 새로운 비탄소 에너지를 합친 비중은 전 세계 1차 에너지의 2.2%에 그쳤다.

셋째, 대전환의 과정에서 재생에너지를 이용한 전력 생산으로의 전환은 다른 부문에 비해 상대적으로 가장 쉬운 과제다. 하지만 이마저도 간단한 문제가 아니다. 일부 국가들은 이미 풍력과 태양광으로 자국 전력 수요의 상당 부분을 충당하고 있지만, 전력 공급망 전체를 탄소 배출이 전혀 없는 상태로 만드는 것은 완전히 다른 차원의 도전이다. 우리는 이미 전력 생산에 필요한 핵심적인 전환 기술들을 숙달했으며, 그 규모도 상당히 확장했다. 태양광 설비는 일반 주택 지붕에 설치하는 소규모(1kW) 방식부터 거대한 태양광 발전소(100MW)에 이르기까지 다양하다. 가장 큰 규모의 태양열 발전소 역시 비슷한 용량을 갖추고 있으며, 현재 가동 중인 가장 큰 해상 풍력 터빈은 개당 10메가와트$^{MW}$의 용량을 자랑한다. 게다가 이러한 설비들의 단위 설치 비용은 계속 하락하고 있으며, 본질적인 한계가 있음에도 불구하고 설비 가동률과 효율성은 꾸준히 향상되고 있다. 그러나 이렇게 인상적인 성과들조차 여러 문제점을 안고 있다.

현대 재생에너지 발전의 우수성을 내세우는 가장 흔한 주장 중 하나는 태양광 패널과 풍력 터빈의 가격이 하락했다는 점이다. 실제로 이들 설비의 비용은 매우 낮아져서, 일부 지역에서는 새로운 발전소를 지을 때 가장 저렴한 선택지가 되기도 한다. 그렇다면 논리적으로 풍력과 태양광으로 많은 전기를 생산하는 지역은 전기 요금이 저렴하고 계속해서 하락해야 한다. 하지만 현실은 정반대다. 이러한 역설은 크게 두 가지 현실로 설명할 수 있다. 첫째, 재생에너지의 보급률이 높아질수록 그 시장 가치가 하락하는 현상이 나타난다. 간헐적으로 전기를 공급하는 재생에너지의 특성상, 햇빛이 강하거나 바람이 많이 부는 시간에는 전력 공급이 넘쳐나기 때문이다. 이러한 과잉 공급 현상은 이미 전력 가격이 마이너스가 되는 상황까지 만들고 있다. 또한, 재생에너지 발전 비중이 높은 전력 시스템이라도 여전히 수요에 맞춰 전기를 공급할 수 있는 충분한 예비 발전 설비를 유지해야 한다. 바람이 불지 않거나 해가 지면 발전을 할 수 없기 때문에, 이를 대체할 설비가 항상 대기해야 하는 것이다. 이 예비 설비를 유지하는 데에도 막대한 비용이 든다.

간헐적으로 생산되는 전기의 활용도를 높이는 가장 좋은 방법은 대규모 에너지 저장 장치를 이용하는 것이다. 하지만 현재 우리가 가진 효과적인 중앙 집중식 배터리 저장 기술은 메가와트$^{MW}$급에 머물러 있으며, 방전 시간도 몇 시간에 불과하다. 재생에너지 지지자들이 흔히 내세우는 가정용 배터리 같은 분산형 저장 방식은 인류의 절반 이상이 거주하는 대도시에서는 전혀 현실적이지 않다. 예를 들어, 약 3,900만 명이 거주하는 일본의 수도권은 전력 수요가 30기가와트$^{GW}$에 달한다. 만약 대형 태풍이 발생하여 사흘 동안 흐린 날씨와 강풍으로 태양광 및 풍력 발전이 불가능하다고 가정해 보자. 이 기간 동안 수도권에 전력을 공급하려면 약 2.2테라와트시$^{TWh}$의 전기가 필요하다. 이는 30기가와트의 전력을 72시간 동안 공급하는 양이다. 상업용, 산업용, 주거용 저장 장치의 평균 비용을 킬로와트시$^{kWh}$당 200달러로 가정하더라도, 이 사흘 치의 전력 수요를 감당할 만큼의 리튬이온 배터리를 도쿄 수도권 전역에 설치하는 데에는 거의 5천억 달러, 우리 돈으로 수백조 원에 달하는 천문학적인 비용이 든다.

현재 기가와트$^{GW}$ 수준의 대용량 전기를 상업적으로 저장할 수 있는 유일하고 비용 효율적인 방법은 19세기 말에 처음 도입된 양수 발전뿐이다. 양수 발전은 상부와 하부에 각각 저수지를 두어야 하므로 특정한 지형 조건을 필요로 한다. 또한 아래 저수지의 물을 위로 끌어올리는 과정에서 약 25%에 달하는 상당한 에너지 손실이 발생한다. 보통 전기 요금이 저렴한 심야 전력을 이용해 물을 상부 저수지로 퍼 올렸다가, 전력 수요가 가장 높은 시간에 방류하여 전기를 생산한다. 물론 이 방식은 햇빛이 좋거나 바람이 많이 부는 시간에 남는 재생에너지 전력을 이용해 물을 퍼 올리는 데에도 활용할 수 있다. 압축 공기, 플라이휠, 슈퍼커패시터, 플로우 배터리 등 현재 개발 중인 다른 에너지 저장 기술들은 가까운 미래에 기가와트$^{GW}$ 수준의 대용량 저장 능력을 제공하기는 어려울 것이다. 수소를 이용하면 이러한 많은 문제들을 해결할 수 있다. 하지만 이를 위해서는 산업과 운송 부문에서 수소가 보편적인 에너지 운반체로 사용되는 새로운 '수소 경제'로의 전환이 필요하며, 이는 또 다른 거대한 과제다.

넷째, 운송 부문에서 재생 에너지로의 전환은 훨씬 더 어려울 것이다. 농지가 풍부하고 옥수수의 약 40%를 동물 사료에서 전환할 능력이 있는 미국에서조차, 연간 에탄올 생산량은 휘발유 소비량의 10%에 불과하다. 2018년 전 세계 에탄올 및 바이오디젤 생산량은 석유 환산 톤으로 9,500만 톤에 불과했으며, 이는 현재 모든 이동 수단에 대한 수요의 약 3%에 불과하다. 이러한 바이오연료의 급격한 대규모 확장은 거의 불가능하다. 최근 생산량의 3분의 2가 미국과 브라질 단 두 나라에서 나오기 때문이다. 셀룰로오스 에탄올 생산은 자원 기반을 확장하겠지만, 이 새로운 흐름의 실제 성과는 과도하게 낙관적인 기대를 훨씬 밑돌았다. 첫 공장을 가동한

지 몇 년이 지난 2018년, 미국의 셀룰로오스 에탄올 생산량은 옥수수 에탄올의 0.1% 미만에 해당했고, 따라서 미국 휘발유 수요의 0.01% 미만에 불과했다. 이는 이 연료가 단기간에 주요 역할을 할 수 없다는 현실을 보여준다.

 운송 부문에서 바이오연료의 필요성을 줄이는 가장 좋은 방법은 전기 동력으로 전환하는 것이다. 승용차를 대규모로 전동화하는 데에는 극복하기 어려운 기술적 장벽은 없다. 하지만 이 과정에서 수많은 새로운 환경 문제가 발생할 것이다. 배터리를 대량 생산하는 데 필요한 리튬, 코발트, 니켈과 같은 원자재를 확보하기 위한 채굴 과정이 환경에 미치는 영향부터, 사용 후 배터리를 재활용하는 어려움에 이르기까지 문제가 다양하다. 또한 어떤 전기로 전기차를 충전하느냐에 따라, 전기차가 디젤차보다 오히려 더 많은 이산화탄소$^{CO_2}$를 배출할 수도 있다. 실제로 원료 채굴부터 생산, 운행, 폐기까지 전 과정을 평가해 보면 중국에서는 이런 역전 현상이 이미 사실로 확인되었다.

 초기 보급 단계에 있는 다른 기술들처럼 전기차 판매량은 빠르게 증가하고 있다. 하지만 2020년 기준으로 도로를 달리는 자동차 중 전기차의 비중은 1%도 되지 않았다. 앞에서 이미 언급했듯이, 2040년이 되어도 전기차가 내연기관차를 완전히 대체하며 시장을 주도할 가능성은 매우 낮다. 현재의 배터리 기술이나 점진적으로 개선될 기술에 의존하는 대형 트럭의 전동화는 승용차보다 훨씬 더 어려운 과제다. 더 중요한 것은, 아직 마땅한 대체 기술이 없는 영역들이 있다는 점이다. 거대한 벌크선, 유조선, 컨테이너선 등 해상 운송을 책임지는 강력한 디젤 엔진이 그중 하나다. 또한 대륙 간 항공 여행이 급증하는 시대에, 항공기에 사용되는 등유 기반의 터보팬 엔진을 대체할 기술도 아직 존재하지 않는다.

 해상 운송과 항공 운송에 배터리를 도입하지 못하는 이유는 연료와 배터리 사이에 존재하는 거대한 에너지 밀도의 격차 때문이다. 정제된 항공유나 선박유는 킬로그램$^{kg}$당 에너지 밀도가 거의 12,000와트시$^{Wh}$에 달한다. 반면 현재 상용화된 최고의 리튬이온 배터리는 킬로그램당 약 300와트시$^{Wh}$ 수준에 불과하다. 이는 40배가 넘는 엄청난 차이다. 보잉 787 항공기를 예로 들어보자. 이 항공기는 이륙 시 최대 무게가 254톤이며, 여기에는 약 101톤의 항공유가 포함된다. 만약 이 항공기를 배터리로 움직이게 하려면 어떻게 될까? 앞으로 기술이 크게 발전하여 배터리 에너지 밀도가 현재보다 훨씬 높은 킬로그램당 500와트시$^{Wh}$가 된다고 아주 낙관적으로 가정하더라도, 같은 거리를 비행하는 데 필요한 배터리의 무게는 거의 2,500톤에 달할 것이다. 이는 항공기 전체 이륙 무게의 10배에 해당하는 무게로, 비행 자체가 불가능하다. 이와 비슷한 계산을 해보면, 중국에서 유럽이나 북미로 소비재를 실어 나르는 거대한 컨테이너선이 왜 가까운 미래에 배터리로 움직일 수 없는지 쉽게 이해할 수 있다.

다섯째, 모든 운송 수단에서 탄소를 몰아내는 것도 어려운 과제지만, 가장 어려운 임무는 수많은 산업 공정에서 화석 탄소를 대체하는 것이다. 펄프 및 제지, 일부 화학 공정, 유리 및 도자기 생산과 같은 산업에서는 사용되는 연료를 전기로 완전히 또는 상당 부분 대체할 수 있다. 하지만 이러한 산업 공정들은 끊임없이 안정적으로 전기를 공급받아야 한다. 따라서 간헐적인 재생에너지에만 전적으로 의존하는 시스템을 구축하려면 막대한 양의 에너지 저장 장치가 뒷받침되어야만 한다. 또한 기술적으로 가능하다고 해도 비용 문제가 남는다. 현재 산업용 열에너지원으로 가장 많이 쓰이는 천연가스와 비교할 때, 전기는 에너지 단위당 가격이 보통 3배에서 5배나 더 비싸기 때문에 경제성을 확보하기 어렵다.

정유, 화학 합성, 철강 야금과 같은 다른 핵심 산업 분야에서는 현재 사용되는 연료 중 극히 일부만을 전기로 대체할 수 있다. 그런데 문제는 바로 이 산업들이 현대 문명을 지탱하는 가장 핵심적인 소재들을 생산한다는 점이다. 예를 들어, 철광석과 코크스, 석회석을 용광로에 넣어 1차 철을 만드는 제련 공정을 보자. 이렇게 생산되는 철은 연간 약 10억 톤에 달하며, 사회 기반 시설, 운송 수단, 각종 산업 및 소비재에 필요한 강철의 원료가 된다. 이 용광로 제련 방식에는 막대한 양의 코크스, 즉 탄소가 반드시 필요하다. 현재 대규모로 상용화된 유일한 대안 기술은 직접환원제철법이지만, 이 공정 역시 천연가스 형태의 탄소 투입이 필수적이다. 마찬가지로, 우리는 연간 약 2억 톤의 암모니아와 약 3억 톤의 플라스틱을 합성하는 데 사용되는 석유화학 원료를 대체할 마땅한 대규모 기술을 가지고 있지 않다. 이 경우 화석 연료는 단순히 태워버리는 에너지가 아니라, 제품을 구성하는 필수적인 원자재로 사용된다.

마지막으로, 이 대전환이 얼마나 거대한 규모의 과제이며, 왜 전 지구적인 공동 대응이 필수적인지를 살펴보자. 설령 탄소 배출이 없는 대안 기술들이 저렴한 비용으로 대규모 상용화가 가능하다고 하더라도, 우리는 현재의 탄소 기반 에너지 시스템이 인류 문명이 이룩한 가장 광범위하고 가장 비싼 투자라는 사실을 기억해야 한다. 이 시스템은 연간 약 100억 톤의 화석 탄소를 채굴하는 것에서부터 시작된다. 이렇게 채굴된 자원은 총연장 300만 킬로미터에 달하는 석유 및 가스 파이프라인, 수십만 킬로미터의 철도, 그리고 약 1만 척의 유조선과 액화천연가스$^{LNG}$ 운반선을 통해 전 세계로 퍼져나간다.

2019년 기준으로 화석 연료는 여전히 현대 1차 에너지 공급의 약 85%를 차지했다. 화석 연료는 전 세계 전력의 5분의 3 이상을 생산하고, 유라시아와 북미 대륙의 약 10억 명 인구의 난방을 책임진다. 또한 육상, 해상, 항공을 포함한 모든 운송 에너지의 95% 이상을 공급하며, 전기 기차와 자동차용 바이오연료만이 유일한 예외다. 더 나아가 현대 문명을 지탱하는 네 가지 핵심 소재, 즉 철, 시멘트, 플라스틱, 암모니아를 생산하는 데 없어서는 안 될 에너지원이자 원자재이기도 하다. 이 거대한 전 지구적 시스템을 구성하는 모든 구조물과 사회 기반 시설, 에너지 변환 장치들을 전부 교체하는 데 드는 비용은 보수적으로 잡아도 30조 달러를 훌쩍 넘을 것이다.

이처럼 거대한 시스템의 규모와 복잡성, 그리고 공간적 범위를 고려할 때, 그리고 이 시스템을 대체할 만큼 안정적이고 저렴한 대안을 마련하는 데 드는 비용을 생각하면 대전환이 여러 세대에 걸친 과업이 될 것임은 명백하다. 대규모로 보급할 기술이 완벽하게 준비된다 하더라도 이 사실은 변하지 않는다. 이 전환의 성공 여부는 대기 중 이산화탄소$_{CO_2}$ 농도를 꾸준히 감소시킬 수 있느냐에 달려 있으며, 이는 반드시 전 지구적인 노력을 전제로 한다. 1950년 이후 각 국가가 개별적으로 추진했던 노력들은 수질을 개선하거나 대기오염을 줄이는 데 매우 효과적이었다. 하지만 기후변화는 다른 문제다. 가령 영국이나 프랑스 같은 주요 경제 대국이 하룻밤 사이에 탄소 배출을 완전히 중단하더라도, 다른 곳에서 계속되는 화석 연료 기반의 경제 성장이 1년 안에 그들이 줄인 양을 다시 채워버릴 것이다. 실제로 2010년부터 2018년까지 화석 연료와 시멘트 생산으로 인해 전 세계에서 매년 증가한 이산화탄소 배출량은 평균 약 3억 4천만 톤에 달했다. 이는 프랑스의 연간 총배출량인 3억 3천1백만 톤과 비슷하고, 영국의 3억 6천8백만 톤에도 육박하는 수치다. 즉, 전 세계가 매년 프랑스나 영국 같은 나라 하나만큼의 배출량을 추가하고 있었던 셈이다. 이러한 냉엄한 현실들을 고려할 때, 일부에서 제시하는 낙관적인 전망들, 예를 들어 지금 당장 극적인 전환을 시작하여 2030년까지 이산화탄소 배출량을 절반으로 줄이고 2050년까지 완전히 없앤다는 식의 주장은 희망 사항에 불과하다. 기후 변화에 관한 정부 간 협의체$^{IPCC}$의 1.5도 온난화 특별보고서에 담긴 시나리오나 일부 학자들이 제시하는 비상조치 등이 여기에 해당한다(그림 7.3).

우리는 이제 막 비탄소 에너지 시스템으로의 대전환을 시작하는 초기 단계에 서 있다. 따라서 미래의 에너지 시스템이 궁극적으로 어떤 모습일지, 그리고 그 안에서 재생에너지와 원자력, 수소, 바이오연료가 각각 어떤 역할을 담당하게 될지 아직은 확신할 수 없다. 하지만 미래의 에너지 시스템이 갖추어야 할 주요 특성들이 무엇인지는 분명히 알고 있다. 먼저 비용이 적정해야 하고, 원하는 최종 형태의 에너지로 효율적이고 유연하게 바꿀 수 있어야 한다. 또한 운송이 편리하고, 투입한 에너지보다 훨씬 많은 에너지를 얻을 수 있는 높은 효율성, 즉 높은 에너지 투자수익률을 보여주어야 한다. 이와 함께 환경에 미치는 영향을 최소화하고, 높은 수준의 안전성과 신뢰성을 확보하며, 사회적으로도 폭넓게 받아들여질 수 있어야 한다. 21세기 후반의 에너지 세상을 전기가 지배하게 될지, 아니면 수소가 중심이 되는 경제가 만들어질지는 아직 예측하기에 너무 이르다. 만약 미래에 에너지 밀도가 매우 높은 저장 기술이 획기적으로 발전한다면 전기 중심의 사회로 나아갈 가능성이 커질 것이다. 하지만 현재로서는 어떤 미래가 펼쳐질지 단언할 수 없다.

## 경제와 환경

더 나은 결정을 내리기 위해서는 경제 활동뿐만 아니라 번영의 핵심 동력인 에너지 사용에 대해서도 더 나은 측정 지표가 필요하다는 점을 강조하기에 지금이 적절한 시점이다. 더 나은 경제 지표를 찾으려는 노력은 저명한 학자들의 지지를 받아왔으며, 그 과정에서 처음으로 널리 사용된 대안 지표가 바로 인간개발지수Human Development Index, HDI다. 인간개발지수는 '길고 건강한 삶', '지식 수준', '괜찮은 생활 수준'이라는 세 가지 차원의 국가별 점수를 합산한 종합 지표다. 하지만 이 지표는 불평등, 빈곤, 인간 안보와 같은 중요한 문제들은 다루지 않는다. 세계경제포럼은 이제 포용적

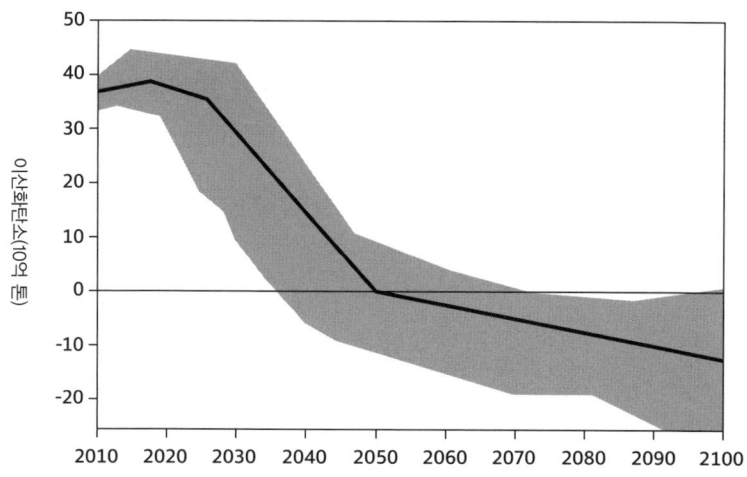

**그림 7.3**_IPCC가 2018년에 제안한 다양한 모델 경로가 나타내는, 마치 마법처럼 급격히 꺾이는 탄소 배출량 곡선. (세로축: 연간 $CO_2$ 배출량 (GtCO2/yr), 가로축: 연도)

개발지수Inclusive Development Index, IDI를 발표하고 있다. 이 지표는 각국의 국내총생산GDP에 더하여 11개 차원의 경제 발전을 어떻게 수행하는지를 측정한다. 이 지표의 세 가지 핵심축은 성장과 개발, 포용, 그리고 세대 간 형평성이다. 특히 세대 간 형평성에는 자연 및 금융 자원의 지속 가능한 관리까지 포함된다.

하지만 이 두 지표 모두 삶의 질 향상을 명백히 저해하는 환경 파괴 문제를 다루지 않는다. 일찍이 데일리와 코브가 지속가능복지지수Index of Sustainable Welfare, ISEW에 환경 파괴 문제를 포함시키자고 제안했지만, 이 지표는 끝내 공인된 도구로 발전하지 못했다. 진정으로 현실을 잘 반영하는 지표라면 경제 성장이 유발하는 '역-서비스dis-services' 또는 비효용까지 고려해야 한다. 이는 제2차 세계대전 이전에 사이먼 쿠즈네츠가 제안했던 생각이다. 쿠즈네츠가 제시했던 역-서비스 목록은 짧지만 논쟁의 여지가 충분하다. 현대의 모든 소유 지향적 사회에 공통된 이 목록에는 모든 군사 비용,

대부분의 광고비, 수많은 금융 및 투기 활동 비용이 포함된다. 그리고 가장 중요하게는, 도시 생활에 들어가는 비용도 포함된다. 예를 들어, 현대 사회의 어려움에 대처하기 위해 필수적이 된 장거리 통근이나 비싼 주택 같은 비용들이다. 이런 비용들은 우리 문명에 내재된 일종의 방어적 비용에 해당한다. 쿠즈네츠는 이러한 조정이 어렵다는 것을 알고 있었다. 하지만 그는 이런 역-서비스 비용을 빼고 계산해야만 국가 소득 총계가 진정으로 생산된 서비스의 양을 측정하는 더 나은 척도가 될 것이라고 확신했다. 그렇게 해야만 여러 해에 걸친 변화나 국가 간 비교가 더 의미 있어진다고 믿었다.

에너지 문제로 넘어가 보자. 총 1차 에너지 사용량(전체 및 1인당)을 단순히 비교하는 표준적인 방식은 에너지의 총량에 대해서만 말해줄 뿐, 그 내용에 대해서는 아무것도 알려주지 않는다. 예를 들어, 연료의 구성비나 전력의 중요성은 어떤지, 실제 유용하게 사용되는 에너지의 양을 보여주는 전환 효율은 얼마나 되는지, 사람들이 에너지 서비스를 얼마나 쉽게 이용할 수 있는지, 그리고 에너지 사용이 환경에 미치는 영향을 줄이기 위해 어떤 통제가 이루어지고 있는지 등은 전혀 알 수 없다. 이러한 개별적인 척도들은 거의 모두 구할 수 있지만, 대표성을 가진 하나의 에너지 지표를 기준으로 각국의 진전 상황을 평가하는 것이 더 나을 것이다. 국가의 환경적 진전을 평가하는 데에는 이와 유사한 지표가 1999년부터 사용되어 왔다. 처음에는 환경지속성지수Environmental Sustainability Index로 시작했고, 지금은 환경성과지수Environmental Performance Index, EPI로 발전했다. 이 지표의 목표는 '환경 보건'과 '생태계 활력'을 수치로 나타내는 것이다. 환경 보건에는 위험 노출도, 대기 오염, 물과 위생 등이 포함된다. 생태계 활력에는 수자원, 질소 수지, 숲, 어업, 보호 구역 및 종, 그리고 탄소 배출량 등이 포함된다.

앞으로 필자가 다룰 경제 및 환경 전환에 대한 논의는 앞선 장들의 서술 방식과는 다를 것이다. 인구와 식량 전환을 다룬 장에서는, 명확한 한계 내에서 예측 가능한 결과를 가진 두 밀접한 과정의 예상 경로에 초점을 맞추었다. 화석 연료에서 재생 가능 에너지로의 전환을 다룬 장에서는, 이 점진적인 변화에 내재된 어려움을 강조했다. 무엇보다 그 엄청난 규모의 과제와 수많은 기술적, 경제적 복잡성에 주목했다. 이제 다룰 경제 및 환경 전환에 대한 이 장은 명확한 규범적인 요소를 담고 있다. 즉, 현재 널리 퍼져 있는 경제 성장 및 환경 관리에 대한 접근법의 핵심적인 실패들을 지적하고, 몇 가지 바람직한 개선 방향을 제안하고자 한다.

논의의 출발점은 지배적인 경제 사상에 대한 비판이다. 이 경제 사상은 근대로의 대전환과 그에 따른 삶의 질 향상을 가능하게 했던 수많은 에너지, 물질, 환경적 전제 조건들을 부차적인 것으로 취급하거나 종종 무시해 왔다. 더 나아가, 이 경제 사상은 이러한 물리적 투입 요소들이 일차적인 변수가 아니라고 암묵적으로 이해한다. 그저 부차적인 요구 사항일 뿐이며, 마치 신이 된 인간(호모 데우스)이 특이점을 향해 나아가면서 끝없는 창의성을 발휘해 마음대로 만들어 낼 수 있는 것으로 여긴다. 또한 그 과정에서 어떤 걱정스러운 환경적 영향도 없을 것이라고 가정한다. 이는 현실에 대해 물질과 에너지보다 정신이 우위에 있다는 접근법이라고 말할 수 있다.

경제학자들은 경제 성장을 설명하는 자신들만의 요인 목록을 가지고 있다. 노동 투입, 자본, 교육, 자원의 효율적 배분, 규모의 경제, 그리고 지식의 성장이 그것이다. 그런데 에너지와 환경은 어디에 있는가? 에너지는 이 목록에 거의 항상 빠져 있다. 환경은 가끔 등장하기는 하지만, 그저 스치듯 언급될 뿐이다. 예를 들어, 경제학자 로버트 솔로는 환경 개선을 위한 투자를 경제 성장률을 감소시킨 요인으로 인식했다. 그는 이러한 투자가 "자원을 사용하지만 측정된 생산량에는 나타나지 않는다"고 보았다. 그러면서도 "물론 매우 가치 있을 수는 있다"고 덧붙였다.

이 행성에서 일어나는 모든 일에 에너지와 물질의 제약이 따른다는 것을 아는 과학자로서, 필자는 이러한 무시에 경탄을 금할 수 없다. 에너지와 환경을 점점 더 무시할 수 있다는 주장, 그리고 요즘 유행하는 '에너지와 경제 성장의 탈동조화'나 '미래 경제의 비물질화'와 같은 개념들에 놀라지 않을 수 없다. 지금 펼쳐지는 경제 및 환경의 대전환은 성공할 수 없다. 우리가 에너지와 물질의 핵심적인 역할과 인간의 행복에 미치는 수많은 환경적 제약의 중요성을 인식하지 못한다면 말이다. 또한, 이러한 필수 조건들을 장기적인 경제 발전과 조화시킬 근본적으로 다른 접근법을 찾아내지 못한다면 성공은 불가능하다.

활발한 경제 성장이 갈수록 더 적은 양의 에너지와 물질로 가능하다고 믿는 것은 심각한 범주적 오류다. 그러한 탈동조화는 근본적인 물리 법칙에 위배되기 때문이다. 이미 언급했듯이, 주류 경제 사상은 핵심적인 진실을 전면적으로 무시해왔다. 바로 '에너지는 우주의 근본 물질이며, 모든 물질 또한 에너지의 한 형태이고, 경제 시스템은 본질적으로 자원으로서의 에너지를 추출, 가공, 변환하여 제품과 서비스에 구현된 에너지로 바꾸는 시스템'이라는 진실 말이다. 이러한 누락의 원인은 명확하다. 에너지가 경제 생산에서 차지하는 비용의 비중이 매우 작기 때문에 무시할 수 있다고 생각하거나, 그저 인간이 만든 자본의 일종으로 간주할 수 있었던 것이다.

에너지 전환의 역사는 상대적 에너지 집약도를 점진적으로, 그리고 성공적으로 낮추어 온 역사다. 성능(단위 거리당 에너지), 투입량(최종 제품의 단위 질량당 에너지), 또는 전체 비용(경제 생산물의 단위 달러당 에너지) 등 어떤 면에서 보아도 그렇다. 기술 발전의 역사도 마찬가지로, 물질 필요량의 상대적 감소를 이루어 온 역사다. 이는 투입량(최종 제품의 단위당 특정 물질의 질량)으로 표현되든, 전체 비용(최종 제품의 단위 달러당 질량)으로 표현되든 마찬가지다. 하지만 이러한 반가운 현실에는 세 가지 중요한 귀결이 따른다. 첫째, 상대적인 효율성 향상이 전 지구적인 총량 감소로 이어지지는 않았다는 점이다. 둘째, 세계 경제 속에서 개별 국가의 성과는 별 의미가 없을 수 있다는 점이다. 셋째, 이러한 모든 효율화 과정에는 자연적인 한계가 존재한다는 점이다.

상대적인 효율성이나 성능이 향상됨에도 불구하고, 전 세계적으로 사용되는 에너지와 물질의 절대적인 총량은 계속해서 증가해왔다. 이는 인구가 계속 증가하고, 1인당 소비 수준도 함께 높아졌기 때문이다. 더 큰 집, 더 무거운 차, 더 잦은 여행, 더 자주 교체되는 전자기기 등이 그 예다. 게다가, 세계화된 경제에서 한 국가의 물질 및 에너지 집약도 감소율은 현실을 오도하는 지표가 될 수 있다. 고소득 국가들이 물질과 에너지를 많이 소비하는 산업을 줄이거나 아예 포기하는 '탈산업화'를 겪으면서 수입에 의존하고 있기 때문이다. 이런 상황에서는 전 지구적인 관점의 계산만이 유일하게 의미 있는 척도가 된다. 그리고 어떤 경우에는 아직 개선의 여지가 많이 남아있지만, 다른 경우에는 더 이상의 상대적인 효율 향상을 가로막는 한계에 가까워지고 있다. 물질 사용의 최소 한계, 전환 효율의 최대 한계, 또는 화학 반응의 이상적인 비율을 의미하는 화학양론적 한계와 같은 물리적 한계들이 바로 그것이다.

이미 각자의 한계에 가까워진 에너지 효율의 대표적인 사례로는 대형 전기 모터나 대형 풍력 터빈처럼 서로 전혀 다른 종류의 전환 장치들을 들 수 있다. 대형 전기 모터의 공칭 효율은 90%를 넘어선다. 베츠의 한계$^{\text{Betz limit}}$에 따르면 풍력 터빈의 이론상 최고 효율은 59.6%인데, 오늘날 최고의 터빈들은 이미 이 최대치의 80%에 가까운 성능(약 48%)을 내고 있다. 철광석에서 철을 생산하는 데 필요한 최소 에너지는 톤당 약 10.4기가줄$^{\text{GJ/t}}$이고, 암모니아를 그 구성 원소로부터 합성하는 데는 톤당 약 21기가줄이 필요하다. 오늘날의 최선 공정은 이 이론적 최소치보다 각각 20%와 30% 정도밖에 높지 않은 수준이다. 하지만 효율이 100%인 풍력 터빈은 존재할 수 없다. 그런 터빈은 바람을 완전히 멈추게 할 것이기 때문이다. 마찬가지로, 암모니아 생성에 필요한 최소한의 열보다 더 적은 에너지로 암모니아를 합성하는 것도 불가능하다. 그보다 적은 에너지를 사용한다는 것은 물리 법칙을 위반하는 일이다.

물질 사용량의 감소 역시 몇몇 분야에서는 이와 비슷하게 인상적인 수준에 도달했다. 예를 들어, 일반적인 알루미늄 음료수 캔의 질량은 상업적으로 도입된 1959년과 2011년 사이에 85%나 줄었다. 현재 캔 하나의 질량은 10그램을 약간 넘는 수준인데, 명백히 이 무게가 1밀리그램이나 2밀리그램까지 줄어들 수는 없다. 2018년 보잉 787에 장착된 터보팬 엔진은 1958년 보잉 707에 설치되었던 엔진보다 35%나 더 적은 재료를 사용하면서도 동일한 최대 추력을 낸다. 최신 엔진의 팬 블레이드에 사용된 탄소 섬유 복합재보다 더 가벼운 재료를 생각하기는 어렵다. 이 신소재 덕분에 블레이드의 개수도 22개에서 18개로 줄일 수 있었다. 하지만 날개가 단 하나뿐인 터보팬 엔진은 결코 존재할 수 없다.

이러한 상대적 비물질화가 가져온 최종 결과는 역설적이다. 재료 사용의 효율성은 높아졌지만, 이는 곧 여행량의 급격한 증가로 이어졌다. 그 결과 비행기 제작에 필요한, 비싸고 에너지 집약적인 재료에 대한 총수요가 엄청나게 증가했다. 비행기는 더 가벼워졌지만, 전 세계의 총 항공 수송량, 즉 모든 승객이 이동한 거리의 합(인-킬로미터, pkm)은 1958년과 2018년 사이에 약 40배나 증가했다. 이 엄청난 양적 증가는 좌석당 투입 질량이나 승객-킬로미터당 투입 질량으로 계산되는 상대적 비물질화의 이점을 몇 번이고 상쇄하고도 남았다. 그리고 이러한 강력한 성장세는 앞으로도 계속될 전망이다. 아시아의 모든 현대화하는 국가에서 항공 여행이 급증했을 뿐만 아니라, 아프리카에서도 이제 막 성장이 시작되었기 때문이다. 심지어 가난한 사하라 사막 이남 아프리카 지역조차 2000년 이후 항공 승객 수가 세 배나 증가했다.

이처럼 상대적인 비물질화와 고급 재료에 대한 절대적인 수요의 강력한 성장세가 보이는 대조는 항공 산업만의 예외적인 현상이 아니다. 이는 보편적인 현실을 보여주는 하나의 구체적인 사례일 뿐이다. 이미 언급했듯이, 이러한 현실은 국가적, 전 지구적 차원에서 총량으로 보나 1인당으로 보나 물질 소비의 큰 증가를 가져왔다. 그리고 상대적인 물질 집약도를 낮추는 것만으로는 현대화하는 아프리카와 아시아 국가들의 증가하는 절대 수요를 줄일 수 없을 것이다. 21세기의 남은 기간 동안 대부분의 인구는 바로 이 지역들에서 태어날 것이다. 그리고 그들은 지금의 부유한 국가들이 3~4세대 전에 달성했던 것과 비슷한 수준의 삶의 질을 희망할 것이다. 결론은 피할 수 없다. 가까운 미래에 세계 경제에서 물질 소비의 절대량이 실질적으로 감소하거나, 에너지 투입의 절대량이 크게 줄어들 전망은 보이지 않는다.

경제 성장에서 생물권이 제공하는 재화와 서비스의 본질적인 역할을 크게 무시하거나 불충분하게 인식하는 것 또한 경제학의 흔한 누락 중 하나다. 우리는 그 역할이 얼마나 중요한지조차 제대로 알지 못한다. 전 지구적 총가치에 대한 추정치는 33조 달러에서 125조 달러에 이르는데, 참고로 2020년 전 세계의 연간 경제 생산 총액은 약 90조 달러였다. 만약 이러한 누락이 성장 모델의 구성을 둘러싼 학문적 관심사에 불과하다면 아무런 문제가 되지 않을 것이다. 생물권을 이런 식으로 다루는 방식에 대한 필자의 생각은 확고하게 진화론에 뿌리를 두고 있다. 우리가 큰 뇌 덕분에 다른 종과 구별되고, 혁신적인 동력으로 많은 자연적 제약에서 해방되었을지는 모른다. 하지만 우리는 여전히 생물권 내의 탄소 기반 유기체이며, 이러한 현실이 의미하는 모든 한계를 지니고 있다.

경제학자 케네스 볼딩은 "물리적으로 유한한 행성 위에서, 어떤 것이든 물리적으로 무한한 성장이 가능하다고 믿는 사람은 미치광이이거나 경제학자 둘 중 하나다"라는 유명한 말을 남겼다. 그는 당시에 널리 퍼져 있던 '카우보이 경제'와 바람직한 '우주선(폐쇄) 경제' 사이의 구분을 개척했다. 볼딩은 이렇게 지적했다. 카우보이 경제에서는 소비와 생산 모두 좋은 것으로 간주된다. 반면, 우주인 경제에서는 자원의 '처리량throughput'이 결코 바람직한 목표가 아니며, 오히려 최대화가 아니라 최소화해야 할 대상으로 여겨진다.

니콜라스 제오르제스쿠-뢰겐과 허먼 데일리는 경제학을 마땅히 있어야 할 자리인 열역학의 토대 위에 올려놓았다. 이러한 관점은 허먼 데일리의 냉소적인 발언으로 이어졌다. 그는 지구가 성장하지 않는 생물물리학적 시스템의 일부가 아니고, 경제 성장이 오로지 비물리적인 차원에서만 진행되며, 가장 중요하게는 열역학 법칙이 적용되지 않는 경우에만 지구상에서 지속적인 경제 성장이 가능할 것이라고 꼬집었다. 경제학에 대한 생태학적 접근은 1970년대에 더 넓은 주목을 받기 시작했다. 특히 제이 포레스터의 시스템 다이내믹스에 기반한 '성장의 한계'라는 보고서가 출간된 이후에 더욱 그랬다. 이 보고서는 행성의 미래에 대한 단순화된 모델이었고 여러 면에서 현실을 오도했지만, 매우 큰 영향력을 발휘했다.

생태학적 사고는 '지속 가능한 경제'라는 개념이 등장하면서 새로운 지지를 얻었다. 1989년에는 국제생태경제학회가 창립되었고, 인간이 초래한 지구 온난화의 영향에 대한 우려는 대안적인 길을 모색하는 데 초점을 맞추게 했다. 그 결과 경제 성장을 줄이는 것을 넘어 의도적인 축소 경제에 대한 많은 연구로 이어졌다. 하지만 이 모든 지적인 노력은 어떠한 실질적인 변화도 만들어내지 못했다. 제2차 세계대전 이후 가장 컸던 경제 침체조차 잠시 주춤하는 것에 그쳤다. 21세기의 첫 20년 동안 세계 경제는 실질 가치 기준으로 70%나 성장했다. 에너지 공급도 엄청나게 늘어나 1차 에너지 소비는 약 48%, 발전량은 74% 증가했다. 물질 사용량의 증가는 더욱 엄청나서, 시멘트와 알루미늄 생산량은 2.6배, 철강 생산량은 두 배 이상 늘어났다.

'지속 가능한 성장'과 '순환 경제'는 유행처럼 번지는 구호다. 하지만 첫 번째 개념은 21세기 초의 현실과 희미한 연결 고리만 가지고 있을 뿐이고, 두 번째 개념은 생물물리학적으로 불가능한 일이다. 진정으로 지속 가능한 경제가 되려면 오직 재생 가능 에너지로만 작동해야 하고, 물질의 유출이 전혀 없어야 한다. 그러나 현대 경제는 에너지와 물질의 막대한 선형적 흐름에 의존하며, 동원된 자원의 상당 부분을 폐기물로 버린다. 현대 문명이 매년 소비하는 거의 600엑사줄$^{EJ}$에 달하는 에너지를 재사용하려면 열역학 법칙을 폐지하는 수밖에 없다. 이 총에너지의 약 25%는 물질 생산에 투입되는데, 그 에너지 비용은 시멘트의 경우 톤당 3~4기가줄$^{GJ/t}$의 낮은 수준에서부터 완성된 실리콘 웨이퍼의 경우 톤당 약 20테라줄$^{TJ/t}$에 이르는 높은 수준까지 다양하다.

일부 국가에서 일부 물질의 재활용률이 비교적 높은 경우(미국의 알루미늄, 일본의 종이)는 예외적인 사례다. 그리고 심지어 그런 경우조차 종종 '다운사이클링'을 포함한다. 예를 들어, 흰 인쇄용지가 포장용 판지로 재탄생하는 식이다. 또한, 재활용 과정에서는 필연적으로 물질 손실이 발생하며, 상당한 에너지 비용이 드는 경우도 잦다. 다른 물질들, 특히 수많은 종류의 플라스틱은 재활용하기가 극도로 어려운 것으로 악명이 높다. 어떤 경우든, 폐기된 물질을 수집, 분리, 재가공하는 데에는 상당한 추가 에너지가 투입된다. 예를 들어, 재활용 유리는 (알루미늄과 달리) 원료로 새로 만드는 것보다 에너지 비용이 아주 약간(10~15% 이내) 낮을 뿐이다. 그리고 이 작은 이점마저도 수집 및 운송 비용이 증가하면 사라져 버린다. 게다가, 이전까지 폐기물을 처리해주던 국가들, 가장 대표적으로 중국이 폐기물 수입을 금지하거나 줄이면서 재활용은 더욱 어려워졌다.

그리고 에너지, 금속, 비금속 광물을 생산하는 과정에 수반되는 '숨겨진 물질 흐름'을 재활용할 방법은 없다. 이 막대한 물질 흐름은 환경에 영향을 미치지만, 경제적으로는 아무런 가치가 없는 것으로 취급된다. 여기에는 광물 추출에 앞서 반드시 제거해야 하는 표토층이 포함된다. 또한 암석에서 금속을 분리하는 과정에서 나오는 가공 폐기물도 있다. 예를 들어, 보크사이트에는 알루미늄이 15~25%밖에 들어있지 않고, 타코나이트에는 철이 30~40%, 코발트 광석에는 코발트가 1~2%밖에 포함되어 있지 않다. 건설 과정에서 파헤쳐지는 흙, 모래, 암석과 농경지에서 침식되는 토양도 모두 숨겨진 물질 흐름에 해당한다. 이 모든 숨겨진 흐름을 합하면, 전 세계적으로 인간이 파헤치고 이동시키는 원자재 총량의 절반 이상을 차지한다.

모든 경제 활동의 가장 근간이 되는 식량 생산의 경우, 물, 비료, 그리고 다른 농약과 같은 핵심 물질 투입의 흐름을 '순환시키는' 것은 절대적으로 불가능하다. 강수와 관개용수를 재사용하려면, 증발산과 경작지 유출수를 모두 포집하고, 수확된 식물에 포함된 모든 물을 되돌려야 하는 상상도 할 수 없는 기술이 필요할 것이다. 그리고 이미 언급했듯이, 살포된 질소 비료는 침식, 용탈, 휘발, 탈질 등 다양한 경로를 통해 전 세계적으로 평균 50% 이상이 손실된다. 우리의 낭비적인 사용 실태를 고려할 때, 에너지, 질량, 또는 잔여 생산물의 측면에서 더 효율적인 경제 활동을 끊임없이 추구하는 것은 반드시 장려되어야 한다. 하지만 진정으로 순환하는 경제를 만들 수 있다는 주장은 망상에 불과하다.

높은 수준의 세계 경제 통합은 이제 우리 사회에 깊이 뿌리내린 또 다른 현실이 되었다. 그리고 이 현실은 에너지와 물질 투입을 줄이려는 노력에 걸림돌로 작용한다. 저렴한 대륙 간 운송은 거리를 더 이상 제약 요인이 아니게 만들거나 심지어 없애 버렸다. 이는 저렴한 연료, 효율적인 엔진, 그리고 선박의 대형화가 낳은 결과다. 이러한 통합은 기초 원자재와 공산품 모두에서 마찬가지로 나타난다. 원자재 무역은 곡물, 시멘트, 광석을 운반하는 대형 벌크선과 액체 및 기체 연료를 운반하는 유조선에 의존한다. 완제품은 컨테이너선으로 운송되며, 대부분의 사람들이 생각하는 것보다 더 자주 화물 항공기에 의해 운송되기도 한다. 최신 보잉 항공기는 이러한 전 세계에 널리 흩어진 제조 네트워크에 의존하는 완벽한 사례다.

보잉 787의 주요 부품들만 살펴보아도 이 점을 알 수 있다. 엔진은 미국이나 영국에서 오고, 후방 동체와 꼬리 날개는 미국에서 제작된다. 중앙 동체는 이탈리아에서, 날개와 그 뒷부분은 일본에서 온다. 착륙 장치 구조물과 승객 출입문은 프랑스에서, 동체 페어링은 캐나다에서, 날개 끝은 대한민국에서, 화물칸 출입문은 스웨덴에서 각각 만들어져 운송된다. 이 부품들은 이후 워싱턴 주와 사우스캐롤라이나 주로 옮겨져 조립된다. 이제 와서 이 거대한 조립 공장들이 모든 부품을 인근 공급업체로부터 조달받아 운송 비용을 없애는 것은 상상조차 할 수 없는 일이 되었다. 이렇게 어디에나 존재하며 깊이 박혀 있는 공급망 때문에, 우리는 현재 전 세계적으로 5만 척 이상의 대형 원양 선박과 수천 대의 화물 항공기를 운용하고 있다. 모든 대륙 간 여객기 또한 화물을 함께 실어 나른다. 여기에 컨테이너 철도 운송과 수많은 트럭까지 더해진다. 이 모든 것들이 에너지와 물질을 끊임없이 소비하는 주요 주체들이다.

게다가, 소득이 증가하면 사람들은 더 비싸고, 따라서 종종 더 많은 물질과 에너지를 소비하는 상품과 경험을 소비하게 된다. 예를 들어, 맞춤형 주택이나 고급 자동차 같은 상품, 그리고 가까운 호수나 산으로 떠나는 짧은 자동차 여행 대신 대륙 간 비행기를 타는 것과 같은 경험이 여기에 해당한다. 중국의 사례는 이러한 수요가 얼마나 빠르게 생겨날 수 있는지를 잘 보여준다. 2000년만 해도 중국의 도시 가구 200가구 중 단 한 가구만이 자동차를 소유했다. 하지만 이제는 10가구 중 4가구가 자동차를 가지고 있다. 해외로 여행을 떠나는 관광객의 총수는 2018년 이전 10년 동안 세 배 이상 증가했다. 그리고 현재 전 세계에는 20억 명이 넘는 사람들이 있다. 이들의 소득 수준은 중국이 경제 현대화를 막 시작했을 당시의 중국인 평균 소득과 비슷하다. 이 비교는 앞으로 에너지와 물질을 많이 소비하는 이러한 종류의 소비에 대한 엄청나게 억눌린 잠재 수요가 존재한다는 것을 보여준다.

## 끝나지 않은 대전환과 인류의 선택

현대 사회에서는 아이들이 성장하고 청소년들이 발달하는 데 필요한 식량을 충분히 공급받을 수 있다. 또한 성인이 되어 활동적인 삶을 영위하는 데도 충분한 식량이 공급된다. 의료 서비스 덕분에 조기에 사망하는 것을 막고, 건강한 삶을 더 오래 유지할 수 있게 되었다. 기본적인 교육 외에 더 높은 수준의 교육도 받을 수 있으며, 평균 소득은 적어도 적당한 물질적 편안함, 특히 괜찮은 주거 환경을 누릴 수 있게 해준다. 이 모든 것들은 항상 에너지와 물질이 충분히 공급되어야 가능했는데, 수요 규모가 커지고 미래에도 계속 증가할 것으로 예상되면서 이러한 공급은 더욱 어려워지고 있다.

풍부한 에너지와 물질은 이미 선진국 사회의 약 15억 명(전 세계 인구의 약 20%)과 현대화되는 경제권의 고소득층에게 제공되고 있다. 거의 비슷한 수의 사람들이 현재 세계은행이 중소득 경제라고 부르는 곳의 부유한 계층에 살고 있으며, 이들은 필요한 것들을 한 세대 안에 충분히 갖출 수 있을 것으로 보인다. 그러나 나머지 인류, 즉 약 60%에 해당하는 45억 명은 여전히 인간다운 삶을 살기 위한 최소한의 조건에도 훨씬 못 미치는 에너지와 물질을 공급받으며 살아가고 있다. 이러한 불평등을 줄이는 것이 전 세계 문명의 가장 중요한 도덕적 의무이며, 에너지와 물질의 투입을 상당 수준 높이지 않고는 이 목표를 향한 진정한 진전을 이룰 수 없다. 물론 그렇게 되면 전 세계 에너지 공급을 탈탄소화하고 이산화탄소$CO_2$ 배출량을 줄이는 것이 더욱 어려워질 것이다.

1980년 이후 아시아, 중동, 라틴 아메리카의 많은 국가들은 1인당 물질 사용량을 3배 또는 4배로 늘렸고, 아시아 대부분 지역에서는 에너지 수요도 비슷하거나 그 이상으로 증가했다. 그러나 아프리카는 아직 소비가 본격적으로 증가하는 초기 단계에 머물러 있다. 나이지리아와 남아프리카 공화국이라는 두 주요 경제국의 최근 성장은 저조했지만, 에티오피아, 가나, 탄자니아에서는 고무적인 추세가 나타나고 있다. 이들 국가가 발전함에 따라 필수적인 사회 기반 시설과 더 나은 도시 주택을 짓기 위해 1인당 철강 및 시멘트 사용량을 크게 늘려야 할 것이다.

세 가지 주요 사례는 우리가 마주한 전환의 규모가 얼마나 거대한지를 잘 보여준다. 만약 아프리카가 1980년 이후 중국의 1인당 에너지 사용량 증가를 그대로 따른다면, 오늘날 아프리카의 에너지 소비량은 지금보다 대략 열 배 증가해야 한다. 만약 아프리카가 중국의 1인당 철강 소비량에 맞추려 한다면, 연간 철강 생산량은 50배 이상 늘어나야 한다. 또한 사하라 사막 이남 아프리카가 단지 현재 인도의 농업 방식만큼만 질소 비료를 사용하려고 해도, 비료 수요는 수십 배 증가할 것이다. 알루미늄, 유리, 플라스틱, 반도체에 대해서도 이와 유사하게 놀라운 비교를 할 수 있다.

이러한 과제를 경제적 관점에서 보면, 현재 세계 인구의 약 70%, 즉 50억 명이 넘는 사람들이 세계 평균 소득보다 낮은 국가에 살고 있다. 이들을 단지 세계 평균 수준의 풍요로 끌어올리는 데만도, 중국이 1980년 이후 경제 성장을 이루는 과정에서 소비했던 것보다 최소 두 배나 많은 에너지와 물질이 필요할 것이다. 또한 인류의 가장 가난한 5분의 1이 유럽 연합의 평균적인 1인당 에너지 및 물질 사용량을 따라 하는 것만으로도, 이들의 소비는 지금보다 대략 열 배 늘어나야 한다.

하지만 아시아의 신흥 부유층은 이제 유럽연합의 평균적인 부유층 수준에 만족하지 않는다. 그들은 현재 미국 인구의 최상위 20%에 해당하는 상류 중산층이 누리는 소비 수준을 따라 하고자 열망한다. 미국의 이 부유층은 1인당 연간 500기가줄$^{GJ}$이 넘는 1차 에너지를 소비한다. 반면, 세계에서 가장 가난한 20%의 사람들은 1인당 20기가줄도 채 사용하지 못하는 실정이다. 둘 사이의 격차는 25배 이상 벌어져 있다. 이러한 격차는 21세기 안에 해소되기는 어려워 보인다. 하지만 전 세계적으로 정보가 공유되는 오늘날, 이러한 엄청난 소비 수준의 차이는 아시아, 아프리카, 라틴 아메리카의 수많은 사람들에게 더 나은 삶에 대한 열망을 자극하는 요인이 될 것이다.

그렇다면 선진국에서 에너지 수요가 줄어들면, 저소득 국가들이 환경에 큰 부담을 주지 않으면서 경제적으로 성장하는 것이 가능할까? 물론 부유하고, 고령화가 진행 중이며, 종종 인구까지 감소하는 선진국들에서는 지난 30년에서 40년 동안 1인당 소비율이 정체되거나 오히려 감소하는 경향을 보였다. 예를 들어 미국에서는 스포츠유틸리티차량$^{SUV}$이 늘어나고, 주택 규모는 더 커졌으며, 이동 거리가 증가하고, 수많은 전자 기기들이 넘쳐남에도 불구하고 1인당 1차 에너지 수요는 더 이상 증가하지 않았다. 미국의 1인당 에너지 수요는 연간 280에서 300기가줄 사이에서 오르내렸다. 유럽의 경우는 그보다 낮은 연간 140에서 170기가줄 사이의 좁은 범위에서 움직였다. 하지만 1인당 소비가 정체되었다고 해서 전체 에너지 수요가 줄어든 것은 아니다. 1980년 이후 국가 전체의 총에너지 수요는 미국에서 약 25%, 유럽연합에서는 약 15%가 증가했다.

에너지와 마찬가지로, 미국과 유럽에서 금속, 시멘트, 종이, 유리 같은 핵심 원자재의 1인당 수요는 더 이상 늘지 않는 정체 상태에 이르렀거나 오히려 감소하는 추세다. 하지만 국가 전체가 사용하는 총수요량의 변화는 훨씬 작았다. 예를 들어 미국의 총 철강 소비량은 1980년부터 2018년까지 약 40년 동안 고작 10% 감소했을 뿐이다. 이것을 긍정적인 신호로 보기는 어렵다. 왜냐하면 낡은 사회 기반 시설을 보수하고 현대화하려면 오히려 철강 소비량이 늘어나야 마땅하기 때문이다. 게다가 전통적인 재료를 대체하는 신소재들 중에는 생산 과정에서 더 많은 에너지를 사용하고 환경에 더 큰 부담을 주는 경우가 많다. 나무를 플라스틱으로 대체한 것이야말로 이러한 바람직하지 않은 결과를 보여주는 가장 대표적인 사례다. 나무를 가공하는 데 드는 에너지는 일반적으로 톤당 5기가줄[GJ] 미만이지만, 플라스틱을 만드는 데는 보통 톤당 100기가줄이 넘는 에너지가 필요하다. 또한 버려진 나무 제품은 자연적으로 썩어 사라지지만, 플라스틱 쓰레기는 썩지 않고 계속 남는다. 실제로 2014년 조사에 따르면, 바다 위를 떠다니는 플라스틱 조각의 수는 5조 개를 넘어섰다. 이제 플라스틱 폐기물은 지구상에서 가장 깊은 바다의 해구에까지 도달한 상태다.

인류 전체가 괜찮은 삶의 질을 누리면서도, 동시에 지구의 에너지와 원자재 사용량을 현재 수준으로 유지하는 것은 불가능하다. 다시 말해, 더 이상 심각한 환경 문제를 일으키지 않으면서 모두가 풍요롭게 사는 길은 없다는 뜻이다. 설령 오늘날 높은 생활 수준을 누리는 15억 명의 사람들이 자신들의 에너지와 원자재 사용량을 절반으로 줄이고, 그렇게 절약된 양이 저소득 국가의 소비를 위해 온전히 사용된다고 가정하더라도 결론은 달라지지 않는다. 에너지로 환산해 보자. 이는 현재 부유층의 1인당 연간 평균 에너지 소비량을 약 180기가줄<sup>GJ</sup>에서 90기가줄로 낮추는 것을 의미한다. 이 90기가줄이라는 수치는 최근 중국의 평균 소비량과 비슷한 수준이다. 물론 미국 국민이 평균 에너지 소비량을 90기가줄까지 줄이려면 현재 소비량의 3분의 2를 삭감해야 하는 엄청난 감축이 필요하다. 하지만 이렇게 막대한 양의 에너지를 저소득 국가로 이전한다고 해도, 이들 국가의 1인당 에너지 사용량은 여전히 중국의 평균에도 미치지 못하게 된다. 게다가 금세기 중반까지 이들 저소득 국가의 인구는 약 20억 명 더 늘어날 전망이다.

이처럼 선진국이 자발적으로 가난해지는 선택이 비현실적이고, 설령 실행한다 해도 문제 해결에 충분하지 않다면 다른 방안은 어떨까? 현재 상용화된 기술과 전환 방식에만 의존해서, 화석연료의 투입 없이 비탄소 에너지와 원자재만으로 이 모든 추가 수요를 감당하겠다는 생각 역시 마찬가지로 비현실적이라고 말해야 한다. 필자가 앞에서 설명했듯이, 오늘날 저소득 국가들의 현대화를 위해 필요한 모든 추가 자원을 비탄소 에너지로 공급하면서, 동시에 불과 수십 년 안에 화석연료에 대한 의존에서 벗어나는 것은 현실적으로 불가능하다. 단기간에 에너지 총사용량을 줄이는 것이 얼마나 어려운 과제인지는 파리 협정의 최종 합의문에서도 잘 드러난다. 협정에서 각 국가가 제출한 자발적인 감축 목표가 모두 달성된다 하더라도, 전 세계 온실가스 배출량은 지구 온도 섭씨 2도 상승을 막기 위한 최소 비용 시나리오의 목표치에 미치지 못할 것이라고 한다. 오히려 2030년의 예상 배출량은 550억 톤에 이를 것으로 전망되는데, 이 수치는 2018년 배출량보다 거의 50%나 많은 양이다.

지구 온난화로 인한 평균 기온 2도 상승이 가져올 심각한 환경 재앙을 피하려면, 대기권의 평균 기온 상승을 1.5도 미만으로 억제해야 한다. 이를 달성할 유일한 방법은 화석연료 사용을 중단하고 비탄소 에너지원으로 전환하는 엄청난 변화를 겪는 것뿐이다. 지난 200년 이상 꾸준히 증가해

2018년에는 331억 톤이라는 사상 최고치를 기록했던 전 세계 화석연료 연소에 따른 이산화탄소 배출량은, 2050년까지 배출량을 완전히 없애기 위해 2020년부터는 증가를 멈추고 매년 최소 10억 톤씩 빠르게 감소하기 시작해야 했다. 그 이후부터 21세기 말까지는 배출량이 순감소 상태를 유지해야 한다. 즉, 대기 중에서 이산화탄소를 제거하는 양이 배출하는 양보다 더 많아야 한다는 의미다. 그 결과 2100년에는 총배출량이 2018년 수준보다 10~20% 더 낮아져야 한다.

이러한 목표를 이루려면 대기 중에서 수천억 톤의 이산화탄소를 제거하여 지하에 영구적으로 저장하고 격리해야 한다. 물론 비현실적인 가정을 입력하면 컴퓨터 모델로는 이런 시나리오를 얼마든지 쉽게 만들어 낼 수 있다. 하지만 현실은 전혀 다를 것이며, 만약 이런 시나리오가 실제로 전 세계에서 이루어진다면 그것은 '기적적인 대전환'이라는 표현이 과장이 아닐 것이다. 하지만 기술 발전을 맹신하는 기술낙관론자들에게 앞서 말한 어려움들은 전혀 문제가 되지 않는다. 그들은 끊임없이 발전하는 과학, 기술, 경영 혁신의 흐름에 올라타기만 하면 필요한 모든 해결책이 저절로 나올 것이라고 믿는다. 특히 그들은 전자공학과 인공지능의 발전에 큰 기대를 걸고 있으며, 이러한 변화를 스스로 '4차 산업혁명'이라고 겸손하게 부르기도 한다. 그러나 이런 기술낙관론자들의 희망조차도 '특이점Singularity'이 곧 도래한다고 믿는 진정한 신봉자들의 약속에 비하면 오히려 소박해 보일 정도다. 그들은 유한한 시간 안에 전자적 지능, 즉 초월적인 인공지능이 무한히 폭발하는 시대가 올 것이라고 주장한다.

하지만 이런 생각들은 희망 사항에 불과하다. 필자가 앞에서 증명했듯이, 혁신이 꾸준히 이어진다고 해서 전 세계의 수요 증가를 막을 수는 없다. 현재의 식량 낭비를 3분의 1로 줄인다고 해도, 2050년이 되면 세계 인구는 지금의 공급 수준을 유지하기 위해서만 최소 20% 더 많은 식량을 필요로 할 것이다. 만약 현재의 영양 부족 상태를 완전히 해소하려면, 식량은 최소 3분의 1 이상 더 필요해진다. 에너지 전환 효율이 역사상 유례없이 빠른 속도로 개선되더라도, 2050년의 세계는 2020년보다 최소 40% 더 많은 1차 에너지를 필요로 할 것이다. 전력 생산량은 그보다 훨씬 더 많이 늘어나야 한다. 생산 단위당 원자재 사용량이 줄어드는 상대적인 탈물질화가 진전된다고 해도, 기본적인 금속과 비금속 광물에 대한 총수요는 크게 늘어날 것이다. 그리고 이렇게 늘어나는 식량, 에너지, 원자재 수요는 새로운 화석연료 사용을 완전히 중단하는 방식으로는 결코 충족될 수 없다.

결론적으로, 앞으로 전 세계의 발전 과정은 흔히 예상되는 네 가지 경로 중 어느 것도 따르지 않을 가능성이 높다. 부유한 국가에서 소비가 줄어들기는 하겠지만, 급격한 감소는 없을 것이다. 현재 상용화된 기술의 한계 때문에 빠른 속도의 탈탄소화도 일어나지 않을 것이다. 또한 새로운 근본적인 혁신 기술들이 쌓이거나 특이점이 빨리 온다고 해서 효과적인 해결책이 나타나지도 않을 것이다. 가장 가능성 있는 단기적 전망은, 우선 배출량 증가가 멈추어 안정화된 뒤에 점진적으로 서서히 감소하는 것이다. 이러한 점진적인 접근법은 배출량이 더 늘어나는 것을 막을 수 있을 뿐만 아니라, 현재의 기록적인 수준보다 상당히 낮은 수준으로 배출량을 줄이는 결과로 이어질 수 있다. 이와 대조적으로, 2050년까지 배출량을 완전히 없애는 유일한 방법은 전 세계적인 경제 후퇴를 감수하고 수십억 명의 사람들을 계속되는 불행한 삶으로 내모는 것뿐이다.

이산화탄소$CO_2$ 배출과 그로 인한 결과는 특정 지역에 국한되지 않고 지구 전체에 영향을 미치는 문제다. 바로 이런 전 지구적인 특성 때문에, 이산화탄소 문제를 해결하는 데 필요한 구속력 있는 국가별 약속을 이끌어내기가 매우 어렵다. 설령 일부 국가가 무언가를 약속하고 실천하더라도, 전 세계가 원하는 총체적인 결과를 만들어내기는 힘들다. 경제학자 게오르게스쿠-뢰겐은 엔트로피 법칙과 경제 성장에 관한 자신의 연구를 돌아보며 이 문제의 본질을 날카롭게 지적했다. 그는 에너지를 절약하는 과업은 한 나라 몇몇 국가만으로 해결할 수 없다고 설명했다. 이 과업은 모든 국가의 협력이 반드시 필요하며, 바로 이 지점에서 에너지 위기보다 훨씬 더 심각한 위기가 드러난다고 보았다. 그것은 바로 '호모 사피엔스 사피엔스', 즉 현생 인류의 지혜가 위기에 처했다는 사실이다. 이처럼 지구 기후 변화에 대처하기 위해서는 잘 짜인 장기적인 목표를 바탕으로 한 전 세계의 공동 행동이 필수적이다.

하지만 이러한 약속이 현실이 되는 길에는 매우 강력한 장애물이 버티고 있다. 인간에게는 보편적으로 미래의 가치를 현재보다 훨씬 낮게 평가하는 습성이 있다. 이러한 경향은 매우 중대한 결정을 내릴 때도 나타나며, 지금껏 겪어보지 못한 거대한 위기에 직면했을 때조차 마찬가지다. 특히 해결해야 할 문제의 시간 단위가 몇 년이 아니라 수십 년에 이르면 미래를 더욱 가볍게 여기는 경향이 뚜렷해진다. 게다가 오늘날 세계에는 제대로 기능하지 못하는 수많은 국가가 있다. 이들 중에는 상당한 천연자원을 보유하고 있음에도 자국민에게 기본적인 삶의 질조차 보장하지 못하는 나라가 많다. 이런 국가들이 갑자기 지구라는 공동의 자산을 지키는 데 효과적인 협력자로 변모할 것이라고 기대하는 것은 지나치게 순진한 생각이다. 물론 부유한 선진국들은 효과적인 공동 행동에 나설 능력이 있다. 그러나 이를 실천하려면 이들 국가가 먼저 절제하고 의도적으로 성장을 둔화하는 전략을 약속해야 한다. 하지만 안타깝게도, 지금까지 이런 정책을 내세워 선거에서 승리한 정치인은 단 한 명도 없었다.

이처럼 어려운 과제에 대처하기 위해 지금까지 제시된 해결책들은 놀랍게도 새롭지도 않고 충분하지도 않았다. 현재 논의되는 수준의 탄소세를 도입하거나, 탄소를 배출하지 않는 에너지원으로 전환하도록 보조금을 지급하는 것만으로는 우리가 원하는 만큼 빠르게 배출량을 줄일 수 없다. 우리는 이러한 대책이 어떤 현실 세계에서 논의되는지 기억해야 한다. 세계 인구의 약 60퍼센트는 지금보다 훨씬 더 많은 에너지와 자원을 소비하며 살아야 할 필요가 있는 사람들이다. 또한 현재 사용할 수 있는 비탄소 대체 에너지는 아무리 많은 보조금을 지원하더라도, 문제 해결에 필요한 만큼의 거대한 규모로 빠르게 에너지를 공급할 수 없는 실정이다.

하지만 이러한 암울한 현실이 최근 일부에서 주장하는 종말론적인 목소리에 동조해야 한다는 근거가 되지는 않는다. 이들은 급격한 기후 변화로 인해 회복 불가능한 지점인 '티핑 포인트'가 빠르게 다가오고 있으며, 인류의 시대는 사실상 끝났다고 말한다. 나아가 서구 문명과 세계 문명이 곧 붕괴하고 지구는 사람이 살 수 없는 땅이 될 것이라고 경고한다. 이러한 종말론적인 시각은 본질적으로 불확실한 모델에 의존하면서, 발생 가능한 여러 최악의 시나리오들을 마치 가장 가능성이 높은 현실인 것처럼 연이어 제시한다. 또한 이러한 주장들은 인류가 문제에 대응하고 적응하는 능력을 과소평가한다. 비록 우리의 대응이 다소 늦어질 수는 있겠지만, 인류에게는 분명 위기에 맞서고 적응할 능력이 있다. 파멸을 앞세운 주장은 언제나 역효과를 낳는다. 이는 종교의 역사를 통해서도 알 수 있다. 수천 년 동안 수많은 종교는 지옥의 끔찍한 형벌로 신자들을 위협하며 모든 인간을 천사처럼 행동하도록 만들려 했지만, 결국 실패했다.

최근 쏟아지는 종말론적인 글들은 현실을 바꿀 힘이 없다. 설령 그런 글의 존재를 안다 하더라도, 인도의 석탄 광부들이 직장을 그만두게 만들지는 못할 것이다. 인도의 정책 입안자들 역시 나라 전체를 암흑에 빠뜨리는 결정을 내리지는 않을 것이다. 현재 인도는 전체 전력의 80%를 석탄에서 얻고 있으며, 앞으로 그 규모를 더욱 확대할 계획을 가지고 있기 때문이다. 마찬가지로, 이런 경고는 중국의 농부들을 멈추게 하지도 못한다. 중국 농부들은 세계에서 가장 많은 인구를 먹여 살리기 위해 석탄과 천연가스를 원료로 하는 질소 비료에 의존하여 벼를 이모작하고 있다. 방글라데시보다도 1인당 경작 면적이 적은 혹독한 조건에서 식량을 생산해야 하므로, 다른 어떤 나라의 곡물 재배자들보다 단위 면적당 더 많은 질소 비료를 사용할 수밖에 없다. 하지만 이런 현실이 우리가 아무것도 할 수 없다는 뜻은 아니다. 효율성을 높이고, 낭비를 줄이며, 설계를 최적화하고, 가격을 현실화하는 노력을 계속해야 한다. 또한 효과적인 세금을 부과하고 유용한 보조금을 지급하며, 무엇보다 절제된 소비라는 윤리 의식을 추구할 필요성은 그 어느 때보다 시급하다.

 이 모든 목표는 지금껏 없었던 강도로 추구해야만 한다. 이러한 노력들이 합쳐지면 그 절감 효과는 상당히 클 수 있다. 지난 한 세대 동안 우리가 얼마나 많은 탄소 배출을 막을 수 있었을지 한번 생각해 보면 그 효과를 쉽게 짐작할 수 있다. 만약 우리가 엄격한 건축 규제를 도입하고 건물의 단열 성능을 대폭 높였다면 어땠을까? 혹은 무거운 스포츠유틸리티차량SUV의 대량 소유를 억제했다면, 더 나아가 애초에 이런 육중한 차량을 시장에 내놓지 않았다면 어땠을까? 항공 여행 가격에 환경에 미치는 영향을 더 정확하게 반영했다면 또 어땠을까? 그러나 우리는 반드시 알아야 할 점이 있다. 효율성을 높이고 합리적인 소비를 추구하는 데 단호한 노력을 기울인다 해도, 그것만으로는 충분하지 않을 수 있다는 사실이다. 생물권에 더 이상 부담을 주지 않으면서도 안락하게 살아가는 문명으로 전환하는 목표를 달성하기에는 역부족일 수 있다. 그리고 또 한 가지 중요한 점이 있다. 최근 기후 변화 문제에 모든 관심이 집중되면서, 생물권을 파괴하고 오염시키는 수많은 다른 환경 문제에 대한 우려는 뒷전으로 밀려났다. 기적적으로 온실가스 배출이 지금 당장 완전히 멈춘다 하더라도, 이렇게 방치된 많은 문제들은 저절로 해결되지 않는다는 점을 반드시 강조해야 한다.

이처럼 거대한 도전에는 비상한 대책이 필요할 수 있다. 바로 이런 이유에서 '지구공학geoengineering'이 해결책으로 거론되기도 한다. 지구공학이란 지구 기후에 영향을 미치는 여러 과정에 의도적으로 개입하여 대규모로 그 상태를 바꾸는 기술을 말한다. 일부 사람들은 이 지구공학이야말로, 탄소 기반의 경제 성장을 유지하면서 동시에 기후 변화에 대한 우려를 해결해야 하는 이 다루기 힘든 전 지구적 문제에 대한 최선의 해법일지 모른다고 본다. 지구공학 기술 제안은 매우 다양하다. 예를 들어, 성층권에 황산염이나 탄산염 같은 미세 입자를 지속적으로 살포하는 방법이 있다. 이는 지구로 들어오는 태양 복사 에너지를 줄여 우리가 사는 대류권의 기온을 낮추는 방식이다. 또 다른 방법으로는 지표면의 태양 에너지 반사율, 즉 알베도를 인위적으로 바꾸거나 바다에 영양분을 뿌려 식물성 플랑크톤을 대량 증식시키는 해양 비옥화 기술 등이 있다.

이러한 기술들은 이론적으로는 유망해 보인다. 하지만 실제 적용에는 여러 복잡한 문제가 뒤따른다. 누가 지구라는 공동의 자산을 관리할 권리가 있는지, 그리고 각국의 주권은 어떻게 보장할 것인지와 같은 정치적인 문제가 있다. 또한 태양 에너지를 장기간 인위적으로 조절하거나 지표면 반사율을 바꿀 경우, 예측하지 못한 부작용이 발생할 수 있다. 더욱이 그 부정적인 결과가 특정 지역에만 불균등하게 나타날 수도 있다. 필자는 오늘날 지구공학의 가장 열렬한 지지자 중 한 사람이 거의 한 세대 전에 썼던 글에 동의한다. 그는 "하나의 간섭을 다른 간섭으로 상쇄하려 하기보다는, 자연계에 대한 우리의 간섭을 줄이려는 노력을 새롭게 다짐하는 것으로 시작하는 것이 현명할 것"이라고 말했다.

결과적으로 만약 지구 온난화의 영향이 최근의 예측대로 전개된다면, 앞으로 수십 년간 우리가 맞이할 가장 가능성 높은 결과는 바로 광범위한 적응이 될 것이다. 여기서 예측되는 영향이란 대류권 온도가 지금보다 더 상승하고 그 상승이 지역별로 불균등하게 나타나는 것을 포함한다. 또한 점진적인 해수면 상승과 산악 빙하의 지속적인 감소도 여기에 해당한다. 이러한 변화 속에서 우리는 경제, 사회, 환경의 모든 면에서 피할 수 없는 적응 과정을 거치게 될 것이다. 이러한 적응 노력에 자원을 투입하는 것이 더 현명한 길일 수 있다. 어떤 사람들은 매우 빠르고 혁신적인 기술이 등장해 기적처럼 문제를 해결해 주리라는 막연한 믿음을 갖고 있다. 그들이 기대하는 기술은 2050년까지 이산화탄소 배출 곡선을 가파르게 꺾어 내리고, 연간 배출 증가량을 0 이하로 떨어뜨리는 것이다. 이는 곧 대기 중에서 막대한 양의 이산화탄소를 제거해야 함을 의미한다. 하지만 이런 기술의 필연적인 성공에 모든 것을 걸기보다는, 당면한 적응 문제에 자원을 쏟는 것이 더 신중한 선택이다.

인류의 진화 역사는 우리가 다양한 형태의 변화에 잘 대처해 왔음을 보여준다. 과거의 기후 변화도 예외는 아니었다. 인류는 마지막 빙하기가 끝나고 북반구 대륙의 빙하가 빠르게 녹아내리는 급격한 환경 변화에도 적응해냈다. 지난 한 세기만 돌아보아도 마찬가지다. 우리는 두 차례의 세계 대전(1914-1918, 1939-1945)이 남긴 파괴와 장기간의 경제 대공황(1929-1939)을 극복해야 했다. 또한 전례 없는 인구 증가가 가져온 결과를 감당하며 새로운 수준의 세계적인 번영을 이룩했다. 인류는 핵전쟁으로 인한 전멸의 위협이 도사리던 냉전 시대(1945-1989)에도 대처해 나갔고, 1970년대 원유 가격의 급등(1973-1980)에도 빠르게 적응했다. 그 과정에서 대기근이 닥칠 것이라는 예측을 뒤엎었으며, 한때 생태계의 가장 큰 위협으로 여겨졌던 산성비 문제부터 오존층 파괴에 이르는 다양한 환경 위협들도 관리해냈다.

결단력과 집단적인 통찰력을 가지고 선제적으로 행동하는 것이 더 바람직할 수 있다. 하지만 인류는 역사적으로 그런 길을 거의 따르지 않았다.

과거와 단절하고 새로운 선택을 하는 일은 언제나 극심한 스트레스를 받거나 비상한 시기에 처했을 때 더 쉬워지기 때문이다. 물론 적응을 위한 노력은 부유한 국가에서 훨씬 더 쉬울 것이다. 이들 국가의 행복 지표들은 이미 여러 면에서 뚜렷한 포화 상태를 보이고 있기 때문이다. 성인의 평균 신장, 기대 수명, 교육 기간, 1인당 에너지 소비량 같은 대부분의 행복 지표들은 1인당 국민 소득이 약 2만 달러에 도달하거나, 1인당 연간 1차 에너지 소비량이 100기가줄$^{GJ}$을 넘어서면 더 이상 크게 나아지지 않는 포화 상태에 접어들기 시작한다.

게다가 거의 모든 부유한 국가에서는 낮은 출산율과 인구 고령화가 일반적인 현상이 되었다. 이러한 상황 덕분에 1인당 에너지와 자원 사용량을 더욱 줄이도록 유도하는 일이 그리 어렵지 않을 수 있다. 전반적인 생활 수준을 급격하게 떨어뜨리지 않으면서도 소비를 줄이는 것이 가능하다는 의미다. 물론 여기에는 한 가지 중요한 조건이 따른다. 바로 기존의 경제적 불평등을 줄이기 위한 정책이 반드시 함께 추진되어야 한다는 점이다. 반면, 저소득 국가에서의 적응은 훨씬 더 어려울 것이다. 이들 국가가 부분적인 성공을 거두는 것조차 쉽지 않다. 예를 들어, 기후에 더 잘 맞는 작물을 보급하고, 물 관리 기술을 개선하며, 적절한 주택을 건설하고, 새로운 에너지원을 대규모로 도입하는 것과 같은 일들이다. 이러한 부분적인 성공이라도 이루려면, 부유한 국가로부터 상당한 규모의 투자와 전문 기술 이전이 필요하다. 만약 이것이 어렵다면, 부유한 국가들이 앞으로 발생할 수많은 미래의 이주민들을 더 적극적으로 수용할 의지를 보여야 할 것이다.

동시에, 우리는 지구 환경의 미래에 대한 최선의 예측을 매우 신뢰할 만한 현실로 착각해서는 안 된다. 오늘날의 기후 모델들은 1~2세대 전의 모델보다 훨씬 더 현실에 가까워진 것은 사실이다. 이 모델의 기원은 1960년대 후반으로 거슬러 올라간다. 하지만 인간 활동으로 인한 대기 중 온실가스 증가가 가져올 변화를 장기적으로 평가할 때는 거의 모든 종류의 모델에서 불확실성이 발견된다. 기후 모델을 깊이 연구하는 전문가들 역시 모델이 여전히 불확실하다는 점을 주저 없이 인정한다. 이 전문가들은 모델의 불확실성을 줄이려는 노력은 비교적 거의 이루어지지 않고 있다고 지적한다. 또한, 이러한 불확실성을 줄이지 않고서는 과학 자체만으로는 정부, 정책 입안자, 그리고 대중에게 확고한 정보를 제공하기에 충분하지 않을 것이라고 강조한다.

현재의 모델들은 태양 활동과 그로 인한 영향을 무시하고 있다. 또한 구름의 미시물리학적 현상을 제대로 다루지 못하며, 미래의 대기 중 온실가스 농도에 영향을 미칠 수 있는 모든 되먹임 작용을 재현하지도 못한다. 여기서 되먹임 작용이란 해양권이나 생물권의 변화가 다시 대기 상태에 영향을 주는 복잡한 상호작용을 뜻하며, 이는 이산화탄소$^{CO_2}$, 메테인$^{CH_4}$, 아산화질소$^{N_2O}$와 같은 온실가스 농도에 영향을 준다. 그 결과, 현재의 최선이라 하는 모델에 기반한 결론들 중 어떤 것이 특정 결과를 과대평가하고, 어떤 것이 장기적인 영향을 과소평가하는지 우리는 확신할 수 없다. 이러한 현실을 완벽하게 보여주는 한 가지 사례가 있다. 이 연구는 무려 20년 동안의 관측을 마친 뒤에야 비로소 확고한 결론을 내릴 수 있었다.

다른 모든 조건이 같다면, 대기 중 이산화탄소 농도가 높아질수록 지구 식물의 광합성은 더 활발해져야 한다. 이 과정은 농작물과 숲에서 여러 차례 검증되었지만, 식물은 주요 대사 경로 두 가지에 따라 높은 이산화탄소 농도에 각기 다른 반응을 보인다. 앞서 언급한 20년간의 연구에서 이 점이 명확히 드러났다. 라이크와 그의 동료들이 수행한 장기 이산화탄소 농축 실험 초기에는 예상대로의 결과가 나타났다. C3 식물은 높아진 이산화탄소에 강하게 반응했지만, C4 식물은 반응이 없었다. 하지만 시간이 흐르면서 점차 C3 식물의 반응은 줄어든 반면, C4 식물의 반응은 강해졌다. 15년에서 20년이 지난 후에는 C4 식물은 여전히 강한 반응을 보였지만, C3 식물의 반응은 거의 무시할 수 있는 수준으로 떨어졌다. 실험 마지막 5년 동안에는 C4 식물의 반응이 실험 전 기간에 걸쳐 C3 식물이 보였던 그 어떤 반응보다도 더 강하게 나타났다.

옥수수, 수수, 사탕수수를 제외한 모든 주요 작물은 C3 식물이고, 모든 나무에는 C4 광합성 경로가 없기 때문에 이 연구 결과는 매우 중요하다. 이는 식물이 높은 이산화탄소 농도에 장기적으로 어떻게 반응하는지에 대한 기존의 통념을 뒤엎는 것으로, 광범위한 영향을 미친다. 그러나 여기에는 여러 추가적인 불확실성이 작용한다. 미래 식물의 반응은 이산화탄소뿐만 아니라 강수량과 그 분포, 다량 및 미량 영양소의 이용 가능성, 그리고 바이러스나 곰팡이, 곤충으로 인한 피해가 얼마나 되는지에 따라서도 달라질 것이기 때문이다. 특히 가뭄에 대한 반응이 중요할 수 있다. 식물은 증발로 인한 수분 손실을 막기 위해 기공을 부분적으로 닫는데, 이 과정에서 광합성에 필요한 탄소 흡수량도 함께 줄어드는 문제가 발생하기 때문이다. 이러한 상충 관계는 페터스와 동료들의 연구를 통해서도 확인되었다. 이들은 2001년에서 2011년 사이 유럽과 러시아, 미국에서 심각한 가뭄이 발생했을 때, 북반구 전체의 생태계 규모에서 이 현상이 실제로 나타남을 10년에 걸쳐 증명했다.

이 연구진은 가뭄에 대한 실제 생태계의 반응이 6개의 최첨단 기후 모델이 예측한 결과보다 훨씬 크다는 것을 발견했다. 이는 모델들이 예측하는, 가뭄으로 인한 탄소-기후 되먹임 효과가 실제보다 너무 작게 설정되었을 수 있음을 시사한다. 또한, 광범위하고 장기적인 가뭄이 지구 전체의 연간 탄소 수지에 중대한 영향을 미칠 수 있다는 의미이기도 하다. 그런데도 최근의 한 보고서는 전 세계 식생 면적의 3분의 1이 더 푸르게 변하고 있고, 갈색으로 변하는 지역은 5%에 불과하다며 "중국과 인도가 토지 이용 관리를 통해 세계의 녹색화를 이끌고 있다"라고 단호하게 밝혔다. 언뜻 보면 매우 반가운 소식이다. 하지만 그 헤드라인 너머의 내용을 들여다보면, 이들 국가에서 위성으로 관측된 식물 잎 면적의 증가는 대부분 집약적인 농업 활동 때문이라는 사실이 드러난다. 인도의 경우, 잎 면적 증가의 82%는 비료 사용량을 늘리고 지하수를 관개용수로 끌어다 써서 가능해진 다모작 농업의 확산 때문이다. 중국의 경우 32%가 같은 이유 때문이다. 중국의 나머지 녹색화 면적 중 42%는 나무를 심은 덕분인데, 이 역시 문제가 있다. 대부분이 빨리 자라는 단일 수종으로 이루어진 조림지이며, 많은 경우 새로운 환경에 잘 적응하지 못하는 외래종이어서 그 장기적인 이점이 의심스럽다.

결과적으로, 보고서에 나타난 '녹색화'라는 바람직해 보이는 결과는 실제로는 또 다른 바람직하지 않은 환경 영향을 낳고 있다. 이는 칭찬보다는 더 많은 우려를 불러일으킨다. 그리고 식생의 반응은 다른 수많은 경우와 마찬가지로 예측하기 어려운 여러 요인에 따라 달라진다. 지구 온난화와 관련된 미래 변화의 불확실성은 수십 가지 변수에 걸쳐 있다. 예를 들어, 남극 빙하가 얼마나 빨리 녹아서 해수면을 얼마나 상승시킬 것인지에 대한 불확실성이 있다. 또한 바닷속 용존 산소량의 감소 문제도 있다. 마지막으로, 영구동토층이 녹으면서 방출될 수 있는 막대한 양의 메테인$^{CH_4}$과 이산화탄소$^{CO_2}$ 문제도 빼놓을 수 없다. 이 가스들이 대량 방출되면 온실가스의 연간 배출 흐름을 바꿔 온난화의 진행을 더욱 가속할 수 있다.

또 다른 주요 불확실성은 해저에서 방출되는 메테인의 최종적인 영향에 관한 것이다. 이러한 메테인 방출은 지구 온난화를 증폭시킬 수 있다. 하지만 폴만과 동료들의 연구에 따르면, 메테인 방출량이 많은 한 북극 지점에서 상당한 양의 이산화탄소 흡수 현상이 동시에 발견되었다. 그리고 이산화탄소 흡수로 인한 냉각 효과가 메테인 방출로 인한 온난화 효과를 압도하는 것으로 나타났다. 만약 이 발견이 다른 지역에도 폭넓게 적용될 수 있다면, 메테인이 새어 나오는 지역은 온실가스 배출원이 아니라 오히려 흡수원일 수도 있다는 놀라운 결론에 이르게 된다.

설령 우리가 2050년이나 2075년까지 어떤 생물리학적 변화가 실제로 일어날지 정확히 알게 된다고 해도, 문제는 남는다. 이러한 변화에 대해 개별 국가들이 어떻게 대응할지, 혹은 대응하지 않을지를 예측하려고 할 때, 우리는 여전히 매우 불확실한 영역에 머무를 수밖에 없다. 과거의 사례들은 주요한 도전에 대한 특정 국가의 대응 방식이 얼마나 엄청나게 다른 결과를 낳을 수 있는지를 보여준다. 불과 1990년만 해도 나이지리아의 1인당 국내총생산GDP은 중국의 두 배였다. 오늘날의 나이지리아는 상대적으로 여전히 중국보다 더 많은 자원을 가지고 있고, 젊은 노동 인구가 많아 경제 성장에 유리한 '인구 배당 효과'도 누리고 있다. 하지만 지난 30년 동안 나이지리아의 1인당 GDP는 단 50% 성장한 반면, 중국의 1인당 GDP는 무려 10배나 성장했다.

이처럼 피할 수 없는 수많은 불확실성을 고려할 때, 우리는 반드시 지켜야 할 원칙이 있다. 바로 교조적인 잣대를 들이대며 잠재적으로 유용할지 모르는 해결책을 미리부터 배제해서는 안 된다는 점이다. 이것이 바로 수십 년 동안 이어진 필자의 핵심 주장이었다. 필자는 우리가 '단순화하는 극대주의자'가 아니라 '복잡화하는 최소주의자'로 행동해야 한다고 주장해왔다. 이는 단 하나의 완벽해 보이는 해결책에 의존하기보다는 수많은 접근법을 선호해야 한다는 의미다. 또한, 달성 가능한 최상의 유용한 서비스를 얻는 데 필요한 최소한의 투입을 옹호해야 한다는 뜻이기도 하다. 또한 목표는 단호하게 추구하되 방법은 유연해야 하며, 다양한 해법을 절충적으로 수용하되 분별력을 가져야 한다고 강조해왔다. 이 말은 곧, 특정 이념에 사로잡혀 특정 해결책을 처음부터 용납하지 않는 태도를 버려야 한다는 것이다. 어떤 구성 요소도 무조건적으로 배제해서는 안 되며, 무엇이 최선인지에 대해 경직된 주장을 고집해서도 안 된다.

필자가 주장하는 계획을 실제에 적용하면 구체적으로 다음과 같다. 몇 가지 에너지 분야의 예를 먼저 들어보자. 먼저 전체적인 시스템 설계를 장려해야 한다. 예를 들어, 효율이 약간 개선된 SUV를 생산하는 것은 좋은 설계가 아니다. 그런 차의 보급이 늘어나면서 전기차 도입으로 얻을 수 있는 모든 이점이 지금까지 상쇄되어 버렸기 때문이다. 다음으로, 선험적인 편애를 피해야 한다. 원자력 발전을 어떤 상황에서도 받아들일 수 없다고 딱지를 붙이거나, 반대로 원자력만이 유일한 해결책이라고 찬양하는 식의 태도를 버려야 한다. 태양광 발전의 장점과 단점을 모두 인식해야 한다. 태양광은 재생에너지 전환 기술 중 가장 높은 전력 밀도를 가지지만, 전체 시스템에서 차지하는 비중이 높아질수록 대규모 전력 저장 장치가 반드시 필요하다는 단점도 있다. 또한, 막대한 보조금을 지급하고 국가적인 소유 목표치를 부과하면서까지 배터리 자동차의 도입을 노골적으로 선호함으로써, 수소 자동차의 발전 가능성을 미리부터 차단해서는 안 된다. 식량 생산과 영양 분야에서도 이 접근법은 동일하게 적용된다. 종의 다양성을 유지하고, 모든 단계에서 폐기물을 줄이는 데 집중해야 한다. 계절의 차이에 맞춰 섭취량을 조절해야 하며, 모든 과일이 항상 식탁에 올라와야 할 필요는 없다. 현재 유행하는 '도시 농업'의 내재적 한계를 인정해야 하고, 물론 일부 고부가가치 작물의 보조적인 재배 가능성까지 무시해서는 안 된다. 그리고 육중한 차량을 움직이는 데 작물에서 추출한 바이오연료를 사용하는 일은 중단해야 한다.

미래의 극단적인 시나리오들을 그려보는 것은 쉽다. 첫째, 평형 기후 민감도가 예측 범위의 아래쪽에 머무르거나, 아니면 그 범위를 훌쩍 넘어 위험한 영역으로 들어설 것이다. 평형 기후 민감도란 산업화 이전 대비 이산화탄소 농도가 두 배가 되었을 때 지구 평균 온도가 궁극적으로 얼마나 오르는지를 나타내는 지표다. 만약 이 수치가 낮게 유지된다면 그 결과는 감당할 만하고 적응도 더 쉬워질 것이다. 둘째, 전 세계가 충분한 의지를 모아 현재의 탄소 배출 수준을 안정시킨 뒤 점진적인 감소를 이끌어내거나, 아니면 효과적인 합의에 실패하여 예상보다 훨씬 더 높은 배출 수준 속에서 살아가게 될 것이다. 셋째, 지구 온난화에 대한 자연의 복잡한 반응, 특히 식물과 해양의 탄소 저장 능력이 우리가 예상하는 것보다 더 큰 완충 장치 역할을 해주거나, 아니면 그 기능이 대부분 마비되어 훨씬 더 두드러진 부작용을 겪게 될 것이다.

가장 가능성 있는 미래의 모습은 아마도 전체 가능성의 스펙트럼에서 나온 여러 요소들이 예측 불가능하게 뒤섞인 형태일 것이다. 우리는 앞에 무엇이 놓여 있는지 알지 못한다. 특정 결과에 대한 최선의 확률적 평가조차, 그 신중한 성격에도 불구하고, 결국 정보에 근거한 추측에 불과하다. 2020년의 시점에서 2100년의 세상을 예측할 수 있다는 생각은 완전히 우스꽝스럽다. 1940년의 세상을 되돌아보라. 그 시대에는 무엇이 존재하지 않았고, 또 무엇을 예측하지 못했는지 살펴보면 분명해진다. 그때는 항생제도, 피임약도 없었다. 인구를 현상 유지할 수 없는 대체출산율 이하의 국가도 없었고, 국민 전체의 기대수명이 60세를 넘는 나라도 없었다. 성인 대부분이 과체중이나 비만인 국가는 상상조차 할 수 없었다. 인구 문제에서 농업과 식량으로 초점을 옮겨보자. 당시에는 제초제도, 키가 작고 수확량이 많은 품종의 곡물도, 유전자 변형 작물도 없었다. 무경운 농법이나 기업형 대규모 축산 시설도 존재하지 않았다. 채소를 재배하는 대규모 온실이나 비닐하우스 재배도 없었으며, 바나나를 제외하면 신선한 과일이 대륙 간에 거래되는 일도 거의 없었다.

에너지 분야로 눈을 돌리면, 거대한 노천광산도, 사우디아라비아의 유전도 없었다. 육지가 보이지 않는 먼바다나 심해에서 이루어지는 해상 시추도, 수압 파쇄법도 없었다. 액화천연가스LNG나 거대한 유조선 및 LNG 운반선도 존재하지 않았다. 기가와트급의 터빈 발전기나 널리 보급된 가스 터빈, 배연 탈황 설비도 없었다. 원자력 발전소, 고전압 직류 송전선, 태양광 전지, 풍력 터빈도 마찬가지였다. 당시 경제는 컴퓨터, 인공위성, 제트 여객기, 컨테이너선, 고속 열차 없이 운영되었다. 염기성 산소로에서 생산되는 강철도, 녹은 금속 위에 띄워 만드는 판유리도 없었다. 암모니아 합성 공정의 원심 압축기, 복합 재료, 반도체 전자 장치도 존재하지 않았다. 그 결과 인터넷도, 휴대폰도, 본질적으로 즉각적이고 자유로운 정보의 흐름도 없었다. 그리고 그때는 산성비, 오존층, 온실가스에 대한 걱정이 없었다. 광화학 스모그도, 항생제 내성도, 잔류 농약 문제도, 대규모 플라스틱 폐기물 문제도 없었다.

수많은 모델링이 꿈꾸는 것과는 반대로, 미래는 여전히 알 수 없는 영역으로 남아 있다. 하지만 우리에게는 여전히 많은 선택지가 남아 있으며, 과거의 행동 때문에 가능한 경로와 효과적인 대안의 선택이 돌이킬 수 없게 닫힌 것은 아니라는 점도 우리는 알고 있다. 인구와 경제 성장, 에너지 사용, 환경 영향이라는 거대한 전환들은 인류의 진화를 지금 이 지점까지 이끌어왔다. 이 지점에서 약속과 위협은 각자의 극단에 도달했다. 한쪽에서는 인공지능이 인간을 초월하는 '특이점'이 다가온다고 주장하고, 다른 한쪽에서는 그만큼 가까운 곳에 '종말'이 있다고 말한다. 이 두 가지 극단적인 미래를 지지하는 사람들은 모두 그 시점을 2050년 이전, 심지어 2030년경으로 '예정'하고 있다. 하지만 필자는 그렇게 짧은 시간 안에 우리가 종말론적인 결과를 맞닥뜨리거나, 무한한 지성을 누리는 평온한 특이점의 미래로 들어설 것이라고는 믿지 않는다.

우리가 앞으로 맞이할 전환, 즉 생물권의 한계 내에서 작동하는 문명으로의 전환은 아마도 이전과 비슷한 방식으로 다루어질 가능성이 높다. 공격적인 창의성과 설명할 수 없는 미루기가 뒤섞이고, 효과적인 적응력과 분통 터지는 대응 실패가 공존하는 방식으로 말이다. 우리는 과연 성공할 것인가? 그 답은 '성공'을 어떻게 정의하느냐에 달려 있다. 하지만 모든 득과 실을 따져 보았을 때, 21세기에 이루어질 전환이 20세기에 경험했던 것보다 덜 변혁적이라면 오히려 놀라운 일일 것이다. 또 다른 시대적인 대전환이 펼쳐지고 있으며 그 결과는 미리 정해져 있지 않다. 그것은 오로지 우리의 선택에 달려 있다. 적어도 그런 의미에서, '태양 아래 새로운 것은 없다'는 옛말은 여전히 유효하다.

# 부록

### · 과학 단위 및 배수 ·

〈본문에 사용된 국제단위계(SI) 기준의 측량 단위〉

| 측량 | 이름 | 이름 |
|---|---|---|
| 길이 | 미터 | m |
| 무게 | 킬로그램 | kg |
| 시간 | 초 | s |

〈본문에 사용된 기타 단위〉

| 측량 | 이름 | 표기 |
|---|---|---|
| 넓이 | 헥타르 | ha |
| | 제곱미터 | $m^2$ |
| 에너지 | 줄 | J |
| 무게 | 그램 | g |
| | 톤 | t |
| 일률 | 와트 | W |
| 온도 | 섭씨 | ℃ |
| 부피 | 세제곱미터 | $m^3$ |

⟨본문에 사용된 국제단위계(SI)의 배수(+)⟩

| 접두어 | 약어 | 과학적 표지법 |
|---|---|---|
| 헥토 | h | $10^2$ |
| 킬로 | k | $10^3$ |
| 메가 | M | $10^6$ |
| 기가 | G | $10^9$ |
| 테라 | T | $10^{12}$ |
| 페타 | P | $10^{15}$ |
| 엑사 | E | $10^{18}$ |
| 제타 | Z | $10^{21}$ |
| 요타 | Y | $10^{24}$ |

⟨본문에 사용된 국제단위계(SI)의 배수(−)⟩

| 접두어 | 약어 | 과학적 표지법 |
|---|---|---|
| 데시 | d | $10^{-1}$ |
| 센티 | c | $10^{-2}$ |
| 밀리 | m | $10^{-3}$ |
| 마이크로 | μ | $10^{-6}$ |
| 나노 | n | $10^{-9}$ |

## 참고 문헌 및 출처

바츨라프 스밀의 《무엇이 대전환을 만들었는가》의 참고 문헌 및 출처는 QR을 통해 웹페이지에서 확인하실 수 있습니다.

# 무엇이 대전환을 만들었는가

2판 1쇄 인쇄  2025년 7월 21일
2판 1쇄 발행  2025년 8월  1일

지은이         바츨라프 스밀
옮긴이         안유석
발행인         안유석
책임편집       구준모
디자이너       오성민
펴낸곳         처음북스
출판등록       2011년 1월 12일 제2011-000009호
주소           서울특별시 강남구 강남대로 374 스파크플러스 강남 6호점 B 219호
전화           070-7018-8812
팩스           02-6280-3032
이메일         cheombooks@cheom.net
홈페이지       www.cheombooks.net
인스타그램     @cheombooks
페이스북       www.facebook.com/cheombooks

ISBN          979-11-7022-303-0  03300

※ 이 책 내용의 전부나 일부를 이용하려면 반드시 저작권자와 처음북스의 서면 동의를 받아야 합니다.
※ 잘못된 책은 구매하신 곳에서 바꾸어 드립니다.
※ 책값은 표지 뒷면에 있습니다.